U0695257

思考与沉淀（上卷）

浙江越秀外国语学院中国语言文化学院
优秀毕业论文选·汉语国际教育专业卷

主　编　杨　锋　任茹文

本卷主编　杨　锋　李巧兰　孙永红

郑州大学出版社

图书在版编目（CIP）数据

思考与沉淀：上、下卷／杨锋，任茹文主编. — 郑州：郑州大学出版社，
2021. 6（2024.6 重印）
ISBN 978-7-5645-7815-2

Ⅰ. ①思… Ⅱ. ①杨…②任… Ⅲ. ①汉语 - 语言学 - 文集②文学
研究 - 文集 Ⅳ. ①H1-53②I0-53

中国版本图书馆 CIP 数据核字（2021）第 073603 号

思考与沉淀（上卷）
SIKAO YU CHENDIAN（SHANGJUAN）

策划编辑	骆玉安	封面设计	苏永生
责任编辑	秦熹微　胡倍阁	版式设计	苏永生
责任校对	王晓鸽　孙园园	责任监制	李瑞卿

出版发行	郑州大学出版社	地　址	郑州市大学路 40 号（450052）
出 版 人	孙保营	网　址	http://www.zzup.cn
经　销	全国新华书店	发行电话	0371-66966070
印　刷	廊坊市印艺阁数字科技有限公司		
开　本	787 mm×1 092 mm　1 / 16		
总印张	40.5	总字数	961 千字
版　次	2021 年 6 月第 1 版	印　次	2024 年 6 月第 2 次印刷

书　号	ISBN 978-7-5645-7815-2	总定价	128.00 元（上、下卷）

前 言

    浙江越秀外国语学院中国语言文化学院汉语国际教育本科专业创办于 2008 年,汉语言文学本科专业创办于 2009 年。多年来,我们密切把握世界发展形势,响应"一带一路"倡议,不断深化教学改革,创新与实施"汉语+"人才培养模式,以"中外融通""线上线下"融合的"双栖"人才的培养作为两个专业人才培养的基本目标,收到了预期的效果。目前两个专业充满生机与活力,受到社会普遍的好评,均为学校的优势专业。尤其是汉语国际教育专业,2019 年 10 月被绍兴市评为重点本科专业,同年 12 月被教育部批准为省级一流专业,2021 年 2 月被教育部批准为国家级一流专业。迄今为止,全国 400 余所高校开办了汉语国际教育专业,其中被评为国家级一流专业的只有 10 余个,我们这个专业成为这 10 余个之一,是浙江省第一个国家级汉语国际教育专业。

    所谓"中外融通",就是毕业生具有中外文化的高素质,既可以在国外去任教汉语,也可以在国内任教语文或在汉语教育机构进行线上对外汉语教学。这是针对当今汉语国际教育专业面临的时代形势做出的抉择。所谓"线上线下"融合,是指汉语国际教育专业毕业生在教学技能上,既能在国外线下实体空间进行面对面的汉语教学的技能,也掌握了利用互联网线上虚拟空间进行跨境汉语教学。

    围绕"双栖"人才的培养,我们建构了"一体两翼"为内核的基本模式,确定了"汉语+"人才培养方案的基本架构,形成了汉语国际教育专业的人才培养方案改革的基本思路。所谓"一体",就是一体主导,是指确立一个主体和核心。这就是汉语中国文学与文化。我们的教学内容以汉语与中国文学与文化为主体内核,夯实毕业生的专业根基。"汉语+"就是要使汉语国际教育专业回归和确立"汉语与中国文学与文化"的主体地位,在突出语言课程的同时也强化中国文学与文化的教学。所谓"两翼",就是两翼互动,是指两种专业技能。这就是跨文化交际的外语实战能力与"互联网+"时代的教学技能。首先是强化外语教学,突出多语种表达能力的训练,鼓励学生参加"一带一路"对象国通行语言的学习,开设相关课程,举办强化培训班,提高学生跨文化交际的实战能力。其次是强化现代教学能力的培养,突出互联网线上跨境教学技能的训练。为此我们建立了跨境线上汉语教学实训中心,突出了学生线上虚拟空间的跨境汉语教学技能的训练,突显"互联网+"时代特征。

    我们从外语院校的实际出发,在改革中进行了长期而认真的探讨,并进行了长时间实践检验,最终确立了"四元融合"的课程模块和"四维协同"的实践教学体系。所谓"四元融合",就是从汉语国际教育专业人才专业素养和专业能力出发设置的四个课程模块,形成了"以汉语和中华文化课程板块为主体,以外语和跨文化交际课程板块和教育教学课程板块为支撑,以实践课程为推手"的课程体系。我们将汉语与中国文化(文学)课程作为核心课程群和专业课程体系的主体,确保中国语言文学类课程全面开设;并且在外语与跨文化交际的课程模块设置中充分发挥我校有 15 个外语语种的优势,既开设了《第二外语》课程,又开设小语种辅修专业学习,还定期开办 60 课时的泰语、阿拉伯语等小语种的强化培训班,提高学生通往"一带一路"国家的跨文化交际能力。在设置教育与现代教学技术的课程群时,除开设通常的线下教学技能的系列课程之外,还率先开出了《跨境线上汉语教学与实践》课程,又专门建立了跨境线上汉语教学实践中心,供学生训练,要求学生四年必须完成至少 20 课时的线上教学实践。

我们从教学型高校应用型专业的定位出发,构建了"四维协同"的实践教学体系,不仅线下教学实践与线上教学实践齐动,而且国内实践与国外实践协同,显示了线上实践充分,国别化实践扎实的鲜明特色。首先,做强国外国别化实习。我们先后在泰国华侨崇圣大学、川登喜大学、尖竹汶府艺术学院以及尖竹汶府 8 所中小学联盟学校,马来西亚苏丹依德理斯国立教育大学、拉曼大学,印度尼西亚的三宝龙大学和菲律宾华校协会学校等东南亚 20 余所大中小学校建立了实习基地,每年分期分批派出学生开展为期 2 个月的实习。其次,我们积极做好校内、国内的线下实践和线上实践。不仅先后在绍兴市一批中小学建立了实践基地,而且与哈兔网络中文学院、中文路、中文在线等多家互联网企业开展合作,共建线上汉语教学平台,打造了多元协同育人的实践平台。

"汉语+"人才培养方案改革,显示了很强的活力。"一体两翼四维"的模式既解决了人才培养目标滞后、课程体系陈旧、专业基础知识不扎实等问题,又解决了学生跨文化交际能力和教学实践能力弱、创新能力不强等问题,提高了毕业生的的综合素质,增强了社会适应度和市场竞争力,拓宽了就业渠道,落实了"德才兼备,道技并重"专业建设理想。"汉语+小语种和国别化"、"汉语+线上汉语教学"、"汉语+中国传统文化"、"汉语+实践"实现了人才培养模式的创新,而"四元融合"的课程模块创新了专业课程体系,实现了培养目标与课程设置无缝对接的同构效应;"四维协同"的实践体系,不仅提高了学生的跨文化交际、中华文化国际传播与汉语教学推广的能力,而且提高了学生的创新能力。近四年来,本专业学生获得全国大学生创新创业项目和浙江省新苗计划等各级课题 40 余项,在全国、全省和国际比赛中获奖 20 余项,公开发表学术论文 60 多篇,因此社会适应度和市场竞争力明显增强。考取硕士研究生的比例每年以 3% 左右的速度上升,涌现了一批颇有成就的创业者,申请汉语教师志愿者的成功率从 50% 上升到 2019 年的 100%。

本书分为上、下两卷。上卷是汉语国际教育专业卷,内容是来自汉语国际教育专业学生的优秀毕业论文。我们围绕着"留学生与汉语教学研究"和"语言文化研究"两个主题,选取了其中 16 篇有代表性的论文汇编成上卷。下卷是汉语言文学专业卷,内容是来自汉语言文学专业学生的优秀毕业论文。我们围绕"中国古代文学""中国现当代文学""外国文学与比较文学""文艺学与美学"以及"语言学"等 5 个主题,选取了其中 31 篇有代表性的论文汇编成下卷。这些论文既是浙江越秀外国语学院中国语言文化学院学生成果的一次集中展示,也是浙江越秀外国语学院中国语言文化学院一流专业与学科建设成果的具体体现。

在本书即将付梓之际,首先要感谢论文的作者和本书的几位主编老师的辛苦努力。其次也要感谢郑州大学出版社的编辑老师们,他们的专业素质、创新务实的精神令人难忘。

刘家思

2021 年 1 月 18 日

目　录

留学生与汉语教学研究

初级阶段留学生汉语学习动机探究
——以浙江越秀外国语学院留学生为例

胡心雨

摘　要:借着全球"汉语热"迅猛发展的态势,国内对二语习得的研究越来越关注学习者的个体差异,其中学生的学习动机受到外语学习研究者的广泛关注。本文以浙江越秀外国语学院初级阶段不同班级汉语留学生为样本进行调查,根据留学生的学习动机整体情况,将动机分为融入型动机、工具型动机、成就型动机和外部动机,从性别、年龄、课堂情况、课后学习时长、国籍和学生属性探究影响学习动机的因素,又根据多内的二语动机三层次学说,从语言层面、学习者层面和学习情景三方面进行因子探析,将学习动机与学习行为、学习结果相关联,挖掘动机强烈程度与学习行为和学习结果的联系,为教师提出教学方面的建议。

关键词:初级阶段;汉语学习动机;浙江越秀外国语学院留学生;教学建议

引　言

（一）研究背景

随着"汉语热"的兴起,来自不同文化背景的外国学生纷纷开始学习汉语,世界范围内汉语学习的需求急剧增加。教师在教学实践中发现不同学习者的学习动机显示出不同特点。为了进一步推进教学,语言学家和对外汉语教学研究者也更加关注影响动机的因素。

多内认为:"动机被认为是激发、引导和维持行为的内部过程。"当个体产生某种需要时,随之产生的内在动力会推动个体去追求和实现这种需要,从而产生了动机。这是一种动态的、发展的、因人而异且有一定持续性的内在动力。

在后续的研究中,对汉语学习动机的研究越来越频繁地吸引学者的注意,成为广泛研究和探讨的话题。专业领域的研究者们普遍得出结论:学习动机的强弱对外语学习者的学习产生很大的影响。动机的强弱在一定程度上决定了学习者的学习活动的成效,较强的学习动机可以使他们保持持久且高涨的学习激情。在学习上,直接影响学生使用学习策略的频率、接受语言输入和可理解性输出的多少以及水平的高低;在情感上,反映在学生身上的情感过滤因素和产生学习的焦虑程度也有一定的差别;在交际上,影响学生交际策略的使用和用目的语交际的可能性。

(二)研究缘由及意义

本文着眼于浙江越秀外国语学院的在校留学生的学习动机,分析性别、年龄、国籍、学生属性、课后学习时长和上课情况与学习动机的相关性,判断学生学习汉语的动机的类型以及表现出的强烈程度,并联系受访学生的学习行为和学习结果,通过对以上情况的分析,以便找到更适合激发和培养初级阶段留学生汉语学习动机的方法,帮助教师在教学中留意教学策略,使教学更有针对性。

一、研究设计

(一)研究问题

本文以西方二语习得研究者关于动机的理论研究和社会心理学为理论基础,以浙江越秀外国语学院初级阶段在校留学生为样本,判断学生在汉语学习中学习动机的类型,探究影响动机的因素、学习者的动机强弱及其对学习表现和结果的影响。

(二)研究对象

本篇论文以2018—2019学年第二学期浙江越秀外国语学院初一A、初一B、初一C、初二A和初二B共五个班级来自11个国家的40位同学为研究对象展开调查,受访学生基本情况如表1-1所示。

表1-1 问卷调查情况

项目	分类	人数	占总数百分比
性别	男	19	47.5%
	女	21	52.5%
年龄	17~20岁	19	47.5%
	21~25岁	17	42.5%
	26~30岁	2	5.0%
	30岁以上	2	5.0%
学历层次	高中	8	20.0%
	大学	32	80.0%

续表1-1

项目	分类	人数	占总数百分比
国籍	中亚国家	7	17.5%
	南亚国家	1	2.5%
	东南亚国家	3	7.5%
	西亚国家	5	12.5%
	东亚国家	20	50.0%
	欧洲国家	2	5.0%
	南美国家	2	5.0%
学生属性	自费生	18	45.0%
	交换生	19	47.5%
	交换转自费	2	5.0%
	学历生	1	2.5%
学习汉语年龄	小于8岁	1	2.5%
	8~14岁	0	0
	15~20岁	22	55.0%
	21~30岁	15	37.5%
	30岁以上	2	5.0%
学习目的	提高口头表达能力	7	17.5%
	提高听力水平	5	12.5%
	提高阅读能力	2	5.0%
	提高写作能力	1	2.5%
	全方位提高	25	62.5%

(三)研究方法

1.量化研究

本调查是基于普遍意义上的变量研究做出的动机研究量化,选取浙江越秀外国语学院初级阶段在校留学生作为研究对象,通过提问和选项的选择,对学生的学习动机进行分类,找出影响学生动机的各个方面的因果关系,运用数字统计的方式,得出规律性的总结。

2.问卷调查法

笔者为了使此次关于浙江越秀外国语学院初级阶段留学生的学习动机的对象的数据更具有普遍性和参考价值,选取了不同社会文化背景下,不同年龄、不同学历、学习汉语时间长短不一致的学生进行调查,并根据可能影响学生学习动机的各因素设计了调查问卷。

问卷调查过程中使用大样本的方式进行,期间对不能完全正确理解的问题用英语或者学生母语进行翻译,以保证问题可懂,受访者也有能力回答。有意识地将每份问卷的完成时间控制在30分钟以内,避免调查对象因为产生不耐烦的心理而敷衍了事,以此来得到受访者的真实且有效的数据。此调查问卷由五部分组成,分别是个人基本信息、汉语学习情况、动机类型探究、影响因素、学习行为和学习结果的考察。其中对后面三项的调查,根据5等级的李克特量表[①]计分。如表1-2所示。

表1-2　李克特量表计分表

选项	分值
完全不同意	1
基本不同意	2
不知道	3
基本同意	4
完全同意	5

本文依据程晓堂和郑敏(2002)的评分标准,将平均得分为4.5分至5分的问题认定为学生对该问题的认可度高,即动机很强,3.5分至4.4分表示较认同问卷选项,即动机较强,2.5分至3.4分表示动机强度一般,1.5分到2.4分表示动机很弱,而1.4分及以下则表示基本无该方面的行为表现和动机。

受访者结合自身情况根据认同程度选择答案,此次问卷的信度检测结果如表1-3所示。

表1-3　可靠性统计

克隆巴赫系数	项数
0.732	16

由于样本容量有限,因此在信度上只显示出略大于0.7的数值,但已经符合可靠性的基本要求。本次调查共发放41份问卷。回收的问卷40份,占问卷总数97.56%;另外,无效问卷1份,占问卷总数的2.44%。

---

① 李克特量表法:由美国社会心理学家李克特于1932年在原有的总加量表基础上改进而成的。该量表由一组陈述组成,每一陈述有"非常同意""同意""不一定""不同意""非常不同意"五种回答,分别记为5、4、3、2、1,每个被调查者的态度总分就是他对各道题的回答所得的分数的加总,这一总分可说明受访者的态度强弱或在这一量表上的不同状态。

3. 数据收集与分析

使用 SPSS 进行信度分析、方差分析和多元回归分析。

笔者通过对浙江越秀外国语学院留学生的汉语学习动机的抽样调查，对他们的个人情况进行分析，总结出受访者的动机类型及差异，探究影响学习动机的因素和特点，将学习行为和学习结果与动机相关联，有利于教师根据学生特点，更好地开展工作，实现教学成果最优化。

二、初级阶段来华留学生学习动机

为了判断受访者的学习动机，笔者在后续的分析中，将 Q06、Q07、Q08、Q09、Q10 和 Q12 作为工具型学习动机的题项，将 Q01、Q02、Q03、Q14、Q15 和 Q17 作为融入型动机的题项，将 Q21、Q32、Q33 和 Q34 作为成就型动机的题项，将 Q04、Q05、Q11、Q13 和 Q16 作为外部学习动机的题项。共涉及 21 个题项，通过数据分析，平均分最高表明该项学习动机最强，并判断受访者以该类动机为主导动机。

该校留学生学习动机的结果如表 1-4 所示，这四个动机类型的排名依次是成就型动机、融入型动机、外部学习动机和工具型动机（其中三位同学有两个主导动机）。

表 1-4　四种类型学习动机数据统计表

动机类型	个案数	比例
成就型动机	17	39.6%
融入型动机	11	25.6%
外部学习动机	9	20.9%
工具型动机	6	13.9%

（一）留学生学习动机描写性统计分析

为了具体了解该校留学生的相关情况，笔者对调查数据进行了统计分析，整理结果如表 1-5 所示。

表 1-5　学习动机各项总分及均值表

题目	人数	总分	均值	标准差	
Q03 因为想和中国人交朋友	40	187	4.675	0.648	得分高
Q17 对汉语感兴趣	40	186	4.650	0.572	
Q11 汉语越来越重要，觉得学习汉语有用	40	185	4.625	0.796	

续表1-5

题目	人数	总分	均值	标准差	
Q34 汉语学习取得优秀成绩目前对我十分重要	40	180	4.500	0.894	
Q09 学会汉语,是一项技能	40	172	4.300	0.927	
Q01 因为喜欢汉语、汉字、中国文化	40	171	4.275	1.000	
Q14 觉得中国这个国家厉害(好)	40	169	4.225	0.851	
Q07 为了更好地找工作	40	163	4.075	1.292	
Q12 想来中国玩	40	162	4.050	1.048	
Q10 因为我的专业,需要我学习汉语	40	159	3.975	1.423	
Q04 朋友学汉语,我也想学	40	155	3.875	1.469	
Q33 老师经常表扬我	40	151	3.775	0.942	
Q21 有同学跟我竞争,我的汉语学得更好	40	150	3.750	1.090	
Q02 喜欢中国美食、汉语歌曲、电影、小说等	40	145	3.625	1.111	
Q16 为了让更多人知道我的国家	40	141	3.525	1.265	
Q13 为了拿到文凭	38	139	3.475	1.323	
Q32 我要在汉语科目上超过其他同学	40	139	3.475	1.095	
Q05 父母要求我学习汉语	40	130	3.250	1.561	
Q08 考研(升学)时更容易得分	40	117	2.925	1.311	
Q06 我有中国亲戚,想更好地跟他(她)交流	40	105	2.625	1.592	
Q15 为了移民中国	40	68	1.700	1.030	得分低

以上数据表明调查对象在各个问题的反应上存在差异。

得分较高的是Q03、Q17,我们可以把这两个归入融入型动机,以上两个问题透露出受访者对目的语文化的接受程度,愿意与目的语群体进行交际,也包含了他们学习外语的主动且积极的意愿。

另外,值得注意的是,对留学生汉语课堂上的表现的自我评测中,52.5%的同学都选择了"在课堂上我只回答很容易的问题",学生学习中存在畏难心理,在一定程度上存在"语言休克"现象,在不同的人身上也表现出不同的压力程度。笔者在进一步的访谈中得知部分同学内心认为学习汉语是一个比较困难的任务,诸如在生词方面、语法以及声调的掌握上,都表现出不同程度的困惑,结合学生的学习行为和表现,笔者认为这些因素也直接或间接地影响了留学生的学习动机和学习动力。

(二)动机类型的因子分析

1. 工具型动机

兰伯特(W. Lambert)和加纳德(R. Gardner)在早期著作中,把动机分为融入型动机和工具型动机两个大类。其中工具型动机强调学习者注重第二语言的实用性,把学习汉语看作更好地交际、更有能力查阅相关资料、获得更好的工作的途径。本文将留学生的工具型动机细分为两类,如表1-6所示。

表1-6　工具型动机分析表

动机类型	细分类型	题目	平均值(Mean)
工具型动机	学习生活发展工具型	Q06 我有中国亲戚,想更好地跟他(她)交流	2.625
		Q08 考研(升学)时更容易得分	2.925
		Q10 因为我的专业,需要我学习汉语	3.975
		Q12 想来中国玩	4.050
	工作发展工具型	Q07 为了更好地找工作	4.075
		Q09 学会汉语,是一项技能	4.300

"为了更好地找工作"以及"学会汉语,是一项技能"得分最高,可见留学生更多地把学会汉语作为寻找工作的技能。在访谈过程中,在没有提供学习汉语的原因的选项时,他们的第一反应是为了工作。以下是学生的原话:"因为我想提高我的汉语,汉语将来有用,我的工作",虽然学生的汉语语法并不规范,但依据学生的口头表达和问卷结果,我们可以得知,受访者认为学习汉语,可以帮助他们在未来获得一份满意的工作,而对于Q08"考研(升学)时更容易得分"的这个问题,在接受笔者问卷调查的留学生中,他们学习汉语的目标似乎几乎没有将升学考虑在内,他们大都毫不犹豫地选择数字"1",或者在听到这个问题时,便马上否认,因此在这个问题上,学生的动机较弱。

2.融入型动机

本文将融入型动机分为三类,如表1-7所示。

表1-7　融入型动机分析表

动机类型	细分类型	题目	平均值(Mean)
融入型动机	文化欣赏型	Q01 因为喜欢汉语、汉字、中国文化	4.275
		Q02 因为喜欢中国美食、汉语歌曲、电影、小说等	3.625
		Q14 觉得中国这个国家厉害	4.225
	语言兴趣型	Q17 对汉语感兴趣	4.650
	交际融入型	Q03 因为想和中国人交朋友	4.675
		Q15 为了移民中国	1.700

从表1-7整理的数据中可以看到，在受访者的融入型动机涉及的各个题项均值较大，表明在我校初级阶段留学生中，融入型动机水平居于高位，"因为想和中国人交朋友"的选项得分最高，表明他们对目的语群体持正面态度，"舒曼的文化适应模式认为，当二语学习者对目的语群体持正面态度时，会有助于二语习得的发展"（周小兵，2019）。基于此，有待进一步讨论这部分同学的学习情况与这一动机的联系。另外，受访者对汉字、中国文化、中国美食、电影等的喜爱也与融入型本身的特征相符，即"接受并喜爱目的语文化，融入目的语社团的流行趋势，主动开展与目的语社团的人的交际，能够接受目的语社团的价值观并积极践行"（史利红、张舍茹，2016）。这一部分的留学生学习汉语是因为对中国相关文化的喜爱，或者为了使在中国生活更加便利，包括与中国人更加有效地沟通，这有利于学生的汉语学习。

而Q15作为融入型动机的特例：为了移民中国，他们更多表现出来的是受文化欣赏和对语言本身的兴趣驱动，他们对自己国家的政治文化经济等方面都是比较认可的，并没有更进一步的以移民的方式融入中国社会或者中华文化圈的倾向。

该结果也证实了多内的融入性动机理论："决定外语学习融入性动机的因素，不是融入新的目标语社会团体的欲望，而是对语言学习的总的意向以及接受目标语传达的价值观念"（原一川、等，2008）。

3. 成就型动机

许秋寒等人（2008）指出："Atkinson将成就动机分为两种：一种是追求或希望成功的动力，表现出趋向目标的行动，学生在意教师对自己的反馈以此满足自己的成就感需求；另一种是害怕失败的心理，他们逃避某些可能会带来失败的情境。"成就型动机分类如表1-8所示。

表1-8　成就型动机分析表

动机类型	题目	平均值（Mean）
成就型动机	Q21 有同学跟我竞争的情况下，我的汉语学得更好	3.750
	Q32 我要在汉语科目上超过其他同学	3.475
	Q33 老师经常表扬我	3.775
	Q34 汉语学习取得优秀成绩目前对我十分重要	4.500

受访者中也有很多同学对于Q32"我要在汉语科目上超过其他同学"这一选项并不认同，例如来自印度尼西亚的学生，对于我国的学习中部分同学产生的竞争意识是很意外的，他们认为个人是独立的个体，每个人享有同样的学习资源，所有人都可以通过努力获得自己满意的分数，强调共同进步。至于Q33"老师经常表扬我"这一选项，由于部分调查对象是本学期第一次来本校学习，调查时间临近开学，老师对他们回答问题情况及作业完成情况等还没有太多的反馈，因此，这一数据对调查结果的影响可以不计入考虑。

4. 外部学习动机

Harter(1981)将动机分为内部动机和外部动机,如表1-9所示。

表1-9　外部学习动机分析表

动机类型	题目	平均值（mean）
外部学习动机	Q04 朋友学汉语,我也想学	3.875
	Q05 父母要求我学习汉语	3.250
	Q11 汉语越来越重要,觉得学习汉语有用	4.625
	Q13 为了拿到文凭	3.475
	Q16 为了让更多人知道我的国家	3.525

从数据平均值我们可以看出,来该校学习的留学生对于汉语的实用价值是充分认定的。相对来说,其他外在因素如家长支持动机(父母要求我学习汉语),社会责任动机(为了让更多人知道我的国家)等较弱。因此,该校初级阶段留学生在学习中受外部因素的作用的影响程度较小。

三、影响学习动机类型的因素

根据调查数据,整理出了影响不同学习者学习动机和积极性的几大影响因素。

(一)性别与学习动机的关系

性别与留学生各类学习动机的方差分析结果为阴性,即四个动机类型与性别无任何关联。如表1-10所示。

表1-10　性别与学习动机关系分析表

动机类型	统计分类	平方和	自由度	均方	F	显著性(p)
工具型动机	组间	4.900	1	4.900	0.407	0.527
	组内	457.000	38	12.026		
	总计	461.900	39			
外部学习动机	组间	22.500	1	22.500	1.800	0.133
	组内	475.000	38	12.500		
	总计	495.500	39			

续表 1-10

动机类型	统计分类	平方和	自由度	均方	F	显著性(p)
融入型动机	组间	14.400	1	14.400	1.706	1.990
	组内	330.700	38	8.439		
	总计	335.100	39			
成就型动机	组间	25.209	1	2.520 9	4.467	0.042
	组内	203.789	36	5.661		
	总计	229.079	37			

女性的成就型动机倾向略高于男性。而其他三个因子的 p(显著性)的均值大于 0.05,存在一定的差异性,但并不显著,不具有显著的相关性。

因此,可以得出留学生的学习动机的类型和强度的变化,与性别没有必然联系。

(二)年龄与学习动机的关系

因为年龄为连续性变量,因此在数据分析时,笔者采用了相关性分析的方法。数据结果如下:

将年龄和融入型动机得分进行 Pearson 相关性分析,Pearson 相关系数 = 0.182, p = 0.262>0.05,说明年龄与融入型动机得分没有关联。

将年龄和工具型动机得分进行 Pearson 相关性分析,Pearson 相关系数 = 0.364, p = 0.021<0.05,说明年龄与工具型动机得分显著相关,年龄越大,工具型动机得分越高。

将年龄和成就型动机得分进行 Pearson 相关性分析,Pearson 相关系数 = 0.393, p = 0.015<0.05,说明年龄与成就型动机得分显著相关,年龄越大,成就型动机得分越高。

将年龄和外部学习动机得分进行 Pearson 相关性分析,Pearson 相关系数 = 0.264, p = 0.100,说明年龄与外部学习动机得分没有关联。

以上数据显示,年龄和成就型动机(p = 0.015),工具型动机(p = 0.021)存在正相关关系,这表明,随着年龄的增长,汉语学习者越来越着眼于语言学习在生活的实际运用,也更在乎自我的心理满足。

(三)上课情况与学习动机的关系

留学生在课堂出勤情况和学习投入情况,并不以学习动机的差异而存在明显区别,85%的学生自评显示其学习整体情况良好:"基本每天都去上课,且学习很努力",学习态度端正,学习信念坚定。10%的同学自测"基本每天都来上课,但学习不够努力",表现出学习习惯不是很好,自我约束力不足。对大部分留学生来说,每天接触二语的时间主要在课堂上,但是5%的同学对此认识不够充分,低估了课堂的重要性。

通过深入的对话,笔者发现选择其他选项的学生,是由于自我期许及对于努力与否的评判标准的差异。受访对象中的大多数至少在出勤和努力程度上,都表现出积极的学习状态,上课情况与学习动机关系不密切。

（四）课后学习时长与学习动机的关系

从数据观察来看，留学生的课后学习时长较平均。为此，笔者通过单因素方差分析来考察课后学习时长与学习动机的表现的联系，如1–11所示。

表1–11　课后学习时长与学习动机关系分析表

动机类型	统计分类	平方和	自由度	均方	F	显著性(p)
工具型动机	组间	74.627	3	24.876	2.312	0.092
	组内	387.273	36	10.758		
	总计	461.900	39			
外部学习动机	组间	45.114	3	15.038	1.197	0.325
	组内	452.388	36	12.566		
	总计	497.500	39			
融入型动机	组间	30.433	3	10.144	1.119	0.324
	组内	304.667	36	8.463		
	总计	335.100	39			
成就型动机	组间	33.662	3	11.221		0.140
	组内	195.417	34	5.748	1.952	
	总计	229.079	37			

由上表可以看出，p（显著性）>0.05，差异性显著，不具有相关性。其中，每天课后学习1小时的学生为5人，占总人数的12.5%；课后学习2小时的学生最多，占总人数的55%；课后学习三个小时及以上的学生占总数的25%；几乎不在课后学习的学生占总人数的7.5%，人数最少。因此，可以得出留学生的学习动机与课后学习时间没有关联。

（五）国籍与学习动机的关系

在问卷后的访谈中，笔者发现来自西亚（也门）的同学，或多或少地都倾向于工具型动机。他们当中的大多数都是坦率地说"学习汉语是为了在中国做生意，与中国人对话"，他们学习汉语的动机是为了工作上能得到帮助。但数据中工具型动机为次动机，主导动机是成就型动机，也门同学在学习中在意教师的评价和学习成绩的高低。其他国籍的同学的数据分析，如表1–12所示。

表 1-12　学生国籍与动机类型表

学生编号	国籍	动机类型
1	日本	1＝4>2>3
2	日本	4>2>1>3
3	日本	4>2>1>3
4	韩国	3>2>1>4
5	日本	2>4>1>3
6	韩国	2>4>3>1
7	韩国	1>2>3>4
8	日本	1>3>4>2
9	日本	4>1>3>2
10	日本	3>1>4>2
11	日本	3>4>1＝2
12	韩国	4>3>1>2
13	日本	3>4>2>1
14	韩国	4>2>3>1
15	韩国	3>1＝4>2
16	韩国	3>2>4>1
17	日本	3>1>2>4
18	日本	1>3>2>4
19	日本	1>2>3>4
20	日本	3>1＝2>4
21	乌兹别克斯坦	4>1>2>3
22	乌兹别克斯坦	4>1>2>3
23	乌兹别克斯坦	1>4>3>2
24	乌兹别克斯坦	4＝3>2>1
25	乌兹别克斯坦	4>1>3>2
26	塔吉克斯坦	4>1>3>2
28	印度尼西亚	2>3>1>4
29	印度尼西亚	3>4＝1＝2
30	印度尼西亚	2＝3>4>1
31	也门	1>3>2>4
32	也门	3>4>1>2

续表 1-12

学生编号	国籍	动机类型
33	也门	3>1>4>2
34	也门	3>4>1>2
35	也门	3>4>1>2
36	孟加拉国	1>2>4>3
37	秘鲁	1>3>2>4
38	巴西	3>2>1=4
39	意大利	2>3>1>4
40	俄罗斯	2>1>3>4

(其中 1=融入型动机,2=工具型动机,3=成就型动机,4=外部学习动机)

从上述数据可以看出,东亚(日本、韩国)学生主要是以融入型动机、成就型动机和外部学习动机为主导,受工具型动机影响较小。这表明东亚留学生注重融入目的语国家,追求内心的满足并且受外部因素影响相对较大,而不过分强调汉语的实用性。动机中没有明确表现出其将汉语学习作为寻求个人发展的绝对途径。

中亚国家(乌兹别克斯坦、塔吉克斯坦)同学全部以外部学习动机和融入型动机为主导,受家庭和交际圈影响较大,并且许多同学表示"很多人不知道我的国家",并且他们有意识地想让更多的人知道他们的国家及相关的文化,表现出较强的社会责任意识。

南亚(孟加拉国)同学因为只有一个数据样本,因此不具有代表性,但唯一的受访者在数据上,相比工具型动机(均值3.667)、成就型动机(均值2.5)和外部学习动机(均值2.8),有明显的融入型动机倾向(均值4.333),这反映了受试的留学生更多的是想体验中国文化,融入中国社会,对汉语和文化有积极态度。

欧洲国家(意大利、俄罗斯)同学是以工具型为主导的汉语学习动机,乐于通过掌握汉语获得更多更好的工作机会,注重汉语作为生活和工作的工具型作用。

而东南亚(印度尼西亚)和南美国家(秘鲁、巴西)由于数据样本较小,无法抽取出国籍与学习动机的一般规律。

(六)学生属性与学习动机的关系

学生属性与学习动机的关系如表 1-13 所示。

表 1-13 学生属性与学习动机关系表

学生编号	动机类型	学生属性
1	1=4>2>3	交换
2	4>2>1>3	交换
3	4>2>1>3	交换

续表1-13

学生编号	动机类型	学生属性
4	2>4>1>3	交换
5	1>2>3>4	交换
6	1>3>4>2	交换
7	4>1>3>2	交换
8	3>1>4>2	交换
9	3>4>1=2	交换
10	4>3>1>2	交换
11	3>4>2>1	交换
12	4>2>3>1	交换
13	3>1=4>2	交换
14	3>2>4>1	交换
15	3>1>2>4	交换
16	1>3>2>4	交换
17	1>2>3>4	交换
18	3>1=2>4	交换
19	2>3>1>4	交换
20	2>1>3>4	自费
21	1>3>2>4	自费
22	3>4>1>2	自费
23	3>4>1>2	自费
24	2>3>1>4	自费
25	3>4>1=2	自费
26	1>3>2>4	自费
27	2=3>4>1	自费
28	3>2>1=4	自费
29	4>1>3>2	自费
30	4>1>3>2	自费
31	1>2>4>3	自费
32	3>4=1=2	自费
33	4>1>2>3	自费
34	4>1>2>3	自费

续表 1-13

学生编号	动机类型	学生属性
35	1>4>3>2	自费
36	4=3>2>1	自费
37	3>4>1>2	自费
38	3>2>1>4	交换转自费
39	2>4>3>1	交换转自费
40	3>1>4>2	学历生

(其中 1=融入型动机,2=工具型动机,3=成就型动机,4=外部学习动机)

受试者中,有 18 个自费生,19 个交换生,2 个交换转自费,还有 1 个学历生。以上数据表明不同属性的学生以成就型动机为主,交换生和自费生主导性动机依次是成就型动机、外部学习动机、融入型动机和工具型动机。

因此,在该校就读的留学生的属性与学习动机的差异关联不是很明显。

四、不同学习动机下的学习状况考查

(一)学习行为

针对不同学习动机表现出的不同学习行为,根据调查数据,笔者用多重线性回归分析,分别对融入型动机、工具型动机、成就型动机和外部学习动机进行模型分析。结果如下。

1. 融入型动机的线性回归分析

采用多重线性回归分析,自变量采用逐步进入法,将不同的学习行为变量依次纳入模型,结果筛选出 1 个与融入型动机相关的变量:an29($p<0.05$),如表 1-14 和表 1-15 所示。

表 1-14　融入型动机多重线性回归模型

	B	标准误差	T	p
an29	1.269	0.495	8.302	0.000
常量	17.781	0.485	2.564	0.015

表1-15 融入型动机多重线性回归模型摘要

模型	R	R 方	调整后 R 方	标准估算的误差
1	0.402a	0.162	0.137	2.809 75

注:a. 预测变量:(常量),an29

2. 工具型动机的线性回归分析

采用多重线性回归分析,自变量采用逐步进入法,将不同的学习行为变量依次纳入模型,结果筛选出 1 个与工具型动机相关变量:an29($p<0.05$),如表 1-16 和表 1-17 所示。

表1-16 工具型动机多重线性回归模型

	B	标准误差	T	p
an29	2.028	0.529	3.833	0.001
常量	13.272	2.289	5.799	0.000

表1-17 工具型动机多重线性回归模型摘要

模型	R	R 方	调整后 R 方	标准估算的误差
1	0.549a	0.302	0.281	3.002 60

注:a. 预测变量:(常量),an29

3. 成就型动机线性回归分析

采用多重线性回归分析,自变量采用逐步进入法,将不同的学习行为变量依次纳入模型,结果筛选出 6 个与成就型动机相关变量:an32,an34,an33,an26,an22,an28($p<0.05$)。如表 1-18 和表 1-19 所示。

表1-18 成就型动机多重线性回归模型

	B	标准误差	T	p
an32	1.369	0.100	13.668	0.000
an34	1.746	0.129	13.548	0.000
an33	1.316	0.125	10.561	0.000
an26	0.596	0.132	4.532	0.000
an22	−0.620	0.146	−4.247	0.000
an28	−0.171	0.067	−2.569	0.016
常量	−1.179	0.898	−1.314	0.199

表1-19　成就型动机多重线性回归模型摘要

模型	R	R方	调整后R方	标准估算的误差
1	0.698a	0.487	0.472	1.819 04
2	0.837b	0.701	0.683	1.409 43
3	0.938c	0.879	0.868	0.909 22
4	0.956d	0.913	0.902	0.782 97
5	0.970e	0.941	0.931	0.656 38
6	0.976f	0.952	0.942	0.602 56

注:a. 预测变量:(常量),an32

　　b. 预测变量:(常量),an32,an34

　　c. 预测变量:(常量),an32,an34,an33

　　d. 预测变量:(常量),an32,an34,an33,an26

　　e. 预测变量:(常量),an32,an34,an33,an26,an22

　　f. 预测变量:(常量),an32,an34,an33,an26,an22,an28

4. 外部学习动机线性回归分析

采用多重线性回归分析,自变量采用逐步进入法,将不同的学习行为变量依次纳入模型,结果筛选出3个与外在型动机相关变量:an34,an26,an27($p<0.05$),如表1-20和表1-21所示。

表1-20　外部学习动机多重线性回归模型

	B	标准误差	T	p
an34	1.967	0.546	3.599	0.001
an26	1.606	0.536	2.996	0.005
an27	0.773	0.369	2.094	0.044
常量	0.292	3.501	0.083	0.934

表1-21　外部学习动机多重线性回归模型摘要

模型	R	R方	调整后R方	标准估算的误差
1	0.567a	0.321	0.301	2.996 03
2	0.697b	0.486	0.455	2.646 74
3	0.740c	0.548	0.505	2.520 63

注:a. 预测变量:(常量),an34

　　b. 预测变量:(常量),an34,an26

　　c. 预测变量:(常量),an34,an26,an27

综上,与融入型动机和工具型动机关联最大的都是 Q29。当融入型动机和工具型动机表现在不同留学生身上时,他们共同的行为导向是对学习内容的深入挖掘,体现出对学习的钻研度和热情。

与成就型动机关联最大的分别是 Q22,Q26,Q28,Q32,Q33 和 Q34。与成就型动机关联的问题较多,其中 Q32,Q33 和 Q34,与上文我们的假设一致,即成就型学习动机与学习行为具有一致性。另外,成就型动机驱动下的学习行为,部分体现了融入型和工具型动机的学生的特点——课后钻研课上不会的内容,且在课堂上,注意力也比较集中。

而与外部学习动机关联度最大的是 Q26、Q27 和 Q34。在外部学习动机影响下,学生对课程学习更加严谨,相对会采取主动学习的姿态,对学习成绩更加看重,并且乐于实操,倾向于用汉语与他人交流。

5. 其他学习行为分析

在数字的分析过程中,笔者发现上课出勤、作业完成情况、回答问题情况、遇到学习困难是否焦虑回避,这些变量在纳入模型就被系统直接排除了,说明这些变量与学习动机并无关联。

因此,不同学习动机下的学生,在上课出勤、作业完成情况、回答问题情况、遇到学习困难是否焦虑回避并不存在较大差异。

(二)学习结果

由于初级阶段留学生在该校就读时间有先后,因此部分留学生的学习档案没有留存。因此只对其中 26 位有入学成绩和期中成绩的同学进行学习结果与学习动机的分析。

其中 5 名同学以融入型动机为主导,4 名同学以工具型动机为主导,9 名同学以成就型动机为主导,5 名同学以外部学习动机为主导,另外,有两名同学分别以融入型和成就型动机共同主导以及成就型和工具型动机共同主导。在不同的动机主导下,留学生的学习结果也有所不同。

通过入学成绩和期中成绩的对比,笔者发现学生在经过半个学期的学习后,成绩有不同程度的提升,进步最多的同学进步区间甚至达到97。进步相对较多的同学,他们多以成就型动机和外部学习动机为主导。如表1-22所示。

表1-22 学生成绩对比及动机类型表

学生编号	入学成绩	期中成绩	进步区间	动机类型
1	52.5	87	34.5	1＝4>2>3
2	37	98.4	61.4	4>2>1>3
3	55	80.5	25.5	4>2>1>3
4	6	94.4	88.4	3>2>1>4
5	58	92.3	34.3	2>4>1>3

续表1-22

学生编号	入学成绩	期中成绩	进步区间	动机类型
6	21	94.8	73.8	2>4>3>1
7	46	82	36	1>2>3>4
8	70	88.75	18.75	1>3>4>2
9	72	89.25	17.25	4>1>3>2
10	28	96.33	68.33	2>3>1>4
11	70	89.75	19.75	3>1>4>2
12	37	89.75	52.75	3>4>1=2
13	78	96.25	18.25	4>3>1>2
14	38	90	52	3>4>2>1
15	50	92.75	42.75	1>3>2>4
16	3	99.33	96.33	4>2>3>1
17	40	98.17	58.17	3>1=4>2
18	2	99	97	3>2>4>1
19	18	98.83	80.83	2=3>4>1
20	53	89	36	3>1>2>4
21	51	97.67	46.67	3>4=1=2
22	24.5	92.33	67.83	1>3>2>4
23	80	93.88	13.88	1>2>3>4
24	74	89.38	15.38	3>1=2>4
25	28	97	69	2>3>1>4
26	40	80	40	4>1>2>3

(其中1=融入型动机,2=工具型动机,3=成就型动机,4=外部学习动机)

从数据来看,经过半个学期的学习,入学成绩较好的留学生在学习状态上也没有出现明显的懈怠。如表1-22中的学生13,入学成绩相对比其他同学高,在期中考试中,他仍然能保持一个相对的成绩优势。因此,笔者认为初始的学期成绩会给予学生学习信心,加上明确的学习动机,有助于学生的汉语学习。且期中考高分的大部分同学,入学成绩一般也较好。

当然,还有一些学生经过半个学习的努力,进步非常显著。如表1-22中的学生4、学生16及学生18,他们入学成绩都较低,但通过半个学习的努力,学习成绩明显提高。通过其他数据的考察,发现这些学生的学习习惯有利于汉语学习,且学习态度比较积极。为了探究以上留学生的学习行为和学习情况,笔者对学生4在问卷的基础上,也进行了单独的采访,学生4在本国的专业是医疗器械,他觉得学好汉语,对他更好地学习原专业有很大的帮助。以此为出发点，他来到中国学习汉语，平时他会积极预习和复习相关上课内容，对汉语学习也有极大的学习兴趣，下课后他每天会留三小时及以上的时间来学习汉语，也积极用汉语沟通，他表示在课后，如果有任何需要说汉语的情况，他会积极地用汉语进行表达，也希望为未来能够更好地与班级同学或者中国的朋友用汉语聊天。因此，从他的学习情况看，该留学生积极投入汉语学习，虽然他认为汉语"有一点点难"，也存在一点点学习上遇到困难的焦躁心理，但总体上，他欣喜自己学习上的进步，并且以之为动力，继续学习。

综上，本文参考的是留学生在最近一次期中考试中各课型的平均成绩，可以认为这份成绩能较好地反映学生在开学到第一次测试期间对所学内容的掌握程度。我们可以从进步区间看到，在过去半个学期的学习中，所有的受试者成绩上都有明显进步。

通过数据分析，笔者发现学生学习成绩的提高与动机的相关性并不密切，因此，笔者认为学生成绩提高主要是以下因素的共同作用。首先，考虑学习者的语言环境。学习者在目的语语言环境中，虽然在日常的接触中，并没有广泛并主动地说和用汉语，但是在课堂、与语伴和其他中国朋友的交流中，他们课堂中学习的汉语得到了实际应用，使课本内容与生活实际结合，一方面巩固了课堂学的知识，另一方面，在日常的生活与交际中，他们也找到了中文学习的方向和乐趣。第二，从学习动机本身出发。留学生的学习动机既是他们的学习出发点，也是引导和促进他们学习的重要因素。在不同的学习动机影响下，他们积极寻找自我突破的方式，以积极的学习心态投入汉语学习。第三，教师的作用。教师在留学生的学习过程中，扮演着很重要的角色。所有受访者无一例外地在"我的汉语老师人很好"等题项中，选择了分值最高的选项。因此，教师对学生的影响不可小觑，教师在活跃的课堂氛围中，既带动了学生学习积极性，也促进了学生成绩的提高。最后，受访者大都积极寻求语伴的帮助。90%的留学生表示，"我会主动联系联系语伴学习中文，也觉得语伴帮助我很多"。30%的留学生每周与语伴见面次数为两次，另外，60%的留学生与自己的中国语伴每周见面一次，并且在与语伴的见面及日常的通讯软件的交流中，留学生会对课堂以及作业存疑的地方，进行提问，以此作为提高自己汉语水平的方式。

在各种因素的综合影响下，初级阶段的学生的期中考成绩没有出现像入学考试那么明显的水平差异，由此，我们可以认为：在不断学习中，差异是可以不断补齐的，良好的学习习惯、积极的学习心理和学习态度，都会促使学生在学习中取得优异成绩。

五、动机强烈程度对学习状况的影响

（一）动机强烈程度对学习行为的影响

为了明确动机在学生身上的个体差异，使学生的学习行为测量拉开层次，笔者选择采用选项式的设问进行调查，涉及内容包括课外学习时长、完成作业情况、开口说汉语的情况等，如表1-23。

表1-23 学习动机强弱因子题项表

题项	选项	人数	比例
你觉得自己学习中文的态度是 _____	A. 基本上每天都去上课,学习很努力	34	85%
	B. 基本上每天都去上课,但学习不是很努力	4	10%
	C. 有时候去上课,学习比较努力	2	5%
	D. 有时候去上课,学习不是很努力	0	0
	E. 很少去上课,觉得上课很累	0	0
	F. 很少去上课,学习一点都不努力	0	0
课外学习时间(每天)_____	A. 1 小时	5	12.5%
	B. 2 小时	22	55%
	C. 3 小时及以上	10	25%
	D. 不在课外学习	3	7.5%
与语伴见面次数是 _____	A. 几乎不见面	4	10%
	B. 一周一次	24	60%
	C. 一周两次	12	30%
	D. 一个月一次	0	0
你会主动联系语伴学习中文吗?	A. 会,我觉得我的语伴帮助我很多	36	90%
	B. 会,我把这当作我的任务	2	5%
	C. 不会,我觉得我的语伴没什么可以帮我的	2	5%
	D. 不会,我不需要语伴	0	0
完成作业态度是 _____	A. 仅仅浏览一遍	4	10%
	B. 做出一些努力,但不尽最大努力	12	30%
	C. 非常认真做题,确保每题都弄懂	24	60%
如果课外我有机会说汉语,我会 _____	A. 从来不开口	3	7.5%
	B. 有需要的时候说	22	55%
	C. 如果有需要的话,大部分时间都讲汉语	15	37.5%
上汉语课时,我希望 _____	A. 只讲汉语	11	27.5%
	B. 汉语+英语	28	70%
	C. 说自己国家的语言	1	2.5%
在汉语课上,我 _____	A. 从来不开口	5	12.5%
	B. 只回答容易的问题	21	52.5%
	C. 尽量主动回答问题	14	35%

从以上的数据中,可以推断留学生认为自己符合留学生学院对于出勤的要求,且他们大都满意自己的学习状况,例如85%的学生肯定目前自己的学习状况,也认为自己是全身心投入于学习中的。在课外学习时间的题项中,超过半数(55%)的学生在课外会花两小时学习汉语,3小时及以上的学生占比25%,7.5%的学生不在课外学习,因此,在该校就读的留学生大都有意识地在课后继续学习,并最终提高自己的汉语水平,但从整体上来说,他们还需要投入更多的时间和经历。而学生与语伴见面频率以每周一次的居多,虽然这个频率不是很高,但是要把留学生和各自的语伴约在一个特定的时间段,本来就是一件比较有难度的事情,部分留学生表示学习上有问题会及时在社交网站上问语伴,在每周一次的见面中,会问一些难度大且解释也比较复杂的问题。所以,在这个数据上,笔者认为是无可厚非的。留学生在完成作业中的态度很积极,在提问中,笔者也了解到留学生对于作业难度及作业量是认可的,并肯定布置作业对于提高学生汉语水平的意义。

但留学生在课外说汉语的开口率、课堂回答问题情况上不够理想,他们当中有很多人怕在课堂上出错,会丢了面子。12.5%的留学生表示他们在课堂上"从来不开口",52.5%的留学生表示在课堂上"只会回答简单的问题",这部分同学超过半数,35%的留学生会主动回答问题,他们积极参与课堂活动。在课堂上,多数留学生表示虽然可以听懂老师上课的内容,但他们只会回答简单的问题,存在一定程度的畏难心理。而且学生对母语比较依赖,70%的受访者希望老师可以在课堂上采用汉语加英语的方式教学,自己也可以用适当的英语来解释自己无法用汉语回答的部分问题。在课后的生活中,他们当中的很多人也是以国籍为单位形成"小团体",也因为缺乏足够的目的语环境,以至于他们在课外的说汉语的时间不多,缺少实际的练习。

在对留学生的反馈进行量化时,有一个明显的现象是:学习动机较强的学生,或者说学习更迫切时,他们在学习行为的表现上也体现出更强的学习主动性,而且更乐于表达,愿意用二语交流互动。他们肯定课后学习和练习中文的必要性,认为一方面有利于汉语水平的提高,另一方面可以更进一步了解中国文化,以及中国人的生活状态、生活习惯和文化心理。他们还积极回答课堂问题,也更富有探索精神,对课程学习中的困难,会更加积极地去解决。例如某日籍学生,在数据上表现出强烈的学习兴趣,因此在行为上体现出以下特点:每天都会去上课,而且学习很努力;每天会花3个小时及以上的时间在图书馆进行课外学习;与语伴每周见面两次,认同语伴对自己的帮助,也很乐于与语伴进行沟通交流,讨论问题;希望提高汉语口语、汉语听力、中文阅读和汉语写作方面的能力;上课很专注;积极主动参加课堂及课外活动等。

在四种动机中,工具型动机和成就型动机与学习动机强度的关联最突出:学习者在工具型和成就型动机引导下,更乐于接受目的语文化的熏陶,寻求学习上的进步,获得更大的心理满足,并希望以学习到的汉语知识,更便利于他们的生活交往、工作等方面。

(二)动机强烈程度对学习结果的影响

学生学习动机强烈程度与学习状况的对比如表1-24所示。

表1-24　学生学习动机强烈程度与学习状况对比表

学生编号	国籍	入学成绩	期中成绩	进步区间	主导动机	动机强度
1	日本	52.5	87	34.5	融入型动机 外部动机	4(动机强)
2	日本	37	98.4	61.4	外部动机	4(动机强)
3	日本	55	80.5	25.5	外部动机	4.2(动机强)
4	韩国	6	94.4	88.4	成就型动机	4.75(动机很强)
5	日本	58	92.3	34.3	工具型动机	4.333(动机强)
6	韩国	21	94.8	73.8	工具型动机	4.5(动机很强)
7	韩国	46	82	36	融入型动机	4.333(动机强)
8	日本	70	88.75	18.75	融入型动机	4.333(动机强)
9	日本	72	89.25	17.25	外部动机	4.8(动机很强)
10	印度尼西亚	28	96.33	68.33	工具型动机	4.333(动机强)
11	日本	70	89.75	19.75	成就型动机	4.25(动机强)
12	日本	37	89.75	52.75	成就型动机	4(动机强)
13	韩国	78	96.25	18.25	外部动机	4.6(动机很强)
14	日本	38	90	52	成就型动机	4.25(动机强)
15	也门	50	92.75	42.75	融入型动机	4.667(动机很强)
16	韩国	3	99.33	96.33	外部动机	4.4(很强)
17	韩国	40	98.17	58.17	成就型动机	3.5(动机强)
18	韩国	2	99	97	成就型动机	4(动机强)
19	印度尼西亚	18	98.83	80.83	工具型动机 成就型动机	4(动机强)
20	日本	53	89	36	成就型动机	4(动机强)
21	印度尼西亚	51	97.67	46.67	成就型动机	3.5(动机强)
22	日本	24.5	92.33	67.83	融入型动机	4.167(动机强)
23	日本	80	93.88	13.88	融入型动机	3.833(动机强)
24	日本	74	89.38	15.38	成就型动机	3.75(动机强)
25	意大利	28	97	69	工具型动机	3.5(动机强)
26	乌兹别克斯坦	40	80	40	外部动机	4.6(动机很强)

由于留学生入学时间不同，留学生学院存档的数据有限，和上文一样，在本次数据统计中，记录的是有入学成绩和期中成绩两项数据的留学生，所以选取40名受访者中的26

人为数据样本进行此次分析。

由以上表格数据,我们可以看到:除了两名留学生(学生 1 和学生 19)是双重动机共同主导外,其他学生都以某一种动机为主导,受试者的主导动机中,5 名留学生以融入型动机为主导,4 名留学生以工具型动机为主导,9 名留学生以成就型动机为主导是,剩下 6 人以外部学习动机为主导。

学生 4 的成就型动机的强度最强,为 4.75。在此动机影响下,该同学期中成绩较入学成绩进步显著。在学习过程中,他觉得语法和声调以及拼音对他来说都有一点点难度,但积极解决学习中的问题,在意学习中的反馈,并为自己得到阶段性的进步而喜悦。

主导动机强度最低的是同学 17、同学 21 和同学 25。但这三位留学生在入学考试和期中考试中也有较大进步,并且个体的差异不明显。因此,笔者认为动机在 3.5～4.75 间的不同强度,对受访者的学习态度,例如学习积极性和投入度并不产生很大的影响。在积极的学习态度下,学生动机强度的细微差别至少在考试成绩上并不存在显著的影响。

结　语

(一)主要发现

本论文探索了浙江越秀外国语学院留学生教育学院初级阶段留学生的动机类型、影响因素及动机与学习行为和学习结果的关系。针对留学生的抽样问卷调查和访谈内容进行分析。结论如下。

第一,从全部影响因素看,留学生有比较强烈的成就型动机和融入型动机。他们希望从汉语学习中获得成就感,大部分同学在乎每一次阶段测试的成绩,老师的表扬成为促使他们进步的力量。因此,教师要注意给予学生更多的鼓励和奖励,满足学生的成就感需求,也要注意防止部分学生在追求分数时产生的紧张与焦虑的情绪。另外,留学生的融入型动机也较强,这表明他们发自内心地喜欢中国文化,也对中文有浓厚的兴趣,期望通过在中国的汉语学习能够更加地了解中国,融入中国社会。

第二,影响学生动机的因素主要是年龄和国籍,年龄和成就型动机、工具型动机存在正相关关系。而不同国籍的学生在动机的表现上也存在差异:东亚学生以融入型动机、成就型动机和外部学习动机为主导;西亚和欧洲国家学生以工具型动机为主导;中亚学生以外部学习动机和融入型动机为主导。

第三,考察不同动机下学生的学习行为,通过多元回归分析,笔者发现与融入型动机和工具性动机关联性最大的题项是 Q29,即"上课不会的问题,我在课后会继续学习",这表明在这两个动机主导下的同学倾向于对学习内容进行深入挖掘,对学习较为热情;成就型动机主导下的学生在乎成绩和外部奖励,和学习动机本身的特征一致;与外部动机关联度最大的是 Q26,即"我喜欢用汉语跟其他人沟通",这类学生表现出乐于实操,愿意输出的特点。

第四,学习动机强烈程度与学生的学习行为和学习结果并没有很大的关联,学生在语言学习环境、教师、语伴等多重因素影响下,大都能够积极地应对学习挑战,完成学习任务,取得较好的成绩。

(二)建议与启示

研究的最终目的是为实践服务。

在教学过程中,教师应该通过各种方式如问卷、访谈等去发现学生的动机,基于学生汉语水平和心理需求,以学生的学习动机为出发点,"对症下药",制订适合的教学方法,而不应该只是根据自己的教学经验或主观想法做出对学生学习动机的假设。

基于教师的教学活动对增强学习者动机的积极影响,对教师的教学提出了更多的要求。

1. 推进教学理念和教学方法的改进和完善

在回答问卷 Q28 时,部分学生坦承他们在课堂上注意力不够集中,学生认为课堂某些内容对他们来说太难,无法理解,学生选择回避问题,同时还有课堂内容和任务设置方面的问题,才导致了这一情况的出现。针对这个现象,教师需要了解学生的目的语水平和需求,制订合适的教学方案,并针对学生课堂上注意力分散的情况而进行适当调整。有些学生因为无法跟上课程进度,在课上与同学探讨课堂内容,又或者学生对教师的课程不感兴趣,针对学生的不同情况,教师应该积极解决问题,必要时要干预学生的课堂问题行为。在教学中遵循由易到难,循序渐进的原则,学生有疑问的地方要多次重复,合理安排教学的内容和课堂活动,通过对比预测学习的重难点,防止"满堂灌",做到"以学生为中心"。

2. 营造轻松和谐的课堂气氛

调查问卷的 Q12 提问学生的课堂参与情况,绝大部分学生都是选择"只回答很容易的问题",在进一步的沟通中,笔者发现受访者更多地觉得自己缺乏回答部分课堂问题的能力,出于害怕出错的心理,学生在课堂上往往会逃避问题。针对学生这一行为表现,老师需要主动与学生建立融洽的师生关系,营造轻松和谐的课堂氛围,尽可能地激励学生,帮助学生消除紧张与顾虑心理。在课堂上,既可以针对水平较高的学习者设计具有挑战性的课堂任务,例如让这些同学回答开放性的问题,使学生充分展示自己的二语能力,又要设计一些比较简单的任务,如朗读、造句、转述等较容易的问题,给水平较低的学生享受成功喜悦的机会。相反,如果知识和问题接踵而来,且难度均远高于学生当前水平,不给学生喘息的机会,会导致学生的学习效率降低,容易出现语言休克现象。

3. 解决好文化差异问题

"在跨文化交际中,第二语言学习者会发现,他们不仅外语交际能力收到了巨大的挑战,他们母语文化的交际规则和思维方式也常常行不通。他们的价值观念也常常受到误解和责难"(毕继万,2005)。第二语言课堂中,学生母语文化和目的语文化的差异反映在教师与学生的课堂行为中,对待课堂教学中的文化差异,需要克服目的语与文化和学生母语文化的冲击与碰撞,尊重彼此的文化差异,多阅读跨文化案例,建立起跨文化视角,

"灵活应对课堂中出现的问题,用现身说法和对比法启发学生思考"(周小兵,2019)。

4.注重教学内容和话题的实用性

对于初级阶段的留学生来说,工具型动机是他们较为普遍的出发点,问卷调查中的Q11中对于汉语在日常交际和生活中的实用性,学生的答案都持赞成态度。该题项的平均值达到4.625,且学生标准差也较小,这表明来我校就读的初级阶段留学生,注重汉语学习和表达的实用性,例如也门的学生,他们学习汉语更多的是因为他们将要从事的职业与汉语表达息息相关,为了与中国人更好地交流,"学了能用"成了他们学习的出发点和目的。基于学生的需求,教师在备课和课堂内容时,要选择离学生生活背景接近的话题,激发学生的参与意识,为学生提供充足的时间去使用和练习语言,学会正确、得体地进行语言交流,让学生有话说、有兴趣说,并且让这种表达的欲望持续到课后,那些教学内容也能及时转入长时记忆,实现学生用目的语交际的目标。

5.为学生提供及时有效的反馈

问卷调查中的Q34是考察学生对成绩的态度,几乎所有的学生都认为现阶段对他们来说成绩很重要,这表明,学生很看重学习成效的反馈。因此,阶段性的成果检验或者学习分享不失为教师教学的好方法。另外在学生回答完问题后,教师的及时反馈也是激励学生的重要手段,特别是肯定的反馈,在调查中,其中Q33是"教师经常表扬我",参与调查的大多数人都选择了"我不知道"这一选项,而在他们填写过程中,通过访谈,笔者发现他们还是期待老师对他们回答的问题和上课的表现进行评价的。

因此,教师应多鼓励学生参与课堂活动,在学生回答完问题、学生讨论结束后或者学生完成教师要求的某项教学活动后,教师可以给予诚恳的、有针对性的总结性评价。

(三)研究局限与反思

本研究还存在一些缺陷。

首先,由于组织留学生调查比较困难,所以抽取的调查样本较少,这反映在调查结果存在一定偶然性,调查结果的准确度受限。

其次,问题的数量较多,虽然出发点是为了尽可能地通过调查挖掘更多信息,但问题的设置总量较多,不够精简,有些问题中甚至出现重复提问的现象。

最后,本次调查只考虑了主要通过各种语言测试来衡量学生的最终语言水平,没有考虑学习者语言变化的社会因素对学习动机的影响,难以描述学习者学习动机的动态的发展过程,这种动机变化的历时性无法通过一次的调查或者访谈体现出来;而且这种调查问卷的方式,受调查者不一定根据自己真实的态度来回答问题,而可能出现过度修饰的情况,有些问题的设置也只能流于表面,无法对个体的深层心理进行分析。

参考文献

(1)专著

[1]李航.外语课堂师生意义协商:互动与优化[M].北京:科学出版社,2016.

[2]刘宏宇.面向中亚留学生的汉语国际教育研究[M].北京:社会科学文献出版社,2016.

[3]刘珣.对外汉语教育学引论[M].北京:北京语言文化大学出版社,2000.

[4]卢敏.学习者个体差异与外语教学[M].济南:山东大学出版社,2015.

[5]秦晓晴.外语教学研究中的定量数据分析[M].武汉:华中科技大学出版社,2003.

[6]秦晓晴,毕劲.外语教学定量研究方法及数据分析 中英文[M].北京:外语教学与研究出版社,2015.

[7]史利红,张舍茹.二语学习动机研究 从理论到实践[M].北京:北京理工大学出版社,2016.

[8]时立文.SPSS 19.0 统计分析从入门到精通[M].北京:清华大学出版社,2012.

[9]温晓虹.汉语作为第二语言的习得与教学[M].北京大学出版社,2012.

[10]徐子亮.汉语作为第二语言教学认知心理学[M].北京:北京语言大学出版社,2017.

[11]原一川,原源,杨林伟等.汉语国际教育学习与教学动机和策略研究[M].昆明:云南大学出版社,2015.

[12]张文彤,董伟.SPSS 统计分析高级教程 第3版[M].北京:高等教育出版社,2018.

[13 周小兵.对外汉语教学入门[M].广州:中山大学出版社,2009.

(2)期刊文章

[14]毕继万.第二语言教学的主要任务是培养学生的跨文化交际能力[J].中国外语,2005(01):66-70.

[15]陈天序.初级阶段来华留学生学习动机及其对学习成绩的影响[J].海外华文教育,2013(04):428-434.

[16]DORNYEI Z. Motivation and motivating in the foreign language classroom[J]. The modern language journal, 1994, 78(3):273-284.

[17]黄年丰.外国来华留学生学习动机调查和对策[J].中国成人教育,2008(09):113-114.

[18]黄章鹏.越南留学生汉语学习动机及影响因素[J].教育观察,2018,7(15):11-13+52.

[19]倪传斌,王志刚,王际平,等.外国留学生的汉语语言态度调查[J].语言教学与研究,2004(04):56-66.

[20]原一川,L.LLOYD,尚云,等.云南少数民族学生英语学习动机与英语成绩关系实证研究[J].云南师范大学学报(哲学社会科学版),2009,41(01):81-88.

[21]原一川,尚云,袁焱,等.东南亚留学生汉语学习态度和动机实证研究[J].云南师范大学学报(对外汉语教学与研究版),2008(03):46-52.

（3）学位论文

［22］阿依达娜.哈萨克斯坦阿克托别州学生汉语学习动机调查研究［D］.中央民族大学,2017.

［23］侯创创.初级阶段中亚留学生汉语学习动机研究——基于韩国留学生汉语学习动机视野下的对比［D］.新疆师范大学,2008.

［24］杨林伟.初级阶段老挝留学生学习动机和学习策略研究［D］.云南师范大学,2014.

小学古诗词课堂提问教学研究

陈芳芳

摘　要:课堂提问是组织课堂教学的中心环节,教师要明确其重要性。文章在充分阐述小学古诗词课堂提问在教学中的重要性的基础上,指出目前小学古诗词教学中课堂提问存在的不足,剖析造成小学古诗词课堂提问不足的原因;最后提出解决这些问题的建设性意见。

关键词:小学教育;语文教学;古诗词;课堂提问

引　言

近年来,随着"中国梦"的提出,中国越来越注重弘扬本民族的优秀传统文化。古诗词作为民族优秀传统文化的精髓也逐渐引起了人们的高度重视,如小学低年级要求学生熟读成诵《弟子规》《三字经》《千字文》等作品,中高年级对学生古典诗文的诵读量也做了一定的要求,中年级学生要求背诵优秀诗文50篇(段),高年级学生要求背诵优秀诗文60篇(段)。除了学校教育大力倡导优秀古诗词的教学,社会上也在大力宣扬优秀古诗词的传诵,如类似"中国诗词大会"这类综艺节目,它们以人们喜闻乐见的方式向大众传播优秀古典诗词,同时也起到了呼吁人们关注优秀古典诗词的作用。古典诗词的教学在中国源远流长,因此在这方面的教学经验也是硕果累累。

小学古诗词教学是学生初步正式接受古典诗词的熏陶,为学生后期的学习打下了基础,因此教师要重视小学阶段的古诗词教学。

目前我国提倡的教学模式是以学生为主体教师为主导,因此师生间的关系是平等的,教学过程注重师生间的互动,讲究教学相长。课堂提问教学作为师生间交流思想的媒介不得不引起教师的关注。小学古诗词课堂提问教学在教学活动中具有重要作用,即有助于集中学生注意力,有助于活跃学生思维,有助于调动学生主观能动性,有助于关注学生个体差异等。优秀的教师会充分地运用课堂提问教学的作用,他们在小学古诗词课堂提问教学方面为我们提供了丰富的经验,但一些教师的课堂提问教学仍存在不足。

本文主要针对这些不足,找出其原因,再结合优秀教师的小学古诗词课堂提问教学的特点提出一些建议。

一、小学古诗词课堂提问在教学中的重要作用

天津市教育科学院王毓珣先生认为,在新课改的背景下评价一堂课的好坏应从总标准和分标准这两个标准出发进行判断。总标准即教学是否促进了学生发展。分标准包括注意、感知、记忆、思维、需要、兴趣、氛围等方面。总标准和分标准在评课过程中相互影响、相互作用构成了一个有机整体。在《教育知识与能力》一书中有提到,评价一节课的好坏有四个标准:第一,学生的注意力是否集中;第二,学生的思维是否活跃;第三,学生是否积极参与到课堂中来;第四,个别学生是否得到照顾。这都体现了以学生为中心的教学理念。在小学古诗词课堂中,大多优秀教师都从这些标准出发,精心设计课堂提问,充分体现出了小学古诗词课堂提问在教学中的重要作用。

(一)温故知新,吸引学生注意力

课堂提问作为一种重要的教学手段在一堂好课中扮演着重要的角色。合理的小学古诗词课堂提问教学能够牢牢地抓住学生的注意力。

例如在于永正《草》的课堂实录与评价片段中,于老师在教授新知识前向学生提问"上一年级的时候,小朋友学过三首古诗。一首是《锄禾》,一首是《鹅》,一首是《画》,还记得吗? 谁能把这三首诗背给老师和同学们听听"。当学生被问及这个问题时,大部分学生就开始背诵古诗,背诵的声音越来越整齐、响亮,这是学生注意力不断集中的表现。[①]在魏星《清平乐·村居》的课堂实录与反思中,魏老师提出"读读我们以前学过的课文,也有一种情趣。我们二年级学过词串(屏幕出示)。谁能边读边想,读出词串里的韵味"。[②]在盛新凤《如梦令》课堂实录与反思中,盛老师向学生提出"今天盛老师和大家一起欣赏宋朝著名词人李清照的词。你们读过吗? ……读过哪些词? ……那你们能不能说一说词和诗有什么不一样"。[③] 当盛老师提出这些问题时,学生回顾所学知识进行作答。学生的答案有"《长相思》《西江月》《忆江南》""诗的每一句的数字是一样的,词的数字不一样""词分上阕和下阕,诗是没有的"等。由于盛老师的提问是一环扣一环的,学生的作答行为紧跟盛老师的提问,可见学生的注意力此时是高度集中的。这样的例子十分多,不难发现教师们惯于通过一个回顾旧知识的问题来吸引住学生的注意力。当学生被问及这类问题时,通常会快速地调整好学习的心理状态,同时调动内部已有知识进行作答。

这类从长时记忆中提取相关知识的问题,在布鲁姆目标分类学中被认为是处在回忆/认知维度的问题,可以称为回忆/记忆型问题。优秀教师充分地利用了这类回忆型问题来有效地吸引学生的注意力。

---

① 姚春杰主编:《小学语文名师古诗文课堂实录》,华东师范大学出版社2009年版,第44页。
② 同上书,第149页。
③ 同上书,第165页。

（二）调动潜能，活跃学生思维

在合理的小学古诗词课堂提问教学中，教师的提问会向学生渗透学习古诗词的方法，如注意古诗词用词的准确性，领悟诗人借助各种景物营造出来的意境等。教师在设计这类问题时总能考虑到学生的现有认知水平和潜在认知水平之间的差距。教师利用这个差距引导学生学习古诗词，培养学生从多角度出发去鉴赏古诗词的学习习惯，调动学生的潜能，活跃学生的思维。学生拿到这类问题时会充分地调动自己内部的已有知识去作答，在学生不完整的、五花八门的答案中，我们可以发现学生其实已经在思考，这时他们的思维是活跃的。

如在薛法根《雪夜》的课堂实录中，薛老师提出这样一个问题，"一个个说，为什么他说雪是重的而不是轻的？'夜深知雪飘'，多美啊！他为什么不说'夜深知雪大'，而偏偏说'夜深知雪重'？你知道他为什么要用这个'重'字啊"[1]。学生的回答有"因为雪大，雪堆在一起，所以很重""我觉得他写这个'重'是为了体现后面的'时闻折竹声'。因为光说'大'的话，可能不会折断，只能是'重'，雪全盖在上边才把竹子压住"[2]等。薛老师提出这个问题是为了活跃学生的思维。薛老师让学生通过一次次的假设和验证得出"重"比"轻"好，因为这个"重"字不仅是雪堆积而厚重，还是与下文的"折"字呼应，更是表达出作者的思想情感和营造出一种意境。在盛新凤《春日》《游园不值》课堂实录与评价片段中，盛老师问"盛老师发现你们在读这个'春'字的时候，特别带劲，特别有力量！能告诉我为什么这么读吗？要读出什么"[3]。学生的回答是"要读出作者的欣喜、兴奋的语气"。对于学生的回答盛老师未做点评而是接着询问学生是否有不同的看法。在学生还未做出反应时，盛老师又提示学生"你看这一只红杏就这样伸出墙外来了，它非常……"。根据盛老师的提问，学生联系全诗很快就发现"春色满园关不住，一枝红杏出墙来"中的一个"出"字将红杏的顽强生命力展示得淋漓尽致，而这一切都是春天赋予的。在盛老师的不断引导下，学生终于把握住了这首诗的情感基调。在王崧舟《长相思》课堂实录与反思中，王老师提出"作者的'身'，身体的'身'，身躯的'身'，作者的'身'在哪里？'身'在何处"[4]。学生不断地思考并给出他们的答案，如"作者的'身'在那个前往山海关外的路上""作者'身'在非常高的山上""他的'身'可能在船上""他的身可能在营帐边里"等[5]。从学生的答案中我们可以看出学生在不停地思考，他们的答案正在一步一步接近"作者'身'在征途中"这个正确答案。在此过程中，教师通过一系列的提问帮助学生验证他们的假设，如王老师提出"那么'山一程'呢？'身'在哪儿？还能在哪儿""好，在非常高的山上，在崇山峻岭上。那么'水一程'呢？'身'在哪儿""那么'夜深千帐灯'呢？他的'身'还能在哪儿"等。

---

① 姚春杰主编：《小学语文名师古诗文课堂实录》，华东师范大学出版社 2009 年版，第 90 页。
② 同上书，第 91 页。
③ 同上书，第 75 页。
④ 同上书，第 121 页。
⑤ 同上书，第 121 页。

这种将材料分解为它的组成部分,确定各部分间的相互关系,以及各部分与整体结构或总目的之间的关系的问题,在布鲁姆目标分类学中被认为是处在分析认知维度的问题,可以称这类问题为分析型问题。这类问题对活跃学生思维起到了很大的作用。在教师提出这类问题引导学生不断提出假设,验证假设,得出结论的过程中,学生的思维能力也得到了训练和发展。优秀教师惯于用这类问题来开发学生的潜能,活跃学生的思维。

(三)发挥主体作用,充分调动学习积极性

课堂提问能促使学生积极地参与到课堂中来。在传统的以教师讲和学生学为主的教学模式中,学生往往是被动接受知识,学生的课堂参与度也比较低,同时教师也不能很好地了解到学生的学习情况。新课改提出的以学生为主的教学理念打破了教师"一言堂"的局面,认为教学是师生互动,相互交流,共同成长的过程,其重在强调学生的学习主体性地位。古诗词大多是抒情写志之作,需要读者细细品读。因此学生在学习古诗词时,教师会通过课堂提问来调动学生的学习积极性,发挥学生学习古诗词时的主体作用,让学生在学习古诗词的过程中与诗人进行对话。

如在支玉桓《古诗二首》课堂实录与评价片段中,支老师问"你们听,月落(语气平淡),月落(语气深沉,语速慢),哪个好"[1]。学生拿到这个问题时,有的会根据月亮是慢慢落下来的这个认知标准来判断两个"月落"语音语调哪个更胜一筹,有的会根据诗歌营造出的意境进行评价和判断。支老师提出这个问题后没有对学生的回答进行评价而是让学生们自己进行评价和判断。由此可见,支老师的这个问题旨在鼓励学生积极参与到课堂活动中来。在陈金才《泊船瓜洲》课堂实录与评价片段中,陈老师问"我们刚才再一次读了这首诗,有没有产生一些新的问题"[2]。同样的,陈老师也没有给出标准答案,当时学生提出的问题的质量参差不齐,最终得出了一个比较有价值的问题,即"既然京口和瓜州相距这么近,和作者的家乡也只是隔着几重山,那么作者为什么不能回家呢"这样的一个问题。学生在回答问题中不断地交流和讨论,这样的课堂提问教学达到了促使学生积极参与到课堂中来的目的。在汪秀梅《忆江南》课堂实录与反思中,汪老师提问"江水又怎能绿如蓝呢? 这个'蓝'字让你感受到了什么"[3]。在窦桂梅《清平乐·村居》课堂实录与评价中,窦老师向学生提问"让我们一起来问一问老翁:你家这么多人都住在这茅屋里,冬天来了,你们怎么过? 你们为什么还总是笑容满面呢"[4]。

以上类似的问题很多,在布鲁姆教育目标分类学中被认为是处在理解和分析认知维度的问题,可以称为理解型问题和分析型问题。优秀教师惯于通过这类问题来促使学生积极参与到课堂中来,体现了学生是学习和发展的主体的教学理念。

---

① 姚春杰主编:《小学语文名师古诗文课堂实录》,华东师范大学出版社 2009 年版,第 30 页。
② 同上书,第 81 页。
③ 同上书,第 159 页。
④ 同上书,第 147 页。

（四）关注个体差异，提高教学效果

学生之间存在差异，优秀教师在进行课堂提问时不仅能够考虑到全体学生的认知水平，还考虑到了个别学生的认知水平，教师通过追问的方式对理解能力较差的学生进行引导。

如在支玉恒《古诗二首》课堂实录与评价中，支老师要求学生四人一小组分开读《暮江吟》的四句话，有一学生将"一道残阳铺水中"读得声高气壮，读完后，支老师感叹道："这道残阳太强烈了"，接着问道："你知道什么叫残阳吗？"这位学生之所以把"一道残阳铺水中"读得声高气壮，显然是没有理解这句诗的意思。支老师对此不是简单地否定这个学生的朗读，而是抓住这位学生朗读时脱离古诗意思的弊病，从深入理解诗句含义的角度出发提出问题来引导该名学生。支老师的做法不仅关注到了学生的个体差异，同时也在向学生传授朗读古诗词时要结合古诗词的意思的朗读方法。

综上所述，小学古诗词课堂提问在教学中举足轻重的作用显而易见。教师要明确其重要作用，才能够更好地进行小学古诗词的教学，提高教学效果。

二、小学古诗词课堂提问教学中的不足

虽然小学古诗词教学在课堂提问教学方面有了颇为丰硕的经验，但仍然存在一些不足。小学古诗词课堂提问教学中的不足有以下几点。

（一）课堂提问随意性大

教师课堂提问的随意性很大，缺乏中心主题。例如教师在讲授《暮江吟》这篇古诗词时，提出"古诗的第一句中'铺'字用得很好，你们觉得好在哪里"。在《九月九日忆山东兄弟》的教学中，教师提出"'每逢佳节倍思亲'中的'倍'好在哪里"。在《夜书所见》的教学过程中，教师问"'夜深篱落一灯明'中'一'字用得很传神，为什么"。这些问题作为独立的个体我们不会觉得其存在是不合理的，甚至认为教师的提问抓住了重点，但是教师在提出这些问题前没有对学生进行一些引导，学生就很难进行思考和作答。在《暮江吟》的教学中，教师在提出该问题时没有让学生想象一下那种画面或者借助多媒体让学生感受等，而是立刻就让学生进行品味，当时学生不能根据教师提问中的信息进行思考。假如该教师在讲授这句古诗词前让学生欣赏一组残阳的画面，那么学生对"铺"字的感受会更加深刻，从而领会"铺"字在"一道残阳铺水中"中的妙处，同时也有助于学生感受"半江瑟瑟半江红"的意境。虽然教师在和学生品味过"铺"字后又让学生欣赏残阳的图片，但是教师在提出该问题前的引导工作没有做到位，所以该问题的提出没有经过精心的设计，问题与问题之间没有严密的逻辑性。在《枫桥夜泊》的教学中，教师提出"'夜半钟声到客船'这句古诗词写得很好，好在哪儿，哪位同学可以分享一下"这一问题。当时大部分学生没有反应过来，造成这一现象的原因有两点：第一，学生朗读古诗的次数有限，领会到的东西不多；第二，这个问题的范围过大，学生不能根据教师的提示进行思考和作答。

(二)错失追问时机

教师没有抓住追问的机会,不能引导学生进行深层次的思考,使得学生对古诗词的学习只能浮于表面。例如在《草》的课堂教学中,教师提出"从'离离原上草,一岁一枯荣'这一句诗中你读到了什么"这一问题时,学生的回应十分地积极,但是学生的回答都很零碎,诸如"草""很多的草""冬天小草死了,春天小草又活了"等等。其实,教师提出这一问题的意图不难发现,教师是希望学生能够说说对这句古诗的理解,然而学生的反应与教师的预设却存在出入。如果教师当时在学生作答完毕后抓住机会通过一系列问题对学生进行引导,那么教师预设的让学生说出这句古诗意思的意图就能够达到。在《咏柳》的教学过程中,教师提出"从'碧玉妆成一树高,万条垂下绿丝绦'一句中你读到了什么"。在《独坐敬亭山》的教学过程中,教师提出"谁来分享一下你从'众鸟高飞尽,孤云独去闲'中看到了什么"。类似的问题在其他篇目的古诗词教学中也存在,而学生的回应与教师的预设也都大相径庭。理解古诗词的意思是学习古诗词的第一步,而学习古诗词在遣词造句方面的特点才是学习古诗词的一个重点。在《暮江吟》这篇古诗词的教学中,学生品味"一道残阳铺水中"中的"铺"字时,教师没有对此进行拓展,带领学生深入学习,只讲了"铺"字的好处。教师提问的方式比较单一,没有采取作比较的方法进行品味。在支玉桓的《暮江吟》的古诗词课堂中,支老师的提问教学中列举了"照"和"射"字,让学生通过对"铺""照""射"三个字所造成的不同意境进行想象,从而体会"铺"字的妙处。支老师的这种提问方式从侧面告诉学生古诗的遣词造句是十分精妙的,也要求学生在平时的写作中做到用词精准。

(三)拿捏不好提问数量

教师课堂提问的数量安排不合理,有时过多,有时过少。问题过多时会出现教师"一言堂"的局面,学生只顾回答教师的问题,跟着教师的思路走而缩减了自己思考的时间。例如在《清平乐·村居》的教学过程中,教师连续抛出了好几个问题,而学生起来作答时往往只能回答完整第一个问题,后面的问题则是被选择性地避开。学生避开的问题教师则自己进行作答,这样课堂就很有可能演变成"一言堂"或"满堂灌"的局面。教师这种一次多问的行为也许是出于节省课堂提问时间,想在有限的时间内完成教学目标,但是却没考虑到学生的接受能力,所以,教师很有必要在备课时安排好问题的数量以及考虑到学生作答所需时间。

三、小学古诗词课堂提问教学不足的原因

造成小学古诗词课堂提问教学不足的主要原因有以下几点。

(一)自身古诗词修养不足

教师自身古诗词修养的不足反映在古诗词课堂提问教学中主要体现在两个方面。

第一，教师对文本的解读不到位，抓不住教学的重难点，提出的问题多是一些无关紧要的或者是没有教学核心的零碎问题，在古诗词课堂提问教学的过程中做不到对教学重难点的学习。例如《九月九日忆山东兄弟》这首古诗，其语言可以说是通俗易懂，不需要花费太多的教学时间。这首诗的教学重难点应该在于体会游子思念远方亲人的思想感情。因此，教师应该用大量的时间带领学生体会这种感情。在《九月九日忆山东兄弟》的教学中，虽然老师已经做到教学时间的合理分配，但是教师在引导学生体会情感时没有第一时间抓住诗中的一个"独"字和两个"异"字来体会游子思乡的感情，而是重在鉴赏"倍"字，以及让学生想象作者登高远望时的所思所想。

第二，教师缺乏提问技巧。例如教师提问的内容不够具体准确，范围大小不合理，教师的古诗词课堂提问教学没有抓住追问的时机等。在《枫桥夜泊》的教学中，教师提出"'夜半钟声到客船'这句古诗词写得很好，好在哪儿，哪位同学可以分享一下"这一问题。当时大部分学生没有反应过来，造成这种情况的原因之一是该问题的范围不合理。教师提出该问题时应当给予学生一些具体的提示，例如让学生从环境的营造方面或者从写作手法方面去考虑这个问题。根据这些提示，学生就能够从中获取思考的方向进而解决问题。在《草》的课堂教学中，教师问"从'离离原上草，一岁一枯荣'这一句诗中你读到了什么"。学生的回答很零碎化，老师当时没有抓住学生零碎的答案，通过提问来引导学生进行作答。当学生说读到了"草""很多的草"时，老师应该抓住机会追问。教师可以提出如下几个问题引导学生：①那是一片怎样的草，你能用一个词或一句话说一说吗；②春天的草是什么样的，冬天的草又会是什么样的；③诗句中"岁"是什么意思，"枯荣"是什么意思。根据这些问题，学生就能够较完整的说出这句古诗的意思。

（二）学情的把握不准确

教师对学生已有认知水平的认识不清，对学生所要达到的能力要求不明确，以至于不能准确地预设学生在学习过程中遇到的困难。当学生的反应与教师预设情况存在较大出入时，教师不能抓住时机提出一些有针对性的问题对学生进行引导，使学生根据提示进行有效的思考。

（三）教学设计不合理

教师教学设计的不合理主要表现在两个方面。

第一，教师在备课时没有考虑到问题数量的合理性和学生接受能力之间的关系。在紧凑的教学时间内，教师连续抛掷问题会导致学生形成畏惧心理，不敢轻易尝试回答问题，即使有学生回答大都是考虑问题瞻前不顾后的。如在《清平乐·村居》的教学中，教师连续向学生提出了以下几个问题，即"同学们，通过刚才我们有滋有味地读，你的眼前出现了哪些画面""用一个词语来概括你所描述的画面，你会想到哪个词语""诗中的三个儿子你最喜欢哪一个？诗中的老夫妻俩最喜哪个"。由于教师提问过于紧凑，一部分学生跟不上老师的提问节奏进行思考，从而回避作答。起来作答的学生因思考时间短，回答得也不够完整。

第二，教师对自己所提课堂问题所处维度的认知不清，在设计提问教学的过程中没有意识到自己所提问题是属于哪一类型以及这一类型问题所要考察和发展的能力。例如"'碧玉妆成一树高，万条垂下绿丝绦'一句中你读到了什么"，"从'离离原上草，一岁一枯荣'这一句诗中你读到了什么"等是属于理解型问题，考察和发展的是学生的理解能力。"古诗的第一句中'铺'字用得很好，你们觉得好在哪里"，"'夜深篱落一灯明'中'一'字用得很传神，为什么"等属于分析型问题，考察和发展学生的逻辑思维能力。此外还有发展学生口语表达能力、书面表达能力的评价型问题和创造型问题。教师在设计提问教学时大都没有考虑到问题类型与培养能力方面的联系。

综上所述，造成小学古诗词课堂提问教学的不足主要有三点原因：一是教师自身素养的不够；二是教师学情分析的不充分；三是教师教学设计的不合理。

四、关于小学古诗词教学中课堂提问方面的建议

目前小学古诗词课堂提问教学中还存在着上述问题，针对这些问题，笔者提出如下建议。

（一）提高教师自身深厚的古诗词修养

教师要学习古诗词鉴赏方面的理论，形成一套属于自己的鉴赏古诗词的方法，同时要掌握一些提问技巧，只有这样教师在进行古诗词课堂提问教学时才能充分地发挥提问教学的作用，使提问教学变得有价值。

如何提高教师鉴赏古诗词的能力和提高提问技巧可以通过以下几种途径。

第一，多阅读相关的理论书籍，如《人间词话》《文心雕龙》《诗论》等，这些书籍较为全面地介绍了前人对古典诗词鉴赏的方法。教师阅读这些书籍一定能够从中汲取一些鉴赏诗词方面的知识和技巧。

第二，观摩优秀教师的课堂提问教学，记录和学习优秀教师是如何实现问题与问题之间的过渡自然引导学生进行学习，同时要清楚小学古诗词课堂提问教学中比较常见的问题类型有哪些及其作用和目的。回忆型问题、理解型问题、分析型问题、评价型问题和创造型问题在古诗词课堂提问教学中是比较常见的。回忆型问题即意在"从长时记忆中提取相关的知识"[①]的问题；理解型问题即意在"从口头、书面和图像等交流形式的教学中构建意义"[②]的问题；分析型问题即意在"将材料分解为它的组成部分，确定部分之间的相互联系，以及各部分与总体构成或总目之间的关系"[③]的问题；评价型问题即意在"基于准

---

① 洛林·W. 安德森（Lorin W. Anderson）等：《布卢姆教育目标分类学（修订版）——分类学视野下的学与教及其测评》，外语教学出版社 2009 年版，第 23 页。

② 同上。

③ 同上。

则和标准做出判断"①的问题;创造型问题即意在"将要素重新组织成新的模型或体系"②
的问题。这些问题的作用和目的在于教师对学生记忆能力、理解能力、分析能力、朗读能
力、口语表达能力和书面表达能力等方面的培养。教师在明确问题类型及其作用和目的
后,古诗词的课堂提问教学设计才会更加地合理,课堂提问教学体现的内容才会更加地
充分。

第三,掌握一套古诗词的教学模式,如"读诗文——解诗意——品诗境——背诗
文——课外拓展"③。在读诗文前,教师可以通过提问营造诗歌的情感氛围,使学生融入
诗歌中。例如苏轼的《水调歌头》,教师提问"有一位词人,才华横溢,豪放旷达,一生却颠
沛流离,在密州任上,以为可以和亲人相会,不想有'空余恨',这位词人是谁"④。这一提
问能够很快地将学生带入孤独和思念亲人的氛围中。解诗意从解题开始,古诗的题目有
时会向读者提供一条读懂诗歌的依据。如《九月九日忆山东兄弟》,以重阳节为背景,加
个"忆"字,很容易让学生产生这首诗是作者为思念远方亲人而作的猜测。诗歌的意境教
学是品味诗歌的重点,是诗歌教学的重点,也可以说是提问教学的重点。抓住诗歌意境
的教学能够避免教师课堂提问的零碎化,使课堂提问围绕一个中心在进行。例如盛新风
《如梦令》的课堂实录与评价中,盛老师抓住"醉"字,设计出"牵引'醉'线,分层解读"的
品诗境的方式。诗人醉在美酒、美景中,醉在美丽的意外中,醉在美好的生活中。在这三
个层次的解读中,盛老师是通过提问对学生进行引导、感受,如"老师听出来了,你们没有
喝酒,光读词,就有些醉意。大家伙儿还能从哪些词语当中读出'醉'字来""等他们惊醒
过来的时候,他们赶紧……读这两句诗啊,你仿佛听到了什么,看到了什么""为什么这么
开心"⑤等。课外拓展,教师可以巧妙设计"精读一首,带读一组诗歌"的方式。如在学习
《赠汪伦》这首古诗词时,教师就可以带读《黄鹤楼送孟浩然之广陵》《别董大》和《渭城
曲》三首送别诗。这几首古诗在题材特点、内容特点上十分地相似,学生可以根据学习
《赠汪伦》的方法迁移转化,自主学习其余三首古诗。课外拓展让古诗词课堂变得更加丰
满。在进行拓展的同时离不开提问教学的配合。一堂丰满的古诗词课堂会使教师的课
堂提问变得精炼、准确,使教师的古诗词课堂提问教学能够体现教学目标的重难点,同时
能够避免出现教师课堂提问数量安排不合理的现象。要做到这一切,都来自于教师自身
深厚的古诗词修养。

(一)分析教学对象

在教学前教师首先要明确学习者真正具有的能力,这样可以保证课堂教学的有效
性。因此教师在进行课堂提问教学时,必须考虑到学生的两种发展水平,一种是学生现
有的水平即学生凭借现有知识看待问题的有限角度;另一种是他人尤其是在成人的指导

---

① 洛林・W. 安德森(Lorin W. Anderson)等:《布卢姆教育目标分类学(修订版)——分类学视野
下的学与教及其测评》,外语教学出版社 2009 年版,第 24 页。

② 同上。

③ 姚春杰主编:《小学语文名师古诗文课堂实录》,华东师范大学出版社 2009 年版,第 97—98 页。

④ 宋玉伟:《浅谈古诗词课堂教学提问》,《现代语文(教学研究版)》2013 年第 8 期,第 106—107 页。

⑤ 姚春杰主编:《小学语文名师古诗文课堂实录》,华东师范大学出版社 2009 年版,第 168—171 页。

下可以达到的较高的解决问题的水平,即学生在教师问题的引导下从多角度思考问题,这两者之间的差距叫做最近发展区,如图2-1所示。

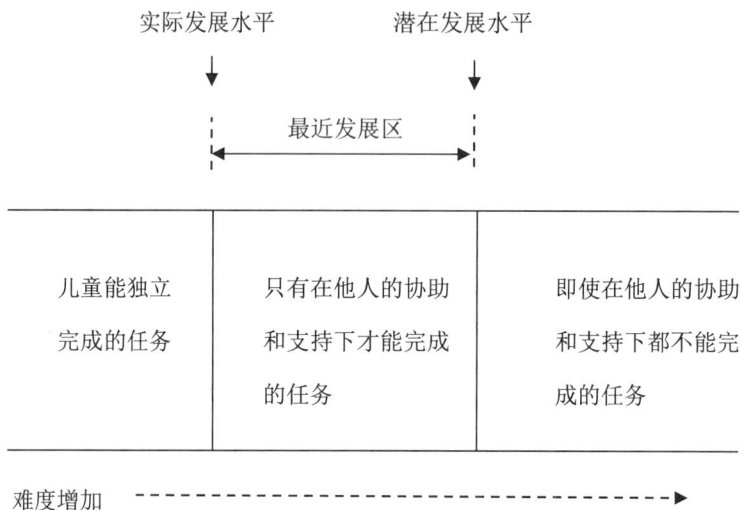

图2-1　最近发展区①

建立在"最近发展区"水平上的问题在质量和效果上是具有保障的。教师如果能够设计出这种水平的问题,那么教师的古诗词课堂提问教学就不会流于形式,学生学习古诗词也不会只浮于表面。优秀教师的古诗词教学是呈系统性的。教师将不同作者题材相似、情感相似的诗或同一作者不同时期创作的诗放在一起进行比较提问。这种提问是符合最近发展区的,其考虑到学生原有认知水平和潜在认知水平之间的差距。优秀教师在设计课堂问题时就会考虑到这种差距,如:

孙双金"送别组诗"课堂实录与评价片段②

师:(板书:酒)朋友啊,再干了这杯酒吧,向西走出阳关之后,你再也见不到你的朋友了。"劝君更尽一杯酒,西出阳关无故人",多么感人啊!同学们,古代诗人送别他们亲朋好友的时候,可以以歌相送,可以以目相送,可以以话相送,也可以以酒相送。不管是以歌送,以目送,以话送,以酒送,最根本的还是要以什么相送?

生:真情。

该教学片段选自《赠汪伦》这首古诗的学习,《赠汪伦》中诗人与朋友分别时的依依不舍之情是通过歌声来传达的。学完这种以歌声传递情感的离别方式后,教师通过举出一组主题为"送别"的诗,让学生找出其中的送别方式,最终以"不管是以歌送,以目送,以话送,以酒送,最根本的还是要以什么相送?"这一问题来引导学生,让学生结合所学知识

---

① Jeanne E. Ormord, *Education Psychology*: *Developing Learner*(6th ed.). (NJ: Prentice Hall, 2008), p.42.

② 姚春杰主编:《小学语文名师古诗文课堂实录》,华东师范大学出版社2009年版,第62页。

回答出,无论以何种方式相送,隐藏在其背后的都是"真情"。

综上所述,可知分析和准确把握住学生现有的认知水平是教师设计古诗词课堂问题的有力依据。教师设计出的处在"最近发展区"的课堂问题一定程度上提高了课堂的生成性,使古诗词课堂提问教学变得更加有针对性,即能够促进学生认知水平的提高。

五、进行科学合理的教学设计

教学设计是指为达到预计的教学目标,运用系统观点和方法,遵循教学过程的基本规律,对教学活动进行规划的过程。教学设计遵循以目标为中心的原则。现阶段小学古诗词的教学目标分为三个层次,即知识与能力、过程与方法以及情感与态度和价值观。教师在设计小学古诗词课堂问题时就要贯彻落实好这几大教学目标。

如何在小学古诗词课堂提问教学中体现这三大教学目标,这就要求教师意识到学生学习的过程其实就是认知水平不断发展的过程。布鲁姆教育目标分类学(修订版)将认知过程分成六大维度,即回忆/记忆、理解、应用、分析、评价和创造。这六个维度反映了对学生认知发展水平呈螺旋式上升的要求。教师可以根据这六个维度,提出不同类型的问题。不同类型的问题要能够体现教师对学生不同能力发展方面的要求。在小学古诗词教学中教师十分注重发展学生诵读的能力,故教师可以安排几个评价型的问题。通过评价型的问题提高学生在诵读时对古诗词节奏的把握和情感的领悟具有一定的指导作用。教师还可以安排几个创造型的问题,让学生通过这类问题领悟到对古诗词整体感知的重要性,知晓古诗词的学习不能止于对其字面意思的理解,还有领会字句之外所呈现的"意境"。

在王崧舟《长相思》课堂实录与反思中有这样一个片段[①]:

师:孩子们,请闭上你的眼睛,让我们一起随着纳兰性德走进他的生活,走进他的世界。随着老师的朗诵,你的眼前仿佛出现了怎样的画面和情景呢?

(师配乐范读)

师:孩子们,睁开眼睛,现在你的面前出现了怎样的画面和情景?你仿佛看到了什么,听到了什么?你仿佛处在一个怎样的世界?

生:我看见了士兵们翻山越岭到山海关,外面风雪交加,士兵们躺在帐篷里翻来覆去怎么也睡不着,在思念他们的故乡。

师:你走进去了。

生:我看见了纳兰性德在那里思念家乡,无法入睡的情景。

…………

从该教学片段中,我们可以发现教师的提问对学生根据诗歌发挥自己的想象起到了引导作用。教师不仅注重学生对诗歌意境的领悟,同时也注重培养发挥学生的想象力、

---

① 姚春杰主编:《小学语文名师古诗文课堂实录》,华东师范大学出版社2009年版,第123页。

创造力和语言表达能力。

　　教师通过不同类型的问题可以发展和培养学生不同方面的能力。除此之外,教师还可以通过控制不同认知水平问题的分布突出古诗词教学的重难点,使课堂提问教学有序进行且始终围绕教学的重难点。结合以上两点做法,教师就能够在一定程度上避免课堂提问出现随意性大且缺乏中心的局面。

结　语

　　小学古诗词课堂提问教学是教师在进行教学设计和教学实践时需要高度重视的问题。虽然小学古诗词教学在课堂提问教学方面存在颇多经验,但仍存在不足。引起不足的原因主要有三点:一是教师自身古诗词修养不足;二是教师对学情的把握不准确;三是教学设计的不合理。针对这些不足,教师要采取相应措施进行解决。教师要提高自身的古诗词修养,把握学生古诗词的学习情况,进行科学合理的教学设计。

参考文献

(1)专著

[1]陈琦,刘儒德.教育心理学(第2版)[M].北京:高等教育出版社,2011.

[2]姚春杰.小学语文名师古诗文课堂实录[M].上海:华东师范大学出版社,2009.

[3]区培民.语文课堂教学行为研究及案例[M].南昌:江西教育出版社,2009.

[4]刘显国.中小学教学艺术实用全书[M].北京:北京大学出版社,1999.

[5]胡淑珍.课堂教学技能[M].北京:团结出版社,1993.

(2)期刊文章

[6]卢正芝,洪松舟.教师有效课堂提问:价值取向与标准建构[J].教育研究,2010,31(04):65-70.

[7]陈建伟.新课改背景下小学语文古诗词教学策略研究[J].中国校外育,2014(2):80.

[8]罗月香.浅谈语文课堂提问的教学艺术[J].中国科教创新导刊,2010(15):92.

[9]杨惠娟.小学数学课堂提问误区及其对策[J].小学教学研究,2009(10):83-85.

(3)学位论文

[10]闫晶晶.优秀小学语文教师课堂提问教学研究[D].华东师范大学,2012.

[11]张平.关于评价语文课堂提问的实践研究[D].华东师范大学,2001.

对外汉语会话课教学研究
——以浙江越秀外国语学院留学生教学为例

陈奥纳

摘　要:随着现代社会商品经济的发展和国际间的友好往来,口头交际成为必不可少的环节,而对外汉语会话课教学正是培养学生口头表达能力的现代语言教学。在对外汉语教学当中,对外汉语会话课是培养留学生汉语语感、实践性地运用汉语语言能力的重要教学部分。本文通过音频记录会话课堂过程、观察课堂上留学生的积极性与师生互动等,根据翻阅各位学者对对外汉语会话课教学的相关理论,整理会话课特点,并了解会话课教材特点以及教师的指导作用等,再结合浙江越秀外国语学院的留学生的对外汉语会话教学实例,对会话课的教材、其教学过程、其教师的指导作用以及学生的课堂状态进行分析,从而对对外汉语会话课进行评价。

关键词:对外汉语;会话课;教学研究

引　言

随着中国国际地位的提高,世界各国、各地区学习汉语的人越来越多,汉语国际推广事业蓬勃发展,全球范围的汉语热持续升温,对外汉语教学方兴未艾。有学者(刘影,2010)曾在250多名初、中级留学生中进行了一次非正式的问卷调查,其结果指出:"汉语会话的语言技能是大部分留学生最希望掌握的,其百分比高达约95%。"可知学习者比较重视,甚至是最重视的是汉语口语交际技能的掌握。显而易见,对外汉语会话课教学的目的是培养学习者使用汉语进行交际的能力。根据留学生针对汉语技能的学习处于不同的水平阶段,与之对应的口语训练的目的和要求也应该是不同的。吕必松先生在《汉语和汉语作为第二种语言教学》中探讨课程类型,而对外汉语会话课就是专项技能课之一,然而汉语口语又不同于书面语,它具有自己的语法体系和规范化标准。所以,对外汉语口语课作为专项技能课是需要有其教学原则、教学路子、教学方法、教学技巧的。因此,对外汉语会话课教学并不容易。

在对外汉语会话课教学的课堂上,存在许多现象与问题,大致分为五点:第一,老师领读,学生跟读的模式是大部分会话课堂的教学模式,学生按部就班地长时间跟读过于单一,是不利于激发学生思维与表达的主动性的,会造成学习氛围不足;第二,教师过分依赖教材,按部就班地使用教材,而教材的优劣会直接影响口语课堂教学,一些教材远离实际生活,留学生进行练习却不能联系实际,从而会影响留学生在生活中的口语交际表达能力的提高;第三,会话课课型特点不突出,留学生无法在口语课堂上得到充分练习的时间和机会,存在开口率过低和训练时间少的现象;第四,一个班级里的留学生们的国别不同,因此来自同一国家的留学生为利于沟通的缘故始终不分散练习,因此会影响他们的学习进度。第五,留学生的学习自主性不高。

国内学者反思其反常现象、状况,针对教师、教材、课堂、学生四个方面的问题,从而提出了新思想、新要求,但仍有不足。本文站在前人的肩膀上,汲取其理论成果,以浙江越秀外国语学院留学生的会话课堂为例,针对其课堂中存在的现象及问题进行梳理与反思,并提出一些新想法和建议。

一、对外汉语会话课教学研究内容

(一)研究内容

结合浙江越秀外国语学院留学生的口语课堂实例,针对对外汉语会话课的教材使用情况、教学过程、教师指导作用以及学生在口语课堂上的整体表现,通过了解对外汉语会话课教学的必要性、关键与会话课课型教学特点,根据教学目标与任务,以及设置的训练内容,笔者大致梳理出几点相关理论,针对其中存在的现象,找出相关问题,从而进行研究,提出自己的看法。

(二)相关文献

吕必松在《汉语和汉语作为你第二语言教学》中对说话训练的必要性进行了详细的阐述,在其内容、途径、方法、教材及教学也都提出相关的具体观点。《基于多媒体初级汉语口语课堂的"互动-理解-输出自动化"教学模式》里,孙雁雁针对汉语学习者在语流中容易出错的情况,提出基于多媒体初级口语课堂的教学模式。杨惠元在《课堂教学理论与实践》中主张根据单元练习话题,也可以看到许多汉语口语教材都是以"话题"为纲编写的,做到教材一单元一话题,而在同一话题里的文章要设计出不同情景,由简单的场景对话过渡到复杂的情景交际,而且都要有具体的交际目的、场合和对象,以便于学生模仿。程晓堂在《任务型语言教学》提到"任务型教学",其中这些任务类似真实世界的活动,主要由口语交际和表达的语言技能的参与。《以"交际任务"为基础的汉语短期教学新模式》中,马箭飞提出了以交际任务为基础的课堂教学模式,并且强调,根据交际活动或交际任务类型的不同,设计的课堂交际活动的步骤是不同的,因此也不可强求课堂教学是一致的。

以上是对外汉语会话课教学研究的相关文献内容的部分收集整理。

二、对外汉语会话课教学总说

对外汉语会话课教学根据理论基础的支撑,结合实例教学现象,梳理对外汉语会话课的教学目标和任务,根据教师对学生安排有效的教学训练内容,从而更好地了解对外汉语会话课教学的总体情况。

(一)对外汉语会话课教学的理论基础

1. 对外汉语会话教学的必要性

随着现代社会商品经济的发展和国际间的友好往来,口头交际成为必不可少的环节,而对外汉语口语教学正是培养学生口头表达能力的现代语言教学。《对外汉语教学法》中提到:"现代语言教学把通过语言进行交际视为其首要的、也是最终的目的。在整个会话教学过程中,教师把汉语知识仿真性地转化为具体情景,帮助学生掌握口头交际技巧。"所以,对外汉语会话教学是留学生掌握汉语过程中不可缺少的环节。口语训练是把知识转化为技能,是师生之间和同学之间的直接交际,在教学所安排的环节中,学生通过直接交际并参与反复练习,从而巩固并内化语言知识,以及掌握说话技能。Krashen(1982)认为学习是有意识的过程,其目的是通过反复的训练从而掌握语言技能。这种学习往往学生是在教学环境下,通过老师的辅导进行的有教材有系统的学习。同时,又有学者(如 Ellis,2002)认为,无意识地习得某种语言和有意识地学习这种语言往往是互相作用,互相影响的。因此,要真正地帮助学生学习掌握汉语口语表达能力,从而设置对外汉语会话课教学而使得留学生的口语表达水平比较理想,那就必须根据口语训练的特点和特殊规律,进行专门的对外汉语会话教学课程的开设与相对独立的教学系统的组织。

2. 对外汉语会话教学的关键

学习者语言吸收必须要有语言输入,因此,语言的输入内容和方式很重要。Savignon(1983)提出语言的交际应该包括理解、表达和意义上的协商沟通。协商沟通是目的,为了达到信息互换,就要理解和表达。在理解和表达过程中,理解是前提。

这就是肯定了语言输入的不可或缺性,更突显学习者在面对教学输入过程中发挥主观能动性的重要性。李柏令(2003)也认为,"建构主义理论认为,学习者在具体的情景中,通过师生之间或者学生之间的会话,利用必要的学习资料,通过意义建构的方式从而获得知识、完成学习。教师传授的知识点意义由学生自主学习构建的"。

因此,学习者语言的有效输入的关键离不开设定的优秀会话课教材和教师的会话教学中的知识传递。在此前提下,学习者的自主学习和课堂互动环节中的语言输出则是对外汉语教学的主要环节,特别是在对外汉语会话课教学过程中。

3. 对外汉语会话教学的特点

第一,在对外汉语会话教学中,教材是需要根据会话教学特点而选择的,选择一本好的教材,教师将知识点联系到学生的实际生活,带领学生进行训练,势必会助于学生提高汉语口语表达能力。由此，教师根据班级的情况，对学生不同的口语课堂进行组织练习。注意教材只能作为教学内容，作为范例，朗读并非教学重点，但也不能忽视初阶阶段的语音教学。

第二，教师要采取有效地教学方式来提高学习者的开口率，特别体现在对外汉语会话课教学过程中。李柏令指出："在与学习者的访谈中，他们表示：对于语言学习者来说，'说'是最重要的部分，因为说好某种语言，并且在日常生活中流利地使用这种语言，即掌握了该语言。"因此，学生在教学课堂中要有充分练习说话的时间与口头交际的机会。对外汉语口语课的主要时间是用于说话练习，与教师对学生进行的阅读训练与写作训练的讲解不同，该训练是由教师引导并鼓励学生开口说话的练习，但并不是给学习者机会开口就可以，而是要有针对性的教学。教师不仅要使学生参与到口语交际中，更要激发学生学习兴趣，引导他们在学过的词汇和语法范围内，练习表达自己的想法与见解。但同时可以看见一种现象：为了交际而学习外语的成年人，当他们所学习的外语已经达到能够进行简单交际的程度时，学习者就会出现语言石化现象。当学习者的学习动力下降时，他们就很难会有进一步的学习，这是因为他们达到了交际的学习目的，但这并非已经达到流利地掌握一种语言的要求。所以，教师要针对性地设计教学环节、设置具体的教学内容从而进行专门的口语训练，帮助学生有效地掌握会话技巧。

第三，在对外汉语会话课教学过程中，教师要在交互式的教学环节中，有计划、有重点地纠正学生的错误，引导学生掌握正确的语言形式。Krashen 认为成年人在学习第二语言时会有意识地使用语法规则来纠正、编辑自己的语言。然而，这会有三种现象出现：一是由于过度使用，从而影响说话人正常进行的语言思维，这会导致说话速度放缓以至于表达不流畅；二是缺少使用，这种现象的出现，往往是因为学生在目的语的环境中全凭感觉纠错，并非在意语法规则是否正确，但这会使得说话者出错而不易被发现与改正，因此，学习者出错的机会也相对多一些；三是适当使用，说话者适当使用监控方法，及时进行检查、纠正、编辑好自己的语言，使得出错的几率减少。所以，教师在口语课堂不仅要引导学生开口表达，也要引导学生降低口语交际表达的错误率，但不能见有错误就要纠正，而是用表情或者手势提示学生、引导学生，使学生准确掌握口语表达技能。

第四，来自世界各地的留学生的积极性在对外汉语会话课堂上的表现各具特色。一些留学生积极发言，争取表达机会，而大部分留学生会对表达有所畏惧，在课堂上难以融入交际活动等环节。Curran(1972)认为每个人在巩固母语习惯之后，会自然地得到一种语言的安全感，但一个人要运用另一种自己并不熟悉的语言去进行表达，这无形中会使人感到紧张，影响了第二种语言的学习。因此，在对外汉语会话教学过程中，教师应当要注意考虑到学生的焦虑感，要极为耐心地培养学生练习说话的积极性和学习过程中的信心，鼓励学生树立正确的学习态度，从而激发学生进行口语交际表达的兴趣，了解学生对所设置的教学方式能否接受，由此逐步完善对外汉语口语教学。

（二）对外汉语会话课教学的教学目标和任务

对外汉语会话课的教学目标和任务就是在对外汉语会话课教学过程中，训练、培养学生们的交际能力，即帮助学生通过学习掌握的语言知识，在学习过程中进行反复训练，从而掌握语言规则,并且在一定的语境中,将有意识获得的学习知识逐渐转为习得知识,并且在社会语言交际中准确自如地运用语言。教师的任务在于要帮助学生树立正确的说汉语的心态,适当地阶段性地激发学生使用汉语。特别要注意到学生的心理和情绪,采取各种教学方法来缓解学生存在的对目的语排斥的情绪,缓解学生在进行汉语口语表达的过程中存在的不可避免的焦虑感,培养他们对学习汉语的热情与自信心,激发其学习汉语的积极性;增加一点客观的强制性来帮助学生对学习汉语的流利掌握,使得学生在对外汉语口语课堂中踊跃参与到会话环节,从而增强他们的口语表达能力;帮助留学生主动地接受语言输入并且进行输出表达,使学生在领略到中国语言的魅力的同时,在会话课堂的学习中能够逐渐把握汉语口语的准确度。

(三)对外汉语会话课教学的训练内容

赵金铭(2013)提到:"口语涉及理解和表达。"对外汉语会话课的训练内容要根据每个班级的教学目标和任务,与之一一对应。比如,处于初级阶段的班级,大致都是训练学生关于常见话题的简单对话与应答;而中级阶段就会比较强调口语表达的准确度,注重使用语句是否流畅;高级阶段则是在前者基础上训练学生对话题的把控,更加有技巧地进行交际对话。

三、对外汉语会话课教学课堂状况

针对浙江越秀外国语学院留学生的对外汉语会话课堂,以初一 A 班、初二 B 班、中级二班为例,分析其会话课上的教材使用、其教学过程以及教师在教学过程中的指导作用和学生在课堂上的整体表现,从而了解其会话课堂状况。由于浙江越秀外国语学院对外汉语会话课堂高级班的人数过少,非正常的课堂教学,就不以此为例,进行课堂教学分析。

(一)对外汉语会话课教学的教材使用

1. 对外汉语会话课教学的教材的重要性

在对外汉语会话课堂中,要求课堂教学环节交际化,并且要适合学习者现阶段的语言水平,要具有特征性的语言形式,教学输入的内容要易于理解,即在教学过程中,当教师输入语言素材的时候,一定要向学生将语用背景具体化、情境化,而选择输入的语言素材中需要学习的语言形式和句型,也是需要根据语境和每一次课堂所取的交际题目而特定的,并要强化其语言特征。初学者大多以日常用语为教学内容;在初级和中级教学阶段,学习者对输入的语言结构反复训练、理解与内化,在语义协商与调整吸收之后,进而在教师指导下输出。

教师输入语言素材的同时,学习者对练习输出的重视不容小觑,所以会话课教材的练习部分编得好,易于学生们快速地理解、内化并且使用教材中的知识点,即对知识点能够进行反复训练的并且能利于学生对语言吸收的练习题可有效帮助口语对话练习,熟悉语言使用规则,强调交际用语的使用。

2. 对外汉语会话课初、中级阶段课文的编写情况

对外汉语会话教材的编写情况有以下几个方面的特点:①编写的课文选择的题材多样化,充分体现普通话口语特点,以话题为中心;②课文内容具有由易到难、循序渐进的系统性的编排,字数被限制,对应深浅适度的口语教学;③在整体结构上,看教材内容的编写以及练习题的设计,注重语言结构、语言功能,交际情景具体化,注重文化因素,而活动任务也具有科学性、实用性、趣味性。

浙江越秀外国语学院对外汉语会话课教学采用的教材是《发展汉语》系列教材。初级班、中级班分别用的教材是《发展汉语(第二版)初级口语(Ⅰ,Ⅱ)》和《中级口语(Ⅰ,Ⅱ)》。

初级班的教材课文编排由语音部分、课文部分两个部分构成,其中课文部分分为学生词、课文、课堂活动与练习和挑战自我四大环节。以《发展汉语(第二版)初级口语(Ⅰ)》的第三课《今天星期一》为例,看其教材具体编排。

在语音部分,第一,对语音部分基础知识的讲解——"跟我学拼音":"一"的变调;第二,"跟我一起练"作为语音训练环节分为五个部分:拼合练习、熟读四声、"一"的变调、辨音辨调、熟读音节。

在课文部分,教材先设置"跟我读,学生词"的环节,生字 10 个,有拼音、词性、英语解释词义。紧接着就是课文内容,课文简单易懂,就是两句话:"今天星期一,明天星期二。"和"今天九月八号,星期六。明天,九月九号,星期日。"分别由图示意,帮助学生理解。其次是"课堂活动与练习"环节,这部分是由"语音练习、大声读一读以及小组活动"的形式展开练习。小组活动会根据所学的知识,安排不一样的任务。比如这篇课文里的小组活动就根据课文提出两项任务:任务一,一个人先说日历表上圈出的日子"今天……月……号,星期……",另一个人则说"明天……月……号,星期……";任务二,一个人说出一个日子,另一个人在月历上标出这个日子。最后一部分就是"挑战自我",一般会有一项"交际任务"。比如,在这篇课文里的交际任务就是:(1)在月历上标出今天的日子。(2)看看你们国家的月历,它和中国的一样吗?

此练习的形式种类以熟读与完成任务为主,其技能训练的体现在小组活动与课堂的师生问答环节上。

同一阶段水平的教材安排,在不同的会话课堂中仍有区别,因此再以《发展汉语(第二版)初级口语(Ⅰ)》的第四课《我是中国人》为例。同样的,教材课文编排由语音部分、课文部分两个部分构成,其中不同的是,课文部分分为学生词、课文、功能句、课堂活动与练习和挑战自我五大环节,并且设置课文一、课文二、课文三,在每段课文后面都设置"边学边练"。

中级班比初级班在各个水平方面都有所提升,那么中级班的所使用的教材也会按照"由浅入深、由易到难"的原则进行编排,由课文部分、词语练习、功能项目练习以及交际活动与任务四方面的学习环节。《发展汉语(第二版)中级口语(Ⅱ)》的第三课《刷卡消费,享受生活》,在其课文部分,分别设置课文一《请填一下这张表》、课文二《请问,您有会员卡吗?》和课文三《刷卡消费,享受生活》。以课文一《请填一下这张表》为例。

生词:透支、输、密码、窗口、原件、复印件、资格、财力、所得税、驾驶证、附、询问。

课文:

前不久,大卫刚刚办了一张银行卡,但他还是觉得不方便,最大的问题是银行卡不能透支,每次都要输密码,所以他想再办张方便的、能透支的信用卡。王楠回家了,这次他只能靠自己了。

(大卫到了银行从取号机上取了一个号:个人业务 A0075 号。然后他和其他人一样坐在椅子上等着。)

广播:请个人业务 A0075 号,到 3 号窗口办理。请个人业务 A0075 号,到 3 号窗口办理。

(大卫听到叫自己的号,赶快去了 3 号窗口。)

职员:您好! 请问您要办理什么业务?

大卫:我想办张信用卡。

职员:您是外国人?

大卫:对,我是美国人,我叫大卫。

职员:办信用卡需要提供一些证明材料。护照和护照复印件有吗?

大卫:有,已经复印好了。

职员:有工作证明文件吗? 例如,工作证明原件、工作证复印件、资格证书复印件等。

大卫:我是公司职员,有工作证复印件。

职员:此外,还要提供财力证明文件。如收入证明、所得税证明或者汽车驾驶证等的复印件。

大卫:我有公司的收入证明。

职员:好。请填一下这张表。您可以到那张桌上填表,有问题可以询问我们的服务人员。表填好后,你在后面附上所有证明材料,直接找我,不用再排队了。

大卫:好,谢谢!

想一想,说一说:1. 大卫为什么想办信用卡? 2. 大卫需要提供哪些材料?

读一读,试一试:

1.此外,还要提供财力证明文件。(此外)

(1)办理信用卡需要出示护照原件。此外,还得提供复印件。

(2)他一生就写过两部书,_____。

(3)我这次去上海,主要是想看看多年没有见面的姐姐。

(4)_____,此外,别的方言都不会说。

2.表填好后,在后面附上所有证明材料。(V. +上)

(1)他回到公司,戴上手套就出去了。

(2)信的地址写好了,_____,寄出去吧。(邮票)

(3)天气预报说今天有雨,_____。(雨伞)

(4)"画蛇添足"的故事说的是,一个人画完蛇以后,又_____。

由例子可知,与初级教材不同的是,中级教材分别在课文一、二、三中都有生词教学环节,生字数量大大增加,难度有所提高;课文内容是以职员和大卫的对话为主,在对话之前设置会话情景、提供详细背景——大卫为什么要办信用卡;在课文尾部设置"想一想,说一说"环节,让学生根据课文回答问题,抓住文章线索;在课文后面附带练习题:"读一读,试一试",要求学生模仿课文造句,比起初级教材的"边学边练"部分,难度有所提高。

在词语部分,课后编排的练习题以增加词汇量、理解并区分词义和准确书写词语为主旨,以这篇文章的"词语部分"的练习题为例。

一、模仿例子说出更多的词语。

例:信用卡:借记卡　会员卡　洗车卡

1. 所得税:_____　_____　_____

2. 驾驶证:_____　_____　_____

3. 收银员:_____　_____　_____

4. 理发店:_____　_____　_____

二、选择词语填空

郁闷　忽悠　赠送　资格　提供　实惠

1. 那家超市的东西质量好,价格也不高,很(　　)。

2. 一些银行把业务开到了学校,只要办卡,就有礼品(　　)。

3. 如果想当医生,首先得通过国家医师(　　)考试,拿到执业证书。

4. 真倒霉(dǎo méi,out of luck)!今天怎么那么不顺啊!(　　)!

5. 你被她(　　)啦!大周末的,她怎么愿意在图书馆看书呢?

6. 记住,要同时(　　)身份证原件和复印件。

三、根据拼音写汉字,然后读一读,并说说这些词语的意思

1. 请再次输入 mì mǎ(　　)。

2. 以后有什么 fán nǎo(　　)的事儿就和我说说。

3. 购物券(quàn,voucher)上写着有效期至 9 月 20 日,过期 zuò fèi(　　)。

4. 明天下午有个讲座,到时互相 tí xǐng(　　)一下,别忘了。

5. 你到那边填张表,如果有问题可以 xún wèn(　　)我们的工作人员。

第一,拓展词汇量。根据课文所学的词语,延伸学习其他同一类词语,即模仿例子说出更多的词语,要求学生将答案填在横线上。第二,准确区分并掌握词义。根据所提供的句子理解情景,选用恰当的词语填空;第三,根据拼音写汉字,掌握本节课所学习的常用汉字书写。此外,教材设置一些生活中常见的句子,提供给学生"实用句型"来完成句子填空,从而由词语的学习转为句子的运用。

而功能项目练习,是承接教材上面编排的句子运用练习,进行整理、归纳。比如,根据课文所针对性学习的知识点,归纳为"表示排除""说明""双重否定""表示吃惊、奇怪"四类句子,分别设置不同情形,示范不同例子,引导学生进行不同的功能项目训练。

"交际活动与任务"是以小组的形式展开进行的,由"小组讨论"和"小组活动"两大环节组成的。中年级的教材练习设置以情景会话为主,在掌握句子用法的过程中,通过反复训练、展开对话,掌握语言技能。

(二)对外汉语会话课教学过程

根据《对外汉语课堂教学技巧研究》所提到的初级阶段会话课课堂教学活动的策略，以初二B班与中级二班为例，了解浙江越秀外国语学院对外汉语会话课教学过程。

第一，教师对外汉语会话课教学过程的环节在不同的课堂上进行"增删"。根据初级阶段的课程规范(王钟华，1999)，会话课教学课堂分别由以下五个环节为概括，即引入教学状态、生词的处理、学习课文及重点词语的用法、做练习、归纳总结并布置作业。因为学生在学习本堂课文之前水平各不相同，这也导致教师在面对同一教材的情况下，进行针对性地选择教学环节，所以初级阶段的教学规范只是一个全面概括，在具体的教学过程中，具体问题具体分析，教学过程也是不尽相同的。

初二B班在新课进入之前会有10分钟的预备听写时间，老师等待学生准备的过程中，进行板书。在学生们准备好之后，老师会邀请一组一组学生上黑板进行对学生的汉字、拼音和句子的检测，大约有30分钟进行对旧课的字词句的复习，接着通过音频进入新课，引入教学状态。对于生字的处理，反复跟读是常用的手段之一，老师会通过对话、提问的方式帮助学生理解新词，讲解词性、示范造句邀请学生模仿造句。杨惠元在《课堂教学理论与实践》中主张根据单元练习话题，也可以看到许多汉语会话教材都是以"话题"为纲编写的，细化交际的目的、场合和对象，设计便于学生模仿的话题。在初二B班，教师根据生词表的生词，结合下面需要学习的课文，设计出不同情景的话题，细化到交际场合和对象，给每一位学生示范对话，并进行师生交际。例如，初二B班要教"笑着"这个字，强调"着"，因此教师设计具体的交际场合——上课的时候，对象是"大家"和"老师"，从而进行师生对话。

师：笑。呃，来，南友英，看一下啊，大家在上课的时候，是站着、坐着、关着、开着、笑着，有哪些？大家上课的时候。现在大家在……？

生：坐着

师：坐着。还有吗？有没有有的同学是在笑着？有没有？

生：有

师：有的啊，有的。有人说，我站在讲台上，我看着下面同学在笑着，我心里面在想，他们在笑什么呢？他们很开心，在下面。他在自拍，他非常开心，非常开心啊，笑着啊。那我在做什么？

生：你在站着。

师：我在站着。

生：你在站着讲课。

师：对，站着讲课，站着讲课。我在讲课，我在站着讲课。这个是"着"。

由于时间有限，讲解完生字，由音频带领学生读一遍课文就布置家庭作业，将熟悉课文布置为家庭作业之一，还有复习第五课准备下节课的课前听写以及课后练习题等。

《对外汉语课堂教学技巧研究》(赵金铭，2012)一书中提到："学生学习前的知识水平决定了教学环节的'增删'。"所以说，初二B班就根据本班学生的实际水平以及整个学期的学习大纲增加了"听写"环节进行复习巩固知识点。

《以"交际任务"为基础的汉语短期教学新模式》中,马箭飞提出了以交际任务为基础的课堂教学模式,并且强调,根据交际活动或交际任务类型的不同,完成课堂交际活动的步骤也是不同的,进行课堂活动时不可强求一致。中级二班的教学课堂就与初一B班有所不同,其课堂教学是以通过学生分组进行角色扮演来检验学生是否掌握学习技能,因此,不同的口语课堂,其"增删"环节也是不一样的。

第二,小组活动在对外汉语会话课堂上的应用情况以角色扮演为特色。《汉语初级(口语课交互教学方式)》(王丕录,2015)于其引言部分提到:"分组的教学有普遍的适用性,甚至对口语课尤为适用。"中级二班分组进行角色扮演,通过饰演大卫和职员进行办理能透支的银行卡的一段交际对话,其对话如下:

师:好,他们说得好不好!(大家鼓起掌来)谢谢,谢谢两位同学,我们同学注意,下一组同学到前面来,你们不是大卫了,你们是自己啊,好吧,你们不是大卫了,是自己。然后呢,真的要坐在这,好不好? 好,坐一下,坐在椅子上等着。这样形象,同学来,坐在椅子上等着,然后填表,这真的是银行。三号窗口在哪? 你们想要三号窗口在哪? 在那(大家都笑了)好的,三号窗口在这,工作人员一般是坐着的,三号窗口在这。好的,坐着一般不要桌子,我们去银行,坐着没有桌子,坐着没有桌子。来,下面请三名同学来,到前面来。职员,谁是职员? XX,你做职员好不好? 欢迎!(大家鼓掌)小莫,办信用卡,好不好?(鼓掌)好。第三个,读的,你们这边有一个同学来,好不好,可以吗? 谁? 愿意吗? 来,你来,好,谢谢,到前面来,他是读课文的,好。你站在这儿,你可以站在这读,这是银行,这是3号窗口,好,开始。

生:前不久小莫刚刚办了……(大家都笑了)

师:很好!

生(旁白):前不久,慔刚刚办了一张银行卡,但他还是觉得不方便,最大的问题是银行卡不能透支,每次都得输密码,所以他想再办张方便的、能透支的信用卡。王楠回家啦,这次他只能靠自己了。

小莫到了银行,从取号机上取了一个人业务A0075号。

师:小莫,不好意思停一下。小莫,到银行了。小莫不能站那,小莫到银行了。这是银行。好,小莫到了银行开始。

生:(旁白继续)小莫到了银行,从取号机上取了一个号,个人业务A0075号。然后,他和其他人一样,坐在椅子上等着。(广播)请个人业务A0075号到三号窗口办理。请个人业务A0075号到三号窗口办理。小莫听到叫自己的号,赶快去了三号窗口。

职员:您好! 请问,你要办理什么业务?

小莫:我想办张信用卡。

职员:你是外国人?

小莫:对,我是美国人,我叫小莫。

(大家笑了)

师:你是也门人? 我是也门人。

小莫:我是也门人,我叫小莫。

职员:办信用卡需要提供一项证明……复印件有吗?

小莫:有,已经复印好了。

职员:有工作证明文件吗? 例如,工作证明原件,工作证复印件,是和护照复印件?

小莫:我是公司职员,有工作证复印件。

职员:此外,还要给……证明文件,如收入证明,所得税证明或者汽车驾驶件等的复印件。

小莫:我有公司的收入证明。

职员:好,请现在填这张表,你可以到那张桌子上填表,有问题可以询问我们的服务员。表填好了,在后面附上所有证明材料,直接找我,不用再排队了。

小莫:好。谢谢。

师:好,请坐,谢谢! 真好,谢谢三位同学。他们六名额,总共是五个同学对不对? 他们表演得怎么样? 不错啊,很好! 他们很聪明,大卫真的变成了小莫啊。那么这些话呢,我们可以不看着书说,就像小莫说,我是也门人,不是在那里读。然后,再到前面来的时候,我们注意一下哈。

(三)对外汉语会话课教学的教师指导作用

接下来以初一 B 班为例,通过其课堂教学过程,了解浙江越秀外国语学院对外汉语会话课教学过程中教师的指导作用。教师会设计教学环节,根据大纲进行教学。比如,在带领学生学习新课之前,先通过音频回顾第三课《今天星期一》讲过的内容,教师通过复习上节课内容引导学生进入学习状态。与此同时,教师进行板书,预备讲解上节课重要知识点。在强调重要知识点的复习之后,通过音频带领学生熟悉声调,检查学生对语音发音的掌握程度,并且根据学生对上节课课文生词的掌握情况,适时地一个一个字地复习上节课生词。随着音频,再由生字学习部分转入到课文阶段,学生跟着音频熟悉课文。教师根据所处的日期提问:"今天星期几?",以此来与学生进行对话,帮助学生对课文简单句子的学习掌握。在这节课里,教师主要检验学生对数字的掌握,让学生轮流点数字,做到能够口齿清楚地数 100 以上的数字,在此期间,老师纠正不准确发音。由数数字转到对时间概念的区分,教师透过日历表,让学生知道星期、几月几号的概念与对时间的准确掌握。这就是教师推动整个班级学习进度的展开。

看大家掌握得都很不错的情况下,进入第四课《我是中国人》的新课学习。同样,由音频带入语音训练,学生跟读练习,进入新课的新一轮学习。教师示范生字词读音,一个一个地区分读音,反复示范,比如,"你、听""你、看""你、来"等,让学生区分声调,在此过程中解答学生疑问。针对母语负迁移现象,学生在学习汉语的时候会受到母语迁移的作用,比如,此课讲到"国"的时候:

师:中国,美国,德国,法国,英国,泰国,韩国。

生:日本国。

师:日本没有'国'。意大利,也门,都是没有'国'。

《基于多媒体初级汉语口语课堂的"互动-理解-输出自动化"教学模式》里,孙雁雁针对汉语学习者在语言交流中容易出错的情况,提出基于多媒体初级口语课堂的教学模式。所以,教师示范语音语调和对中国文化的讲解,以及对留学生语言交流中的错误进行纠错等,这些对留学生了解中国语言知识有着关键作用,能够促进学生理解能力,并且帮助学生准确地使用汉语进行交流。

(四)学生在会话课上的整体表现

在初一 A 班的课堂上,以也门的学生为主的课堂氛围热烈,学生都积极参与到跟老师的互动、对话中;在初一 B 班的课堂上,大部分学生都能跟着老师的步伐,跟读训练,并且积极参与到与老师的简单对话中,全程积极性较高;在初二 B 班的课堂上,整体主动参与度较低,但学生注意力较集中,听力与口语水平较好;在中级一班,以小组为单位的模式进行教学,师生互动性不高,小组活动效率较高;在中级二班,学生在老师的带领下,在情境中学习,排练课本内容的积极性高,整体学习氛围较活跃。

四、对目前对外汉语会话课教学的评价

(一)对教师作用的评价

1.教材使用方面

第一,对外汉语口语课教学过程中,教师使用教材不是一成不变地按照课本的顺序,而是有所增删,因材施教,发挥出教材设计的最大优势,把知识点有效地运用起来。初级教材的内容适合一节课或者两节课来上,中级的教材需要教师合理的使用,注重练习。每个班级的教材使用情况都有所不同,此处就评价在时间不够用的情况下,教材该如何使用较为恰当。教材使用得是否恰当体现于对时间的把控与布置作业的环节。以布置家庭作业的方式,很好地节省出熟悉课文、填写句子的时间。这就是在很好地利用课下时间让学生们自主学习、完成作业、巩固知识,将在课堂时间进行有效的训练,即教材上的对话与交际训练。

中级二班同样以布置家庭作业的方式,节省了上课的交际时间,但有所不同:

师:我们看一下28页,读一读,试一试。啊,大家看,第一题,大家一起读一下。

生:此外,还要提供财力证明文件。

师:好,我们看,此外。此外,做这件事情要有材料,此外还要有,一定是"此外",还要(板书:此外,还要)还要,此外,还要。看(1),办理,开始。

生:(1)办理信用卡需要出示护照原件。此外,还得提供复印件。

师:很好,还得,大家读得很好。办理信用卡需要出示,出示,拿给别人看,书面语。很正式的场合用,出示证件,出示原件,出示护照,出示学生证,出示什么什么啊,出示。好,大家再读又一遍,办理信用卡。

生:办理信用卡需要出示护照原件。此外,还得提供复印件。

师:好,此外还得,还(同时进行板书),我们看,(2),一起说。

生:他一生就写过两部书。

师:他做的这样的事情,此外?

生:还写了一首歌。

师:还写了一首歌,啊! 很好,此外他还写了一首歌。对,这个答案有很多,这是可妮的答案,你们呢,怎么回答呢? 大家回去写作业,大家不要一样,要自己想自己的。好,(3),大家一起读。

生:我这次去上海,主要是想看看多年没有见面的姐姐。

师:什么,对吧,好,作业,回去自己写,(4)。

生:什么。

师:对。

生:此外,别的方言都不会说。

由此可见,中二班虽然布置家庭作业,但在布置家庭作业之前,老师会带领学生先理解一遍例句,很好地利用教材提供的练习题,再帮助学生弄清楚练习题中的难词难句,并开拓他们的视角,比如教师解释"出示"这个词,会说:"出示,拿给别人看,书面语。很正式的场合用,出示证件,出示原件,出示护照,出示学生证。"

第二,教材内容被如何使用很关键。初二B班的生词部分的教学会利用其教材进行师生对话,教材提供了"话题";中二班的角色扮演则是利用教材设置的情景进行模拟对话,教材提供了生活中的交际范本。

2. 教学过程方面

第一,根据初二B班教学过程可知,教师通过观察学生在练习中的反映情况以及每堂课前的听写汉字、拼写和句子,虽然占据上课的时间,但可以直接发现学生在学习过程中的掌握情况,从而有针对性地复习旧知,进一步完善教学。

第二,老师会通过对话、提问的方式帮助学生理解新词,讲解词性、示范造句邀请学生模仿造句,比如,初二B班在讲到饮食的时候:

师:你去餐厅买饭的时候,你要告诉他我要什么,对不对,你不能指着它,我要这个,你应该读出它的名字来。告诉我一些它们的名字,食物的名字。

生:番茄鸡蛋炒面。

师:或者你可以告诉我一个菜的名字也可以,菜的名字,什么都可以。

生:鸡蛋仔。

师:鸡蛋仔,是吗? 卷? 我没有去过,我不知道,叫什么? 鸡蛋卷还是叫什么?

生:鸡蛋仔。

师:哦,有鸡蛋仔,在什么地方,告诉我。在什么的旁边,或者说是东北,南边,西边,北边。

生:在二楼,自助餐旁边。

师:啊,非常全面,在二楼的自助餐的旁边。她说的对吗?

生:对!

师:二楼的餐厅,二楼的自助餐的旁边。记住啊。我让其他同学来说啊。来,×××,回答我,你能告诉我一些好吃的东西吗? 它的名字,可以是菜的名字,可以是面食的名字。

生:酸辣粉。

师:恩,酸辣粉,在什么旁边,在什么位置?

生:他是这地方没有。

师:这地方没有卖?有的啊,在超市的旁边。酸辣粉,有的,但我觉得不好吃啊。在超市的旁边。操场的旁边是超市,超市的旁边有酸辣粉。有看到吗?有看到啊。

生:(笑着……)餐厅也有。

师:餐厅也有?

生:三楼。

师:三楼什么地方?

生:重庆小面。

师:他告诉我们一个词,叫重庆小面。重庆小面的旁边啊,所以,如果说是一个同学说我想吃什么,你可以告诉他,我们餐厅有……它在几楼……在什么的旁边,你要告诉他具体的位置。所以你们要知道啊,如果你和中国朋友在交谈的时候,如果我们谈到什么好吃的,那你要告诉他具体的位置,几楼?我们餐厅的二楼,什么的旁边,重庆小面的旁边。啊,可以啊,重庆小面也可以啊。所以啊,知道啊,说什么旁边,什么几楼,你要说出具体的位置,而且你还要说出它的名字。

值得注意的是,这样的教学设计很有特色,在初二 B 班的口语课堂上,教师与学生的对话全都来自越秀外国语学院这个语言环境,很真实、贴切。从该班学生听力与对话的水平来看,这种教学方法很锻炼学生的听力和理解力,但是可以看出复习和学习生字所占的时间比重很大,因此,老师将一堂课分成两大节课来上,在布置家庭作业上,熟悉课文成为学生们自行完成的一部分,这样能为下一次课堂训练打好基础。这就是抓住了对外汉语教学理论上的实用性原则,即讲究精讲多练,该教学过程完全能体现教师精讲知识点的重要性。

第三,出于对时间的管理把控,在初二 B 班上生字学习的这个阶段,老师没有设置对话练习是明智的。良好的学习效果缺少不了"练",三分讲七分练,具体练习的内容应该在学习课文之后,针对性地训练教材中的重点和难点。虽然在这一节大课里,教师没有足够的时间学习新课和对句子用法的归纳总结,但是老师的生词讲解会帮助学生快速理解课文,在老师讲解词语时所示范的句子也能帮助学生熟悉并且记住课文内容。所以,在本节课的尾声,老师就让学生听一遍音频,将熟悉课文布置为家庭作业,这是为了让下节课进行对话练习和交际训练预留出更多的时间。总之,这样的教学环节设置得很恰当,教师抓住学生学习口语的本质,在每节课教学过程中都设置实际的语言情景,带入性地接触知识点,帮助学生更好地掌握语言技能。

第四,在中级二班的"角色扮演"环节来看教学过程,发现角色的扮演者在把汉语说准确的同时,也要语句连贯、通顺,大部分学生"角色扮演"过程中,语法形式很准确,但不排除有学生会根据已知的内容进行说话,而不是能够恰当地运用到真实的交际过程中。总体而言,学生的积极性会提高,这是值得肯定的。

此外,浙江越秀外国语学院安排留学生教室有两种模式,也称其教学为"圆桌教学"和"常规教学"。圆桌教学其实就是以小组为单位的教学,培养学生与他人合作学习,同时更能集中学生的注意力到自己的课本上。但从课堂效果发现,这也容易造成学生分散注意力到课堂以外的事情上,影响教学环节中师生之间的互动效果。而常规教学大体能集中全班学生的注意力,这利于师生之间的对话互动,老师也能及时发现个别分散注意力的学生,从而进行提醒。常规教学模式下,学生学习的自主性和集中度不高,需要教师统筹规划,在活跃课堂的同时,吸引学生对"话题"的兴趣。

3. 教师的指导作用

在对外汉语会话课堂的整个教学过程中,教师是一名组织者,组织其课堂的每一个环节;又是一位知识传授者,示范读音、讲解生词,同时又是引导学生对话的帮助者,利用课本教材所提供的背景资料,充分发挥绍兴、越秀当地语境要素,积极创设学生对话的语境,透过灵活的教学技巧、多样的教学方法,激发学生学习兴趣,充分发挥出学生的主动性、积极性和首创精神,让学生主动去说汉语,使学生有效地使用所学知识。

因此,教师的指导作用在对外汉语会话课中是必不可少的。比如,在初二 B 班的课堂上:

音频内容:跟我读,学生词 2。

讲座、站着、着、保安、安全、可惜、教授、专门、国外、讲、精彩、场、出发。

师:好,我们来看生词 2。生词 2 里面,有没有我们学过的词语?

生:恩?

师:有没有? 第二个,学过吗?"站"。第三个呢,"着",学过啊,第五,"安全",是不是,还有第十三,"出发",还有第九"国外",都学过了,是不是? 所以,对话二也比较简单啊。我们来跟读啊。来,开始。

教师先让大家寻找学过的词语,在此基础上加深学生对词语的印象,因为学过的词语若是忘记了,更能提醒学生认真牢记,这就体现了教师的指导作用;再看中级二班的例子:

师:驾驶证。

生:驾驶证。

师:好。

生:驾驶证。

师:驶,不要读成二声,驾驶。

生:驾驶。

师:驾驶。

生:驾驶。

师:驾驶证。

生:驾驶证。

师:驶,舌头卷起来,驶。

生:驶。

师:驾驶证。

生:驾驶证。

教师在强调"驶"的读音,给学生们进行示范,并带领学生一步一步准确发音,这也是进行语音上的指导;或者说,在初二 B 班的课间,教师与学生之间的交流同样也能体现出教师的引导作用,教师引导学生用汉语交流,通过"动车票"的百度图片查询,让学生们了解相关动车知识,接触到一些汉语文化,课间老师带领大家进行汉语交流,这也能激发学生用汉语交流的兴趣。同时,各班的学生来自五湖四海、世界各地,其思维方式各有不同,教师是能够在课堂中帮助不同国家的学生更加准确地理解汉语,从而提高留学生的汉语口语水平与会话交际能力。

但是,教师的指导作用不能代替学生自主学习的功效。以初二 B 班及中级二班的教学过程来看,虽然老师通过对话、提问的方式帮助学生理解新词是十分必要的,但在整个会话课堂里,学生很难回答老师的提问,或者说老师的提问也过于简单,学生只要回答"是""恩""对"等简单字眼。因此,这需要教师在备课过程中精心准备适合班级留学生的相关问题。

(二)对学生状况的评价

浙江越秀外国语学院的留学生主要是来自也门、韩国和日本等国家。根据不同国家的学生性格可以发现,来自不同国家的学生在课堂上的表现是不一样的。大部分来说,来自也门的学生在上课的时候比较活跃,参与度高,难免会有场面难以控制的时候,需要老师有效管理课堂纪律;来自韩国和日本的学生在课堂上表现得比较认真,但不太主动发言,需要老师引导发言。

五、对外汉语会话课的教学建议

根据以上教学过程中出现的现象提出以下几点建议。

第一,无论是"圆桌教学"还是"常规教学",教师需要通过教学技巧、方法激发学生学习兴趣,帮助其能在自然状态下进行汉语口语交际。在采用老师领读,学生跟读的模式下增加与学生的对话来讲解生词的形式,在有迹可循的大纲体系下进行趣味性的互动,利于激发口语课课堂的整体氛围和学生参与度。

第二,教师不能过分依赖教材,按部就班地使用教材。一些教材远离实际生活,所以需要适当地进行筛检,在课堂教学环节中多次示范日常口语对话,帮助学生区分口语和书面语。

第三,一个班级里的留学生们的国别不同,需要根据学生的性格进行课堂教学,激发不主动发言的学习者的学习兴趣,而课堂中积极参与的学生则是话轮要素,需要有效利用其话轮。这需要教师在备课过程中精心准备适合班级留学生的相关问题。

第四,针对个人学习自主性不高的留学生,布置学习作业和课堂前"听写"检测是一个有效的督促方法,可以借鉴。

结　语

本文根据对外汉语会话课的理论基础,根据 Krashen 的习得–学习假说和监控假说理论,Krashen 的输入假说和情绪过滤假说理论,VanPatten(1995)、VanPatten 和 Sanz(1995)提出的语言习得中语言转变处理过程的模式进行梳理,在此基础上提出对外汉语会话课的教学目标和任务,并根据浙江越秀外国语学院的对外汉语会话课记录,观察并加以评价对外汉语会话课的教学过程、教师作用、学生状况与课堂反映,对此进行思考,提出一些建议,这是本文的目的。

参考文献

(1)专著

[1]吕必松.汉语和汉语作为第二语言教学[M].北京:北京大学出版社,2007.

[2]钱玉莲,赵晴菊.留学生汉语输出学习策略研究[M].世界图书出版公司,2009.

[3]温晓虹.汉语作为外语的习得研究——理论基础与课堂实践[M].北京:北京大学出版社,2008.3

[4]陈昌来.对外汉语教学概论[M].上海:复旦大学出版社,2005.

[5]陈枫.对外汉语教学法[M].中华书局,2008.

[6]曾毓美.对外汉语语音[M].湖南:湖南师范大学出版社,2008.

[7]赵金铭.对外汉语课堂教学技巧研究[M].商务印书馆,2012.

[8]王钟华.一年级口语课程规范[M].北京:北京语言文化大学出版社,1999.

[9]杨惠元.课堂教学理论与实践[M].北京:北京语言大学出版社,2007.

[10]李柏令主编.新思域下的汉语课堂——"以学生为中心"的对外汉语教学探索[M].上海:上海交通大学出版社,2010.

[11]王丕承.汉语初级(口语课交互教学方式)[M].北京:知识产权出版社,2015 年.

(2)期刊文章

[12]李柏令.建构主义学习理论与对外汉语教学[J].云南师范大学学报,2003(4):49-53.

[13]郑通涛.社会语言学视角下的对外汉语教学改革[J].国际汉语学报,2011(2):1-9.

[14]孙雁雁.基于多媒体初级汉语口语课堂的"互动-理解-输出自动化"教学模式[J].长江学术,2009(4):130-133

[15]马箭飞.以"交际任务"为基础的汉语短期教学新模式[J].世界汉语教学,2000(4):87-93.

(3)电子文献

[16]刘影.对外汉语基础口语教学模式的新思路[EB/OL].[2010-5-9].http://blog.sina.Com.Cn/s/blog467c6d240102e67q.html.

(4)外文文献

[17]KRASHEN S D. The Input Hypothesis:Issues and Implications[M]. London:Longman Publishing Group,1985.

[18]CURRAN C A. Counseling learning:a Whole Person Model for Education[M]. New York:Academic Press,1972.

对外汉语阅读课教学研究
——以浙江越秀外国语学院留学生教学为例

林婷婷

摘　要:在对对外汉语阅读课教学的研究中,根据不同阶段对外汉语阅读课的课堂教学状况,结合阅读课的训练目标与训练内容分别对阅读课教材、学生表现、教师指导作用等方面进行分析,并且通过对对外汉语阅读课的评价来探讨对外汉语阅读课的教学重点和阅读技巧以及存在的问题并给出建议。阅读课教师应该指导学生有选择地进行阅读,让学生学会利用已掌握的阅读方法,以学生为主,提高学生阅读积极性。此外还要注意教材的选择和练习的形式。

关键词:对外汉语;阅读课;阅读教材;课堂练习;阅读技巧

引　言

阅读是人类获取信息、学习知识的一种重要的方式。阅读理解则是一种比较高级复杂的认知行为,是人们阅读文本信息并掌握知识理解信息的一种能力。而在我们学习一门语言的过程中,听说读写往往是不可缺少的几个环节。大量的语言信息通过阅读进行吸收与内化,通过阅读才有可能了解更多语言知识以及相关文化,从而使学习者的理解能力得到提升,与听、说、读其它几个环节互相促进,直到真正掌握或者精通一门语言。良好的阅读能力有利于培养学习者的集中力、发展学习者的思维能力以及充实学习者的想象力,因此必要的阅读训练对学习和发展一门语言有比较显著的帮助。

随着学习汉语的人数增加,他们对学习汉语的要求从方便交流到熟练运用,全面发展汉语教学的的重要性显而易见。汉语教学不再仅仅重视说和听,为了更加熟练地使用汉语,达到更深层次的学习,阅读教学也越来越受到重视。在对外汉语教学当中,汉语阅读课是专门为强化阅读技能而设置的,是一门专项技能训练课。但是阅读教学研究基础薄弱,在综合课等一些课程占主要比重的课程安排下,阅读课往往作为选修课存在,得不到重视。但是为了能够自主地获取信息,直接获取知识,自然离不开阅读。为了全面发展汉语,阅读技能训练的必要性也显得至关重要。除了加强综合课、听力课等的教学,对外汉语专项技能课也应该受到重视。因此本文将对浙江越秀外国语学院留学生教育学院的对外汉语阅读课的教学进行研究。

一、对外汉语阅读课研究内容

(一)研究内容

对外汉语阅读课是对外汉语专项技能训练课,而阅读课的教学目标与任务以及教学内容都是相关学者讨论的主要内容,也是衡量我们能否更好地发展专项技能训练的准则。在进行阅读课教学时,应该以学生为主,在阅读课的理论基础上根据不同阶段的学生的学习特点来进行教学,对照对外汉语阅读教学目标以及训练内容,做好对外汉语阅读课的教学,全面提升学习者的汉语水平。

(二)相关文献

吕必松在《对外汉语教学概论(讲义)》中对阅读技能训练的基本内容进行了详细的阐述。陈昌来的《对外汉语教学概论》中的对外汉语教学课型论中的阅读教学具体解释了阅读教学的理论依据,提到阅读理解的本质是一个人通过视觉感知言语信息,再经过大脑加工处理,进而理解信息意义的心理过程。束定芳认为关于阅读活动是一种多种因素、多向交流与反应的复杂解码过程。研究者(Clarke & Silberstein,1977;Bransford & Johnson,1982;Carrell,1984)提出图式理论:听力说明和阅读理解是积极的脑力过程,听话者和阅读者用自己的经验、语言知识和目的语文化的理解对输入材料进行加工处理,并产生新的意义概念。温晓虹在《汉语作为外语的习得研究》中提出"通过提供给学生有关汉语语言结构的知识如汉字、词组、句子和话语篇章的构成特征及文化价值和社会习俗等知识,教师可以帮助学生化解阅读理解中的各种困难"。朱勇在《汉语阅读与阅读教学研究——以日本大学生为中心》一书中以日本大学生为例对汉语阅读教学做了详细的研究,进行阅读难点调查和阅读策略研究。司婷宜在《对外汉语中级阶段阅读课教学研究》中详细研究了中级阶段阅读课的教材分析和教学方法相关情况,探讨有效的阅读学习方法,等等。

以上是收集整理的关于对外汉语阅读课教学的一些研究情况。

二、对外汉语阅读课教学总说

(一)对外汉语阅读课的理论基础

阅读作为读者与文本和读者与作者之间的交流,存在语言文化等多方面的差异从而影响理解,所以在对外汉语的阅读教学过程中,除了阅读技能和阅读策略的训练,更要注重学生在跨文化方面的认识,阅读不单要学习语言文字,还要留意这些语言文字背后的文化内涵。

在对外汉语阅读教学中,阅读者对文本材料中的看到的字词进行分析并理解,对生字词进行推理猜测。再回顾已知的字词句的意思,有些汉字的义项不止一个,那么阅读者将会用已知的义项进行匹配分析。如果阅读的内容超出字面理解,将会有推论性地去分析领会该阅读材料。如果整篇材料阅读完毕却不知道得出什么结论,那么阅读者会做出调整方法,理解监控就是不断检查自己是否达到阅读要求的一个小过程。

1979年,Coady以心理语言学理论为基础提出第二语言阅读设想:第二语言阅读的自上而下模式强调,读者是阅读的积极参加者,他们利用现存的经验和背景知识对读物预测、经检验对预测作出反应,或肯定或反驳。在这一过程中,读者的语言知识,第二语言的熟练程度,有关读物的背景知识,读物的修辞组织结构方面的知识都起着重要的作用。

由此可见,阅读是读者与文本材料积极交流的一个过程,读者按照本身的知识储备与阅读经验进行文本材料的分析推理。在对外汉语阅读教学中,阅读者通过阅读训练积累汉语知识,运用已有的水平,在习得的阅读策略以及阅读技巧相互作用下来进行相关的中文阅读理解。在对外汉语阅读教学中,在进行阅读前,有必要为阅读者介绍有关的文化背景知识。再通过分析预测字面意思来进行对阅读材料的深层理解。

(二)阅读课的教学目标和任务

教学目标是教学的出发点和落脚点,是教师根据教材并结合学生的特征进行教学的指挥棒,教学从教学目标开始并为教学目标服务。因此不同学者对此都有不同的认识。吕必松(1996)认为阅读训练的目的和任务有三:培养阅读理解能力,培养阅读技巧,通过培养阅读能力来全面提高学生的语言水平。李世之(1997)认为阅读课的最终目的并不是理解,而是语言能力的形成。而黄源深(1997)认为阅读课就是要教会学生阅读,具体培养阅读理解能力,通过阅读获取信息的能力,阅读速度、阅读注意力持久性、阅读外语的习惯。

对外汉语阅读教学的目的是培养学生的汉语阅读技巧、阅读策略以及提高学生的语言能力,自主运用汉语进行阅读理解,了解相关文化知识,通过语言学习文化。阅读理解能力指的是理解所阅读的中文文本材料的能力,具体是指对字、词、句、段落、篇章的理解能力。阅读技巧是指更加快捷更加方便地进行阅读的方法途径,能够提高阅读的速度和流利程度。学生在教师的引导下学会有目的地运用汉语进行阅读,能够根据设置的不同的任务,学会有效地获取文本材料信息,"抓关键、跳障碍",对文本材料信息进行分析、推理和评价,从而使自身的阅读理解能力有所提升。

(三)对外汉语阅读课的训练内容

1.对外汉阅读课的主要训练内容

对外汉语阅读课教学主要指的是泛读课程。泛读指的是广泛地阅读,粗略地阅读文本,目的是把握文本的主要内容或梗概,重视阅读材料的内容,学会抓住关键信息,实现对文本的解读。通过大量阅读和快速阅读来培养泛读能力,达到阅读理解的流利程度。因此阅读理解的技巧与策略更加重要。

鲁健骥(2001)曾在文章中提出:"泛读的作用是什么呢? 我们认为,精读课上学过的语言知识,必须通过大量的泛读才能重现、复习、巩固、扩展。泛读还可以扩大学生的知识面,主要是增进对目的语国家的了解。此外,'泛读'也是培养学生良好的阅读习惯、训练阅读技巧的重要手段。"

在对外汉语阅读教学中,通过大量的泛读巩固复习综合课上的学过的语言知识,学习快速地掌握信息知识。泛读除了学习语言之外,还可以获得目的语国家的相关文化知识,可以培养学习者的阅读兴趣。所以在注重综合课等其他课程教学的同时,也应该关注泛读教学的完善,来提高对外汉语的教学质量。

吕必松指出:"人的大脑中存在着一个语言知识库,这个知识库中储存着关于语言和文字的知识以及相关的文化知识。所谓阅读的心理活动,主要是指调动存在于大脑中的语言知识库,与视觉器官接收的文字符号相印证,并进行识别、推断和匹配,以达到对文字材料的理解……一个人的语言知识库不是先天就有的,而是在语言学习的过程中逐渐形成的。阅读训练正是为了帮助学生建立和充实阅读所需要的语言知识库,使学生具备阅读能力,为真正的阅读创造必要的条件。这也说明,阅读和阅读训练是不同的概念。"由此可见,有必要通过阅读技能训练的不断积累来帮助大脑中语言知识以及其相关文化的储存与完善,从而使得阅读者在进行解码时能够快速寻找可以匹配的知识储备,可以更快进行深层次理解。

阅读课主要是为了培养学习者的阅读理解能力,建立快速阅读的技巧方法,养成良好的阅读习惯,从而达到全面提高汉语学习者的语言水平的目的。阅读的基本训练内容包括认字训练、语言训练以及相关文化介绍与阅读技巧的练习。

不同于综合课的精读,重在音、形、义的讲解学习,在阅读课的教学中阅读方法以泛读为主。但是像预测、跳读、略读、默读等阅读方法也可以运用在其中。

不同的阅读技巧主要有抓文章的主干、抓关键词句、猜词等。抓文章的主干,就是在文章中找到中心句,以及抓句子的主干,在文章中往往会有一些长句,所以要训练化繁为简,抓重点的能力;抓关键词,在文章中往往会出现与文章重点相关的关键词,其中还有一些关联词语起着至关重要的作用,对文章结构框架的整理都有帮助;阅读课的词汇不用像精读课那样具体讲解,教师要引导学生看词猜义。

2. 不同阶段阅读课的训练重点

根据语言能力形成的规律,阅读训练还将遵循阶段性的发展,由不同阶段设置不同的训练重点。

在初级阶段,学习者想要阅读文本,获取信息,由于词汇的缺乏,对组成文章的文字感到陌生。所以初级阶段主要是在识字和理解词汇的基础上进行阅读训练。

在中级阶段,阅读课的训练重点主要是语法训练和相关的文化学习。在生字与词汇的基础学习上,重点进行语法教学。从学习生字到整理巩固学过的文字,将阅读理解运用到篇章中的长句、段落中,理解句子的意思,分析上下文之间的关系,再联系整篇文章学习中心思想。相关的文化学习会随着学习者不断提高的语言水平增加其在阅读训练中的分量。为了学习者能够理解阅读材料中逐步增加的相关中国文化知识,有必要对其作出解释说明。另外由于汉字的数量较多,存在多音与多义的情况,所以要培养学习者在遇到阅读材料中有生字词的情况时学会推测、猜测的能力。然后学会在泛读中找关键内容,提纲挈领,遇到完全不能推理的词语选择忽略,在规定的时间内完成快速阅读,并回答简单的问题,通过这样的练习来促进学生的快速阅读能力的形成。

在高级阶段,学习者的汉语水平有了一定的基础,除了以上两个阶段的基本训练不可省略,阅读的流利程度也要提高,高级阶段的阅读训练要更加有目的性地去选择,使用不同类型的阅读材料和根据学习者的不同学习目的来安排文本材料。

各个阶段的阅读训练侧重点不同,但基本训练的内容依旧是一样的,大量阅读和快速阅读都是为了语言知识以及相关文化的积累,促进语言能力的形成和全面发展汉语水平的需要。但是过量的练习容易让人倦怠,适当地增加阅读量还是有必要的。

在该校留学生课程安排上并没有安排初级班的阅读课,所以主要针对中等一班、中等二班、高级班三个班级的阅读课进行研究。

三、对外汉语课堂教学状况

(一)对外汉语阅读课的教材使用

1. 教材的课文编写特点

中等班级的阅读课采用《发展汉语》系列教材,教材以中级班《发展汉语(第二版)中级阅读Ⅱ》为例,教材一共有十五个部分。每个部分分别有四篇文章和一则实用阅读。教师需按照一周两节课完成三篇文章的教学,第四篇由学生课后自主阅读。

根据教材前言介绍,教材中的文章类型多样,多选取实用、有趣、可读性强的文章,内容古今兼顾,以反映当代中国现实生活为主以及一些名家名篇名段还有一些科普说明文等等,例如介绍中国的最大三姓氏、牙刷的历史、北京秀水街、"汉语桥"比赛等。选文长度从200～300字逐渐过渡到400～600字(个别文章700～800字),教材说明充分考虑到学习者的语言能力和阅读水平,科学合理地安排阅读文章的长度和难度。从文章选材上看,小说、故事和有情节、有人物的文章学生比较容易理解,而论说文和科技文章与人们的日常生活较远,生词和专有、专业名词多,学生的理解稍微有点困难。

以《发展汉语(第二版)中级阅读(Ⅱ)》第6课文章二《牙刷的历史》为例:

人类祖先早有漱口、刷牙的习惯。科学家发现,在公元前3000年就有人清理口腔,用的最早的工具是牙棒。

在古希腊和罗马时代,人们用动物骨灰做牙粉清理口腔。现在还有些原始部落用木炭、盐水、细沙子、树枝来清理牙齿。

阿拉伯人现在还从一种树上取下树枝,把一头做成刷子的样子,用来清理牙缝及刷牙。这是一种天然牙刷,据科学家分析,这种树枝含氟可预防蛀牙,并有止痛作用。

中国人在2000多年前,就懂得保护牙齿的重要性。《史记仓公传》中就指出,引起牙疼的原因是"食而不漱"。

敦煌壁画中画有一和尚,蹲在地上,左手拿漱口水瓶,用右手中指擦前齿。

在唐代，人们用柳枝做成刷子，用药水擦牙齿。宋代，有人说，每日早晚用柳枝擦牙两次。

元代，正式有了"牙刷"一词。元代社会上层人物用牙刷，一般人还是用柳枝和中草药制成的粉末刷牙。

在中国1000多年前的古墓中发现了两支骨头制的牙刷柄。可见，中国很早就有了像现代牙刷一样的东西。①

这篇文章比较简单，适合中级班学生的学习。从选材的结构上来看，《牙刷的历史》主要可以分为外国和中国两个部分，不同时代、地区的牙刷的演变过程通过不同的段落表现出来，让学生通过简洁的分段可以清晰地了解文章的具体内容，使学生可以直接快速地找到想要查阅的内容；从选材的内容上来看，《牙刷的历史》作为阅读文章，内容比较合适并且有趣味，可以以不同国家的牙刷为话题引起学生的交流。

高级班的教材比较特殊，也有采用《发展汉语》系列教材，但在实际教学活动中，并没有完全使用该教材。由于学生对教材的争议较大，学生普遍向教师反映教材与日常生活的联系不大，教材内容过时与实际生活脱节，课本上的内容往往是很早之前的流行内容，而他们想要通过了解最近的热点来学习、生活和工作。所以教师会根据学生的需求，让其阅读一些新闻和网络热点进行评论、交流，然后进行教学。学生学习的这些材料都是和日常生活密切相关的，都是时下不能忽视，能引起他们阅读兴趣的话题。例如，由于学生倾向于"流行"的教材，于是高级班教师选用《汉字的网络化生活，不必焦虑》《网络能让汉语更有生命力吗？》和《22年前经典加长重映"大话西游"如何成为文化现象》等一些近段时间中国比较热门的话题让学生参与评论，通过对网络热点的学习、了解、交流，提高留学生在教学活动中的积极参与性。所以高级班在教材选择上相对自由，但选择适合的文章还是比较有难度。

高级班教材以文章《汉字的网络化生存，不必焦虑》为例：

时值岁尾年末，又到了一年一度的总结时间。近年来，许多机构常常会在年尾进行年度汉字的评选，借此来回望这一年的全民焦点，以文字来为这一年的种种做注脚。

与以往类似，今年的候选名单中依然有不少网络流行字，"怼""尬""赞""强""戏"等字都有浓厚的网络色彩。在《新周刊》的评选中，"尬"字在尬、戏、新、油、租五个字中，得票率高达52%。有读者感慨："要是'尬'字胜出，那真是太尴尬了。"

其实年度汉字网络色彩如此浓厚并不奇怪，这种总结本身就是网络时代的产物。开放、迅捷的互联网让人们彼此影响，让一个字、一个词能够迅速在全网流行开来，才有了年度词汇或汉字这种说法。这种传播速度快到你稍有几天不关注，可能就会听不懂身边人说的是什么。比如去年火爆一时的"蓝瘦香菇""皮皮虾，我们走"……这些字全认识，但很多人，尤其是与网络略有距离的人都不知道是什么意思，也不知道为什么身边的人都在说这种"莫名其妙"的话。

网络让文字越来越随意、粗粝、娱乐化。今年以来比较流行的"撕""怼""尬"这些汉

---

① 徐承伟编著：《发展汉语（第二版）中级阅读（Ⅱ）》，北京语言大学出版社，2006年版，第42页。

字都在网络上获得新生，有些以前被视为粗口的词汇，在网络上也可以畅行无阻，无论男女老幼张口就来，往往令许多"保守"的人瞠目结舌。编剧过士行就曾被这样的年轻人震惊过，没有想到一些连自己这种很糙的老男人都说不出口的词，身边的年轻女孩张口就来。

这些简单、直接、粗暴的文字在网络世界的新生，正是当下网络文化的一大特征。披着网络的外衣，似乎以往人与人之间的客气、礼貌都可以被忽略了，动不动就开"撕"，一言不合就互"怼"，时不时就陷入"尬"聊，朋友圈里也有了许多"点赞之交"。

在网络中文字已经失去了仪式感，这不能不说是一种文化的损失。要知道，汉字的优美与诗意在"昔我往矣，杨柳依依；今我来思，雨雪霏霏""碧云天，黄叶地，秋色连波，波上寒烟翠""落霞与孤鹜齐飞，秋水共长天一色"中被体现得淋漓尽致，也因此获得更长久的生命。

不过，文字既然是时代的记录者，就无可避免地带有时代烙印，专家学者们也不必着急地向网络词汇举起"狼牙棒"。这些简单粗暴的文字记录下的其实是当下人们焦躁不安的心态。快速发展的社会，让我们无法再像《诗经》的年代"参差荇菜，左右芼之。窈窕淑女，钟鼓乐之"。

其实，文字也如同植物，有的只是一年生草本植物，迅速发芽生长，又飞快焦黄枯萎，许多网络新词爆发式地流行一时，又很快湮灭在网络的海洋中；有的则如大树，长得虽慢，但一年一年地向下扎根，寿命可长达千载，比如一些古汉语至今仍存在于某些地域人们的生活中。语言的自洁功能也比我们想象得要强，深厚的传统文化必然能够漫过这些语言的浮萍，滋养当代人的心灵。①

这篇文章是新闻稿，一千字左右，与高级班教材个别文章差不多，内容与格式对于高级班学生可能在理解上来会有一定的难度，但在实际教学中留学生对其的解读能力适中。内容上主要以对新近流行网络用语的探讨为主题，符合学生要求的流行话题，能够提高学生阅读的积极性。

2. 教材练习的形式种类

练习的目的在于联系对外汉语阅读课的课堂教学，通过必要和重复的操练来考查和检验学生阅读课的学习效果，巩固所学的知识，锻炼学生的思考与理解能力。根据阅读的训练内容基本包括的认字训练、语言训练以及相关文化介绍与阅读技巧的练习，教材的练习也应该符合这些训练内容。教材课后练习的形式种类主要为填空、选择、判断、简答等一些基本题型，偶尔也有一些连线、搭配等其他类型的题目，无论练习的形式种类怎么变化，但是训练目的主要还是为了更好地巩固知识。

课后练习的主要题型为填空题、判断题、选择题，另外教师会根据课文内容设置一些问答、模仿造句等。中级班在课上的练习一般以教材上的练习题为主，在讲授新课文之后进行课堂练习并马上校对，或者作为作业完成，在下节课校对。

---

① 牛春梅：《汉字的网络化生存，不必焦虑》，《北京日报》，2017 年。

首先以中级二班为例,《从大到小——中国人的思维方式》①这篇课文的课后练习有三个题型,分别为判断题、选择题、填空题。第一题根据文章内容判断正误。教师读题目,学生立刻进行判断。判断题主要考查学生对文章的记忆与理解。

1. "一分一秒"的说法和中国人的思维方式有关系。 (　　)

2. 个人的思维习惯,有时与别人不同。 (　　)

3. 中国人的思维方式是从大到小。 (　　)

4. 2009 年 12 月 21 日是西方人的说法。 (　　)

5. "阶级斗争要年年讲,月月讲,天天讲",这样说没有错。 (　　)

6. 毛泽东的说法完全符合中国人的思维方式。 (　　)

7. 中国人的心中,姓大,名小。 (　　)

8.《日出》里有个人物在中国的名字叫张乔治,在外国的名字叫乔治张。他喜欢这样叫。

  (　　)

第二题,根据文章内容选择正确答案。选择题的练习主要从多个角度进一步考查学生的掌握程度,从四个相似或者在文章中都有出现过的答案来仔细考查学生的理解,训练学生对阅读词汇的熟悉程度,考查学生在看到题目能快速阅读相关部分并找出正确答案。

1. 中国人思维方式的特点表现在(　　)

A. 时间上 B. 时间上 C. 姓名上 D. 以上各项

2. "时间在不知不觉中一分一秒地过去了",中国人这样说是因为(　　)

A. 中国人的思维方式有问题 B. 中国人思维方式的特点是从大到小

C. 中国人喜欢这样说 D. 中国人不这样说不习惯

3. 中国人写信封上的地址,一定是下面这样(　　)

A. 中国山西省山阴县良多乡双山村

B. 双山村良多乡山阴县山西省中国

C. 中国山阴县山西省良多乡双山村

D. 中国山西省良多乡山阴县双山村

4. "民族思维方式的不同,形成了语言表达习惯的不同",这是(　　)

A. 民族文化的一种表现

B. 生活习惯的一种表现

C. 爱好不同的一种表现

D. 人种不同的一种表现

第三题,根据文章内容选择填空,完成概要重述。这个练习主要是根据课文内容完成主要概述。主要考查文章的仔细阅读,学生对课文的理解记忆以及学生在文章中仔细查找关键词的能力。直接填空对学生有点困难,但有选择项供参考,因此降低了难度。

思维方式,是指人们思考问题时的1。这种习惯,可以是个人的,也可以是社会的。2思维习惯,有时与别人不同,我们说:"他的思维方式与人不同。"社会的思维习惯指一个3

---

① 徐承伟编著:《发展汉语(第二版)中级阅读(Ⅱ)》,北京语言大学出版社 2006 年版,第 40 页。

的思维方式。比如,中国人的思维方式特点之一是:从大到小。民族思维方式的不同,形成了4习惯的不同,这也是民族文化的表现。外国人要想学好汉语,就需要了解这种差别,在语言表达上,要5这种差别。

1.(　　)A.习惯 B.想法 C.爱好 D.兴趣
2.(　　)A.社会的 B.大家的 C.个人的 D.其他的
3.(　　)A.个人 B.社会 C.历史 D.民族
4.(　　)A.思想方法 B.语言表达 C.思维方式 D.行为方式
5.(　　)A.习惯 B.适应 C.学好 D.学会

又如中级一班,《乡愁》①一课的课后题——填空题。通过填空帮助学生归纳文章内容有效帮助学生理解文章内容,理解大意。

乡愁是余光中写的以__为主题的诗篇,他从自己的生活出发,使用__四个特点鲜明的事物。又以　这种时间流程,概括了一个远离故乡的游子漫长的生活经历,表达出诗人独特的生活经历。

如果说前三节所写的__只是诗人的个人经历,那么,最后的第四节,诗人把个人的悲欢情怀,与强烈的 __合在一起,把个人的悲欢引向了民族统一的愿望。

而在高级班的教材练习多以语言口头练习为主,由于人数较少的原因,有时候其至是一对一教学,所以在课文结束后进行的练习多是语言表达,回答文章相关的题目,主要是对课文内容的理解。例如高级班进行《成语的特点》这一课的教学时,教师在讲解完成语之后会——请同学回答,试着用自己的话描述对该成语的理解,并通过举自己的例子来检验是否真正懂得意思。

又例如在《汉字的网络化生活,不必焦虑》这一篇阅读材料的教学中,材料是教师另外准备的,所以课堂练习多是以对文章的理解为主。教师在对文章中出现的一些古诗词适当忽略,跳过这些障碍之后,让学生学会抓关键词句。练习主要由学生回答老师提出的相关问题,包括文章的主旨大意、中心语段、重要词句,再来谈一谈自己国家与本国的网络化生活等,对类似的问题进行交谈。

3. 教材对技能训练的体现

教材每篇文章都有字数标记,规定大概完成阅读的时间,训练学生快速阅读的时间。没有对所有的生字词进行解释说明,主要是让学生相信文章中有不认识的字是没有太大关系,关键是要学会推测、大胆猜测。

学生通过多种方式的阅读,首先通过通读全文了解课文的主要内容,掌握文章的主要内容、具体细节和作者观点态度,例如高级班教学中,教师在学生第一次通读全文后就询问这篇文章,它是围绕哪一个话题来说的。通过略读和浏览就能直接获取自己想要了解的重要信息,学生在做课后练习中的判断题、填空题时就可以锻炼其查找课文主要信息、判断正误信息的能力。例如《牙刷的历史》《从大到小——中国人的思维方式》等课的课后练习的大部分内容都能通过阅读文章字面的意义来进行推测判断直接完成。

---

① 徐承伟编著:《发展汉语(第二版)中级阅读(Ⅰ)》,北京语言大学出版社,2006年版,第42页。

其次教材文章结构明显,通过浏览文章,再从整体到局部,读懂词句的意义和文章段落之间的逻辑关系。例如《牙刷的历史》《从大到小——中国人的思维方式》等课文的结构都是非常明显的,便于学生归纳。

另外在高级班进行的口头问答练习,结合《成语的故事》中对成语的了解表达自己的相似经历的回答不仅促进学生阅读能力的发展,提高阅读速度,甚至对口语表达能力也有所帮助。

(二)对外汉语阅读课教学过程

现阶段对外汉语阅读课的课堂教学过程普遍采用这样的教学顺序:教师讲授生词、学生阅读课文、教师讲解课文、学生做课后练习、教师校对正确答案。

本校的阅读课的模式主要是随文识字,生词教学和阅读结合,在学生初步阅读课文之后再共同阅读,同时对生词稍作解释。

不同于精读课的教学,将重点放在词语和语法的精讲多练上,阅读课的教学多偏向于简单认识词语、理解段落之间的关系、文章结构以及文化教学等。不同水平的班级教学重点也大有不同。我们来看以下课例。

师:我们来看一下(板书"乡"),"乡"组一个词。

生:家乡。

师:很好(板书"家乡"),还有呢?

生:乡下,故乡。

师:很好,家乡、故乡、乡下、乡村。鲁迅的家乡是哪里?绍兴市。家乡和故乡有什么区别?故乡更加远,在乡下,乡是村子里。愁是担心,所以乡愁就是想家的意思。(板书"愁")。我们来看一下这个"愁",是心字底的,跟心情、感觉有关系。"愁"我们来组一个词语。下星期要考试了,怎么办?

生:我发愁。

师:发愁的意思就是担心。下个星期要考试了,我发愁。那么乡愁就是想家了,你最近怎么样?我最近很好,就是有点想家。想家是口语,乡愁是书面语,明白吗?那我们来念一下这个文章。(老师领读课文,学生跟读。)

……

师:"海峡"是什么意思?(出示地图)这个地方我们叫台湾海峡,这块地方两边都有陆地,中间的我们就叫海峡。这块地方不能叫海峡,因为一边没有陆地。我们看世界地图,英吉利海峡在哪里?在这里,在英国。海峡是左边也有陆地,右边也有陆地。新加坡马六甲海峡在这里。所以中国人说两岸三地,就是大陆、台湾、香港,三个地方,两个岸。

师:简单介绍毛泽东、孙中山,蒋介石,蒋介石浙江宁波人,毛泽东湖南人。(在地图标注湖南、浙江)湖南菜叫湘菜,湖南菜很辣,中国还有那几个省的菜很辣?

生:四川。

师:四川、重庆、贵州、江西这些地方菜都很辣。为什么他们的菜辣,是因为他们的地方中部地区,天气不好,下雨多,所以空气水土壤有很多湿气,对身体不好,所以要出汗,什么东西吃了可以出汗,就是辣,将人体里面不好的湿气给带走。

以上教学片段出自中等一级班《乡愁》一课的教学,主要是对生字词的讲解引申,指导学生进行词汇训练,简单介绍反复出现的"乡"字。另外主要以文化补充为主,对诗歌的背景进行了简要介绍,便于学生了解诗歌的深层含义,对文章内容没有做过多的解释,读完课文后要求快速归纳文章的主要内容。我们再看下一个课例。

师:看这篇文章有几段,我们找到过渡的那一段,前面三段在讲什么?

生:解释?

师:中间一段过渡,引出了下文,具体表现在哪几个方面。这一段之后就告诉我们讲了哪些方面不同。

生:在时间、空间和姓名上。

师:最后一段再一次解释,这就是总结。这就是我们文章的一个结构,在写作的时候,可以参考这种写法,先提出一个问题,简单解释,再具体解释,最后总结。

以上片段出自中级二级班《从大到小——中国人的思维方式》一课的教学实录,以理解段落之间的关系,理清文章的结构为主要的教学内容,让学生分清楚过渡后引出了三个方面,引导学生观察段落的开头句子以及总结结尾句子的概括作用,顺便还讲解了写作时可以用上这种结构。

师:读完课文,看看课文有几段。

生:一共九段。

师:这九个自然段怎么分呢? 前面说过地区不同和时间不同,根据这个提示,来分分看。(学生跳着分段)

师:不可以跳着分段,要按照文章顺序来分段。从哪一段开始讲到地方的不同,这几段讲的是中国以外其他地区的牙刷历史。下面几段主要讲中国的地方,是关于中国的牙刷的历史。

以上教学片段出自中等二级班《牙刷的历史》这课的教学也仍旧按照前一课《中国人的思维方式》的分段模式,指导学生按照地区和时间的不同进行分段,讲解分段的技巧,按照文章顺序和不同内容来分。学生误会分段是分类,教师指导分段应该根据文章的写作顺序。

师:你看懂了吗,这篇文章,它是围绕哪一个话题来说的?

生:随着网络开放,语言的变化 也越来越发达。

…………

生:"皮皮虾我们走"是什么意思? 怎么用?

师展示表情包,并说来源于一个游戏,大部分都作为表情包来用,网络词语其实是存有争议,但是年轻人开玩笑时经常用。

师:第三段中最想表达的意思是什么,找出最主要的一句话。

生:其实年度汉字网络色彩如此浓厚并不奇怪,这种总结本身就是网络时代的产物。

师:开放、迅捷的互联网让人们彼此影响,让一个字、一个词能够迅速在全网流行开来,才有了年度词汇或汉字这种说法。其实这句话比较能够概括大意。

…………

师:你要是感兴趣,可以去查一下这些诗歌。古诗意思讲起来很难,它其实就是想说网络文字和中国过去的诗词进行对比,因为网络用语有些脏话,听起来不好听,而古诗听起来很美,形成了一个鲜明的对比,我们到底是要遵循中国的传统文化,还是接受这些网络词汇。

…………

师:读完文章后,这篇课文作者的态度?是赞同还是反对?

生:是比较客观的。

师:对,像你们韩国有这些网络用语吗?

生:我听不懂高中生他们说的,有那种缩略词,还有中英混的。

师:像中国有流行的,我 get 不到你的点。那你喜欢用这些网络词语吗?

生:平时不太喜欢用网络词语,看不懂。

以上片段出自高级班的《汉字的网络化生存,不必焦虑》一课的教学。该文章一千字左右,来源于 2017 年的《北京日报》,与《发展汉语(第二版)高级阅读》中的个别文章字数差不多。文章的内容主要是对汉字的网络化发展的态度和一些网络流行汉字的举例。

首先,学生对文章的观点抓得很到位,通过教师的技巧训练,学生会懂得关键句大多在句首或句尾,但也有文章不同寻常,这也提醒学生对关键句的把握。学生也比较轻松地了解一些网络用语的内涵,即使有一些难以仔细描述的词语,教师通过举例子的方式,像微信点赞、尬聊等词语,能很快让学生在语境中理解词语的意思。

其次,学生与教师共同分析课文,着重突出语段学习,进行分段式学习,对每一段话进行理解,存在少数汉字不认识的情况,但大多是一些古诗句或者一些网络用语,在读到这些内容时,教师选择简单介绍是中国的古诗词之后,说明这是针对古代传统汉字文化与现代网络汉字文化相互比较的例子。教师一般采用略读的方法,跳过障碍,不作深入教学。在分析课文的同时,教师会让学生寻找每段文字的中心句、重点句子,并且会对出现的语言现象以及流行情况进行讨论,进行阅读技巧的训练,抓主干、抓关键。

另外,教师采用多样化的方式进行教学,在解释"皮皮虾,我们走"这种难以直接通过字面意思来领会的短语,教师选择用表情包的展示来解释它在中国网络所代表的意义。留学生表示经常在中国的社交媒体上看见这些表情,并且也有接触过,所以在解读文本时比较省力。例如讲到中国网络流行的"蓝瘦香菇"的网络词语现象,学生表示在他们的国家(韩国)流行于高中生们当中的缩略词,即把一些四字词语或者一句话缩成一个简短的词语去表达,做了一次跨文化交流。

(三)对外汉语阅读课教师的指导作用

一般情况下,教师的指导作用多是设置阅读目标、规定阅读时间、讲解相关阅读题以及普及一些文化知识。教师依据教材课后的练习检查学生对课文掌握的程度,但是会在第一次讲解词汇、语法、汉字时询问是否有相关的体会、理解。在课文总结时通过相关经历和体会来检查是否正确理解文章。在学生阅读的同时,教师会做到全方位观察,时刻注意学生的表现,留意学生的问题,及时调整教学侧重点。

例如在中级一班的《塞翁失马》一课的教学中,教师对"灾"字的教学。教师教授"灾"字,解释为家里着了火就是灾难,然后再例举"家""安"等字。通过对"宀"字的引申,介绍了相关字的来历,补充了文化知识。在《乡愁》一课教学中,教师教授"愁"字,愁是心字底的,跟心情、感觉有关系。引申出心字底的其他字大多和心情、感觉有关,让学生学习在阅读中看偏旁猜字义。

像《从大到小——中国人的思维方式》第一题判断题的题目内容都是能直接从课文中找到的。主要考查学生对课文的熟悉程度。这时候教师提出对课文的浏览,马上就能找到正确答案。例如"2009 年 12 月 21 日是西方人的说法。"这种含有数字的题目,教师提示应该立即跳读,找到文中数字出现的地方进行比较,答案显而易见。在选择题出现四个不同选项的四个答案,"中国人思维方式的特点表现在 A 时间上 B 空间上 C 姓名上 D 以上各项"教师提示立即查读课文第 5、6、7 段的开头,注意文章每段开头和末尾的句子。

在高级班的归纳文章的段落大意或中心思想时,教师教导学生段落大意多在段落的第一句,中心思想一般在文章开头或结尾。学生能够立刻用上技巧在随后一段中及时找到段落大意。但也有例外出现,这时候要提醒学生注意把握文章大意。

(四)学生在阅读课上的表现

1. 阅读方面的表现

在中等一级的阅读课上,学生在教师的领读下跟读,所以学生自主阅读课文的时间相对较短。一般在通篇课文讲解结束后再一次朗读。

在中等二级的阅读课上,由学生自由阅读,阅读时间相对较长,每个学生的阅读进度也不相同,由于每篇文章字数不同,大约控制在 10 分钟之内,在教师询问是否完成文章阅读时,学生们往往不能在规定的时间内完成,但也有部分阅读较快的同学已经开始做课后练习,这时候教师会提出认真阅读,先读课文再做练习的要求。

在中级两个班上,教师布置朗读和跟读时,学生能够在教师带领下较好地进行朗读。也有教师通过请学生单独朗读课文的例子,遇到读错或者不认识的生字,教师及时纠正告知,而且班上的学生可以通过聆听该同学的朗读来监督该生的朗读情况,并且检验自己的识文情况,用这种方式来集中学生的注意力,迅速进入学习状态。

在高级班阅读课上,学生齐读课文或者由教师选择任一学生进行朗读,教师直接纠正不准确的读音。高级班的学生阅读一般不存在太大难度,除了一些文章中引用的古诗成语,其他的字词都读得比较标准并且比较流利。

中级班学生完成文章的阅读困难不大,但往往超出规定的时间。所以在训练阅读速度上还有待加强。高级班学生阅读过程比较流畅,对阅读技巧的掌握也是比较熟悉的,在回答相关中心句、主要句子、重点句子时能够准确找到文章段落开头或结尾的句子,对时下流行的词汇也略知一二。

2. 练习方面的表现

练习方面主要以中级班为主。在做练习的时候,选择题的正确率普遍较高,回答判断题的时候部分学生容易相互干扰,轻易动摇。在教师询问正确答案时往往需要一个个点名回答,学生们能说出答案,但有时候对答案的理解有误,教师会适时对理解有误的选项进行解释。除此之外，校对完答案之后教师会对练习做一个总结，及时复习归纳与巩固。

在回答练习的答案时，一般都能够比较准确地回答，有些学生的表达不一定非常完整，教师会进行相应补充。在回答问题时，学生会出现仅准备按照顺序轮到自己回答的那道题目的情况。高级班的每一位学生都有发言和回答问题的机会，关于练习的答案通常没有规定答案，所以学生自由发挥，答案的主观性较强。

四、对目前对外汉语阅读课的评价

（一）对教师作用的评价

根据不同班级学生层次水平的不同，教师作用的体现在不同的方面。中级班的教师主要是学生学习的领导者，他们往往需要带领学生进入新课的学习，每一步的阅读都需要教师进行指导；而高级班的教师主要起辅助作用，一切阅读活动以学生为主体，所需要指引的地方较少。

在中级班的课堂上人数较多，教师通过做动作猜成语的小游戏促进学生积极参与，让他们充分调动做游戏的热情，投入到学习中来，这样不仅巧妙地化解了消极课堂的困境，还提高了课堂的参与度，活跃了课堂氛围。教师注意教室氛围，关注学生，积极引导学生参与课堂，营造良好的课堂氛围，能更加有效地进行教学。

通过课堂与学生的互动，学生的回答与讨论很可能会让教师或学生有新的思路产生，教师得到启发，更有助于教学，并指导学生从另外的角度、更深层次去思索。例如前文提到阿拉伯学生对牙刷历史的科普。

课上教师要扎实教学内容，针对方法技巧进行归纳，要明确这道题需要用到的阅读技巧，同时注意认真及时地处理学生的回答，不断提升自身的能力。另外处理学生回答题目时，要注意提问的方式，防止学生因掌握自己提问的规律与顺序而只为答题而答题，没有做到认真思考，认真完成学习任务。

在课下，教师与学生之间进行亲切交流，积极引导学生用汉语交流，了解相关文化，更有效地增强了学生对课堂的重视度。

另外教师要学会处理好与学生之间的关系，不同国家之间的学生思维方式不同，所以这些学生的活跃程度也不太相同，要充分调动学生的学习兴趣，注重不同国家之间跨文化交流。课堂上，也门学生比较活跃，日本学生比较专注，韩国学生对团体教学活动更加感兴趣等。

1. 对教材使用的评价

教材作为教学环节中必不可少的工具，起着至关重要的作用。学生充分理解教材或学习材料，从教材文章出发，对材料进行灵活处理，才能进一步掌握阅读技巧和提高自身的阅读水平。

在教材的使用方面，中级班的教材利用率比高级班的要高，中级班教学主要依靠教材，而高级班的学生与中级班的相比语言水平较高，理解能力较强，对教材的选择有自己的主见，因此出现对教材的异议。所以在教材的使用上教师要注意迎合学生的学习兴趣，但要选择比较有教学意义的教材篇章，高级班的学生与教师普遍认为教材的老旧是课堂积极性不高的主要原因，他们追求新颖有趣的阅读教材，但选取课外的文章时必须注意文章的难度与深度，主要还是应该适宜高级班的水平。

2. 对课堂练习的评价

课堂练习在教学过程中处于最后阶段，也起着非常重要的作用，学生对于课文的掌握情况也是通过课堂练习来最终实现的，同时，教师也可以通过学生练习时的表现来了解学生是否真的读懂课文，达到理想的教学效果。课堂练习的重要性可见一斑。

在该校的阅读课教学中，学生在课堂练习这一环节表现得比较一般。课堂练习的模式单一，中级班的教学模式十分明确，在学习完课文之后直接进行课后练习。高级班练习模式属于口语交流表达，基本上是口头上回答教师问题。学生接触的基本都是填空题、判断题、选择题、问答题等练习形式，比较容易形成做题疲劳，容易产生固定思维，在遇到其他形式的练习时可能会产生困难。

3. 对教学过程的评价

目前该校的阅读课的教学过程模式比较单一，一篇课文结束后立即进行下一篇课文的讲解。这样的模式比较容易引起学生的疲劳，可能导致学生上课积极性不高。但现阶段的现代汉语阅读课教学普遍都是这样的模式——讲解生字、阅读课文、讲解课文、做练习、校对答案。

高级班的教师对语篇材料进行整体教学，围绕阅读材料整体分析，让学生分析文章结构、寻找中心句段、归纳重要词语、总结文章主要思想。高级班的教学速度较慢。在练习环节相对比较欠缺，学生完成书面练习的机会较少，多口语表达。

但是除了教学课文中简单学习积累的生字、词语，学习写作相关的句子，另外还有相关文化的学习，这样的教学还是比较能够吸引学生的注意力。像中级班学习《乡愁》这篇课文时，通过老师介绍中国地图、学生介绍世界地图等方式，联系留学生的思乡之情来共同感受课文之中的情感，同时注意避免了敏感问题。在课间休息时，教师会与学生交流有关家乡的一些情况，关心学生的课余生活，有助于提升学生学习诗歌的情感，缓解课堂的学习压力，帮助学生体验教材，激发学习教材的兴趣。

（二）对学生状况的评价

由于中高级的学生人数有比较大的差别，中级班上的学生来自几个不同的国家，且年龄职业都存在差别。所以中级班学生的注意力集中度没有高级班的学生高，在一个班上阅读理解能力有明显的区别。相比较之下，中级二班的学生课堂参与度最高。高级班进行小班教学，基数小，阅读水平和阅读理解能力差距不会很大。学生阅读能力较强，口语表达清楚，在问答交流时一般比较流利，与教师的之间的交流也比较轻松。另外阅读技巧的掌握也比较扎实，能够快速抓重点，正确找主干。

五、对对外汉语阅读课的教学建议

（一）教材与练习

在调查分析中,首先存在的争议是教材问题,中级班采用《发展汉语》系列教材教学,而高级班的同学的汉语水平与教材质量之间处于不平衡状态,因此可以对阅读教材进行筛选甄别,力求选取最适合学生并且受学生喜爱的的教材。

第一,针对学生提出的教材内容的老旧问题,我们要及时改进,需要追求教材内容的新颖与实用。在高级班的自选教材上更应该仔细斟酌教材的适用性。教师在选择阅读教材的时候应该适合学生的水平,并且根据前面提到的阅读模式进行必要的内容预告,对一些背景知识和主要内容做出解释,增加学生对阅读文本的理解。也可以先就一些知识进行交流,提高学生的关注度和参与度以及学生的开口率。

第二,教材练习的形式可以更加多样化,练习本身就比较枯燥,所以我们更应该在练习的形式上多加变化。如果教材的练习欠缺,教师则需要在课堂练习上多下功夫。除了教材练习,教师可以出更多不一样形式的练习吸引学生。要在增添课堂练习的多样化的同时不忘促进课堂练习的有效性。根据学生要在阅读理解中需要掌握的基础知识和训练目标来看,词语的搭配问题、词语的语义结合以及语法规则问题都是设计阅读课练习一定要考虑的基本前提(词婷宜,2012)。

教师要在实践中要不断创新,丰富现有的课堂练习形式。在实际教学过程中,教师可以变换练习的安排顺序,可以在教学环节的前后进行有关的课后练习,可以当作预习检测,还可以将回答问题、讨论题等作为课后作业来完成。在点名回答问题的时候要注意变换提问的顺序与规律,否则学生容易只准备自己那道题的答案,甚至直接看别人的答案,因此要保证学生理解的基础上完成不同形式的练习,寻求正确率的同时也要讲究对知识的理解与掌握。

（二）师生的互动

阅读课不仅仅是让学生阅读完文章即可,还应该以学生及时的互动交流来反馈阅读的效率。读完课文后,教师通过对重点内容的提问来进行考查学生的掌握情况,要让学生主动提出自己不理解的地方或者对感兴趣的内容提出自己的疑问或看法,让更多的学生参与课堂讨论。通过学生之间的交流,更加深入地去理解阅读内容。阅读技巧的指导要明确。

再者,完成阅读教学后,教师对学生的疑惑以及见解要及时解答和补充,对文本的错误理解要及时指正,通过学生自己对阅读文本的理解,适当的点评和肯定。培养学生良好的阅读习惯,在阅读过程中出现的坏习惯要及时纠正,提高他们的阅读理解能力,更好地学习汉语。

教师的指导作用旨在调动学生积极性上,充分发挥教师的指导作用,引领学生在阅读方法上和阅读技巧上有所突破,控制好教学时间,逐步提高学生的阅读速度和阅读流利程度。要知道阅读课的重点在于阅读,所以阅读课的时间把握是首要任务,教师要注意把握学生的阅读进度,阅读与练习都应该以学生为主导。根据对外汉语阅读课的教学目标与任务以及对外汉语阅读课教学的主要训练内容,教师应该合理安排教学内容,根据不同阶段学生的特点进行教学,以学生为主,提高学生的参与积极性,更好地提高阅读能力从而全面学习汉语。

结　语

在整个过程中针对中级班、高级班阅读课所用的教材的编写特点、练习与课堂教学过程、阅读课的教学方法和阅读技巧做简单分析与研究,对这些现象进行分析评价,给出一些微不足道的建议。希望可以结合学生的课堂教学情况,挑选适合的对外汉语阅读课教材,多种教学方法并用促进教学课堂的实施,争取课堂练习多样化,更好地让学生掌握阅读技巧,增长汉语文化知识,提高汉语阅读水平。

随着学习汉语的人数增加,汉语在国际上的地位也越来越高,对外汉语教学的教学质量也需要引起重视。对外汉语阅读课作为一门专项技能训练课,通过专项阅读训练来培养学生掌握阅读策略和阅读技巧,激起学生积极阅读汉语的兴致,学习相关文化知识,让学生能够自主运用汉语进行阅读理解,在阅读汉语材料时能够潜意识将听说读写一同配合,以达到提高语言水平、全面发展汉语的最终目的。如何更好地进行对外汉语教学,我们仍需要加大努力,共同研究,结合阅读课的教学目标和教学任务,在实践中联系学生实际情况,不断探索创新和总结经验,提高教学水平和教学质量,真正做到全面发展汉语教学。

参考文献

(1)专著

[1] 吴晓露.汉语阅读技能训练技能教程[M].北京:北京语言学院出版社,1996.

[2] 束定芳,庄智象.现代外语教学——理论、实践与方法[M].上海:上海外语教育出版社,1996.

[3] 陈贤纯.外语阅读教学与心理学[M].北京:北京语言文化大学出版社,1998.

[4] 陈昌来.对外汉语教学概论[M].上海:复旦大学出版社,2005.

[5] 周小兵,宋永波.对外汉语阅读研究[M].北京:北京大学出版社,2005.

[6] 吴庆麟等.认知教学心理学[M].上海:上海科学技术出版社,2008.

[7] 温晓虹.汉语作为外语的习得研究[M].北京:北京大学出版社,2008.

[8] 江新.对外汉语字词与阅读研究[M].北京:北京语言大学出版社,2008.

[9] 陈枫.对外汉语教学法[M].北京:中华书局,2008.

（2）期刊文章

［10］杨素珍.国外阅读理论研究概述［J］.淮阴师专学报第 17 卷,1995(4):37-39.

［11］吕必松.对外汉语教学概论(讲义)(续十五)［J］.世界汉语教学,1996(2):72-79.

［12］李世之.关于阅读教学的几点思考［J］.世界汉语教学,1997(1):79-82.

［13］王昊.关于对外汉语阅读教学的讨论［J］.黑龙江科技.2011(2):124

［14］杨敏慧.21 世纪以来对外汉语阅读教学研究述评［J］.语文学刊.2016(3):93-95.

（3）学位论文

［16］司婷宜.对外汉语中级阶段阅读课教学研究［D］.兰州大学,2012.

对外汉语综合课试卷质量评估研究

——以浙江越秀外国语学院留学生 2016—2017 学年综合课试卷为例

张锦宇

摘　要:随着汉语热的不断升温,近年来越来越多的留学生赴华学习汉语,汉语教学中一个重要的组成部分就是成绩测试。它不仅仅只是一种教学评估手段,同时能更好地起到辅助教学的作用。本文以浙江越秀外国语学院留学生学院 2016—2017 学年综合课试卷为例,结合运用有关理论,尝试考查不同阶段的留学生综合课的实际教学,从测试的内容与目的入手分析初级、中级、高级班的综合课试卷的效度;通过大致对比初级、中级、高级班的同一学期期中和期末综合课试卷来分析信度;同样利用对比分析不同阶段的区分度。最后,对该校不同阶段综合课试卷进行质量评估总结,发现该校的留学生综合课试卷基本符合信度、效度、区分度的理论要求,但还存有一些不足之处。

关键词:对外汉语综合课;成绩测试;信度;效度;区分度

引　言

第二语言教学的全部过程和教学活动基本可以概括成总体设计、教材编写与选择、课堂教学、成绩测试四大环节。其中,语言测试就是语言教学的四大环节之一,也是语言教学活动中的重要组成部分之一。语言测试与语言教学密切相关,它不仅是教育评估的重要手段,而且能够有效地帮助教学。其中,成绩测试涵盖的范围特别广泛,包括考试管理、试题设计、评分乃至分数解释等等。然而在日常教学中,与教师关系最直接而且存在问题最多的就是试题设计的问题,所以,本文将要讨论的问题也将集中在试题的分析上。

本文将会以浙江越秀外国语学院初、中、高级留学生 2016—2017 学年的综合课试卷为例进行分析。

一、研究概要

（一）国内外研究文献

现代语言测试是跟随 20 世纪初教育测量学的独立和发展而逐步成熟起来的。根据世界著名语言测试专家斯波尔斯基（B. Spolsky）的理论，他把语言测试理论的发展分成三个阶段：前科学语言测试阶段；心理测量—结构主义语言测试阶段（现代语言测试阶段）；心理语言学—社会语言学语言测试阶段（后现代语言测试阶段）。[①]

1. 前科学语言测试阶段（传统语言测试阶段）

前科学语言测试也被称作传统语言测试阶段，一般指的是 20 世纪 40 年代之前的语言测试阶段。这一阶段的教师经常把语言当作一门集语法知识、词法知识、语音知识的知识为一体来进行教学。把语言当作是一套完整的知识，反映了这个时期外语教学与测试体系的语言观所包含的内容。并且在这一时期语言的教学基本上是凭借经验、按照传统的教学，没有真正意义上的语言观，当教师把语言作为一种知识传授时，测试时也只是测试知识，即语音知识、词汇知识和语法知识。

它并不强调测试的科学性，也缺乏一些理论基础的特性，所以被某些学者称为语言测试的前科学阶段。

2. 心理测量—结构主义语言测试阶段（现代语言测试阶段）

20 世纪 60 年代著名的语言测试权威者 Lado（1961）在他的经典著作《语言测试》（Language testing）中，把语言的能力分成了语音、词汇、句法以及文化，他认为语言考试能通过听、说、读、写四种方式来测试语音、词汇、句法和文化。[②]

这种语言测试的方法特别强调不同的语言成分是能脱离上下文而进行单独测试。由于一道题，可以用来单独测试一个语言成份或技能，所以听说读写等语言技能也可以分开测试。心理语言测试采用了心理测量学的量化方法，强调语言测量的客观性与可靠性。该阶段语言测试的典型题型是填空、改错、选择题，这些都是既能达到一题测试一个语言成分的目的，同时又便于进行考后统计分析的题型。[③]

3. 心理语言学—社会语言学语言测试阶段（后现代语言测试阶段）

随着人们对语言认识的逐步加深，结构主义的语言观念受到了挑战，20 世纪 70 年代后期，在语言测试等相关领域的著作中，有学者开始认为使用语言不仅仅要能够按照语

---

① 陶百强：《世界语言测试理论的发展》，《山东师范大学外国语学院学报》2004 年第 6 卷第 3 期，第 13—17 页。

② 邹申：《语言测试》，上海外语教育出版社 2005 年版，第 8—10 页。

③ 陶百强：《世界语言测试理论的发展》，《山东师范大学外国语学院学报》2004 年第 6 卷第 3 期，第 13—17 页。

法规则,做出符合形式的句子,还要具备在不同的语言环境中正确、合理地使用这些句子的能力,即语言使用需符合社会文化环境。语言交际能力的概念开始进入语言测试中。

该阶段比较强调语言能力的综合测试,即不在考试中刻意地去追求区分单项语言成分、技能或能力,而是要强调两项或者两项以上的综合能力。其中较能体现此阶段测试的题型为完形填空、听写、翻译、情景作文等。在题目的编写上比较注重交互情景的营造。

4. 交际语言能力测试阶段

在综合各家学说的基础上,Bachman(1997)提出了"交际语言能力模式",交际测试法更注重语言在交际过程中的使用,而不是语言的形式与结构。语言运用是语言学习的最终目标,衡量一个人语言的熟练程度是以能否在具体的语言环境中进行有效的交际。

交际测试法强调针对性,按照具体要求设计测试内容,要求能更加广泛地测试语言能力,包括语言功能,语言知识以及语言使用的适合性等,而测试的内容也应该贴近现实生活,具有一定的真实性。

借助这些国外学者的宝贵理论,为国内的语言测试提供了可靠而有效的科学研究基础,最早,我国的许国璋教授就意识到了语言测试的重要性,他认为这在教学中是非常值得讨论研究的,所以,他督促北京外国语大学外语研究所的刘润清对此进行分析研究。在90年代初,刘润清和韩宝成两人共同编著完成了《语言测试和它的方法》,详细介绍了题型的运用,如何科学地编纂试题等。语言测试学家李筱菊,在此之后便出版了《语言测试科学与艺术》,进而更加全面地讨论了现代语言测试,书中不仅详细介绍了语言测试的理论框架,还把测试的实践分成了八个部分,如建立考试、考试工作环节、试题制作、试题生产程序等问题都进行科学化地讲解,其中最细致的要属她把试题类型分为从A到E五大类,并讨论了他们命题的流程,可以说这本书是目前语言测试界中最为完善的,最科学的一本著作。在此之后,教育界的学者也开始纷纷发表语言测试的相关论文和著作,如张凯的《语言测试理论及汉语测试研究》、崔松的《略谈对外汉语成绩测试的改进》、杨寄洲的《对外汉语教学初级阶段教学大纲》,等等。

所以,根据以上的论文著作来说,国内外的语言测试研究也可以说是相当丰富,不管是测试的理论,还是测试的方法都提供了相关的理论支持,但是由于这些理论的基础参照物大都为英语语言,因此在研究汉语测试时会用理论与实践相结合的原则进行研究讨论。

（二）对浙江越秀外国语学院留学生试卷进行研究的意义、目的、原因

就目前情况来看,在对外汉语教学中,至今普遍使用的是成绩测试和水平测试。水平测试中人们熟知的便是汉语水平测试(HSK),随着汉语水平测试的日益成熟,对这项考试内容的研究也逐渐增多。这些研究无论在理论的阐述还是在实证都已经相当深入和系统,他们的研究成果对我们外汉语教学和测试都有着很大的帮助和启发。相比之下,对外汉语测试对成绩测试的研究还相对较少,针对成绩测试所做的实际研究更是寥寥无几。

语言测试,它本是语言教学中的重要组成部分之一,也是对外汉语教学四大环节之

一,可以说语言测试是随着语言教学的产生、发展而产生的,它们之间有着相互依赖、不可分割的关系,针对当前的对外汉语教师对教学过程中语言测试的关注度来说,它的关注度要远远低于对汉语水平测试的关注度,教师在教学中就算是准备了语言测试,那也仅仅只是为了简单地了解学生对知识的掌握情况罢了,而忽视了语言测试最重要的辅助作用,所以导致出现了测试与教学相脱节的现象。

从浙江越秀外国语学院对外汉语教学的课程设置来看,可以发现无论是语言知识还是语言技能在综合课中都要加以练习,也就是说综合课是汉语学习的重点,由此可见综合课的课时也是各种课程类型中最多的,所以笔者认为应该在对外汉语教学过程中对综合课这一课型加大力度,当然也离不开综合课的成绩测试,来反馈教学成果。

如今,国内外不断丰富语言测试的研究内容,一些对于语言能力等方面的理论探讨,提供了可参考的理论基础,此外对于实践的讨论也同样为我们展示了值得借鉴的操作方法。然而,这些理论和实践研究并不是完全针对对外汉语成绩测试这个特定的测试形式,因此,若要把这些理论和实践的原则合理运用到测试实际当中还是存在一定的困难。事实上,对外汉语成绩测试的试题设计还不是那么规范和完善,存在着各种问题,而这些问题将导致测试无法真正发挥其作用。因此,笔者希望通过结合成绩测试的相关理论及其特点,对上述的内容进行再探讨,从而供教师在编写试题时参考。

因此本篇论文就以该校留学生的综合课为研究对象,进行教学中语言测试的研究,从理论到实践,通过这两方面为对外汉语教师在综合课教学中提供一些参考依据,目的就是为了给广大的对外汉语教师们一些启示:要正视语言测试对教学的辅助作用,并且可以科学而合理地去运用语言测试,让它成为教学过程中最有力的教学帮手。

二、对外汉语试卷设计概说

成绩测试是一门课程或是课型的测试,因此又叫课程测试。成绩测试是教学中最常见的一种测试,为的是测量学生在学习的一定阶段所掌握到的所学课程情况,测量他们的学习成绩。一般是在教学过程的期中、期末或者教完一个或若干个教学单元之后举行的。结业和毕业考试也属于成绩测试。这种测试的性质往往决定了它和教学过程、教学对象之间有密切的联系,测试的内容和方法决定了它与教学大纲规定的教学要求、课程教材以及课堂教学中教学内容、方法相一致。

(一)对外汉语试卷的构成

成绩测试的卷面构成必须要和课型的教学任务相统一。对外汉语教学的课型不光综合课,还有专项技能课,而且每一种课型都要有自己的成绩测试。专项技能课一般只能训练一到两种的语言技能和相对应的言语交际,因此测试项目比较单一。例如,听力课的测试只需要测试听力,说话课的测试只要测试会话能力,测试项目单一就可以使用单项卷面。综合课就要进行各种言语技能与相应的言语交际技能的全面训练,需要测试的项目比较多,所以,一般要采用双项或者多项卷面。一般情况下,初级阶段适合采用双项或者多项卷面,而中高级阶段的期末考试以及结业(或毕业)考试适宜采取单项测试。

(二)对外汉语试卷的试题类型

一份试卷采用何种题型及各种题型的比例,一定程度上反映了考试的目的和对语言水平的看法。比如,主要靠阅读还是写作,是重视语法还是重视说话等等。语言测试的题型多达近十种,以下介绍几个重点及常用的题型①。

1.多项选择题

一般先有题干,再给出四个被选择答案,让受试者选择其中的一个答案,则另外三个就是干扰项,因此有时也有称之为四项选择。在命题中最主要的是注意设计干扰项,这也是多项选择题命题时的最大难点。

2.综合填空题

综合填空题是完形填空的基本形式,是指在一篇短文里隔开一定的字数删掉一个字,让受试者补上。这种题型不仅要求读懂全文、理解全文,到达原来作者的表达水平,考查综合运用语言的能力,又可以保持客观性测试的优点。

3.口试

口试表达能力是最直接,最重要的语言交际能力,常采用师生面对面的谈话方式。

4.写作

写作能够全面反映受试者的语言水平,反映其语法、词汇、汉字以及成段文字表达的能力。

(三)对外汉语试卷质量评估标准

试题的效度、信度、区分度和反馈作用这四方面是反应语言测试质量的重要方面,理想的语言测试应该在这四个方面都达到较高水平。②

1.效度

效度即为有效性,指的是测试的有效程度,也就是考查测试的内容和方法是否达到了测试的目的。为了全面考查受试者的语言水平,要保证效度,关键体现在这几个方面:第一,有的放矢,该测就测,不该测的就不涉及;第二,测量的部分要注意时候出现缺漏或出现偏题、怪题;第三,要注意到试题的代表性、准确度和覆盖面。

2.信度

信度即为测试的可靠性,指的是测试结果的可靠程度和稳定性。同一试卷测量同一受试者,在他的语言知识水平以及能力水平都没有变化的情况下,若几次测试结果都不一样,说明测试的工具是存在问题的,测试的成绩越接近受试者的真实水平,测试的可信度就越高。

---

① 陈昌来:《对外汉语教学概论》,复旦大学出版社2015年版,第101—103页。
② 同上书,第106—108页。

3. 区分度

区分度指的是测试区分受试者的水平差异的性能,即是否能够较为准确地区分出受试者的水平差异。

4. 反馈作用

反馈作用指的是测试对教学所产生的影响。任何测试都会对教学产生反馈作用,反馈作用分积极和消极作用。积极作用固然能促进学生学习上的进步,可是一旦误导教学则会得到消极的反馈。如若要是本身起到积极的反馈作用则要注意以下两点:一是测试项目、内容和试题题型的选择与确定要有利于指导课堂教学;二是测试标准与试题难易深浅都要适度,这样才有利于教学水平的进一步提高。

三、浙江越秀外国语学院留学生试卷效度分析

(一)初级班综合课试卷效度分析

《发展汉语(第二版)初级综合(Ⅰ)》的主要教学目标是全面发展和提高学习者的汉语语言能力、汉语交际能力、汉语综合运用能力和汉语学习兴趣、汉语学习能力。传授最基本的汉语和汉字知识,使学习者具备初步汉语交际能力。

1. 初级班综合课测试目标和内容

以浙江越秀外国语学院留学生初级班2016—2017学年第一学期综合课期末考试试卷为例。

教材共有30课,语音教学从第1课到第9课有专门的学习,占教材30%。语音测试目标是汉语音节的拼读、声调的辨识,重点声母 b,p,j,q,x,z,c,s,zhi,chi,shi 和重点韵母 ün,in,iu 等的辨识。

本教材共学习词汇816个,其中重难点词汇有:AA制、差不多、一点儿、有点儿、还可以等,测试目标是一共、需要、超市、南边等38个重难点词汇。

本教材学习语法项目约90个,其中重难点语法项目有量词搭配、存在句的表述、关联词的搭配等,测试目标是量词搭配、结构助词"的"的位置、副词"常常"等10个重难点语法项目。

本教材共学习汉字240个,其中重难点汉字有:共、需、雪、要、超、边、远、谢等同偏旁的字形辨析。测试目标是百、跟、号、斤、半、钱、太等30个重难点汉字。

2. 初级班综合课试卷效度分析

下面对浙江越秀外国语学院留学生初级班综合课试卷效度进行分析,如表5-1所示。

表5-1　初级班综合课试卷效度分析表

类型	占比	知识点	单项测试	综合测试	是否超出教材范围
语音	20%	b,p,j,q,x 等	有	有	否
语法	30%	语法搭配	有	有	否
词汇	30%	教材中重难点词汇	有	有	否
阅读	20%	理解	有	否	无法比较
汉字	全卷	教材中汉字	有	有	否

本试卷语音测试的内容有两小题。

第一题是给下列汉字注音:百、跟、号、斤、半、钱、太、祝、差、看、运、事、再、请、边、关、还、饭、点、文。

第二题是拼写汉字:yí gòng,xū yào,kè qi,chāo shì,nán biān,wèn tí,xiè xie,shāng diàn,xīng qī,zhǔn bèi,占全卷的40%。

上述字词都源于教材,其中"请"出自课文《你叫什么名字》;"百、斤、钱、再、谢谢、客气、需要、一共"出自课文《香蕉多少钱一斤》;"跟、太、看、还、饭、超市、南边、商店"出自课文《中国银行在哪儿》;"号、祝、运、边、问题、星期、准备"出自课文《今天几号》;"半、差、事、关、点、文"出自课文《你今天有什么安排》。测试了教材的语音重难点内容。

但是此题对初级班的留学生来说难度较大,尤其是汉字拼写,初级班的同学学习重点还应放在读上面。

本试卷词汇测试的内容包括在拼写中以及卷中一些语句中,约占30%,测试了教材的词汇重难点内容。

本试卷语法测试的内容是量词搭配和连词成句,占30%,测试了教材的语法重难点内容。卷中试题如下:

A.量词填空

台　部　个　块　本　支　种　张　口　杯

你买几_____词典?

这_____桌子是我们教室的。

我有两_____哥哥。

我想买一_____电脑。

那_____苹果多少钱?

一共五十_____七毛钱。

我书包里面有一_____手机。

我家有五_____人:爸爸、妈妈、哥哥、姐姐和我。

他每天早上喝一_____咖啡。

源于教材《发展汉语(第二版)初级综合(Ⅰ)》,其中课文《你家有几口人》掌握量词:口、个;课文《香蕉多少钱一斤》中需要掌握的量词:部、台、种、块;课文《你要茶还是咖啡》中掌握量词:杯;课文《今天几号》中需要掌握量词:支;等等。试卷中所提到的量词基本都选自课文,紧贴课本内容没有超纲。

B.连词成句

我 香蕉 买 不要(考查动词"不要"、"买"的位置。)

好朋友 他 我的 是(考查结构助词"的"的位置,动词"是"的位置。)

你 起床 几点 每天(考查询问时间词"几点"的位置,时间名词"每天"的位置。)

你们 多少 学生 班 个 有(考查代词"多少"的位置。)

周末 安排 你 什么 有(考查动词"有"的位置。)

哪 吃 面包 喜欢 种 你(考查疑问代词在句中的位置,正确的应该是放在名词前面做定语,疑问代词不能修饰动词。)

生日 的 妈妈 是 今天 我(考查结构助词"的"的位置,动词"是"的位置。)

常常 去 看书 图书馆 我 晚上(考查副词"常常"的位置。)

他 很 觉得 新鲜 这里的空气(考查动词"觉得"的位置,副词"很"的位置。)

马丁 买 电子词典 想 和 电脑(考查"想"的位置。)

其中错误率较高的有:"你哪种喜欢吃面包""今天是我的妈妈生日""今天我的妈妈生日是""今天是我妈妈生日的""晚上常常我去图书馆看书""我晚上常常去看书图书馆"。"的"字的误用以及副词的位置还是学生学习的一大难题,所以老师们要加强平时课上的训练。

本试卷汉字测试的内容几乎包括在整个卷面,占80%,测试了教材的汉字重难点内容。试题如下:

A.完成对话

崔浩:大家累不累?

林娜:累!

马丁:我也觉得很累,我们_____吧。(xiū xi yí xià)

崔浩:前面有一个小茶馆,我们去那儿_____茶,好不好?(hē yì diǎnr)

大家:好啊!

A:你好!我是朱云。

B:_____?(shén me shì)

A:今天晚上我想请你看电影。

B:_____。谢谢。(tài hǎo le)

A:_____?(jīn tiān jǐ yuè jǐ hào)

B:今天1月9日。

A:你好,请问,卫生间在哪儿?

B:_____?(zài jiào shì páng biān)

A:留学生楼在什么地方?

B:我知道,_____。(wǒ gēn nǐ yì qǐ qù ba)

A:你好!我买苹果。

B:_____?(nǐ yào nǎ zhǒng)

A:我要这种。多少钱一斤?

B:三块一斤,_____?(nǐ yào duō shǎo)

A:我要两斤。

A:你是哪国人?

B:＿＿＿＿＿＿＿＿＿。(wǒ shì zhōng guó rén)

A:她呢?

B:她是韩国人。

教材中课文《香蕉多少钱一斤》需要学会询问价钱和说钱数;课文《你学习法语吗?》掌握"……一起……"用法及句式"你是哪国人?"等。

汉字教学一直是对外汉语教学难点之一,尤其对于非汉字圈的学生更是难上加难,学生常把汉字看作一幅幅图画,写汉字也只是依样画葫芦,这就需要教师能够引领学生培养一些汉字的基本能力,所以对于初级班老师来说,能够使学生快速准确地认读、书写汉字即可。而本卷唯一不足的是书写量过大,大大提高了试卷的难度。

从整份试卷看,该份试卷没有怪题、偏题出现,试题较为合理,而且,汉字认读和书写贯穿始终。所以,笔者认为该份试卷效度较高。

(三)中级班综合课试卷效度分析

《发展汉语(第二版)中级综合(Ⅱ)》的主要教学目标是全面提高中级阶段学习者听、说、读、写综合能力汉语交际能力。中级阶段的教学开始注重语用规则的教学,重视语段篇章的教学,听、说、读、写并重,又着重突出读、写训练,增强主观性练习量。

1. 中级班综合课测试目标和内容

以浙江越秀外国语学院留学生中级班2016—2017学年第二学期综合课期中考试试卷为例。

教材共有15课,中级开始就没有专门的语音课程。

本教材共学习词汇660个,其中重难点词汇有:拜年、人来人往、支支吾吾、来不及、农贸市场等,测试目标是顿时、丝毫、具备等23个重难点词汇。

本教材共学习语法项目约76个,其中重难点语法项目有连script的搭配、"的、地、得"的辨析、反问句等,测试目标有"V1了又V2,V2了又V1""与其……不如……""不……不……"等20个重难点语法项目。

本教材没有特别指出要掌握哪些汉字,都是以词汇的形式出现了。

2. 中级班综合课试卷效度分析

下面对浙江越秀外国语学院留学生中级班综合课试卷效度进行分析,如表5-2所示。

表5-2 中级班综合课试卷效度分析表

类型	占比	知识点	单项测试	综合测试	是否超出教材范围
语法	50%	语法搭配	有	有	否
词汇	20%	教材中重难点词汇	有	有	否
阅读	10%	理解	否	有	无法比较
写作	20%	利用重难点词汇写作	否	有	否
汉字	全卷	教材中汉字	有	有	否

本试卷词汇测试的内容约占20%,测试了教材的词汇重难点内容。试题如下:

A.给下列汉字组词

惊、灾、品、市、户

B.选词填空

顿时、丝毫、具备、不止、浑身、丢失、日益、遭受、毕竟、白白

不要怪他,他(　　)老了,干不了重活儿了。

火灾事故在这个小区(　　)一次发生。

放学后,食堂(　　)挤满了人。

我们的生活环境正在(　　)破坏。

旅客(　　)行李的事情常常发生。

这些东西不能(　　)给你。

干了一天活儿,我累得(　　)疼。

我们还不(　　)买房的经济条件。

同学三年多了,大家的友谊(　　)加深。

雨(　　)没有要停的任何样子。

上述题目出现的字词都出自教材课文中需要掌握的重难点字词。"惊""顿时""丝毫"出自课文《故事两则》;"灾""具备""不止"出自课文《测试你的生存技巧》;"浑身""丢失"出自课文《乖乖回家之路》;"品""日益"出自课文《在平凡也可以活成一座丰碑》;"市""户""遭受"出自课文《从"鸡毛换糖"到"世界超市"》;"彩票""白白"出自课文《彩票》。

本试卷语法测试的内容占50%,测试了教材的语法重难点内容。卷中试题如下:

A.改写句子

他整天不是吃就是睡,什么也不干。(V1了又V2,V2了又V1)

去图书馆看书比在家里闲着好。(与其……不如……)

中国人喜欢吃饺子。(为……所……)

他经常说谎,大家都不相信他了。(以致)

不管雨多大,我都要去工作。(再……也……)

只有努力工作,才能实现你的目标。(不……不……)

有了铁路,才有了这座城市。(没有……就没有……)

这件事你必须要做。(V也得V,不V也得V)

我们要按实际情况来制定计划。(依据)

幸亏你及时打了电话,他才活了下来。(要不是……就……)

B.完成句子

我不想看动画片,这样吧,_____(你V你的,我V我的)

逛街的时候你要看好自己的东西,_____(以免)

_____,否则你就赶不上飞机了。(除非)

挂在天空中的圆月是什么样子的?_____(般的\地)

绍兴是一座怎样的城市?_____(有着)

我今天一定要把这本书看完，＿＿＿＿＿＿＿＿＿＿（不……不……）

我不和你们去看电影，＿＿＿＿＿＿＿＿＿＿（何况）

＿＿＿＿＿＿＿＿＿，你到底想吃什么？（这也不……那也不……）

吴庆恒老人＿＿＿＿＿＿＿＿＿＿的工资都用来喂红嘴鸥了。（百／千／万＋把＋量词）

他新买了个游戏机，＿＿＿＿＿＿＿＿＿＿（V 个不停）

教材《发展汉语（第二版）中级综合（Ⅱ）》中，课文《故事两则》需要掌握："V1 了又 V2，V2 了又 V1"、"你 V 你的，我 V 我的"；课文《测试你的生存技巧》需要掌握："与其……不如……""为……所……"、以免、除非；课文《乖乖回家之路》需要掌握：以致、般的\地、"不……不……"、有着；课文《从"鸡毛换糖"到"世界超市"》需要掌握："百\千\万＋把＋量词"、"V 也得 V，不 V 也得 V"、依据；课文《在平凡也可以活成一座丰碑》需要掌握："没有……就没有……"、何况、"这也不……那也不……"；课文《彩票》需要掌握："要不是……就……""V 个不停"。

本试卷写作测试的内容占 20%。卷中试题如下：

A. 用下面给出的词语介绍你对买彩票的看法。

发行、销售、彩票、彩民、中奖、发财、富翁、纳税、运气、兴办

以上是中级班综合卷的主要试题内容，但是笔者认为就试题类型而言，可适当增加一些客观题的类型，如选择题、判断题等，可适当减少汉字书写。

就试题内容而言，它紧扣教材内容，围绕教材出题，没有出现怪题、偏题，内容也较为适当，利用教材中所出现的语法点，结合生活情景出题，针对性强且有代表性，基本覆盖了教材内容，而且，汉字认读和书写贯穿始终。因此，笔者认为该份试卷的效度较好。

（三）高级班综合课试卷效度分析

《发展汉语（第二版）高级综合》的主要教学目标培养和提高对相似表达的辨析和运用能力，训练学生的理解能力等。主要考查学生的表达和理解能力，以主观性试题为主。

高级班教学开始促进学生积累相当数量的词语，包括一些成语、俗语、习惯语等和一写固定格式。

1. 高级班综合课测试目标和内容

以浙江越秀外国语学院留学生高级班 2016—2017 学年第二学期期末考试卷为例。

高级也没有专门的语音课程，教材共有 15 课。

本教材共学习词汇约 720 个，其中重难点词汇有：爱不释手、闭门羹、笨鸟先飞、不翼而飞等，测试目标是公认、崇拜、当场等 20 个重难点词汇。

本教材共学习语法项目约 74 个，其中重难点语法项目有转折复句、递进复句、条件复句等，测试目标有被动句、复句表达等 5 个重难点语法项目。

本教材没有特别指出要掌握哪些汉字，都是以词汇的形式出现的。

2. 高级班综合课试卷效度分析

下面对浙江越秀外国语学院留学生高级班综合课试卷效度进行分析，如表 5-3 所示。

表5-3　高级班综合课试卷效度分析表

类型	占比	知识点	单项测试	综合测试	是否超出教材范围
语法	30%	句法运用等	有	有	否
词汇	40%	教材中词汇及课外积累	有	有	是
阅读	30%	理解	否	有	无法比较
汉字	全卷	教材中汉字及课外积累	有	有	否

本试卷词汇测试的内容约占40%,测试了教材的词汇重难点内容。通过成语填空和选词填空来考查词汇。试题如下:

A.成语填空

一见_____　　日积_____　　形影_____　　众所_____　　怀恨_____

滚瓜_____　　自暴_____　　名副_____　　大同_____　　独断_____

B.选词填空

公认　结晶　崇拜　当场　果断　贪　任凭　透露　体现　强盛

伟大的发明都是劳动人民智慧的_____。

在新的一年里,我们祝愿我们的国家越来越_____。

研究生考试中,大家_____学习最好的小王竟然排在最后。

审判长_____宣布他孩子无罪,他激动地流下眼泪。

他从小就_____英雄,一直为这个梦想努力。

老公_____老婆冲自己发脾气,因为他昨天喝醉了,所以知道自己做错了。

昨天我_____凉,一口气吃了很多凉菜,晚上肚子不舒服。

司机在危急时刻_____刹车,招呼乘客赶快下车。

消息不知道被谁_____出去了。

在地震中发生的很多事情都_____出母爱的伟大。

在该份试卷中,几乎没有出现教材生词表中的词汇,更多考查的是学生课内外的积累,以及上课听讲认真程度。不再是局限于教材,更多的是考查学生举一反三的能力。

本试卷语法测试的内容约占30%,测试了教材的词汇重难点内容。试题如下:

A.完成句子

"梁山伯与祝英台"的故事是中国四大民间传说之一。(改写成"被"字句)

以上是高级班的主要试题内容,主要考查复句。高级阶段的试题就其类型上看已经减少了很多,词汇也由简单基础词汇过渡到了成语俗语的运用,而且重点也放在了理解和写作能力的培养。

试题的内容覆盖性不强,但是针对性、代表性都比较强,也没有出现怪题、偏题,较为适当,而且,汉字认读和书写贯穿始终。所以,笔者认为效度也较好。

由于该校高级班考查对象较少,所以效度也是相对而言。

四、浙江越秀外国语学院留学生试卷信度分析

(一)初级班综合课试卷信度分析

表5-4是初级班综合课的期中试卷,共收集到17位留学生的成绩,其中本表包括拼写、组词、选词填空、连词成句、造句、阅读,这六大题的各题得分情况、平均得分以及最终分数。

表5-4 初级班综合课期中试卷成绩情况

学生编号	拼写 (10%)	组词 (20%)	选词填空 (20%)	连词成句 (15%)	造句 (20%)	阅读 (15%)	总分
1	8	20	20	15	15	15	91
2	7.5	14	20	10.5	14	15	86
3	9	20	20	12	14	15	90
4	9	18	20	12	18	13	90
5	5	6	10	13	12	13	60
6	8	19	20	13.5	16	14	90.5
7	9	20	20	12	16	15	92
8	10	20	20	10	17	14	91
9	9.5	18	20	13.5	15	13	89
10	10	20	20	15	20	14.5	99.5
11	9	19	20	13.5	20	12.5	94
12	10	20	20	15	20	15	100
13	10	19	20	14	20	15	98
14	9.5	14	20	12.5	15	12	83
15	8.5	15	12	9	2	13	60
16	9	16	14	10	18	15	82
17	7	17	16	15	20	15	90
平均分	8.5	18	17.0	12.5	16.5	15.0	86.5

表5-5是初级班综合课的期末试卷,共收集到15位留学生的成绩,其中本表包括注音、拼写、量词填空、连词成句、完成对话、阅读,这六大题的各题得分情况、平均得分以及最终分数。

表 5-5　初级班综合课期末试卷成绩情况

学生编号	注音（20%）	拼写（20%）	量词填空（10%）	连词成句（20%）	完成对话（10%）	阅读（20%）	总分
1	12	12	2	6	5	14	51
2	18	18	10	16	9	17	88
3	19	20	9	6	9	15	51
4	16	18	8	4	6	13	65
5	19	20	9	0	9	18	75
6	0	4	10	6	8	10	38
7	20	16	10	20	10	20	96
8	18	16	9	20	10	14	87
9	19	18	10	14	9	20	90
10	18	16	9	16	9	17	85
11	19	18	10	14	10	15	86
12	12	4	10	6	0	14	46
13	19	16	10	20	10	17	92
14	19	14	2	0	10	0	35
15	19	16	10	18	10	17	90
平均分	15.5	14	6	12.0	7.5	15.5	70.5

明显看到期末卷的学生的成绩差异较大,语音是初级阶段的教学重点,根据初级阶段的主要特征可以看出,培养语言组织能力的培养也是相对来说比较重要的,其中语法能力的培养较为突出,因此在测试中也应该有所偏重。但是,从上表可见连词成句的分值差异较大,高分较少。因为,汉语综合课也是综合技能的训练课,也就是说听、说、读、写这四大技能综合训练应该都有所体现。成绩测试反映的学生的学习情况和老师的教学情况明显没有达到这个目标。

从期中期末两份表格中看,试题数量和难易度较为合理,相对来说期末卷更有代表性、针对性,难易度区分的也较为明显。从成绩上看,学生的测试成绩还是较为客观的,学生成绩相对比较稳定,其中,个别同学成绩差异较大。据调查,有些同学因处理个人原因,而落下了很多课,很多知识点没学到,导致其成绩差异较大,此外,学习认真的同学成绩较稳定,不认真的,分数也就不客观,但是也比较稳定,可见信度也不差。

(二)中级班综合课试卷信度分析

表 5-6 是中级班综合课的期中试卷,共收集到 8 位留学生的成绩,其中本表包括组词、选词填空、改写句子、完成句子、阅读、写作这六大题的各题得分情况、平均得分以及

最终分数。

表5-6 中级班综合课期中试卷成绩情况

学生编号	组词（10%）	选词填空（10%）	改写句子（20%）	完成句子（30%）	阅读（10%）	写作（20%）	总分
1	8	4	17	24	10	18	81
2	8	5	16	27	9	16	81
3	8	4	14	23	5	19	73
4	9	4	15	24	2	17	71
5	7	2	14	20	7	18	68
6	10	3	14	17	7	14	65
7	5	4	10	21	4	16	60
8	7	3	15	24	4	0	53
平均分	8	4	16	24	7	9	67

表5-7是中级班综合课的期末试卷，共收集到8位留学生的成绩，其中本表包括选词填空、词义解释、改写句子、阅读、写作这五大题的各题得分情况、平均得分以及最终分数。

它相较于期中试卷，在题量上从六大题减少到五大题。

表5-7 中级班综合课期末试卷成绩情况

学生编号	选词填空（10%）	词义解释（10%）	改写句子（20%）	阅读（30%）	写作（30%）	总分
1	10	10	19	30	23	92
2	10	10	19	27	24	90
3	10	8	18	28	22	86
4	10	10	16	25	20	81
5	10	10	14	20	23	77
6	10	10	20	24	20	84
7	10	10	19	25	21	85
8	8	10	8	25	18	70
平均分	9	10	14	21	81	81

从中级班的期中、期末卷的比较中看出，学生的成绩比较客观可靠，成绩也比较稳定，没有特别大的落差起伏，实体的数量也较为合理。由两表可见，同学们的分数明显在

期末考中有了进步,有两方面原因,大家的学习更积极、认真了,从试题看,题量减少,也降低了一点难度。从分数上看,呈现稳定上升趋势。

总体而言,中级综合卷的信度较高。

(三)高级班综合课试卷信度分析

由于高级班的考查对象较少,分班不稳定,难以考察试卷信度。

五、浙江越秀外国语学院留学生试卷区分度分析

总的来看,初级、中级班综合课试卷还是很明显的有不同分数段,说明能体现较好的区分度。

(一)初级班综合课试卷区分度分析

就上述所调查的初级、中级、高级的信度、效度看,首先在试题内容上就有了较大区别,看到层次之分,初级重点考查拼写,中级则开始转变成简单词汇考查,到了高级则出现以主观题为主的写作表达能力的考查。

所以不同阶段的试卷区分度比较明显。

首先看到初级班综合课期中试卷留学生成绩分布图。如图5-1、图5-2所示。

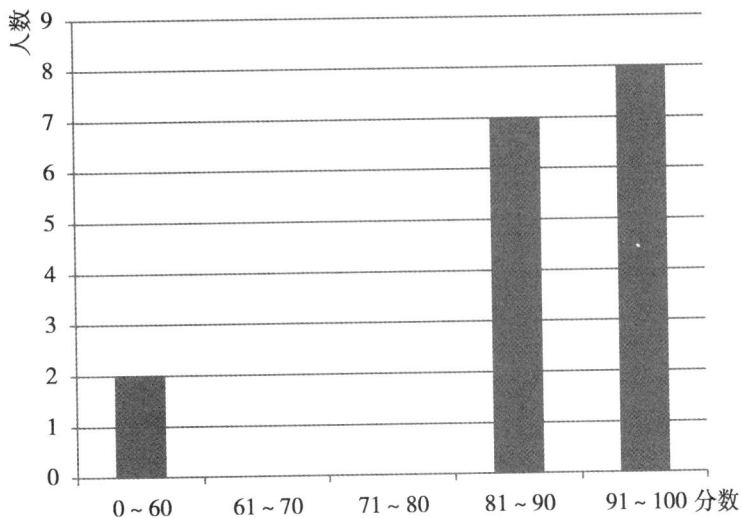

图5-1 初级班综合课期中试卷留学生成绩分布

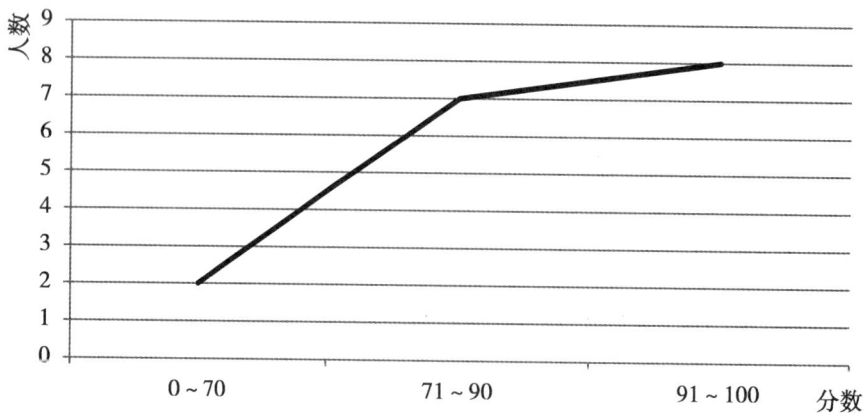

图5-2　初级班综合课期中成绩曲线图

再看初级班综合课期末试卷留学生成绩分布图，如图5-3、图5-4所示。

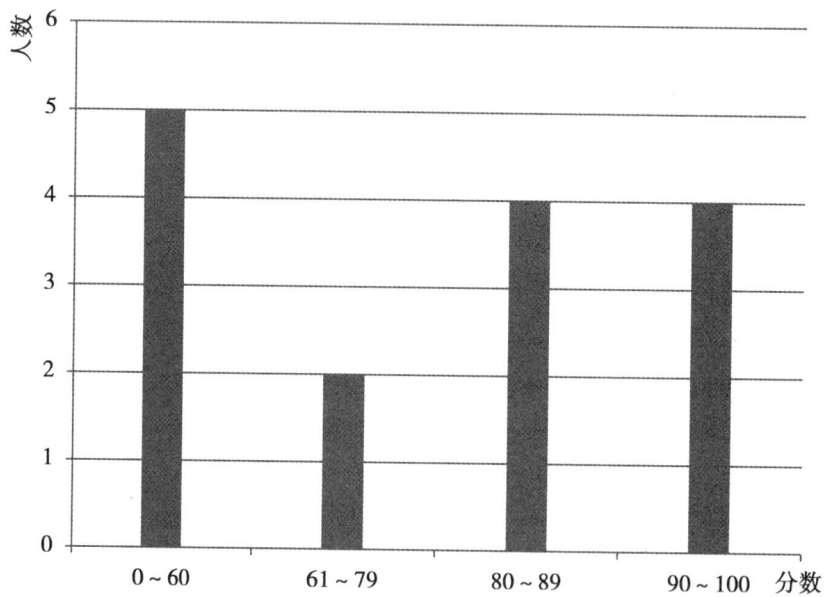

图5-3　初级班综合课期末试卷留学生成绩分布

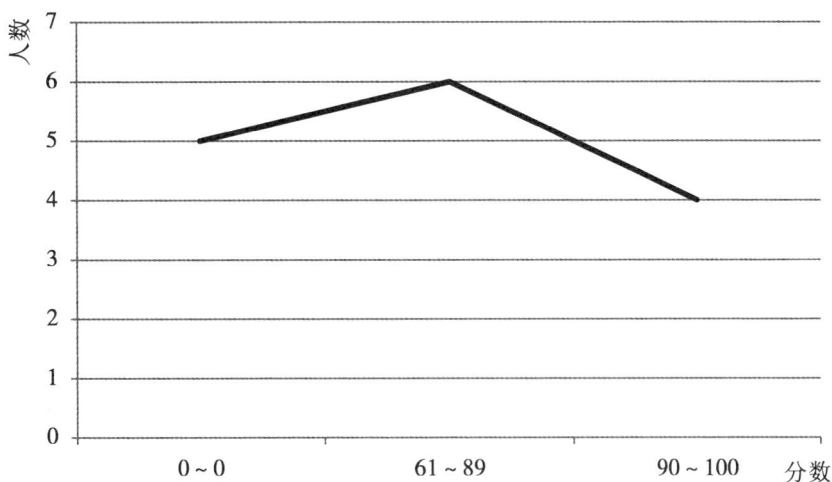

图5-4　初级班综合课期末成绩曲线图

就初级综合卷的期中卷和期末卷来看,学生成绩分布不太平均,有较大的人数差异,出现了断层现象,总得来说,该份试卷较为简单,难易度区别不大。但是学生间学习程度的差异较大,这对该份试卷的分析有一定的干扰。

成绩的正态曲线,应该是两头低,中间高,波浪形。而且明显看出期末卷曲线图正呈现两头低,中间高,所以区分度较好。

(二)中级班综合课试卷区分度分析

首先看到中级班综合课期中试卷留学生成绩分布图,如图5-5、图5-6所示。

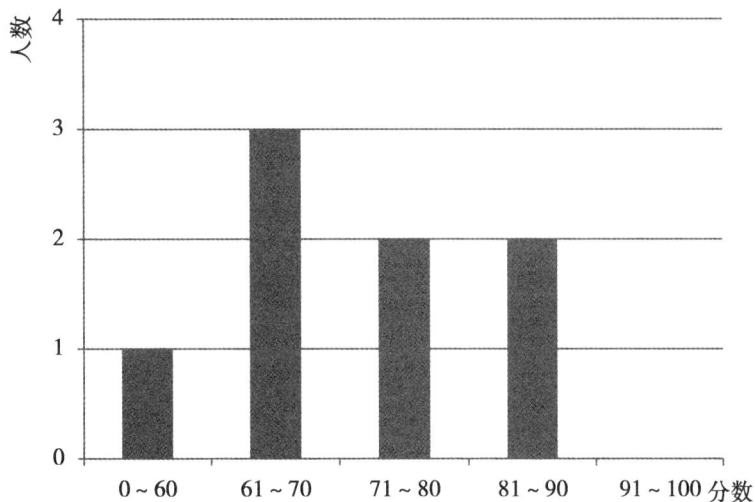

图5-5　中级班综合课期中试卷留学生成绩分布

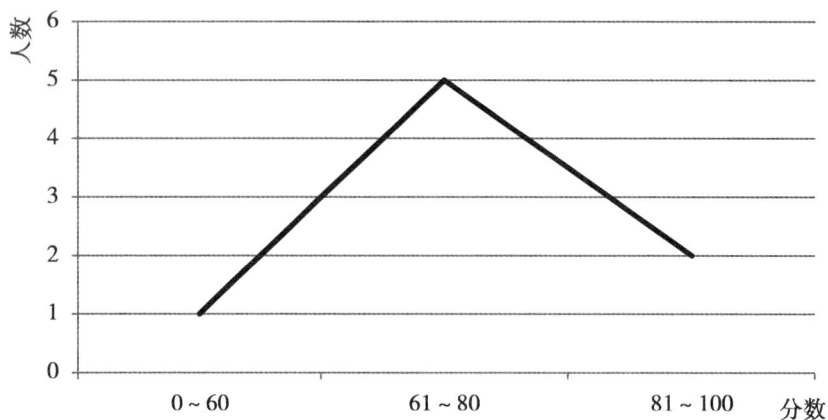

图5-6　中级班综合课期中成绩曲线图

再看中级班综合课期末试卷留学生成绩分布图。如图5-7、图5-8所示。

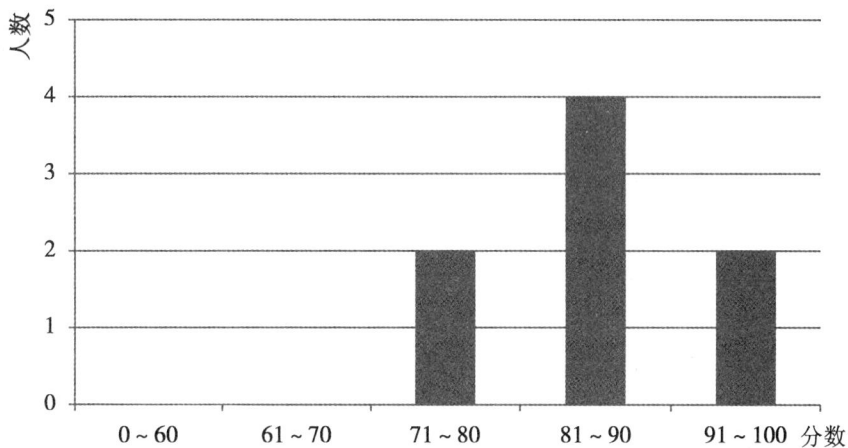

图5-7　中级班综合课期末试卷留学生成绩分布

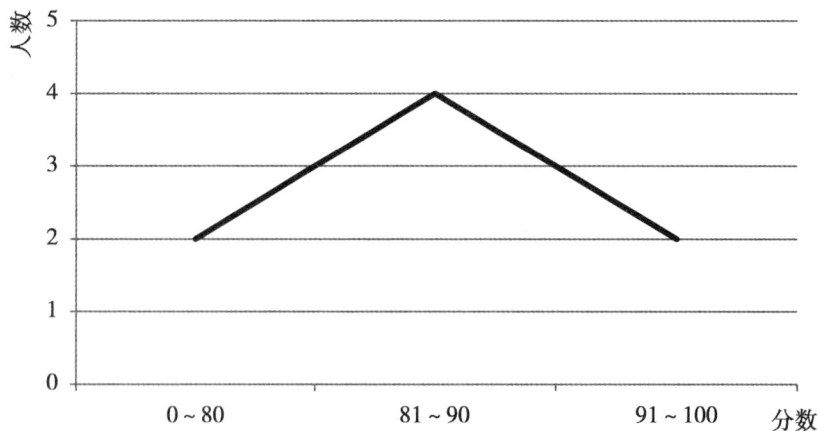

图5-8　中级班综合课期末成绩曲线图

就中级综合卷的期中卷和期末卷来看,区分度比较明显,不难发现,期中试题较难,而期末试题可能相对简单,而且明显看出期中和期末卷曲线图都呈现两头低,中间高,所以区分度较好。

(三)高级班综合课试卷区分度分析

由于高级班考查对象较少,难以考察其区分度。

结　语

为了完成本篇论文,笔者先收集近年来初级、中级、高级班综合课试卷,进行归类、比较、选择;其次以这些综合课试卷为例分别对其进行信度、效度、区分度三个方面的分析。发现该校的综合课试卷无论是信度、效度还是区分度,总体较好,但是也有一些需要改进的地方。

每个阶段的汉语学习要始终围绕着汉语的基本要素与相关的文化内容进行听、说、读、写的综合训练,锻炼学生综合运用汉语的能力。成绩测试具有融合各单项技能训练的特点,对实施一个阶段的各项技能训练起着铺路的作用,对于协调各单个技能课的教学起着纽带与核心作用。

各任课老师要了解初、中、高级班的学生教学重点以及掌握考试需要考查的重点。以下是笔者的一些建议。

第一,测试试题应当紧扣教学大纲、教学目标的要求,教师要及时分析每次测试成绩,来掌握学生的学习能力,只有掌握好试题的难度,才能反映出学生真实的学习语言水平,这样的试题才是有效的。

第二,测试的试题不但要与教材内容紧密联系,也要注意学生语言运用的灵活度和交际能力,还要适当布置一些测试学生汉语技能类题目,如听力、口语等。

第三,注意试题的多样性和试卷的整体平衡性。在不同的教学阶段应设置不同的试题,在难度上要有一定的讲究,要注重区分度。在试题的编排上也要循序渐进,尽可能在难度上区分出学生不同的水平。这样阶梯式的安排,一方面让学生更快进入到考试状态,另一方面也能让学生更清楚地看到自己的真实水平,能调动学生的积极性,同时又可以增强学生学好汉语的信心,否则就会打击到他们学习汉语的热情。

本篇论文还只是研究中的"冰山一角",研究也还是大致的比较,但是笔者的选题还是比较好的。因为现在无论是国内的学生家长还是国外的留学生都比较注重分数,那么一份优质的试卷则对应的是一份能力,笔者希望每一份试卷都能让同学们更好地检阅自己,发现自己学习的不足与长处。

笔者所研究的材料也是相对可靠的,但是不足的是,由于留学生办公室的搬迁,只能找到部分的试卷,并且该校留学生体制也还在不断完善中,这对笔者的研究有一定的影响,加上留学生不像一般的大学生人数那么稳定,他们是每个学期都会注入新的面孔,插班生,换班生也导致成绩的起伏差异较大尤其是高级班的学生,可考查的对象只有寥寥几个。此外,自身也存在一些不足,对教材的不熟悉导致对内容的把握不够到位,所以在研究上还停留于表层,不够深入。笔者觉得还可以从老师、学生等不同对象对试卷进行进一步的分析,了解老师出卷意图,学生对试卷的评价等更深层的研究。

参考文献

(1)专著

[1]邹申.语言测试[M].上海:外语教育出版社,2005.

[2]陈昌来.对外汉语教学概论[M].上海:复旦大学出版社,2015.

[3]刘润清,韩宝成.语言测试和它的方法[M].北京:外语教学与研究出版社,2004.

[4]李杨.中高级对外汉语教学论[M].北京:北京大学出版社,1993.

[5]张凯.语言测试理论及汉语测试研究[M].北京:北京语言大学出版社,2005.

[6]李泉.对外汉语课程——大纲与教学模式研究[M].北京:商务印书馆,2006.

[7]刘珣.对外汉语教育学引论[M].北京:北京语言大学出版社,2000.

(2)期刊文章

[8]陶百强.世界语言测试理论的发展[J].山东师范大学外国语学院学报:基础英语教育,2004(6):13-17.

[9]陈田顺.谈中级汉语课的测试[J].世界汉语教学,1992(4):313-316.

[10]韩宝成.语言测试:理论、实践与发展[J].外语教学与研究,2000(1):47-52.

[11]苏剑芳.语言成绩测试内容的确定原则[J].广西教育学院学报,1999(1):68-72.

[12]邹申.语言教学大纲与语言测试的衔接——TEM8的设计与实施[J].外语界,2006(6):71-78.

(3)学位论文

[13]孟亦实.对外汉语综合课教学语言测试研究[D].黑龙江大学硕士学位论文,2011.

[14]陈炜.对外汉语教学成绩测试效度研究[D].上海外国语大学硕士学位论文,2010.

[15]陆晓红.对外汉语成绩测试试题设计研究[D].华东师范大学硕士学位论文,2008.

对外汉语听力课教学研究

——以浙江越秀外国语学院留学生教学为例

蔡晨晨

摘　要:在对外汉语教学中,听力教学一直有着重要的地位,因为只有听懂了交际中他人的话语,了解他人的语言意义,才能相应地做出反应,双方才可以进行正常的对话交流。对外汉语教学听力训练的目的就是为了提高学生的听力理解能力,重点是提高学生的听力微技能。为了达成这个目的,对外汉语听力教学过程中的语音阶段、短文阶段、语法阶段各设置了相对应的内容来分别提高学生的八大听力微技能。但在对外汉语听力课课堂的实际教学情况中,会发现学生、教师、教材等方面都存在很大的问题。本研究将采用理论和实际相结合的方法,对理论进行探索。探讨对外汉语听力课教学目标和教学过程以及听力课的训练内容。再对目前对外汉语听力课现状进行考查,并凭借理论依据来衡量实践中对外汉语听力课的教学质量。

关键词:对外汉语教学;听力课教学;听力理解

引　言

(一)研究目的

　　随着中国国际地位的提高和综合实力的增强,汉语热的潮流在国际逐渐形成,越来越多的外国人选择将汉语作为第二语言学习,对外汉语教学的重要性逐渐体现出来。对外汉语作为一门新兴学科,20世纪初才出现,六七十年代逐渐步入改进时期,到了七八十年代就进入了探索阶段,等到了80年代之后开始进入改革阶段。而90年代以后对外汉语教学终于进入了繁荣阶段,这个阶段对外汉语教学事业蓬勃发展。尽管对外汉语教学渐渐得到国家的重视,但是我国在对外汉语方面的研究依旧十分薄弱。主要由于形成时间太短,能够支持的理论基础还不太完善,相关的研究也还不够深入。

　　对外汉语听力教学是对外汉语教学中相当关键的一部分,杨惠元提到过"教授和学习任何一种语言都是从听到读到写。听说读写,称为'四会','听'是四会之首"。① 从此就能体现对外汉语听力课教学的重要性。本文从对外汉语听力教学已有的理论基础入手,结合其他语言理论,对对外汉语听力教学进行研究分析。同时借助理论,衡量浙江越秀外国语学院的对外汉语听力课存在哪些不足,通过课堂实践来证明和支撑理论。

(二)研究的意义

1.理论意义

虽然对外汉语听力教学中理论上已经取得了丰硕的成果,也有了完整的理论体系,但是在对课堂实践的研究上还存在着不足。笔者试图通过对课堂实践教学的观察与研究来论证理论的可行性,从而对对外汉语听力教学的理论起到支持作用。

2.实践意义

本文通过理论联系实践的研究方法,对浙江越秀外国语学院的对外汉语听力教学进行观察和研究,同时对该校的留学生以及从事听力教学的教师进行问卷、访谈调查和课堂跟踪调查,收集数据进行分析,对目前的对外汉语听力课进行评价,提出对对外汉语听力课教学的几点建议,从而达到提高对外汉语听力教学质量的目的。

一、听力课的理论基础

(一)输入假说与对外汉语听力教学

较早研究听力教学的杨惠元在《汉语听力说话教学法》中指出,听力理解的本质是人们利用听觉器官对言语信号接受和解码的过程。同时,他指出听力训练的主要原则是给学生可理解输入。②

美国心理语言学家斯蒂芬·克拉申认为教授第二语言最好的方法是给学习者以可懂输入。他提出可懂输入的模式是 i+1。i 是指学习者当前的学习水平,i+1 则是指在现有学习水平的进一步提高的输入。③ 意思是第二语言教学中的语言输入一定能让听者听懂,并且在听懂的基础上能理解并吸收。这个观点强调了语言输入优先于语言输出,同时也指出要从学生的实际语言水平出发,首先要让学生听懂和理解。学生接受和理解了语言输入,才可以积累语言知识,进一步提高语言水平。

因此,听力教学的输入材料信息应当是学生可理解性的,不可理解性的材料中输入过程中只会起到干扰作用;输入的材料不仅要可理解性的,也要适当具有趣味性。材料的趣味性能够调动学生学习的积极性,这就需要教师对材料进行加工,使之在起到听力

① 杨惠元:《中国对外汉语听力教学的发展》,《世界汉语教学》1992 年第 2 期,第 23 页。
② 杨惠元:《汉语听力说话教学法》,北京语言文化大学出版社 1996 年版,第 25 页。
③ 同上书,第 27 页。

锻炼的基础上又能具有一定的趣味性;同时也需要充分且大量的输入,尤其是初级阶段的听力教学,要求对学生进行大量输入,确保输入量充足,才能起到对学生听力训练的良好锻炼。还可以增加输入形式,加入大量语言练习和实践。

(二)图式理论和对外汉语听力教学

现代认知心理学认为,人在理解话语时有两种知觉加工方式,朝两个方向处理信息材料。一种是"底朝上",又称"材料驱动加工"。指先理解"部分",然后由"部分"一步步整合理解出"整体"。句子以下层级的理解普遍使用这种理解方式,主要是凭借我们所掌握的语言知识对所听到的句子进行理解。而另一种则是"顶朝下",也称"概念驱动加工"。指利用已知的材料背景,结合知识储备中的语言知识直接对材料进行分析、理解。这个所谓"图式",就是指人的大脑围绕一个主题编织出相关知识网络的储存方法。

图式论认为,人们以往得到的知识经过加工会被分别储存在大脑的长期记忆中。而图式是有层级的。它就像是人体大脑中存储的知识架构,里面不但包括了知识,而且还包括了知识之间的联系,然后编织成了一个网络系统。当有语言材料输入时,已有的图式会被激活,学生就可以依靠已有图式的背景知识和输入信息之间的对比分析来对语言材料做出理解。

图式理论的预测作用在听力理解中承担了很重要的作用。由于图式包括了关于某一事物本身及与其相联系的所有知识,它能为听力者提高背景知识的支撑,起到良好的帮助,给听力者一个积极的听前准备状态。当有关信息输入,激活了听力者大脑中的相关图式,听力者就会对即将要听的语料内容产生准备与预期,大脑对信息的处理就会轻松并且能加快,这样就可以加深听力者对材料的理解。

除了预测作用,图式理论还对听力理解起到补充作用。当听力者在听力时部分语料信息无法理解造成信息缺失时,就可以依靠相关图式补充获得的信息,这样可以保证信息上的连贯性。

二、对外汉语听力课的教学目标和教学过程

(一)对外汉语听力课的教学目标

第二语言学习者在学习过程中总是有许多听的机会,比如看电视、听广播,课后听周围的谈话,但这些都不能算是专门的听力训练。而专门的听力训练,也就是通过对外汉语听力课的教学,可以对学习者的听力能力起到特殊的作用。而对外汉语听力课的目的就是培养学生在生活交际中的听力理解能力。

1.打听力基础

交际中听的能力主要是以听力课内培养的听力理解能力为基础。交际生活中的听力理解能力主要是依靠在课堂上的听力能力的培养和锻炼积累的。在语言学习和言语交际中,对听的要求一般会更高,听的能力要大于说的能力。因此,对外汉语听力课的听

的材料要远远超过一般课型教材的分量,需要通过大量的语料听力训练来打下听力基础。大量的言语输出才可以起到对听力能力的锻炼。

2.培养听的技巧

关于听力有专门的技巧,例如"抓关键""跳障碍"。第二语言学习者在听力训练过程中经常会出现这种情况,听力时发现语料中有不理解的词或句子,就一直把注意力放在这个词或句子上,从而忽视了接下来的语料内容。这就是因为他们没有掌握听的技巧,不知道在听力时遇到障碍时应忽视,要抓住主要关键词,不要因小失大。对外汉语听力课就需要让学生尽快掌握抓关键、跳障碍等听力的技巧。

(二)对外汉语听力课的教学过程

1.听前准备

①注意语料中句子的重音和语调。语句重音是常见的传递主要信息的途径,语句重音的存在可以反映句子的句法结构和表达的思想感情。而句子的的语调可以表达出句子丰富的感情,例如惊讶、愤怒、感叹等语气可以在语调中轻易地体现出来。尤其是反问句的使用,可以表达说话者对事物肯定的态度。听辨重音和语调的练习常常被教师忽视,实际上识别重音、语调可以更好地帮助学生听懂材料信息。

②提示学生注意标记词。标记词主要是指语料中重要的关键词。如果缺乏标记词的知识,理解时所花的时间就要长一些,甚至会产生错误。在听录音前将比较重要的标记词板书出来,引起学生的注意,一来可以加深对外汉语句型结构的了解,二来可以收到更好的理解效果。

③提示学生语料相关的背景信息。给学生提示与所要听的语料相关的背景知识,可以帮助学生更好地了解语料,不会出现"障碍",从而可以把注意力集中在主要信息上。听力教学必须注重语料背景知识的作用,背景知识的作用不仅可以帮助学生理解还能让学生对接下来的听力内容产生预期,加快对语料的理解。

2.通过回答问题训练抓主要信息

回答问题是输入和输出结合的训练项目,最能检查学生的理解程度,它不仅要求学生听懂,还要求学生输出所听懂的内容。学生在使用汉语进行表达的时候,不管何种场合、何种需求都习惯用一个完整的句子来表达,如果让他们简单回答的话,就简单到使用一些连贯的词来回答。这说明锻炼学生的概括能力是十分重要的。

三、对外汉语听力课的训练内容

听力训练的内容,一是根据学生听力难点组织听力理解练习来提高学生听力微技能;二是教授语言文化知识、积累学生的言语信息。

(一)根据难点组织练习提高听力微技能

不同学习阶段学生遇到的听力难点是不同的,为此听力训练的重点也是不同的。杨惠元提出听力训练在不同阶段的重点分别应是:语音阶段的重点是辨别分析能力与听后模仿能力,语法阶段的重点是记忆存储能力与联想猜测能力,短文阶段的重点是概括总结能力与检索监听能力。[1]

1. 语音阶段

这个阶段的学生面对的主要学习难点是辨音辨调,大量的调查和研究表明初级阶段的学生在听辨音素、声调、音节以及辨重音、语调等方面会出现大量错误。例如马燕华指出学生在声母上出现的问题主要集中在部分发音方法相同但发音部位不同的声母上,而不是送气不送气的问题;学生在听辨声调时,第一声与第三声、第二声与第四声可以明显区分,而第二声与第三声普遍容易混听,而且单音节第三声的混听率远远小于双音节中第三声的误听率。[2] 对于这些在这个阶段普通出现的问题,教师应当设计出有针对性的练习来提高学生辨音辨调的问题。例如为了提高学生对声母、韵母的辨音能力,可以设计声韵母不同,声调相同的词语让学生进行辨音练习。

除了辨音辨调能力,这个阶段还应重视的内容是提高听后模仿能力。由于母语的迁移作用,第二语言学习者往往不能良好发挥这一能力。在这个阶段上出现的关于听后模仿的问题主要有两个:听不清就说不清,听得清但是说不清。前一个问题就需要靠提高辨音辨调能力来解决,而后一个问题则需要解决学生的发音问题。由此,在这一阶段的听力训练中,教师还应纠正学生发音来达到提高听后模仿能力的目的。

2. 语法阶段

这个阶段学生对语料信息的理解不但包括对词义和句意的理解,还应包括对句法结构意义的理解。因此,训练学生的联想猜测能力也是该阶段的一个重点。其中,联想指的是听力者接受所听语料信息后产生的与语料相关信息的回忆与想象。猜测指的是听力者根据所接受的语料信息进行推测与估计,这需要依靠平时的经验积累和知识储备。联想和猜测必定是要有所依据的,这一阶段主要以句子和短篇对话为主,除了相关的语言信息提示外,还需学生善于运用语法结构来猜测语义。教师为学生创造一定的语境,让学生凭此猜测出语料中表达的意思,教师再对学生所补充的语料信息进行评价与评定,肯定学生猜测中正确的信息,纠正他们错误的补充,这样就可以进一步提高学生的联想猜测能力。同时,教师可以提示学生注意句子的语音语调,从句子的重音、语调来理解语料信息。

不仅是理解能力的训练,记忆能力的训练也是必不可少的。在语法阶段的另一个重点就是记忆存储能力。在理解的过程中,学生容易把目的语翻译成母语再理解,而记忆存储能力则是培养学生直接运用目的语进行记忆。对学生的记忆存储能力的最好的方式就是将同样的句子在同个语境中反复输入,这样才能使学生把词语刻入大脑,使句子成为他们的语言材料。再通过大量的反复练习,从而使学生能够熟练运用句子。这种方

---

① 杨惠元:《汉语听力说话教学法》,北京语言文化大学出版社 1996 年版,第 42 页。

② 马燕华:《初级汉语水平日本留学生的听力障碍》,《北京师范大学学报(人文社会科学版)》1995 年第 6 期,第 98—105 页。

法可以帮助学生对句子进行理解,还能加深学生对句子的印象。

3. 短文阶段

这个阶段的学生遇到的听力难点主要是语速快、难以把握文章中心。而想要把握文章中心结构和含义,就需要依靠文中出现的一些关联词或其他连接词。这意味着学生可以通过文中出现的部分关联词或连接词来了解文章的结构和含义。因此,把握住文章中的关键词、关键句,就把握住了短文的要点。想要在听的过程中把握住要点,就必须带着目的去听,即带着问题去听。这就需要训练学生的检索监听能力。检索监听就是自觉地对材料进行过滤和筛选。提高检索监听能力可以提供听力的效率,使理解免收次要材料或干扰材料的影响。提高检索监听能力就要求学生集中注意力,善于把握关键词、关键句。同时,检索监听能力的训练也是对联想猜测能力的巩固。

这个阶段还需训练的重点是概括总结的能力。概括总结能力,即攫取要点的能力。只有能够正确地概括总结,才能更好地掌握所学语言。概括总结能力的训练是一个循序渐进的过程,可以从简单的句子训练开始,然后再到篇章段落的概括,再上升到长篇文章的总结,最后就是训练学生对文章主题思想的概括和理解。

(二)教授语言文化知识、积累学生的言语信息

提高听力微技能虽然是听力训练的重点,可"听力课不光有技能训练的任务,也有教授语言知识、文化知识、扩大学生词汇量的任务。"[①]即听力训练的内容还应该包括一定量的语言要素教学。

美国心理语言学家斯蒂芬·克拉申认为第二语言教学应当给予学习者可理解性输入。听力理解活动是建立在对听力输出的言语信息与储存在大脑的言语信息进行对比分析的基础上的,如果大脑中的言语信息量与听力输入的言语信息量相差过大,就无法完成听力理解活动。由于不同文化之间的差异,第二语言学习者在背景文化知识方面的缺失,会使他们在听力过程中不能理解听力材料的内容。这就要求教师在听力教学时要适当教授相应文化知识,来扩大学生的言语信息量。因此文化知识的导入在听力教学中是必不可少的。

一般来说,普通的听力课堂会重复"放录音——学生听——教师提问——核对答案"这样的流程步骤。对于初接触中文的学生来说,是比较枯燥乏味的。而在课堂上教授文化知识,无论是交际文化知识或者是非交际文化知识,都可以起到一定活跃课堂气氛的作用,提高学生的听力兴趣达到提升听力课堂效果。此外,某些听力材料还会涉及到一些学生未了解的文化知识内容,不论是历史知识、民俗文化还是中国人特有的价值观、思维方式,都会给学生听力造成一定影响。这就需要教师在听前做好扫除听力障碍的准备,为学生讲解相应文化知识。

---

① 李红印:《汉语听力教学新论》,《南京大学学报(哲学·人文科学·社会科学)》2000年第5期,第156页。

四、对外汉语听力课教学现状的考察和分析

（一）汉语听力课教学现状的考察

目前，无论是第二语言学习者抑或是教学者，都意识到了对外汉语听力课的重要性。但同样的，对外汉语听力课也被认为是认为最难上的课，也是学生成绩最难提高的一门课。为了更好地了解浙江越秀外国语学院对外汉语听力课的教学现状，笔者通过课堂跟踪调查、问卷调查以及个别学生访谈调查方式来了解越秀对外汉语听力课中出现的问题，并尝试解决问题。

1. 问卷调查

为了更为清晰地了解对外汉语听力课的课堂现状，笔者设计了两套问卷，分别对第二语言学习者和教学者进行问卷调查，即教师问卷和学生问卷。其中，教师问卷涉及的内容主要包括：自身的教学情况、教学设备及教学方法的使用、对学生学习情况的了解和对策、对教材的了解和评价等。学生问卷涉及的主要内容包括：对听力课是否感兴趣、学生自身学习情况、对教材的评价、对教师的评价、学习中遇到的困难情况等。

本次问卷调查，抽取的对象是浙江越秀外国语学院留学生初级班的学生及听力课教师。其中教师问卷 3 份，学生问卷发放了 20 份，实际收回 19 份。

2. 访谈调查

为了使调查结果更为精准，笔者对个别学生采取了深入访谈，了解他们听力课的学习情况。其中涉及的访谈内容包括：学生的自身学习情况、对听力课课堂的评价、对教师的评价、对所使用的教材的评价以及学习上遇到的困难等。

3. 课堂跟踪调查

为了更为直观地了解对外汉语听力课课堂的教学现状，笔者采取了课堂跟踪调查方式，对浙江越秀外国语学院留学生初级班、中级班听力课进行了课堂跟踪，其中留学生初级班听力课主要集中在语音阶段，中级班则集中在语法和短文阶段。

（二）调查结果的统计

1. 教师方面的结果统计

在教学方法手段的使用上，教师都采取了多媒体为主、口述以及录音机为辅的教学方法。这样可以保证即使多媒体出现设备问题也能照常进行听力教学，同时也能改变听力课枯燥单调的听力方式。在对听力教材练习形式的评价上，教师存在一定分歧。部分教师认为目前所使用的教材完全符合当前的实际生活，形式种类也比较多样化，能够满足当下听力课的需求。而有教师则认为目前所使用的教材与实际生活的符合度并不是很高，练习形式也不够多，只能勉强符合听力课的需求。这个分歧出现的主要原因是：①部分从教多年的教师使用教材时间长已经接受且适应教材的信息，不愿意对教材内容进

行修改、扩充。②越秀外国语学院的外籍留学生教师本身对中国现状的不了解,认为教材所呈现的知识和文化都符合目前的实际生活。除了对教材的评价,教师在学生是否需要进行课前预习和课后复习上也存在一定的异议。大部分教师是认为需要进行预习和复习工作的,他们认为预习和复习工作可以扫清学生的听力障碍,听力教学也更为轻松一点。也有教师认为不勉强学生进行预习以及复习,学生目前的学习内容足够多,不应给学生造成学习负担,简单的课前听力预习可以在课堂上完成。在学生是否在课堂上出现消极状态的问题上,大部分教师都认为没有或是很少有这种情况的出现。同时他们也认为学生听力课上出现的消极问题主要原因是源于听力课本身的特点,学生听力课成绩上升不明显,学习积极性受到了打击。

2. 学生方面的结果统计

从收到的问卷调查整理来看,几乎所有学生在是否对听力课感兴趣的问题上都选择了是,包括对教师、对教材的评价,都呈满意状态。大部分学生都意识到听力课的重要性,并且表示想通过听的手段去了解中国的相关文化。也有学生表示想通过听力课锻炼听力技巧,也能提高其他的能力。关于自身的学习情况时,70%学生认为自己听力课成绩得到提高了,30%学生认为听力课对自身的锻炼不明显,成绩提高不显著。关于出勤方面,几乎全部学生都能做到不逃课。主要是由于留学生初级班学生的积极性较高,对教师的授课以及听力课本身都存有一定兴趣。在课前预习和课后复习问题上,50%的学生表示会采取预习和复习的手段,30%的学生表示偶尔会。在教师教学方法上,80%学生更喜欢教师采用口述讲解,他们认为多媒体音频太过枯燥单调,而教师口述以及口头讲解更能被他们所接受并理解。

(三)对外汉语听力课出现的主要问题及原因

1. 教师方面存在的问题

(1)教学手段单一,课堂氛围枯燥

从多节课堂跟踪调查来看,大部分教师课堂的教学模式大径相同,可以总结为:①对上节课内容进行简单回顾与梳理;②让学生多次朗读对这节课的生词,并由教师解释新词意思;③听录音1到2遍,让学生完成听力题目;④校对答案,并再次播放录音。

这样的教学模式单一枯燥,本身听力课自身的特点使得听力课难学、难教,再加上一成不变的教学模式,使得课堂变得乏味可陈,学生失去了上课的兴趣,难以接受新知识和提高自身的听力技巧。除了教学模式单一,教师的教学工具也单一。多媒体、录音机、黑板以及ppt,是目前越秀留学生教师所采取的主要教学工具。而除此之外,其他设备例如相关的影音资料等,都很少有教师会采用。听力课虽说是训练听的技巧,但若仅采用"听"的的方式,又会使得听力课变得枯燥乏味,最好是将"听"和"看"相结合,能引起学生的兴趣,调动学生的积极性。

（2）没有意识到听力课的特点，缺少对听力的训练

很多老师容易将听力课上成综合课。听力课的重点应该是对听力微技能的训练，主要是提高学生的听力理解能力。从实践调查来看多数老师会将课堂重点放在生词的讲解和运用上，对生词、短语的讲解往往占据课堂很大比重的时间，尤其是中级课的语料材料出现大量生词时教师往往会利用大量时间讲解生词。例如留学生中级班《最好的老师》这一课，课文出现大量生词，教师采用英语翻译以及简单中文口语翻译的手段逐一解释生词、短语，占用了课堂大量时间。当语料生词较多时，教师课前准备可以采用多媒体讲解，直观快捷地让学生掌握生词，将更多时间用在听力训练上。

2. 学生方面存在的问题

（1）学生学习方法不得当，难以取得理想的学习效果

学习不能仅仅依靠教师的课堂教学，也应当需要学生的课前课后的配合。课前预习是需要的，但并不是让学生课前预习时把课文及听力材料都看过一遍，这样会影响到对听力技能的训练。教师应当提醒学生，课前预习时应将重点放在对生词的预习理解上，不应让学生提前学习课本知识，这样会将"听"的内容转化为"看"的内容，从而使听力技能的训练转变成阅读技能的训练。而在复习过程中，学生就可以阅读课文内容了。

（2）学生成绩提高不明显，信心容易受挫

虽然大部分学生对听力课都较为感兴趣，听力成绩也明显提高了。但依然存在一些学生，成绩提高不明显，甚至有些下滑。听力课本身的特点是难学、难教的，这意味着学生的成绩并不能在短时间内大幅提高，需要依靠大量的输入来进行听力训练才可以慢慢提高听力理解能力。很多学生不能及时调整自己的心态，会由于努力完成了听力训练内容但听力成绩依然没有提高而感到气馁，信心受挫，再加上听力课的语料本来是大量的重复输入并且是枯燥乏味的，学生对听力课的感兴趣程度就可能降低。所以教师应当及时发现这部分学生的问题，对他们的心态进行正确引导。

3. 教材方面存在的问题

（1）练习类型少，题型单一

教材的主要练习类型可以分为：听语料选择正确答案，听录音后判断与所听的是否一致、听录音选择图片。这些题型的设定，内容形式相对比较单一，缺少趣味性和实用性，具有应试倾向。主要原因是如今 HSK 考试受到留学生的普遍重视，教材编写者也将教材练习编写更为靠近 HSK 考试要求，刻意模仿 HSK 考试的题型，缺少练习题型的变化。这样虽然锻炼了学生在这几种题型上的学习能力，但也大大减少了学生的学习积极性。缺少趣味的练习容易让学生产生抵触心理。

（2）部分教材内容与实际不太吻合

由于教材的编写与实际具有一定的时效落后性，教材中的部分数据以及内容也常常会和实际有所偏颇。而教师如若在讲解时没有特意说明，学生则会接受教材的内容并且认同。教材的内容与实际生活不太相符，一方面是由于教材选用者没有意识到当今时代日新月异的发展，旧的教材对教师来说更为熟悉而不愿意进行更改。另一方面也是忽略了地区差异，不同地区的文化不同，教材中的部分文化知识只能代表了某个地区的文化

知识,而不能代表整个中国的文化,所以教师在讲解时也应适当说明,让学生对中国文化有个全面的了解。

结　语

听力课与其他几项技能课相比来说,授课程度比较难。这主要是因为"听"是被动的行为,学生被动接受大量的语料输入,使得他们缺少积极性。同时,听力语料的反复输入也是枯燥乏味的,这就让学生产生对听力的厌恶感,很多学生就开始不喜欢上听力课,听力能力也因此得不到提高。因此,了解听力课理论,发现实际听力课课堂存在的问题并提出改正意见是相当重要的。首先教师要了解听力课的本质和重点,然后才能在课堂教学中根据听力课教学目标制订相应的教学内容,来提高学生的几项听力能力。课上听力的语料信息以及练习也要有针对性,能根据不同阶段的学生在听力上遇到的各种问题进行训练,提高他们的听力理解能力。听力能力提高了,学生的汉语交际能力才可以得到提高。

参考文献

(1)专著

[1]杨惠元.汉语听力说话教学法[M].北京:北京语言文化大学出版社,1996.

[2]杨惠元.听力训练81法[M].北京:北京现代出版社,1996.

[3]李杨,陈灼.对外汉语教学课程研究[M].北京:北京语言文化大学出版社,1997.

[4]吕必松.对外汉语教学研究[M].北京:北京语言文化大学出版社,1993.

[5]李晓琪.对外汉语听力教学研究[M].北京:北京商务印书社,2006.

[6]董萃.对外汉语教学方法探索[M].沈阳:沈阳出版社,2000.

[7]徐子亮,吴仁甫.实用对外汉语教学法[M].北京:北京大学出版社,2005.

[8]张和生.对外汉语课堂教学技巧研究[M].北京:北京商务印书社,2006.

(2)期刊文章

[9]杨惠元.谈谈听力教学的四种能力训练[J].世界汉语教学,1989(1):58-63.

[10]杨惠元.中国对外汉语听力教学的发展[J].世界汉语教学,1992(4):291-295.

[11]马燕华.初级汉语水平日本留学生的汉语听力障碍[J].北京师范大学学报(社会科学版),1995(6):98-105.

[12]齐燕荣.话语分析理论与语段听力教学[J].语言教学与研究,1996(4):109-121.

[13]马燕华.初级汉语水平留学生的第三声听辨分析[J].北京师范大学学报(人文社会科学版),2000(6):110-116.

[14]李红印.汉语听力教学新论[J].南京大学学报(哲学.人文科学.社会科学版),2000(5):154-159.

[15]孟国.关于初级汉语实况听力教学的几个问题[J].暨南大学华文学院学报,2009

（3）:27-32.

（3）学位论文

［16］吴大慧.对外汉语初级听力课堂教学策略研究［D］.新疆大学,2012.

［17］张立敏.对外汉语初级听力课教学研究［D］.沈阳师范大学,2013.

［18］那飞龙.初级汉语听力教学研究［D］.沈阳师范大学,2016.

（4）外文文献

［19］COOK,G. Discourse and literature［M］. Onford:Oxford University Press,1994.

［20］MICHAEL R. Teaching and researching listening［M］. Beijing:Foreign Language Teaching and Research Press,2005.

基于认知功能教学法的对外汉语词汇教学研究

顾灿灿

摘 要:近年来随着世界汉语热的掀起,世界各地留学生来华进行汉语学习。课堂教学作为二语习得的重要阵地,教学法的研究和探讨也在不断地深入。中国传统课堂教学注重知识的传授而忽略学习者主体的认知。鉴于此本文探讨认知功能教学法在对外汉语课堂教学层面的适用性。而实践证明词汇习得是伴随一生的认知过程,丰富的词汇量尤为重要,国内外的学者们逐渐认识到词汇教学的重要性。本课题基于中高级阶段留学生的调查问卷,从词义、词语搭配、词语辨析等层面进行剖析,并结合访谈对外进一步深化。最后分别从教学者、学习者、教材三个层面对对外汉语词汇教学提出了相关建议,以期对对外汉语词汇教学的研究能有所帮助。

关键词:认知功能教学法;对外汉语;词汇教学

引 言

中国早期的对外汉语教学法走的是偏重书面语,轻口语,强调语法和翻译的路子。20世纪八九十年代,我国学者大量吸收国外的二语习得理论,使得对外汉语教学法研究进入了新阶段。近年来,随着教学实践的深入和研究,词汇教学的重要性逐渐被国内外学者所认可。国外的学者,如语言学家 David Wilkins 在 *Linguistics in Language Teaching* 一书中曾说过:"Without grammar very little can be conveyed,without vocabulary nothing can be conveyed."而国内的学者,如陆俭明先生认为:词汇教学在对外汉语教学中应属于重点教学内容。[①] 赵金铭先生认为:外国人在学习汉语过程会觉得学习汉语语法不慎管用,学习一个个词的用法才真正解决实际问题[②]。

因此本文将认知功能教学法引入到对外汉语词汇教学中,该教学法相较于传统教学法,如听说法、翻译法及基于交际的任务型教学法更注重发挥留学生的主观能动性。在介绍该教学法的理论基础和基本原则的前提下,把该教学法运用到中级和高级阶段的词汇教学中,研究其在该阶段的词语释义、搭配和辨析教学的应用。同时,设计了一些有效

---

① 陆俭明:《对外汉语教学中的语法教学》,《语言教学与研究》2000 年第 3 期,第 1—8 页。
② 赵金铭:《对外汉语教学与研究的现状与前瞻》,《中国语文》1996 年第 6 期,第 447—453 页。

语料,引导学生主动地设定语言参数,总结规则,在一定程度上缓解留学生由于知识难度增加汉语水平停滞不前的现象。最后,基于问卷和访谈的调查结果,对所发现的问题从教师、学生、教材三个主体相应地提出建议,期望能为对外汉语词汇教学带去新的活力。

一、绪论

(一)选题背景

近年来,世界汉语热的潮流吸引了众多外国学子来华学习汉语。而国内外的专家学者们也提高了对词汇教学的重视,对此的研究也是层出不穷。但受传统重语法、轻词汇,多灌输、少理解的教学模式影响,以学生为主体,缺少深入认知,进而影响习得深度。语言作为人类的交际工具是其最本质的社会功能①,因此本文把基于转换生成语言学和功能主义语言学理论基础的认知功能教学法引入对外汉语词汇教学中,引导学生主动地认知和掌握词汇知识。

(二)研究内容与意义

本文的研究内容主要是认知功能教学法在中、高级阶段对外汉语词汇教学中的运用,并对词汇教和学中存在的问题提出相应的解决措施。

此外,可从以下两个层面概述本课题的研究意义:从理论意义的层面,认知功能教学法是目前我国比较完整的教学法体系,而基于此教学法的对外汉语词汇教学,主张引导学生发挥认知的作用,而非灌输式教学。另外,此研究可以激发对认知功能教学法或汉语词汇教学深层次、多角度的思考。除此之外,本文还会结合认知心理学、认知语言学、第二语言习得、对外汉语词汇教学等方面的理论,对实证研究所分析出的问题提出相对科学、有建设性的建议。其次,从实践意义的角度来看,认知功能教学法主张以学生为中心,引导学生主动认知语言规则,符合当下对外汉语教学和语言研究的需要。通过研究,笔者期望在一定程度上让人们对认知功能教学法树立一个客观、正确的认识,提高对该教学法的重视,推进对外汉语教学事业和教学方法的发展。

二、认知功能教学法

随着对生成语言学和功能语言学的深入研究,认知功能教学法被纳入到了对外汉语课堂中。邵菁和金立鑫学者在其所撰《认知功能教学法》一书中对该法进行了系统性的探讨。该教学法是一种新型外语教学法,结合了生成语言学和功能语言学的语言观,并

---

① 刘珣:《对外汉语教育学引论》,北京语言大学出版社 2000 年版,第 69 页。

且进行了新的探索和研究。

(一)认知功能教学法的理论基础

近50年来,转换生成语言学和功能主义语言学理论在世界上影响广远,认知功能教学法就是在此基础之上建立的。生成语言学的语言观主张:语言是一种潜在的能力,它包括人类与生俱来的"原则系统";还包括人能够根据有限的语言材料设定参数的能力,即语言的"规则系统"。[①] 第二语言教学的任务就是在学习者"原则系统"的基础上建立一套"规则系统",且这一系统的建立是基于认知的基础,学习的过程就是人类特有的认知过程。所以在教学上,教师应以学生为中心,引导学生主动地在有效语料的基础上认知目的语规则。认知功能教学法吸收了这一长处。而功能主义语言学的语言观是:语言是人类社会符号系统中的一个子系统,人们使用语言必须服从于特定交际目的、交际环境等因素。该理论认为学语言不是为了掌握这种语言的正确结构,而是为了训练学生在特定的情景中选择恰当的语言形式。[②]

认知功能教学法基于两者之长,弥补不足。其中的"功能"不再只是强调交际的功能,同时也提高了对语言结构的正确性的重视度,让学生能够真正掌握语言规则。另外,认知功能教学法在教学内容上增添了功能法未提及的篇章教学,帮助学生提高语篇能力。

(二)认知功能教学法的基本原则

认知功能教学法避免了以往功能法不以结构难易安排教学,导致学生无法掌握不符合自己水平的语言结构的缺陷;又避免了教一些没有交际意义的语言结构以致增加学生的学习负担。以下我们简单介绍下认知功能教学法的基本原则[③]。

1. 教学以学生为中心,倡导学生主动学习

认知功能教学法不主张灌输式教学,而是以学生为主体,主张引导学生主动学习。

2. 教师为学生提供有效语料,引导学生认知语言规则

有效语料的提供使学生更易于总结语言规律。另外,为了使学生较好地认知语言规则,认知功能教学法主张教师或教材应对语料进行功能处理,具体表现在以下三方面:其一是把语料放入一定的语境或给语料提供一定的情景;其二是赋予结构或语法规则交际的价值[④];最后除了准备好有效语料之外,还需教师能根据具体的课堂情境、学生的反应对语料的数量进行适时的调整。

3. 输入过程的认知化

认知功能教学法主张把"粗调"和"微调"结合起来,把有意识的课堂教学和课后在

---

① 邵菁、金立鑫:《认知功能教学法》,北京语言大学出版社2007年版,第17页。
② 同上书,第18—19页。
③ 同上书,第31—32页。
④ 同上书,第25—26页。

潜移默化中的学习结合起来。另外教师可提供相似语言背景的语料以帮助学生主动进入认知状态，促进学生在输入的过程中尽早总结出语言规律。

4.教学中贯彻对比和归纳的方法

认知功能教学法主张教师提供给学生的有效语料必须具有可对比性，便于引导学生认知语料之间的差别，更好地归纳语言规则，从而促使他们在学习或生活中能够准确地学以致用。

三、认知功能教学法在中、高级阶段词汇教学中的运用（实证研究）

（一）浙江越秀外国语学院①留学生和越南岘港外国语大学学生基本情况调查

1.调查对象

本次问卷调查的对象分别来自越秀的留学生和越南岘港外国语大学的汉语专业的大四学生（该调查由一名在越南执教的汉语老师帮助完成）。调查共发放问卷130份，回收123份，回收率为95%，其中有效问卷123份，有效率为100%。接受问卷调查的123位留学生有46位来自越南，39位来自韩国，16位来自日本，9位来自也门，此外还有9位学生分别来自约旦、印度尼西亚、孟加拉国、阿富汗、印度、黎巴嫩、泰国这些国家（见图6-1），还有4位学生未填国籍。这些学生的年龄主要是在19岁到26岁之间，只有3位学生年龄在30岁以上，分别是30,31,35岁。其中男生40名，女生76名，另有7名学生未填性别。在这些留学生中有的留学生在自己国家就学过汉语，比如越南学生因为喜欢汉语所以在大学时他们选择了汉语专业，但也有学生没有学过（见图6-2）。

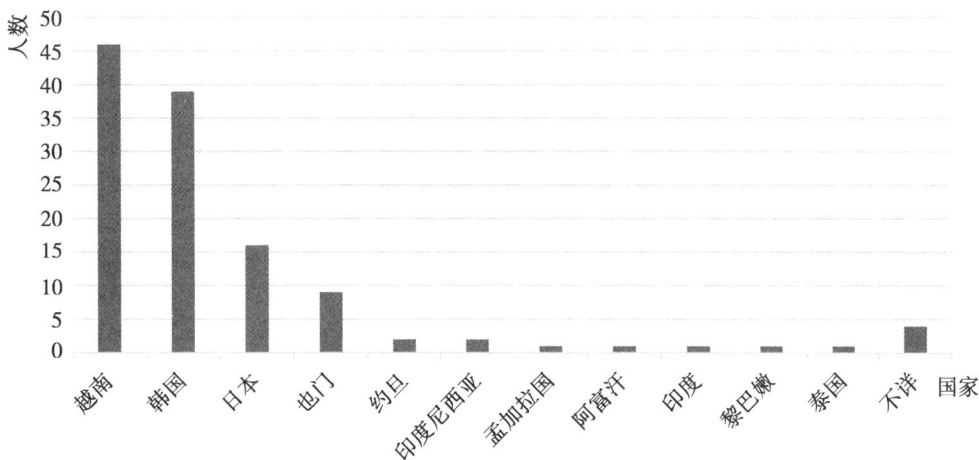

图6-1　越秀留学生和越地岘港外国语大学学生国籍分布图

---

① 浙江越秀外国语学院，以下简称越秀

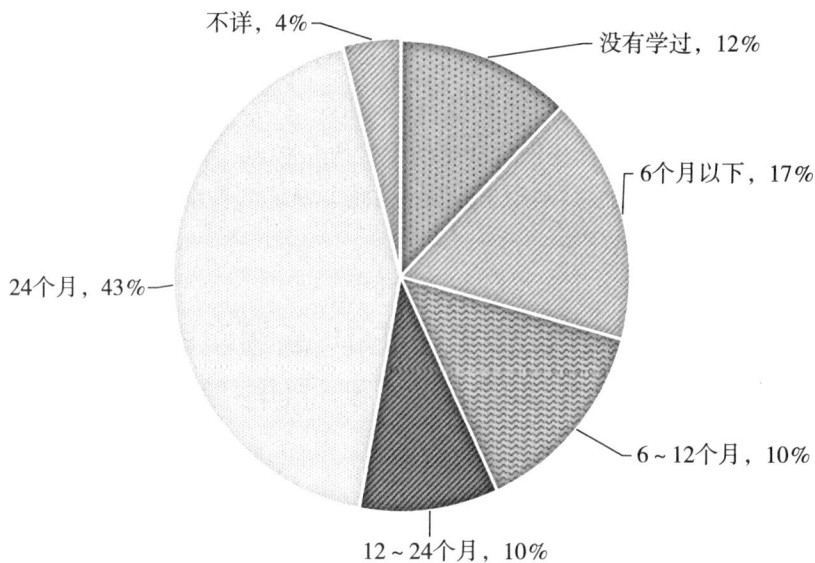

图6-2　留学生在自己国家学习汉语的时间分布

2.留学生的基本情况

调查结果显示,有71%的学生在中国学习汉语的时间不足6个月,26%的学生多于6个月(见图6-3)。且他们的性格多数属于混合型,少数属于内向或者是外向的(见图6-4)。另外,接受调查的46名越南学生的汉语水平都属于高级水平,而在越秀就读的留学生中有46名学生就读于初级班,24名学生就读于中级班,7名学生就读于高级班。经过调查发现52%的学生参加过HSK考试,并获得了相应的等级:1级到6级之间,另外还有47%的学生不详(见图6-5)。

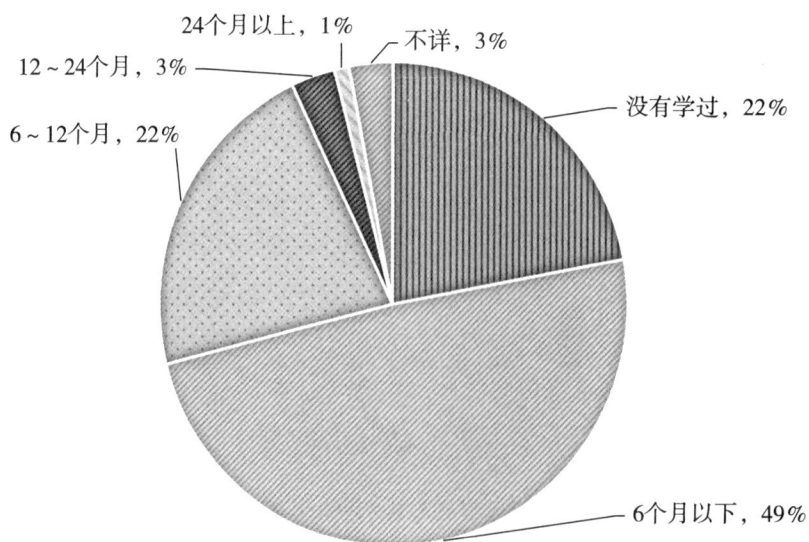

图6-3　留学生在中国学习汉语的时间统计

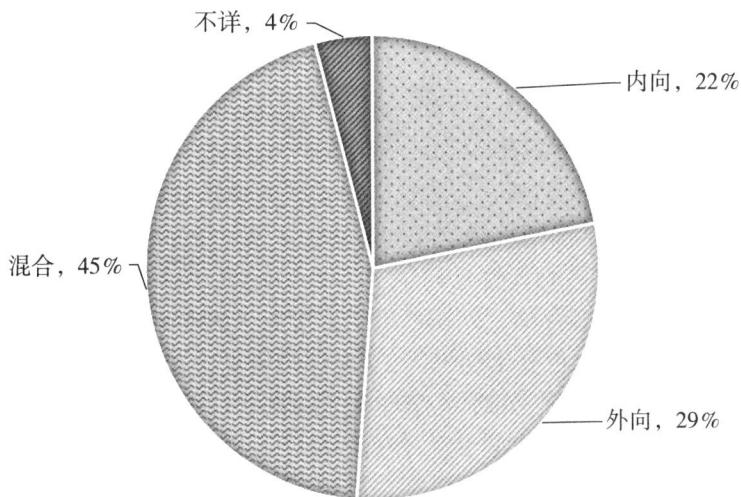

图6-4　留学生性格类型统计

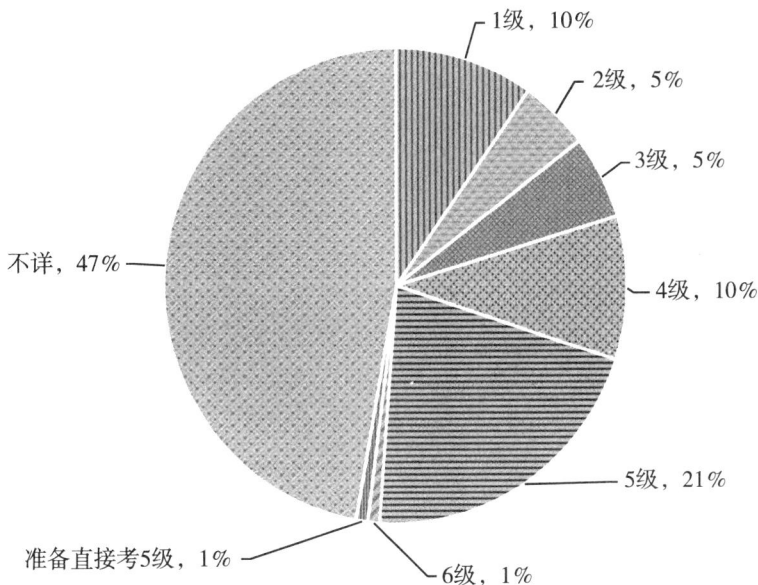

图6-5　留学生 HSK 等级统计

(二)认知功能教学法与中、高级阶段的词汇释义

中高级阶段的留学生经过初级阶段的学习,具备了一定量的词汇基础,已经形成一定规模属于自己的心理词典。在不同的情境下,他们可以提取出头脑中的词汇来应答。要使学生能够提取出恰当的词汇,在教学中教师可以采用多种方式阐释词义,促进学生对词义的理解。而认知功能教学法在该方面的作用较为突出。因此,笔者选取了之前对

中、高级水平留学生词汇学习情况的问卷调查结果，分析认知功能教学法在中、高级阶段的词汇教学的运用。接受问卷调查的 77 位中、高级阶段的留学生有 46 位来自越南，21 位自韩国，8 位来自日本，1 位来自印度尼西亚，还有 1 位学生未填国籍。

1. 词义认知构建的程度和导入

图 6-6 中的数字表示人数所占百分比。根据问卷调查我们发现教师课堂教学方法的使用情况为：总是或经常采用直接翻译的方法的人数共 57 人，所占百分比为 74%；有时采用直接翻译的方式的教师人数为 13 人，所占百分比为 17%；偶尔采用直接翻译的教师人数为 5 人，所占百分比为 6%；而从不采用直接翻译的教师人数为 2 人，分别为印度尼西亚和越南的学生，所占百分比仅 3%。从统计图可见，在汉语教学的课堂上，大部分在汉字文化圈的汉语教师都是采取传统教学法，引导词义的认知构建相对薄弱。如很多教师会先采用带读法来纠正学生的发音；然后再采用翻译法来释义，最后让学生操练，用所学的生词造句。只有少数一部分非汉字文化圈的教师从不使用传统的教学法（详见图6-6）。

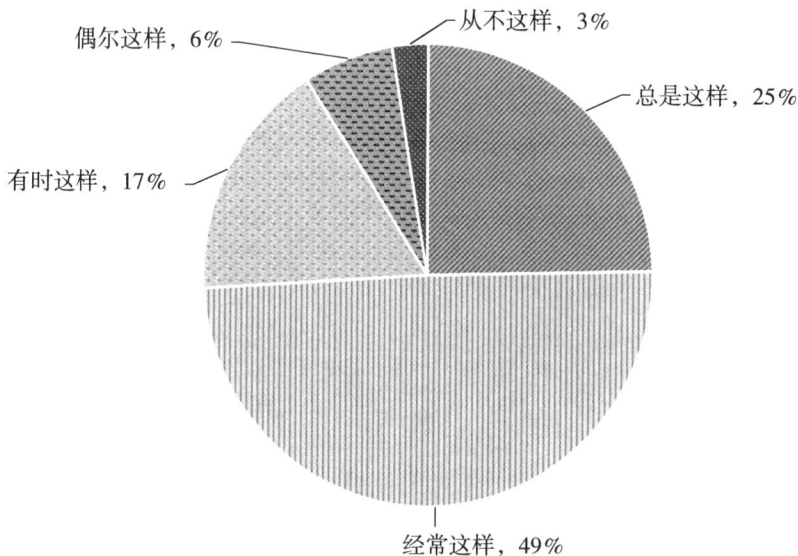

图 6-6　教师采取直接翻译的方式教词汇情况统计

据调查，如今留学生使用的课本，很多都是注有翻译的。这样看似有助于帮助学生理解词义，但由于各国语言之间不完全对应的关系，实际上学生对词义理解的精确性是有待考证的。因此教师就可以帮助学生建立词汇语义场：如英国的"uncle"一词可以指代叔叔、伯父、舅父、姑父、姨夫等人，但是这些人在中国却有着各自的称呼，不能统一用一个称呼所代替。另外，教材编排和释义的准确性也很重要。不同教材的生词翻译者对同一个词汇的翻译不一定完全相同，因此当学生看到多种翻译时就会混淆。此外，词汇翻译者不一定是教材的编撰者，词语在教材中的具体指代翻译者也许并不清楚，而词汇在不同情境下所表达的意义也不尽相同，因此也许会给出很多义项，给学生增加了负担。

这些都不利于学习者词汇的认知与习得。

　　图6-7中的数字表示人数所占百分比。总是带读纠音的教师人数占了调查总人数的44%;经常带读纠音的教师人数所占百分比为37%;而有时和偶尔带读纠音的教师人数,所占百分比分别为18%和1%,其中偶尔带读纠音的为越南HSK5级的女学生。从图中可知有81%的教师会常采取传统的教学法,如听说法、翻译法等。这些教学法与认知功能教学法是相冲突的,它们主张灌输式教学,以教师为中心,如教师在学生回答问题的过程中经常纠音会打断学生的思路,影响学生主动认知,教师着重的是音型而忽视了理解意义(详见图6-7)。

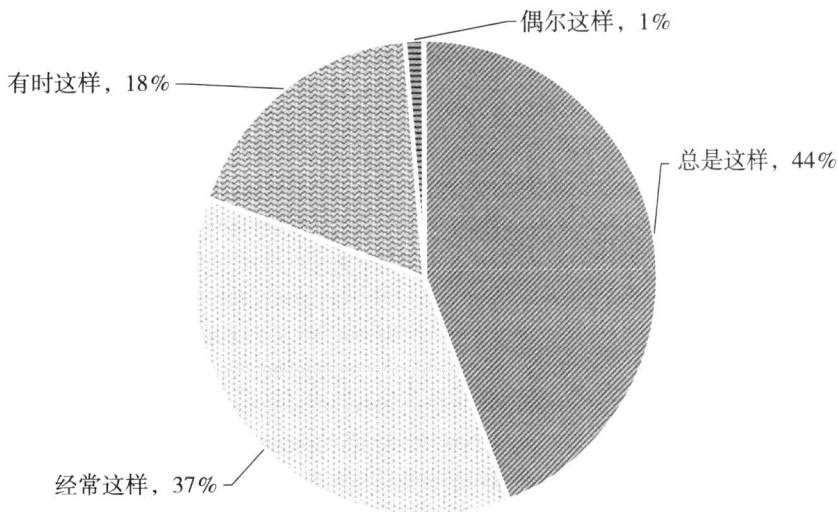

图6-7　教师带读纠正学生发音情况统计

　　如图6-8所示,总是习惯中国老师的教学模式的学生,占总人数的16%;经常习惯中国老师的教学模式的人数最多,占47%;有时习惯的学生占32%;偶尔习惯的学生占4%;其中只有1名来自印度尼西亚的学生是从不习惯中国教师的教学模式的。据调查可知,大部分学生是较适应中国老师的课堂教学方式的,这就调查分析结果相悖。经笔者研究发现,由于本次接受调查的中、高级阶段留学生来自越南、韩国、日本等国家,只有1名学生来自印度尼西亚,样本范围较小,且越南、韩国、日本等国家是属于汉字文化圈内的,故教学模式相对接近,所以学生来我国学习都表示出较适应。而印度尼西亚是属于东南亚国家,其教学模式与我国差异大所以该名学生才会不适应。因此,教师在今后的教学中应有所转变,以学生为教学主体,引导学生发挥主观能动性,主动认知词汇规则(详见图6-8)。

　　图6-9是留学生会根据学过的字词对生词进行推测情况的统计。从图中可以看出,总是和经常这样做的人达到了56%,表示中、高级阶段的部分留学生已经具备了一定的主动认知能力;但是也有44%的学生并不经常这么做,表明学生对词义的理解和认知都不够深,还不具备主动认知的能力。因此教师可以采用语素教学法、引导学生建立词汇语义场以及让学生发挥主观能动性运用适当的学习策略等方式促进学生提高认知深度。

认知功能教学法就是提倡学生通过主动分析语素来推测词义。汉语中有大量的合成词且大多都是有根据的，一旦学生掌握了分析语素的方法，就能运用认知来理解词语。而这种理解的方式能为学习者日后准确地运用词汇奠定基础，还能帮助学生在面对包含一个或多个已学语素的生词时，通过联想大致猜出词义（详见图6-9）。

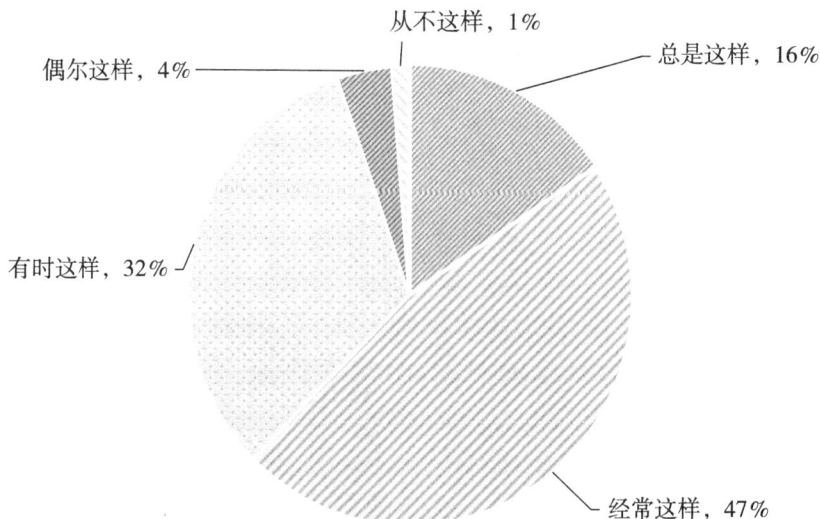

图6-8　留学生是否习惯中国老师的课堂教学模式

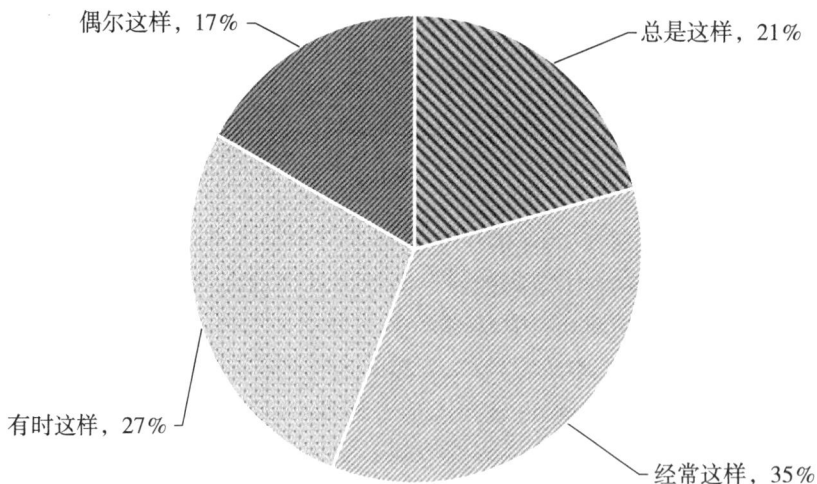

图6-9　留学生会根据学过的字词对生词进行推测情况统计

例如，学生在学习"本子""桌子""房子"以后，教师就可以利用汉语词汇的构词方法指出这里的"子"表示的是名词后缀，是虚语素。而"本、桌、房"等都是实语素，也就是词根，两者结合就构成了新词，这就是利用派生法来构词的。进而可以引导学生进行类推：筷子、肚子、被子、饺子等。

据图 6-10 所示,总是会把生词分成几个部分来记忆的学生占 12%,如把"轮船"这类由两个词根构成的合成词分成"轮"和"船"这两个语素来理解和记忆。而经常会把词分成几个部分的学生占 27%;有时会把生词分成几个部分来记忆的学生最多,占总人数的 40%;偶尔会运用此策略的学生占 12%;其中有 7 人从未运用过此策略,分别是日本学生 3 名,越南学生 4 名,占总人数的 9%。因此可见,学生的认知程度和习得深度还不够深,还不具备能够较好地认知和运用语言规则的能力(详见图 6-10)。

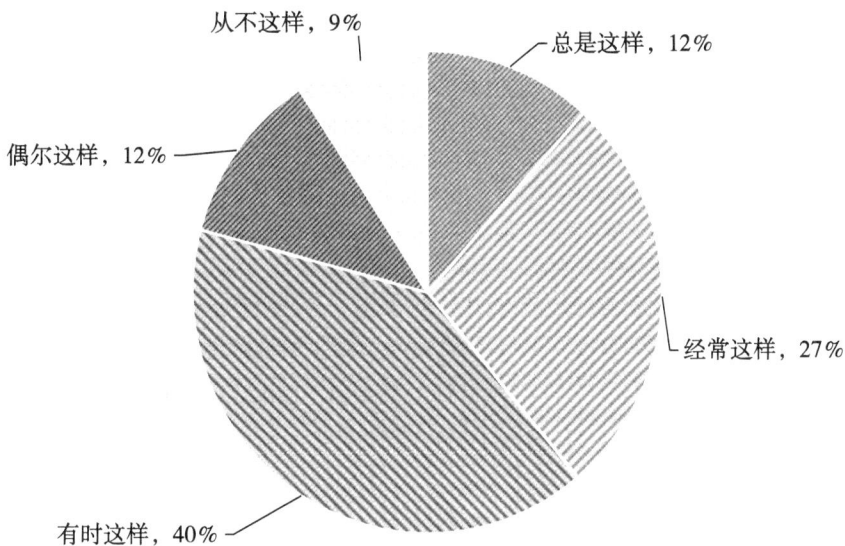

图 6-10　留学生会把生词分成几个部分来理解情况统计

综上可知,教师通过引导学生主动认知,促使学生在理解的基础上有效地记忆词汇,提高汉语水平。

2. 词义认知构建的语境创设

在中、高级阶段,留学生大约掌握了 2000 到 3000 的词汇,这个阶段是学生扩大词汇量的瓶颈期。学生在交际中会回避新学的复杂词语,往往会用基础词汇代替复杂词语。因此,教师应提供更多的机会促使学生使用复杂的词语,而这个机会可以通过提供恰当的语境来实现。教师可以让学生在提供的语境中用新学的词语造句,或者可以让学生根据实际语境来深入领会词的词汇意义和语法意义,或者可以模拟一个生活场景,让学生运用所学的新词编写短对话。在本次的调查中,笔者发现在越秀和越南岘港外国语大学也有不少老师会使用创造语境的方法。

从图 6-11 可知,我们可以看出共有 64% 的教师总是或经常使用创设情境的方法让学生运用生词;有 19 名教师有时会创设情境,占总人数的 25%;七名教师偶尔会创设语境,占总人数的 9%;只有 2 名在越南任教的汉语教师从未使用过创设情境让学生运用生词的方法。据调查可见,有大约一半教师会对提供给学生的语料进行功能处理,让学生学以致用,引导学生主动认知语言规则,但还有不到 50% 的教师还是缺乏发挥学生主观能动性的意识(详见图 6-11)。

从不这样，2%

偶尔这样，9%

总是这样，21%

有时这样，25%

经常这样，43%

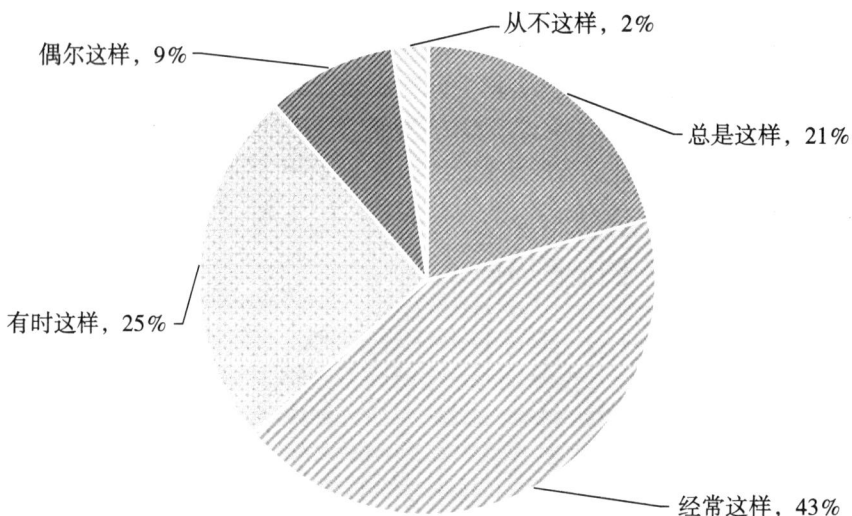

图6-11　教师创设情境让学生运用生词的情况统计

图6-12中的数字表示人数所占百分比。从图中可知,总是利用语境来讲解生词的教师,占总人数的34%;经常在语境中讲解生词的教师,占总人数的48%;有时会在语境中讲解生词的教师,所占百分比为15%;只有2名教师偶尔在语境中讲解生词,均来自韩国女生的调查问卷。根据问卷调查可知,有82%的教师都利用语境来促进学生认知,可见目前在对外汉语课堂教学上,教师在教学法上有所转变,开始着重学生认知的主体性。而认知功能教学法就是主张把语料放入一定的语境中进行讲解,此举既可以让学生复习旧义项,还可以促进学生主动认知,深入理解词义(详见图6-12)。

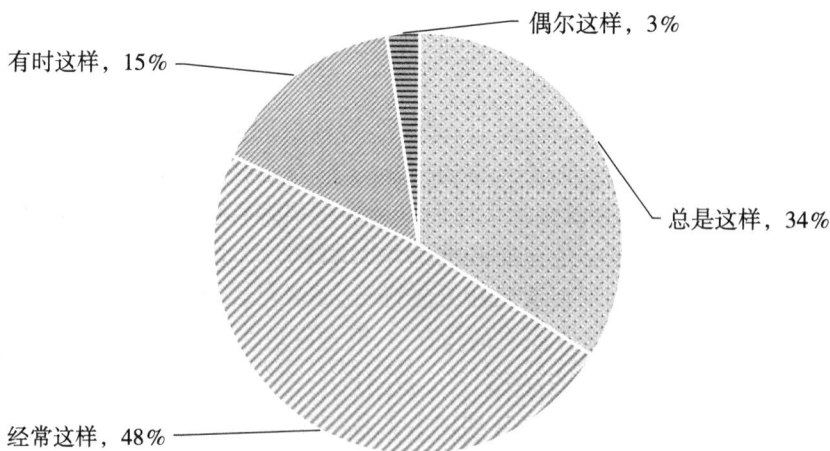

偶尔这样，3%

有时这样，15%

总是这样，34%

经常这样，48%

图6-12　教师会在语境中讲解生词的情况统计

留学生在初级阶段已经掌握了不少词语,但是他们所学的大多是词汇最根本的义项。在中、高级阶段,由于课本中不可能再把以往学过的词语列在生词表里,所以介绍旧词的新义项的任务往往是由教师进行。而在课文语境中对课文中出现的旧词的新义项进行说明就是一个不错的选择,比如"深信"一词是中级阶段的一个生词,其中"深"这个字学生在初级阶段已经学习过它的基本义项:深度。而此时的"深"字和"信"字搭配后,在此语境下"深"的意思是"很、非常",是"深"的一个新义项。长此以往,不断积累,逐步深化对词汇的认知。

图 6-13 的数字表示人数所占百分比。总能将所学的词汇在生活中运用的学生占总人数的 26%;而经常能或有时能将教材中所学的词汇在生活中运用的学生人数相同,均占总人数的 34%;其中有 5 名学生偶尔能将教材中的词汇在生活中运用,占总人数的 6%。据调查来华学汉语的留学生大多是成年人,有的是交换生,有的是商人,他们学汉语多是为了交际。但是从图中可以看出课本中词汇的有效性还有待提高,因此教材编写者在编写教材词汇时应注重实用性、适当性和针对性(详见图 6-13)。

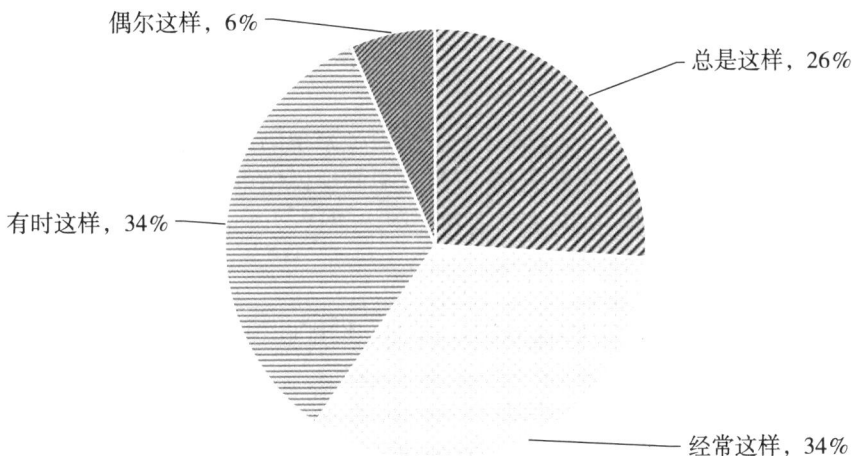

图 6-13　学生所学词汇在日常生活中的运用情况统计

从图 6-14 可知,学生在利用语境来理解词义这一点上掌握得比较好,经常会联系上下文来猜测词义的学生,占总人数的 44%;总是会运用此策略的学生,占 17%;而有时和偶尔会通过联系上下文语境猜测生词的学生分别占总人数的 31% 和 7%;其中只有越南高级班的 1 名学生从未通过上下文语境来猜测词语意思,联系调查分析可知由于部分越南教师从未使用过创设语境运用生词的方法,因此会影响学生的认知程度(详见图 6-14)。

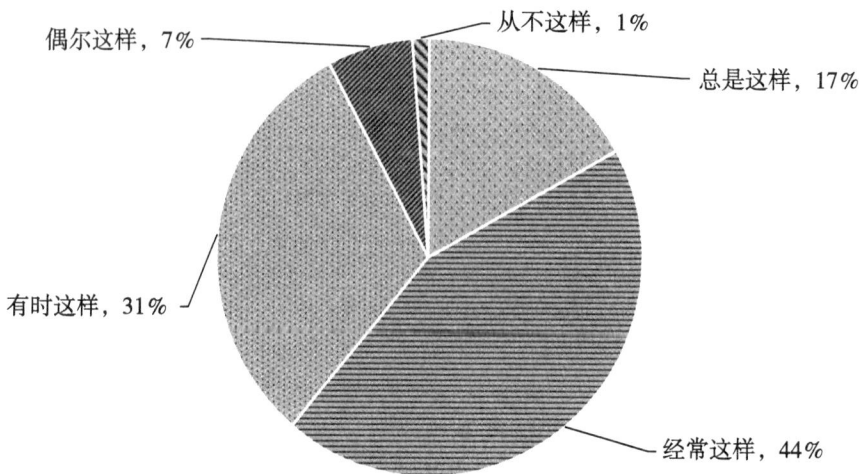

图 6-14　学生会通过上下文语境猜测词语意思的情况统计

认知功能教学法提倡学生通过联系上下文语境来猜测词语的意思。比如:可以设计这样一段话:我没有勇气和中国人交流,因为我担心会说错中文。但是父亲激励我,叫我要有勇气。因此我放下顾虑,鼓起勇气去和中国人说话。以此引导学生通过上下文语境来猜测"勇气"一词的意思。

(三)认知功能教学法与中、高级阶段的词汇搭配和辨析

1.词汇搭配教学

词汇释义除了可以在语境中进行,还可与搭配相结合。认知功能教学法主张学生把生词放到不同的构造和固定的搭配中,从而掌握词汇在不同结构下语义认知上的意义。比如动宾短语中:吃水果,喝饮料,嚼棒棒糖,啃鸡腿,嗑瓜子等,这些短语中的动词都有把东西送进口中咽下的意思,在英语中这些动词都可以用动词 eat 代替,但在汉语中动词和宾语有固定搭配,不能随意替换。

从图 6-15 可知,总是和经常比较不同词的构造和搭配的教师合起来占总人数的百分之 63%;36% 的教师使用的频率较少;只有 1 位在越南任教的汉语教师从未比较过词的构造和搭配。由此可见较多教师在教学方法上还是偏向传统,故教师应该加强词汇的搭配和用法的教学,多着重学生认知的主体性(详见图 6-15)。

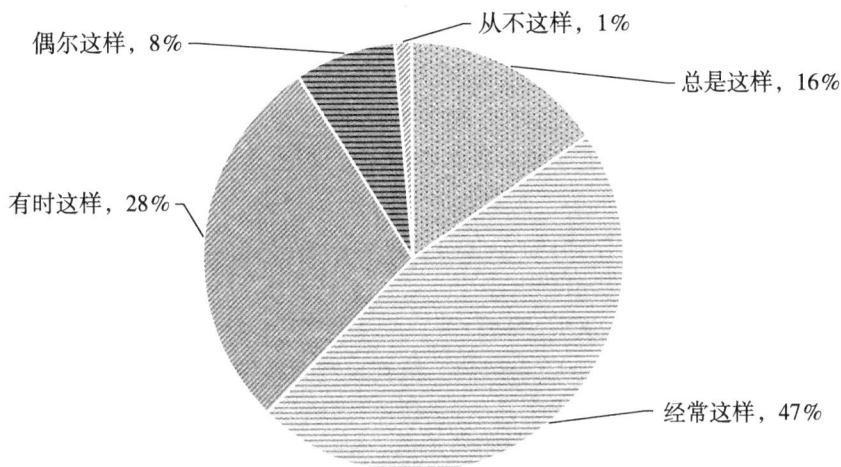

图6-15 教师会在课堂中比较不同的词的构造和搭配情况统计

　　留学生在量词的使用上常出现偏误,虽然中高级阶段的留学生在初级阶段时对量词有过学习,已经知道了不同名词前应该搭配不同的量词。但是由于受到母语语用规则的干扰,学生还是会不可避免地出现搭配错误。因此,贯彻认知功能教学法就对教师的知识素养、备课能力等提出了更高的要求,要求教师应该具备给学生提供有效语料的能力,以及要善于引导学生认知词汇的搭配规则。

　　例如,在讲解量词"只、头、条、匹"时,教师给学生提供以下四组语料:

①一只鸟　　　一只虫子　　　一只狗　　　一只老虎
②一头牛　　　一头猪　　　一头大象　　　一头老虎
③一条鱼　　　一条龙　　　一条蛇　　　一条狼
④一匹马　　　一匹狼　　　一匹雏　　　一匹骆驼

　　首先,教师要让学生明确以上的量词指代的是动物的数量,同时出示动物的图片,引导学生观察动物的体型,学生不难发现语言规则:①"只"字指代的范围较广,大的、小的、飞的、爬的等大部分动物都可以用。然后教师通过引导学生关注动物的体型来分析②和③,学生便较易发现,第二组中的"头"一般用于体型比较大的动物,而"条"一般用于体型比较细长的动物:如鱼、蛇等。而在④中,学生通过看图片可意会但无法用语言说出规则,这时教师加以帮助告诉同学们:"匹"字在平时的生活中用得不多,特别要注意的是"一匹马"是一个固定的搭配,马只能用"匹"来搭配。这样呈现多个量词,通过对比让学生主动认知语言规则的方法会比单独讲解量词的效果好很多。

　　2. 基于功能法的词汇辨析教学

　　中、高级阶段的留学生随着词汇掌握的越来越多,许多意义相近的词在使用时会产生混淆。因此明辨近义词的差异之处至关重要,这样才能有效地帮助汉语二语学习者准确而全面地辨析近义词。

　　在传统的辨析近义词的方法中还需改进的地方有:①大多以意义辨析为主,结构与语用方面的辨析很少。②近义词之间的区别大多都是由教师传授给学生的,学生缺乏主动性。未经内化的知识很难在大脑中长期保留。

而认知功能教学法能在一定程度上弥补以上所提的两点缺陷。该法主张利用功能法,将近义词放入一定的语境中,引导学生发挥主观能动性,让学生在比较中自觉辨析近义词的差异。最后教师把语言规则系统地给学生梳理一遍,加强学生对知识系统性的掌握。

例如,副词:"本来"和"原来",翻译成英文都是 originally,教师难以从单纯的语义方面让学生明了词汇之间的差异,但如若借助一定的语境对词汇进行分析,将促进学生的判辨。教师可以提供以下语料给学生:

①A:小红,我借你的书你看完了吗?
　B:看完了,这本书本来昨天就该还你,拖到现在,真不好意思。
②A:小明,你的书我现在看完了还给你,谢谢!
　B:原来在你这儿呀,我还以为不见了呢。
③A:看来这孩子还真的不懂事。
　B:本来嘛,一个小孩,懂什么事。
④A:看来这孩子还真的不懂事。
　B:原来,这孩子挺懂事的,可是最近不知道怎么了,他变得越来越不懂事了。
⑤他原来姓顾,后来才改姓雷的。
　他本来姓顾,后来才改姓雷的。
⑥本来这里有很多树,现在都砍掉了。
　原来这里有很多树,现在都砍掉了。

教师可以引导学生把①和②、③和④、⑤和⑥分别对照起来去探索"本来"和"原来"这两个词的差异,有困难的地方教师在旁适当作一些说明,这样学生就能够较容易地理解语言规则:首先,对比①和②可知,在①中的"本来"想要表达的是这本书按道理昨天就应该还给说话者 A,而②中的"原来"表示的是说话者 B 并不知道书被说话者 A 拿走了,通过说话者 A 说的话她才知道:书不是不见了,而是被 A 拿走了。所以此时的"原来"表示的是某人知晓了以前不知道的事。而经过前面的分析,学生就能够很快发现③中的"本来"表示的是按道理就应该这样。然后再把③和④结合起来就会发现此时④中的"原来"指的是在以前的某个时期,孩子是挺乖的,但是现在情况已经不同了。接着学生通过对比⑤和⑥,就可以发现当表示"以前某个时期,现在情况已经不那样了"的时候,"本来"和"原来"可以替换。当学生大致总结和概括出来语言规则时,教师可以运用图表的形式再帮助学生把"本来"和"原来"这一近义词的差异进行总结梳理,促进学生牢固掌握知识(见表6-1)。

表6-1　"原来"和"本来"的差异

原来	本来
以前某个时期,现在情况已经不那样了。(如④、⑤、⑥)	√
×	按道理就应该这样。(如①、③)
知晓以前不知道的情况或突然理解了某事。(如②)	×

又如,学生在使用能愿动词:能、会、可能、可以、愿意、应该、肯等时容易混淆。① 以"愿意"和"肯"为例,教师可给学生提供以下语料,比如:

①A:你愿意帮我这个忙吗?

　B:非常愿意。

②A:他肯帮我这个忙吗?

　B:肯。

③在没有事情做的时候,我愿意一个人待在家里。

④他本来不去的,小亮和他说了半天好话,他才肯去。

⑤在工作中,她肯吃苦,所以她学到了很多。

纵观材料,学生容易发现:"愿意"和"肯"表示的都是一个人对做某事的态度。教师引导学生先分析①,多数学生可以通过"非常"这个程度副词发现答话的人很乐意帮助提问的人,从而得知"愿意"是用来表示一个人心里的感觉,即内心是否高兴去做某件事。然后教师再引导学生比较②和④,②是说"我"请他帮忙,他同意了,但是这时不能说"非常肯"。而④中说的是通过小亮的请求,"他"原本不想去但还是去了。由此学生在对比中就能够发现"肯"表示在别人的要求下接受去做某件事,而且他的前面不能有程度副词。随后,教师再引导学生思考⑤中的"肯"字用来表示什么? 同学们很快就会发现在该句中的"肯"字前有程度副词"很",肯定会心存疑惑。这时教师再帮助学生解答疑问,说明"肯"可在两种情况下使用:一种是某人并不愿意做某事,但在别人的要求下还是做了;第二种就是用来表示一个人主观上愿意付出,此时前面可以有程度副词。最后教师再引导学生们思考当第二种情况时,"肯"能否和"愿意"相替换,此时学生能够自己发现在第二种情况时是可以替换的。

通过以上的例子,我们可以知道运用认知功能教学法的词汇辨析教学需要教师有着较高的专业素养,能够搜寻有效且充足的语料给学生。而学生是主动地去总结语言规律的,所以会加深对词汇的认知。由此可知,认知功能教学法对词汇教学是有益的。

(四)访谈情况

本次调查除了向留学生发放问卷,笔者还采访了6位留学生教师,由于被访者和笔者不处于同一个地区,所以笔者通过语音通话以及电子邮件的方式对被访者进行采访。以下就是六则访谈的个案记录:(下面的 A 为本文作者,B 为接受访谈的留学生教师)。

个案一

留学生教师1:黄清青老师　　所在学校:早安汉语中文培训学校

所教授年段:各个级别　　教授课型:综合课

访谈内容:

A:您之前是否对认知功能教学法的相关理论有了解,并在课堂中进行过实践?

---

① 黄伯荣、廖序东:《现代汉语.下册》,高等教育出版社1991年版,第11页。

B:是的。

A:您觉得认知功能教学法相对于传统的听说法、翻译法等教学法,有哪些优势?

B:此教学法它强调发挥学生自主学习能力,培养出来的学生有较为良好的交际能力。

A:对于汉语课堂教学(或词汇教学),您一般采用什么样的教学法?

B:对于重难点词汇,注重语义和语用结合,教会学生意义,让其明白词使用的对象和语境。

A:您觉得对于外籍学生而言词汇学习最困难的地方是哪里?

B:初级阶段的学生最困难的地方是发音与词汇量。中、高级阶段的学生最困难的地方是虚词或部分近义词的理解、使用。

A:您认为词汇教学在汉语课堂教学中是处于一个什么样的地位?

B:处于基础地位,因为学生只有掌握一定的词汇量才能有所精进。

个案二

留学生教师2:张佳慧老师　　所在学校:早安汉语中文培训学校

所教授年段:《我的汉语教室》初级三

教授课型:综合课、口语课、HSK、HSKK

访谈内容:

A:您之前是否对认知功能教学法的相关理论有了解,并在课堂中进行过实践?

B:是的,实践过。

A:您觉得认知功能教学法相对于传统的听说法、翻译法等教学法,有哪些优势?

B:此教学法是启发式教学,趣味性强,有助于培养汉语思维。

A:对于汉语课堂教学(或词汇教学),您一般采用什么样的教学法?

B:①实物、图片展示法;②翻译法;③语境法。

A:您觉得对于外籍学生而言词汇学习最困难的地方是哪里?

B:①多数虚词:如介词、助词等;②少数实词:如副词、量词等。

A:您认为词汇教学在汉语课堂教学中是处于一个什么样的地位?

B:处于基础地位。

个案三

留学生教师3:张丹老师　　所在学校:早安汉语中文培训学校

所教授年段:各个级别　　教授课型:综合课

访谈内容:

A:您之前是否对认知功能教学法的相关理论有了解,并在课堂中进行过实践?

B:是的。

A:您觉得认知功能教学法相对于传统的听说法、翻译法等教学法,有哪些优势?

B:此教学法侧重于语言的功能教学,交际性较强,倡导学生用语言完成一定的交际目标,重视发挥学生的主观能动性。

A:对于汉语课堂教学(或词汇教学),您一般采用什么样的教学法?

B:一般我会结合音、形、义来教学。在帮助学生理解意义之后,重点通过给出例句、情境等方法,告诉学生生词的用法和功能,即怎么用,在什么情况下用。

A:您觉得对于外籍学生而言词汇学习最困难的地方是哪里?

B:在中、高级阶段的学生对虚词和部分语气副词的理解比较有难度。

A:您认为词汇教学在汉语课堂教学中是处于一个什么样的地位?

B:处于基础的、重要的地位,是贯穿于对外汉语教学始终的。

个案四

留学生教师4:刘丹老师　　所在学校:早安汉语中文培训学校

所教授年段:各个年段　　教授课型:综合课、汉字课、听说课

访谈内容:

A:您之前是否对认知功能教学法的相关理论有了解,并在课堂中进行过实践?

B:是的。

A:您觉得认知功能教学法相对于传统的听说法、翻译法等教学法,有哪些优势?

B:此教学法更侧重于语言知识的实际应用,及关注交际中的语文功能的表达。

A:对于汉语课堂教学(或词汇教学),您一般采用什么样的教学法?

B:采取语法翻译法,图片法,动作演示法,直接法,语素拓展法等。

A:您觉得对于外籍学生而言词汇学习最困难的地方是哪里?

B:初级阶段的留学生最困难的是发音、汉字;中级阶段的学生最困难的是近义词的辨析;高级阶段的学生最困难的是对于更加专业、书面的词的掌握。

A:您认为词汇教学在汉语课堂教学中是处于一个什么样的地位?

B:无论是初、中、高级,在各阶段词汇教学均处于非常重要的地位,词汇不仅包括词,还包括短语、熟语、惯用语等,非常关键。

个案五

留学生教师5:林君君老师　　所在学校:浙江越秀外国语学院

所教授年段:中二　　教授课型:古诗课

访谈内容:

A:您之前是否对认知功能教学法的相关理论有了解,并在课堂中进行过实践?

B:否。

A:您觉得认知功能教学法相对于传统的听说法、翻译法等教学法,有哪些优势?

B:不了解

A:对于汉语课堂教学(或词汇教学),您一般采用什么样的教学法?

B:翻译法、视听法或功能法。

A:您觉得对于外籍学生而言词汇学习最困难的地方是哪里?

B:我教的是《中华经典古诗词》,与一般综合课上教授词汇有所不同。在我的课上,我觉得古今异义词的学习对他们而言是最困难的。如在学习《赠汪伦》时,"忽闻岸上踏

歌声"的"闻"。

A:您认为词汇教学在汉语课堂教学中是处于一个什么样的地位?

B:非常重要的地位。

个案六

留学生教师6:静静老师　　所在学校:越南岘港外国语大学

所教授年段:高级　　　　教授课型:口语课

访谈内容:

A:您之前是否对认知功能教学法的相关理论有了解,并在课堂中进行过实践?

B:是的。

A:您觉得认知功能教学法相对于传统的听说法、翻译法等教学法,有哪些优势?

B:此教学法更侧重于发挥学生的主观能动性,让学生自觉地发现、总结语言规则。

A:对于汉语课堂教学(或词汇教学),您一般采用什么样的教学法?

B:上口语课时,我比较常用图片法;当碰到表示情感的词汇或者话题时,我会采用情境法;有时也会用翻译法,不过很少用。

B:这里要提到一句,就是我曾经在学习生词时尝试过把生词放到课文中去学习,但是发现效果并不理想,因为越南学生普遍反映这样子学生词的方式使他们难以把握学习的重点,没有直观的感觉,复习的时候不够系统,他们更喜欢生词表的方式学习生词,我觉得会造成这个现象的原因可能是因为越南学生的性格所致,就像韩国、日本等亚洲国家的学生普遍学习都很努力,喜欢中规中矩的学习,书写能力比较强但是口语能力较弱。

A:您觉得对于外籍学生而言词汇学习最困难的地方是哪里?

B:因为我教授的是高级阶段的汉语专业的越南学生,虽然平时他们对于课堂中学到的一些复杂词汇都能够看懂,但是要让他们用出来却是很难,他们一般都会选择用简单的词汇代替。

A:您认为词汇教学在汉语课堂教学中是处于一个什么样的地位?

B:处于基础的、重要的地位。

综上所述,可以得知词汇教学在对外汉语教学中的基础地位还是被老师们一致认可的。在平时的汉语课堂(或词汇教学)中教师们大多采用图片法、演示法、翻译法和语境法等,并且觉得对于初级阶段的留学生而言发音和词汇量是最困难的地方,而对于中、高级阶段的留学生而言最困难的地方是虚词、副词、量词的掌握以及近义词的辨析,和词汇的具体运用。且6位教师中有5位教师曾经在课堂上运用过认知功能教学法,并都认为该教学法在引导学生自主学习和培养学生交际能力方面相对传统教学法有一定的优势。

四、对外汉语词汇教学的启示

根据对问卷调查数据和6位对外汉语教师的访谈结果的分析,笔者大致了解了越秀外国语学院留学生和越南岘港外国语大学汉语专业的学生的汉语词汇学习情况:如词汇量不够;未找到适合自己的词汇学习方法;学生在交流中采取回避策略很少运用复杂词汇等。基于上述情况,以下笔者从学习者、教学者、教材这三个对象提出一些自己的建议。

(一)对教师词汇教学的建议

1. 注重二语词汇习得的顺序

教师要树立正确的词汇教学观,制订针对不同阶段的词汇教学计划,学生的语言习得是有一个自然顺序的,因此教师要遵循词汇的习得顺序,由易到难、由简到繁,科学地进行词汇教学。Dulay、Burt(1973)在对百来名不同国家的儿童进行英语语素习得情况的调查后,发现儿童在语素习得方面不受母语影响,且习得顺序相同。在此基础上两人在1974年的著作中提出"创造性建构"的概念,这是儿童的二语习得策略,不论儿童的本族语或目的语是什么,儿童语言习得都有一个特定的顺序。在此研究的同时,Bailey等学者(1974)对成人二语语素习得顺序进行了研究,结果与Dulay、Burt(1974)年的研究结果相同。而此后克拉申(1976)的自然顺序假说中也肯定了在人的语言习得机制中存在一个自然顺序。

2. 采取恰当的词汇讲解方式

词汇的讲解可以分为解释词义以及解释用法和搭配。以下笔者从这两方面提出几点建议。

(1)引导学生发挥主观能动性

讲解新词时,引导学生主观能动性的发挥很重要。如:让留学生当小老师用汉语向其他同学讲解新词。这种方法比较适合于中、高级阶段的学习者,因为他们相对初级阶段的学生掌握的词汇较多,且基本能够用汉语表达自己的观点。教师可以在讲解词汇的前一天选择一些对于留学生难易度适中的词汇,然后把这些词汇分配给不同的学生让他们在课后通过查阅工具书、请教中国友人等方法来理解这些词汇。等到上课时学生展现自己的自学成果,老师在旁作补充或修正。此举既强调了学生的主体性,又加深了学生对词汇的认知。

此外,在对外汉语词汇教学中应尽量使用汉语,避免使用英语或其他媒介语进行教学。而在解释词义时,可以用学生学过的汉语词汇解释生词,既可以复习已学词汇,又可以帮助学生建立汉语思维。

(2)运用语素教学法

长期以来,对外汉语教学都比较注重词、词组、句子,语素教学较不受重视。吕文华先生曾经说过:语素教学对外国人学习汉语很有必要。其主要作用是可以大大提高学生学习词汇、掌握词汇、扩大词汇以及正确运用词汇的能力。[①] 中、高级阶段的留学生,随着词汇学习难度的增长,如出现了大量的合成词。如果教师还是按照教初级学生的方式逐

---

① 吕文华:《建立语素教学的构想》,北京语言文化大学1999年版,第1页。

个讲解生词,既不利于学生在头脑中形成词与词的联系,也会加重学生记忆的负担,所以笔者建议适当采用语素教学法。

首先,教师可以利用已学语素义推测新词词义,再引导学生用这个语素进行词汇拓展。单纯词的词义就是语素义,而合成词各个语素的意义和词义之间往往有紧密的联系。例如:当学生学习了"古"和"文"两个语素之后,再碰到新词"古文"时,教师可以引导学生运用认知语言学的联想意义理论,联想意义理论是 Deese 在 1965 年提出的,即从互相联系的字词网络来考查语词的意义。[1] 学生就会明白"古文"的意思是时代久远的文章。之后教师再给出例句"这篇古文很难理解"或"请同学们把这篇古文翻译成白话文",促进学生领会"古文"一词的用法。最后教师再运用认知语言学的扩散式激活理论,引导学生用"古"或"文"语素去拓展新词"古话""古板""文书"等。扩散式激活理论是联想理论的深化,由 Colins & Loftus 于 1975 年提出,主张人的心智是一个巨大的神经网络[2],可以根据需求自动激活网络中相似的词。因此,我们要提高对语素的重视,特别是在词义教学中,如通过"古"语素让学生意会到由"古"字组成的词语一般都是"古"字在前,都用来表示时代久远的事物,为之后更快地掌握由"古"字组成的生词奠定基础。

再者,在面对含有共同语素的近义词时,教师可以利用两个词语中不同的语素进行辨析。例如:辨析"遏制"和"遏止",此时我们要注重分析的应该是"制"和"止"这两个不同语素。"制"的意思是控制、限定、管束,它的宾语常常是人的各种情绪。而"止"的意思是阻拦,使停住,它的宾语常常是来势凶猛的事物,如不可遏止的起义浪潮。两者意思相近但侧重点不同。

综上可知,语素教学有助于学生牢固、快速地掌握词汇,以及较好地辨析近义词。

(3)注重词汇的搭配教学

中、高级阶段的留学生,由于没有扎实地掌握词汇的用法,即便他们已经积累了不少词汇,可是在具体运用中还是会经常出现偏误,因此词的用法的掌握对于留学生来说同样重要。教师可以在句子中展现词汇的固定搭配,然后引导学生总结词汇的用法。比如:学习"为……着想"这一固定搭配时,教师把它分别放入多个具有相似语言环境的句子中,然后让学生总结出这个语言规则,并用这个固定搭配造句,深化对词汇的认知,减少偏误的出现。又如虚词是学生的一个难点,在学习"争辩起来"中的"起来"时,这里的"起来"表示的是动作的开始,所以教师可以告诉学生"争辩起来"的意思是"开始争辩",这样学生就能较好地理解"起来"的意思。然后教师再举几个例子,如:"争吵起来""跑起来""打起来",帮助学生总结出"V+起来"这个结构,然后用这个结构进行词汇拓展。

由以上例子表明,词汇不是孤立地存在,因此教师在进行词汇教学时要把搭配和用法的教学贯穿于汉语词汇教学的始终。把词汇固定的常用的搭配教授给学生,这样既可以减少留学生产生语言偏误,规范其语言,又可以让留学生掌握新的词语,拓展词汇量。

3. 建立词汇语义场

在对外汉语词汇教学中,特别是中、高级阶段的词汇教学中,留学生在学习词汇时存

---

① 王寅:《认知语言学》,上海外语教育出版社 2007 年版,第 308 页。

② 同上。

在着词汇量不足、近义词难辨析、词汇搭配不当等问题,建立词汇语义场对学生解决这些问题有所帮助。语义场其实就是指在意义上相互联系的词组成的完整的而又变化的词汇系统。① 据研究所知,词汇在人们头脑中是以网络的形式存在的,也就是通过语义场可以帮助人们在头脑中构建一个词汇网络。语义场又可以理解为有共同义素的一群词,所以教师可以根据汉语词汇的性质或特征把词汇分成不同的语义场储存在头脑中,其中比较常见的语义场有上下义语义场、整体与部分语义场、同义关系语义场、反义关系语义场、一词多义语义场等,这些语义场都有助于学生系统地掌握词汇。

有了这个词汇网络以后,教师可以通过设置一个情境的方式,比如设置失恋这个场景,学生就会很容易联想到男朋友、女朋友、爱情、难过等词,从而激活大脑里的语义场系统。通过一个词汇联想到很多以往所学的词汇,既起到了复习的作用,同时也提高了留学生的词汇量和学习效率。

综上可知,学生建立词汇语义场是很有必要的。

4. 创设语境

教师还可以通过创设语境的方法来促进留学生对词义和用法的掌握。如在教授"人情"一词时,即便翻译成英文"sensibilities"也难以表达出该词在中文中的意思,此时就可通过创设情境的方式提高学生对词语的理解。如:M 和 G 是很好的朋友,但多年没见,有一天 M 找到 G 求他帮忙,如果 G 帮助了 M,那么我们就可以说 G 是一个"讲人情"的人。另外,他帮助了 M,也就是"卖人情"给 M。反过来说,如果 G 不帮助 M,那他就是"不讲/卖人情"给 M。通过设置这种生活化的语境,既可以提高学生的学习兴趣,又可以让学生具体地学到生词在具体情境中的用法,促进学生对词汇的理解与运用。

此外,在学生理解了词义之后,教师可以采取不同的方式巩固词汇。针对中、高级阶段的留学生,教师可以在课堂语言中多重复已学词汇或在课堂中或课后创造更多的机会让学生自主地进行词汇操练,比如:可以让学生用生词编写短对话、用所学的词语来描述生活中的所见所闻所感、让学生自己用已学词汇讲解生词或进行语言测试等。学生通过不断地操练,巩固和积累词汇。另外,中、高级阶段的留学生开始学习到成语、谚语、歇后语等熟语,此时教师可以通过向学生介绍这些熟语深层的文化知识,既深化了留学生对词汇知识的理解,又开阔了他们的知识广度。

(二)对学习者词汇学习的建议

1. 采用有效的学习策略

学习者可以采用多种方法而非孤立地学习词汇,可以利用词汇搭配、语素、创设语境等方法学习词汇,并且辅之以反复的读写来加深对词汇的印象。如依据学习情况适当地进行词汇检测,在检测中复习已学词汇,发现不足,并进行自我反思,总结经验教训,防止错误再犯。同时,学习者还应该多和同学交流,借鉴他人汉语词汇学习的成功方法,克服遇难情绪,多听多学多用。

---

① 郭陶、陶嘉玮:《语义场理论在英语词汇教学中的运用》,《中国校外教育》2014 年第 3 期,第 107 页。

另外,词汇学习是个铢积寸累的过程。根据艾宾浩斯的遗忘规律提醒学习者复习策略的重要性。如:规定自己一天学习 20 个生词,复习前一天学过的生词,每天都要复习,一个星期进行一次总复习,这样循环往复就可以牢固掌握所学过的词汇。

2. 构建心理词典

心理词典是指人脑中知识存储和组织的方式。[①] 联结主义认为心理词典把人们所积累的词汇知识分解成一个个具有某种意义关系的词汇单元,而单元之间的联结强度是通过学习不断加强的。舒华、柏晓利、韩在柱、毕彦超(2003)认为心理词典系统至少包含 5 个相互关联的系统:语音输入词典、字形输入词典、语义系统、语音输出词典、字形输出词典。如当人们受到语音"māo"的刺激以后,就会自发激活与"猫"相关的字形和语义单元,从而从心理词典中提取出与"猫"相关的知识。心理词典的构建能加强词汇之间的联系,通过对词汇音、形、义的学习,促进学生牢固掌握词汇。

心理词典的构建是凭借积累逐步完善的。学习者可以通过多种途径积累词汇,如:阅读报纸,看中文剧,听广播、参加汉语角等,在学习的过程中用小本子记录下生词,分析它们的音、形、义,随身携带闲暇时可反复学习,不断地扩充心理词典。而在分析词义时,如果学习者仅仅借助词典这个学习工具来获得词义,就容易产生对词语语境的忽视。因此笔者建议学习者可以凭借学过的字义来猜测词义,或运用上下文语境来猜测词义。猜完词义之后,留学生可以通过词典来验证猜测是否正确,既加深了印象,又在验证的同时了解了生词的其他义项以及语音,扩充了学生的心理词典。

3. 学以致用

认知语言学主张语言习得是学习者以语言的反复使用为习得方式,主动参与学习过程的洞察性习得[②],强调了学习者在语言习得过程中的主体性。即学生要将所学的词汇知识运用到真实的语境中,在运用中学生主动总结出语言规则。

因此笔者建议如果是在中国学习汉语的留学生,应该好好利用自己所处的汉语环境,多和中国学生或者中国人进行交流,多参加中国人举办的汉语活动,比如:汉语桥。如果是不在中国学汉语的学生,如越南岘港大学的汉语专业的学生。我们可以鼓励外国学生们在学习和生活中多和其他同学进行交流,比如可以和同学们一起学习词语,寓学于乐,通过互相提问以及玩词语游戏的方式,提高了词汇学习的效率;此外,学生还可多与汉语教师进行交流。在交流的过程中,学生为了达到交际目的必然会尽力把学过的词语用出来,而对方所说的词汇也有可能会拓展学生的词汇量,交际双方还可以互相纠正对方词汇运用上的错误,学生可以在运用中逐步提高词汇水平。

(三)对教材编写的建议

据调查可知,教材是学生掌握词汇的主要来源,教材编写的合理性影响着教学质量。以下笔者结合问卷调查的反馈和在越秀听课时所得的留学生对于教材的意见,针对教材

---

① 邢红兵:《汉语作为第二语言的词汇习得研究》,北京大学出版社 2016 年版,第 8 页。
② 文秋芳:《认知语言学与二语教学》,外语教学与研究出版社 2013 年版,第 32 页。

中词汇编写提出 3 点建议。

1. 词汇的选择

根据克拉申的可理解性输入假说,提出二语习得发生的条件是输入的语言知识必须是在学生能够理解的范围内的,学习者才能自动获得语法规则,从而完成可理解性输出。因此教材的编写者在编写教材时所设置的词汇量和难易度应该适中,要根据每个阶段学生的接受能力设置适当的生词量。根据《汉语水平等级标准》,留学生应该重点学习丁级词汇,这对留学生通过 HSK 等级考试很有帮助。如越秀的留学生所用的教材《发展汉语(第二版)高级汉语》而言,发现教材中出现的丁级词汇远远低于《汉语水平等级标准》所要求掌握的丁级词汇量,[①]因此笔者建议在教材的编写时应增加丁级词汇的数量。

另外,通过访谈了解到留学生普遍觉得教材中部分词汇偏难,难以在生活中运用,因此笔者建议教材中的词汇应该具备实用性和针对性,要针对每个阶段的学习要求设置合理的词汇,对于一些在生活中不常用或几乎不用的古老词汇或超纲词汇,应该不要编入教材以免增加学生的负担。此外,课文的选择也应多选择与生活相关联、内容与时俱进、有趣的题材,同时注重提高已学词汇在教材中的复现率。词汇实用,题材又贴近生活,学生乐于学习,汉语水平自然会提高。

2. 词汇的编排和释义

根据对留学生和留学生教师的调查与访谈,了解到部分学生喜欢在生词表中学习词汇,觉得复习时能够更直观、系统,部分学生喜欢在课文情境中学习生词,所以生词的编排很重要。

第一,根据第二语言习得理论中的儿童、成人语言习得顺序研究以及克拉申的自然顺序假说,笔者建议编者在生词量和难易度的设置应该随着学习阶段的深入循序渐进。认知语言学的原型范畴理论也主张:学生应该先学单纯词,再向合成词扩展;先学基本义,再向引申义扩展,即围绕着原型不断向外扩展。

第二,编制一个好的生词表对于学生词汇的掌握至关重要。据调查,除了生词的选择,生词的排序对学生的学习效果也会产生影响。当前较多教材是根据发音顺序或词在文中出现的顺序来排列的,虽然在课文中找寻起来很方便,但是学生难以从这种分散的排列直观地发现词语之间的联系。所以笔者建议可以在每课的前面附上生词表,表中的生词可以突破一下常规的排列方式,根据词语的类义进行排列,比如可以分成描写情绪的词、气味的词、方位的词等分类排列,这种方式有助于学生建立词与词之间的联系,灵活构建词汇网络体系。

第三,词语释义应通俗易懂。但是就如越秀留学生所使用的课本《发展汉语》一书来说,课本中的生词都是用英文解释的,且英语和汉语之间不可能存在着一一对应的情况,正如上文提到的例子"人情"一词,会对母语不是英语的留学生的词汇学习造成困扰。所以笔者建议教材的编者对于一些特定的词汇,如"人情",或文化特征较浓的词汇,如成语、谚语、歇后语等熟语可以尝试用学生以往学过的或简单的中文词汇或用其他方法进

---

① 吕兵:《对外汉语高级阶段词汇教学对策研究》,东北师范大学 2012 届硕士学位论文,第 30 页。

行解释,既降低了学习难度,又巩固了已学词汇。此外根据克拉申提出的情感过滤假说,词汇的释义可适当注重语体色彩,增加学习者学习的兴趣,减少情感过滤现象的出现。例如,针对课文中出现的成语,编者可以在每一课的最后用生动的语言简单介绍一下成语来源,通常都是一个小故事;或者由一个歇后语引发一个幽默的故事,由此调动学生的情绪,学生情绪高涨时,情感过滤阀门会关闭,习得效果自然就提高了。

3. 词汇练习的设计

编者设计课后词汇习题应该秉持着适当性、有效性、综合性的原则,题量适当,题目的效度和信度高,题型多样,考查全面,起到复习和巩固的作用。如根据词汇的组合和聚合关系,我们可以设置选词填空、连线、构词等练习来考查词与词之间的搭配,还可以设置词汇归类、找异类词、替换练习等题。通过多种题型的训练,深化词汇知识。另外,可以多使用学生过往已学词汇编写题目,既降低了题目的阅读难度,又提高了已学词汇的复现率。

结　语

本文以对外汉语词汇教学为基点,从国内、国外两方面分析了词汇教学的研究现状、词汇教学的重要性以及传统教学法在对外汉语词汇教学中的不足等问题,引入认知功能教学法的理论对中、高级阶段的词汇教学进行研究。认知功能教学法是结合了生成语言学和功能语言学的理论长处,将它们融合为一个整体建立的一种新的语言教学。本文梳理了认知功能教学法的理论基础和基本原则,尝试把认知功能教学法运用到中、高级阶段的词汇教学中,研究了这种教学方法在中、高级阶段的词语释义、搭配和辨析方面的运用。接着,笔者结合在越秀学习的留学生和越南岘港大学汉语专业的学生所填的调查问卷,以及6名留学生教师的访谈结果的分析,从学习者、教学者、教材三方面提出了对对外汉语词汇教学的建议,以期对对外汉语词汇教学的研究有所帮助。

通过研究发现,认知功能教学法对于提高对外汉语词汇教学的教学质量卓有成效。它帮助学生构建心理词典,深化学生认知,使学生更好、更快地掌握词汇。最后笔者希望在未来认知功能教学法能够受到更多对外汉语教师的青睐。然而,本文也存在着欠缺之处,由于受到客观条件的限制,笔者没有将认知功能教学法亲自运用到实际课堂中去,缺乏实践性。另外,由于笔者本身的知识、教学实践、经验有限,所以对调查问卷和访谈结果的分析乃至所提的建议可能不够深入、科学,还需结合实践不断地探索和完善,作进一步深入的研究。

参考文献

(1)专著

[1]刘珣. 对外汉语教育学引论[M]. 北京:北京语言文化大学出版社,2000.

[2]李明. 对外汉语词汇教学与习得研究[M]. 北京:中国大百科全书出版社,2011.

［3］彭小川,李守纪,王红. 对外汉语教学语法释疑201例［M］. 北京:商务印书馆,2004.

［4］赵金铭. 对外汉语教学概论［M］. 北京:商务印书馆,2004.

［5］王寅. 认知语言学［M］. 上海:上海外语教育出版社,2007.

［6］方绪军. 对外汉语词汇教与学［M］. 北京:北京师范大学出版社,2008.

［7］万艺玲. 汉语词汇教学［M］. 北京:北京语言大学出版社,2010.

［8］张和生. 对外汉语词汇教学研究义类与形类［M］. 北京大学出版社,2010.

［9］徐桂梅,崔娜,牟云峰. 发展汉语 中级综合1 第2版［M］. 北京:北京语言大学出版社,2011.

［10］文秋芳,等. 认知语言学与二语教学［M］. 北京:外语教学与研究出版社,2013.

［11］赵新,洪炜,张静静. 汉语近义词研究与教学［M］. 北京:商务印书馆,2014.

［12］赵杨. 第二语言习得［M］. 北京:外语教学与研究出版社,2015.

［13］罗德·埃利斯. 牛津应用语言学汉译丛书 第二语言习得概论［M］. 牛毓梅,译. 北京:商务印书馆,2015.

［14］GAIRNS R, REDMAN S. Working with words: a guide to teaching and learning vocabulary［M］. Cambridge: Cambridge University Press, 2012.

(2)期刊文章

［15］吕必松. 中国对外汉语教学法的发展［J］. 世界汉语教学,1989(4):193-202.

［16］盛炎. 外语教学法流派的发展趋势与汉语教学理论研究［J］. 语言教学与研究,1989(1):62-75.

［17］何镒基. 张思中外语教学法与其它教学法流派［J］. 外语界,1990(3):47-50.

［18］胡明扬. 对外汉语教学中语汇教学的若干问题［J］. 语言文字应用,1997(1):14-19.

［19］胡鸿,褚佩如. 集合式词汇教学探讨［J］. 世界汉语教学,1999(4):24-31.

［20］傅瑞华. 论词汇教学中的意识增进［J］. 世界汉语教学,2003(2):94-99+4.

［21］舒华,柏晓利,韩在柱,等. 词汇表征和加工理论及其认知神经心理学证据［J］. 应用心理学,2003(2):41-45.

［22］李如龙,杨吉春. 对外汉语教学应以词汇教学为中心［J］. 暨南大学华文学院学报,2004(4):21-29+49.

［23］王周炎,卿雪华. 语素教学是对外汉语词汇教学的基础［J］. 云南师范大学学报,2004(5):39-42.

［24］王汉卫. 谈基础阶段词汇集中教学［J］. 语言与翻译,2005(1):67-71.

［25］陈平文. 英语应用中回避现象的表现与教学对策［J］. 韶关学院学报,2007(2):160-163.

［26］韩蓉. 认知功能教学法与对外汉语"把"字句教学［J］. 沈阳师范大学学报(社会科学版),2011,35(1):106-108.

［27］王丽媛,蒋红飞. 认知功能教学法的"有效语料"原则与英语课堂教学［J］. 江苏技术师范学院学报,2011,17(1):88-91.

［28］刘珣. "结构—功能—文化相结合"的汉语教学理念再思考［J］. 国际汉语教学研究,2014(2):19-27.

(3)学位论文

[29]陶健敏. 汉英语作为第二语言的教学法体系对比研究[D]. 华东师范大学,2007.

[30]盛蕾. 汉语作为第二语言的集合式词汇教学模式研究[D]. 山东大学,2010.

[31]王丽媛. 认知功能教学法背景下的大学英语"词汇深度"教学实证研究[D]. 上海外国语大学,2012.

[32]尹夏燕. 对外汉语词汇教学中二语习得者回避现象的探析[D]. 浙江大学,2012.

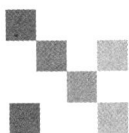

语言与文化研究

"晒"词族与"秀"词族的对比研究

黄 丹

摘 要: 本文以"潜显"理论和"词语模"理论为指导,从"晒"词族与"秀"词族的语义、结构、生成及其条件三方面进行对比分析,以探究"晒"词族与"秀"词族由"潜"到"显"的动态过程及其发展的规律。通过以上三个方面的对比分析,文章归纳出"晒X"与"秀X"主要存在以下三个差异:第一,"晒"所具有的感情色彩更加丰富,"秀"的褒义色彩更浓厚;第二,"晒X"中"X"的意义范围更广;第三,"晒X"的潜义显化过程更为顺畅,"秀X"受到的阻碍更多,但"秀"的发展空间会更大。

关键词: 晒;秀;"潜显"理论;"词语模"理论

引 言

信息时代网络的高速发展,给事物的存亡与发展带来了极大的变化,为满足人们日益频繁的信息交换活动,大量的新词语、新用法进入人们的日常生活。尤其是近些年来,一些新词语逐渐以族群化的模式出现在我们的语言世界里,如:"星"词族、"黑"词族、"裸"词族、"的"词族、"吧"词族等。其中的"秀X""晒X"两个词族意义较为相近却又各有区别而引起了学界的颇多关注,笔者也对此现象产生了浓厚的兴趣。

学界关于"晒"词族及"秀"词族的研究,目前已产生了不少成果。其中主要集中在对"晒""秀"的语义或"晒X""秀X"的结构、流传原因及社会心理等方面。相比之下,学界对"晒"词族的研究相对较为丰富,也更为深入。学者们从不同角度对"晒"词族进行了研究,如:语言模因论视角、隐喻视角和传播视角等等,而对"秀"词族的研究则相对较少,从知网所搜集的文献中来看,其成果似主要从认知视角对"秀"词族的结构、组合、产生等进行了分析。

总之,尽管国内学界对新词语的研究颇为深入,对某些词族的研究成果也颇为丰富,但这些研究主要集中在对新词语本体的发展变化、社会心理等领域,而对意义相近的词族之间的对比研究方面则尚显薄弱。因此,笔者拟以王希杰先生的"三一"理论以及"词语模"理论为指导,运用对比的方法,从语义、结构、生成及其条件三个角度对"秀X""晒X"两个新词族展开研究,并力求以这两个词族为样本,探究出新词语、新词族由"潜"到

"显"的动态过程及其发展规律。①

一、"晒"词族与"秀"词族的语义对比

语义是连接语言形式和现实世界的桥梁,是沟通语言形式和语言功能的中介。② 从新词语意义的角度研究有助于挖掘新词语背后的社会文化内涵。词的意义可分为概念义和色彩义。概念义是指词义中同表达概念有关的意义部分,又叫理性义或主要意义。色彩义附属于概念意义,一般包括感情色彩、语体色彩和形象色彩三部分。"晒 X"与"秀 X"都属于词语模。所谓词语模,是指能够批量产生的新词语的模子,它能使其产生的新词语形成词语族。"晒"词族与"秀"词族正是由此聚集形成的。根据李宇明先生对于词语模的解释,我们知道,词语模由模标和模槽两部分构成,模标是词语模不变的部分,模槽则是词语模中的空位。③ "晒"和"秀"是模标,两者的"X"是模槽。那么,模标"晒"与"秀"的语义便是造成"晒"词族与"秀"词族不同的重要因素。下面我们首先从理性意义和感情色彩义两方面来对"晒"与"秀"二词作一比较。

(一)"晒"与"秀"的理性意义

如前面所介绍,词的理性意义即词的概念义,它是词义的核心成分。下面我们就从词义发展过程的角度来考查"晒"与"秀"的理性意义。

1. 本义

本义就是词最早产生的那个义项。

我们先来看"晒"的本义。在 2006 年 9 月期间,网上出现了一个颇为独特的短语:"晒工资条"。这一超常别致的词义搭配现象,很快引起了众人的好奇及关注,并随即引发了一股"晒+X"的热潮,如"晒税表""晒成绩""晒账单""晒奖金""晒经验"等的"新词"相继出现,并由此构成了一个"晒 X"的新词族。显然,这一词族中的"晒"意义是由英语词"share"音译而来的,意为"分享"。2012 年,《现代汉语词典》的第六版将其收录为一个新词,并将其解释为:"展示自己的东西或信息供大家分享(多指在互联网上)。"因此,"分享"就是"晒"的本义,是由英语词"share"音译而来的。

至于"秀"的本义,"秀"是在英语词"show"的基础上新产生的词。对于英语词"show",台湾采用的是音译法,故将其译为"秀";而大陆采用的是意译法,故译作"表演"。后来,随着这一意义的广泛使用,"秀"便作为一个新的词条被收入了《现代汉语词典》的第五版中,被解释为"表演;演出"。但在随后的社会言语生活中,"秀"又吸收了英

① 本文从 BBC 语料库以及搜狗搜索上收集了 32 条例句(其中"晒"词族 26 句,"秀"词族 6 句),收集到词语 205 个(其中"晒"词族 150 个,"秀"词族 55 个)。
② 熊学亮:《认知语用学概论》,上海外语教育出版社 1999 年版,第 20 页。
③ 李宇明:《词语模》,邢福义主编《汉语语法特点面面观》,北京语言文化大学出版社 1999 年版,第 146—157 页。

语"show"的动词词义,增加了动词用法,表示"展示""给……看"等意思。这一派生义被人们广泛使用后,和前述的"晒"一样,大量的"秀 X"相继问世,从而构成了"秀"词族。因此,"表演;演出"便是"秀"的本义,是由英语词音译而来的。

由上可知,"晒"与"秀"本义的来源相同,都是由英语词音译而来的,但意义却是完全不同的。"晒"的本义构成了"晒"词族,但"秀"的本义却不能构成"秀"词族。

2.派生义

所谓派生义,指的是在本义的基础上通过多种途径产生、发展出来的意义。下面我们同样先来看看"晒"一词。

(1)"晒"的派生义现象

"晒"的意义可引申为以下几种。

第一:公开、公布。

该用法主要用来指人们公开一些自己以往比较私密、避而不谈的事物,如政府部门将一些工作事务、办事程序等公之于众,使其透明化等。如:

例1 河北衡水中级法院晒司法公开"百姓司法超市"月底"开业"。(中国新闻网,2015-06-03)①

例2 "晒账本"让抓作风"抓铁有痕"。(人民网,2017-02-28)

第二:展示、展现。

该用法主要用于:人们或为了让他人知晓、或为了与人交流互动,亦可不为任何别的,只是单纯为了追逐社会用语的时尚而"晒"。如:

例3 2014高校出奇招:清华晒美女,南航晒厨师。(新浪教育——四川在线,2014-7-5)

例4 云南收藏家协会关于开展"藏友寻宝·晒宝·鉴宝"活动的通知。(中国财经新闻网,2016-6-7)

例5 霍汶希晒旧照庆 Twins 出道 18 年,掀起回忆杀。(网易娱乐,2019-05-18)

第三:分享、共享。

该用法主要用来指网民通过网络来与他人交流个人的物品、经验、经历等,从而达到互惠互利的目的。如:

例6 大学生国外教汉语回来晒经历。(《今日早报》,2008-06-26)

例7 家长晒经验:高考数学如何得到的147高分。(高考网,2012-09-10)

第四:炫耀、夸耀、显摆。

该用法主要指与他人做比较时,通过展示出超出常人所拥有的物品来显示个人的财富或社会地位。如:

例8 房价飞涨数字历历在目业主忙攀比网上晒房价。(搜狐新闻,2007-3-26)

例9 沙特阿拉伯富豪伦敦晒豪车,社交网络曝奢华生活。(环球网,2016-04-01)

---

① 本文语料均来自 BBC 语料库及搜狗搜索。

第五:揭露、曝光。

该用法主要是指人们"晒"出含有[+不公]、[+黑暗]这些语义特征的对象让大众知晓,希望获得大众的批判。如:

例10 此后,类似晒黑帖如雨后春笋出现在各大网贴,希望以网络为平台,维护自己的权益。(《重庆晚报》,2007-7-24)

例11 路桥费变"印钞机",网友晒不合理过路费引关注。(北方网,2011-5-23)

例12 公示不等于合理,晒晒银行的"霸王"收费。(《人民日报》,2012-4-12)

第六:发泄、坦露。

该用法主要用于。人们借助网络吐露内、抒发情感,以此来获得别人的慰藉。如:

例13 白领流行网络晒烦恼释压。(应届毕业生网,2018-07-06)

例14 网友晒烦恼,这些来自陌生人的鼓励很暖。(大宁网,2017-07-26)

上述6种意义均是由"晒"的本义引申出来的,这些引申义目前虽还未被词典收入,但在社会生活中却已广为使用,构成了大量的"晒X"词。而正是这些"晒X",形成了当今颇为流行的"晒"词族。

(2)"秀"的派生义现象

"秀"吸收了英语"show"的动词词义,增加了动词用法,表示"展示""给……看"等意思。"展示""给……看"等意义便是"秀"的派生义,这些派生义被人们广泛使用,从而构成了"秀"词族。如:

例15 下棋·采摘·秀剪纸——瞧瞧过年新时尚新春。(《人民日报》,2013-02-13)

例16 从"秀成绩"到"谈梦想":年报背后的房企多远发展。(《湖北日报》,2019-03-21)

例17 秀特技展绝活浙江特警首届"型男"大赛举行。(《中国新闻网》,2018-08-27)

由上可见,词族中的"晒"与"秀"都具有"将事物展示给别人看、与别人分享"的义项,但"晒"的意义比"秀"更为丰富。

3. 和"晒[1]""秀[1]"的联系

目前,在《现代汉语词典》中"晒"与"秀"一词都具有两个词条——"晒[1]"和"晒[2]"、"秀[1]"和"秀[2]"。本文所讨论的词族是由"晒[2]"和"秀[2]"构成的。但是,"晒[1]"和"晒[2]"、"秀[1]"和"秀[2]"之间是否具有联系还需要进一步探究。首先,我们先来看看"晒[1]"和"晒[2]"的情况。

(1)"晒[2]"和"晒[1]"的联系

《现代汉语词典》对"晒"解释是:

"晒[1]":①太阳把光和热照射到物体上;②在阳光下吸收光和热;③<方>比喻置之不理;慢待。

"晒[2]":展示自己的东西或信息供大家分享(多指在互联网上)。

从"晒[1]"三个释义中,我们可以提取出三个核心义项:[+光线]、[+热量]、[+照射]。从表面上看,"晒[1]"和"晒[2]"意义是不同的,但细加辨析,我们仍能看出其和"晒[1]"之间蛛丝马迹的联系。如:光线下的即为暴露在外的事物,热量则体现出事物受关注的程度,若事物受到的关注度能产生正面的影响力,则为"分享",反之则为"炫耀"。

(2)"秀²"和"秀¹"的联系

至于"秀",我们同样先来看看《现代汉语词典》的释义:

"秀¹":①(动)植物抽穗开花(多指庄稼);②(名)姓;③清秀;④聪明,灵巧;⑤优异;⑥优异的人才。

"秀²":表演,演出。

对比之后发现,"秀²"与"秀¹"的意义没有任何联系。

从上可见,"晒²"与"晒¹"之间有意义交叉的联系,而"秀²"与"秀¹"只是同音同形的关系。目前,"晒²"与"秀²"所派生出的意义均未被《现代汉语词典》(第七版)所收入。

(二)"晒"与"秀"的感情色彩义

词语的感情色彩义,主要是指蕴含在词义中的人们对相关事物的态度和认识。如"伟人、奉献"等词义中就包含着人们对某些事物的褒扬和赞许,而"汉奸、勾结"等词义中则包含着人们对某些事物的批判和厌烦。这种带有特定感情色彩的词分别被称为褒义词和贬义词。

在汉语词汇中,上述这种带有固定感情色彩义的词语数量并不是很多,而大多数词语则常常在具体的语用环境中显示出特定的感情色彩义,"晒"和"秀"也正是如此。从词义本身情况来看,"晒"和"秀"并不含有明显的感情色彩义,但它们在动态的语境下,尤其是在构成"晒 X"族、"秀 X"族词时,就往往会呈现出不同的感情色彩义。这种临时生成的感情色彩义的不同正是本文接下去要着重考察的现象。

1. 共性部分

"晒"和"秀"在构成"晒 X"族、"秀 X"族词时都具有褒义色彩,展示的均是美好的事物。

我们先来看看"晒"一词:

例18　宁波大学流行"晒笔记",各式学霸笔记获点赞。(中国新闻网,2015-12-02)

例19　应县 1768 人享低保,报纸公示晒诚信。(网易新闻,2016-01-06)

例20　家皖企业"晒责任",推进供给侧改革、加快调转促。(《安徽日报》,2016-07-24)

例18 的"晒笔记"有向别人"分享"自己美好事物之意,优秀的笔记会获得大众的赞美,会为他人的学习提供一种良好的借鉴;例19 和例20 的行为都是与大众利益密切相关的,会得到大众的认可与赞许。因而当"晒"为"分享"义或"晒"出的事物能够产生积极效应时,"晒"这一行为就蕴含了大众的称赞。在这种动态的语境下,"晒"这一词语也就带上了特定的褒义感情色彩。

至于"秀"一词,情况也大致相同。如:

例21　秀出你所在城市最美风景,得《岁时记》精美明信片一套! (微博,2012-05-23)

例22　秀低碳生活,赢世博门票。(网易博客话题第20 期,2010-04-27)

例 23　今晚《一站到底》秀脑力 选手们个个都有故事。(扬州网,2017-06-12)

例 21 中的"秀"为"展示"之意,"秀出最美风景"意在希望、鼓励、呼吁人们努力展示自己所在城市的美;例 22 中的"秀低碳生活"则不仅是希望人们展示自身的低碳生活场景,更是在呼吁人们关注环保问题。例 23 中的所"秀"的内容,显然也是人们所期望的、美好的事物。

显然,上述三例中所"秀"的对象均为美丽、美好的元素,这也就使该词语在动态语境下呈现出褒义的感情色彩。

2. 差异部分

"晒"和"秀"在感情色彩上的差异体现在贬义和中性两方面。

(1)贬义色彩

"秀"所展现的均是美好的元素,因而不具有贬义色彩。而"晒"有时则会表现出一定的贬义色彩。如当"晒 X"在某些语境中带有"炫耀"之意、或者展示出来的对象为消极、负面的事物或感情时,其中的"晒"便带有了贬义色彩,表现出了人们对此行为的厌恶,如:

例 24　水不能烧筷不能拿,最近流行晒娇弱吗?(天涯论坛,2014-01-05)

例 25　韩国小萝莉高调晒富享受粉丝送奢侈品。(新浪网,2014-11-20)

例 26　晒存款开豪车满身名牌揭土豪女星炫富手段。(《环球时报》,2014-12-21)

例 24 中所晒的"娇弱"显然是说话人所鄙夷、所不屑的对象,而例 25 和例 26 中"晒"的行为则带有明显的炫耀之意。显然,上述三例中所出现的"晒"的行为,均是被说话人所批评的。故一个"晒"字,也暗含了说话人讽刺甚至厌恶的态度。由此可见,"晒"在特定语境下会被附加上贬义的感情色彩。

(2)中性色彩

当人们展示事物并未带有特定情感或态度时,该行为则表现为中性色彩。"秀"行为因为带有明显的褒义情感,故在动态语境下也均不具有中性色彩;而"晒"之行为有时会表现出中性色彩,如:

例 27　不晒白不晒! 晒通知赢神笔哦!(天涯论坛,2013-08-14)

例 28　晒桌面:一个数码党的桌面是什么样子的?(今日头条,2018-10-11)

例 27 和例 28 中的"晒"行为似只是单纯的"展示",并没有表现出说话人的特定的情感色彩、褒贬态度,故表现为中性色彩。

总之,"晒"的感情色彩丰富,需依据具体语境来判断;而"秀"出的事物,往往是人们所期待的、美好的,带有褒义色彩。因此,两相比较,"晒"与"秀"最大的不同就在于"晒"的感情色彩义更为丰富。

二、"晒"词族与"秀"词族的结构对比

在词语生成及发展的过程中,利用词语模的形式来生成新词新语是一条较为便捷的途径,因此利用率非常高。"晒 X"与"秀 X"也正属于这一现象。我们知道,词语模都是

通过改变模槽"X"的成分来生产新词语的,因此,模槽"X"的结构差异也正是造成"晒X"与"秀X"词族差异的重要原因。下面,本文将所收集到的205个词(短语)(其中"晒"族词150个,"秀"族词55个)采用数据对比的方法,从模槽"X"的词性类别、词义使用范围及音节数量三方面入手,对"晒X"与"秀X"词族的结构进行对比分析。

(一)"X"的词性类别

词类是对词的语法性质的分类。通过对上述"晒X""秀X"词族的考察,我们发现,其中"X"的词性类别呈现多样化的特点。下面,我们就分别来作一考察。

1．"X"为名词

"晒X""秀X"中的"X"很多时候为名词,其中我们又可以将它们分为"抽象名词"和"具体名词"两类。

（1）"X"为抽象名词

当"X"为抽象名词,其和"晒"构成的短语主要有:～权、～经验、～技能、～气质、～才华、～品味、～家风、～家训、～技术、～心情、～思路、～感想、～梦想、～成果、～生活、～文化、～烦恼、～成就、～攻略、～压力、～形象、～祝福、～朋友圈、～育儿经、～婆媳矛盾、～旅游故事……

当"X"为抽象名词,其和"秀"构成的短语则主要有:～激情、～时尚、～创意、～智商、～青春、～爱情、～风头、～孝心、～文化、～刀工、～个性、～魅力……

（2）"X"为具体名词

具体名词又可以划分为表人的、表物的和表处所的具体名词三类。

第一类的"X"为表人的具体名词。

①"X"为表称呼的词(短语),此类"X"和"晒"构成的短语主要有:～父母、～宝宝、～闺蜜、～男神、～女神、～自己、～爸爸、～美女、～偶像……

此类"X"和"秀"构成的短语则主要有:～宝宝、～自己……

②"X"为表身体部位词(组),此类"X"和"晒"构成的短语主要有:～肌肉、～身材、～美腿、～笑脸……

此类"X"和"秀"构成的短语则主要有:～肌肉、～身材、～腹肌、～肌肤、～牙、～嘴巴、～下巴……

第二类的"X"为表物的具体名词。

①"X"为表人们的衣、食、住、行方面的词(短语),此类"X"和"晒"构成的短语主要有:～茶、～首饰、～钻戒、～跑车、～年夜饭、～手表、～美食、～婚纱、～螃蟹、～午餐、～购物车……

此类"X"和"秀"构成的短语则主要有:～礼服、～盛装、～军装、～月饼、～钻石、～午餐、～年夜饭……

②"X"为政治、经济方面的词(短语),此类"X"和"晒"构成的短语主要有:～钱、～账、～卡、～清单、～发票、～车票、～存款、～工资条、～存折、～薪酬、～股票、～工资、～账本、～单子、～班费、～年终奖、～交易单、～彩票、～政策……

③"X"为文学、艺术等方面的词(短语),此类"X"和"晒"构成的短语主要有:～书

法、~手工、~手工活、~文章、~音乐……

此类"X"和"秀"构成的短语则主要有：~书法、~剪纸……

④"X"为工作、学习、娱乐等方面的词(短语)，此类"X"和"晒"构成的短语主要有：~分数、~成绩、~寒假作业、~证书、~游戏、~玩具、~字典、~奖品、~礼品、~素颜照、~截图……

此类"X"和"秀"构成的短语则主要有：~舞姿、~封面、~桌面、~歌词、~奖品、~忍者舞、~童颜照片……

第三类的"X"为表处所的具体名词。

此类"X"和"晒"构成的短语主要有：~北京、~大连、~学校、~厨房……

此类"X"和"秀"构成的短语则主要有：~厨房……

2."X"为动词

下面我们再来考察"X"为动词时的情况。其中我们又可以将它们分为"表动作行为"和"表心理活动"两类。

（1）表动作行为

此类"X"和"晒"构成的短语主要有：~吃、~出行、~私奔、~抗战、~学习、~收藏、~上网、~告白、~写字、~执行、~监管、~承诺、~游历四海、~中奖、~投资、~理财、~旅游、~运动、~装修、~分享、~减肥、~审判、~结婚、~合影、~好梦成真……

此类"X"和"秀"构成的短语则主要有：~创业、~品味、~团圆、~怀孕……

（2）表心理活动

此类"X"和"晒"构成的短语主要有：~反思、~知足、~希望、~爱……

此类"X"和"秀"构成的短语则主要有：~爱……

3."X"为形容词

当"X"为形容词,其和"晒"构成的短语主要有：~富、~穷、~丑、~苦、~幸福、~甜蜜、~恩爱、~奢华、~浪漫、~优越、~无知、~时尚、~坚强、~迷惘、~温暖、~平安、~疼痛、~可爱、~寂寞、~孤独、~委屈、~不满、~娇弱、~廉洁、~遗憾、~困惑、~友好、~节俭、~自由、~性感、~清纯……

当"X"为形容词,其和"秀"构成的短语则主要有：~恩爱、~强壮、~悲惨、~优越、~幸福、~甜蜜、~坚强、~尴尬、~热门、~认真、~性感……

为更为直观清晰地了解词族"晒X"与"秀X"中"X"的词性类别，本文将所搜集到的数据进行整理并统计，统计结果如下表8-1所示。

表8-1　"晒X"与"秀X"中"X"的词性类别

	"晒X"族词(150)	"秀X"族词(55)
"X"为名词	59.1%	69.8%
"X"为动词	19.8%	9.4%
"X"为形容词	21.1%	20.8%

从上表中我们可以发现一同一异的两个现象。相同之处:两个词族中,"X"的词性类别基本相同:多为名词,占比达到一半以上,其次是形容词,动词较少。由此说明:能和"晒""秀"组合的大多为名词,动词最少。这也正与"充当宾语的多为名词性成分"这一汉语语法结构规律相契合。相异之处:"晒"族词的数量大大超过"秀"族词,这说明了"晒"族词的使用频率高于"秀"族词。其原因我们将在下文中展开讨论。

(二)"X"的词义范围

"晒X"与"秀X"词族中"X"不仅在数量上有不同,在词义的适用范围中也有着显著差别。本文统计了"X"各词类所占的比例,结果如表8-2所示。

表8-2 "X"在"晒X"与"秀X"各词类所占比例

"X"				"晒"族词 (150)	"秀"族词 (55)
名词	抽象名词			17.3%	30.2%
	具体名词	表人	称呼	6%	3.8%
			身体部位	2.6%	13.2%
		表物	衣、食、住、行	7.3%	9.4%
			政治、经济	12.7%	0%
			文学、艺术	3.3%	3.8%
			工作、学习、娱乐	8%	7.5%
		表处所		2.6%	1.9%
动词	表动作行为			16.7%	7.5%
	表心理活动			2.6%	1.9%
形容词				20.7%	20.8%

从上表中我们可以看出,"晒"词族与"秀"词族中的"X"成分有明显的差别:

第一,抽象名词"X"在"秀"词族中的比重明显更大,占30.2%,大约是"晒"族词的1.5倍。

第二,表人身体部位的具体名词"X"在"秀"词族中的比重也明显更大,占13.2%,大约是"晒"词族的5倍。

第三,表动作行为的动词"X"则在"晒"词族中的比重明显更大,占16.7%,是"秀"词族的两倍多。

第四,表政治经济的具体名词"X"的差异最大。在"晒"词族占12.7%,而在秀"词族则为0。即到目前为止,尚未出现过"秀"与表政治、经济方面的名词搭配的情况。

（三）"X"的音节数量

汉语词汇双音节化趋向明显,而"晒"词族与"秀"词族是否也具有此特点？本文根据所搜集到的语料对"X"的音节数量进行了统计,如表8-3所示。

表8-3 "X"在"晒"族词与"秀"族词所占部节数量

"X"	"晒"族词(150)	"秀"族词(55)
单音节	7.3%	3.7%
双音节	83.3%	92.6%
多音节	9.4%	3.7%

从上表可知,"晒 X"与"秀 X"词族中"X"的音节数量具有相同之处。

第一,两者"X"为双音节的比重都在 80% 以上,而单音节和多音节的比重都在 10% 以下。由此可见,在"晒 X"和"秀 X"的词族中,其"X"的音节特征与汉语词汇具有双音节化的特征相契合;故两个词族都具有"三音化"[①]倾向。

第二,"晒 X"与"秀 X"词的音节结构均主要为"1+2"式,这说明"晒""秀"与"X"的音节是独立的。

三、"晒 X"与"秀 X"词族的生成及其条件对比

"晒"词族与"秀"词族属于两个不同的词族,这两个词族的生成及发展情况既有相同点又有不同之处。相同之处在于它们生成的途径均为词语模的批量生产功能,不同之处则在于,由于"晒"和"秀"两个模标在语义功能上有所不同,作为模槽的"X"的潜显转化能力及整个词语模的生成能力也相应地受到了不同的制约,由此也就导致了两者在生成及发展情况上的不同。下面,我们就着重围绕其模标"晒"与"秀"的潜义显化现象及对整个词语模能产性的制约因素两方面来作一对比研究。

（一）潜义显化现象对比

王希杰先生曾经在其著名的"潜显"理论中指出,"我们通常所说的词义,包括词典上的释义,指的是某个词在观察之前、运用之前就已经客观地存在着的意义,有的学者称之为显词'显义'。与显义相对,一个词语或句子本身包含的,但是使用者没有开发和利用的意思,则称之为显词"潜义"。潜义在理论上都是合理的。当某一天有了一定的社会文化条件,具备了一定的语言环境,它们就可以成为显义。"[②]显然,潜义的显性化,是词语发

---

① 曹春静:《当代汉语词语模研究——兼论相关新词新语》,上海师范大学硕士学位论文,2007 年。
② 王希杰:《修辞学通论》,南京大学出版社 1996 年版,第 224—225 页。

展的一条重要的途径。

1."晒"显化的过程及内容

关于"晒",《现代汉语词典》(第五版)中的 3 种释义正是"晒"的显义。从这些显义中我们可以看出,"晒"最常用的意义是指将事物置于阳光下,隐含有将事物公之于众的意义。而作为"展示""公开"之类的意义当时并没有出现,所以它们当时只是"晒"的潜义。而当"晒工资条"之类的用法出现后,"晒"身上一直来潜藏着的"展示""公布"等潜义就得以显性化了。之后,随着"晒 X"的日趋走红,"晒"的其它潜义也由此不断地得以显现。诸如:例 29 邀您晒晒武汉美丽街景(《武汉晚报》,2018-10-15)。其中的"晒"表"分享、共享"等意。

例 30 外国一网红网上炫富晒豪车,竟牵出海关父亲腐败案(网易新闻,2019-04-06)。其中的"晒"表"炫耀、夸耀、显摆"等意。

例 31 曹云金晒恶评原因是什么,曹云金晒恶评事件始末揭秘(海峡网,2018-10-20)。其中的"晒"表"揭露、曝光"等意。

例 32 南科大一学生退学,博文晒不满(《南国都市报》,2011-06-30)。其中的"晒"表"发泄、坦露"等意。

如前所析,随着人们对"晒 X"结构的普遍接受和广泛使用,"晒 X"结构逐渐形成了一个新兴的词族,而"晒"在这一结构中所表达的意义也被《现代汉语词典》(第六版)所吸纳,生成了"展示自己的东西或信息供大家分享"的新义项,由此,这一义项也就完成了由潜到显的发展过程。同时,这一义项还被单独列为一个词条,形成了新词"晒²"。

2."秀"显化的过程及内容

"秀"最初并无"表演、演出"的意思,这一义项音译于英语单词"show"。当"秀"的"表演、演出"这一义项逐渐被人们广泛使用时,就是该词义由潜到显的转化过程。而当这一意义出现在《现代汉语词典》的第五版中时,则意味着其已完成了由潜到显的转化,成为"秀"的一个显义了。

如今,"秀"一词又吸收了"show"的动词词义,生成了"给……看""展示"的模标义,用于"秀 X"的模槽中,构成了"秀 X"这一新兴的词族。但"这一用法虽被人们所使用,日常生活中也常见,但其并未被收入到词典当中,从狭义上说,这是狭义的潜义,即显词中可能出现的不见于词典释义的含义"①。因此,"给……看""展示"等意并未完成由潜到显的过程,仍属于"秀"的潜义。

根据以上分析可以看出,"晒"与"秀"在潜义显化的过程和内容上呈现出有同有异的现象。相似之处:在潜义显化的过程中,它们的潜义都曾受过外来词的影响。不同之处:两者潜义显化的最终结果并不相同:"晒 X"词语模中的模标"晒"所表达的意义已被词典所收录,完成了潜义显化的发展过程;而"秀 X"词语模中的模标"秀"所表达的意义虽也在日常生活中流行,但因尚未被收录至词典中,故其仍处于潜义显化的过程中。另外,在潜义显化的内容上,"晒"词族具有一些"秀"词族所不具有的意义,如"炫耀、夸耀、

---

① 周洪波:《新词语中潜义的显义化》,《汉语学习》1996 年第 1 期,第 36—39 页。

显摆""揭露、曝光"等,因此"晒"词族的内涵要比"秀"词族复杂丰富。

(二)潜义显化的制约因素的对比

语言作为人类最重要的交际工具,显然,它是为人们的社会交际活动服务的,因此,只有交际活动所需要的东西才会被人们运用。而这种社会交际活动的需要就是潜性语言成分显性化的条件。一个潜语言现象,一旦它所需要的必要的和充分的条件具备了,它们才有可能显性化。正如王希杰先生所说:"潜性语言成分的显性化取决于社会文化语用条件是否充分。反之,显性语言成分一旦失去了存在的必要和充分的条件,也会消失,即显性语言的潜性化。这就是社会文化语用条件对语言的发展演变的制约。"①

那么,这种制约着"晒"词族和"秀"词族由潜转显的社会文化语用条件具体又有哪些呢? 以下,我们就从语言的外部因素和内部因素两方面来进行探究。

1.语言外部因素

制约着"晒"词族和"秀"词族由潜转显的语言外部因素主要表现在以下两个方面。

(1)社会因素

我们知道,语言是随着社会的产生而产生、随着社会的变化而变化的。而这种社会因素也正是推动、制约潜语言显性化的重要因素。如:社会的发展促成了大量新事物的出现以及认识的深化,而这些因素也正是促成潜词显化的重要因素。因社会生活的多元化及社会现象的复杂化,必然引发新事物、新现象、新观念或新思想的产生,为记录这些新的语言现象,满足人们的生活需要,便会产生许多新词语。并且,随着中国对外开放的不断深入以及全球经济一体化的趋势,中国与世界各国的经济、政治、文化联系日益密切,推动了大量新词语的产生。如从搜集的语料来看,单单"晒"词族就产生了150个新词语。

同时,社会的发展推进了网络技术的高速发展,而正是这些网络技术,为新词语的产生与传播创造了良好的条件。如"晒"词族与"秀"词族,"晒"与"秀"的新义便由英语单词音译而来,被人们用来记录、分享各自多样化的生活。随着大众媒体的普及与网络环境的开放化,"晒 X"与"秀 X"的使用成为热潮,逐渐形成"晒"词族与"秀"词族。

(2)心理因素

潜语言的显性化是交际需要的产物,它往往是为了达到某种特殊的交际效果而产生的。因此,潜语言的显性化也与人们的交际心理因素密切相关。人们的交际心理直接影响着新词新语的产生,这种现象主要表现在以下三个方面。

第一,避繁趋简心理。随着当代生活的节奏不断加快,人们的信息交换活动也日益频繁,为省时省力,人们经常会采用简短的语言形式进行交流,这就会产生大量的新词新语。如"晒"词族中的"晒"与"秀"词族中的"秀",人们用它们来代替"分享""展示"等相关意义的词,音节上由双音或多音节缩短为单音节,意义上一词多意,这便是人们避繁趋简心理作用的结果。

---

① 王希杰:《修辞学通论》,南京大学出版社1996年版,第227页。

第二,求新求异心理。求新求异是人类的一种正常心理,受此心理的驱使,人们在交际时往往会想方设法地追求新颖的、陌生化的言语表达方式,以展示自己的独特性。因此,把"曝光社会问题"说成"晒黑",把"展示自己的舞姿"说成"秀舞姿"等新颖独特的说法,显然就更能迎合人们的心理,也就更能受到人们的青睐了。

第三,从众心理。所谓"从众",就是"随大流"。初现于网络的"晒X""秀X"格式,由于其形式新颖,具有强大的吸睛效果。为追赶时尚、追逐潮流,人们会下意识地接受、模仿并运用,慢慢地,这一特定的词语模式便传播地越来越广,甚至形成了一股浪潮。

总之,上述的社会和心理两个因素正是对"晒"与"秀"的潜义显化及其词族发展具有重要制约作用的外部因素。

2. 语言内部因素

所谓语言内部因素,主要指的是"语言自身的规律,它描绘了语言内部的结构、运动、产生、发展、消亡、互动等诸多情形"[1]。毋庸赘述,语言内部的因素对潜语言的显性化具有极其重要的制约作用。下面,我们将分别从内部结构和语义搭配两个方面来对制约"晒"与"秀"的潜义显化及词族发展的语言内部因素展开对比分析。

(1)语言结构的推进与制约功能

关于由语言的内部结构而构成的推进与制约功能,我们首先来看看其共性部分。

"晒X"与"秀X"都是后空型词语模,所谓后空型词语模,指的是模标在前而模槽在后的词语模[2]。后空型词语模因模标在前,相对来说模标的意义具有较强的独立性,故不容易虚化,"晒"与"秀"均具有此项特点。正因为此,"晒X"与"秀X"的词语模中模槽"X"的包容性较强,其不论在音节还是在词性还是词义方面,都表现出较大的灵活度。而正因为模槽"X"的内容丰富,与其搭配的模标"晒"与"秀"的意义为符合语义也会相应增多,由此便促成了"晒"与"秀"的潜义显化运动。另外,由于"晒"词族和"秀"词族的模标都是单音节的,单音节模标的意义自然会比双音节的更容易变化,这也在一定程度上促进了"晒"与"秀"的潜义显性化运动。

由此可见,正是"晒X""秀X"这种单音节、后空型的词语模结构形式,成了促成"晒"与"秀"潜义显化及词族发展的有利因素。

然而,就其词语模的具体语素而言,"晒X""秀X"又存在着个性的差异。

首先,"晒"本是一个既可单用、也可组合成"晒X"结构的动词,而后起的"晒"族词中的"晒"虽由"share"意译而来,但其使用的形式也同样是"晒X"结构,因此,人们在生成或使用这一语言现象时无须考虑其用法是否符合语言规范,故既方便又易懂。另外,从词语模的角度上看,"晒"词族模标与模槽的位置是固定的,不存在"X晒"等其他的形式。这两者都使"晒"一词在潜义显化中拥有着得天独厚的条件。而"秀"词族的情况则不同。"秀"先是吸收了"show"的名词性的用法,多用于"X秀"结构中,如"肌肉秀""旗

---

① 宗守云:《新词语的立体透视:理论研究与个案分析》,广西师范大学出版社2007年版,第167页。

② 李宇明:《词语模》,邢福义主编《汉语语法特点面面观》,北京语言文化大学出版社1999年版,第146—157页。

袍秀"等，之后才吸收了"show"的动词性用法，逐渐形成词语模"秀 X"并族群化为"秀"词族，如"秀肌肉""秀旗袍"等。由于"秀"本身并无动词性的用法，人们在使用之前会考虑其用法是否符合语言规范，故其潜义显化的进程容易受到阻碍；而且，从词语模的角度来看，"秀"词族外还存在着一个和其构成材料相同但模槽模标完全不同的"X 秀"的词语模，这也对"秀"的潜义显化产生了一定的制约作用；另外，因"晒 X"词族的用法早在"秀 X"词族产生之前就已经颇为流行，故一般情况下，人们会倾向于使用自己所熟悉的表达方式，使用者的这种心态对"秀"的潜义显性化起了阻碍作用。

（2）语义搭配的推进与制约功能

另外，我们还可以从语义搭配的角度对两个词语模中模标由潜到显的生成及制约情况作进一步的探讨。

根据王希杰先生的"三一"理论中的"零度"和"偏离"学说，我们可以将"晒 X""秀 X"中"晒"和"秀"的种种潜义区分为"零度"和"偏离"两类，并由此来预测其由潜到显的转化几率。如：

我们可以将"秀偶像""秀心得"等一些合乎语言常规的潜性语言形式称为"零度潜语言"①，这些词虽然目前没有出现在"秀 X"的词族中，但由于其模槽"X"的结构和意义范围与"晒 X"中的相同，故完全符合语言的内在结构规律，因此我们可以大胆地预测：这些"秀"的零度潜语言形式将来很可能会转化为显性语言现象。

同时，我们也可以将"秀不满""秀迷惘"等现象称为"偏离潜语言"②。因为，作为模标的"秀"一词，因受其语义的限制，其所搭配的对象应该均为表达美好意义的语素与词，故它不可能将一些表现消极意义的语素放进模槽组合为词语模。因此，我们可以据此而推论："秀不满""秀迷惘"等"偏离潜语言"现象将极少有机会转化为显性语言现象。

由上可见，"晒 X"与"秀 X"的内部结构和语义搭配两者正是对"晒"与"秀"潜义显化及词族发展具有重要制约作用的语言内部因素。

结　语

词汇作为语言三要素中最为活跃、变化速度最快的一个要素，在近年来变化最为显著的一个特征就是一大批新词新语以族群化的形式产生并聚集合成词族。本文通过对"晒"词族与"秀"词族的语义、结构、生成及其条件的对比分析，探究了"晒"族词与"秀"族词由"潜"到"显"的动态过程及其发展的规律。

首先，本文从理性意义和感情色彩义对词族"晒"与"秀"的语义进行了归纳和对比，对比发现：第一，"晒"与"秀"都含有"将事物展示给别人看、与别人分享"之意，但"晒"还有"炫耀"、"揭露、曝光""发泄"等意思；第二，在动态语境下，"晒"的感情色彩较为丰富，需要结合具体语境作出判断，而"秀"所呈现的则均为褒义的感情色彩。

---

① 王希杰：《修辞学通论》，南京大学出版社 1996 年版，第 225 页。

② 同上。

其次,本文运用了数据统计的方法,对"晒/秀 X"结构中"X"的词性类别、词义范围及音节数量进行了统计和归纳,通过对比分析发现:在"X"的词性类别与词义范围上两者存在着明显的差别,而在"X"的音节数量上两者具有相同的特点。

最后,本文以"潜显"理论为指导并借助"词语模"理论,对"晒 X"与"秀 X"词族的生成及其条件进行了较为深入的挖掘与探析,对比后发现:第一,"晒"已初步完成了潜义显化的过程,而"秀"则仍处于由潜到显的转化过程中;第二,"晒"与"秀"的潜义显化及其词族发展具有相同的外部制约因素——社会和心理因素;第三,"秀"因一方面受到其词语模内部因素的制约,另一方面又受到"晒 X"流行度高的外部空间挤压,故其潜义的显化及词族的发展相对于"晒"而言,会呈现出过程缓慢,空间较受限的局面。

当今网络时代中,大量新词语广为流行,各种词族不断生成。面对这一语言现象,本文通过对大量语料的对比、数据的统计,分析了"晒"族词与"秀"族词的发展动态及显化规律。虽然由于笔者水平有限,这一研究的水平还很浅薄,文章在专业理论、逻辑思维、语言表达等方面均还存在诸多不足之处,但尽管如此,这一研究,不论是对于帮助人们提高和运用"晒 X"与"秀 X"词族的言语实践能力,还是对于帮助人们深入探索新词语产生、发展的趋势及流行原因等,都是具有一定作用。

参考文献

(1)专著
[1]王希杰.修辞学通论[M].南京:南京大学出版社,1996.
[2]宗守云.新词语的立体透视[M].桂林:广西师范大学出版社,2007.
(2)期刊文章
[3]刘楚群,龚韶.词语族的构造理据及规范问题分析——基于"X 族""X 奴"的对比分析[J].语言文字应用,2010(2):42-48.
[4]仇伟."秀"族结构的认知构式研究[J].语言教学与研究,2012(4):68-73.
[5]方清明,彭小川.从认知—心理视角研究新词语[J].语言文字应用,2013(3):79-87.
[6]惠天罡.近十年汉语新词语的构词、语义、语用特点分析[J].语言文字应用,2014(4):26-34.
[7]杨绪明.新词语的族聚特征及其社会文化心理[J].语言教学与研究,2014(1):105-112.
(3)学位论文
[8]曹春静.当代汉语词语模研究[D].上海师范大学,2007.
[9]熊洁.现代汉语新词新语词语模研究[D].四川师范大学,2013.

修辞学视域下的"鸡汤文"研究

林君君

摘　要:"心灵鸡汤"和"毒鸡汤"在词语运用、句式运用和风格特点方面既有共同规律,又有各自的典型特征。从共同规律看,"心灵鸡汤"和"毒鸡汤"都用抽象名词突出主题,用反义词组句,大都以肯定句和祈使句的句式为主。从典型特征看,"心灵鸡汤"用词往往带有强烈的情感色彩,惯用文笔优美的修饰词组句,基调积极向上;而"毒鸡汤",或在"心灵鸡汤"的基础上对其进行改编,或由原有句子中的某些词语改编构成,语言明白晓畅,基调辛辣犀利。通过分析这两类"鸡汤文"文本,我们可以发现表达者所要表达的意义和接受者所理解的意义在不同的语言环境中会表现出不同的特点,产生不同的修辞效果。

关键词:心灵鸡汤;毒鸡汤;修辞特点;修辞效果

引　言

(一)"鸡汤文"的形成历史

鸡汤,是营养、美味的补品。而"心灵鸡汤"则是指充满温暖感情和正能量的话语。"心灵鸡汤"最早源于天主教。天主教教典规定:复活节前的40天期间为大斋,而大斋开始所遇星期三为四旬斋的开始。在这一天,为了彰显"节衣缩食"的虔诚与自我克制,去教堂参加弥撒活动的成年人只能吃一顿饭,且不可摄入肉类。为了尽善尽美地履行这个规定,有条件的天主教教堂会准备好鸡蛋汤为进食不足的信众们补充体力,这鸡蛋汤的教名便唤作"从善的精神之汤",俗称"心灵鸡汤"。

根据这种理解,传承至今已有两千四百多年历史的《论语》当为最早的"心灵鸡汤",而最早创造"鸡汤文体"的当是孔老夫子了。其实,中国人自古就有爱喝"鸡汤"的传统,《论语》《道德经》等都带有一些"鸡汤"的滋味。再如唐代诗人李白的"天生我才必有用",杜甫的"会当凌绝顶,一览众山小"等诗歌蕴含的不怕困难的乐观精神激励了众多中华儿女奋勇向前。再往后推,明朝人洪应明撰写的《菜根谭》同为古装版本的"心灵鸡汤",如"遍阅人情,始识疏狂之足贵;备尝世味,方知淡泊之为真"等语录。

到了现代,1981年创刊的《读者文摘》(后改名为《读者》)摘录了不少以故事和哲理相结合的"心灵鸡汤",以至后来成功引发了全民阅读"心灵鸡汤"的热潮。到了 20 世纪八九十年代,"心灵鸡汤"在诗歌界大放光彩。80 年代末,汪国真教科书级别的鸡汤诗句:"我不去想是否能够成功,既然选择了远方,便只顾风雨兼程"风靡一时;90 年代,周国平的幸福哲学"上帝为每个人设计的方案无须更改,重要的是能够体悟其中的意蕴"、旅美作家刘墉结合生活写下的"成熟的人,不问过去,聪明的人,不提现在,豁达的人,不问未来"等诗句深受民众欢迎。2001 年时,以《谁动了我的奶酪》为代表的励志文学迅速流行,"奶酪"一度成为精神励志的代名词。至 2006 年,在央视"百家讲坛"连续七天播出的专题讲座"于丹《论语》心得",受到观众的热烈欢迎。而后,《于丹<论语>心得》登入书市,于丹也因其特有的"心灵鸡汤"式的方式解读《论语》而名噪一时。近几年,随着社交媒体的兴起,以微博和微信为主的社交平台迅速发展,随之而来的是"心灵鸡汤"的全民创作。除了传统的"故事+哲理"类"鸡汤文",省去鸡汤小故事的语录体"心灵鸡汤"被大量阅读与转发。在当今快餐化、碎片化阅读的时代,"鸡汤文"又开始演变成了各式各样的"鸡汤语录"。一大批"心灵鸡汤"类文章、语录的纷纷问世,则奠定了"心灵鸡汤"在大众文化中的地位。

然而,随着"鸡汤文"的大量涌现和被点击阅读,人们逐渐注意到,所谓的"心灵鸡汤"并不能在真实的生活层面上给予指导和帮助,因此,它只是一种心灵上的"伪鸡汤",甚至是"毒鸡汤"。于是,自 2014 年起,以打破"心灵鸡汤"所产生的虚无幻想来警醒人们科学理性地面对现实的"毒鸡汤"应运而生。

(二)"鸡汤文"相关概念的界定

关于"心灵鸡汤"及"毒鸡汤",目前学界虽然尚无确切的定义,但学者们对其主要特点等相关的论述则已有不少。

关于"心灵鸡汤"的概念,汪凯(2017)认为,人们常常将具有励志和情感慰藉作用的书籍、文章或其他形式的文本都称为心灵鸡汤,所以心灵鸡汤可以看作是当代大众文化中非常广泛的一个文本类型。胡家桢(2016)则指出:"传统的'心灵鸡汤'通常指以叙事兼说理为行文思路、以励志为主题的小故事。"吴一夫等学者(2016)的普遍观点:"心灵鸡汤"是指那些"充满知识、智慧和感情的话语,柔软、温暖,充满正能量,既可以怡情、作阅读快餐,亦可移情,挫折、抑郁时,疗效直逼'打鸡血'。"

至于什么是"毒鸡汤",汪凯认为,"毒鸡汤""是对心灵鸡汤的'对抗性'文本类型之一,它们流传于一些论坛性空间(如微博、知乎、百度贴吧),具体文本的作者并不可考,可谓是众多网友参与创作、编辑、改编与传播的参与式文化"。胡家桢则总结出了"毒鸡汤"的相关特点,认为"毒鸡汤"一般都是来自对"心灵鸡汤"的改编和调侃,是网友对"心灵鸡汤"不满的一种宣泄。

所谓鸡汤语录,胡家桢认为,鸡汤语录是以说理、励志为主题,但是省去了鸡汤小故事述说故事情节的部分,在篇幅上更加简短干练的"心灵鸡汤"。

笔者觉得吴一夫等学者关于"心灵鸡汤"的论述较为全面、合理,基本符合对象的客观实际,故本文主要采用该观点对"心灵鸡汤"下定义。即"心灵鸡汤"是指充满温暖感情和正能量的话语。

而"毒鸡汤"作为新出现的语言现象,可供参考的资料有限,笔者根据目前的文献,归纳出"毒鸡汤"的定义。即"毒鸡汤"是对"心灵鸡汤"的改编和调侃,是众多网友用黑色幽默的语言参与创作、编辑、改编与传播的参与式文化。

需要说明的是,"心灵鸡汤"和"毒鸡汤"的语料皆来源于一些论坛性空间(如微博、知乎、百度贴吧),具体文本的作者并不可考,是众多网友参与创作、编辑、改编与传播的。且从上述介绍中我们可以看出,"心灵鸡汤"可分为传统的故事和哲理相结合的"心灵鸡汤"及省去"鸡汤"小故事的"心灵鸡汤语录"两类,而"毒鸡汤"则仅有篇幅短小的语录形式。为保持本文对"心灵鸡汤"与"毒鸡汤"研究的一致性,下文所指的"心灵鸡汤"均为"鸡汤语录"。

(三)"鸡汤文"的研究意义

"鸡汤文"风靡互联网的主要原因是因为其对有些接受者或多或少起到了某种精神慰藉的作用。其中"心灵鸡汤"的基调积极向上,能提供"正能量"来帮助人们面对现实生活,其功能是安抚某些生活中的失意者,使其获得心灵上的安慰;而"毒鸡汤"则辛辣犀利地戳穿现实中的残酷真相,告诉人们应该直面现实,丢弃幻想,其功能是提供了一个集体泄愤的媒介出口。

"鸡汤文"作为一种大众化、流行性的文化、语言现象,显然颇具研究意义。然而,笔者在考察、研读了大量的"鸡汤文"文本后却发现:从修辞学的视角来分析这一现象显然也是一个很有意思的话题。因此,本文将从语言学的角度切入,重点对"鸡汤文"文本的修辞现象加以研究,努力探寻并归纳出其中的某些特点和规律。

一、"鸡汤文"文本的修辞特点

研究"鸡汤文"这一新兴语言现象的修辞特点,主要从词语运用、句类运用及风格特点等方面展开。

(一)词语的运用

词是语言中最小的能够独立运用的表意单位。因此,我们研究"鸡汤文"的语言特色,首先可以从对词语运用的考察开始。以当前网上颇为流行的200条鸡汤语料为样本,笔者通过对它们的详细考察、整理归纳后发现,现有的"鸡汤文"在用词方面主要存在着以下特点。

1.多用抽象名词

"鸡汤文"大多以抽象名词来突出主题。笔者注意到,在所抽取的200条语料中,以抽象名词作为表达主体的语段达到了百分之八十。而且,这些抽象名词中的大部分都是"岁月""情感""人生""生活"等词语。显然,这些抽象名词的大量使用是与其语篇所表达的主题与目的密切相关的。例如:

①时间是世界上一切成就的土壤。时间给空想者痛苦,给创造者幸福。

②感情这东西很难处理的，不能往冰箱里一搁，就以为它可以保存若干时日，不会变质了。

③人生不如意十有八九，剩下的一二是特别不如意。

④生活不止眼前的苟且，还有读不懂的诗，和到不了的远方。

考察以上各条"鸡汤文"，我们不难看出，上述各例分别以"时间""感情""人生"和"生活"这四个抽象名词为主题进行叙述。①②句的"心灵鸡汤"分别表达了"时间给创造者幸福""感情需要精心打理"等积极向上的观点；③④句的"毒鸡汤"则表达了"人生充满不如意""生活有各种无可奈何"等消极悲观的观点。

宽泛的而不是具体的抽象名词的大量使用，既能使"鸡汤文"更贴近人们的生活，适用于每个人，同时又能使语录这一有限文本集中笔力阐释某一抽象的主题，从而更有利于实现表达目的。

2. 多用反义词

其次，"鸡汤文"大多以意义相反、相对的成对反义词来组成一个完整的句子。如：

⑤积极的人在每一次忧患中都看到一个机会，而消极的人则在每个机会都看到某种忧患。

⑥所有的失败都是为成功做准备。抱怨和泄气，只能阻碍成功向自己走来的步伐。放下抱怨，心平气和地接受失败，无疑是智者的姿态。抱怨无法改变现状，拼搏才能带来希望。

⑦富人生活千姿百态，穷人大致相同。

⑧为什么总是天妒英才呢？因为没人管笨蛋活多久。

上述⑤⑥句为"心灵鸡汤"，两句中的"积极"和"消极"、"失败"和"成功"分别是两对反义词，而⑤中的"忧患"和"机会"、⑥中的"抱怨"和"拼搏"则是在特定语境下构成的反义词。⑦⑧句为"毒鸡汤"，例句中的"富人"、"英才"与"穷人"、"笨蛋"分别类属优势方与弱势方，也构成了两对反义词。显然，上述这些反义词的运用，使两种不同概念、事物、观点、对象等之间的矛盾对立关系表现得更为鲜明，更为强烈，使接受者产生一种视觉上的强烈冲击乃至心灵上的极大震撼。

3. 其他

除了上述两项共同点外，"心灵鸡汤"和"毒鸡汤"还各有自己的一些特点。如：

"心灵鸡汤"的用词往往带有强烈的情感色彩，其中既有"欺骗""抱怨""自私"等具有不快色彩的词语，也有"拼搏""踏实""勤奋"等蕴含愉悦色彩的词语。如：

⑨所有的失败都是为成功做准备。抱怨和泄气，只能阻碍成功向自己走来的步伐。放下抱怨，心平气和地接受失败，无疑是智者的姿态。抱怨无法改变现状，拼搏才能带来希望。真的金子，只要自己不把自己埋没，只要一心想着闪光，就总有闪光的那一天。

⑩积极的人在每一次忧患中都看到一个机会，而消极的人则在每个机会都看到某种忧患。经历会使人变得更加成熟，让人懂得幸福与忧伤，快乐与痛苦的真正含义。其实，人们总是在登过幸福的顶峰，再跌落到不幸的深谷之后，才能品尝到快乐与痛苦的滋味，才能明白在这个世上，只有失去才最永恒。

例句中的"心平气和""拼搏""积极""幸福""快乐"等词都具有愉悦色彩,催人上进,而"抱怨""泄气""消极""忧伤""痛苦"等词则带有明显的不快色彩。"心灵鸡汤"需通过具有不快色彩的词语来突出具有愉悦色彩的词语,达到激励人心的目的,而带有愉悦色彩及不快色彩的词语在"心灵鸡汤"这一有限文本中形成爱憎分明的态度,其用词就比较容易带上情感色彩。

而"毒鸡汤"因为常常要表现出对某一观点的批判,故往往会出现通过对原有句子中的某些词语进行改编而构成的词语现象,如古诗词、成语、俗语、歌词、广告语等。

⑪在天愿作比翼鸟,在地愿做土豪佬。

⑫物以类聚人以穷分。

⑬车到山前必撞树,船到桥头自然沉。

⑭生活不止眼前的苟且,还有诗和远方的苟且。

以上四句"毒鸡汤"都是对古诗词、成语、俗语及歌词中一些词语的改编而形成的,如⑪改自叙事诗"在天愿作比翼鸟,在地愿为连理枝";⑫为仿照"物以类聚,人以群分"的古代成语而造出来的;⑬改自俗语"车到山前必有路,船到桥头自然直";⑭为仿照"生活不止眼前的苟且,还有诗和远方的田野"的歌词而造出来的。这种对原词语的改编现象常常既出人意料又在情理之中,故具有给人带来幽默风趣的同时又发人深思之效。

(二)句类的运用

鸡汤文在句子使用上的特点,主要表现为以下两点。

1. 肯定句的运用

肯定句是从正面表达,对事物作出肯定判断的句子。肯定句语意真切、语气较强。"心灵鸡汤"和"毒鸡汤"都是通过独白式的文本,肯定一件事实,向读者表达某种确切的价值观,而肯定句是肯定事实表达观点的最佳句式。如:

⑮人生就像杯中酒,会喝的人是享受,不会喝的人是受罪,喝的人不同,各种滋味亦不同。

⑯最好的学习是对过去的反思,最好的教训是你曾经历过的失败。

⑰别说你一无所长,熬夜玩手机你是一把好手。

⑱社会主义初级阶段的主要矛盾,是人民群众日益增长的物质文化需求和没钱之间的矛盾。

读着上面这些肯定句,我们能很确切地接收表达者所传递的信息。因此,在"鸡汤文"中使用肯定句,读来语意真切,能给人带来一种毋庸置疑的语气,更容易让读者接受和信服说话人的看法。

2. 祈使句的运用

祈使句是表示某种请求、商量、命令、劝阻或警告的句子。"鸡汤文"在传递某种观点时,句子往往还带有命令、禁止及请求、劝阻的意味,即要求对方做或者不要做某事。因此"鸡汤文"文本较多使用祈使句。如:

⑲别把窘境迁怒于环境或他人,你唯一需要抱怨的,只是懒拖、不够努力的自己。

⑳永远宽恕你的敌人,没有什么能比这个更让他们恼怒的了。

㉑不要哭,别忘了你的睫毛膏不防水

㉒好好活着吧,因为我们会死很久。

就激励人生、鼓舞人心的效果来看,在"心灵鸡汤"中大量运用祈使句式,便于传递积极、励志等正能量的内容,从而达到号召、劝勉、训诫的目的;而就揭示现实的残酷的效果来看,祈使句在"毒鸡汤"中的运用则能产生欲抑先杨的后果,体现其以黑色幽默的态度直面人生的特色。

(三)风格的特点

"心灵鸡汤"和"毒鸡汤"都是独白式的文本,作为"鸡汤文"的两种类型,其在风格类型上表现出不同的特点。

1."心灵鸡汤"的风格特点

(1)审美色彩浓郁

"心灵鸡汤"运用比喻、对偶、排比等修辞格来展开叙述,表现出了浓郁的审美色彩。如:

㉓人生就像一局棋,有时进不一定赢,有时退不一定是输。该得的时候就不要犹豫,果断拿下;该失的时候当让则让,绝不可惜。用大气派谋篇布局,审时度势;于细节处头脑清醒,小心运行每一步。

㉔心中有梦,才能看到远方。心中有路,才能走得踏实。

㉕赞赏别人是一种境界;善待别人是一种胸怀;关心别人是一种品质;理会别人是一种涵养!

㉓句运用比喻,将"人生"比作"下棋",化抽象的"人生"为具体的"下棋",使文本通俗易懂;㉔句采用对偶,高度概括文本内容,字数的相等、结构的相同、意义的对称使文本节奏感极强;㉕句使用排比,三个句子并排,可增强语言气势,能更严密、更透彻地阐释道理,更淋漓尽致地抒发感情。

(2)基调积极向上

"心灵鸡汤"的基调通常是积极向上的,以温暖的话语来叙述人生故事或道理,以此来帮助读者解读与调和诸如现实生活的成功与失败、物质获取与精神需要、个人情感与家庭责任、社会标准与自我认同等一系列日常生活领域中的焦虑与冲突,指导读者积极面对现实。如:

㉖别受了点伤就一蹶不振,毕竟未来还有许多大风大浪等待着你去乘风破浪。

㉗怕苦的人将苦一辈子,不怕苦的人只苦一阵子。

㉖句告诉人们"人生有很多的磨难,要坚强面对困难",㉗句向读者传递了"吃得苦中苦,方为人上人"的人生观。这些观念乐观、积极,能调和、抚慰特定读者的情绪,带动读者积极面对日常生活中的困难。

2."毒鸡汤"的风格特点

(1)语言明白晓畅

首先,语言明白晓畅是"毒鸡汤"最显著的风格特点。"毒鸡汤"善于运用确切的字眼直接叙述,语言简约易懂,读来平白如话,显得真切深刻,又平易近人。如:

㉘你全力做到最好,可能还不如别人随便搞搞。

㉙别说灰姑娘有多美好,鞋若真合脚,当初就不会掉。

上述例句都表现出了非常鲜明的口语化色彩。如,句中所用的词语非常浅显、通俗;如㉘句中的"随便搞搞",㉙句中的"合脚""当初"等等。所使用的句子也大都为大白话,语言少有修饰成分,朴实易懂、明白晓畅,就像是和人聊天的话语;其所表达的内容,也是非常贴近日常生活,让人倍感熟悉、亲切。

(2)基调辛辣犀利

"毒鸡汤"总是以辛辣犀利的基调直面人生。它常常借用"心灵鸡汤"原文的前半部分,看似鼓励满满,后半部分则话锋一转,直击当下社会问题,给予读者重重一击。如:

㉚努力不一定会成功,但不努力就一定不会成功。

㉛努力不一定会成功,但不努力一定会很舒服哦。

㉜爱笑的女生运气不会太差。

㉝爱笑的女生运气不会太差。说实话,如果一个女生运气一直不好,我不知道她怎么笑得出来。

㉛句由借㉚句"心灵鸡汤"的前半部分,改编其后半部分而来;㉝句则直接补充了㉜句"心灵鸡汤"的后半部分。我们将"心灵鸡汤"与"毒鸡汤"作对比式的阅读时,不难看出现实生活中的每个人都能感受到"不努力可以安逸"与"厄运带来苦闷"的真实性。因此,相较于"心灵鸡汤"的肯定努力、劝人向上,"毒鸡汤"则辛辣、犀利地揭示了现实。

二、"鸡汤文"应用中的修辞效果

"鸡汤文"除了本身具有鲜明的特点外,其在不同的语言环境中又会表现出不同的特点,产生不同的修辞效果。以下我们主要从表达和接受两个不同的语境来展开考察。

(一)从表达者角度看

首先,我们从表达者的语境角度来看看"鸡汤文"的表达特点及其修辞效果。"鸡汤文"的表达者主要可分为主流媒体、普通网民和专业作者三种群体,作为不同的表达者的不同语境,其所产生的特点及效果差异也显然是各不相同的。

1.主流媒体的表达特点及效果差异

主流媒体主要是为社会或特定范围内的主流人群对象提供服务的,主流媒体作为传播媒介,成为这些人群获得资讯、思想和观念的主要来源渠道,且可实现经济效益和社会效益。

主流媒体拥有较高的权威性及影响力，其撰写、发表的话语具有一定的社会力量，进而具有引导大众舆论走向的优势。随着网络的高度发展，主流媒体也出现了"心灵鸡汤"式的新闻，特别是在灾难事件中。

在灾难事件这种特定的语境中，主流媒体所创作的"心灵鸡汤"式的报道显然具有提高受众积极情绪、增强公众凝集力的积极的修辞效果。美国资深媒体人凯瑟琳·格登斯坦曾做过的一项调查显示，当受众读了一则负面新闻后，其负面情绪会顿时激增。这项调查结果告诉我们，以传递正能量为主导的"心灵鸡汤"能有效地给予接受者精神上的安慰，从而稳定社会秩序。也就是说，当我们的媒体在报道某些负面新闻时，要注意从中发现亮点，发掘出正面的、积极的意义，传递一些正能量，这样才不至于让受众对社会太过绝望。如汶川大地震后，在各大主流媒体上大量出现的"四川加油，中国加油"等充满正能量的"心灵鸡汤口号"，这就有效地增强了灾区人民抗灾自救的信心，激发了全国人民对灾区人民的强烈关注和热情支持。又如雅安地震后的"雅安震定，华夏同心"；玉树地震后的"地震无情，人间有爱，玉树，我们永远在一起！"；昆明暴恐事件后的"逝者安息、昆明不哭，愿春城昆明，美丽依然，昆明安好！"等等。

但是，作为媒体，保持传播内容的严肃性、客观性、中立性显然是应放在首位的，如果新闻报道本末倒置，只强调"心灵鸡汤"式的安抚，却缺乏提供最为基本的新闻事实，则必然引起理性受众的抵触与反感。如在2014年3月发生的马航MH370客机失联事件中，《人民日报》的微博发布了这样一则消息：

㉞又一个黎明来临。此刻，你已失踪近54小时。239个生命，154名同胞，快回来！所有人都在祈祷，全中国等你进港。今天，救援仍将继续，我们还在守候。坚持，努力，说好不放弃。无论结果如何，我们在一起。等待奇迹！等你回家！

这则消息将报道的重点放在了"心灵鸡汤"式的祈祷上，却缺少对相关事件内容的及时更新与专业分析。很快，这一新闻因无法满足公众对事件信息的渴求而引起了公众的强烈不满。这种不满，就明显增加了公众对"心灵鸡汤"的逆反心理，促进了"毒鸡汤"的发展。

从以上的分析中可以看出，"心灵鸡汤"式的报道有助于凝聚人心，形成正确的舆论导向，但主流媒体应明确自身的功能与定位，及时更新事件的相关信息，保证接受者的知情权，增强其政治热情。

2. 普通网民的表达特点及效果差异

在当今信息碎片化的时代，人们往往更倾向于短时间内的快餐式阅读。而"鸡汤文"篇幅短小，恰好符合当今时代大众的阅读口味。且以微博、微信为代表的社交媒体为"鸡汤文"的传播提供了广大平台。因此"鸡汤文"在网络上呈现爆炸式的传播，由此引发了大量的经济效益。于是，越来越多的普通网民加入了创作"鸡汤文"的队伍。

由此可见，随着时代的发展，"心灵鸡汤"的表达者发生了巨大的变化。传统"心灵鸡汤"的表达者一般都具有较高的文化素养，而如今的"心灵鸡汤"则借互联网平台的自由开放性，实现了全民创作的可能，众多普通网民都加入了"心灵鸡汤"的创作队伍。这一变化造成了"鸡汤文"中的两种现象：一种是，由于参与"心灵鸡汤"创作的普通民众的整体素质、文化水平、思想观念等的不同，且缺乏类似出版社之类的"把关人"，故导致了文章质量的良莠不齐;另一种现象是,由于"心灵鸡汤"具有极为强大的传播效果,有些普通网民为了迎合受众口味、增加点击率,获取商业价值,就有意盗用一些名人的名字来发表自己的东西,从而造成了网络言论的真实性常常受人质疑的结果。如2014年网络流传着一篇署名为莫言的"心灵鸡汤":"香烟恋上了手指,手指却把香烟给了嘴唇,香烟亲吻着嘴唇,内心却给了肺……"该则"心灵鸡汤"因其署名而轻松获得了"100000+"的阅读量。然而,莫言则再三表示,"这些流传甚广的名言警句都非我所作,我向作者的才华表示敬意"。又如杨绛先生去世时,假借杨绛之名的"杨绛百岁感言"也很快传遍网络。

显然,由大量普通网民担任创造主体所构成的语境中,网络言论乱象丛生,这样的"心灵鸡汤"自然也就常常受到公众的质疑,由此,也引发了以戏谑方式模仿"心灵鸡汤"而作的"毒鸡汤"现象的产生。

3. 专业作者的表达特点及效果差异

如前所介绍,传统"心灵鸡汤"表达者多为拥有较高文化素养的专业作者。相对于大部分的普通网民的创作,这些专业作者往往拥有较为完备的知识体系、较为丰富的社会生活经验和较高的言语水平。因此,他们既有对社会客观事物很强的判断力和洞察力,又有很强的言语表达能力,故其创作的文本往往不仅言语优美、而且具有较强的指导实践作用。

由杰克·坎菲尔德和马克·汉森二位世界级励志大师联袂制作出版的《心灵鸡汤》系列丛书,就充分展示了专业作者的创作实力。而后,专业作者创作"心灵鸡汤"的形式的不断增加,如擅长用"成功"来激励读者的李开复,从强调两性情感的处理来引导读者的陆琪以及用"非洲草原狮子大象"来说理的俞敏洪等。

专业作者们不仅在"心灵鸡汤"的创作上驾轻就熟,而且在"毒鸡汤"的撰写中也游刃有余。他们的话语不仅言简意赅,还能一针见血,因而对接受者往往具有很强的说服力和引导力。事实上,这种力量的形成也取决于这些专业作者本身在读者心目中的影响力。如,爱尔兰作家、诗人、剧作家,英国唯美主义艺术运动的倡导者奥斯卡·王尔德可以说是专业作者中的代表,他文笔亦庄亦谐,既可以说出"看似痛苦的磨炼,往往才是真正的祝福"等激昂慷慨、振奋人心的"心灵鸡汤",也可以写下"世人无比宽容大度,他们可以原谅一切,除了天才"等揭露人性阴暗面的"毒鸡汤"。由于王尔德本身在文学艺术界已拥有重要的地位,其"鸡汤文"自然也就产生了更为强大的传播力和影响力。

(二)从接受者角度看

下面,我们从接受者的语境角度来看看"鸡汤文"的表达特点及其修辞效果。关于接受者在言语交际中的重要作用,正如有一句名言所说:"一百个读者就有一百个哈姆莱特。"同理,不同的接受者在接收"鸡汤文"时也往往会因受诸如情感环境、年龄、文化层次、主观语境、认知结构等条件制约从而形成接受效果的差异,即接受效果差。

1. 年龄因素导致的接受效果差

认知语言学家 Lakoff 和 Johnson 在《体验哲学–体验心智及其对西方思想的挑战》中指出:"概念是通过身体、大脑和对世界的体验而形成的,并只有通过它们才能被理解。

概念是通过体验,特别是通过感知和肌肉运动能力而得到的。"显然,人们获得事物的概念与人们对所处环境的体验有关,而体验主要受由年龄而带来的阅历的制约。即接受者年龄的不同会导致接受信息的效果的差异。

根据中国传统的划分年龄段的方法,我们可以把接受者的年龄阶层大致分为两类:一类是以 15 岁至 44 周岁的青少年和青年,一类是以 45 岁至 74 周岁的中、老年。

在青少年阶层,对未经世事的少年来说,他们的心智尚未成熟,面对生死、情感、人生等难题难免会茫然失措、躁动不安,因此他们需要温暖的"心灵鸡汤"来调剂内心。而对于心智已渐成熟、且正处在"成家""立业"双重压力之下的青年来说,他们经历了世事的打磨,对社会现实的认识已较为深刻,思想方式也深受新时代价值观的影响。因此,作为这一群体的他们,往往对一些一味"励志"、过度理想化的"心灵鸡汤"持抵触、抗拒的态度,而对那些以辛辣幽默、诙谐讽刺的语言戳穿人生的残酷事实,用"以毒攻毒"的方式对现实进行毫不留情揭露的"毒鸡汤"则赞赏有加。

就中老年阶层而言,这一年龄段的人对新事物的接受程度会随年龄的增长而逐渐削减,而且缺乏一定的创新力。因此,他们往往更容易沿袭老一辈的传统思想,比较愿意接受一些蕴含着传统价值观的"心灵鸡汤",对那些言词辛辣,幽默搞笑的"毒鸡汤"则不太感冒。

2. 文化层次导致的接受效果差

受教育程度和职业特点也是影响读者对"心灵鸡汤"和"毒鸡汤"接受效果的重要因素之一。根据马斯洛需求层次理论,文化教育程度较低的接受者往往在社会结构中处于底层,他们没有改变现状的能力及观念。因此,处于这一层次的人们对生活的思考往往比较简单,他们一般较少去思考"如何改变自己的生活现状"等问题,而更多地是对情感慰藉的期盼和寻求。因此,即使是对一些有温暖而无深度的"心灵鸡汤",他们也往往抱有好感,欣然接受。而对于那些受过高等教育的接受者来说,他们正处在实现自我价值的层面,价值判断能力较高,且容易因为阶级结构的不可撼动而带来的理想幻灭产生反叛心理,所以往往更倾向于接受"毒鸡汤"而排斥"心灵鸡汤"。

3. 情感环境导致的接受效果差

所谓情感环境,这里主要是指由接受者的特定心态及性格等情感因素构成的语言环境。我们知道,不同的性格和心态往往会影响到人们对某一对象的接受效果。如,人们在忧愁或愉快、喜爱或憎恨的不同心态下对同一个思维对象所下的判断往往会是大相径庭的,同样,接受者根深蒂固的心理行为和习性也往往会对修辞文本的解构产生重要影响。因此,心态和性格是造成接受者判断差异的两个重要因素。如:

一个性格易怒的人,当他面临现实的打击时,会无法静下心来接收"心灵鸡汤"式的柔柔的安慰,更倾向于直接用"毒鸡汤"宣泄自身的不满;性格温顺的人则更容易用温暖的"心灵鸡汤"慢慢抚慰自己的失意。同理,在心情烦躁时,人们需要偶尔发泄,喜欢用"毒鸡汤"作为泄愤的媒介出口;而在心态平和时,人们才乐于用"心灵鸡汤"激励自己前进。

值得注意的是,接受者的心态和所处环境的关系非常密切。比如,当接受者长期处于压抑、沉闷的环境时,就会变得焦躁易怒,更乐于接受"毒鸡汤"来宣泄和疏通内心的郁闷;但处在温暖、轻松的环境时,接受者更易接受积极、励志的"心灵鸡汤"。可见,所处环境会影响接受者的心态,从而影响接受者对文本信息的接受效果。

4. 主观语境制约下的修辞效果差

王希杰(2006)曾指出:"表达的意义是通过表达者的语境所创造出来的。在接受者方面,他所接受的意义其实是他所把握到的接受语境所赋予的,或者说是其接受语境的产物。"

表达者的主观语境与接受者的主观语境之间存在着"语境差",这种"语境差"会给人们带来一种错位性,往往导致表达者所要表达的意义和接受者所理解的意义的不同,甚至因为表达者和接受者所处时代的不同,出现"语境差"放大的现象,造成解码信息迥然不同的局面,导致接受者向表达者转换的情况。

例如:"世上没有绝望的处境,只有对处境绝望的人。"表达者在写这句话的时候所设置的语境是"处境"和"人",但在接受者不同的主观语境的制约下,对这句话的解读可能就会产生不同的效果。在有的接受者看来,作者想要表达的意思有两种:一是思维是决定判断事物的标准,只要改变判断事物的心态,就没有过不去的坎;二是这个世界上对处境绝望的人比比皆是。因此,语境的不同就会造成表达者和接受者双方之间在解读信息上的差异。

又如"天才是99%的汗水,加上1%的灵感"这句名言是以前的人们深信不疑的,表达者想借此句子传递给接受者"勤奋的重要性远超过聪明"这一信息。但是,随着时代的变化,由于接受者的主观语境的不同,有的接受者从现实生活中"因为方向错了,结果付出越多损失越大"的真实事例中解读出了该句中的错误信息,认为这种"心灵鸡汤"并不具有真正的指导意义,就以戏谑的方式模仿改编出了一则"毒鸡汤"——"天才是99%的汗水,加上1%的灵感,但那1%的灵感是最重要的,甚至比那99%的汗水都要重要"。显然,该则"毒鸡汤"传递出了和前者完全不同的信息内涵,它提醒人们:除了"努力""奋斗""坚持""乐观"等后天因素外,"天赋""运气""地位""容貌"等因素同样重要。

综上所述,表达者与接受者之间的"语境差"会导致交际双方对同一语言现象解读出完全不同的信息,产生出完全不同的修辞效果。

5. 认知结构制约下的修辞效果差

认知语言学认为语言的编码和解码都是以人类的大脑和经验为中介的。输出者和输入者生活经验和思维方式的不同决定了认知结构的不同。面对同一则话语文本,因为不同的认知结构,不同的读者会产生不同的解读。"心灵鸡汤"和"毒鸡汤"争议的出现,其很大一部分原因就是因为在交际双方之间未能建立起有效的沟通的桥梁。如果接受者的认知结构能够认同、接受表达者的编码,他就会和表达者所创作的"心灵鸡汤"产生共鸣。如下文中的㉟;如果接受者的认知结构反对表达者的编码,那么部分接受者会在"心灵鸡汤"的基础上创作"毒鸡汤"来表达自己的观点,如㉟到㊱。

㉟每一发奋努力的背后,必有加倍的赏赐。

㊱你这么努力,忍受那么多寂寞和纠结,我们也没觉得你有多优秀。

分析上述两例中表达者和接受者的关系,我们不难推断出:㊱的表达者作为㉟的接受者时,其认知的结构和㉟表达者的认知结构显然并不在同一个框架内,也正是因为这种认知结构的不同导致产生这两个内涵完全不同的鸡汤文本。

以上,我们主要从表达者、接受者及其两者间交际关系三个角度切入考察了"鸡汤文"在应用中的修辞效果。

结　语

"鸡汤文"是当今颇为流行的一种新兴的语言现象,具体可分为"心灵鸡汤"和"毒鸡汤"两类。"心灵鸡汤"以传递正能量为主,通常以积极向上的基调出现;而"毒鸡汤"则以批评现实为主,往往以黑色幽默的态度还原事物的本色,描述出现实的残酷真相。本文主要从修辞学的视角对"鸡汤文"展开研究,努力探寻并归纳出其在修辞方面所表现出来的特点。

本文的第一部分主要考察了"心灵鸡汤"和"毒鸡汤"文本中的修辞特点,归纳出了它们之间既有共同之处、又有各自差异的特征。

首先,就词语运用而言,"心灵鸡汤"和"毒鸡汤"都用抽象名词来突出主题,多用反义词组句。但"心灵鸡汤"的用词往往带有强烈的情感色彩,而"毒鸡汤"中则常有模仿原有句子中某些词语改编成新的词语的现象。

其次,就句式运用而言,"心灵鸡汤"和"毒鸡汤"大都以肯定句和祈使句的句式为主。

最后,就风格特点而言,"心灵鸡汤"多运用比喻、对偶、排比等修辞格展开叙述,审美色彩较浓,而语言明白晓畅是"毒鸡汤"最显著的风格特点;另外,"心灵鸡汤"基调积极向上,指导读者以积极的态度面对生活,"毒鸡汤"则基调辛辣犀利,直击当下社会问题。

本文第二部分主要考察了"鸡汤文"在应用中的修辞效果。文章从表达者和接受者的两个角度切入展开研究。

首先,从表达者角度来看,鸡汤文的表达者大致可分为主流媒体、普通网民和专业作者三种类型,这三种不同的表达者在创造"鸡汤文"时所表达出来的特点及产生的修辞效果有着明显的差异。主流媒体所创造的大多为"心灵鸡汤",尤其是在灾难事件的报道中。普通网民则以创作"毒鸡汤"为多。而专业作者则作凭借他们所拥有的敏锐洞察力和宽广眼界,既能在"心灵鸡汤"的创作上驾轻就熟,又能在"毒鸡汤"的撰写中游刃有余。

其次,从接受者角度来看,不同的接受者往往会受自身因素的影响而使"鸡汤文"的解读效果大相径庭。这些相关因素主要表现为年龄、文化层次、情感环境、主观语境和认知结构五个方面。其中,中老年阶层及少年阶层往往乐于接受"心灵鸡汤",而青年阶层则更易与"毒鸡汤"所表达的情绪产生契合;文化层次低的人通常喜欢借"心灵鸡汤"来获得情感的慰藉,文化层次高的人则更喜欢直面现实的"毒鸡汤";性格、心态等情感环境不同的接受者也会使"鸡汤文"的接受效果产生明显的差异;由于交际双方在主观语境和认知结构等方面常常处于不对应的状态,就导致了双方对同一语言现象常常会产生不同的解读效果。可见,交际双方在主观语境和认知结构等方面的关系同样也是影响"鸡汤文"修辞效果的重要因素之一。

由于笔者的逻辑思维能力、专业知识水平和科学研究能力等都还十分薄弱,上述论文中不论在论证的逻辑上还是在语言的表达上都还存在着许多不足之处。这些都有待于自己今后的不断学习、努力提高。

参考文献

(1)专著

[1]亚理斯多德. 修辞学[M]. 罗念生,译.北京:生活·读书·新知三联书店,1991.

[2]王希杰. 修辞学导论[M]. 杭州:浙江教育出版社,2000.

[3]陈汝东. 认知修辞学[M]. 广州:广东教育出版社,2001.

[4]吴礼权. 修辞心理学[M]. 昆明:云南人民出版社,2002.

[5]宗守云. 功能修辞学导论[M]. 桂林:广西师范大学出版社,2004.

[6]王寅. 认知语言学[M]. 上海:上海外语教育出版社,2007.

[7]施旭. 文化话语研究探索中国的理论、方法与问题[M]. 北京大学出版社,2010.

(2)期刊文章

[8]王希杰. 语境的再分类[J]. 西北第二民族学院学报(哲学社会科学版),2006(3):10-15.

[9]喻国明. 中国媒体官方微博运营现状的定量分析[J]. 新闻与写作,2013(1):84-87.

[10]邵杨. 生活补品,还是精神迷药——"心灵鸡汤"在当代文化中的流变与扭曲[J]. 艺术广角,2015(5):45-49.

[11]陈海,周艳艳. 微信朋友圈刻奇现象批判[J]. 河南教育学院学报(哲学社会科学版),2016,35(4):15-19.

[12]胡家桢. 鸡汤语录的话语分析[J]. 语文学刊(外语教育教学),2016(12):10-11+13.

[13]黄月琴."心灵鸡汤"与灾难叙事的情感规驯——传媒的社交网络实践批判[J]. 武汉大学学报(人文科学版),2016,69(5):114-118.

[14]吴一夫. 移动社交媒介正面信息传播分析——以微信上心灵鸡汤更受欢迎为例[J]. 新闻传播,2016(5):100-101.

[15]汪凯. 从刻奇到戏谑:"反鸡汤"作为一种感觉结构[J]. 新闻与传播研究,2017,24(10):32-48+127.

基于"搜狗·今日新词"的2017年网络新词语研究

潘阳阳

摘　要:网络新词语强大的能产性和一定的时效性,要求对其的研究需与时俱进。本文在前人的研究基础上,以"搜狗·今日新词"平台所推送的2017年度网络新词语为考察对象,重点对其中的构词形式与造词特色进行分析。本文通过对网络新词语构词法和造词法的分析,指出其总体上呈现出传统的现代汉语词汇形态。另外,从表现内容、感情色彩、文化寓意三个角度来看,网络新词语具有"内容的新颖性""色彩的鲜明性""文化的交融性"的三大特点。而就网络新词语和汉语词汇发展之间的关系来看,两者之间存在推进与阻碍的辩证关系。

关键词:网络新词语;2017年;"搜狗·今日新词";特点

引　言

何谓网络新词语?据前人的研究结果,网络新词语,有广义和狭义之分。广义的网络新词语包括了与网络技术有关的专业术语、网民常用的新词及网络流行语三种情况,而狭义的网络新词语则主要指"在各种聊天网站、论坛网站、博客、微博等相关网络媒体领域中进行信息交流时新创、使用的,包括字母、数字、图片和表情符号等在内的一套灵活独特的交际符号,包括谐音类、缩写类、新造类、符号类①。"显然,这里所使用的"词语"一说,只是对类似语言单位的一种泛称而已,并非科学意义上的概念。为使行文简洁,本文中对此类现象一律不加引号以示区分。另外,网络新词语的使用人群大部分都是年轻网民,而使用场合多为非正式场合。

网络新词语的结构、模式在一定程度上反映了现代汉语词汇系统的发展动态和趋势。因此,近几年来,网络新词语已成为语言学研究领域中的一个热点话题。与此同时,网络新词语作为一种大众喜闻乐见的新兴的语言现象,它广泛地反映了大众对时下一些热门话题的态度。也就是说,网络新词语成为了解当下社会现象以及大众对于该现象所反映出来的社会心理的一个"微窗口"。基于网络新词语与语言学、社会学的紧密性以及

---

① 行玉华:《浅谈对外汉语教学中网络新词的教学策略》,《天津电大学报》2012年第2期,第45—47页。

网络新词语本身强大的能产性和一定的时代性,对网络新词语的研究显然需要与时俱进,跟踪考察。本文一方面通过对网络新词语构词法和造词法的分析,努力探讨网络新词语的新特点;另一方面则通过探析网络词语与现代汉语词汇系统之间的关系,力求总结出当今网络时代中词汇发展的新轨迹;从而在促进人们规范使用网络词语及有效创造网络词语、推进现代汉语词汇研究的发展方面有一定的意义。

本文所涉的网络新词语以狭义的"网络新词语"的概念为内涵。所有语料均来自"搜狗·今日新词"(该栏目为"搜狗输入法·字媒体"这一文字语言轻文化平台所推出的一个项目)。作为国内第二大互联网产品以及最大的文字类工具,搜狗输入法·字媒体对当下网络新词语的收集汇编颇具可靠性,一直以来颇受学界众多学者的关注。其名下的王牌栏目之一"新词必会"不定时地更新近期大众使用频率较高的网络新词语(平均每期三例),更是显示出了其具有特定的研究价值。

一、网络新词语的构词法

本节从构词法的角度对网络新词语进行整理、归纳。所谓构词法,指的是词的构成方式,即是从静态的角度对词语内部结构关系所作的考察分析。通过对语料的整理可得,网络新词语其构词法的形式主要有附加式、复合式、简缩式和重叠式四种。下面我们就对上述情况展开具体的考察。

(一)复合式

复合法是指由两个及两个以上不同语素组合构成词或短语的构词方法,具体又可分为联合、主谓、动宾、偏正、补充五种基本类型以及连动、同位、兼语等几种特殊类型。在笔者所考查的网络新词语中,属于复合式构词法的如下。

1. 偏正结构

众所周知,所谓偏正结构,指的是其结构内部两个直接构成成分之间分别为限制、修饰与被限制、修饰关系的构词现象。其中又分为定中和状中两种。下面先来看看定中结构的情况。具体情况如表10-1所示。

表10-1　定中式偏正类词语的类型

单一定语式定中结构	
舔屏卡、数字演员、八婆群体、半拍萌、敲门妆、续集病、软汉、大二病、大师球、单车猎人、永恒之蓝、恋爱脑、键盘侠、塑料友情、酱油美人、油腻中年、神奇复习法	
多重定语式定中结构	
组合式	双标汪、伪暖男、女装大佬、小奶狗男友
递加式	韩剧第八集定律、无性别男孩、老甜豆、木匠美男、天生臭脸、我的老天鹅、尼姑女孩、贫民窟女孩、下水道女孩、恶臭男孩、恶臭女孩

上表中,笔者先根据定语的数量将样本分为单一定语式定中结构和多重定语式定中结构,然后再根据各项定语是否直接修辞中心语将其分为组合式定语和递加式定语。通过统计整理,我们发现:

①定中结构的网络新词语中,单一定语式的数量略多于多重定语式的类型;

②在多重定语式的类型中,递加式的数量更多。可见,组合式多重定语数量并不多,在整个定中式网络词语中为占比极低。

下面再来看状中结构的偏正式网络新词语的情况。其具体情况主要如表10-2所示。

表10-2　状中式偏正类词语的类型

类型		示例
名词作状语	表比喻	甘草演员、蜜大腿、钢铁直男
	表时间	节后缩水
	表处所	渔场管理、商业互吹、后台暗恋
	表方式	知己型恋爱、黛玉葬花式释放、斑比跪、佛性追星、瓶盖求偶
	表伴随	尊严死
	表程度	囊港、暴风成长、投胎式演技
形容词作状语		偏心美颜、猥琐发育
动词作状语		锤死挣扎

上表中,笔者根据状语的词性分为名词作状语、形容词作状语、动词作状语三类,其中又对名词作状语的情况按其功能作了进一步的细分。通过整理,我们发现:名词作状语是状中结构网络新词语的主要类型。

2. 动宾结构

所谓动宾结构,指的是其结构内部两个直接构成成分之间分别为支配与被支配关系的构词现象。具体如表10-3所示。

表10-3　动宾类词语的类型

类型	示例
双音节	洗地、炫忙、产粮、吸猫、翻水水、控评、货腰、吸猪、吃土
非双音节	喝假酒

上表中,笔者根据音节数量分为双音节动宾词语和非双音节动宾词语两类。通过整理,我们发现:动宾结构的网络新词语大多由两个音节构成。

3. 主谓结构

所谓主谓结构,指的是其结构内部两个直接构成成分之间分别为陈述与被陈述关系的构词现象。具体如表10-4所示。

表 10-4　主谓类词语的类型

类型	示例
双音节	组嘲、理呆、话废
三音节	名校装
四音节	海豹上岸、眼夹豆豉、谦篇一律、养生朋克
七音节	各人自扫门前薛

从上述语料中我们可以发现:主谓结构的网络新词语对音节数量的要求较为随意。

4. 其他

除了上述三种复合式结构外,构词形式为联合、补充、连动、同位、兼语等的网络新词语主要有以下这些,如表 10-5 所示。

表 10-5　其他词语的类型

类型	示例
联合结构	丛萌、甜虐、伏黛、傻黄甜、谦锤百炼、谦鑫万苦、无谦无挂
补充结构	安静如鸡、乖巧如鹅、稳如老狗
连动结构	开口崩、求锤得锤、见禅撕谦
同位结构	鹦鹉兄弟

通过整理,我们发现:

第一,在相对次要的上述其他四种结构中,联合式网络新词语为 7 例,补充式网络新词语为 3 例,连动式网络新词语为 3 例,同位式网络新词语只有 1 例。可见,联合结构在"非主流"构词形式中占比最高。

第二,补充结构的网络新词语中,其构词格式均为"XX 如 XX"式。

(二)附加式

所谓附加式结构,指的是其结构内部两个直接构成成分分别为词根与词缀的构词现象。其中又分为"前缀式""中缀式"和"后缀式"三类。具体如表 10-6 所示。

表 10-6　附加类词语的类型

类型	示例
前缀	被～、绅士～、私生～
后缀	～男、～族、～党、～体、～精、～粉、～感、～颜、～症、～脸、～癌、～潮、～帝、～咕咕、～流、～女、～派、～杀、～王、～洲

根据统计,上述后缀所涉及到的其中以排在前面的"～男""～族""～党""～体"所涉及的网络新词语较多。如:

～男:煮男、阿尔塔男、脑性男、护妈男、菠萝男;

～族:合吃族、被剩族、袋鼠族、恐聚族、啃椅族;

～党:承包党、见滚党、削皮党、让路党;

～体:玩年体、急刹车体、失望体。

考察中我们发现:

①在附加式网络新词语中,后缀式以压倒性的优势多于前缀式,中缀式则为零。

②在后缀式中,多数后缀为前几年所出现,可见,近年来新创后缀的附加式造词现象趋缓。

(三)简缩式

所谓简缩式结构,指的是把原来比较长的词语或句子缩略成较短的词语的构词现象。简缩式构词法的作用在于人们可以在节省时间的同时达到最佳交际效果。这一构词法在网络词语的创造中使用频率颇高。

根据语料分析与统计,2017 年度"搜狗·今日新词"共推送了 11 个简缩式构词法的网络新词语。它们具体如表 10-7 所示。

表 10-7　简缩式网络新词语示例

简缩式网络新词语	原形式
醒工砖	醒一醒,包工头喊你起来搬砖
交封不杀	把封面交出来就不杀你
妈问跪	妈妈问我为什么要跪着看手机
药电睡	吃药、电疗、睡觉
说闹觉余	身边的人说说笑笑,打打闹闹,感觉自己非常多余
人干事	这是人干的事吗
颜酥机	颜值、酥值、老司机值
妈走嗨	妈妈走了一起嗨
见封滚	看见封面我就滚进来了
九千岁	90 后与 00 后的并称
空朋好	空间的朋友你们好

传统的汉语短语简缩法通常有五种,其分别是:分段简缩、截段简缩、综合简缩、省同存异和标数概括。而上述 11 个词语却均不能归入其中,所以,本文将这些简缩式网络词语归纳为以下两类,如表 10-8 所示。

表 10-8　简缩式网络新词语的类型

类型	示例
取意拼合	醒工砖、交封不杀、妈问跪、药电睡、说闹觉余、人干事、颜酥机、妈走嗨、见封滚、空朋好
曲解合称	九千岁

上表中,笔者根据简缩方式将上述 11 个词语分为"取意拼合"和"曲解合称"两类。

所谓"取意拼合",是指在句子或短语中根据意思挑选几个关键字拼合为词的现象。如"说闹觉余"一词是"身边的人说说笑笑,打打闹闹,感觉自己非常多余"的简缩形式,它是根据语义选取了四个关键词字"说""闹""觉""余"后拼合而成的。

所谓"曲解合称"则是指原为两件事物的合称,但是从字面上看是一种歪曲解释。如"九千岁"。从字面上,我们会从年龄的大小去理解,实则却是"90 后"与"00 后"的并称。通过上述考察和整理,我们发现:在 11 例样本中,"取意拼合"式的缩略语远远超过了"曲解合称"式的,所占比重约为总数的 92%,可见,这类形式的缩略是简缩式网络新词语的主要生成方式。

(四)其他

除了上述三种类型外,由重叠式构成的网络新词语也偶有出现,如"滚滚"。这是因为人们觉得熊猫滚来滚去的形象很可爱,就造出了一个新词"滚滚"来作为熊猫的昵称。重叠式网络新词语往往能较为形象、直观地反映指称对象的相关特点,具有一定的趣味性和形象性,因此,尽管它的使用场合并不太多,故在整体中占比极低,但它毕竟还是在网络新词语中占有了一席之地。

另外,笔者发现还有一种比较特殊的构词法现象。即:BGM 无敌、羞耻 play、打 call。这类构词现象可以称之为跨语种复合式。此类构词法的特点主要表现在:它是一种由两种来自不同语种的成分复合而成的结构。运用跨语种复合式法构成的网络新词语虽在整体中占比不大,但它却与补充式、连动式等结构的构词法现象呈同样的使用频率。这一现象也足以说明,这种跨语种的复合法在网络新词语中具有一定的发展势头。

综合上述对网络新词语样本的考察和分析,我们可以得出一个结论:当前社会上新产生的这些网络新词语,基本上都是遵循现有的现代汉语构词法构而成的,故其构词形式中除了增加了跨语种复合式这一较为特殊的类型外,其余均和现有的汉语词语结构类型相一致。

二、网络新词语的造词法

上述网络新词语虽然在词的形式结构上与普通词语没有太大的差异,但从造词法方面来看,则呈现出了颇为独特的一面。

所谓造词法,指的是创造新词的方法,是从动态的角度,对词的来源的一种发生学研究。造词手段主要有语音学造词、词法学造词、借用法造词、修辞学造词、综合式造词。由于词法学造词已在上一节中进行了较为详细的考察,下面我们就着重从其他几种造词法类型来分析一下样本词语的相关情况。

(一)语音学造词

语音学造词,指的是运用语音手段来创造新词的方法,其可分为谐音法、音变法两类。通过对样本的考察分析,我们发现,样本中涉及语音学造词法的共有14例,其中3例属于纯语音手段造词。下面我们着重来考察一下其中有关谐音造词的现象。我们可以从其所谐对象的不同情况来对14例样本进行考察。

1.从所谐对象的语种上看

根据所谐之音的对象不同,所选14例网络新词语大致可分为以下两类,如表10-9所示。

表10-9 语音学造词法类型之一

类型	示例
谐汉语之音	舅服你、我的老天鹅、颜酥机、锤死挣扎、各人自扫门前薛、见裱撕谦、谦锤百炼、谦篇一律、谦鑫万苦、无谦无挂、囊港、DER(后两例为谐汉语某方言之音)
谐外语之音	民咕咕、阿尔塔男

从上表中我们可以看出,根据所谐对象的语种不同,此类造词法主要有两种类型,一类是谐汉语之音而造成的词语,如"颜酥机""舅服你"等网络新词语。"颜酥机"谐汉语"盐酥鸡"一词,"舅服你"谐汉语"就服你"一词。这类网络新词语往往是根据原有词语的读音,用同音字替换其中的某些成分,从而在词义上产生了双关等效果。"颜酥机"虽源于"盐酥鸡"一词,但是指"长得好,会说情话,还具有'老司机'属性"的人,词义发生了转变。另如,"舅服你"一词为"就服你"的谐音,在用于表达对某些人或事的佩服之义或用于调侃吐槽时,其和"就服你"一词并无什么区别。然而,谐"就"之音而替换上的"舅"一语素则显然是强行从辈分上占了交际对象的便宜,从而使词义增加了一种特定的语用含义。

需要注意的是:在上述谐汉语之音而造成的词语中还有一种特殊的类别,即谐汉语中某一方言之音而造成的词语。这类词语在谐音类网络词语中仅出现了2例,所占比重显然不大。其中的"囊港"一词,谐自于"难讲"一词的上海方言音,网友故意谐其发音来表达一种欲言又止之感,以营造出一种萌萌的感觉。而另一例"DER"则更为特殊,其直接以拉丁字母来标记所谐的"得儿"或"德儿"这一方言发音。

综合历年的情况来看,基于方言谐音造词法的网络新词语虽数量有限,但网民对此却具有较高的创造热情。

根据所谐对象语种不同的第二种谐音类型是谐外语之音而造成的词语,其中只有"民咕咕"和"阿尔塔男"两例。这种通过谐外语之音而造成的词语虽组成成分大部分与外语音译有关,但是也体现了汉语的构词特点。如:"民咕咕"中"民"和"咕"分别谐韩语"민"和"국"的发音,而造词者将"咕"字加以重叠,构成了"民咕咕"一词,用来表达对韩国小朋友宋民国(韩语:송민국)的爱称,这种叠词的用法显然体现了汉语的特点。又如"阿尔塔男"一词,其看似只是一个谐英语单词 alta-male 而造出来的词语,但其后面加上的"男"字显然是汉语的语素;人们用"阿尔塔男"一词来指某些风趣、幽默、注重家人感受、愿意把家庭放在事业之上并喜欢展示如织毛衣类爱好的男人,这样的词义充分地体现出了汉语的造词特色。除了从所谐对象的语种来看,我们还可以从其所谐对象的形式进行考查。

2. 从所谐对象的形式上看

首先需要说明的是,此处所说的形式,主要指的是其内部结构的固定与否。根据这一标准,我们可将上述网络新词语分为两类,如表 10-10 所示。

表 10-10　语音学造词法类型之二

类型	示例	原形
固定格式	见禤撕谦	见异思迁
	谦锤百炼	千锤百炼
	锤死挣扎	垂死挣扎
	谦鑫万苦	千辛万苦
	无谦无挂	无牵无挂
	谦篇一律	千篇一律
	各人自扫门前薛	各人自扫门前雪
非固定格式	舅服你、我的老天鹅、颜酥机、DER、民咕咕、阿尔塔男	

从上表看,一类为所谐对象是固定格式的词语。显然,这些网络新词语所谐音的对象均为汉语中的成语或俗语。这类词因与所谐对象结构相似,所谐之词的语义又为人们所熟悉,故很容易让接受者唤起联想并以旧义帮助理解"新"义。如"无谦无挂"一词显然为谐"无牵无挂"之音而构成;两词的结构形式都为联合式;而"无谦无挂"所表之意为:形容粉丝在一明星(名字中含"谦"字)与其前女友的纷争事件中,脱粉后无牵无挂、远离纠纷、一身轻松之状态。显然,该义与"无牵无挂"的词义有着极高的关联性。

谐音类网络词语中的另一类则为所谐对象是非固定格式的词语,如"颜酥机""DER"等。此类新词的创造者们仅从语音角度对原词进行了同音替换,而并不涉及原词语的语义或结构等,故其创造的新词与原词仅存在语音上的联系。如"颜酥机"谐"盐酥鸡"而造,然两者间除了语音上的相似之外,在意义和词的内部结构上均毫无联系。

除此之外,还有一种谐音类网络词语就是除了语音相同之外,连文字符号都完全不同了。如上述的"DER"一词。

通过归纳发现,所谐对象是固定格式的网络新词语在 11 例汉语谐音网络新词语中占了 7 例,将近 2/3,而所谐对象是非固定格式的网络新词语所占比重相对较低。出现这一现象的原因大致有二:一者是,成语与俗语本就是为人们所非常熟悉的语言现象,故比较容易被人们在生成新词时所联想到、使用到;二者是,谐成语与俗语而拟创的新词往往更具幽默与新颖的效果,因此也就更容易被大众接受与传播。

从造词法角度来看,语音学造词法中除了谐音法之外,还有一种音变法。所谓音变法造词,指的是通过语音变化而产生新词的方法,如通过儿化现象造出新词等。但在所选语料中,笔者并没有发现此类现象。表 10-9 中所举的"我的老天鹅"一词,也只是谐"我的老天儿"一音所造之词,并不属于此类现象。

(二)借词法造词

借词法造词,指的是通过借用其他语言中的词语来创造新词的方法,其中主要可分为借用方言词、借用外族词和借用其它术语三类。通过对样本的考察分析,我们发现,样本中涉及借词法造词的共有 12 例,其中 8 例属于纯借词手段造词。下面我们就对这 8 例网络新词语加以考察,如表 10-11 所示。

表 10-11　借词法造词的类型

类型	示例	释义
借用了外族词	渔场管理	韩国流行语,像交往一样维持暧昧关系,实际上并未交往,并同时管理身边众多异性的态度或行为。
	同担据否	日本的流行词,指的是拒绝共同喜欢某个偶像,形容很喜欢一个偶像,喜欢到充满"独占欲"的地步,拒绝和别人讨论,把和自己喜欢同样事物的人看作"情敌"。
	鹦鹉兄弟	源自于 2016 年 12 月日本通讯商 DOCOMO 为推广积点卡 D card 而开发的吉祥物 Poinko 兄弟(日语:ポインコ)。
	木匠美男	源于外国媒体创造的 lumbersexual 一词,指那些身体健壮,留着大胡子,发型随意,常穿棉质格纹衬衫,散发着浓厚的男人味,爱好户外运动,看起来是随时都可以在野外砍树、生存的男人。

续表10—11

类型	示例	释义
借用了其他术语	心流	属于心理学专业术语,这是心理学家米哈里·希斯赞特米哈伊(Mihaly Csikszentmihalyi)发明的一个新词,它指的是一种专注于某件事情并沉迷其中的状态。
	西兰蒂亚洲	属于地质学专业术语,科学家将此作为新发现大洲的名字。
	大师球	属于游戏术语,最初为日本开发的《口袋妖怪》掌机游戏系列中出现的一种虚拟游戏装备。
	永恒之蓝	属于计算机学专业术语,是一种新型的计算机病毒,又被称为"比特币病毒",通常被简称为"勒索病毒"。

从上表中我们可以看出,运用借词法而造出的这8个词语主要可分成两类:一是借用了外族词,二是借用了其他术语,它们的所占比例正好各为一半。

（三）修辞学造词

修辞学造词指的是运用辞格来创造新词的方法,这类造词法不仅为现代汉语词汇家族贡献了众多成员,是推进汉语词汇发展的"有功之臣",而且在网络新词语的创造中也有着极高的使用频率,故也是创造网络新词语的重要手段。修辞学造词法可分为仿拟法造词,比喻法造词,借代法造词和进解法造词。下面,我们将对其进行逐一的分析说明。

1.仿拟法造词

仿拟法造词是指根据某一现成的词语,运用"仿"此"拟"彼的方法创造出一个新词语的造词方法。这一方法在创造网络新词语中使用频率颇高,对于运用仿拟修辞格造出来的网络词语,我们可简称为仿拟式网络词语。

根据造词时仿词和原型词之间的意义关系,我们可以把它们分为相关式仿词和相对式仿词两类。相关式仿词是指仿词与原型词在意义上相关或相近的词语。如"X精"是指一些具有某一属性并且该属性程度极夸张、极深的人。由这一格式衍生出的网络新词语如:

戏精:指的是十分喜欢给自己添加戏份、一直在找存在感和寻求关注的人。

柠檬精:指的是习惯性爱酸别人,像柠檬一样的人。

猪精:指的是感觉自己非常不错还特别喜欢给自己添加戏份、找存在感的人。

这些词都具有贬低意,多用来讽刺别人。我们把这组词称为"精"词族。除此之外还有"男"词族、"女"词族、"党"词族、"体"族词等。相对仿拟词则指的是仿词与原型词在意义上相反或相对的词语,如:"话废"。该词是根据"话痨"一词仿造而成的,其意是指在聊天中永远不会找话题也没有办法和别人聊天的人。显然,这一语义与原型词"话痨"的语义是相对的。相比较而言,反义式仿拟词语的数量明显少于相关式仿拟词。

一般来说,运用仿拟修辞格仿造出来的词语往往是成系列的,并且具有一定的延续性。如根据"XX 族"这一原型词,前几年出现了"啃老族"一词,而现在又相继仿造出了"啃椅族""袋鼠族""合吃族"等网络新词。

2. 比喻法造词

比喻法造词指的是运用比喻辞格来创造新词的方法。它是继仿拟法造词之后使用率最高的修辞学造词法。对于运用比喻修辞格造出来的网络词语,我们可简称为比喻式网络词语。如表 10-12 所示。

表 10-12　比喻式网络词语汇总

比喻式网络词语	释义
海豹上岸	形容有些人平时没有消息,"潜水""隐身",但有时为了晒自己在游戏中的成就才出现,从而给人一种自己玩游戏运气很好,就如同唯有想晒太阳的时候才会上岸的海豹。
眼夹豆豉	把人的深色眼珠比作豆豉,意为吐槽别人看不清楚形势,睁眼瞎,眼睛对他来说充其量只是一个不好看的、凑数的摆设而已。
甘草演员	指像甘草一样,年纪约 50 岁以上并且资历较高的、常担任配角的演员,他们的演出经验非常丰富,演技已得到广泛的观众认同。
老甜豆	指像老甜豆一样,有一定的年龄(30 岁以上)但其形象常让大家觉得还是很甜、很可爱的人。
翻水水	像水中的鱼翻了肚皮,常出现在游戏对战中,有这把要输了的含义,如今常用来表达要发生大事了,或某些事的结果很糟糕了。
斑比跪	指和卡通人物小鹿斑比一样的坐姿。这种坐姿需要将大腿和小腿折叠,将臀部放在脚跟处,并且对着镜头回眸、微微一笑。这种拍照姿势在欧美的社交网络上非常火爆,因为其能够充分向大家展示自己的性感身材。
塑料友情	用来形容表面上和谐友爱,实际上无比脆弱、勾心斗角的女生之间的朋友关系,像用塑料等材料制成的干花一样,不真实但不会调谢。
稳如老狗	用来形容稳重有把握,如老狗一样。
钢铁直男	像钢铁一样直的直男。
小奶狗男友	像小奶狗一样年轻、天真、倔强、直率又爽朗的男朋友。

在此类词语中,我们又可以分为借喻式和缩喻式两类,如表 10-13 所示。

表 10-13　比喻式网络词语的类型

类型	示例
借喻式	海豹上岸、老甜豆、翻水水、斑比跪
缩喻式	塑料友情、眼夹豆豉、甘草演员、稳如老狗、钢铁直男、小奶狗男友

借喻式是指整个词语作为喻体来喻指事物的特征。共有"海豹上岸""老甜豆""翻水水""斑比跪"四例。缩喻式则是指整个词语由喻体、本体甚至有时包括喻词几部分压缩而组成。如"塑料友情"一词,其中本体是"友情",喻体是"塑料"。因为用塑料等材料制造出的干花,尽管色彩鲜艳、相当逼真但却是不真实的,故人们就用"塑料"来比喻女生之间表面非常和谐友爱、实则勾心斗角、十分脆弱的虚假友情。其他同类的组合式就不一一分析了。

从表 10-13 中我们可以发现:借喻式和缩喻式的数量不分上下,可见,它们都是比喻式网络词语的主要类型。

3. 借代法造词

借代法造词是指用借代修辞格来创造新词的方法。在本文所涉的样本中,运用该方法造词的有 5 例:尼姑女孩、贫民窟女孩、下水道女孩、吃土、佛性追星。对于运用借代修辞格造出来的网络词语,我们可简称为借代式网络词语。其中以借代的不同方式分为以下两类,如表 10-14 所示。

表 10-14　借代式网络词语的类型

类型	示例	释义
相关借代	贫民窟女孩	用贫民窟借代贫穷,代指贫穷的女孩。
	下水道女孩	用下水道借代贫穷,代指那些穷得要住下水道的女孩。
	吃土	最先来自于日本一同人游戏"东方 project"的同人漫画。主人公博丽灵梦由于没钱买饭,只能在自家神社门口挖土吃。现代指过度花销后的生活。
形象借代	尼姑女孩	代指具有尼姑特性的,没有钱也没有爱情的女孩。
	佛性追星	代指具有佛特性的,曾因疯狂追星被各种纷争所累,现只愿能脱离喧嚣,转而追求一种心如止水、不动怒、不吵架的追星状态。

上表中的"相关借代"类指的是以事物的某一相关点来代指某事物的构词方法。以"贫民窟女孩"为例来看,"贫民窟"显然是和"贫穷"密切相关的一个事物,用它来表达"贫穷"之义具有很强的借代意义。所以用"贫民窟女孩"一词其来代指"贫穷的女孩"显然是一种非常自然贴切的的借代造词方法。

至于"形象借代"类,指的则是根据事物的形象性特点来代指事物的构词方法。试以"尼姑女孩"为例而言,"尼姑"作为出家修行的女佛教徒,其光着头的形象、一无钱二无爱情等的特征显然为大家所熟悉。因此,当用"尼姑"来指代女孩时,人们很自然就会从其独特的形象及特征上推断到该词的词义。

从上述样本分析中我们可以看出:相关借代和形象借代是借代式网络词语的两种主要类型,其使用频率大致相等。

4.曲解法造词

在交际中,说写者根据题旨和情境的需要,有意地对某些词句的意思进行歪曲的解释,这样的修辞格被称为曲解。曲解法修辞学造词就是利用这一辞格的造词手段。对于运用曲解修辞格造出来的网络词语,我们可简称为曲解式网络词语。下面举两个例子:安静如鸡,像鸡一样安静。乖巧如鹅,像鹅一样乖巧。

我们知道,鸡的本性并不安静,鹅也并非乖巧之物。然而有人却以这种歪曲词义、违背常情的方法构成了新词,通常用来表示讽刺之意。虽然该种结构中明显含有比喻成分,但因为这种喻义与常情相违,故我们不将其视为比喻式造词。曲解式网络词语虽然数量不多,但使用频率却很高,可见其效果颇受大众的欢迎。

运用于上述网络词语中的修辞学造词法除去以上几种主要方法之外,还有夸张法造词(如"投胎式演技"),婉言法造词(有"节后缩水")等。因所涉及的网络词语数量极少,故不一一介绍了。

需要说明的是,运用修辞学造词法造出来的网络词语,其刚生成时往往具有较为鲜明的主观色彩与个体性,但这种个性化色彩一般很容易随着网络词语强大的传播速度和使用频率而被消蚀,因此,事实上,许多网络词语一旦"问世"其不论是理性意义还是色彩意义就会很快得以定型。

以上所述,我们分别从语音法、借词法、修辞法三个角度分析了网络新词语的造词特点。值得注意的是,大部分网络新词语都不是依赖于某种单一的手段,而是结合两种或两种以上的造词手段而生成的。

(四)综合式造词

综合式造词指的是从不同角度结合了几种不同方法来创造新词的方法。根据样本中所呈现的情况,我们将综合式造词法大致分为以下五种类型。

1.词法—修辞综合式

词法—修辞综合式是指结合了词法学造词和修辞学造词这两种造词手段来创造新词的方法。其所涉及的网络新词语有:

合吃族、玩年体、无龄感、煮男、被剩族、承包党、绅士腿、少年感、袋鼠族、无法恋爱症、见滚党、滚滚、醋王、恐惧族、包子女、啃椅族、削皮党、让路党、睡醒颜、被年会、崩溃粉、急刹车体、失望体、过年癌、背影杀、操心帝、高冷粉、脑性男、大二病、傻黄甜、单身潮、网络孤独症、灵香派、护妈男、清野颜、菠萝男、话废、幼幼脸、鲶鱼脸、戏精、杠精。

以"高冷粉"为例而言,从词汇学造词法的角度上看,该词由词根"高冷"加上后缀

"~粉"组成,属附加式造词;而从修辞学造词法的角度上看,则该词又是仿照"XX 粉"一词的模式而拟创出来的。

通过上述分析,我们发现,词法—修辞综合式网络新词语中的主要类型为"附加+仿拟"式。

2. 语音—修辞综合式

语音—修辞综合式是指结合了语音学造词和修辞学造词这两种造词手段来创造新词的方法。其所涉及到的网络新词语有:

锤死挣扎、各人自扫门前薛、见褡撕谦、谦锤百炼、谦篇一律、谦鑫万苦、无谦无挂。

以"谦篇一律"为例,就语音造词法而言,该词由谐"千篇一律"这一成语创造而成;与此同时,仿照某一现成词的声音而造出另一个新词的手法也正是仿拟造词法中的一种类型,因此,该例显然是由"谐音+仿拟"两种手段综合创造而成的新词。

事实上,由于仿拟辞格中本身已将"谐音仿拟"作为自己的一种类型,因此,在语音—修辞综合造词法中,我们常常可以看到它们相与共生的情况。本小节所举的语音—修辞综合式网络新词语中,就均表现为这种"谐音+仿拟"的造词法模式。

3. 修辞—借用综合式

修辞—借用综合式是指结合了修辞学造词和借用法造词这两种造词手段来创造新词的方法。其所涉及到的网络新词语有:

蜜大腿、暴风成长

"蜜大腿"源自韩国,意指有着像蜂蜜一般光泽的大腿。显然,该词是一个由既是借用又是比喻手法综合创造出来的修辞—借用综合式网络新词语。后一例"暴风成长"的构词手段与上例完全相同,甚至其借词的来源国(韩国)也完全相同。该词用暴风来形容童星成长快速,并强调"一天一个样"的夸张感。

4. 语音—借用综合式

语音—借用综合式是指结合了语音学造词和借用法造词这两种造词手段来创造新词的方法。其所涉及的网络新词语有:

民咕咕、囊港

因前几节里我们已对这两词作了分析介绍,此处不再赘述。

5. 语音—词法综合式

语音—词法综合式则是指结合了语音学造词和词法学造词两种造词手段来创造新词的方法。主要表现在"颜酥机"一词上。因在前几节里也已有详细说明,此不赘述。

另外,还有一些则融合了多种造词手段的网络新词语,如"阿尔塔男"一词就结合了借用法、修辞法、词法三种造词手段。但此类现象并不多见。

(五)跨语种拼接法造词

前文我们分析了一些超越了现代汉语规范的跨语种复合构词法现象,"BGM 无敌""羞耻 play""打 call"等。而从造词法角度,我们将这类网络新词语归纳为跨语种拼接法造词法。该类造词法的特点主要表现在:它是由两种来自不同语种的成分按照汉语词汇的造词特点拼接而成的。比起一些较为单一的造词法,如语音学造词法等,其似乎有着一定的发展潜力。

综合上述对所选网络新词语的考察和分析,我们可以得出一个结论:当前社会上颇为流行的这些网络新词语,几乎大部分都是由词法学造词法或综合式造词法创造的。

三、网络新词语的特点

在剖析了网络新词语在内部结构和创造手法上的特点后,我们现从表现内容、感情色彩和文化意蕴三个角度来进一步深入探讨网络新词语的其他相关特点。

(一)内容的新颖性

所谓内容的新颖性,是指网络新词语大都反映了已有的现成词所无法反映的各种新事物、新现象、新理念等,这些词语往往和我们的现实生活密切相关。

反映新事物的网络词语,如继2017年的热点话题"共享单车"之后,"单车猎人"一词随即出现。所谓"单车猎人",指的是在"共享单车"出现并迅速发展后产生的一种新型职业人,这些人以通过拍照举报他人违反交通规则的行为来提高自己的"信誉分",并借此结识小伙伴等等。类似情况的还有"赏金猎人""补牌侠"等。又如一种新型的计算机勒索病毒"永恒之蓝"(WannaCry),新发现的大陆"西兰蒂亚洲"(Zealandia)等。

反映新现象的网络新词语,其中,所占比重较多的是"清野颜""幼幼脸""鲶鱼脸"这样的反映当下青年审美倾向的网络词语。又如反映被催婚现象的"被剩族"、反映毕业后在家啃老现象的"袋鼠族"、反映现在婚恋情况的"单身潮"等。

反映新理念的网络新词语,如"养生朋克"这种一边违反人类生理规律,有损身心健康,一边又充满了危机感的养生方式。

内容的新颖性是网络新词语较之于现有词语最突出的特点。正是因为这一特点,所以尽管网络新词语常常被人"声讨",也常常很快消亡,它却仍在不断产生、不断涌现、"生生不息"。

(二)感情的鲜明性

所谓感情的鲜明性,是指和常规的汉语词语相比,网络新词语在传递感情方面往往表现得方式更加直白,态度更加鲜明。我们从两个方面来进行说明。

第一,使中性词带上了感情色彩。其中又可以分为两种情况:一种是由中性词变为褒义词,如"小奶狗男友"。"小奶狗"和"男友"本来是中性词,但是拼合起来的"小奶狗男友"则是包含了女生们对年纪小又黏人、专情的男友类型的喜欢。另一种是由中性词变贬义词,如"油腻中年"。它比"中年"这个中性词多了嫌弃之情,多形容那些油腔滑调、世故圆滑、不修边幅、形象邋遢、没有真正的才学和实力却总是自吹自擂的中年人。又如"戏精""杠精""猪精""柠檬精"等。"精"字用于形容具有某种属性且该种属性程度极深,蕴含明显的贬义色彩。上述举例的这些词语都具有贬低意,多用来讽刺别人。

第二,使感情色彩显得更浓郁鲜明。如"恶臭男孩""恶臭女孩"。从字面上我们就可以清楚地感受到这两个词语的贬义色彩。它们反映了大众对一部分群体的不满与嫌弃之情。甚至一些贯穿整个年龄段的恶毒标签词(熊孩子→恶臭男孩、恶臭女孩→直男癌、公主病→油腻中年→尬舞大爷大妈→碰瓷老头老太太)在网上广为流传。另外,除了感情色彩更加鲜明,词语所表达的感情倾向也会发生变化,如"怂萌"一词。"怂"本来用作讽刺人软弱无能,但与"萌"搭配后,现指胆量很小,缩手缩脚,但却给人一种可爱之感的人或动物。其情感色彩更偏向"萌"。这样的词还有"蠢萌""呆萌"等。

网络新词语是大众对日常生活中出现的民生热点事件的看法与态度的高度概括,之所以会表现出如此鲜明的感情色彩,这和以网络作为交际平台的交际方式大有关系。因为网络作为交际的平台,交际双方彼此无需见面,交际者可以无所顾忌,给其带来了较高的隐蔽性,所以交际双方的表达方式往往会更加直接,而网友表达的产物——网络词语所传递的感情也就更加鲜明。另外,如今年轻一代的网民们往往追求标新立异,他们讲究鲜明的立场、真实的感受。"直言不讳"的创造群体在网络的隐蔽下,自然就会产生许多感情鲜明的网络词语。

(三)文化的交融性

所谓文化的交融性指的是网络新词语中往往蕴含着多种文化的影响,其中最主要的表现就在于其构词的来源上。在对"搜狗·今日新词"2017年度的网络新词语的整理中,笔者发现,其中有许多词语"身份"较为"特殊",因它们并非是"中国原产",而是从各种不同国家的文化领域里提取出来的。如"打call"。该词源自于日本演唱会Live应援文化。这种应援文化具体表现为在日本地区的各式演唱会等娱乐集会中,一些粉丝们会跟着节奏挥舞荧光棒或大喊加油打气,一同打造热烈的气氛以示对台上偶像歌手的肯定和支持。而随着这种应援文化进入中国后,"打call"也在网络上和日常交际中疯狂运用。如今是指活跃气氛以及为某人加油打气的意思。除此之外,还有源于韩国的"民咕咕""渔场管理""蜜大腿""暴风成长"等。"木匠美男""阿尔塔男"则是源于西方的网络新词语。

特别是在近几年,随着韩日文化的不断涌入,这一特点在网络新词语上表现得较为突出。

四、网络新词语和汉语词汇发展的辩证关系

由于网络新词语的上述特点,它在当今的时代中表现得非常活跃,已融入了人们社会生活的方方面面。作为一种语言现象,网络新词语一方面已大量地融入了人们日常的言语交际中,另一方面,其所表现出来的种种对汉语既有规则的超越乃至挑战,又不能不引起人们对它的顾虑和担忧。对此,我们应该以辩证的观点来看待这一问题。我们认为,网络新词语的使用和汉语词汇的发展之间显然具有一种辩证的关系,具体主要表现在以下两个方面。

（一）推进与阻碍

网络新词语对汉语词汇的发展既具有推进，又具有一定的阻碍作用。

1. 网络新词语对汉语词汇发展的推进

网络新词语对汉语词汇发展的推进作用主要体现在以下几个方面。

首先，造词主体的群体化大大加速了新词产生的速度和数量。众所周知，网络新词语是大众在词汇方面的个性化创造，网络新词语的兴起让大部分普通群众成为了词汇创造的角色，这种来自全体民众的巨大创造力自然赋予了现代汉语词汇强大的生命力，从而有力地推进了现代汉语词汇乃至整个语言系统的发展。如，经过时间的检验，在一部分网络新词语逐渐退出历史舞台的同时，一部分网络新词语会"昂首"进入现代汉语的词汇家族，如之前风靡网络的"版主"这一词语，现已被收录进了《现代汉语词典》第5版[①]。可见，网络新词语的出现是对现代汉语词汇系统的一种补充。

其次，造词主体的多元化也大大丰富了词语的表现形式和词义的内涵。上文中我们所看到的网络新词语在造词方法、词语形式等所表现出来的多样性和丰富性，有效地丰富了现代汉语的词汇系统。正是这种新词数量的增加和词语形式、内容的丰富性，网络新词语的产生常常有效地补充了词汇系统中存在的缺位现象，满足了人们现实生活中言语交际的需要，同时也大大拓宽了词汇来源的渠道，为新词的培育和产生提供了源源不断的、强大的"后备军"。从而有效地推进了汉语词汇的发展。

与此同时，我们也要看到，由于参与创造网络新词的群体成员情况非常复杂，其文化水平、言语能力等参差不齐，故他们中造出来的一些词语或违反现代汉语构词的基本规则，或其表达的语义内涵具有负面影响。这些现象对现代汉语词汇的稳定与发展产生了阻碍作用。

2. 网络新词语对汉语词汇发展的阻碍

网络新词语对汉语词汇发展的阻碍，主要表现在以下三个方面。

第一，不利于青少年的语言学习与文化传承。青少年缺乏词语知识的辨别能力，故容易产生困惑。网络的普及程度让大批尚缺乏词语知识辨别能力的青少年无法与一些未经时间考验的网络新词语甚至严重违反语言规则的所谓网络新词语保持距离，这对青少年的语言学习造成了一定的困扰。

同时，由于青少年往往具有更强烈的追新求异心理，这就使他们更容易不加选择地全盘接受网络新词语，从而受到误导，影响了原先所学的语言系统。

另外，一些具有粗俗、暴力、色情、恐怖等色彩的网络新词语更是会对每位使用者产生不好的影响。

第二，不利于汉语词汇系统的规范化。如前所说，由于网络新词语在产生及使用中存在着极大的随意性，故其成员良莠不齐的现象也非常明显。如许多网络新词语或内容

---

① 中国社会科学院语言研究所词典编辑室编：《现代汉语词典》，商务印书馆2005年（第5版），第36页

上存在表意不明确,实用性不强,稳定性差等"致命伤"。诸如"理呆""文傻""半拍萌"等网络新词语。

理呆:是指那些只知道逻辑推理,并对知识有广泛的了解,但其实对所学知识并没有做到真正地理解与掌握,缺乏提出问题、分析问题、解决问题的能力,从而显得"呆"的人。

文傻:一般指一些假装懂科学,对技术又指手画脚,或者不讲究逻辑的严密,不讲实证理性的人。

半拍萌:指遇到事情反应总是慢半拍,然而给人一种萌萌的、很可爱的感觉的人;也可指自拍只拍半张脸,看起来比较萌的人。

而又有很多网络新词语在形式上存在着明显的结构不合理、不规范等问题。如上述各例的意义很难从词语本身的形式上得以了解,并且词语的结构也颇不合理。另外,由于部分网络新词语随意搭配使用,导致模糊了词性,如"偏心美颜"中的"偏心"就破坏了既成的现代汉语规范。

第三,不利于社会大众的语言交际。网络新词语的表意不明确,稳定性差等毛病容易在交际中让交际的一方产生"不知所云"与误解。拿"名校装"举例,许多人根据字面意思会认为这个词语是指那些喜欢装作是名校学生的人。事实上,"名校装"的含义是指一些在国外学习的人考进了名校,不管他们说什么都一定要带上学校的名字,给人感觉很虚假的意思。

总之,网络新词语的出现既是对现代汉语词汇系统的一种补充,也会对现行的语言规范体系造成较大的困扰及冲击,因此,我们辩证地看待问题,认真地处理好词汇规范和创新之间的关系问题。

(二)时代感与稳定性

网络新词语与汉语词汇发展的辩证关系还体现在其"时代感"和"稳定性"之间的冲突上。

1. 网络新词语具有鲜明的时代色彩

如上所述,网络新词语具有"内容新颖"这一明显的特点,这一特点的形成就是因为网络新词语往往能及时地反映时政热点、表现特定时代风貌。一个热点话题的出现往往会随即产生出一个或数个相关的网络新词语,因此,网络新词语往往具有鲜明的时代色彩,给人以强烈的时代感。

但是,需要提醒的是,这种时代感同时也会带来一定的负面效应。

2. 网络新词语具有明显的不稳定性

时代感总是伴随着特定的时代而兴起、衰亡的,因此,鲜明的时代色彩也在某种程度上反映了不稳定性。网络新词语所反映的新事物、新概念往往会随着时事的变化而变化以至消失。如当某一时期产生的新概念、新事物、新现象退出社会生活的舞台了,伴随着这一现象而产生的网络新词往往也就会失去它存在的价值和意义。因此,网络新词常常会在某一个阶段出现大幅度的波动和断层,具有明显的不稳定性。

综上可见,网络新词语的存在,既有推进现代汉语词汇发展的正面作用,又有阻碍现代汉语词汇发展的负面影响。因此,我们既要以包容、开放的心态去看待它,需要给网络新词语一个考验的机会;也要在创造和使用的过程中,尽量注意使其符合现代汉语的基本规范;而对一些严重违背语言规范的,则应坚决摒弃。

结　语

词汇是语言系统中最为活跃的一部分。而网络新词语也体现着这一特性。网络新词语的发展不仅是社会发展的需要,也是语言自身发展的需要。因此我们需要对网络新词语有一个较为全面、动态的认识。总结网络新词语的特点,探究网络新词语的发展规律,辨析网络新词语与现代汉语的关系是非常重要的。

本文在前人的研究基础上,以"搜狗·今日新词"平台所推送的 2017 年度网络新词语为语料,对网络新词语的结构及相关方面展开了研究。

本文首先考察了网络新词语的构词特点,考察发现:当前社会上产生的网络新词语,基本上都是遵循现有的现代汉语构词法构而成的,故其构词形式中除了增加了跨语种复合式这一较为特殊的类型外,其余均和现有的汉语词语结构类型一致。

其次,本文在考察了网络新词语造词法的特点后得出了一个结论:当前社会上新产生的网络新词语中,大部分是由综合式造词法创造而成的。

本文第三部分从表现内容、感情色彩、文化意蕴三个角度探讨了网络新词语的特点,总结出了网络新词语具有"内容的新颖性""感情的鲜明性""文化的交融性"三大特点。

最后,本文对网络新词语的存在与现代汉语词汇发展的关系进行了较为深入的挖掘和探析,得出了以下结论:网络新词语的存在,既有推进现代汉语词汇发展的正面作用,又有阻碍现代汉语汇发展的负面影响。因此,我们既要以包容、开放的心态去看待网络新词语,给其一个较为长期的考察时间;也要在创造与使用过程中,注意其是否符合现代汉语规范,对于一些明显违反规范的网络新词,应毫不犹豫地加以摒弃。

由于笔者水平有限,对一些问题的认识和研究尚不全面,真诚希望各位老师多多批评指正。

参考文献

(1)专著

[1]陈建民.汉语新词语与社会生活[M].北京:语文出版社,2000.

[2]刘海燕.网络语言[M].北京:中国广播电视出版社,2002.

[3]刘叔新.汉语描写词汇学[M].北京:商务印书馆,2005.

[4]吕明臣,曹佳.网络语言研究[M].吉林:吉林大学出版社,2008.

[5]潘文国,叶步青,韩洋.汉语的构词法研究[M].上海:华东师范大学出版社,2004.

[6]任学良.汉语造词法[M].北京:中国社会科学出版社,1981.

[7]叶蜚声.语言学纲要[M].北京:北京大学出版社,1981.

［8］于根元.网络语言概说［M］.北京:中国经济出版社,2001.

［9］于根元.中国网络语言词典［M］.北京:中国经济出版社,2001.

［10］张云辉.网络语言语法与语用研究［M］.上海:学林出版社,2010.

［11］KRAMSCH C. Language and Culture［M］. Shanghai：Shanghai Foreign Language Education Press,1998.

［12］CRYSTAL D. Language and the Internet［M］. Cambridge：Cambridge University Press,2006.

(2)期刊文章

［13］冯念,冯广艺.网络词语的谐音及规范问题［J］.海南师范学院学报(社会科学版),2005(1):138-139.

［14］傅福英,章梵.全球化语境下网络新词翻译的归化与异化［J］.江西社会科学,2016,36(5):248-251.

［15］国家语委"新词新语规范基本原则"课题组.新词新语的规范问题述评［J］.语言文字应用,2002(2):102-109.

［16］李珂.时尚"哥"族新词及其社会文化心理透视［J］.湖南农业大学学报(社会科学版),2011,12(5):77-80.

［17］林玲.汉语网络新词的判定及造词方式［J］.成都大学学报(社会科学版),2008(2):110-113.

［18］邵敬敏,马喆.网络时代汉语嬗变的动态观［J］.语言文字应用,2008(3):53-62.

［19］盛若菁.网络流行语的社会文化分析［J］.江淮论坛,2008(4):119-121+158.

［20］章宜华.网络环境下新词的传播与规范——从英、法、汉语新词谈起［J］.辞书研究,2003(2):31-39.

［21］张先亮,李妙文.从语言生态看新词语的产生和流行——以"颜值"为例［J］.浙江社会科学,2016(7):124-130+159-160.

(3)学位论文

［22］赵翠萍.英汉新词对比研究［D］.华中师范大学,2003.

［23］郑玲.新兴"范跑跑"与"楼脆脆"格式词语研究［D］.上海师范大学,2012.

从《右台仙馆笔记》看俞樾的女性观

吴文倩

摘　要:俞樾是清代湖州德清籍著名学者,他在经学、诸子学、史学、训诂学、戏曲、诗词、小说等领域都卓有成就,被誉为朴学大师。他的小说代表作是《右台仙馆笔记》,该书对研究晚清社会各个阶层女性生活境况与精神面貌极有价值。本文以俞樾笔记小说《右台仙馆笔记》为研究文本,以女性学为研究方法,细致考察了晚清学术名家俞樾的女性观。通过对《右台仙馆笔记》收录女性事迹的分类、整理,第一,揭示俞樾女性观的主要内容;第二,评析俞樾女性观中的进步性、保守性与矛盾性;第三,探讨俞樾女性观形成的原因。

关键词:俞樾;《右台仙馆笔记》;女性观

引　言

俞樾(1821—1907),字荫甫,晚号曲园居士,浙江德清人,晚清著名学者,曾主讲杭州诂经精舍、德清清溪书院等。他在经学、校勘学、医学、文学等方面均颇有造诣。俞樾一生著述颇多,均收录于《春在堂全书》。其中,最能代表他小说成就的就是《右台仙馆笔记》。

俞樾五十九岁时,妻子姚夫人病逝,葬于杭州钱塘江的右台山上。俞樾在其夫人坟墓左边安置好自己的坟墓,并且在附近筑屋居住。俞樾将此处住居命名为"右台仙馆"。期间大量征集、收录好友或社会各界人士的所见所闻,以志怪小说的笔法记录,写成了《右台仙馆笔记》。俞樾为本书作序时说明了自己写这本书的原因:"精力衰竭,不能复有撰述……而为怪之欲闻"①。全书一共十六卷,收录异闻六百多篇。故事大都文笔简练,叙事手法曲折生动。所涉及的内容虽多与鬼怪狐媚有关,然而也反映出了当时的社会生活和人民诉求。

《右台仙馆笔记》中有近118条以女性为主的故事。这些故事首先向我们展示了晚清近代社会各阶层女性的生存境遇,其次展示了俞樾对女性婚姻、情感、社会地位的认

---

① 俞樾:《右台仙馆笔记》,齐鲁书社1986年版,第1页。

识，从中可窥视身处近代社会巨变与中西思想文化交融洪流中一位传统知识分子女性观的特点：保守、进步、矛盾。

目前，学术界越来越重视俞樾的《右台仙馆笔记》。学者们开始意识到俞樾《右台仙馆笔记》中所体现出来的女性观念的重要性。根据目前已经查找到的资料，有三篇硕士论文涉及了对俞樾女性观的研究。其中，王颖的《俞樾及其〈右台仙馆笔记〉研究》从生平、文学交游、小说观念、小说思想及艺术四个方面进行了分析。该文指出了俞樾女性观的矛盾。朱江在《俞樾〈右台仙馆笔记〉研究》一文中分析俞樾对女性某些违背礼教行为的宽容与理解，认为俞樾具有先进的女性观。何玲的文章则从俞樾《右台仙馆笔记》的创作动因、影响因素、思想内容及文体艺术方面进行研究。通过与纪昀的《阅微草堂笔记》的一则类似的故事比较，何玲也赞同俞樾在看待妇女问题上的进步性。另外，还有三篇学术期刊论文重点研究了俞樾《右台仙馆笔记》中的女性观。舒芜的《纪昀俞樾妇女观比较》发表时间最早，她认为鬼怪故事是人的喜惧愿望的投影。通过两部作品描写的男魂借女尸还魂的故事，可以得出他们对男女问题尤其是对妇女的看法。从中，舒芜发现俞樾在女性问题上已经初步流露出高于当时文人的通达。韩洪举、魏文艳的《俞樾〈右台仙馆笔记〉的近代意识》认为俞樾虽不能摆脱封建礼教的束缚，但是他在情与礼中倾向于情。由此，文章肯定了俞樾的较为进步的女性观。戴娟《俞樾的节烈观》则从佛教思想和儒家思想的角度研究俞樾节烈观的形成，并且指出其节烈观受近代西方思潮的影响，流露出了较为宽容、先进的人文关怀。综上所述，关于俞樾《右台仙馆笔记》所体现出的其女性观中宽容、进步的方面得到了学术界研究者的普遍认同，然而对其女性观的具体阐述与形成原因至今没有得到深入探讨。由此，研究俞樾《右台仙馆笔记》中所体现出的女性观的具体内容与形成原因是非常重要和有意义的。

一、俞樾女性观

俞樾在《右台仙馆笔记》中记录了近118条以女性为主体的故事。笔者根据俞樾叙述的女性身份和主题的不同，分为五个方面对俞樾的女性观进行具体的阐述。

（一）赞美女性的才能智慧

中国自古以来便看重德才，尤其重视德才兼备。然而，从"丈夫有德便有才，女子无才便是德"①可以看出，古代传统社会对男女的要求大相径庭。妇女被要求遵守"三从四德"，尤其是明清社会推崇贞洁烈女的风气，对妇女的限制达到了极点。女性的才能只能体现在女工、妇德等家庭事务上。她们在诗歌、文学等方面的能力则不被重视。俞樾在这方面则持相反态度，他欣赏女性在文学艺术上的能力。如卷四中的两则故事：一则有关烈妇徐仲婉。徐仲婉嫁给赵宝善后，每天都写信向公婆问安，书法秀劲，公婆非常欣

---

① 张岱：《娜嬛文集》，紫禁城出版社2012年版，第313页。

赏。赵宝善画完花鸟画后,徐仲婉会将它临摹下来,绣在缣布上,见到的人无不称赞。赵宝善死后,徐仲婉留下纸书交代完后事就选择自尽殉夫。俞樾评价道"夫烈妇殉夫,世多有之,若徐者贤而有才,尤难得也"①。另一则故事是讲孝女顾嗣徽。顾嗣徽与父母避寇乡间,她模仿父亲教课的样子博父母高兴。父母死后,为照顾幼弟,她待在家中焚膏读书,过问弟弟读书情况。等到弟弟结婚后,烧毁了自己所写的《绿香吟草》,喝药自尽。《孟子·离娄上》中提及曾子奉养曾晳的事,"曾子养曾晳,必有酒肉。将彻,必请所与;问有余,必曰'有'。"②顾嗣徽与曾子侍奉父母的方式,都是注重对父母意志情感的照顾,是侍奉父母的最好的方式。俞樾认为顾嗣徽和徐仲婉都是贤而且有才的人,所以将这两则故事放在一起收录书中。虽然俞樾记录这两则故事的重要原因是想要表彰孝义,但是他特意选择将这两个人放在一起的原因是因为她们都是有文学艺术才能的人。同时,俞樾对于此类才女的死亡,都持有一种怜惜与敬佩之情。他赞叹她们异于常人的才情,敬仰她们以死明志的决心。

其次,俞樾也非常欣赏有智谋的女性。这里的智谋既包括能够保护自身,也包括能够应付世难、保护家庭。如卷一第6则故事中,李氏妇早寡,同县的一个富人看上她的美貌,想要通过她的儿子接近她。李氏妇也同样通过儿子设计试探富人的意图,最后成功断绝富人的念头。这位妇人心思敏捷,不但在第一时间察觉富人的心思,而且行为果断,没有选择迂回、避而不理的方式来拒绝富人,而是直接凭借道理击退了富人。俞樾认为"此妇不特以礼自持,其智识亦足多矣"③。这段评价直接表现了俞樾对这位妇人智慧的赞赏。在卷七中,黄桂圃被贼所捕后,沉江自尽。他的妾氏因无力抚养他的小儿子,将他送给邻村妇人为子。多年后,凭借当年在小儿子身上刺字留下的痕迹,妾氏找回了黄家血脉。俞樾认为黄桂圃是为国捐躯,因此不会无后。他赞赏黄桂圃的妾氏是一个有智慧和节义的女子。又如卷三中俞樾花了较大篇幅记载的有关秦娘的故事。秦娘与蒋生相恋后,用计逃离青楼前往蒋家。在蒋家产下一子后,等待二十年终于等来了夫妻团聚。为此,有人特意作《秦晋配》传奇。俞樾在文中评价"盖女之出也,默祷于父,有阴相之者也"④。说明对于秦娘这种有智谋和勇气的女子,俞樾认为连鬼神也会保护她。卷四中有一则故事提到咸丰三年,山东盗匪泛滥。有一个少妇在荒郊独行时遇到匪贼迫害。少妇施巧计哄骗匪贼上当,从而避免了灾祸并得到了一笔意外之财。此少妇本是乡间娼门中人,面对这种突发情况却能够做到临危不乱和巧施妙计。这种智慧与胆量让人佩服。

同时,对于有胆略、有侠义气概的女性,俞樾也大加赞赏。咸丰年间,反抗清封建王朝的农民起义军在许多地方掀起战乱。普通百姓尤其是妇女的生活也因此受到影响。城破时,为了不拖累家人和保全自身清白,许多妇女毅然选择死亡。如卷二中的吴瑸香,在城破时为了让从小养育自己的舅舅能够逃亡而选择自尽。她的情义与志气让她在死后多日,尸身在酷暑中依旧不臭。与此女相似,卷六中的樊和气,拒绝了父亲让自己逃亡

---

① 俞樾:《右台仙馆笔记》,齐鲁书社1986年版,第84页。
② 万丽华,蓝旭译注:《孟子》,中华书局出版社2006年版,第163页。
③ 俞樾:《右台仙馆笔记》,齐鲁书社1986年版,第4页。
④ 同上书,第73页。

的计划,夺下父亲准备的毒药自尽。家人梦见她死后成仙。这两位女子都是在战乱中能够做到舍生取义、以死明志的女豪杰。面对战乱,更有一类女子令人称奇。她们面对危险会爆发出超人的毅力。如卷十四中的两则故事。前一则讲的是严君之妹在乱贼到来之前,以一己之力背着母亲翻越土墙,同时帮助其他妇人翻越土墙逃跑。后一则讲的是一位妾氏终日与嫡妻不和,在战乱来临众人皆逃亡时,她背着嫡妻奋力逃亡。这些女子面对危难能够自立自强,是妇女中的佼佼者。此外,还有一些有情义的妇女。她们无私助人,救人于危难之中。如卷三中的一位婢女,在主家的人都相继死亡只剩下一个幼子的情况下,收养了这个幼子。等到主家之幼子成人后,将真相如实相告并归还资产。又如卷十四中的某妇人,无偿帮助孤儿寡母前往他乡,坚决拒绝接受金钱酬劳。俞樾认为这个妇人的做法与古时候的游侠相似,以帮助别人的难处为先,不在乎私利。

(二)肯定女性追求情爱

古代传统的婚嫁讲究"父母之命,媒妁之言"。宋代的理学更是提出"存天理,灭人欲"。俞樾是由科举制度选拔出来的人才,是经学研究的大师。但是,他却不是一个迂腐的老学究。面对一些突破社会规范、追求自由爱情的男女,他虽然不赞同,但是会保持宽容的态度。如卷一第12则故事,阿胜想要娶亲,因女方索取重聘,感到不满并出游国外。与阿胜缔结婚约的女子背着家人独自前往旧金山寻找他,最终二人成为夫妻。中国古代的妇女往往大门不出,二门不迈。这位女子却能一个人跨越千山万水寻找所爱,不可不谓是奇女子,连俞樾也不忍对其指责,认为"君子姑取其从一之贞,勿责其越礼也"①。又如卷四中刘氏女与张氏子定亲后,以为父亲要悔婚。刘氏女在晚上偷偷前往张家成亲。俞樾认为此事虽于礼不合,但是"然既聘则非奔也"②,为此女解嘲。

在封建社会中,子女的婚姻都是由父母包办。两个互相爱慕的男女往往因为地位、财富不对等的原因,无法得到父母的认同而缔结姻缘,于是这些陷入热恋的青年男女更多的是走上殉情这条不归路。《右台仙馆笔记》中记载了不少未婚男女为情而死的故事。如卷一第32则故事,李仙槎与范婉如是青梅竹马,两情相悦,仙槎因为受不了外界打击自尽,婉如知道后也殉情而死。又如卷一第33则故事,某女与某生私下相爱,女方父母拒绝联姻。最终两人殉情而死。俞樾将这两条见闻写在一起,并解释说明两者的不同情况。前面一件事中的男女是有婚姻约定的,所以他们的行为可以说是"因情而死"或"守义而死"。后面一件事中的男女没有婚约,不能与之相比,但是俞樾认为"其情可怜"。全书中还有其他殉情而死的例子。俞樾对这些事的评价,往往站在"情"的角度来看待,给予同情,表现了他对生命的人文关怀。

此外,俞樾看重并赞赏夫妻之间的真情。如卷十三中的一则故事,俞樾大儿媳的伯父去世后,她的伯母日夜哭泣不止,直到泪尽血尽,最终依托于扶箕请仙之术聊以释怀,俞樾则对此事没有给以直接评价,但是这篇故事的描写能够让人深刻的感觉到妇人的绝望与痴情,作者对此的惋惜与哀悼之情溢于言表。在卷十三中,有另一则相反的故事,讲

---

① 俞樾:《右台仙馆笔记》,齐鲁书社1986年版,第9页。
② 同上书,第85页。

的是某甲以盗墓为生,其乡人害怕被连累,伙同某甲的妻子杀害了某甲。俞樾认为某甲确实有罪该死,但是他的妻子伙同乡人密谋杀害夫君,她的罪过更大。俞樾认为夫妻之间"妻之于夫,分则三纲。情则胖和"①。

(三)同情奴婢、风尘女子

奴隶制度建立以来,养奴风气流行。奴婢成为封建社会的固有产物。奴婢没有地位与自由,他们的生死也不能由自己掌握。即使在晚清社会,奴婢也始终处于随意被打骂的地位。俞樾对于这些处于社会底层的人,也给予了关注和同情。如卷十中,潘某家的婢女因不堪虐待,最终自尽。婢女死后还成为厉鬼向潘家复仇,这警示众人要善待自家奴仆。又如卷十五中的秦家婢女,受到秦氏女的怀疑,在熟睡中被秦氏女用剪刀杀害,婢女死后向神明诉冤报仇。又如卷三中的故事,一对少年夫妇因为贫穷,新婚一个月就分别。少妇去一位部郎家做帮工,因认错夫君而失去了佣金。部郎感其可怜,赠钱财相助。俞樾站在部郎的角度,认为此夫妇迫于生计、聚少离多的生活让人同情。

许多女子因为各种原因沦入风尘,她们往往没有自救的能力。同时,社会对待她们的眼光始终存在着鄙视与唾弃。俞樾却能感受到她们身上善良的品质,以新的视角看待她们。如卷一中的两则故事,都是有关妇人自鬻青楼以解决夫君危难的故事。前者讲的是谭氏为救夫君出狱,自鬻青楼。何明达听闻此事后,帮助其夫妇团聚。后者讲的是紫鹃本为妓女,脱籍后为救助夫君再入青楼。在得知相公死讯的传闻后,紫鹃服毒,自尽未成。然而紫鹃的相公并未死去,最终夫妻二人在众人的帮助下团聚。俞樾认为紫鹃虽然再入风尘,却一直没有忘记她的丈夫,并且痴痴等待丈夫来为其赎身,所以对她"不能责以不贞……仍以贞烈许之可矣"②。

(四)认同守节行为

守节行为是社会强行施加在女性身上的一种准则。对守节行为的赞扬、鼓吹,其根本目的在于使之成为社会风气,从而潜移默化地影响女性的心理。守节分为苦节和死节。苦节指妇女在夫君死去后,在婆家或者自己家里守身不嫁的行为。死节指妇女在夫君死后,以死殉夫明志的行为。在卷七中,俞樾摘录了一则妇女因为守节而得到善报的故事。故事中的钱氏妇由于守节三十多年,在全城大疫的时候得到鬼神庇护而幸免于难。在卷十六中的一则故事中,守寡并且没有子女侍奉的王媪可以帮助邻居之子免于鬼的伤害,得到邻居之子的赡养。俞樾认为"此子之病,殆鬼神哀怜节妇,不忍其老而无依欤?"③这两则故事都通过写妇女由于苦节所得到的善报。旨在宣扬妇女丧夫守寡的行为不仅是社会的普遍要求,更是上升成为一种神明都会赞扬保护的行为。对于死节者,俞樾给予了更大的褒奖。如卷一中的两则关于妇女死节的故事。前一则讲农家女邢阿金四易其夫,最终殉夫以成大节。俞樾认为这位女子由于四次易夫不能说是贞女,但是她

---

① 俞樾:《右台仙馆笔记》,齐鲁书社 1986 年版,第 314 页。
② 同上书,第 25 页。
③ 同上书,第 371 页。

最后殉夫而死可以算是烈女。对于她最后殉夫成就大节的行为"君子哀其遇可也，取其晚盖可也"①。后一则故事讲丁维勋在重病不起时，多次劝妇王氏为自己打算。王氏为了不让夫君怀疑自己想要独活，就在夫君死亡前自缢而死。俞樾引用自己小时候写作的《秋胡妇诗》"妾身愿学田光死，一使人疑不值钱"②。表明妇女以死明志的行为值得让人尊重。在卷十六的一则故事中，俞樾记载了两个在夫君死亡后，伺奉公婆终老才选择自尽的节妇。俞樾认为她们能够在多年后依旧从容选择死节明志，是内心像石一样坚定的人。

守节中的守清行为，是专指一种有婚约的未婚男女，在男方死后，女方依旧嫁入男方家侍奉公婆、守寡不嫁的风俗。在卷一第 7 则故事中，俞樾直接表明自己反对明代归熙甫著作中"极言女未嫁夫死守节之非"的观点。他从《礼》："婿死，女斩衰往吊"③考证出圣人对此行为的认可，同时借此表达自己也持认同这种行为的观点。在卷二中有一则故事讲苏州袁氏女许嫁给吴氏子，在得知吴氏子死讯后，以死要求父母同意嫁给吴氏子守节。同时代的汪容甫主张归熙甫的观点，认为女子嫁给死去的未婚夫守节是错误的行为。俞樾引用《烈女传》里卫夫人为卫君守丧三年的故事以及圣人摘录卫夫人的诗"我心匪石，不可转也；我心匪席，不可卷也"④来进行反驳，再次强调自己对此行为的认同。在卷九的一则故事中，刘氏女在许嫁的罗氏子死后，投水自尽。刘氏女的事迹得到了朝廷的表彰，而她死后成为水神保护当地的人民以及家人。俞樾花了大篇幅描写刘氏女成仙后的善行，更在结尾处特意注明这则故事是好友徐诚庵从刘氏后人斗山处得知，除了想增添故事的真实性外，还想宣扬贞女会得到神明的福报。

（五）称颂女性孝道

孝是儒家文化所追求的基本品质。俞樾对于孝道有着高度要求。对于父母病危或去世，俞樾通过两则故事表明自己对孝的最高要求。卷二中有一则故事是讲姑苏曹氏有一对姐妹，在父母双亡后，一同喝药自尽。长女留信告诉自己的兄弟，父母在九泉之下有自己尽孝，劝慰兄弟积德显亲即可。卷七中的一则故事讲史大姑由于父亲病重，希望以身代父，因此吞食生鸦片自尽。同里的一个会扶乩之术的人预言史大姑的行为感动了上帝，被封为神仙。俞樾说自己不信扶乩之术，认为此事近乎荒唐，但是记录下来，可以尽到劝孝的效果。

如果子女早亡，父母在世上独处受难，子女也应尽孝。如卷十五中的两则故事。前一则讲一位年老有病的母亲在战乱中，见到自己已亡的女儿来带自己离开这个乱世。后一则讲张氏在战乱中听到已故的女儿劝自己尽快逃离所在地。张氏没有听从，死于大难中。这两则故事都通过写子女即使去世，对于在世受难的父母依旧要报以牵挂与帮助。

俞樾最反对的就是子女的行为不顾及父母，导致父母受难。对于这种事件，俞樾认

---

①　俞樾：《右台仙馆笔记》，齐鲁书社 1986 年版，第 3 页。

②　同上书，第 21 页。

③　同上书，第 5 页。

④　葛培岭注译评：《诗经》，中州古籍出版社 2005 年版，第 20 页。

为这样的子女都是有罪的,而且会遭到惩罚。如卷一中的一则故事讲周媪之女效仿文君的故事,与谭某私奔。周媪失去女儿后,痛哭数日,最后服用生鸦片自尽。周媪的女儿意外而死,她的死法与周媪相同。众人都说是母亲变成鬼来索命。俞樾认为这位女子背着母亲出逃导致母亲的死亡,她的死是应该的。同理,在卷十五中,胡氏因为没有得到女儿女婿的赡养而愤恨致死。此后女儿女婿所生的孩子都活不过数岁。俞樾认为胡氏报复在女儿女婿的子女身上,就是报复在女儿女婿身上。

二、俞樾女性观之评议

俞樾对于女性的认识是充满矛盾性的。首先,俞樾的女性观有进步的方面,体现在他对女性美好的才能品德的正确看待和赞美上;其次,俞樾的女性观有保守的方面,体现在他希望女性遵守清代社会妇女道德标准上;最后,俞樾的女性观是矛盾的,体现在他对女性再嫁、追求情爱行为的理解上。

(一)俞樾女性观的局限性

1.敬佩女性的节妇身份

俞樾非常敬佩女性的节妇身份。《右台仙馆笔记》中塑造的节妇形象最多,高达36例。这与他的儒教观念相符合。儒家伦理道德对女性提出了"三从四德"的要求,"三从"即"在家从父,出嫁从夫,夫死从子","四德"即"妇德、妇言、妇容、妇工"。其中"出嫁从夫"意为女子出嫁后,在家庭中要服从辅佐自己的夫君。夫君去世后,妻子也要维护自己的贞洁,不能够再嫁。明清时期,社会更是鼓励妇女为夫殉节的行为。对接受儒家正统文化熏陶成长的知识分子俞樾来说,他对节妇是持肯定以及尊敬的态度。《右台仙馆笔记》卷六有一则故事,孟县女在未婚夫死后,前往夫家守节。期间,她尽心照顾公婆和抚养幼弟。幼弟成人娶亲后,她自尽殉夫。这则故事全面体现了当时社会对女性既要承担家庭责任即照顾公婆抚育孤弟,又要恪守社会使命即守节殉夫的夙愿。俞樾认为通过弘扬她们的故事能够改变社会风气。

明清时期,官府对节妇烈女的"旌表制度"不断完善。许多家族以家中有受到表扬的节妇而感到光荣。受到这种观念的影响,女性在丧夫后主动选择守节,将成为节妇光耀门楣设为人生目标。由于官府的贞洁旌表要求过于严格、流程复杂,而申请人数众多,许多有资格的人尤其是下层社会的妇女很难申请成功。这就造成了许多文人的不满。他们开始主动为这些妇女写事迹或传记,以发扬她们的精神。俞樾也在《右台仙馆笔记》中记载多篇其友人为节妇所作的传记,并且为遗失那些妇女的姓名不能将其扬名而感到可惜。

2.肯定孝女的孝行

俞樾对孝女的所有孝行都持肯定态度。儒家文化中有一个重要教条"孝"。从《论语·学而》中"入则孝,出则悌,泛爱众,而亲仁,行有余力,则以学文"①可以看出孔子将孝悌作为人伦根本。《论语·为政》中也有记载:孟懿子问孝。子曰:"无违。"樊迟御,子告之曰:"孟孙问孝於我,我对曰,无违。"樊迟曰:"何谓也?"子曰:"生,事之以礼;死,葬之以礼,祭之以礼。"②儒家以礼义为根本,所以对孝的无违不是盲目的顺从,而是有所依据的。在《右台仙馆笔记》卷三中有一则故事,山东某甲之女为救父命,被迫改志另嫁,最终郁郁而死。俞樾提到自古表扬节妇都离不开"节孝"二字。他认为女子听从父母之命,媒妁之言,尽心侍奉夫家,不辜负夫君,就是不辜负父母,因此女子守节等同于孝。面对这种节孝难两全的境地,如果该女子无视父母的性命选择守节,将会成为非常悔恨的事。《左传》中"人尽可夫"的故事讲得是蔡仲女儿在面对父亲与丈夫只能择其一的生死关头,选择了自己的父亲,将血缘关系放在第一位。这都反映出在儒家的家庭伦理关系中,孝是第一位的,节是第二位的。在孝和节发生矛盾时,要选择孝而不是节。俞樾秉承了这种传统的女性观念,将"孝"放在首要地位,在"节""孝"存在冲突时,认为"孝"比女子的"节"更重要。此外,对于女子祈求神灵代替父母生病以及父母亡故后自缢尽孝的事例,俞樾都将其记录下来,作为教化社会的良方。

3.谴责悍妇的行为

俞樾在对悍妇缺乏理解的基础上谴责悍妇的作为。从父系社会建立以来,女性在家庭中始终处于从属地位,她们的价值体现在对男性的理解与包容上。因此,女性如果在家庭中做出违背妇德实则是违背男性利益的行为,会被斥之为悍妇。长期以来,在这种家庭关系中,男性主体开始忽视甚至无视女性的需求。在《右台仙馆笔记》卷四中有一则故事,某妇因为其夫拒绝给她钱财以赡养母亲选择自尽,自尽后她的鬼魂害死了自己的儿子。俞樾在这则故事下指责了该妇的行为,认为她当初轻易自尽是理所应当的。俞樾简单的把该妇自尽的原因归之于悍妇,没有探究导致该妇自尽的直接原因是其夫拒绝了她养母的请求。俞樾将家庭不和的因素归之于女子,是对男性责任的推脱。此外,《右台仙馆笔记》中关于悍妇的事例还有卷十三的最后一则故事,唐灿如之妻迫害其妾,导致其断绝子嗣和卷十五的一则故事,聪明正直的谭仙姑会责备悍妇。俞樾对于悍妇这一群体的态度,可以用"虽另卖皂荚扫帚,犹宽政也"③概括。

(二)俞樾女性观的超越性

1.赞美奇女

俞樾对女性身上的善良坚韧品质非常佩服。以《右台仙馆笔记》中有关奇女子的故事为例,俞樾或直接称赞"不可云非奇女子矣"④,或以大篇幅描写她们的经历,将自己的情感倾向融入在对人物神态举止和言行的描写上,如卷三中秦娘寻夫和卷十四徐

① 孔丘:《论语》,山西古籍出版社2003年版,第4页。
② 同上书,第10页。
③ 俞樾:《右台仙馆笔记》,齐鲁书社1986年版,第318页。
④ 同上书,第9页。

氏女修庙的故事。从中可以看出,俞樾对女性品格的认定不是单一的局限于是否遵守女性道德规范以及对家庭做出的贡献。俞樾为女性突破自我的束缚而爆发出来的超人的精神感到佩服,在她们的行为不违背社会道德规范的基础上,认为她们是具有宣传价值的楷模。

2. 赞美才女

俞樾从内心深处对才女持欣赏赞美的态度。在《右台仙馆笔记》卷四有关徐仲婉和顾嗣徽的故事中,俞樾详细记录了她们的生平与才能。如徐仲婉的书法秀劲,又善于临摹花鸟绣之于缣,顾嗣徽喜爱诗文,闭门读书著书。其中徐仲婉因为殉夫自尽,俞樾认为世界上为殉夫而死的烈妇很多,但"若徐者贤而有才,难得也"①,直接表现了他对徐仲婉个人才能的称道。同时,俞樾将殉父母而死的顾嗣徽的故事与前者安排在一起,也是为了表达对后者同样的赞扬。卷六中的杨氏女美而且才,因为没有归宿郁郁成疾而死。俞樾指责杨氏女之兄的爱护其妹的方法有误,导致了这个悲剧。在故事结尾以一句"惜哉"作为自己对杨氏女虽拥有美好才能,却无辜遭受悲苦命运的叹惜。由此可见,俞樾对于才女具有本能的怜惜赞美之情。

(三)俞樾女性观的矛盾之处

1. 对女性再嫁的认识

俞樾对女性丧夫后再嫁行为的看法是矛盾的。一方面,俞樾认为女性应该从一而终。如卷二中杭州某氏女一开始拒绝了父母为其别择婿的建议,但在丈夫死后选择再嫁。俞樾认为此女刚开始知道要遵守从一而终的道理,似乎是一个深明大义的人,但是丈夫死后的行为却与当初所做大相径庭。这样前后不一,让他感到失望。另一方面,俞樾对再嫁尤其是殉再嫁之夫的女子依旧持认同态度,并且主动为她们说理。如卷一中邢阿金四嫁,最终殉四嫁之夫。俞樾详细记录了邢阿金四次嫁人的情况来说明前三次所嫁非人。同时,俞樾还用了豫让"众人国士"的典故来说明邢阿金如果一开始就能觅得良人比为善妇。再如卷四中胡氏再嫁任某后,善待任某前妻之子,服毒与病重的任某共死。对于旁人对胡氏再嫁的议论,俞樾又选取了兰陵公主殉后夫的事例,来赞扬胡氏与兰陵公主一样质迈寒松。因此,俞樾对待女性再嫁的问题,虽在原则上持不认同的态度,但是会在具体的事例中重新做出评判。

2. 对女性追求情爱的认识

此外,俞樾面对女性在追求情爱与遵守礼教的冲突时的态度是矛盾的。一方面,他站在社会伦理道德的角度,指出女性违背礼教的行为是不值得提倡的。另一方面,他又从人的情感角度出发为这些做出突破礼教行为的女子说情。如《右台仙馆笔记》卷一中远渡重洋,寻找阿胜的女子和卷四中乘夜私自前往夫家成礼的刘氏女的故事,讲的都是女子私自嫁给未婚男子的故事。俞樾对二者的态度也并无二致。一开始,俞樾否定她们

---

① 俞樾:《右台仙馆笔记》,齐鲁书社 1986 年版,第 84 页。

的行为,认为"此女不从母命而从六礼未备之夫,不可为训"①,"夫六礼不备,贞女不行,此女所为殊乖礼法"②。紧接着,他笔锋一转,认为前者"重洋暌隔,万里追寻,亦不可云非奇女子矣"③,而后者"然既聘则非奔也"④,希望世人不要过多的指责她们。从中我们可以看出,俞樾虽然基于自身的认知反对女性违背礼教的行为,但是他又无法忽视女性这些行为中流露出来的真情,选择为她们辩解。

三、俞樾女性观形成原因

俞樾复杂的女性观的形成与其身处的社会环境和他自身的思考是脱离不了关系的。因此,笔者从社会环境和个人因素来探求俞樾女性观形成的原因。

(一)儒家伦理道德的教育

列女,是指因言行操守自律于儒家道德规范而被罗列起来记载在正史中的女性群体。西汉刘向《列女传》开启了中国古代对妇女的书写方式。刘向选取列女的基本标准是"贤"、"贞"。"贤"指"德才兼备","贞"指"言行抱一"。明清时期,"列女"的选取标准逐渐演变为单一的道德标准。俞樾从小接受的是正统的儒家教育,所以在他的思想中已经从根本上深深植入了儒家对女性所建立的种种道德规范。在《右台仙馆笔记》中,关于女性守节殉节的故事占了大多数。例如俞樾在卷十五的卷末写下的是关于翠姑殉节故事的评论。他认为此事虽然没有奇特的地方,与志怪小说的体例不合,但是作为一本记载不见经传的轶闻琐事的著述,《右台仙馆笔记》"未始不以表章节义为主"⑤。

(二)江南才女文化的熏陶

明清时期,处于江南社会中上层的女性获得文化教育的机会较大。由于江南地区经济发达,文化氛围浓厚,地理环境舒适,江南地区的文化世家较为发达。这个得天独厚的条件成为江南地区辈出文化才女的缘由。这些女性在家庭中能取得较好的学习资源,并且往往能取得家庭的支持而获得更多的自由去进行文化交流、创作活动。在胡文楷的《历代妇女著述考》中,明清时期的江南地区女性的著述作品所占比重较大。以此书为蓝本的朱吉吉所作的《明清浙籍妇女著述目录》更是详细写明了明清时期浙江各地区妇女创作的书名与版本。如表11-1所示可以发现同地区清代妇女的创作量远超于明代妇女。这说明随着种种因素的变化,江南妇女在文化上的需求呈现出不断增长的趋势。俞樾在《春在堂随笔》中提及了沈仲复观察夫妇的一则日常,他们夫妇分一鱼形异石为二

---

① 俞樾:《右台仙馆笔记》,齐鲁书社1986年版,第9页。
② 同上书,第85页。
③ 同上书,第9页。
④ 同上书,第85页。
⑤ 同上书,第366页。

砚,取名为鲽砚,俞樾特为此事作诗"何年东海鱼,化作一拳石。天为贤梁孟,产此双和璧。"①并称此为文房佳话。这种令人艳羡的夫妻生活正是明清江南地区许多文人家庭特有的场景。明清时期许多文人大家开始公开招收女弟子,如李贽、钱益谦、袁枚等。这种收女弟子的行为在当时虽受到许多儒学人士的批判,但是一部分人已经开始接受这种现象。俞樾也曾收过一位女弟子张贞竹,称其为"曲园女弟子",俞樾称赞其有"朴茂之意",多次帮其摆脱生活上的困境,因担心其难得所归而常忧虑。

表 11-1 明清浙江各地妇女创作量对比表

朝代	地　　区									
	杭州	绍兴	嘉兴	台州	湖州	金华	温州	衢州	处州	宁波
明代	3	3	2	1						
清代	117	29	99	14	32	2	5	1	1	3

本数据来源:《明清浙籍妇女著作目录》

(三)近代西方文化的影响

19 世纪的鸦片战争打开了封建中国的大门,使中国从闭关锁国的环境中走出来。中国被迫与世界接触。随后的洋务运动则为中国带来了西学东渐的社会风气。中国的沿海地区,作为中国最早对外开放的贸易港口,是最先接受中外文化冲击的地方。俞樾是浙江人,在他的青年时期,他所接触到的西方的器物、文化不可避免地会动摇他的思想。虽然俞樾反对西方的技术发明,认为"奇巧技为术之末端,是不值得学习的"②,但是,对于书中记录的一些女性做出的抵触儒家道德规范的行为,俞樾会站在情的角度,对她们予以理解。例如卷一中的一则故事中的某氏女不顾父母之命,孤身前往旧金山嫁给阿胜。俞樾认为这位女子不顾及母亲的命令而跟从没有准备六礼的夫君,是不能效仿的行为。但是此女万里寻夫,可以称作是一位奇女子。对于这样的女子,俞樾选择理解与维护,认为"君子姑取其从一之贞,勿责其越礼也"③。

(四)良好家庭环境的滋养

俞樾记录的以女性为主体的故事中,妻子与女儿的比重较大。如表 11-2 所示,俞樾非常关注妻女。俞氏与姚氏都是书香世家。俞氏一族是浙江德清的望族,自俞樾的祖父一代开始走上弃农从文的道路。俞樾小时候,父母就注重对他的教育问题。因为德清县南埭村地方偏僻,没有良好的师资教育条件。俞樾四岁时,母亲姚太夫人带着俞樾和他的哥哥俞林搬到了自己母家杭州仁和县临平镇居住求学。俞樾六岁时,开始学习"四

---

① 俞樾:《春在堂随笔》,辽宁教育出版社 2001 年版,第 71 页。
② 马晓坤:《清代淳儒 俞樾传》,浙江人民出版社 2006 年版,第 215 页。
③ 俞樾:《右台仙馆笔记》,齐鲁书社 1986 年版,第 9 页。

书"。父母是他的启蒙老师,如姚太夫人亲自为其讲解《论语》、《孟子》等书。从母亲姚太夫人从小为俞樾讲解"四书"可以看出姚太夫人具有良好的学识。俞樾夫人姚文玉也熟读诗书,写过诗集《含章集》。俞樾最疼爱的小女儿绣孙从小聪慧,十岁能诗。在一次家人出游西湖的过程中,冷泉亭上董其昌的一对题联"泉自几时冷起,峰从何处飞来?"①引起了俞樾一家的兴趣。俞樾答联"泉自有时冷起,峰从无处飞来"②。姚夫人答联"泉自冷时冷起,峰从飞处飞来"③。小女绣孙独创新意的"泉自禹时冷起,峰从项处飞来"④得到一家人赞赏。

表 11-2 《右台仙馆笔记》中女性社会角色统计表

身份	妻子	母亲	女儿	儿媳妇
数量	60	13	26	5

本数据来源:《右台仙馆笔记》

俞樾的妻子是他的表姐姚文玉。二人青梅竹马,从小就定下了婚约。俞樾十九岁时,与姚文玉完婚。婚后二人举案齐眉,相敬如宾。俞樾在外考取功名的时候,夫人姚氏则在家中料理家事。在得知俞樾成功取得科举功名后,姚夫人在回信中附以诗句"耐得人间雪与霜,百花头上尔先香。清风自有神仙骨,冷艳偏宜到玉堂"⑤。既是对夫君俞樾辛苦多年,终于实现目标的祝贺,又是暗示他应该始终保持像梅花一样的傲然铁骨。在俞樾罢官回家后,姚夫人没有任何埋怨或责怪,而是在俞樾下决心研究学问的时候,尽心支持他的选择。因为家道艰难,俞樾一家搬到了岳父家居住。俞樾为没有能力给妻子一个真正属于自己的家而感到十分愧疚,姚文玉则非常了解俞樾的难处,宽慰他"吾终当与君创造一好家居耳"⑥。在曲园建成以后,俞樾与姚夫人有了真正意义上的家。但是此时,姚夫人已经 51 岁,多年的漂泊迁徙的生活,令她的身体脆弱多病。不久姚夫人病逝,临终前嘱托俞樾"吾不起矣,君亦暮年,善自保重"⑦。俞樾在杭州俞楼后建了存有两人牙齿的"双齿冢"以示怀念。俞樾在姚夫人身亡后所作诗歌如《四月二十二日为内子姚夫人忌日距其亡也正十年矣漫赋一律》:年年此日一吁嗟,自隔幽明十载赊。孙不成名,吾已老贫。仍如故,病稍加。竟登耄耋,诚无味。欲抱曾元未有芽,细事报君聊发嗟。小浮梅槛又堪划。(曲园中小浮梅坏又修治之)⑧又如《六月三日为内子姚夫人生日计其生年七十岁矣又赋一律》:"白头偕老付空谈,欲遣前情总未堪。一别十年年七十,又逢六月月初

---

① 俞樾:《春在堂随笔》,辽宁教育出版社 2001 年版,第 14 页。

② 同上。

③ 同上。

④ 同上。

⑤ 马晓坤:《清代淳儒 俞樾传》,浙江人民出版社 2006 年版,第 33 页。

⑥ 同上书,第 145 页。

⑦ 同上书,第 163 页。

⑧ 俞樾:《春在堂诗篇》丁巳编,清光绪二十五年刻春在堂全书本。

三。我生亦似灯将烬,世味真如蜡不甘。明岁嘉平初度日,可能同坐右台龛。"①与姚夫人的深切感情和姚夫人在家庭中的无偿奉献,让俞樾感受到女性在家庭中的重要作用。

从母亲到妻子、女儿,良好的家世让俞樾感受到了女性的伟大和温暖,使得他对女性能够给予普遍的同情和关注,所以他用小说之笔来记录、感恩这些无私付出的女性。

结　语

俞樾在《右台仙馆笔记》中面对不同阶级、不同身份的女性群体时都有其独特的看法:颂扬节妇、肯定孝女、赞美才女、敬佩奇女。他所体现出的女性观是多方面、多层次性的:一方面他难以割舍其思想深处保守的一面即希望女性遵守传统社会妇女道德标准,另一方面他能在时代变化中做出改变即面对女性突破礼教行为的宽容,这两个特点让他的女性观体现出矛盾复杂的思想情感即肯定女性追求情爱、宽容女性再嫁行为。本文在学界研究者肯定俞樾充满人文关怀的女性观的基础上深入发掘其女性观的具体内容和形成原因,并对此作出评议。由于俞樾身处晚清社会巨变与近代中西方文化交融的洪流中,对于俞樾女性观形成的时代因素还可以做进一步探讨。

参考文献

(1)专著

[1]俞樾. 右台仙馆笔记[M]. 济南:齐鲁书社,1986.

[2]徐宁. 江南女校与江南社会 1850—1937 年[M]. 上海:上海人民出版社,2015.

[3]俞樾. 春在堂随笔[M]. 徐明,文青,校点. 沈阳:辽宁教育出版社,2001.

[4]游鉴明,胡缨,季家珍. 重读中国女性生命故事[M]. 南京:江苏人民出版社,2012.

[5]卢敦基. 浙江历史文化研究 第 2 卷[M]. 杭州:浙江大学出版社,2010.

(2)期刊文章

[6]王传满. 明清节烈妇女问题研究综述[J]. 广播电视大学学报(哲学社会科学版),2008(3):96-100.

[7]韩洪举,魏文艳. 俞樾《右台仙馆笔记》的近代意识[J]. 浙江师范大学学报(社会科学版),2012,37(2):59-64.

[8]戴娟. 俞樾的节烈观[J]. 温州职业技术学院学报,2014,14(4):60-63+67.

[9]舒芜. 纪昀俞樾妇女观比较[J]. 读书,1992(4):76-81.

(3)学位论文

[10]王颖. 俞樾及其《右台仙馆笔记》研究[D]. 南京师范大学,2007.

[11]朱江. 俞樾《右台仙馆笔记》研究[D]. 闽南师范大学,2013.

[12]何玲. 俞樾《右台仙馆笔记》研究[D]. 东南大学,2015.

---

① 俞樾:《春在堂诗篇》丁巳编,清光绪二十五年刻春在堂全书本。

晏几道恋情词研究

李　甜

摘　要:在唐宋诗词中,情爱主题长盛不衰,晏几道作品中大多写男欢女爱,其造诣独步一时。本文主要从四个方面对晏几道恋情词进行探析:首先,通过列表统计的方法,了解晏几道恋情词创作概况,其恋情词占比70%以上;其次,通过分析词体发展,晏几道个人情况和家庭环境等对晏几道的影响,探讨晏几道恋情词创作的原因;再次,从晏几道不同的写作对象入手,分析晏几道恋情词的主要对象——青楼女子、家妓、闺阁女子;最后通过对晏几道恋情词的独特创作角度,借助梦境展开回忆的方式以及化用前人成句的手法和亦真亦幻的艺术风格等分析,着重探讨晏几道恋情词的艺术特色。

关键词:晏几道;恋情词;统计分析

引　言

从唐五代到北宋,柔婉风格和情爱题材一直在词坛占据着主流地位,情感的自我化抒写显示着强大的生命力和广阔的发展前景,代表词人有韦庄、温庭筠、晏殊、欧阳修等。晏殊之子晏几道也擅写男欢女爱、离情别绪,其风格温文尔雅,丝毫不轻浮,文字浅显明白却并不直露,含不尽之意于言外,具有一种含蓄美。通过统计,笔者得知晏几道《小山词》260首中恋情词占了一半以上。晏几道性情率真,其痴情词亦真挚细腻,主要表现了对歌女和侍女们这些底层弱女子的同情与真诚不欺。本文试从创作原由、恋情对象及艺术特色等方面来探究晏几道的恋情词。

一、晏几道恋情词创作概况

陈廷焯在《白雨斋词话》中道:"北宋晏小山工于言情,出元献、文忠之右。"①晏几道擅长言情,比晏殊和欧阳修还善于写男女爱情主题的词作。鉴于前人对晏几道言情有如

---

① 陈廷焯:《白雨斋词话》,江苏广陵书社2018年版,第168页。

此评价,笔者对晏几道的恋情词创作情况做了统计分析,具体如表 12-1、表 12-2 所示。

表 12-1　晏几道词分类统计表

词牌名	首句	分类	描写对象
临江仙	斗草阶前初见	恋情词	晏几道和闺阁好友(闺阁)
临江仙	身外闲愁空满	写人词	好友
临江仙	淡水三年欢意	恋情词	晏几道和云、鸿(家妓)
临江仙	浅浅馀寒春半	恋情词	歌妓和晏几道(青楼女子)
临江仙	长爱碧阑干影	恋情词	晏几道和歌女文君(青楼女子)
临江仙	旖旎仙花解语	恋情词	晏几道和歌女(杏、柳)(青楼女子)
临江仙	梦后楼台高锁	恋情词	晏几道和小萍(家妓)
临江仙	东野亡来无丽句	写人词	好友
蝶恋花	卷絮风头寒欲尽	恋情词	晏几道和沈、陈两家的侍儿(家妓)
蝶恋花	初捻霜纨生怅望	写人词	女子
蝶恋花	庭院碧苔红叶遍	写景词	秋天
蝶恋花	喜鹊桥成催凤驾	恋情词	牵牛织女(七夕)
蝶恋花	碧草池塘春又晚	写人词	女子伤春
蝶恋花	碾玉钗头双凤小	写人词	女子
蝶恋花	醉别西楼醒不记	恋情词	晏几道和西楼歌女(青楼女子)
蝶恋花	欲减罗衣寒未去	写景词	春天
蝶恋花	千叶早梅夸百媚	咏物词	梅花
蝶恋花	金剪刀头芳意动	恋情词	晏几道和两个歌舞女子(青楼女子)
蝶恋花	笑艳秋莲生绿浦	咏物词	荷花
蝶恋花	碧落秋风吹玉树	恋情词	牵牛织女(七夕)
蝶恋花	碧玉高楼临水住	恋情词	晏几道和歌女(青楼女子)
蝶恋花	梦入江南烟水路	恋情词	晏几道和江南歌女(青楼女子)
蝶恋花	黄菊开时伤聚散	恋情词	晏几道和未知女子
鹧鸪天	彩袖殷勤捧玉钟	恋情词	晏几道和歌女(女子口吻诉请)(青楼女子)
鹧鸪天	一醉醒来春又残	恋情词	晏几道和西楼歌女(青楼女子)
鹧鸪天	梅蕊新妆桂叶眉	恋情词	晏几道和小莲(家妓)
鹧鸪天	守得莲开结伴游	恋情词	晏几道和文君(青楼女子)
鹧鸪天	斗鸭池南夜不归	恋情词	晏几道和小莲(家妓)

续表12-1

词牌名	首句	分类	描写对象
鹧鸪天	当日佳期鹊误传	恋情词	牵牛、织女(七夕)
鹧鸪天	题破香笺小砑红	恋情词	晏几道和西楼歌女(青楼女子)
鹧鸪天	清颖尊前酒满衣	写人词	友人
鹧鸪天	醉拍春衫惜旧香	恋情词	未知女子
鹧鸪天	小令尊前见玉箫	恋情词	晏几道和友人家的歌姬(家妓)
鹧鸪天	楚女腰肢越女腮	写人词	歌妓(歌妓命运)
鹧鸪天	十里楼台倚翠微	思乡词	词人自身
鹧鸪天	陌上濛濛残絮飞	思乡词	词人自身
鹧鸪天	晓日迎长岁岁同	冬至词	冬至
鹧鸪天	小玉楼中月上时	恋情词	侍女(家妓)
鹧鸪天	手捻香笺忆小莲	恋情词	晏几道和小莲(家妓)
鹧鸪天	九日悲秋不到心	写人词	友人
鹧鸪天	碧藕花开水殿凉	咏物词	宫殿
鹧鸪天	绿橘梢头几点春	送别词	营妓歌送太守回京
生查子	金鞭美少年	恋情词	未知女子
生查子	轻匀两脸花	恋情词	晏几道和歌女(青楼女子)
生查子	关山魂梦长	恋情词	晏几道和西楼歌女(青楼女子)
生查子	坠雨已辞云	恋情词	未知女子
生查子	一分残酒霞	抒情词	感慨离别多
生查子	轻轻制舞衣	送别词	以歌送别
生查子	红尘陌上游	恋情词	晏几道和未知女子
生查子	长恨涉江遥	恋情词	晏几道和采莲女(青楼女子)
生查子	远山眉黛长	恋情词	晏几道和师师(青楼女子)
生查子	落梅庭榭香	恋情词	晏几道和师师(青楼女子)
生查子	狂花倾刻香	送别词	游子
生查子	官身几日闲	抒情词	感慨生活
生查子	春从何处归	写景词	春天
南乡子	渌水带青潮	写人词	赞美女子
南乡子	小蕊受春风	恋情词	小蕊(青楼女子)
南乡子	花落未须悲	恋情词	晏几道和未知女子(女子口吻诉请)
南乡子	何处别时难	恋情词	晏几道和歌女(青楼女子)

续表12-1

词牌名	首句	分类	描写对象
南乡子	画鸭懒熏香	恋情词	晏几道和未知女子
南乡子	眼约也应虚	恋情词	晏几道和未知女子
南乡子	新月又如眉	恋情词	妻子与丈夫(闺阁)
清平乐	留人不住	恋情词	妓女送别,送者有情,别者无意(青楼女子)
清平乐	千花百草	写人词	赞美女子
清平乐	烟轻雨小	恋情词	晏几道和歌女(青楼女子)
清平乐	可怜娇小	写人词	女子
清平乐	红英落尽	恋情词	晏几道和西楼歌女(青楼女子)
清平乐	春云绿处	恋情词	晏几道和妓女
清平乐	波纹碧皱	恋情词	疏梅(南湖歌女)(青楼女子)
清平乐	西池烟草	抒情词	红颜易老
清平乐	蕙心堪怨	恋情词	晏几道和一女子(未知女子)
清平乐	幺弦写意	恋情词	晏几道和侍女(家妓)
清平乐	笙歌宛转	叙事词	宫殿
清平乐	暂来还去	恋情词	晏几道和未知女子
清平乐	双纹彩袖	写人词	歌女
清平乐	寒催酒醒	恋情词	晏几道和西楼歌女(青楼女子)
清平乐	莲开欲遍	恋情词	晏几道和歌女文君(南湖采莲)(青楼女子)
清平乐	沉思暗记	恋情词	晏几道和一女子(未知女子)
清平乐	莺来燕去	恋情词	未知女子
清平乐	心期休问	恋情词	晏几道和未知女子
木兰花	秋千院落重帘幕	恋情词	晏几道和旧识歌女(青楼女子)
木兰花	小颦若解愁春暮	恋情词	晏几道和小颦(家妓)
木兰花	小莲未解论心素	恋情词	晏几道和小莲(家妓)
木兰花	风帘向晓寒成阵	写景词	春天
木兰花	念奴初唱《离亭宴》	恋情词	晏几道和西楼歌女(青楼女子)
木兰花	玉真能唱珠帘静	恋情词	晏几道和南湖采莲女子(青楼女子)
木兰花	阿茸十五腰肢好	写人词	赞美女子
木兰花	初心已恨花期晚	恋情词	晏几道和未知女子

续表 12-1

词牌名	首句	分类	描写对象
减字木兰花	长亭晚送	恋情词	晏几道和未知女子
减字木兰花	留春不住	抒情词	惜春
减字木兰花	长杨辇路	恋情词	小蕊(青楼女子)
泛清波摘遍	催花雨小	思乡词	作者自身
洞仙歌	春残雨过	恋情词	疏梅(南湖歌女)(青楼女子)
菩萨蛮	来时杨柳东桥路	恋情词	晏几道和未知女子
菩萨蛮	个人轻似低飞燕	恋情词	女子和少年(未知女子)
菩萨蛮	莺啼似作留春雨	恋情词	晏几道和一歌女(青楼女子)
菩萨蛮	春风未放花心吐	恋情词	晏几道和未知女子
菩萨蛮	娇香淡染胭脂雪	写人词	女子
菩萨蛮	香莲烛下匀丹雪	写人词	赞美女子
菩萨蛮	哀筝一弄《湘江曲》	写人词	赞美弹琴女子
菩萨蛮	江南未雪梅花白	恋情词	疏梅(青楼女子)
菩萨蛮	相逢欲话相思苦	恋情词	晏几道和未知女子
玉楼春	雕鞍好为莺花住	抒情词	抒发作者心向醉乡
玉楼春	一尊相遇春风里	写人词	赞美女子
玉楼春	琼酥酒面风吹醒	写人词	女子
玉楼春	清歌学得秦娥似	写人词	歌女内心生活
玉楼春	旗亭西畔朝云住	写人词	妓女命运
玉楼春	离鸾照罢尘生镜	恋情词	晏几道和一弹琵琶女子(青楼女子)
玉楼春	东风又作无情计	写景词	伤春
玉楼春	斑骓路与阳台近	恋情词	风尘女子与一男子(青楼女子)
玉楼春	红绡学舞腰肢软	写人词	赞美舞女
玉楼春	当年信道情无价	恋情词	晏几道和一歌女(青楼女子)
玉楼春	采莲时候慵歌舞	恋情词	晏几道和文君歌女(南湖采莲)(青楼女子)
玉楼春	芳年正是香英嫩	恋情词	宫女
玉楼春	轻风拂柳冰初绽	写人词	写歌女生活
阮郎归	粉痕闲印玉尖纤	恋情词	妓女和游客(青楼女子)
阮郎归	来时红日弄窗纱	恋情词	妻子与夫婿(闺怨)(闺阁)

续表 12-1

词牌名	首句	分类	描写对象
阮郎归	旧香残粉似当初	恋情词	晏几道和西溪南楼杏、柳两歌女（青楼女子）
阮郎归	天边金掌露成霜	抒情词	抒发作者个人感受
阮郎归	晓妆长趁景阳钟	写人词	宫女
归田乐	试把花期数	写景词	惜春
浣溪沙	二月春花厌落梅	恋情词	欢场女子送别情人（青楼女子）
浣溪沙	卧鸭池头小苑开	恋情词	晏几道和未知女子
浣溪沙	二月和风到碧成	咏物词	柳树
浣溪沙	白纻春衫杨柳鞭	抒情词	抒发作者寄情于酒
浣溪沙	床上银屏几点山	恋情词	晏几道和小云（家妓）
浣溪沙	绿柳藏乌静掩关	恋情词	晏几道和小云（家妓）
浣溪沙	家近旗亭酒易酤	恋情词	歌女和冶游郎（青楼女子）
浣溪沙	日日双眉斗画长	恋情词	舞女和冶游郎（青楼女子）
浣溪沙	飞鹊台前晕翠娥	抒情词	愁春
浣溪沙	午醉西桥夕未醒	抒情词	时间变换，自己的变化
浣溪沙	一样宫妆簇彩舟	恋情词	晏几道和南湖采莲女（青楼女子）
浣溪沙	已拆秋千不奈闲	恋情词	晏几道和未知女子
浣溪沙	闲弄筝弦懒系裙	写人词	女子感叹人生
浣溪沙	团扇初随碧簟收	写人词	女子
浣溪沙	翠阁朱阑倚处危	恋情词	女子思念丈夫（闺阁）
浣溪沙	唱得红梅字字香	写人词	歌女
浣溪沙	小杏春生学浪仙	恋情词	晏几道和疏梅、小杏（青楼女子）
浣溪沙	铜虎分符领外台	写人词	官员
浣溪沙	浦口莲香夜不收	恋情词	晏几道和歌女（南湖采莲）（青楼女子）
浣溪沙	莫问逢春能几回	抒情词	尽情享受所拥有的
浣溪沙	楼上灯深欲闭门	恋情词	晏几道和西楼歌女（青楼女子）
六幺令	绿阴春尽	恋情词	晏几道和一歌女（青楼女子）
六幺令	雪残风信	恋情词	晏几道和疏梅（歌女）（青楼女子）
六幺令	日高春睡	恋情词	晏几道和一歌女（青楼女子）
更漏子	槛花稀	恋情词	晏几道和一女子（未知女子）

续表 12-1

词牌名	首句	分类	描写对象
更漏子	柳间眠	写人词	一女子
更漏子	柳丝长	写人词	一女子的感受
更漏子	露华高	恋情词	晏几道和一妓女(青楼女子)
更漏子	出墙花	恋情词	妓女的情感(青楼女子)
更漏子	欲论心	恋情词	晏几道和一女子(未知女子)
河满子	对镜偷匀玉箸	恋情词	少女和书生(闺阁)
河满子	绿绮琴中心事	恋情词	妓女与贵族子弟(青楼女子)
于飞乐	晓日当帘	恋情词	晏几道和疏梅(青楼女子)
愁倚阑令	凭江阁	恋情词	晏几道和小莲(家妓)
愁倚阑令	春罗薄	恋情词	晏几道和一女子(未知女子)
御街行	年光正似花梢露	恋情词	仙女口吻诉说自己(未知女子)
御街行	街南绿树春绕絮	恋情词	回忆往日恋情(未知女子)
浪淘沙	高阁对横塘	恋情词	妻子思念丈夫(闺阁)
浪淘沙	小绿间长红	恋情词	女子口吻诉说恋情(未知女子)
浪淘沙	丽曲《醉思仙》	恋情词	晏几道和江南歌女(青楼女子)
浪淘沙	翠幕绮筵张	抒情词	作者感受
丑奴儿	昭华凤管知名久	恋情词	晏几道和沈廉叔家的侍女(家妓)
丑奴儿	日高庭院杨花转	抒情词	回忆往事
丑奴儿	夜来酒醒清无梦	恋情词	晏几道和一女子(未知女子)
诉衷情	种花人自蕊宫来	恋情词	晏几道和未知女子(蕊宫仙女)
诉衷情	净揩妆脸浅匀眉	恋情词	女子角度诉请(未知女子)
诉衷情	渚莲霜晓坠残红	恋情词	女子角度诉请(未知女子)
诉衷情	凭觞静忆去年秋	恋情词	晏几道和一歌女(青楼女子)
诉衷情	小梅风韵最妖娆	咏物词	梅花
诉衷情	长因蕙草记罗裙	恋情词	晏几道和一女子(未知女子)
诉衷情	都人离恨满歌筵	恋情词	郡守与官妓
诉衷情	御沙新制石榴裙	恋情词	晏几道和文君(青楼女子)
诉衷情	都人离恨满歌筵	送别词	郡守任满返京
破阵子	柳下笙歌庭院	恋情词	晏几道和小莲(家妓)
好女儿	绿遍西池	恋情词	歌女等情人(青楼女子)
好女儿	酌酒殷勤	恋情词	晏几道和一女子(未知女子)

续表 12-1

词牌名	首句	分类	描写对象
点绛唇	花信来时	恋情词	晏几道和一女子(未知女子)
点绛唇	明日征鞭	恋情词	晏几道和西溪南楼杏、柳歌女(青楼女子)
点绛唇	碧水东流	写人词	写女子
点绛唇	妆席相逢	恋情词	晏几道和西楼歌女(青楼女子)
点绛唇	湖上西风	恋情词	晏几道和南湖采莲女(青楼女子)
两同心	楚乡春晚	恋情词	回忆恋情:晏几道和一女子(未知女子)
少年游	绿勾阑畔	恋情词	晏几道和小屏(家妓)
少年游	西溪丹杏	恋情词	晏几道和西溪南楼杏、柳歌女(青楼女子)
少年游	离多最是	恋情词	晏几道和一女子(未知女子)
少年游	西楼别后	恋情词	晏几道和西楼歌女(青楼女子)
少年游	雕梁燕去	恋情词	晏几道和西楼歌女(青楼女子)
虞美人	闲敲玉镫隋堤路	恋情词	晏几道和西楼歌女(青楼女子)
虞美人	飞花自有牵情处	恋情词	晏几道和酒楼歌女(青楼女子)
虞美人	曲阑干外天如水	恋情词	晏几道和一歌女(青楼女子)
虞美人	疏梅月下歌《金缕》	恋情词	晏几道和南湖采莲歌女"文君"、疏梅歌女(青楼女子)
虞美人	玉箫吹遍烟花路	抒情词	作者感叹离多
虞美人	小梅枝上东君信	恋情词	晏几道和小鸿(家妓)
虞美人	湿红笺纸回文字	恋情词	晏几道和西溪南楼杏、柳歌女(青楼女子)
虞美人	一弦弹尽《仙韶》乐	恋情词	晏几道和一歌女(青楼女子)
采桑子	秋千散后朦胧月	恋情词	宫女与君王
采桑子	花前独占春风早	咏物词	梅花
采桑子	芦鞭坠遍杨花陌	恋情词	晏几道和一歌女(青楼女子)
采桑子	日高庭院杨花转	写人词	一女子
采桑子	征人去日殷勤嘱	恋情词	思妇角度(闺阁)
采桑子	花时恼得琼枝瘦	恋情词	妻子思冶游丈夫(闺阁)
采桑子	春风不负年年信	抒情词	愁思
采桑子	秋来更觉消魂苦	恋情词	西溪南楼杏、柳两歌女(青楼女子)

续表12-1

词牌名	首句	分类	描写对象
采桑子	谁将一点凄凉意	恋情词	晏几道和一女子(未知女子)
采桑子	宜春苑外楼堪倚	恋情词	晏几道和一女子(未知女子)
采桑子	白莲池上当月时	恋情词	晏几道和南湖采莲歌女文君(青楼女子)
采桑子	高吟烂醉淮西月	恋情词	晏几道和官妓
采桑子	前欢几处笙歌地	恋情词	晏几道和西楼歌女(青楼女子)
采桑子	无端恼破桃源梦	恋情词	晏几道和梦中的青楼歌女(青楼女子)
采桑子	年年词夕东城见	恋情词	晏几道和一歌女(青楼女子)
采桑子	双螺未学同心绾	写人词	歌女
采桑子	西楼月下当时见	恋情词	晏几道和西楼歌女(青楼女子)
采桑子	非花非雾前时见	恋情词	晏几道和一女子(未知女子)
采桑子	当时月下分飞处	恋情词	女子口吻诉请(青楼女子)
采桑子	湘妃浦口莲开尽	恋情词	晏几道和歌女(青楼女子)
采桑子	别来长记西楼事	恋情词	晏几道和西楼歌女(青楼女子)
采桑子	红窗碧玉新名旧	恋情词	晏几道和小蕊(青楼女子)
采桑子	昭华凤管知名久	恋情词	晏几道和一女子(未知女子)
采桑子	金风玉露初凉夜	恋情词	晏几道和一女子(未知女子)
采桑子	心期昨夜寻思遍	恋情词	晏几道和一女子(未知女子)
踏莎行	柳上烟归	恋情词	晏几道和女友(未知女子)
踏莎行	宿雨收尘	恋情词	晏几道和一女子(未知女子)
踏莎行	绿径穿花	恋情词	晏几道和西楼歌女(青楼女子)
踏莎行	雪尽寒轻	恋情词	晏几道和一女子(未知女子)
满庭芳	南苑吹花	恋情词	晏几道和西楼歌女(青楼女子)
留春令	花屏天畔	恋情词	晏几道和江南女友(青楼女子)
留春令	采莲舟上	恋情词	晏几道和南湖采莲歌女文君(青楼女子)
留春令	海棠风横	恋情词	晏几道和一歌女(青楼女子)
风入松	柳阴庭院杏梢墙	恋情词	晏几道和一女子(未知女子)
风入松	心心念念忆相逢	恋情词	晏几道和一女子(未知女子)
清商怨	庭花香信尚浅	恋情词	晏几道和疏梅(青楼女子)
秋蕊香	池苑清阴欲就	恋情词	晏几道和一女子(未知女子)

续表 12-1

词牌名	首句	分类	描写对象
秋蕊香	歌彻郎君秋草	恋情词	晏儿道和西楼歌女(青楼女子)
思远人	红叶黄花秋意晚	恋情词	晏儿道和一女子(未知女子)
碧牡丹	翠袖疏纨扇	恋情词	晏儿道和一女子(未知女子)
长相思	长相思	恋情词	相思(未知女子)
醉落魄	满街斜月	恋情词	晏儿道和疏梅(青楼女子)
醉落魄	鸾孤月缺	恋情词	晏儿道和一女子(未知女子)
醉落魄	天教命薄	写人词	妓女命运
醉落魄	休休莫莫	恋情词	妓女口吻叙述(青楼女子)
望仙楼	小春花信日边来	思乡词	作者自身
凤孤飞	一曲画楼钟动	恋情词	晏儿道和沈廉叔或陈君龙家侍儿(家妓)
西江月	愁黛颦成月浅	恋情词	妻子与丈夫(闺阁)
西江月	南苑垂鞭路冷	恋情词	晏儿道和西楼歌女(青楼女子)
武陵春	绿蕙红兰芳心歇	恋情词	梁王和飞琼(宫女)
武陵春	九日黄花如有意	恋情词	回忆恋情(未知女子)
武陵春	烟柳长堤知几曲	恋情词	晏儿道和一女子(回忆)(未知女子)
解佩令	玉阶秋感	恋情词	宫女
行香子	晚绿寒红	恋情词	宫女
庆春时	倚天楼殿	恋情词	宋徽宗与李师师(青楼女子)
庆春时	梅梢已有	恋情词	晏儿道和西溪南楼杏、柳两歌女(青楼女子)
喜团圆	危楼静锁	恋情词	女子口吻诉请(闺阁)
忆闷令	取次临鸾匀画浅	恋情词	女子口吻诉请(青楼女子)
梁州令	莫唱阳关曲	恋情词	晏儿道和西溪南楼杏、柳两歌女(青楼女子)
燕归梁	莲叶雨	恋情词	晏儿道和南湖采莲歌女(青楼女子)
胡捣练	小亭初报一枝梅	恋情词	晏儿道和疏梅(青楼女子)
扑蝴蝶	风梢雨叶	恋情词	晏儿道和疏梅(青楼女子)
谒金门	溪声急	恋情词	晏儿道和一女子(未知女子)
总计	260 首		

表12-2　词牌使用数量统计表

词牌名	词数	占总数百分比
临江仙	8	3.08%
蝶恋花	15	5.77%
鹧鸪天	19	7.31%
生查子	13	5%
南乡子	7	2.69%
清平乐	18	6.92%
木兰花	8	3.08%
减字木兰花	2	1.15%
泛清波摘遍	1	0.38%
洞仙歌	1	0.38%
菩萨蛮	9	3.46%
玉楼春	13	5%
阮郎归	5	1.92%
归田乐	1	0.38%
浣溪沙	21	8.08%
六幺令	3	1.15%
更漏子	6	2.31%
河满子	2	0.77%
于飞乐	1	0.38%
愁倚阑令	3	1.15%
御街行	2	0.77%
浪淘沙	4	1.54%
丑奴儿	3	1.15%
诉衷情	9	3.08%
破阵子	1	0.38%
好女儿	2	0.77%
点绛唇	5	1.92%
两同心	1	0.38%
少年游	5	1.92%
虞美人	8	3.46%
采桑子	25	9.62%

续表 12-2

词牌名	词数	占总数百分比
踏莎行	4	1.54%
满庭芳	1	0.38%
留春令	3	1.15%
风入松	2	0.77%
清商怨	1	0.38%
秋蕊香	2	0.77%
思远人	1	0.38%
碧牡丹	1	0.38%
长相思	1	0.38%
醉落魄	4	1.54%
望仙楼	1	0.38%
凤孤飞	1	0.38%
西江月	2	0.77%
武陵春	3	1.15%
解佩令	1	0.38%
行香子	1	0.38%
庆春时	2	0.77%
喜团圆	1	0.38%
忆闷令	1	0.38%
梁州令	1	0.38%
燕归梁	1	0.38%
胡捣练	1	0.38%
扑蝴蝶	1	0.38%
谒金门	1	0.38%
总计	260	100%

读表可知：

①晏几道词牌使用最多的是《采桑子》，占比 9.62%。除此而外，使用频次超过 20 次的是《浣溪沙》。这两个词牌都来自唐教坊曲，其中《采桑子》双调 44 字平声韵，《浣溪沙》正体以 42 字居多，平仄两调兼可。总体而言，这两个词牌都用字较少，属于简洁明快的小令词。晏几道偏爱于此，正是性情风格所向。而其他词牌使用频次从高到低依次是《鹧鸪天》《清平乐》《蝶恋花》《生查子》《玉楼春》《菩萨蛮》《诉衷情》《虞美人》《临江仙》

《木兰花》《南乡子》《更漏子》《阮郎归》《点绛唇》《少年游》《浪淘沙》《踏莎行》《减字木兰花》《六幺令》《留春令》《武陵春》《河满子》《愁倚阑令》《御街行》《好女儿》《风入松》《秋蕊香》《西江月》《庆春时》。

②晏几道擅长小调，小调222首、中调34首、长调4首。小调占比85.38%、中调占比13.08%、长调占比1.54%。

③首句开头以七言句式为主，三言12次、四言58次开头、五言27次、六言16次、七言147次，可见他最喜欢用七言句开头。

④恋情词189首，写人词35首、抒情词14首、咏物词6首、写景词6首、送别词4首、思乡词4首、叙事词1首、冬至词1首。晏几道以创作恋情词为主，还有一些写给友人或抒发个人感受或写人或咏物之作。因本文研究对象为恋情，故将写人、咏物、抒情等归为其他词。恋情词占比72.7%，其它总占比27.3%。

下面是对晏几道词恋情对象的统计，如表12-3所示。

表12-3　晏几道词恋情对象统计表

恋情对象	首数	占比
闺阁女子	10	5.38%
家妓	19	10.22%
青楼女子	95	51.08%
不明身份的女子	55	29.57%
官妓	2	1.08%
宫女	5	2.69%
合计	186	100%

如表所示：

①晏几道词主要描写对象以青楼女子最多，共95首，占比51.08%，在其所有词作中超过了半数以上。联系晏几道豪门贵公子的出身，足见其欣赏、喜爱、亲近、同情这些沦落风尘的弱女子。

②其他恋情对象的词作，依次是家妓19首、闺阁女子10首、宫女5首、官妓2首，可见晏几道平生接触到的各色女子非常多样，情感经历十分丰富。

③不明身份的女子成为晏几道笔下抒发恋情的对象在其作品中也成为一种突出现象，达55首之多。她们或者是词人不便宣明的情感对象，或者是词人有意创造的类似于李商隐似的朦胧意境，或者是不需要甚至是几个拼凑在一起的诸多女子形象的集合体，或者是出于香草美人的比兴寄托。

二、小山恋情词的创作动因

在读完晏几道词集后,再依据他人对其评价。笔者将晏几道恋情词的创作原因归为三点:一是词自身发展对其创作的影响,包括花间词人和非花间词人对其创作的影响;二是晏几道自身的因素,包括晏几道的品格、个性及痴情;三是晏几道家庭环境因素,主要是其父对其的影响。以下分述之。

(一)词体发展因素

在初、盛唐近体诗趋于定型并蓬勃发展的时候,另一种可以合乐歌唱的新诗体——词,也出现了。中晚唐诗人采用民间流行的曲子词体,按拍填词,提高其艺术风格。当时唱词者多是少年歌女,词的内容多是写男女之间的闲情幽怨,词人与歌者之间产生亲切的共鸣,相应的风格则是婉约馨逸。后期由于国家兴亡等社会政治因素,词的风格、内容发生了转变。因此词是随着历史的演进有所变化的。

1. 花间词人的影响

叶嘉莹先生说:"《小山词》在性质上属于承袭《花间》的回流嗣响,但在风格与笔法方面,却也有不少异于《花间》之处的开新。"①晏几道的词在词的发展史上有种回旋的趋势,小山词在一定方面受到了花间词派的影响,然其有自己独特的风格。周介存谓"晏氏父子仍步温、伟,小晏精力尤甚"②。晏殊和晏几道的词仍与温庭筠、韦庄等花间词人风格相似,但晏几道的词在某种程度上胜过了温庭筠、韦庄和晏殊。叶嘉莹先生和周介存先生都提到了晏几道的词受到了花间词人的影响,他们的词主要是交给少女吟唱的歌词,词抑扬错落,富有音乐美;词的主题多以情爱为主,还有一些是相思怀念、伤春别怨的。这里依次试举温庭筠的一首词《菩萨蛮》与晏几道的恋情词《浣溪沙》对比分析:

南园满地堆轻絮,愁闻一霎清明雨。雨后却斜阳,杏花零落香。无言匀睡脸,枕上屏山掩。时节欲黄昏,无聊独倚门。③

床上银屏几点山。鸭炉香过琐窗寒。小云双枕恨春闲。惜别漫成良夜醉,解愁时有翠笺还。那回分袂月初残。④

温庭筠的《菩萨蛮》,词的上片,南园里满地都轻堆着飘落的柳絮,却听得一阵清明时节的急雨突然而来。雨后的夕阳又悬挂在西边的天空,一树杏花却在急雨过后显得寥落飘零。词的下片写被雨声惊醒的女子缄默不语,容颜却显出几分匀和秀丽。女子起身将那枕后的屏山轻掩,望望窗外已是暮色苍茫,倚靠在门楣上望着那薄暮风景,心境一时有些茫然无际。

---

① 叶嘉莹、缪钺:《灵谿词说》,北京大学出版社 2011 年版,第 146 页。
② 薛砺若:《宋词通论》,吉林出版集团股份有限公司 2016 年版,第 70 页。
③ 温庭筠:《菩萨蛮》,刘学锴:《温庭筠全集校注》,中华书局 2007 年版,第 940 页。
④ 晏殊、晏几道:《晏殊词集·晏几道词集》,上海古籍出版社 2016 年版,第 161 页。

晏几道的《浣溪沙》,词的上片,写床头的屏风上画着几座山,春天虽已到来,但仍夹着些寒意,香炉中的香气飘过将寒气抵挡在窗外,小云躺在床上遗憾春日太闲。下片写作者珍惜曾经分别的时候,在夜晚喝醉,如今疏解愁绪还有以前留下的信笺,还记得分离那晚还是残月。

晏几道这首词中"床上银屏几点山"一句化用了温庭筠"无言匀睡脸,枕上屏山掩"。不同的是,温庭筠词更突出女子的状态,直接描绘了女子睡眼惺忪的形象;而晏几道词从句子的表面上来看,好似绘景,营造了一种恬静安逸的氛围,但也正是这种氛围衬托出了小云感叹春日太闲容易忆起往事的心理感受。从词的化用上、写作的对象上、写作风格上可以看出晏几道在一定程度上受到了花间词派的影响。

陈振孙说:"《小山集》一卷,晏几道叔原撰。其词在诸名胜中,独可追逼花间,高处或过之。"①晏几道所作的《小山词》,其词在词的发展史上可与花间词相提并论,高处还有更胜一筹。晏几道的词虽受到了花间词的影响,但他也是有自己的独特之处的:一是晏几道的词在当时追求诗化;二是晏几道的恋情词中将自己与写作对象之间产生了关系,使整首词的情感显得更加可感;三是晏几道恋情词的所描绘的女子有很多都是家妓,并且在词中直接出现了这些女子的名字。花间词作品中的对象多以青楼女子、闺中女子为主,以家妓入词是晏几道词的一大特色,且词中含有女子的名字,不仅真切地表达了作者的情感也使得人物更加真实。

2. 非花间词人的影响

晏几道的词不仅受到了温庭筠、韦庄、牛希济等花间词人的影响,欧阳修、张先、晏殊、王益、柳永、李煜、李璟、冯延巳、王禹偁、林逋、宋祁等非花间词人对其词作也有影响。在晏几道的189首恋情词中,部分词有借鉴这些词人的。欧阳修将词生活化,将生活词话,雅俗共赏;张先之词主要选择花前月下、宴饮歌舞;晏殊的词较少出现感情色彩激烈的字眼,词风雅致含蓄。他们的词给人的感受都是比较契合当时文人的一般体验,他们在晏几道的作词风格和形式上有了引荐作用。比如,晏几道《生查子》中"归梦碧纱窗,说与人人道"②。句就化用了欧阳修《蝶恋花》"翠被双盘金缕凤。忆得前春,有个人人共"③。晏几道说傍着碧绿色的纱窗共诉衷肠,欧阳修说静静地坐在床上,想起之前的春天还有人自己相伴。晏几道化用了欧阳修的"人人"二字,人人道出了一种亲切的感觉。不仅可以从词的风格和晏几道化用他们的词方面看出晏几道受到了他们影响,我们还可以从他们之间的关系上,得出晏几道在一定程度上受到了欧阳修的影响:欧阳修参加礼部举行的考试时,晏殊曾是他的考官,晏殊慧眼识珠,对欧阳修考试作品很欣赏,将欧阳修确定为第一名,欧阳修对晏殊以门生自称,执弟子礼。欧阳修作为晏殊的学生,晏几道作为晏殊的儿子势必会接触到欧阳修。

夏敬观在《映庵词评》中道:"晏氏父子嗣响南唐二主,才力相敌。盖不特词胜,尤有

---

① 转引自晏殊、晏几道:《晏殊词集·晏几道词集》,上海古籍出版社2016年版,第234页。

② 晏殊、晏几道:《晏殊词集·晏几道词集》,上海古籍出版社2016年版,第118页。

③ 欧阳修:《欧阳修全集》,中国书店,1936年版,第1601页。

过人之情。叔原以贵人暮子,落拓一生。华屋山邱,身亲经历。"①李璟的词感情真挚,风格清新,语言不事雕琢。李煜的词主要分为两个阶段:一是降宋之前所写,主要反映宫廷生活和男女情爱,词作风格绮丽柔靡;二是降宋以后,在软禁生涯中,富以自身感情而作,作品主要抒发自己凭栏远望、梦里重归的情景,表达对往事的留恋。晏几道早年丧父的情况虽不能与李煜的亡国之痛相提并论,但他们还是有相似之处的:一是都是经历过大悲大痛的人;二是晏几道和李煜的作品中都书写了宫廷的奢靡生活和男女情爱;三是晏几道和李煜的作品中都表达了对往事的怀恋。诗是言诗人志向的,词是言词人情感的,真实的经历才有真实的情感,情是一首词的精髓,李煜的亡国经历、晏几道的丧父之痛、晏几道与歌妓相处的经历等等,都是他们情感最真实的体现。情真便意切,晏几道的每首恋情词都表达了他最真挚的情感。

(二)自身因素

这里的自身因素主要包括晏几道特立独行的品格、孤芳自赏的个性和他那真挚细腻的痴情。这里最主要的还是晏几道的痴情。

1. 特立独行的品格

在词的风格内容上苏轼和辛弃疾对词的发展有了变化,他们的作品多属豪放不羁的风格,内容多是抒发爱国情怀,比如苏轼《念奴娇》《江城子》,辛弃疾《破阵子》"醉里挑灯看剑"②《南乡子》"何处望神州?"③而晏几道的词,始终保持着婉约清丽的风格,内容多是对歌女侍儿们的赏爱,回到了中晚唐词的风格。在词体的发展方面,柳永有了开疆辟境的拓展,他的词多是长调,如《雨霖铃》,而晏几道为人狷介自守,黄庭坚道其"文章翰墨,自立规模,常欲轩轾人,而不受世之轻重"④。在词体的选择上坚持用小令精心构建自己的艺术世界,而不与时人同调。"论文自有体,不肯作一新进士语"⑤此为四痴之一,晏几道有不为世事所束缚、特立独行的品格,始终坚持着自己的风格,一个人的性格、品性往往能影响到他的作品,这是一种相辅相成的关系。

2. 孤芳自赏的个性

晏几道有一种孤芳自洁的个性,他难与一般尘俗的人同流合污。"仕宦连蹇,而不能一傍贵人之门。"⑥这样一种可以说是清高的性格,是难融于尘世的,他有自己坚守的立场,这样的性格阻碍了他仕途的道路,这恰也是他一生只担任了监许田镇这样的小官的原因。不仅如此,晏几道对官场的排斥程度竟达到了封闭的程度,北宋大文豪苏轼本想通过黄庭坚结识晏几道,却被晏几道婉言拒绝。黄庭坚提及"诸公虽爱之,而又以小谨望

① 转引自晏殊、晏几道:《晏殊词集·晏几道词集》,上海古籍出版社 2016 年版,第 236 页。

② 辛弃疾:《破阵子》,邓广铭:《稼轩词编年笺注》卷二,中华书局 1962 年版,第 204 页。

③ 辛弃疾:《南乡子》,邓广铭:《稼轩词编年笺注》卷六,中华书局 1962 年版,第 530 页。

④ 夏承焘:《唐宋词人年谱》,浙江古籍出版社 2017 年版,第 210 页。

⑤ 同上。

⑥ 同上。

之,遂陆沉于下位"①。当时苏轼为翰林学士,而晏几道却是个小官,或是他自卑或是他心性使然,他不愿攀附权贵。若是一心想做高官,那他本可凭借其父在官场的人脉,可他偏偏无心。虽为宰相暮子,但亲身的种种经历可以说是微痛纤悲,落拓一生:对官场的厌恶;父亲的离世,没了依靠;沈廉叔和陈十君离世,没了心系之地;郑侠事件的牵连而入狱,生平遭遇的变故,饱谙世间的人情冷暖。幸运的是,他找到了自己的净土。在与歌女们的相处中,他找到了自己,找到了天涯沦落人,找到了自己所爱。他从她们的歌声中得到慰藉,他同情她们的身世背景,可怜她们的命运,欣赏她们的才情。在他所写的词中,多半抒写对她们的追忆,与她们之间的爱情离合和聚散无常的悲欢,字字揪心,缠绵悱恻,凄婉动人。始终保持着一颗赤子之心。

3. 真挚细腻的痴情

除了特立独行的品格和孤芳自赏的个性之外,最重要的还是晏几道那惹人心疼的痴情。"人百负之而不恨,己信人终不疑欺己。"②曹操说宁让他有负于天下的人,也不要天下的人有负于他,虽然他讲的是政治,与晏几道信奉的似乎没有可比性,但是这却可以看到晏几道与曹操实在是两个极端。晏几道如此的胸襟,可以说是十分大度了,但也并非就是好的,大度过甚就有些过犹不及了。他那痴痴的情感在他的恋情回忆词中有所体现:一是词中多先写回忆,见而不得便希望梦中相见,这里试举《鹧鸪天》一例:

小令尊前见玉箫。银灯一曲太妖娆。歌中醉倒谁能恨,唱罢归来酒未消。春悄悄,夜迢迢。碧云天共楚宫遥。梦魂惯得无拘检,又踏杨花过谢桥。③

这首词写的是晏几道回忆起了曾在友人家遇到过的一歌姬,曾听她唱歌,她的歌声妖娆妩媚,晏几道对她一见倾心,如今难以相见,相思难瘥,便想着梦魂不受拘束,可以去往她的身边。还有许多词有提到梦里相逢,例如"梦云归处难寻"④"唯有梦中相见"⑤等等。

二是恋情词中有一部分词写了与歌女们分别后,歌女们没了音信,自己却还念着她们,即便是她们本就无情,可他依旧深情款款地等待着遥遥无期的回音,例如《鹧鸪天》:

题破香笺小砑红。诗篇多寄旧相逢。西楼酒面垂垂雪,南苑春衫细细风。花不尽,柳无穷。别来欢事少人同。凭谁问取归云信,今在巫山第几峰。⑥

这首词是作者回忆与西楼歌女间的往事,曾经相处时饮酒言欢、看雪吹风,可如今就算欢乐又怎样,没了她的相伴。作者期待着寄去的信有回音,可如今却不知在何处。

晏几道就是这样,始终以一颗至纯至善的心与歌女们相处。恋情词的创作,真情吐露在他的词中,这是他自身因素中,不可或缺的一个原因。

① 夏承焘:《唐宋词人年谱》,浙江古籍出版社2017年版,第274页。
② 同上书,第210页。
③ 晏殊、晏几道:《晏殊词集·晏几道词集》,上海古籍出版社2016年版,第110页。
④ 同上书,第135页。
⑤ 同上书,第175页。
⑥ 同上书,第108页。

(三)家庭环境因素

晏几道的创作离不开家庭环境的影响。一是其父晏殊,天资聪颖。七岁便能写文章,乡里人都说他是神童。晏几道在儿童时代便写得为人称赞的《鹧鸪天》"碧藕花开水殿凉"①,不得不说晏几道继承了晏殊的聪明才智。晏殊的词,后人对他的评价不一:有人说他的词温婉秀丽,有人说他的词清疏俊逸,有人说他的词珠圆玉润,还有人说他的词雍容典雅。晏殊词中所描写多是赏花饮酒、听歌观舞等休闲时光,抒发时光易逝、聚少离多、怀远依旧的淡淡哀愁。这些感叹在晏几道的词中也不难发现。晏几道的《浪淘沙》:"多少雨条烟叶恨"②就引用了晏殊的《浣溪沙》:"雨条烟叶系人情"③,晏几道借雨条烟叶抒发自己对歌女含泪弹奏送别自己的不舍,抒发自己的离愁别绪,晏殊的《浣溪沙》恰巧也是晏殊在离筵上,营妓奏乐歌唱。家庭环境的熏陶在无形之中影响着晏几道。二是晏殊品性对晏几道的影响,晏殊性格刚毅、生活俭朴、诚实忠君,得到皇帝的信赖。这里暂不评论晏几道流连烟花场所,他的品性还是值得相信的,郑侠事件被系入狱,但神宗看完晏几道写给郑侠的诗,觉得晏几道写得还不错,便下令放了他。三是晏殊身居宰相,家庭环境的富裕为晏几道的生活、学习都提供了坚实的基础,尽管晏几道还未弱冠晏殊就去世了,但是神宗留下的赏赐还是丰厚的,充裕的家底为晏几道留恋烟花场所,写下不少名篇提供了基础。四是晏殊结交的友人对晏几道的影响,宋庠、宋祁、欧阳修都拜晏殊为座师,位居高官的晏殊为晏几道接触更多文人提供了学习氛围。

三、恋情词的对象

根据表 12-1,我们可以得出:晏几道恋情词的主要对象是青楼女子,这里的不明身份的女子指的是不知道他们的身份是青楼女子还是家妓,又或者说是闺阁女子,因词人并未具体宣明,也未有据可考,这里笔者暂不对其研究。如此一来,晏几道的恋情对象还有家妓、闺阁女子、官妓和宫女。因官妓和宫女的篇数较少,笔者暂不对其分析,主要分析青楼女子、家妓和闺阁女子。

(一)青楼女子

晏几道恋情词中的青楼女子主要分为两种:一是欣赏她们的才华;二是同情她们的命运。

欣赏女子才华的恋情词占主要部分,晏几道欣赏这些女子的才情,能歌善舞还有一定的文学修养。比如晏几道的《玉楼春》:

离鸾照罢尘生镜。几点吴霜侵绿鬓。琵琶弦上语无凭,豆蔻梢头春有信。相思拼损

---

① 晏殊、晏几道:《晏殊词集·晏几道词集》,上海古籍出版社 2016 年版,第 115 页。
② 同上书,第 181 页。
③ 同上书,第 11 页。

朱颜尽。天若有情终欲问。雪窗休记夜来寒,桂酒已消人去恨。①

这是一首离别相思词,行人外出日久,未能如期归来,女主人公思念深切,愁苦沉重,特别是她感慨青春不再,尤其使她忧虑。上片写女子发现朱颜不复当年,故无心看镜,弹着琵琶心里想着离别,相顾无言,还不如花木报春的准时守信。下片写既如此,又何必苦苦相思,可相思之事不能回避,苍天有情,饮完酒,人去了恨,更是相思刻骨。作者以弹琵琶女子的角度诉请,想着去年冬天的雪夜,他曾听一女子弹琵琶,触动了他的心底,分别至今已经数月,眼看着豆蔻梢头已经露着春意,而现在仍未重逢,便作了这首词来抒发自己的相思之苦。

除了表达对青楼女子才情的欣赏,还有对她们命运坎坷的同情,如《河满子》:

绿绮琴中心事,齐纨扇上时光。五陵年少浑薄幸,轻如曲水飘香。夜夜魂消梦峡,年年泪尽啼湘。归雁行边远字,惊莺舞处离肠。蕙楼多少铅华在,从来错倚红妆。可羡邻姬十五,金钗早嫁王昌。②

这首词塑造了歌妓流落风尘的憔悴悲苦形象,叙写了她们强颜欢笑中耗尽青春、耗尽生命的不幸身世,流露出作者对她们悲伤凄惨命运的深深关切和怜悯。“琴中心事”正是女主人公对曾经“齐纨扇上时光”的感叹,她们的心事只能依靠琴声传递,她们夜夜供那些贵族子弟玩乐,却一次又一次地被抛弃,只能眼泪度日。下片的歌妓怅望长空,想念远人,看到雁群排列有形,飞回南边,却收不到薄情郎的纸言片语,她们也知道红妆挽不住情郎,希望嫁给一个可靠之人,过上正常平淡的生活。下片以悲凉哀婉的笔调叙写了歌妓强颜欢笑中耗尽了美好的青春岁月,令人惋惜、悲痛忧伤。古来多少文人墨客关注到了青楼女子的才情,却少数人看到了她们凄婉悲惨的命运,晏几道便看到了她们的命运,他同情她们,叙写了她们的无助。

(二)家妓

晏几道恋情词中的家妓,主要以沈廉叔和陈君龙家的侍儿:莲、云、萍、鸿为主。笔者将晏几道分别写给她们的词作了统计:写给小莲的有6首词,写给小云的有4首词,写给小鸿和小萍的分别有2首词,共计14首词。

上述统计是参考了张草纫先生的《二晏词笺注》,因晏几道恋情词中还有大部分词是写给不明身份女子的,这些女子的身份没有具体的书籍证明她们的身份,故这里只是统计了已经知道了描写对象的词。从这张表格中可以看到,晏几道写给小莲的词还是比较多的,将近占了写给家妓总数的一半。可见晏几道对小莲的感情还是很浓厚的,这六首词,主要分为五个时期写的,第一个时期是初见小莲,描绘了小莲的外貌,第二个时期是晏几道回到家中后思念小莲,希望与小莲梦中相见,第三个时期是晏几道即将去往许田镇时,小莲在离筵上为晏几道送别,第四个时期是晏几道在许田镇任职时期怀念与小莲曾经共度的时光,第五个时期是写悼念已经下世的沈廉叔并思念小莲。这六首词中大部分都是写晏几道对小莲的怀恋,抒发自己的相思之情。初次相见便给晏几道留下了深刻

---

① 晏殊、晏几道:《晏殊词集·晏几道词集》,上海古籍出版社2016年版,第151页。
② 同上书,第176页。

的印象,晏几道借酒入眠,好与小莲梦中相见,可见小莲还是有很大的魅力的。

其次是写给小云的四首词,这里主要分为两个时期,一是晏几道与小云分别后对小云的思念,想着与小云约定相见的日期遥遥无期,二是晏几道在许田镇任满时,终于可以践行曾经的约定。虽写给小鸿的词只有两首,但写给小鸿的词,作词时间和小云的是接近的。从这里可以发现的是,晏几道在许田镇时,对莲、云、鸿、萍都有思念。不同的是:晏几道对小莲是一见钟情;对小云是记得分别之夜,离别情深;对小鸿是记得小鸿爱梅,看见梅花便想起曾与小鸿共赏梅花;对小萍也是记得分别之夜。从这里可以看出晏几道还是比较多情的。

(三)闺阁女子

这里的闺阁女子的恋情词虽有十首,但写到与作者之间存在恋情的就只有一首《临江仙》:

斗草街前初见,穿针楼上曾逢。罗裙香露玉钗风。靓妆眉沁绿,羞脸粉生红。流水便随春远,行云终与谁同。酒醒长恨锦屏空。相寻梦里路,飞雨落花中。①

这首词中所写女子为晏几道姐妹的闺友,每逢过节,该女子就会来晏几道家玩耍,晏几道偶尔遇见了她,便产生了爱慕之情。后来该女子远嫁他方,晏几道依然对其念念不忘,落花飞雨,希望梦中与她相遇。全词情婉转而含蓄,梦中相寻更显得情深,这里表现了晏几道对美好事物的执着追求。其他多为闺阁的妻子思念远方的或者身在烟花场所的丈夫。比如他的《浪淘沙》:

高阁对横塘。新燕年光。柳花残梦隔潇湘。绿浦归帆看不见,还是斜阳。一笑解愁肠,人会娥妆。藕丝衫袖郁金香。曳雪牵云留客醉,且伴春狂。②

整首词写闺阁中的妻子思念在远方未归的丈夫,然而丈夫还留恋着秦楼楚馆,饮酒作乐。妻子痴痴地等待,而丈夫却只顾自己寻欢作乐,丝毫未顾及妻子的感受。这首词表达了晏几道对思妇的理解与同情,对古代女子来说,结婚常常就是悲剧的开始,她们以自己的丈夫为中心,放弃了曾经珍惜的很多东西,比如亲情。她们只能在家焦急不安地等待着外出的丈夫。康正果先生说:"在思妇诗中的突出表现即女子用情的专一、纯粹和持久远远甚于男人。"③这里提到的是思妇诗,但笔者认为词与诗的体裁虽不同,但表达的情感是不会变化的,这里除了表达对思妇的同情,也表达了作者对思妇用情专一的欣赏。

四、恋情词艺术特色

晏几道恋情词的艺术特色主要从晏几道的创作角度、借助梦境展开回忆、化用前人成句、亦真亦幻的艺术风格等四方面展开。

---

① 晏殊、晏几道:《晏殊词集·晏几道词集》,上海古籍出版社 2016 年版,第 87 页。
② 同上书,第 180 页。
③ 康正果:《风骚与艳情》,河南人民出版社 1988 年版,第 39 页。

（一）创作角度的独特

晏几道的恋情词，有很多词都采用了反复诘问的创作手法，这是他的恋情词创作的独特角度。比如说《南乡子》中的"更把此情重问得，何如?"①《风入松》中的"别恨谁浓"②《秋蕊香》中的"谁共一杯芳酒"③《思远人》中的"何处寄书得"④《武陵春》中的"谁似龙山秋意浓"⑤等等，这些词中的句子都含有反问的语气。反问的形式有两种，一种是用肯定的形式表示否定，一种是用否定的形式表示肯定。晏几道的恋情词主要还是用肯定的形式表示否定，这种表达方式加强了语气，增强了晏几道想要表达的效果，这里试以《南乡子》为例分析：

小蕊受春风。日日宫花花树中。恰向柳绵撩乱处，相逢。笑靥旁边心字浓。归路草茸茸。家在秦楼更近东。醒去醉来无限事，谁同? 说著西池满面红。⑥

这首词写的是晏几道回忆孩童时代遇到的一个歌女家庭的女孩，他们青梅竹马，一起玩耍，只是后来晏几道随父亲去了颍州。词的上片写到了晏几道与女孩的相遇的场景，词的下片写了女孩居住的地方，自己喝醉了又醒，醒了又醉，无尽的事情围绕着自己，可谁又与我相同呢? 这里运用了反问"谁同?"没有人与我相同，更加强烈地表达了晏几道对那个女孩的思念，不知她在何处? 不知她是否同自己一样深情地思念着他。

（二）借助梦境展开回忆

晏几道的恋情词中有很多都采用了回忆的方式来叙写他与所恋女子之间的情感。借助梦境来展开回忆是晏几道恋情词的又一大特点。比如他的《鹧鸪天》"彩袖殷勤捧玉钟"⑦《清平乐》"幺弦写意"⑧《木兰花》"初心已恨花期晚"⑨等等。这里试以《鹧鸪天》来进行分析：

一醉醒来春又残。野棠梨雨泪阑干。玉笙声里鸾空怨，罗幕香中燕未还。终易散，且长闲。莫教离恨损朱颜。谁堪共展鸳鸯锦，同过西楼此夜寒。⑩

这首词是写晏几道一醉醒来之后的所见所感，通过景物描写来寄托相思之情，词的上片，春残流露出感伤之情，昨夜野棠树上留下的雨水，像离人悲伤的眼泪一样，悠扬的玉笙声中，孤鸾独自哀鸣，罗幕中香气芬芳，可是去年的燕子还没有飞回。词的下片写知道了欢聚易散，还不如休闲着度日，不要让离愁别恨损害了青春美好的容颜，可是春天还

---

① 晏殊、晏几道：《晏殊词集·晏几道词集》，上海古籍出版社 2016 年版，第 126 页。

② 同上书，第 217 页。

③ 同上书，第 218 页。

④ 同上书，第 219 页。

⑤ 同上书，第 226 页。

⑥ 同上书，第 123 页。

⑦ 同上书，第 104 页。

⑧ 同上书，第 132 页。

⑨ 同上书，第 141 页。

⑩ 同上书，第 105 页。

带着寒气，谁与我共枕，度过西楼这寒冷的冬夜呢？作者借"孤鸾"自喻，表达了自己深深的孤寂和凄清。下片的第一句似是作者已经看破世事，可结尾两句才是写作者内心真正的感情。通过之前醉后醒来写这首词，表达了晏几道对女子的极度思念，借助梦境，虚幻的感觉来写实际的思念，可想而知作者在睡前就在思念着女子，梦中也在想着女子，梦后看到的景物又勾起了作者的想念。借助梦境来展开回忆，加强了作者想传达的情感。

（三）化用前人成句

在前面笔者已经提到晏几道的恋情词受到了花间词人和非花间词人的影响，借鉴了他们的词句。这里就不再提及词人了。晏几道的词中还化用了《庄子》，比如"淡水三年欢意"①就化用了"且君子之交淡若水"②，还有他的"恼乱层波横一寸"③化用了《楚辞·九辩》中的"娭光眇视，目层波些"④，还借鉴了许多诗人的诗句，如他的"芙蓉秋水开时"⑤化用了李白的"清水出芙蓉，天然去雕饰"⑥由此可见，晏几道恋情词的动人之处离不开他的积累，离不开他向前人的学习。这里作者将晏几道化用前人的句子做了统计，具体统计如表12-4所示。

表12-4　晏几道化用前人句子的统计

词牌名	原句	引用词句
临江仙	穿针楼上曾逢。 罗裙香露玉钗风。 靓妆眉沁绿。	穿针楼上闭秋烟。（唐李群玉《秋登涔阳城二首》之二） 玉钗头上风。（唐温庭筠《菩萨蛮》） 靓妆坐帷里。（南朝鲍照《代朗月行》）
临江仙	淡水三年欢意。 晓霜红叶舞归程。 秋梦短长亭。 《阳关叠》里离声。	且君子之交淡若水。（《庄子·秋水》） 晓霜枫叶丹。（南朝谢灵运《晚出西射堂》） 送客短长亭。（唐王昌龄《少年行二首》） 西出阳关无故人。（唐王维《送元二使安西》）
临江仙	风吹梅蕊闹。 雨细杏花香。	风吹梅蕊香。（南朝梁简文帝《从顿暂还城》） 红杏枝头春意闹。（宋宋祁《玉楼春》）
临江仙	芙蓉秋水开时。 云髻嫋纤枝。	清水出芙蓉。（唐李白《经乱离后天恩流夜郎忆旧游书怀赠江夏韦太守良宰》） 云髻峨峨。（三国魏曹植《洛神赋》）

---

① 晏殊、晏几道：《晏殊词集·晏几道词集》，上海古籍出版社2016年版，第88页。

② 庄子：《庄子》，中华书局2015年版，第264页。

③ 晏殊、晏几道：《晏殊词集·晏几道词集》，上海古籍出版社2016年版，第93页。

④ 屈原：《楚辞》，林家骊译注，中华书局2015年版，第287页。

⑤ 晏殊、晏几道：《晏殊词集·晏几道词集》，上海古籍出版社2016年版，第90页。

⑥ 李白：《经乱离后天恩流夜郎忆旧游书怀赠江夏韦太守良宰》，转引自晏殊，晏几道：《晏殊词集·晏几道词集》，上海古籍出版社2016年版，第90页。

续表12-4

词牌名	原句	引用词句
临江仙	旖旎仙花解语。 流霞浅酌金船。 莫如云易散。	纷旖旎乎都房。（《楚辞·九辩》） 金船代酒卮。（北周庾信《北园新斋成应赵王教》） 风流云散。（三国魏王粲《赠蔡子笃》）
临江仙	落花人独立，微雨燕双飞。 曾照彩云归。	落花人独立，微雨燕双飞。（五代翁宏《春残》） 化作彩云飞。（唐李白《宫中行乐词八首》）
蝶恋花	坠粉飘红。 恼乱层波横一寸。 斜阳只与黄昏近。	飘红堕白堪惆怅。（唐韦庄《叹落花》） 娭光眇视。（《楚辞·招魂》） 夕阳无限好，只是近黄昏。（唐李商隐《登乐游原》）
蝶恋花	玉钩斜傍西南挂。	青天悬玉钩。（唐李白《挂席江上待月有怀》）
蝶恋花	醉别西楼醒不记。 聚散真容易。 衣上酒痕诗里字。 夜寒空替人垂泪。	长于春梦几多对，散似秋云无觅处。（宋晏殊《木兰花》） 人生聚散如弦筈。（宋欧阳修《玉楼春》） 襟上杭州旧酒痕。（唐白居易《故衫》） 替人垂泪到天明。（唐杜牧《赠别二首》之二）
蝶恋花	金剪刀头芳意动。 十二楼中双翠凤。 缥缈歌声。	二月春风似剪刀。（唐贺知章《咏柳》） 十二楼中奏管弦。（唐顾况《露青竹鞭歌》） 缥缈宜闻子晋笙。（唐杜牧《寄题甘露寺北轩》）
蝶恋花	旧时凌波女。 照影弄妆娇欲语。	凌波微步。（三国魏曹植《洛神赋》） 荷花娇欲语。（唐李白《渌水曲》）
蝶恋花	碧落秋风吹玉树。 休笑星机停弄杼。	上穷碧落下黄泉。（唐白居易《长恨歌》） 星机抛密绪。（唐李商隐《寓怀》）
蝶恋花	碧玉高楼临水住。 梦魂常在分襟处。	定知刘碧玉。（北周庾信《结客少年场行》） 异县分襟。（唐王勃《春夜桑泉别王少府序》）
蝶恋花	浮雁沉鱼。	鱼沉雁杳天涯路。（唐戴叔伦《相思曲》）
蝶恋花	重见金英人未见。 罗带同心闲结遍。	金英寂寞为谁开。（宋王禹偁《池边菊》） 罗带同心结未成。（宋林逋《长相思》）
鹧鸪天	今宵剩把银釭照，犹恐相逢是梦中。	夜阑更秉烛，相对如梦寐。（唐杜甫《羌村三首》）
鹧鸪天	一醉醒来春又残，野棠梨雨泪阑干。 谁堪共占鸳鸯锦。	人远泪阑干，燕飞春又残。（唐温庭筠《菩萨蛮》） 暖香惹梦鸳鸯锦。（唐温庭筠《菩萨蛮》）

续表 12-4

词牌名	原句	引用词句
鹧鸪天	梅蕊新妆桂叶眉。 雪绕红绡舞袖垂。 汉渚星桥尚有期。	桂叶双眉久不描。（唐江采萍《谢赐珍珠》） 红绡信手舞。（唐白居易《小庭亦有月》） 星桥横过鹊飞回。争将世上无期别。（唐李商隐《七夕》）
鹧鸪天	采罢江边月满楼。	采罢江头月送归。（唐王昌龄《采莲曲》）
鹧鸪天	斗鸭池南夜不归。 雪绕红琼舞袖回。	池畔花深斗鸭栏。（唐韩翃《送客还江东》） 红琼共作熏熏媚。（宋欧阳修《渔家傲》）
鹧鸪天	当日佳期鹊误传。 人在鸾歌凤舞前。 咫尺凉蟾亦未圆。	报喜鹊空传。（唐赵嘏《横吹千金笑》） 鸾歌凤舞断君肠。（南朝宋鲍照《代淮南王》） 凉蟾落尽疏星入。（李商隐《燕台·秋》）
鹧鸪天	天将离恨恼疏狂。	疏狂属少年。（唐白居易《代书诗寄微之》）
鹧鸪天	小玉楼中月上时。	转教小玉报双成。（唐白居易《长恨歌》）
生查子	去跃青骢马。 背面秋千下。	踯躅青骢马。（《古诗为焦仲卿妻作》） 背面秋千下。（唐李商隐《无题》）
生查子	说与人人道。	有个人人共。（宋欧阳修《蝶恋花》）
生查子	试托哀弦语。	哀弦寄语。（宋张先《惜双双》）
生查子	风月有情时。	一生风月供惆怅。（五代韦庄《多情》）
生查子	长恨涉江遥。	涉江采芙蓉。（《古诗十九首》之六）
生查子	远山眉黛长。 一笑千金少。	总把春山扫眉黛。（唐李商隐《代赠二首》） 一笑千金买。（南朝梁王僧孺《咏宠姬》）
南乡子	记得攀条话别离。	攀条折其荣。（《古诗十九首·庭中有奇树》）
南乡子	百媚也应愁不睡，更阑。	晨鸡两遍报更阑。（唐方干《元日》）
南乡子	画鸭懒熏香。 绣茵犹展旧鸳鸯。	睡鸭香炉换夕熏（唐李商隐《促漏》） 古时尘满鸳鸯茵（唐李商隐《燕台秋》）
南乡子	新月又如眉。 长笛谁教月下吹。 楼倚暮云初见雁。 漫道行人雁后归。 梦里关山路不知。	新月如眉生阔水。（唐齐己《湘妃庙》） 何人教我吹长笛。（唐杜牧《题元处士高亭》） 残星几点雁横塞。（唐赵嘏《长安晚秋》） 人归落雁后。（隋薛道衡《人日思归》） 梦中不识路。（南朝梁沈约《别范安成》）
清平乐	枝枝叶叶离情。	枝枝叶叶不相离。（唐张籍《忆远》）
清平乐	紫陌香尘少。 重寻杨柳佳期。	紫陌红尘拂面来。（唐刘禹锡《元和十一年自朗州招至京戏赠看花诸君子》） 月上柳梢头。（宋欧阳修《生查子》）
清平乐	红英落尽。	庭前春逐红英尽。（南唐李煜《采桑子》）

续表 12-4

词牌名	原句	引用词句
清平乐	冶叶倡条情绪。	冶叶倡条遍相识。（唐李商隐《燕台·春》）
清平乐	曲水清明后。 金钗换酒消愁。	引以为流觞曲水。（晋王羲之《兰亭集序》） 泥他沽酒拔金钗。（唐元稹《遣悲怀》）/但暗掷、 金钗买醉。（宋柳永《望远行》）
清平乐	蕙心堪怨。	蕙心纨质。（南朝宋鲍照《芜城赋》）
清平乐	幺弦写意。 犹恨春心难寄。 那回杨叶楼中。	莫把幺弦拨。（宋张先《千秋岁》） 花朝月夜动春心。（南朝梁元帝《春别应令诗》） 杨叶楼中不寄书。（唐李昂《从军行》）
清平乐	素娥应是消魂。	青女素娥俱耐冷。（唐李商隐《霜月》）
清平乐	梦云归处难寻。	柳暗朱楼多梦云。（唐杜牧《润州》诗之二）
清平乐	一点恹恹谁会。	时时中酒病恹恹。（唐刘兼《春昼醉眠》）
木兰花	彩笔闲来题绣户。	彩笔昔曾干气象。（唐杜甫《秋兴八首》）
木兰花	一笑留春春也住。	门掩黄昏，无计留春住。（宋欧阳修《蝶恋花》）
木兰花	小莲未解论心素。	空留锦字论心素。（唐李白《寄远》）
木兰花	更看娇花闲弄影。	云破月来花弄影。（宋张先《天仙子》）
木兰花	每到梦回珠泪满。	细雨梦回鸡塞远。（南唐李璟《摊破浣溪沙》）
减字木兰花	都似绿窗前日梦。	绿窗人似花。（五代韦庄《菩萨蛮》）
减字木兰花	长杨辇路。	习马长杨。（汉扬雄《长杨赋》）/辇路经营（汉班 固《西都赋》）
洞仙歌	绿暗东池到。 玉艳藏羞媚赪笑。 仍苦题花信少。	有村皆绿暗。（唐吴融《途次淮口》） 衣薄临醒玉艳寒。（唐李商隐《天平公主座中呈 令狐令公》） 欲书花片寄朝云。（唐李商隐《牡丹》）
菩萨蛮	堪恨两横波。	目流睇而横波。（《文选》傅毅《舞赋》）
菩萨蛮	花飞斗学《回风舞》。 红日又平西。 烟光还自老。 鱼笺音信稀。	落花起作《回风舞》。（唐李贺《残丝曲》） 江楼客散日平西。（唐白居易《北楼送客归上 都》） 烟光秀绝。（唐黄滔《祭崔补阙》） 写得鱼笺何恨。（五代和凝《何满子》）
菩萨蛮	玉容长有信。	玉容寂寞泪阑干。（唐白居易《长恨歌》）
玉楼春	豆蔻梢头春有信。 天若多情终欲问。	豆蔻梢头二月初。（唐杜牧《赠别》） 天若有情天亦老。（唐李贺《金铜仙人辞汉歌》）
玉楼春	暗随萍末晓风来。	一夜清风萍末起。（唐王涯《秋思二首》）

续表 12-4

词牌名	原句	引用词句
玉楼春	芳年正是香英嫩。 天与娇波长入鬓。 夜拂银屏朝把镜。	嫩蕊香英扑马鞍。（唐罗隐《人日新安道中见梅花》） 娇波刀剪。（宋柳永《河传》） 夜拂玉床朝把镜。（唐王建《宫词一百首》）
阮郎归	啼红傍晚夼。	上马啼红颊。（唐李白《王昭君二首》）
阮郎归	春红入晚霞。 去时庭树欲栖鸦。	花颜笑春红。（唐李白《怨歌行》） 宫树欲栖鸦。（五代韦庄《延兴门外作》）
浣溪沙	静避绿阴莺有意,漫随游骑絮多才。	杨花榆荚无才思,惟解漫天作雪飞。（唐韩愈《晚春》）
浣溪沙	床上银屏几点山。 小云双枕恨春闲。	枕上屏山掩。（唐温庭筠《菩萨蛮》） 双枕何时有。（乐府诗集·子夜四时歌）
浣溪沙	绿柳藏乌静掩关。	杨柳可藏乌。（古乐府《杨叛儿》）
浣溪沙	伴人歌笑懒妆梳。 户外绿杨春系马。	黄金白璧买歌笑。（唐李白《忆旧游寄谯郡元参军》） 系马绿杨枝。（唐杜牧《句溪夏日送卢霈秀才归王屋山将欲赴举》）
浣溪沙	不将心嫁冶游郎。	不知身属冶游郎。（唐李商隐《蝶三首》）
浣溪沙	碧罗团扇自障羞。 水仙人在镜中游。	月扇未障羞。（唐李商隐《拟意》） 还似镜中游。（唐虞世南《赋得吴都》）
浣溪沙	已拆秋千不奈闲。	未教拆了秋千。（宋柳永《促拍满路花》）
浣溪沙	夜凉闲捻彩箫吹。	闲捻紫箫吹。（唐杜牧《杜秋娘》）
浣溪沙	可堪题叶寄东楼。	正是去年题叶时。（唐杜牧《题桐叶》）
浣溪沙	几年芳草忆王孙。	王孙去兮不归。（《楚辞》淮南小山《招隐士》）
六幺令	新翻曲妙。	听取新翻《杨柳枝》。（唐白居易《杨柳枝》）
更漏子	人去日,燕西飞。	东飞伯劳西飞燕。（《玉台新咏·歌词二首》）
更漏子	露华高。	露华方照夜。（南朝齐王俭《春夕》）
更漏子	朝暮等闲攀折。 怜晚秀。	这人折了那人攀。（《敦煌词·望江南》） 秋菊晚秀。（南朝谢惠连《连珠》）
河满子	对镜偷匀玉箸。	谁怜双玉箸（南朝梁刘孝威《独不见》）

续表12-4

词牌名	原句	引用词句
河满子	齐纨扇上时光。 五陵年少浑薄幸。 轻如曲水飘香。 蕙楼多少铅华在。 金钗早嫁王昌。	心裂齐纨素。(汉班婕妤《怨诗》) 五陵年少争缠头。(唐白居易《琵琶行》) 曲水飘香去不归。(唐李贺《河南府试十二月词·三月》) 蕙楼独卧频度春。(唐高适《秋胡行》) 十五嫁王昌。(唐崔颢《王家少妇》)
愁倚阑令	还有当年闻笛泪。	旧时闻笛泪。(唐司空曙《冬夜耿识遗王秀才就宿因伤故人》)
愁倚阑令	楼上斜日阑干。	北斗阑干。(三国魏曹植《善哉行》)
浪淘沙	柳花残梦隔潇湘。 绿浦归帆看不见。 藕丝衫袖郁金香。 曳雪牵云留客醉。	好梦狂随飞絮。(宋柳永《西江月》)/梦随风万里,寻郎去处。(宋苏轼《水龙吟·次韵章质夫杨花》)/故人遥忆隔潇湘。(唐刘沧《秋日夜怀》) 绿浦归帆少。(唐李贺《大堤曲》) 藕丝衫子柳花裙。(唐元稹《白衣裳二首》) 牵云曳雪留陆郎。(唐李贺《洛姝真珠》)
浪淘沙	花开花落昔年同。	年年岁岁花相似。(唐刘希夷《代悲白头翁》)
浪淘沙	秾蛾叠柳脸红莲。 多少雨条烟叶恨。	浓蛾迭柳香唇醉。(唐李贺《洛姝真珠》) 雨条烟叶系人情。(宋晏殊《浣溪沙》)
诉衷情	云态度,柳腰肢。	谪仙醉后云态度。(唐吴融《题兖州泗河中石床》)
诉衷情	渚莲霜晓坠残红。 泪墨书成。	红衣落尽渚莲愁。(唐赵嘏《长安晚秋》) 泪墨洒为书。(唐孟郊《归信吟》)
诉衷情	长因蕙草记罗裙。 试写残花,寄与朝云	记得绿罗裙。(五代牛希济《生查子》) 欲书花片寄朝云。(唐李商隐《牡丹》)
破阵子	绛蜡等闲陪泪。 吴蚕到了缠绵。	替人垂泪到天明。(唐杜牧《赠别》) 春蚕到死丝方尽。(唐李商隐《无题》)
好女儿	伥无端、尽日东风恶。 更霏微细雨。	就中一夜东风恶。(唐王建《春去曲》) 细雨霏霏。(南唐李煜《采桑子》)
点绛唇	又成春瘦。 折断门前柳。 分飞后。	只知解道春来瘦。(唐李商隐《赠歌妓二首》) 家人折断门前柳。(唐李贺《致酒行》) 东飞伯劳西飞燕。(《乐府诗集·东飞伯劳歌》)
点绛唇	柳色殷桥路。	昨日殷桥见。(唐李贺《休洗红》)
点绛唇	露花啼处秋香老。 唱得清商好。	幽兰露,如啼眼。(唐李贺《苏小小墓》) 清商欲尽奏。(唐杜甫《秋笛》)

续表 12-4

词牌名	原句	引用词句
两同心	心心在。 花下朱门。 对景且醉芳尊。	心心待晓霞。（唐李商隐《壬申七夕》） 枇杷花下闭门居。（唐王建《寄蜀中薛涛校书》） 坐对方尊不知热。（唐李颀《夏夜张兵曹东堂》）
少年游	东西流水。	沟水东西流。（汉卓文君《白头吟》）
少年游	捣衣砧外。 金闺梦魂枉丁宁。	万户捣衣声。（唐李白《子夜吴歌四首》） 无那金闺万里愁。（唐王昌龄《从军行》）
少年游	碧梧题罢。	去年梧桐故溪上，把叶因题归燕诗。（唐杜牧《题桐叶》）
虞美人	闲敲玉镫隋堤路。 素云凝澹月婵娟。 一声长笛倚楼时。	闲敲玉镫游。（唐张祜《少年乐》） 婵娟湘江月。（唐刘长卿《琴曲歌词·湘妃》） 长笛一声人倚楼。（唐赵嘏《长安晚秋》）
虞美人	两桨佳期近。 醉后满身花影、倩人扶。	艇子打两桨，催送莫愁来。（古乐府《莫愁乐》） 满身花影倩人扶。（唐陆龟蒙《和袭美春夕酒醒》）
虞美人	玉箫吹遍烟花路。 只有杏梁双燕、每来归。	烟花三月下扬州。（唐李白《送孟浩然之广陵》）/玉人何处教吹箫。（唐杜牧《寄扬州韩绰判官》） 燕子双双，依旧衔泥入杏梁。（宋晏殊《采桑子》）
虞美人	去年双燕欲归时。 还是碧云千里、锦书迟。 今夜《落梅》声里、怨关山。	双燕欲归时节。（宋晏殊《清平乐》） 日暮碧云合。（南朝梁江淹《杂体三十首·体上人怨别》）/碧云又阻来信。（宋王益《诉衷情》） 向月楼中吹《落梅》。（唐李白《司马将军歌》）/更吹羌笛《关山月》（唐王昌龄《从军行》）
虞美人	一弦弹尽《仙韶》乐。 玉楼银烛夜深深。 愁见曲中双泪、落香襟。	弹一弦不足以见悲。（《淮南子》） 银烛秋光冷画屏。（唐杜牧《秋夕》） 双泪落君前。（唐张祜《何满子》）
采桑子	征人去日殷勤嘱。	征人去日殷勤嘱，归雁来时数寄书。（《全唐诗》卷二十七载无名氏《伊州歌》第一）
采桑子	白马游缰。	白马紫游缰。（晋杂歌谣辞《太和中百姓歌》）
采桑子	坐想行思。 风月应知。	教我行思坐想。（宋柳永《凤凰阁》）/行思坐想已是愁。（宋张先《偷声木兰花》） 此情风月知。（宋张先《醉桃源》）
采桑子	别来楼外垂杨缕，几换青春。	手种堂前垂柳，别来几度青春。（宋欧阳修《朝中措》）

续表12-4

词牌名	原句	引用词句
采桑子	非花非雾前时见。	花非花,雾非雾。(唐白居易《花非花》)
采桑子	泪痕揾遍鸳鸯枕。	懒拂鸳鸯枕。(唐温庭筠《南歌子》)
采桑子	小来竹马同游客。	郎骑竹马来。(唐李白《长干行》)
采桑子	金风玉露初凉夜。	可要金风玉露时。(唐李商隐《辛未七夕》)
踏莎行	梦意犹疑。 宿妆曾比杏腮红。	梦见君王觉复疑。(唐王昌龄《长信秋词五首》) 宿妆娇羞偏髻鬟。(唐岑参《醉戏窦子美人》)
踏莎行	玉人呵手试妆时。 斜雁朱弦。	呵手试梅妆。(宋欧阳修《诉衷情》) 十三弦柱雁行斜。(唐李商隐《昨日》)
风入松	泪眼回肠。	夜万绪而回肠。(南朝陈徐陵《在北齐与杨仆射书》)
清商怨	梦觉春衾,江南依旧远。	细雨梦回鸡塞远,小楼吹彻玉笙寒。(南唐李璟《摊破浣溪沙》)
思远人	红叶黄花秋意晚。	晚收红叶题诗遍,秋待黄花酿酒浓。(唐许浑《长庆寺遇常州阮秀才》)/红叶黄花秋又老,疏雨更西风。(宋张先《少年游》)
碧牡丹	几处伤高怀远。 离人鬓华将换。 传素期良愿。	伤高怀远几时穷。(宋张先《一丛花令》) 鬓华虽改心无改。(宋欧阳修《采桑子》) 清赏非素期。(唐韦应物《与幼遐君贶兄弟同游白家竹潭》)
长相思	欲把相思说似谁。	无人说似长相忆。(宋欧阳修《渔家傲》)
醉落魄	垂鞭自唱《阳关》彻。	不语垂鞭上柳堤。(唐温庭筠《赠知音》诗)
凤孤飞	依前是、粉墙别馆。	别馆花深处。(宋柳永《黄莺儿》)
西江月	啼妆印得花残。 晓镜心情便懒。	啼妆晓不干。(五代韦庄《闺怨》) 自悲临晓镜。(唐杜牧《代吴兴妓春初寄薛军事》)
西江月	西楼把袂人稀。	把袂相看衣共缁。(唐刘长卿《送贾三北游》)
武陵春	应为诗人多怨秋。	诗人旧怨秋。(唐李端《送客赴江陵寄郢州郎士元》)
武陵春	熏香绣被心情懒。	绣被焚香独自眠。(唐李商隐《碧城三首》)
解佩令	掩深宫、团扇无绪。记得当时,自剪下、机中轻素。点丹青、画成秦女。	纨扇如团月,出自机中素。画作秦王女,乘鸾向烟雾。(南朝梁江淹《杂体诗三十首·班婕妤咏扇》)
行香子	闲倚梧桐。	独倚梧桐。闲想闲思到晓钟。(南唐冯延巳《采桑子》)

续表12-4

词牌名	原句	引用词句
庆春时	人约月西时。	人约黄昏后。（宋欧阳修《生查子》）
庆春时	凉月还似眉弯。 桃根丽曲。	凉月如眉挂柳湾。（唐戴叔伦《兰溪棹歌》） 歌翻南国桃根曲。（宋钱惟演《公子》）
喜团圆	窗中远岫。	窗中列远岫。（南朝谢朓《郡内高斋闲望答吕法曹》）
忆闷令	长黛眉低敛。	翠黛眉低敛。（唐白居易《恨词》诗）
梁州令	离歌自古最消魂。 人情却似飞絮。	离歌凄妙曲。（唐骆宾王《送王明府参选赋得鹤》） 早是人情飞絮薄。（唐李咸用《依韵修睦上人山居十首》）
燕归梁	莲叶雨,蓼花风。 人在月桥东。	送来松槛雨,半是蓼花风。（唐李咸用《登楼值雨二首》） 月桥边、青柳朱门。（宋张先《行香子》）
胡捣练	水漾横斜影。	疏影横斜水清浅。（宋林逋《山园小梅二首》）
谒金门	迟迟艳日风。	春日迟迟。（《诗经·豳风·七月》）

从上述表格中可以看到的是,晏几道的恋情词化用了很多前人的成句,除了《诗经》、《楚辞》等,还有很多唐朝的诗人,宋朝的词人,南北朝、三国等时期的文人的优秀句子,因此笔者将这些前人进行了汇总,主要分为三部分:一是唐朝诗人,二是宋朝词人,第三部分包括北周、汉代、南朝、三国等文人及《诗经》《楚辞》等一些篇章。具体汇总如表12-5所示。

表12-5　晏几道化用前人的朝代统计

类别	作者	首数
花间词人	温庭筠	6
	韦庄	5
	牛希济	1
	和凝	1

续表 12-5

类别	作者	首数
非花间词人	欧阳修	10
	冯延巳	1
	李煜	2
	李璟	2
	张先	8
	柳永	6
	晏殊	4
	宋祁	1
	林逋	2
	王禹偁	1
	苏轼	1
	钱惟演	1
诗人	李白	12
	杜甫	3
	杜牧	13
	白居易	11
	李贺	9
	王维	1
	齐己	1
	李咸用	2
	骆宾王	1
	王勃	1
	王建	3
	李商隐	21
	韩愈	1
	李端	1
	刘长卿	2

续表 12-5

类别	作者	首数
诗人	江淹	2
	韦应物	1
	李群玉	1
	贺知章	1
	李昂	1
	顾况	1
	李颀	1
	戴叔伦	2
	岑参	1
	王昌龄	5
	陆龟蒙	1
	张祜	2
	高适	1
	元稹	2
	张籍	1
	司空曙	1
	刘禹锡	1
	江采萍	1
	韩翃	1
	赵嘏	4
	王涯	1
	孟郊	1
	刘沧	1
	刘希夷	1
	黄滔	1
	虞世南	1
	吴融	2
	刘兼	1
	崔颢	1
	古乐府	2

续表 12-5

类别	作者	首数
其他	王羲之	1
	谢朓	1
	鲍照	3
	庄子	1
	谢灵运	1
	简文帝	1
	曹植	3
	《楚辞》	3
	《诗经》	1
	《古诗为焦仲卿妻作》	1
	《古诗十九首》	2
	庾信	2
	王粲	1
	翁宏	1
	沈约	1
	梁元帝	1
	王僧孺	1
	薛道衡	1
	扬雄	1
	班固	1
	王俭	1
	班婕妤	1
	谢惠连	1
	敦煌词	1
	刘孝威	1
	卓文君	1

　　前面笔者已经分析过晏几道的恋情词受到了花间词人和非花间词人的影响,文中也提到了晏几道借鉴了他们的词中的句子。这里笔者将不再分析晏几道化用了词人的句子,且其他里含有的朝代较杂,作者引用的也不多。化用前人成句里,笔者主要分析化用

了唐代诗人的诗句。薛砺若评论晏几道说:"他的词,最善融化诗句。"①从上述表格可知,晏几道化用李商隐、李白、杜牧、白居易的诗比较多。尤其是李商隐的诗,李商隐的诗语言婉转流丽,情感细腻真实,意境朦胧隐晦;李白的诗语言清新明快,情感强烈,意境壮美奇特;杜牧的诗豪爽俊朗,语言畅达清新,意境优美;白居易的诗质朴直率、写实通俗。从这些诗人的诗歌特点可知,他们的诗偏向于清新优美,晏几道的词整体风格也是接近清新的。叶嘉莹在《唐宋词十七讲》中讲道:"晏几道的词在词的发展中像是一个回旋的旋涡,是使词的诗化又重新回到歌词里边来了。"②这与晏几道化用诗句也有一定的关系。

(四)亦真亦幻的艺术风格

晏几道的恋情词中,很多描写到了一种似醒非醒的状态。让人有种辨不清是真是假的感觉。例如《南乡子》:

画鸭懒熏香。绣茵犹展旧鸳鸯。不似同衾愁易晓,空床。细别银灯怨漏长。几夜月波凉。梦魂随月到兰芳。残睡觉来人又远,难忘。便是无情也断肠。③

画炉懒得冒烟,只透得一股冷清之气。绣被上还是那一对鸳鸯,但人已经是孤孤单单的了。下篇开拓出了一个梦中的境界,笔法奇诡,日有所思,也有所梦,思念的人果然在梦中出现了,但梦中欢会人就短暂,残睡醒来,那人又走远了。此情此景,无情之人也得断肠。词中所描让人分不清到底是清醒时所想的图画还是睡梦中的场景。

这种让人分不清虚虚实实的词还有他的《鹧鸪天》:

彩袖殷勤捧玉钟。当年拼却醉颜红。舞低杨柳楼心月,歌尽桃花扇底风。从别后,忆相逢。几回魂梦与君同。今宵剩把银𥯨照,犹恐相逢是梦中。④

词中写女子身穿彩袖,手捧玉钟,殷勤多情,晏几道赏识她的才艺,陪着歌女一起饮酒,也顾不得自己醉后会脸红失态。杨柳低垂摆动,楼顶的月儿高高悬挂,尽情歌唱。自从离别之后,思念重重,不知多少次梦魂与你行影相随。如今相逢,却还担心着这还是在梦境之中。词的上片写当年一见钟情,心心相印,歌女尽情舞蹈,通宵达旦,甚至没有举扇的力气,词中的多情、兴奋足以见得。下片写再次相逢,似信非信,于是举灯相照,仔细端详,害怕自己还在梦中,这首词十分生动地刻画了双方惊喜交集的心理。词中虽是表达作者与歌女相遇的场景,但上片主要是回忆,下片也因自己惊喜之余,思念之深分不清梦境与现实。

这种亦真亦幻的写作风格不仅赋予了作品一种朦胧虚幻的美感,也体现了作者对所恋女子的痴情。

---

① 薛砺若:《宋词通论》,吉林出版集团股份有限公司 2016 年版,第 72 页。
② 叶嘉莹:《唐宋诗词十七讲》,北京大学出版社 2007 年版,第 216 页。
③ 晏殊、晏几道:《晏殊词集·晏几道词集》,上海古籍出版社 2016 年版,第 125 页。
④ 同上书,第 104 页。

结　语

　　晏几道的恋情词占其《小山词》一半多,本文在对晏几道恋情词统计分析的基础上得知:晏几道最喜《采桑子》这个词牌、擅长写小调、首句以七言为主,其写作对象主要是身居社会底层的青楼女子和家妓,还有一部分词作并未言明身份的女子。研究分析得出《小山词》的创作动因主要有三点:一是与词体发展有关,晏几道的词既继承了花间——多写艳情,又有自己的创新——词的诗化和关注家妓;二是与晏几道特立独行的品格、孤芳自赏的个性、真挚细腻的痴情有关;三是与家庭环境有关,其父晏殊的才智、品性、宰相地位带给晏几道创作的影响。晏几道在其恋情词创作艺术上富有特色:大部分词中运用反问修辞,加强了情感的表达力度;借助梦境展开回忆,现实与梦境的双重回忆,表达了作者对所思之人的强烈情感;词中融入了前人的诗句、词句,使得词作更显清新优美;亦真亦幻的写作风格,赋予了词作一种朦胧美感,体现了作者的痴情。

参考文献

(1)专著

[1]庄子[M].方勇,译注.北京:中华书局,2015.

[2]楚辞[M].林家骊,译注.北京:中华书局,2015.

[3]刘学锴.温庭筠全集校注(全三册)[M].北京:中华书局,2007.

[4]欧阳修全集(共6册)[M].李逸安,点校.北京:中华书局,2001.

[5]晏殊,晏几道著.晏殊词集 晏几道词集[M].上海:上海古籍出版社,2016.

[6]稼轩词编年笺注[M].郑广铭,编笺.北京:中华书局,1962.

[7]陈廷焯.白雨斋词话[M].扬州:江苏广陵书社,2018.

[8]俞陛云.唐五代两宋词选释[M].上海:上海古籍出版社,2011.

[9]夏承焘.唐宋词人年谱[M].北京:商务印书馆,2017.

[10]薛砺若.宋词通论[M].长春:吉林出版集团股份有限公司,2016.

[11]缪钺,叶嘉莹.灵谿词说正续编[M].北京大学出版社,2014.

[12]叶嘉莹.唐宋词十七讲[M].北京大学出版社,2006.

[13]康正果.风骚与艳情 中国古典诗词的女性研究[M].郑州:河南人民出版社,1988.

(2)期刊文章

[14]诸葛忆兵.心灵的避难所——论晏几道的恋情词[J].求是学刊,1993(4):88-91.

[15]程自信.论晏几道的政治倾向及其词作[J].安徽大学学报,1998(6):34-37.

[16]邱昌员.简论晏几道与"以诗为词"[J].赣南师范学院学报,2000(5):31-35.

[17]蒋晓城.伤高怀远几时穷?无物似情浓——唐宋艳情词的人性美[J].哈尔滨学院学报,2005(3):76-80.

[18]蒋晓城.审美视阈中的唐宋艳情词伤逝主题[J].广西社会科学,2006(10):136-139.

[19]唐红卫.晏几道生卒年之质疑[J].文学遗产,2008(4):106.

[20]蒋晓城.论唐宋艳情词的悲剧美[J].社科纵横,2010,25(12):86-88.

[21]蒋晓城,张幼良.情爱的伤逝之歌——晏几道、吴文英恋情词比较[J].广西社会科学,2003(9):125-128.

[22]陈骁,俞静.伤心人之伤心词——晏几道和纳兰性德爱情词之比较[J].河北联合大学学报(社会科学版),2015,15(3):149-153.

[23]夏汉宁.宋代"文学赣军"的词及散文创作[J].创作评谭,2018(4):28-30.

[24]何一鹤.晏几道对词境的开拓[J].社科纵横,2018,33(2):74-75.

（3）学位论文

[25]蒋晓城.流变与审美视域中的唐宋艳情词[D].苏州大学,2004.

[26]史常力.晏几道与秦观恋情词的对比研究[D].东北师范大学,2005.

[27]邓永奇.论晏几道的悲剧人生与独特词风[D].南昌大学,2007.

[28]徐建芳.韩偓艳情诗与晚唐词化现象[D].东北师范大学,2008.

[29]郑书伟.晏几道的人生悲剧[D].山东大学,2013.

[30]邢晓玉.艳情传统与南渡词坛[D].河北师范大学,2014.

[31]宋学达.从"词本事"看宋词之"尊体"[D].黑龙江大学,2014.

[32]林洁.晚唐五代仙道艳情词研究[D].贵州大学,2006.

《远山淡影》创伤叙事下的人格选择

林　欣

摘　要:本文以石黑一雄的《远山淡影》为研究对象,用创伤理论及荣格的人格面具理论,分析小说中创伤造成的心理伤害、创伤下的人格反应以及创伤后的利益选择。通过对佐知子、悦子等主要人物的剖析,着重关注悦子带景子移民英国这一核心事件,探讨战争后的人格选择问题及人物选择不同的人格面具对自身心理健康造成的影响。

关键词:《远山淡影》;创伤;人格;移民

引　言

石黑一雄是日裔英国小说家,与奈保尔、拉什迪并称"英国文坛移民三雄"。《远山淡影》是石黑一雄的处女作,是一部问世 30 年仍关注度极高的作品。小说采用第一人称的叙述方式,以主人公悦子的视角向我们讲述了一个因战争受创从日本移民到英国的妇女在英国以及日本两地的生活的故事。

一、创伤叙事的呈现

心理学家 Caroline Garland 指出"创伤"这个词来源于古希腊,原是指皮肤被刺破或身体外部的破损,现指一种心理受伤的表现。20 世纪初弗洛伊德从心理学层面解释了"创伤",他认为很多人不愿意面对痛苦的过去,从而他们会在回忆时产生选择性失忆或者自我麻痹的现象。对于这些创伤群体来说,逃避并不能解决本质性的问题,痛苦的记忆会反复出现,他们试图打破痛苦,想从痛苦的深渊爬出,但一直没能成功,于是便选择塑造不同的人格,在人格面具的作用下隐藏痛苦或者说是否认痛苦的存在,从而达到心灵上的慰藉。

《远山淡影》通过悦子的眼睛,以第一人称为叙述视角,讲述了二战后日本的社会现实。小说中的悦子极力表现出经历悲惨创痛后的平静,她描述的日本"那时最坏的日子已经过去了。在长崎,在经历了那一切之后,日子显得平静安详"①。我们可以看到悦子正努力让我们相信,此时的日本正积极进行灾后重建、民众都在向前看。但我们都清楚,这么一场大规模的世界性战争给国家、人民带来的伤害不可能这么快消逝。悦子的选择代表了绝大多数日本民众的选择,她在逃避,这种对创伤的逃避和掩藏恰恰反映了她内心的实际感受。越想掩盖、越想否认,就暴露得越明显,悦子无时无刻不在受着战争后遗症的影响。尽管悦子描述的日本已经开始重建,但战争的痕迹始终存在:他们的公寓是建立在炸弹烧焦后的废墟上的,藤野太太每周都去墓地并且每周都能在那里见到一对悲伤的年轻夫妇,和平公园的被色纪念碑让悦子和绪方先生想起了那些被原子弹夺去生命的人等等。悦子在战争中失去丈夫、失去家园,但她并没有直面战争带来的痛苦,她对于自己的讲述是一个拥有幸福家庭、马上要迎接新生命的女人。然而实际上,悦子的内心充满煎熬与混乱,她的痛苦可以从她毫无逻辑、自相矛盾的话语中看透,她跟藤野太太描述新生命的到来会使她开心,但实际却不然,她内心对新生命有着无限的恐惧,孩子是她痛苦的延续,她的描述中有很多关于小孩的恐怖事件:一个关于杀死小孩的连环杀手案件;战争中一个母亲亲手溺死了自己的孩子;梦到一个小女孩上吊的场景。悦子的这一想法在后来也得到了证实,她带着景子离开日本,但景子却没有像悦子所期望的那样活着。这一事件也折磨着悦子,她选择了遗忘和掩藏,所以当她和妮基一起散步遇到景子以前的钢琴老师时,她假装景子还活着。"我最近没有她的消息"②这句话在双方的谈话中出现了两次,看似是对沃斯特太太说的,实际上是悦子对自己说的。这种对于痛苦现实的选择性失忆或者说是自我麻痹正是经历创伤后最具代表性的表现。战争不仅给悦子带来了无限伤害,在景子身上,我们可以更直观地看出战争的影响。小说一开始就告知了景子的死,而景子的死正是悦子内心受残酷煎熬的原因之一。受战争的影响,悦子不顾景子的感受执意带景子离开日本移民英国。在英国,景子没有像悦子想象的那样走出战争,相反她越来越封闭自己,与家人关系不好,独来独往,她的记忆只停留在日本长崎,停留在那里所带来的不可抹灭的创伤中,景子最终选择以自杀的方式结束自己的生命,这对于她来说或许是一种解脱。20世纪40年代的日本长崎,经历了原子弹的袭击,民众所受到的灾难也像核辐射一样,由个人反应到家庭再由家庭反应到社会中去,此时的长崎经历着集体创伤,每个人都是创伤的经历者、讲述者,悦子和景子作为这场灾难的代表性个体,她们所表现出来的保持自己的创伤,压抑自己内心痛苦的感情方式,也是那个时段整个日本的现状。

景子的死是悦子叙述发生转变的重要节点,她开始回忆过去,开始尝试走出困境。由于作为母亲的责任感,悦子陷入深深的自责当中,她把景子的死归咎于自己的过失:对景子照顾不周;不考虑景子的想法自私地把她带离日本;在英国组建新的家庭以后关系处理不融洽;景子的妹妹妮基甚至都没来参加景子的葬礼等等,这些都成为了悦子内心深受折磨的原因。随着故事的发展,我们逐渐意识到悦子一直在回忆景子,一直在叙述她和景子在日本的生活。小说以妮基来乡下看望悦子开头,妮基的到来使悦子不可避免

---

① 石黑一雄:《远山淡影》,张晓意译,上海译文出版社 2011 版,第 6 页。
② 同上书,第 59 页。

地回想起以前的事情,这个回忆使悦子对自己产生了怀疑——带景子移民是否正确。她用带有浓厚的哀怨的情绪进行回忆,有时候早上醒来,以为自己还在日本,还在长崎。回忆中的长崎刚被原子弹轰炸过,战争使这个地方的所有在顷刻间化为乌有,她迫切地、想一刻不停地逃离这个使她悲伤的地方,而景子的死击垮了她内心的所有后盾和假面。小女儿妮基的出现,给悦子孤苦无缘的生活带来了一点希望,虽然她们之间的关系也不尽如人意,但五天的相处之后,她们的关系也变得缓和,在妮基的鼓励和帮助下,悦子开始面对自己以前的错误"如今的我无限追悔以前对景子的态度"①。想要从此走出精神上的困境,从而达到内心的释然。但是不幸的是,对于悦子来说,创伤是一直存在的,它不会一直以表象存在,而是由某一些内在或外在的因素引发,只是存在的形式是与原始状态不同的,这种非原始的形式,就是心理创伤。战争给悦子带来的心理创伤一直延续到了现在,使她在创伤中分裂出不同的人格面具进行自我伪装。

二、创伤记忆中的分裂人格

荣格认为:"人格最外层的人格面具掩盖了真我,使人格成为一种假象,按着别人的期望行事,故同他的真正的人格并不一致。人靠面具协调人与社会之间的关系,决定一个人以什么形象在社会上露面……"个体为了获得心灵上的成熟与慰藉,往往需要塑造一个或几个具有弹性的人格面具来满足自我与社会相处之间的和谐关系。悦子不敢直面自己的罪恶,为了掩盖战争的伤痛,塑造了一个"好母亲""好妻子"的形象,她遵从日本传统社会准则,对丈夫言听计从,期待新生命的到来,携带着"好妻子"的面具维系着家庭和谐;对绪方先生很尊重,两人之间的谈话也很亲切,携带着"好儿媳"的面具。但是通过文章的细节以及某些对话,我们可以发现悦子身上"天使"和"魔鬼"的双重人格,她所塑造的人格面具也逐渐显现。

文章以悦子讲述她在日本的生活以及与邻居佐知子,万里子母女的故事为主,但在文章结尾,悦子说:"那天景子很高兴,我们坐了缆车。"②以及她与万里子在小木桥上对话时,她对万里子的称呼转变为了"孩子",我们可以发现佐知子就是悦子,万里子就是景子。悦子身上人格的"天使"性由作为悦子时的她表现,"魔鬼"性则由作为佐知子时的她表现。主要分为这两个方面:一是作为母亲时塑造的人格面具,二是作为日本传统女性时塑造的人格面具。

首先,是作为一个母亲,即将要做母亲的悦子向我们展示了她"天使"的面孔。在与佐知子和万里子的交际中,她表现的比佐知子还要称职:她与佐知子的第一次谈话就是告知佐知子有关万里子打架的事情;当万里子消失时,她及其紧张,不顾丈夫的反对去寻找万里子;得知佐知子要带着万里子离开日本移民美国时,她反复追问佐知子这么做是不是对万里子有利。悦子无时无刻不在塑造着自己好母亲的形象,佐知子夸赞她"肯定

① 石黑一雄:《远山淡影》,张晓意译,上海译文出版社2011版,第111页。
② 同上书,第237页。

会是一位好母亲"①,在与藤野太太的交谈中,她表现出期待孩子的到来"想到孩子我就很开心"②,以及她始终觉得自己带着年幼的景子离开日本也是完全站在景子的角度考虑。对于佐知子对万里子的态度,悦子并没有很苛刻地责备她,更多的是作为一个朋友,一个关心孩子的母亲的形象去劝慰她倾注更多的时间和精力在万里子身上,更完美地展示了悦子身上作为母亲表现出来的和蔼可亲的态度。

相反,作者所描述的佐知子是一个有些专制并且很少陪伴女儿的母亲。她总是以"一切都是为了万里子好"作为自己的借口来满足自身的利益需求。她的冷漠最明显地表现在对万里子的态度上,万里子每次出走她都表现得满不在乎、毫不担心,"她很快就会回来了。她想待在外面就让她待在外面吧"③,"别管她。她高兴了就会回来了"④,这表明,对于万里子的出走佐知子已经习以为常。不仅如此,佐知子自己也经常出门,把万里子一个人丢在家里,当万里子质问她:"你为什么老是出去? 你为什么老和弗兰克出去?"⑤的时候,她把在弗兰克身上所受的气都撒在了万里子的身上,甚至要挥手打万里子。在战争期间,万里子亲眼目睹了一个女人溺死自己孩子并且自杀的全过程,她反复提起"那个女人",可见当时的场景在万里子内心造成的巨大阴影以及这件事情对万里子心理产生的伤害,但佐知子却始终持有着不相信、不重视万里子的态度,并向悦子解释这是小孩子惯用的撒谎手段。小说尾部,佐知子淹死了万里子的心灵寄托——小猫,"她把小猫放进水里、按住。她保持这个姿势,眼睛盯着水里,双手都在水下"⑥,更令人觉得恐怖的是,佐知子是用和那个杀死自己的孩子的女人一样的方式杀死小猫的,这也把整个故事以及万里子的反叛情绪推向了高潮。佐知子对万里子的冷漠还表现在她对万里子状态的盲目乐观上,从悦子的叙述中,我们可以发现万里子是一个自我封闭、不善与人交谈,甚至有些阴暗恐怖的存在,但作为万里子母亲的佐知子却不能正视这一点,或许是她内心的逃避,又或许是她对自己以及女儿的盲目自信,她始终认为"我的女儿非常聪明。她爸爸出生名门,我这边也是。不能因为眼前的事物就认为她是什么贫穷的孩子"⑦,她把万里子现在的种种归咎于环境,并且认为这是一个很正常的现象"在眼前这种环境里,小孩子自然有时有点笨拙。在伯父家里时,大人跟她说话,她回答得清楚、流利。她去上学,跟最优秀的孩子交朋友"⑧。战争给万里子造成了不可挽回的创伤,但佐知子却认为这是正常现象。这与后来景子自杀形成了鲜明的对比,悦子塑造的"好母亲"人格在佐知子身上被完全撕碎。有很多人在经历自己不愿承认的错误之后,往往会选择塑造与自己本身性格截然相反的人格面具,在这种人格面具下来否认或者遗忘自己的错误。我们始终觉得悦子是这部小说的主人公,她塑造了佐知子这一人格面具来讲述自己的故事,但

---

① 石黑一雄:《远山淡影》,张晓意译,上海译文出版社 2011 版,第 10 页。
② 同上书,第 23 页。
③ 同上书,第 110 页。
④ 同上书,第 108 页。
⑤ 同上书,第 107 页。
⑥ 同上书,第 216 页。
⑦ 同上书,第 51 页。
⑧ 同上。

是换一个角度看，悦子其实也是佐知子塑造的一个人格面具，我们可以认为佐知子不愿面对自己的过去，从而塑造了悦子这一完美的"好母亲"、"好妻子"的形象。

其次，是作为一名日本女性，悦子在叙述中竭尽全力把自己打造成为一个典型的日本传统女性。本尼迪克特在《菊与刀》中描述：在日本"等级制以性别、辈分、长嗣继承等为基础，它在家庭生活中居于核心地位"①。即便是夫妻，也有很浓重的等级制度的存在。作为妻子的悦子，在家庭中扮演着"好妻子"的形象，即使是怀着孕她也依旧要给丈夫端茶送水、准备晚餐，当二郎的同事们来访时，她本想遵循客人的意思，但丈夫却坚持要她给客人们倒茶，在小说后半段丈夫因为找不到一条领带就冲悦子发脾气"我希望你别老乱动我的领带"②，这短短的一句话便是对悦子付出的所有的否定。丈夫的态度冷漠、严肃，对悦子冷眼相对，但是悦子始终遵循着传统的等级制度，保持着作为人妻应有的态度。但在公公绪方先生面前，悦子显然要放松很多，她可以和绪方先生开玩笑、讨论孩子的名字，并且承诺要教绪方先生做饭。当绪方先生和丈夫发生冲突时，悦子也坚定地站在绪方先生这一边，可见她对绪方先生的尊重和敬爱。

由上可知，佐知子其实就是悦子塑造的另一个自己，另一个含有反叛人格的自己。佐知子桀骜不驯，不断打破日本女性的封建传统，实际上不留情面地撕毁了悦子"好妻子""好母亲"的人格面具。小区的妇女们对佐知子指指点点，她们认为佐知子是一个放荡的女人，但佐知子并不在意别人的眼光。佐知子在与悦子一起寻找万里子的途中告诉悦子她过几天就要去美国了，并且告诉悦子"最后我们去了酒吧，他们给了我们单独的一间小房间"。在那个年代的日本，这是传统女性想都不敢想的事情，她因此会受到别人的嘲笑，但佐知子却对此满不在乎。当弗兰克抛下她们的时候，她把万里子一个人丢在家里去找弗兰克，这一行为在日本社会是完全违背社会准则的，她也不在乎，甚至干很多脏活累活来养活弗兰克。佐知子是一个完全冲破传统束缚的女性的形象，在那个年代，别人眼里的她是不可理喻的，是完全叛逆不检点的，她想离开日本，想忘却过去的痛苦，就算她知道弗兰克是一个酒鬼，是一个靠不住的人，她还是毅然决然地选择依附他。为了结束在日本苦闷、孤寂的困境生活，她又一次在万里子身上展现了她"恶魔"的一面，"对我来说，女儿的礼仪是最重要的，悦子。我不会做出有损她未来的决定"③。这个冠冕堂皇的理由——全都是为了孩子，实际上是她为了自己的私欲寻找的一个借口。

二十年前的悦子在处理和家庭、社会的关系时选择塑造不同的人物面具来隐藏真实的自己；二十年后的悦子为了逃避战争给她带来的延续创伤——景子自杀，又塑造了双面人格来推卸责任，只有在人格面具的隐藏下，她才有勇气面对生活。直到小说最后，悦子才开始直面自己的错误，并想努力走出精神上的困境。

---

① 鲁斯·本尼迪克特：《菊与刀》，南星越译，南海出版公司 2007 年版，第 28 页。

② 石黑一雄：《远山淡影》，张晓意译，上海译文出版社 2011 版，第 169 页。

③ 同上书，第 50 页。

三、分裂人格下的自我选择

人格面具认同是个体"正常发展中的一个重要部分"（Andrew，1986）。人格是由不同的面具共同构成的，一个面具就是一个子人格。人在不同的场合使用不同的面具，人格面具保障了我们能够与人，甚至是那些我们并不喜欢的人和睦相处，为各种社会交际提供了更多的可能性。人格面具的产生，不仅是为了认识社会，更是为了寻求社会认同。

在战争的创伤中，悦子塑造了不同的人格面具，试图在面具下隐藏自己。在战后的选择中，她依旧戴着面具对直面还是逃避问题进行选择。向我们讲述了一个看似别人的故事。我们不知道是否真正存在佐知子这个人物，但有一点可以明确：悦子精心编织这样一个故事网，目的是想在隐藏自己的同时一定程度上减轻自己内心的罪恶和自责。石黑一雄说："某个人觉得自己的经历太过痛苦不堪，无法启齿，于是借用别人的故事来讲自己的故事。"①这也就是这部小说的主要叙事方式，悦子在经历巨大的创伤后选择逃避，通过回忆与现实交叉的方式，以讲述在日本时的邻居佐知子与万里子之间的故事来反映自己在日本的生活。

悦子在战后作为"好母亲"面临的第一个选择就是为自己考虑还是为女儿考虑。从佐知子方面来看，她始终觉得带万里子离开日本是完全从女儿的角度出发的，是完全为了女儿好。通过悦子的描述我们可以看出，一开始佐知子反复强调带女儿离开日本是为了女儿的利益"你以为我决定要离开这个国家前没有首先考虑女儿的利益吗？"②，"对我来说，女儿的利益是最重要的"③。当弗兰克第一次抛弃她们的时候，她的想法产生了动摇，但是她依旧不愿意回到自己伯父家去住，依旧把自己所有的希望寄托在弗兰克身上，甚至去酒吧寻找他。当去美国的机会再次来临时，她还是决定带着万里子离开日本。佐知子戴着"好母亲"这个面具考虑自己的未来，她对这一面具的依赖度已经到了难以揭开的程度。即使知道弗兰克是一个极度不可靠的酒鬼，她也对未来充满憧憬。

悦子的作为"好母亲"、"好妻子"的第二个选择是逃避还是直面。失去丈夫、家园都使她痛苦不堪，她不愿正视过去，所以她塑造了佐知子和万里子这两个人物来讲述自己的故事。悦子在小说中有两个层面的身份：一个是作为故事的讲述者，一个是作为故事的参与者。从讲述者层面出发，我们所知道的全部事件都是通过悦子来讲述的，我们所了解的人物形象和性格特点都是悦子所想让我们知道的。整部小说没有一个很完整的故事情节，整篇布局分散杂乱，主要通过主人公悦子回忆穿插的方式进行叙述，时间也是在不断跳动的，总体来说可以分为两条故事线：故事线一的地点在英国，事件发生在现在，讲述了悦子不顾及大女儿景子的利益与想法，执意带着景子移民英国，景子在英国的生活很不顺畅，缺乏关心，与悦子关系不佳，一直生活在孤独和苦闷中，最终选择了上吊

---

① 石黑一雄：《远山淡影》，张晓意译，上海译文出版社 2011 版，第 50 页。
② 同上。
③ 同上。

自杀,妮基因此来看望悦子这一事件;故事线二的地点在日本,事件发生在过去,以悦子作为第一视角讲述了悦子的邻居佐知子和万里子的故事,她们都遭受了战争的创伤,佐知子对万里子毫不关心,不顾万里子的想法,执意要带万里子去美国,甚至溺死了万里子心爱的小猫这一事件。从参与者层面出发,悦子参与了故事的始终,与佐知子、万里子母女有交往的对话,使她编造的故事更具真实性,更让人信服,直至文章最后我们才发现这个故事是不真实的,是悦子为了逃避为了自我解脱而编造的。在妮基的帮助和劝慰下,悦子开始面对创伤,开始构建新的社会生活状态。石黑一雄曾说:"创伤已经造成了,没有愈合,但也不会继续恶化,但是伤口还存在。世界并不那么尽如人意,但是你却可以通过创造自己的世界或者自己对世界的观念来重组纾解或者适应这个世界。"悦子开始走进景子原来的房间,开始站在景子的角度对自己进行审视,她和妮基开始交谈自己的做法,开始意识到自己的错误,与妮基的关系也有了明显的缓和。她对以后的日子保持着她原有的期待,她认为"这里最像英国",我们可以说这里最像她想象中的英国,有熟悉的家人的气息和自己原先对移民生活的期待。

结　语

战争带来的灾难是巨大的,小说中的主要人物都活在战争所造成的创伤中,她们都呈现出一种病态心理,悦子努力想扮演一个"好母亲""好妻子",在严肃的、毫无生活激情的丈夫面前,她温顺、善解人意,展示了"天使"的风范,然而长时间的压抑苦闷生活,最终使悦子"魔鬼"的一面爆发,促使她塑造了佐知子这一形象,由佐知子来代替悦子做她所不敢做的事情。这两种人格的相互交织相互隐藏,使悦子的人格越来越分裂,她想要对此进行反抗,而反抗的牺牲品就是景子。整个故事都充满了真假难辨的趣味,人物的多重性格以相互对话的形式存在,不同的人格都怀着各自的目的。但是不论各个人格所抱有的目的是什么,总体来说人格的存在就是为了协调人的内心,协调内心与世界的冲突,从而达到心灵的平静与和谐。

可见,在构建人格面具时,需要处理好身心结构、自我理想和集体意识三方面的关系,以达到自我与世界、自我与心灵的和谐,避免人格中的不健康成分造成的心理问题。并且对人格面具的使用要适度,不可过度依赖,要能够超越人格面具、回归真实。

参考文献

(1)专著

[1]石黑一雄. 远山淡影[M]. 张晓意,译. 上海:上海译文出版社,2017.

[2]鲁思·本尼迪克特. 菊与刀[M]. 南星越,译. 海口:南海出版公司,2007.

[3]伊恩·布鲁玛. 面具下的日本人 解读日本文化的真相[M]. 林铮顗,译. 北京:金城出版社,2010.

[4]彼得·威登. 广岛悲剧 美对日投放原子弹纪实[M]. 王秋海,靳建国,孔岩,译. 北

京：农村读物出版社，1988.

［5］阿皮亚. 人文与社会译丛 认同伦理学［M］. 张容南，译. 南京：译林出版社，2013.

［6］爱德华·W. 萨义德. 东方学［M］. 王宇根，译. 北京：生活·读书·新知三联书店，1999.

［7］本尼迪克特·安德森. 想象的共同体 民族主义的起源与散布［M］. 吴叡人，译. 上海：上海人民出版社，2016.

（2）期刊文章

［8］李春. 石黑一雄访谈录［J］. 当代外国文学，2005（4）：138-142.

（3）学位论文

［9］周颖. 创伤视角下的石黑一雄小说研究［D］. 上海外国语大学，2014.

［10］郭德艳. 英国当代多元文化小说研究：石黑一雄、菲利普斯、奥克里［D］. 南开大学，2013.

从80年代春晚歌词看时代变迁

王 玥

摘　要:春晚作为改革开放初期文化传播上的一项突破,其文化表现方式多样且有重大的时代意义。首先对80年代的春晚歌曲歌词从抒发情感,歌颂祖国,歌颂自然等方面进行归类分析,发现其在数量及内容上的变化,其次结合80年代中国在政治经济上的发展变化,进一步探讨春晚作为一年一度的大型文艺晚会在歌曲歌词上是如何体现时代变迁的,浅析80年代春晚歌词对时代变迁的纪念及传承意义。

关键词:80年代;春晚;歌词;时代变迁

引　言

春节联欢晚会(简称春晚)是现代媒体和传统民俗相结合的产物,1983年,中国电视业进入了一个相对稳定且迅速发展的阶段,为春晚的产生奠定了基础,提供了传播媒介。1983年,正值改革开放初期,人民的生活水平逐渐提高,但文化生活,娱乐方式比较匮乏。基于此,1983年中央电视台借助电视手段向全国人民演绎了春晚这样一个隆重的文化活动。

20世纪80年代的春晚有时代突破性的进步,引领了一定的时代趋势,不仅为传播媒介奠定了基础,而且为传播文化丰富了形式。中国人民对春晚的关注度极高,每年的春晚都会成为热门的话题。历经34年的风风雨雨,春晚仍有如此高的关注度,说明了什么? 对中国人民来说,一年一度的春晚又在表达些什么,传播些什么? 这些都值得思考及探讨。

春晚的节目形式大体分为歌曲类、舞蹈类、曲艺类(语言类)等,其中占比较重的属歌曲类。80年代的春晚歌曲大都阐述了对祖国、自然、朋友、恋人、同胞的朴实情感,即使在媒体转播不发达的年代,这些歌曲仍为许多人所传唱,赋予了这些歌曲时代的印记。80年代所创作的歌词有的捐华务实,有的底蕴十足,有的感情深厚,表达了一代人的生活态度及美好愿望,其中更多的是对日新月异的祖国的赞颂。

一、80年代春晚歌词情感类别

春晚集聚了众多文化表现形式,其中歌曲占的比重较大。春晚歌词这一主题包含历史文化及音乐文化,歌词的撰写在一定程度上能反映出历史社会的开放度和包容度,歌词的变化能映射出音乐文化的发展变化。人们还可以通过歌词的传达,简单明了地接受到国家在除夕夜传达给全国人民的情感及祝福。

(一)对新年的祝贺

春节联欢晚会作为中国最大型的辞旧迎新的一个文化事件,传达新年的祝贺势必是少不了的,此类歌曲是春晚的标志性曲目,起到辞旧迎新的作用,但在春晚当中不会是多数。80年代,对新年祝贺的歌曲比较多变,从83年拟声词较多的歌曲到后来的偏通俗歌曲形式,从民族乐到流行乐的转变,从大陆唱到港台,都说明时代的进步。如1983年春晚李谷一在《拜年歌》中唱道"我给大家拜个年,嘚儿呀嘚儿呦呦";1984年春晚蒋大为等演唱家在《恭贺新禧》中唱道"祝愿老人长寿都活一百岁,祝愿港澳同胞家家乐,祝愿台湾骨肉亲人增富贵,愿大家都有前途万事如意";1985年春晚香港的罗文在《共享快乐年》中用粤语唱道"春到喜到快活年复年";1987年春晚叶矛和廖莎在《祝岁歌》中唱道"我们大家来祝岁,今宵来相会,美酒叫人醉";1988年春晚聂建华等演唱家在《拜大年》中唱道"小唢呐吹得震天响,大秧歌扭得多红火,爆竹声中唱着拜年歌,祝愿大家幸福快乐";1989年春晚叶矛等演唱家在《今宵多美好》中唱道"今宵多美好,美好在今宵"等歌词,无一不是传达对新年的祝贺,在歌词表达和演唱形式上的变化是时代在交流进步的结果。

(二)对祖国的歌颂

80年代,在很多人看来是现代科技发展逐渐起色的年代,陆续出现了北京牌电视机、蝴蝶牌缝纫机、大金鹿自行车、卡拉OK卡带、友谊牌洗衣机、雪花电冰箱、燕舞录音机、海鸥双反照相机、电熨斗、桑塔纳轿车等科技产物。在这个由中国共产党领导的国家,人民的生活和经济水平不断提高,少不了国家领袖的领导以及军人的无私奉献,时代的进步被人们铭记在心中,不少的春晚歌曲都歌颂了中国共产党,歌颂了祖国的日益繁荣昌盛。如1983年春晚李谷一在《问声祖国好》中唱道"悄悄说句知心话,问声祖国好";1984年春晚殷秀梅在《党啊,亲爱的妈妈》中唱道"党啊党啊,亲爱的党啊,你就像妈妈一样把我培养大";1985年春晚来自香港的罗文在《中国梦》中唱道"那天中国展开大步,世界都看着我,冲天飞向前路,巨龙神威穿过";1986年春晚殷秀梅在《祖国啊,我永远热爱你》中唱道"生我是这块土地,养我是这块土地,祖国啊我永远热爱你";1987年春晚徐良和王虹在《血染的风采》中唱道"共和国的旗帜上有我们血染的风采";1988年春晚阎维文在《我们的祖国甜花香》中唱道"在祖国美丽的土地上,鲜艳的花朵盛开怒放";1989年春晚郭兰英在《我的祖国》中唱道"这是美丽的祖国,是我生长的地方"等。

这些歌词都是在表达对祖国的热爱,在传达相同的热爱之情时,不难发现80年代前期的歌词表达更为委婉,而中后期则更为豪迈。这些都离不开中国在建设社会主义的道路上,政治及经济水平的日益崛起。

(三)对自然的歌颂

不论是以前还是现在,自然的力量都是不可否认的,对于自然的馈赠,人民抱着感恩的态度通过歌词记录。在春晚歌曲中,大多数歌曲都以表达家乡的自然景观为主,通过自然景观来表达游子对家乡的思念,人们对年少时家乡的怀念,或是人们对家乡亲人的怀念。部分民歌也歌颂了大自然的壮丽唯美,对很多少数民族的人们来说,人与自然是融为一体的,是神圣的,是值得被歌颂的。如1983年春晚郑绪岚在《大海啊,故乡》中唱道"大海啊大海,是我生活的地方,海风吹海浪涌,随我漂流四方";1984年春晚郭颂在《山水醉了咱赫哲人》中唱道"哲罗鱼游在大江心,梅花鹿欢跳在白桦林,青山映在绿水里,山水间住着咱赫哲人";1985年春晚房新华在《小草》中唱道"春风啊春风你把我吹绿,阳光阳光你把我照耀,河流啊山川你哺育了我,大地啊母亲把我紧紧拥抱";1986年春晚蒋大为在《在那桃花盛开的地方》中唱道"桃树倒映在明净的水面,桃林环抱着生你的村庄";1987年春晚蒋大为在《三峡人家》中唱道"红艳艳的桃花映彩霞,桃花深处是我家"等。这些用来描写自然的景观的歌词和要表达的情感有关,描写家乡自然景观的歌词洋溢着温馨美好,描写祖国自然的歌词充斥着豪情壮志。

(四)美好情感及祝愿

人们都愿意把自己美好的祝愿写进歌词里,通过这样的方式传达给听众,引起共鸣与美好的期待,所以传达此类情感的歌曲恰恰也是最多的。80年代的春晚歌词中大致有以下几种祝愿:愿祖国繁荣昌盛;愿生活越来越好;愿友谊天长地久;愿有情人终成眷属;愿同胞情谊日渐深厚。如1983年春晚郑绪岚在《太阳岛上》中唱道"朋友们献出你智慧和力量,明天会更好";1984年春晚殷秀梅在《幸福在哪里》中唱道"啊幸福,就是你闪光的智慧里";1985年春晚张明敏演唱在《登上高峰》中唱道"中华儿女将来始终有一天,登上世界最高峰";1986年春晚成方圆在《我多想》中唱道"我多想变成一缕春风,吹遍家乡翠绿的山岭";1987年春晚香港的叶丽仪在《送给你明天的太阳》中唱道"带着新的希望去打扮那明天的太阳……尽管明天还会有雨,雨过后天空更晴朗";1988年春晚董文华在《道路》中唱道"挺起胸膛,努力开创道路将会充满阳光";1989年春晚安冬在《是你给我爱》中唱道"爱是太阳的祝福,爱是月亮的期待"等。这些歌有的含蓄内敛,有的朴实直接。

传达自己的情感在我们看来觉得是一件很平常的事情,我们身处的时代歌曲风格更是多种多样,R&B,Hiphop……歌曲成为了可以张扬地表达自己个性的工具,但在80年代初期,人们并不是很敢把自己的情感表露的太多或是太过明显,甚至一首《乡恋》都被称为"靡靡之音",然而随着社会的发展,人们禁锢的思想逐渐解封,敢于表达善于接受,一直促进着时代的进步。

在春晚初步发展的时候,歌曲类节目就成了整个晚会里必有且数量较多的节目,庆贺新年及歌颂祖国的歌曲在归类分析看来占比较少但不可或缺,占比较多的还是对家乡对自然对人的情感表达,80 年代春晚曲风归类分析数据图见图 15-1,各类曲风占比一目了然。然而,歌曲作为一种可以委婉地表达情感的方式,此类歌曲占比较多也是情有可原。在 80 年代春晚播出期间,每一年歌曲的歌词内容都在不断地创新,表演的歌手也是形形色色,他们可能来自不同的国土不同的种族不同的职业,春晚不断地刷新着人们的眼界与审美,不断地进行开放交流与融合,80 年代正可谓是突破和发展的年代。

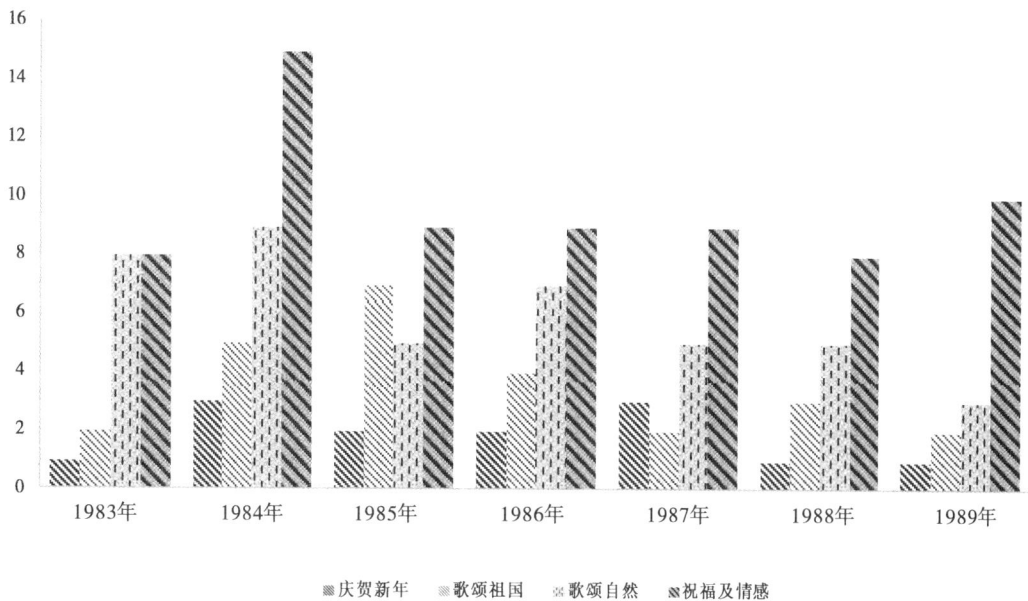

图 15-1　80 年代春晚歌曲曲风分类

二、80 年代春晚歌词中的时代变迁

歌曲曲风纷繁众多,曲种不一,但其中诸多隐藏着时代变迁的痕迹。人民的生活日新月异,春晚歌词中蕴含了促进时代变迁的重大事件,其手法一般不为开门见山,记载形式较为含蓄,却使人余味回甘。

(一)思想解锢(1983 年春晚)

春晚打破陈规在 1983 年出现在大众视野,获得了全国民众极大的关注,在首次播出的春晚中,最值得一提的歌手是李谷一。她在 1964 年的电影《补锅》中被观众熟知,那是一个各个国家都固地自封的年代,李谷一活跃在大众文艺活动中将近二十年,受到了毛主席和周总理的亲切接见。在 1983 年春晚,所有独唱曲目仅 15 首,而李谷一就占了其中 7 首,足以看出李谷一在当时文艺界的身份及地位。从李谷一在 1983 年演出中的两首代表作品中来分析揭露时代变迁的痕迹。

1.《拜年歌》唱出新局面

1983 年 2 月 12 日,中国中央电视台首届春节联欢晚会直播,开场由李谷一演唱的

《拜年歌》中唱道"包饺子那个庆团圆,放鞭炮那个闹喧天,打起锣鼓拉起弦,翩翩起舞歌不断,开创四化新局面",歌词中描绘出了一幅百姓自由自在,个性解放,欢聚一堂庆贺春节,合家欢的景象,歌词中的"四化"在1962年12月第三届全国人民代表大会第一次会议上首次提出,即工业现代化、农业现代化、国防现代化、科学技术现代化。且在1982年1月13日,邓小平在中共中央政治局讨论中央机构精简的会议上强调指出,实现干部队伍的革命化、年轻化、知识化、专业化,是革命和建设的战略需要。

一首《拜年歌》既表现了百姓生活无拘无束,又表现了国家在走向现代化。从小家唱到大"家",传达出的都是一种时代解放,时代在进步的自豪感。

2.《乡恋》不再是"靡靡之音"

除此之外,1983年最能体现禁锢的文化在逐渐被打破的歌曲莫过于李谷一演唱的《乡恋》。这样一首曾经历过被禁止的歌曲,却在当年春晚的舞台上演出了,这足以表明了政治及民众思想文化的转变,也正像胡松华演唱的民歌《勤劳的比帕尔》中写道"生活天天在变样"般呈现日新月异的态势。人们对音乐的态度逐步恢复正常,对歌词的欣赏水平也逐渐恢复正常,这在极大程度上说明了时代在进步,一个思想逐渐解锢,开始寻找突破寻找创新的时代在慢慢走来。

王章华(2017)称"此时期的音乐思潮一方面反映在反思性改错和恢复正常状态。另一方面体现在音乐界内部的自觉理性反思和总结。在这种意识形态及文化环境下,流行音乐有了重新复苏及成长的环境,因此,更新时期(1979—1988年)最重要的音乐思潮是:'新潮音乐'与'流行音乐'兴盛。这是在注重'回归创造'与'面向世界'以及反实用本本主义的'回顾与反思'思潮之后的重要音乐事件"。《乡恋》就是这观点的代表作品,它经历过封杀,而在1983年春晚上的重新演绎就是时代回顾反思后的结果。

(二)文化开放融合(1984—1986年春晚)

从1978年开始推进的改革开放政策,中国一直在寻找一条适合国情的社会主义道路,通过研究国外发展经验,到了1986年,研究的整体性初步体现。这样的社会进步在春晚歌曲歌词上也有所体现。

1. 歌曲不拘一格的风格

1984年的春晚是80年代春晚中歌曲类占比最高的一年。其中开场就以一首由蒋大为、李谷一、于淑珍、苏平、沈小岑、朱明瑛、茅善玉、郭颂共同演唱的《恭贺新禧》来庆贺新春,可见歌曲的表达形式也在变化。而且这一时期正是中国处于建设社会主义国家阶段,在春晚歌曲的选择上尤为慎重,在流入内地的歌曲中选择了具有爱国情怀的港台歌曲,由张明敏演唱的《我的中国心》,传达出强烈的爱国主义情怀,也为港台流行歌曲从地下登堂入室走向社会层面做了有力铺垫。

1985年的春晚歌曲形式可谓是包罗万象,有由李元华古文改编而成的歌曲《南乡子》;有由香港歌手演唱的,且首次出现的粤语歌曲《万里长城永不倒》《共享快乐年》《在我的生命里》《中国梦》;有由张建一用美声演唱的《新春我们干一杯》;有由迪里拜尔用维语演唱的《一杯美酒》等。在这之前,1985年的大陆,音像公司达三百多家,在没有版权和演出管理滞后的情况下,使得流行音乐如无缰之马在广大的范围内得以飞速传播,同时中央电视台举办"全国青年歌手大奖赛""全国青年首届民歌、通俗歌曲大选赛"等活动为春晚的歌曲类型提供了更多的选择,进一步说明了时代对娱乐文化的包容度大大提升。

1986 年春晚的开场引用了歌曲联唱的形式,这又是一次尝试与突破,不同类型的歌曲联唱极大程度上满足了观众的听觉和视觉。在 1986 年的春晚上,通俗歌曲,民族歌曲,军旅歌曲的融入满足了群众对歌曲多样化的需求,如由成方圆演唱的《我多想》;郭颂演唱的《送菜进城》;苏小明演唱的《军港之夜》,在地域文化融合的基础上,这一年的歌曲类型风格增多,这是一年中文化不断交流融合导致出现的结果,是时代的发展和突破。

2. 海内外不断交融的文化

1984 年较为特殊的一首歌当属由李大维演唱的《默默地祝福你》,这是一首唱给台湾的歌曲。李大维作为一名台湾国民党陆军航空队少校,在 1983 年 4 月 22 日,驾驶飞机绕过台湾军方雷达,穿越海峡,直飞祖国大陆,降落在福建宁德的海边沙滩,后成为"青联"的一员。从小台湾对他的教育便是爱中国,爱中华,振兴中华,回到大陆是他振兴中华的第一步。《默默地祝福你》是他在离开土生土长的台湾后唱给故乡的歌。

于淑珍演唱的《月光照着太湖水》歌词中"同胞啊同胞,我捧着中秋月饼,多么希望亲人尝一尝……待等来年中秋节,台北江南走亲忙"借大陆传统节日——中秋节,以月之圆兆人之团圆,传达来年希望海峡两岸成为一家人的美好愿望。

奚秀兰演唱的《阿里山的姑娘》歌词中"阿里山的姑娘美如水呀,阿里山的少年壮如山",阿里山是台湾最理想的避暑圣地,通过赞美代表名胜的人以表达对台湾的喜爱之情,从这几首歌曲中可以看出 80 年代海峡两岸的民众早已有了同一个祖国的意识,且民众的爱国意识较为强烈。一个爱国,团结,和谐的时代正在慢慢走来。

1986 年的春晚对西方和港台歌曲的吸收丰富了歌曲的表达形式,不再是以单调的传统歌曲为主,而是走在兼容并包的路上。如香港歌手张德兰演唱的《春光美》和《祝福歌》,又如蒋大为唱给海峡同胞的《最后一个梦》。

3. 情感直白的表达

正如由郭颂演唱的《甜透了咱心窝》中唱道"党中央哎订下了哇好政策哎哎呀,农林副啊大发展哪,庄户人再也不愁,不愁吃喝,过上了好生活,生产队里呀,粮满囤哪,社员手里有存折"字字句句都在夸颂祖国的政策。1983 年 2 月初,县委组织县、区、社三级干部工作队分赴各大队、生产队搞"家庭联产承包责任制的稳定和完善""山林分户管理"和调整农村经济政策、发展"两户一体",即:专业户、重点户、经济联合体。政治经济上的改革在该年春晚的歌曲上也有所体现。再如由殷秀梅演唱的《党啊,亲爱的妈妈》,由沈小岑演唱的《妈妈教我一支歌》都在传达着民众对中国共产党领导的赞颂和感恩之情。

细看 1985 年春晚歌词,由吕念祖用粤语演唱的《万里长城永不倒》尤为热血,"昏睡百年国人渐已醒,睁开眼吧,小心看吧,哪个愿臣虏自认,因为畏缩与忍认""岂让国土再遭践踏,这睡狮渐已醒",80 年代被称为禁锢的年代,但事实上如歌词所说国人渐已醒,祖国的领土不容侵犯,强烈的民族荣誉感,使命感在民众心中油然而生,预示着禁锢终将被打破,迎来开放的时代。再如由罗文演唱的《中国梦》,由黄锦波演唱的《龙的传人》,由董岱演唱的《长城脚下一朵小花》,由汪明荃演唱的《万里长城万里长》都在表达对祖国强烈的归属感和使命感,一个民心汇聚,众志成城,逐渐开放的时代正在慢慢走来。

1985 年的春晚,包罗万象的歌唱风格和方式切切实实地展现了时代在经历反思和纠正错误之后展现出来的包容性,时代需要在矛盾中前进,包括在一个中国不同地区之间矛盾,不同语言之间的矛盾,不同种族之间的矛盾,融汇不同文化的时代才会在取其精华去其糟粕中不断地进步。多数歌曲的背后依然展现的是对未来美好生活的向往与憧憬,期待时代的日渐进步,一个懂得文化交融的时代正在慢慢走来。

(三)文化突破(1987—1989 年春晚)

1. 蓝眼睛男孩——费翔初登春晚

1987 年是有突破性进步的一年,该年春晚的惊人之举当属央视邀请了黑头发、白皮肤、蓝眼睛的大男孩——费翔。由于历史的原因,人们对于外籍人总是带着有色眼镜,费翔作为出生在台湾的美籍华人,他的身份恰恰很好地联系了三地的关系,所以这一年的春晚为了费翔的出现可谓是煞费苦心。一首《故乡的云》撩起人们意味悠远的浓浓乡思,一首《冬天里的一把火》在他的动感舞姿下被演绎,或许在当时的时代背景下,如此狂野动感的舞姿会使他在当时民众心中非议不断,但更多的应该是唤醒民众心底的热情。

春晚此举不仅说明了人民对歌曲文化的包容度在提升,更说明了国家在改革开放中对外的包容度在提升,开启了一个新篇章,从侧面说明时代在对外的开放程度及接受程度上又有了一个质的飞跃。一个敢于尝试,敢于突破,逐步开放的时代正在向慢慢走来。

2. 歌曲纷繁多样的类型

1987 年,除去贺新年歌,革命歌曲、民族歌曲,这一时期的歌曲在吸收西方,港台等地文化的情况下,与之不断地交流和融合,使春晚歌曲不论是在类型或是风格方面都有所添彩,如同由香港歌手叶丽仪演唱的《送给你明天的太阳》《我们见面又分手》。通俗歌曲的加入丰富了这一阶段的大众音乐文化,使不同阶层,不同年龄,不同职业的人更能引起共鸣,如同 1987 年春晚由苏红演唱的《小小的我》,由徐良、王虹演唱的《血染的风采》。同时,通俗歌曲,传统歌曲也没有陨落,如毛阿敏演唱的《思念》。1988 年属龙年,作为龙的传人的中国人,特意在 1988 年春晚演唱了一首《相聚在龙年》,极具纪念意义。

还值得一提的是流行音乐在春晚歌曲中的占比逐年增多,如 1989 年春晚由潘安邦演唱的《跟着感觉走》,这是一首节奏规律、旋律轻快、形式活泼的歌曲,由银河少年电视艺术团演唱的《歌声与微笑》,这是一首孩子们用稚嫩的童声演绎的歌曲,蕴藏着的是对祖国美好的希望。

3. 歌曲自由随性的风格

1983—1988 年是大众音乐文化的第一个高潮时期,传统音乐的进步和通俗音乐的出现是这一时期的标志。

纵观这几年春晚,发现部分歌曲歌词并没有明显的时代烙印,也不像之前的歌曲带有浓厚的民族气息和情感,表现出来的音乐形式更趋于自然流露,歌词包含的内容也更趋于平常,更贴近生活,如由柳培德和李勇等演唱的《男孩》,两个男孩带着吉他,演绎男孩的别样风情,歌唱男孩的世界,也开拓了春晚歌曲的表演形式,再如由邓志乐演唱的《雨中即景》,歌词描写了人们在突然降临的大雨中慌乱的情景,歌曲欢快、幽默,深受人们的喜爱。由此可见,春晚歌曲的类型不再禁锢,而是尝试更多新的表达形式,所谓的情感表达也不再隐藏的那么深,人们对情感表达的开放度也提升了,随性、随心的音乐在这个时代中出现。

1989年春晚歌词中最值得一提的便是"爱"这个主题,在80年代的时代背景下,"爱"或许不宜大声宣传,大声说出来,但1989年春晚在选曲上大胆地邀请了韦唯,歌唱"大爱",通过歌词传达奉献精神,"只要人人都献出一点爱,世界将变成美好的人间";安冬演唱的《是你给我爱》,通过歌词传达出对世界一切美好事物的感恩之情;郭兰英演唱的《我的祖国》,"好水好山好地方",歌曲中丝毫不隐藏对祖国的热爱之情,把因祖国而骄傲和自豪的情感演绎得淋漓尽致。同时歌唱"小爱"也不在少数,张也的《采槟榔》,徐小凤(香港)的《心恋》,春晚大胆播放了虽未在现场却在庞大"港味"伴舞烘托下由香港女星徐小凤闪亮登场的录影带,一曲令人耳目一新的《心恋》和一曲幽婉低回的《明月千里寄相思》,令内地观众领略到从未有过的听觉体验与美轮美奂的视觉震撼。这些都从侧面烘托人们价值观社会观的转变,进而说明时代的进步。

综上所述,再对比80年代初期的春晚,不难看出春晚的歌曲在创作和形式上的一次次的尝试与突破,由此可见,我们可以通过春晚的歌曲来了解时代的转变。

结　语

春晚自80年代至今,都在每年除夕准时播出,历经三十多年的发展变化,不变的是它承旧迎新的作用和全国人民翘首以盼的地位,春晚歌词这一主题包含历史文化与音乐文化,歌词的撰写在一定程度上能反映出历史社会的开放度和包容度。

20世纪80年代,正值改革开放初期,一切事物都在以尝试的方式萌芽。在那个电视还未普及的年代,娱乐活动对大众生活来说屈指可数,1983年为传播文化,中国中央电视台推出春晚这一大型文化活动,无疑是那个时代的突破。不论是从捐华务实的歌词到情感饱满的歌词,还是从大陆歌手到港台歌手,亦或是从传统音乐到大众音乐,这一系列的转变都是这个时代变迁的标志。如1983年春晚由李谷一演唱的《拜年歌》中唱道"我给大家拜个年那哎嗨嗨,迎来那新春又一年呐……",1984年春晚由蒋大为等人演唱的《恭贺新禧》中唱道"祝愿中年人多奉献,祝愿老人长寿都活一百岁,祝愿港澳同胞家家乐,祝愿台湾骨肉亲人增富贵"如此直言朴实的歌词在经过时代的洗礼后套上了一层薄纱,这层薄纱使歌曲歌词变得更自信进而放开情感使之更动人心弦,这层薄纱是由这个正走在社会主义建设道路上的国家创造的,不断推进的对外开放,使中国文化与外国文化有沟通交流的机会,使时代有进步的空间。

在这不断推进发展的时代,春晚陪着这个时代一步步走来,每年的春晚会在各式各样的节目形式中追溯过去的一年,也会创新一些内容成为未来一年的潮流。正值改革开放初期的 1983 年,春晚在这么一个特殊的阶段首播即为之确立了地位,而春晚在内容上的承启作用正是人们如此关注的原因。

歌曲作为春晚舞台上必不可少的节目,一开始旨在传达民风民俗,偶有表露内心情感的歌曲被认为是"靡靡之音",随着时代的进步,包容度及开放度不断地提升,春晚舞台上出现文化交融的痕迹,加上港台歌手及歌曲的出现,唱颂了祖国,唱颂了自我,让观众了解到歌曲不光是"靡靡之音"。随之出现的便是通俗音乐多元化,它刷新了人们对音乐的认知,音乐不止只有民歌,艺术歌曲,还有通俗歌曲等多种类型,音乐的表达形式也不止只有独唱,美声等,还有联唱,摇滚等。在历年春晚中,因为歌词适宜场合的原因,相同的歌曲会被不同形式地演绎,如李谷一演唱的《难忘今宵》,在后来的春晚中被作为了固定结束歌曲。除此之外的其他 80 年代春晚歌曲,它们的流传与创新都在传达着时代的记忆和美好祝愿。

参考文献

(1)期刊文章

[1]黄易蓉.春晚记忆中的歌曲传播意义研究[J].新闻研究导刊,2016,7(1):51+53.

[2]刘杰.当代大众音乐文化在央视春晚歌曲中的体现[J].音乐创作,2012(10):128-130.

[3]文世芳.改革开放初期借鉴国外发展经验研究述评[J].甘肃理论学刊,2016(2):140-145.

[4]戴嘉枋.震荡与转型——论 80 年代改革开放前期的中国音乐[J],艺术评论,2008(12):33-39.

[5]符铭伦.中国流行音乐八、九十年代的表现及特点[J].青海师范大学民族师范学院学报,2016,27(1):35-40.

[6]石芳.20 世纪 80 年代以来我国音乐文献研究综述[J].安徽广播电视大学学报,2017(1):109-113.

[7]王韡.论 20 世纪 80 年代大陆流行音乐复苏的社会文化动因[J].当代音乐,2017(21):15-17+25.

[8]郭建民,顾娜.年年岁岁花相似 岁岁年年歌不同——改革开放 30 年央视春晚歌曲追述[J].音乐生活,2009(6):80-81.

(2)学位论文

[9]崔可.央视春晚三十年流行音乐的回顾与反思[D].哈尔滨师范大学,2013.

[10]徐伟娜.反思意识下的探索与创见—"兴城会议"中青年音乐理论家座谈会研究[D].南京艺术学院,2013.

(3)报纸文章

[11]张冠宇.央视春晚:30 年歌曲的风行与流变[N].吉林日报,2012-2-9(016).

九十年代春晚歌词文化意蕴分析

寿钰丹

摘　要:本文主要对九十年代春晚流行歌曲歌词的文化意蕴进行分析,以"思乡和怀旧情怀的思想寄托"和"关注人性及抒发个人情感"两个主题为切入点,从多个角度探究九十年代春晚歌词的共性与个性,并解析歌词背后所反映的九十年代人们的思想情怀和生活状态。将春晚歌词和时代背景联系起来,由歌词本身挖掘时代的特征。同时,提高人们对于春晚文化的认知,并继承和发展具有中国特色的春晚文化。

关键词:春晚歌词;怀旧;思乡;爱情;文化意蕴

引　言

　　春节联欢晚会简称春晚,从 1983 年第一届春晚开办至今,已经有了 30 多年的历史。春晚作为中国规模最为盛大的联欢晚会,在中国当代历史上有着不可替代的重要地位。它不仅仅是华人除旧迎新的一种形式,更是每一年中国的发展变化和年代精神在舞台上的呈现。它以歌舞、戏曲、小品、相声、杂技等各种形式的表演为基础,由最受欢迎的演员和歌者经过不断排练最终给全球华人呈现出独一无二的文化与视觉的盛宴。

　　而歌曲作为春晚当中必不可少的一种表演形式,带给观众的不仅仅是听觉上的享受,还有歌词本身所蕴含的文化意蕴带给人们的文化熏陶,并随着人们的传唱渗透到生活的点点滴滴中。历届春晚的歌词都有其独特的意蕴以及浓重的时代气息,反映出每个时代社会的整体风貌。而九十年代是中国社会全面转型的时期,整个社会以追求经济的高速发展为中心,生活节奏不断加快,人们为了更美好的生活而不断努力,从而在一定程度上忽视了个人的内心情感变化与人性的发展。因而在这样的社会大背景下,春晚的歌曲歌词内容除了"歌颂祖国与民族精神"与"欢庆除夕,喜迎新春"两个传统主题外,新增了"怀旧与思乡情怀"和"关注个人及抒发个人情感"两个主题。这两个新增的主题把生活的重心从一味地追求经济发展转移到个人情感关注和抒发当中,引起了极大的反响,也成了九十年代春晚歌词较为显著的两大主题。歌曲成了人们在工作之余抒发个人内心情感的一大途径。而出现在春晚的歌曲必定是最能代表时代风貌和人们的精神状态的。因此研究九十年代春晚歌词的文化意蕴有利于我们从歌曲中挖掘时代的特征以及春晚文化的独特魅力,更有利于借鉴并传承中国独有的春晚文化。九十年代是中国历史上一个巨大的转折,无论是从政治,经济还是文化的层面上来说,中国都在经历着变化。这种变化体现在社会的每一个层面中,包括春晚歌词。而在这十年间的春晚当中,每一年的春晚歌词都呈现出其显著的共性与独特的个性。

一、思乡与怀旧情怀的情感寄托

九十年代历届春晚的歌词当中,以"思念家乡与亲人""回忆童年与过往"为主题的歌曲层出不穷。而这也体现了在追求经济快速发展的社会大背景下,人们为追求更好的发展而背井离乡,与亲人分别的现象。游子久居异国他乡,不免常常会思念家乡,怀念过往。久而久之,这种情感在大众之间形成了共鸣。这种共鸣存在于生活的点点滴滴中,通过歌曲呈现在春节这个万家团聚的时刻而愈发明显。歌词词义简单美好,朗朗上口是这类歌曲的共性。而不同身份、不同视角以及不同的家乡背景则是这类歌曲独特的个性所在。

(一)不同视角下的游子思乡

"乡书何处达?归雁洛阳边。"①大雁南飞,自古以来常被人们赋予思乡的情怀。尤其是身在异国他乡的游子,见大雁南飞则思乡情更浓。大雁南飞的意象不仅仅只出现在古诗词当中,在现代歌曲中也常常被用作抒发思乡之情的象征。例如,1990 年的春晚上,一首《大雁的故乡》以广阔的草原为家乡背景,以大雁为情感寄托,塑造了一个身在他乡,偶然间看见飞向远方的大雁而引发思乡情怀的游子。一句"美丽的草原/我的家乡/我要早日回到你身旁"更是融合游子有家难回但又极度渴望回到美丽家乡的情感。《前门情思大碗茶》是 1990 年春晚另外一首以故乡为主题的歌曲。与前一首歌不同的是,这首歌以爷爷的小时候为切入点,先是描写了爷爷小时候朴素的生活,之后回归到自己的视角,写自己海外归来后见到故乡的红墙碧瓦,喝上一口大碗茶仿佛回到了从前。歌词的最后一句"世上的饮料有千百种/也许它最廉价/可为什么/为什么/为什么它最醇厚的香味儿/直传到天涯"则借对大碗茶的想念道出游子归国之前对远在天涯的家乡的深切思念以及归来后的喜悦。歌词以叙写故事的方式,从"爷爷"和"我"两个视角出发,将作者的"童心"与"思念"融入歌中。可贵的是那一碗大碗茶以及不忘故乡与童年的真情。也正是这一种真情,融入在歌词当中,使原本无形的情感变得有形,能让游子的思念传送回故乡。除此之外,1991 年的《鲁冰花》和 1993 年的《妈妈怀里的歌》则以思念母亲为主线,展现了游子对于故乡和亲人源自内心深处的思念和热爱。《鲁冰花》歌词的后半部分"当手中握妆华/心情却变得荒芜/才发现世上一切都会变卦……"则塑造了一位待嫁女郎的形象。她回顾青春,感叹时光飞逝,自己对于母亲的感恩与思念也就更深了一层。《妈妈怀里的歌》把月亮比作母亲,把星星比作兄弟姐妹,展现了作者对于母亲的依恋和回归大家

---

① 出自《次北固山下》(王湾)"客路青山外,行舟绿水前。潮平两岸阔,风正一帆悬。海日生残夜,江春入旧年。乡书何处达?归雁洛阳边。"

庭的渴望。这两首歌曲虽歌词内容不同,但是对于母亲和故土的思念是一样的。人们对于生活的追求在不断地提高,但是对于情感的归属却始终是始于生地,归于故土。无论外界的环境如何变化,人最本能的情感是不会变的。而这种最本能的情感一定是和母亲有关,与血缘有关。另外,在九十年代的历届春晚上,还出现了一些以军人为主题的游子思乡的歌曲。例如1995年的《骨肉情》和1999年的《在那桃花盛开的地方》《十五的月亮》。以除夕夜万家团聚为背景,从母亲和当兵的孩子的双重视角出发的《骨肉情》;以中秋节团圆之夜为背景的《十五的月亮》;以故乡美丽的风景为背景的《在那桃花盛开的地方》,这三首歌虽以不同内容为视角,但都展现了军人对于家乡和亲人的想念。同时又因为身负重任不能回家团聚而产生了些许苦闷心情。值得一提的是,《骨肉情》和《在那桃花盛开的地方》这两首歌的词尾笔锋一转,将苦闷的心情转化为愿为祖国与家乡的美好明天而继续驻守边疆的坚定信念。思乡恋土但深知保卫国家责任的重大,所以只能将儿女情长深深地安放在心中或是通过歌曲传达出来。九十年代的中国,正处于政治和经济发展的重要阶段。而唯有一个和平稳定的环境才能保证国家的快速发展,在这样的条件下,驻边战士显得尤为重要。以军人为视角的春晚歌曲,不仅仅寄托了军人们的思乡之情,也表达了人们对于军人的敬畏之心。

思念故乡,便谨记故乡的一切。1991年《我热爱的故乡》以描写家乡的贫瘠为视角,展现了"游子"作为一个特殊的身份,身在异国他乡,内心深处不仅仅只有对家乡和亲人的怀念,还有为改变家乡现状而努力奋斗的决心,而正是这决心所在,使游子归乡的步伐变得沉重,也使思乡情怀更加深沉。这种情怀在高速发展的社会的压力下,往往无处释放,压在年轻群体的心头,不能释怀。而此时,歌词恰好成了载体。这些饱含思想情的歌曲在春晚这个舞台上得以传唱,让游子的思乡情怀有了寄托,也有了归处。在国家的蓬勃发展的过程中,游子的思想感情也发生了微妙的变化,这种变化体现在自我价值的实现当中。从一开始的寻求个人生活的提升到为家乡祖国的发展而奋斗。这种勇气和决心隐藏在歌词当中,字字铿锵,句句真情。

除夕是个合家团圆的日子,春晚的出现让这个团圆的日子变得更加温馨欢乐。九十年代的春晚晚会,以游子思乡为主题的歌曲让那些无法回家团圆的人们用歌声传递思念,从而使这个春晚变得更加深重,更能让人铭记于心。每一个时代都会催生许多背井离乡的游子,春晚歌词中所展现的游子只是一部分,一些典型,但他们最能代表九十年代社会群体的集中思想。因为在他们身后有千千万万个家庭,千万个家庭才组成了不断发展的中国。所以,九十年代的春晚歌词中的游子思乡,其实展现的是整个中国在高速发展下的缩影。

(二)怀旧情怀中的人生思考

怀旧指怀古,怀念旧友。凡是怀旧者自己经历过并从情感上肯定的事件,人物,场景都可能成为怀念的内容。九十年代是怀旧情怀最为深重的一个年代。这种情怀以各种形式存在于人们生活的各个角落,也幽居在人们的内心。随着社会的发展,这种情怀变得越来越明显。在春晚的舞台上,也出现了不少带有浓重怀旧情怀的歌曲。例如,1991年一首《再回首》在春晚的舞台上唱响,并在春晚之后引起了翻唱的热潮。歌名《再回首》,顾名思义,即回顾往事的意思。"再回首/背影已远走/再回首/泪眼朦胧/留下你的祝福/寒夜里温暖我"回望往事,泪眼朦胧。"我"对于前尘往事不轻易想起,一旦想起,便直达内心深处,情感与眼泪并流。歌词的结尾,是作者对于迷茫人生的自我审问。在反复追问后,明白平淡从容的人生才是最珍贵也是最难得的。1991年春晚的另外一首歌《水中花》,同样以感慨人生往事为主题,抒发了作者想要留住过往却无力于往事随风的无奈与茫然。犹如水中花,看得见,却抓不住。

《走进我的梦幻童年》《竹马沙沙》《长大后我成了你》是九十年代春晚歌曲中体现以怀念童年为怀旧情感主线最具代表性的三首歌曲。前两首歌曲,歌词以简单地追忆童年趣事为主,表达了作者对美好童年的无比怀念和年轻岁月一去不复返的感伤。后一首《长大后我成了你》则以孩童的角度叙述了小时候在"我"眼中的你的形象,或许是神秘的,或许是神气的。而随着时间的变化,"我"成了"你"。这个"你"可能是老师,也可能是母亲。童年的我们,身上没有重任,只有童趣,但是长大以后,渐渐明白了生命的真理,需要承受的东西也就越来越多。这首歌以独特的角度,展现了"我"对于童年美好时光的怀念以及对现实生活辛酸苦辣的感叹。

一生中最难忘的,除了童年,还有校园时光。大学是青年人成长的地方,是人生的一个渡口。而大学生经由大学通往社会,在面对社会上复杂的情感时,单纯美好的校园爱情便成了他们怀念过去的重要理由。1995年春晚歌曲《同桌的你》和1997年的《老唱片》便是两首怀念校园生活最具代表性的歌曲。这两首歌中所蕴含的怀旧情绪直接反映了作者对于高速发展的现代社会的深刻思考。歌曲《同桌的你》用简单的吉他旋律和浅白的歌词激起了许多人心底的暗涌。曾经模糊的面孔在歌声中渐渐清晰,让人们在追逐人生的道路上放缓脚步,回想起青春的点点滴滴。而歌曲《老唱片》带给人们的不仅仅是对于校园时光的怀念,还有对于人生的深刻思考。"长大以后/学会故作深沉的迷茫/在矫情的歌声中故作沧桑",这两句歌词集中表现了作者对离开校园以后独自追求梦想的感慨。"喜欢的歌还是从前的模样/却不能再找回往日纯真的模样"回忆里纯真的自我和现在世故的自己形成鲜明的对比,有梦想却又迷茫,是九十年代青年群体的真实写照。

远观九十年代,校园民谣式的流行歌曲在一众怀旧歌曲中占了大多数。而这也是《同桌的你》和《老唱片》这两首歌曲出现在春晚舞台上的重要因素。这些歌曲在春晚过后依旧热度不减,传唱于世间。一方面是春晚这个大舞台赋予了他们更多的社会认同感,另一方面则是歌词本身带给人们一种心灵上的慰藉。

然而,人们为什么会怀旧?九十年代又为何是一个怀旧情绪颇为深重的年代?这也是春晚歌词中值得探讨的问题。怀念往事,是因为对现实生活的不满,还是仅仅只是对于往事旧友的感慨与怀念?其实并不然。从历史的河流里我们不难发现,怀旧其实是中华民族自古以来一种深重的情怀。古有缅怀帝王与诗人,今有铭记英雄与勇士。从宏观的角度讲,值得怀念的人与事一定有其存在的意义。帝王的存在,是因为他指点江山,立下丰功伟绩,曾建有不可一世的繁华。而浩如烟海的诗文便是诗人的象征。而如今,在一个和平的社会里,那些存在于生活中,利于人民,利于社会的英雄与勇士便是怀念的主要对象。转眼于微观的角度,怀念的人与事,往往能给人带来一定程度上的心灵慰藉与寄托。现实不如意,便从往事中寻求安慰。如若回望往事,发现现在更加美好,那便是一种鼓舞。九十年代是一个承前启后的时期,承前便少不了怀念。出现在春晚舞台上充满怀旧情怀的歌曲,正是快速发展的中国对于发展足迹的回顾。发展越快,也就越能令人忍不住回过头看来时的路。

二、关注人性及抒发个人情感

关注人性,抒发个人情感是九十年代春晚歌曲歌词所体现出来的另一大主题。在这个主题下,借用歌词寄托对未来生活的希望,诉说和憧憬美好爱情成了这个时代春晚歌曲的两大特征。这两大特征贯穿于春晚歌词之中,并呈现出一定的阶段性。1990年至1992年是春晚歌词呈现的第一阶段。该阶段的歌词内容主要以排遣心中苦闷与惆怅,寄托对未来生活的希望为主。1993年开始,春晚歌曲歌词突破传统方式转而以叙述爱情故事为主,并在九十年代末,人们对于爱情的开放程度达到了高潮。除此之外,一些展现军人战士对于家国大业的满腔抱负的军歌的出现又是九十年代春晚歌曲的一大特色。

(一)生活重任下人性的显示

二十世纪九十年代是个承前启后的年代。一方面是社会经济高速发展的起步阶段,另一方面经济推动文化的发展并从而在一定程度上使歌曲创作进入了一个空前繁盛的阶段。此时的歌词内容逐渐从八十年代的集体情怀向九十年代的个人情感转变。从歌词所呈现出1990至1992的第一阶段来看,该阶段歌词内容主要分为两方面。一方面是高速运转的社会背景下人们被生活压迫的惆怅与苦闷,另一方面则是对未来新生活新目标的希望与憧憬。其中,在1990年的春晚上便出现了四首感慨过去与寄托新希望并存的歌曲。以《自己的天空》和《走在大街上》这两首歌为例,虽然歌词中有不少"烦恼""遗憾""疑惑"等词语,但是坚定信念奔向新目标以及迎接新生活的自我鼓励与激进奠定了歌曲的基调。虽被生活压迫,却仍有奋力向前的勇气。这一类歌曲在九十年代初春晚的舞台上频繁出现,不仅仅是九十年代生活在社会边缘的农民工群体和都市白领内心的真实写照,更是借春晚这个大舞台以歌曲的形式鼓励奋斗在基层的青年群体。这恰好与春晚各群体相互融合的宗旨相互照应。"坚定信念/天地满是新希望/努力创造/始终能达到真善美(《献出心中的诚与爱》)"以"真善美"为目标,激励奋斗的人更加坚定信念。"不要迟疑/协力就可以成大事(《献出心中的诚与爱》)"则是呼吁大家团结协作,共同奋斗。歌曲的结尾写道"年轻的人/可托付的心"更是直接点出青年群体的重要性,并寄托了社会对于青年群体的希望。除此之外,《献出心中的诚与爱》这首歌的歌词突破了传统歌曲的形式,不仅仅是简单的寄托希望和祝愿,而是更多地将团结奋斗的精神以及推崇真善美美好品质融合为一体。这样的歌曲出现在春晚的舞台上并流传于人们的生活中,在一定程度上有利于引导社会的正向思想潮流,传播正能量,推动社会的可持续发展。

1990—1992年期间,以寄托希望为中心的歌曲频繁地出现在人们的视线当中,笔者通过分析得知,在这3场春晚之中,歌曲中关于描写人生苦闷与迷茫的内容呈现出递减的趋势,而是更多的以鼓励与呼吁为主。可见,春晚歌曲选择的转变是社会主导方向发生变化的结果。社会的持续发展,需要更多独立个体与团队的推动。因而九十年代的社会更加关注个人情感的变化,通过以歌曲的形式引导个人发展和社会的正确走向。

人性,是个人的情感体现,也是自我意识的高度集中。九十年代初春晚歌曲集中反映了在社会高压下部分人群对于未来生活的迷茫以及漂泊无依的生存状态但又拥有对理想生活和梦想的向往,并为之不断努力的决心的社会现象,并且可以从歌词中看出九十年代社会主导思潮的变化。

(二)个人爱情的直白诉说

九十年代的中国,随着社会转型的深入,改革开放取得了进一步的成果。大部分人的温饱问题得以解决。人们在追求物质生活的同时也更加注重满足个人的精神生活。而且随着经济发展,人们的思想文化得以转变,人们对于爱情不再遮遮掩掩,而是更加直白,通俗。这也是九十年代春晚舞台上流行音乐中爱情元素频繁出现的重要原因。与此同时,九十年代春晚流行音乐中的爱情歌曲由八十年代的单一的对爱情整体歌颂转变为更加注重个体对情感经历的体会。笔者通过内容和歌曲的表达方式为切入点将九十年代的春晚爱情歌曲大致分为三类:个人独白式、美好祝福式、热烈表白式。

1992年的《诉说》以第一人称为视角,以内心独白的方式将自己的感情经历缓缓道来。歌词中一字一句都充满了美好回忆。但是,越是美好,在分手之后就越伤人。整首歌以个人独白的方式,诉说了自己在分手后的伤心以及为何分手的疑惑心情。同样的,以个人独白式叙述爱情故事的歌曲还有1993年《像雾像雨又像风》、1994年的《除了你还有谁》、1995年《牵挂你的人是我》和《远方伴着你》、1997年《因为是你》。这些出现在春晚舞台上的个人独白式的爱情歌曲大同小异,曲调中带有悲伤的感情色彩,而且歌词多以第一、二人称叙写,从而表达的感情更加直接,热烈,也更能引起人们情感上的共鸣。

在九十年代的春晚歌曲中,个人独白式的爱情歌曲占了多数。而美好祝福式的爱情歌曲承袭了八十年代爱情歌曲的一贯方式,简单明了地送出爱情祝福以及抒发对美好爱情的渴望。值得一提是,与二十世纪八十年代的爱情歌曲相比,九十年代突破了传统束缚,更加直白露骨地将人们的内心情感表达出来,歌词内容大胆,表达的情感热烈奔放。从这些歌曲中我们不难发现人们的爱情观已由八十年代的含蓄隐晦、单纯笼统逐渐转变为九十年代的直白热烈,复杂具体。并且这种转变呈现出阶段性的特点,在九十年代末这种转变最为明显。例如,《女孩的心思你别猜》这首出现在1998年春晚舞台上的歌曲将人们的目光转移到一对正在热恋中的情侣身上。女孩和男孩之间的点点滴滴在歌曲的乐章中缓缓道来。我的喜怒哀乐由你而生,由此可见,年轻一代人对于爱情不再拘束,而是由心而生。这首歌,给人们展示了一种轻松自在的爱情相处方式,就像歌曲本身的旋律一样,明朗轻快。1999年春晚,来自台湾的歌手任贤齐演唱了一首《对面的女孩看过来》,节奏欢快明朗,歌词通俗易懂,大胆地表露了年轻男孩们那种需要被关注的情怀以及对爱情的向往。这首歌不同于其他爱情歌曲的地方主要表现在歌曲的内容上不再是单方面地叙述爱情故事,而是转换为一种"求爱"的方式。"求求你抛个媚眼过来/哄哄我/逗我乐开怀""寂寞男孩情窦初开/需要你给我一点爱"等歌词直接了当地表达了年轻男孩对爱情的强烈追求。同时也可以从歌词中看出,在物质生活得到一定保障的情况下,人们对于爱情的宽容度越来越高。《对面的女孩看过来》这首歌在 1999 年的春晚上一唱而红,一度成为街头巷尾男女孩传唱的经典爱情歌曲。

纵观九十年代春晚的这些爱情歌曲,不管是哪一种表达爱情的方式,都可以间接反映出整个社会思潮的变化与发展。人们不再墨守成规,随着社会的改革发展,思想的开发程度也在不断提高。

(三)保家卫国的军人情怀

军歌,每年都会准时地出现在春晚的舞台上。但与往年相比,出现在九十年代春晚的军歌不再是简单地以第三人称的大视角去歌颂和赞扬军人的不易与伟大,而是更多的从第一人称"我"的视角深度地剖析军人的内心活动。其中,1992 年的《说句心里话》开篇一句"说句心里话/我也很想家"道出了一名军人作为普通人思念亲人的情感,但"来来来既然来当兵/来来来就知责任大"又表露出作为一名军人就该扛起保家卫国的责任的心情。这首歌表达了新时期军人爱家更爱国爱人民以及舍小我成就大我的坚定立场,唱出了军人的内心和军旅生活的酸甜苦辣。同样的军歌还有 1994 年的《一二三四歌》,1995 年的《什么也不说》《咱当兵的人》《士兵小唱》,1996 年的《我们一起来唱歌》。这些歌曲在九十年代的春晚歌曲中虽然占的比例不大,但却也是春晚不可或缺的一部分。它以歌曲的形式,鼓励和赞扬保家卫国的军人和官兵,并通过春晚这个大舞台传扬了军人不畏艰苦守卫边疆忠于报效国家的精神。

出现在九十年代春晚舞台上的军歌,立于军人自身的角度,抒发了军人保家卫国,勇于奉献的思想情感。从而也从一个独特的角度说明了九十年代春晚更加注重于关注个人情感。"人性"成了春晚歌曲中的主角,人们的自我意识也在不断增强。军歌,作为军旅文化中的重要组成部分,不仅为春晚添上了一抹独特的色彩,更让许许多多的百姓从军歌中了解军队中的艰苦生活,为他们感到骄傲。在春晚过后,这些军歌依旧在千万军民间传唱,在一定程度上成了联系军民之情的纽带。军人这个特殊的身份所给于他们的是与常人不同的责任和信念。

结　语

歌词,往往是个人情感的寄居所,也是人们用以表达内心世界的重要途径。九十年代春晚歌曲是一代人的情感共现,更是时代风貌的集中体现。九十年代的社会转型,促生了人们对于物质和精神生活的双重追求。无论是思乡的游子,还是对于生活迷惘不知却又充满希望的边缘群体,亦或是勇于表达爱情的青年群体,歌曲歌词是他们共同表达内心情感的重要方式。而春晚这个大舞台,融合了社会集体共同的心理特征,抓住了时代变化发展的脚步以及人们对于春晚的认同感,借此形成了独特的歌词文化。

九十年代这十年间的春晚歌曲,以凸显人物内心为重点,通过通俗直白的歌词来表达人物的思想情感。从创作手法上看,更加注重引发观众情感上的共鸣是这一时代歌曲的共性。而每一年同类歌曲又会以不同的表现形式来体现情感的细微差别以及年代风格则是九十年代春晚歌词独具一格的个性。总而言之,九十年代春晚歌词的文化意蕴主要体现在人们对于个人情感的密切关注上。这种关注主要体现在三个方面。第一,高速运转的社会催生了庞大的背井离乡的青年群体,而他们则是促生思乡情怀的重要因素。这种思想情怀是九十年代社会思潮的重要组成部分,它所反映的是社会发展所带给个人的思想和行为上的转变。这种转变主要体现在个人价值到社会价值的升华当中。在一定程度上来说,这种转变有利于社会的和谐发展。第二,不断变化发展的社会与过去形成鲜明的对比,使人产生了浓重的怀旧情绪。这种情绪逐渐扩散到九十年代整个社会群体之中。怀念过后留下的是对现实生活以及未来的思考,在思考中重新定义过去,现在和未来。第三,九十年代的中国社会,正处于经济蓬勃发展的时期,经济推动思想文化的发展。然而整体发展的阶段难免会忽略个人情感的变化,春晚歌词的创作与选择便是一个切入点。借春晚舞台将社会关注点聚焦到组成庞大群体的个人身上,凸显个体的重要性。由此可见,个人情感汇聚成整个社会的正向思潮,并体现在了这十年的春晚歌词当中。

八十年代是春晚的开创时期,而九十年代的春晚从八十年代的变化中过渡而来,逐渐走入一个较为平稳的发展阶段,同时也是最具特色的一个阶段。本文通过对九十年代春晚歌曲歌词的分析,一方面旨在挖掘九十年代社会群体的共性以及社会发展的趋势;另一方面,面对如今春晚歌曲发展提出一些个人的建议与想法。春晚现如今已经成为了春节不可或缺的一部分,随着国内外关注度的不断提升,人们对于春晚的要求也就随之提高。纵观近些年的春晚,舞台形式多样化所带给人们视觉上的享受确实值得肯定与赞赏。但是却缺失了春晚原本的一些味道。华丽的舞台陈设以及过于追求创新和时代步伐的内容反而会造成一种情感上的空缺。另外,随着多种传播媒体的出现以及普及,歌曲种类繁多,质量却参差不齐。很多歌曲内容虽简单易懂易于传播,却缺少文化意蕴,难以长期流行,并产生更为深刻的影响。因此,笔者认为,春晚歌词的创作以及选择应该在紧跟时代发展步伐的同时增强歌词文化的多样性与传承性。春晚是个大舞台,也是一个巨大的传播媒介,只有让更多更具文化意蕴,更贴合大众心理的歌曲出现在春晚的舞台上才能让春晚的影响力更加持久化。

参考文献

(1)专著

[1]王志杰.跨入九十年代的流行歌曲[M].湖南:湖南文艺出版社,1990

[2]肖腾.92年流行歌曲精华[M].北京:中国国际广播出版社,1992

[3]付林.中国流行音乐20年[M].北京:中国文联出版社,2003

[4]武斌,韩春艳.中国流行文化三十年1978-2008[M].北京:九州出版社,2009

[5]张锦华,张燚等.中国当代流行音乐的传播与接受研究[M].北京:中国传媒大学出版社,2016

(2)期刊文章

[6]苗菁.新时期以来中国歌曲文化研究[M].北京:中国社会科学出版社,2017

[7]刘泽权,闫继苗.我国不同时代流行爱情歌曲的意识形态倾向[J].燕山大学学报(哲学社会科学版),2007(1):95-101.

[8]何俊美.中国军歌的产生与发展探析[J].美与时代(下),2012(9):49-53.

[9]刘杰.当代大众音乐文化在央视春晚歌曲中的体现[J].音乐创作,2012(10):128-130.

[10]陈辉.大众文化视野下的春晚歌曲[J].中国广播电视学刊,2013(5):42-43.

[11]符铭伦.中国流行音乐八、九十年代的表现及特点[J].青海师范大学民族师范学院学报,2016,27(1):35-40.

[12]黄易蓉.春晚记忆中的歌曲传播意义研究[J].新闻研究导刊,2016,7(01):51+53.

(3)学位论文

[13]赫红英.九十年代中国文化中的怀旧倾向[D].华南师范大学,2002

[14]李林森.当代军人军歌文化认同研究[D].厦门大学,2009

[15]张嘉薇.改革开放三十年流行音乐发展与价值变迁[D].北京交通大学,2010

[16]王东旭.改革开放三十年流行歌曲语言文化研究[D]内蒙古师范大学,2011

[17]崔可.央视春晚三十年流行音乐的回顾与反思[D].哈尔滨师范大学,2013

[18]王源正洁.文化视角下的华语流行歌曲歌词(1992-2012)研究[D].兰州大学,2013

[19]董金娜.当代流行歌曲的情爱叙事研究[D].湖南科技大学,2013

[20]张冠宇.央视春晚:30年歌曲的风行与流变[N].吉林日报,2012-2-9(16)

新世纪春晚流行音乐歌词研究

叶　群

摘　要:看春晚是当代中国家庭辞旧迎新的习俗,它的发展见证了中国社会政治、经济、文化的变迁。本文针对新世纪春晚流行音乐进行深入研究,通过对流行音乐歌词的梳理和归类,找出发展脉络及核心概念。在此基础上,本文将结合文化研究的方法,对歌词包含的意义进行解读,并分析歌词文本背后的众多价值。

关键词:春晚;流行音乐歌词;传统文化;价值

引　言

中央电视台春节联欢晚会(简称春晚)已经举办了35年,经过一代又一代人的努力,它受到越来越多的国人乃至世界的关注,并且已经发展为一个国际化的晚会。其中,春晚的构成要素——流行音乐,它扮演着非常重要的角色。

流行音乐大部分是以歌曲的形式而存在的,一首优秀的歌曲除了需要优美的韵律,还需要生动的歌词。而歌词是一种文学创作,需要语言为基础的,所以它具有文学性,然而歌词与一般文学作品又不相同,乔羽(2000)认为:"音乐严格地制约着它的歌词,使歌词这种文学体裁区别于其他文学体裁。"

新世纪以来,流行音乐已经发展成现代中国艺术最受关注、最活跃的部分,它的兴起和被认同,使得流行音乐具有独特的中国风格。正如刘铨(2005)所说"这使我们自觉地产生了民族的归属感,也带动了民族自豪感"。本文以新世纪春晚流行音乐歌词为研究对象,分析其反映出的社会、政治、经济、文化等的特点,从而可以看出新世纪以来,中国发生的变化以及意义。

一、新世纪春晚流行音乐的发展历程

（一）春晚的定义

春晚有广义和狭义两个解释角度。广义上来讲,春晚是指全国范围内各种春节晚会,包括中央电视台举办的春节联欢晚会,其他台制作的晚会等。狭义上来说,春晚是指在除夕之夜,中央电视台举办的春节联欢晚会。《广播电视辞典》中这样解释春晚:"春节联欢晚会是由中央电视台举办的大型综合文艺晚会其中之一,创办于 1978 年,1983 年开始改成现场直播,在每年除夕之夜播出。"本文所指的春晚是中央电视台春节联欢晚会。

（二）流行音乐的发展历程

1. 流行音乐的定义

黄会林(1998)认为:"流行音乐是一种大众文化现象,它是在一定的意识形态和社会结构中建立起来的,以商业性为目的,来满足大众需求的一种消费品。"综合借鉴前人的研究成果,我们可以得出流行音乐的定义:流行音乐是指歌词通俗易懂,具有生活性的题材、商品性的价值,并且被大家广泛传播的一种音乐艺术。

2. 新世纪春晚流行音乐的特点

21 世纪以来,春晚流行音乐经过多年的发展有了很大的进步,无论是内容还是形式,都表现出一种多样化发展的特点。首先,春晚在歌曲类型的选择上,节目组为满足不同阶层、不同文化程度的人们对春晚流行音乐的需求做了一定的努力。例如:2010 年,春晚节目组通过努力,将已经解散的小虎队重新聚齐,在春晚的舞台上再次演唱了《青苹果乐园》《爱》《蝴蝶飞啊》三首歌曲。在当时,小虎队演唱的歌曲在 80 后的心里不仅是一首歌,更是 80 后的青春。节目组这样做很好地勾起了大家的回忆与共鸣。2011 年,春晚邀请了旭日阳刚演唱歌曲《春天里》,他们真诚的演唱打动了很多网友的心,也让很多背井离乡在外打拼的农民工心里产生了共鸣。于是,节目组人员便邀请他们上春晚,目的是在春晚中设置一个能够满足农民工心理需求的流行音乐节目。2015 年春晚张俊豪演唱的《别看我只是一只羊》,2016 年春晚 TFBOYS、月亮姐姐(王淏、红果果(陈苏)、绿泡泡(耿晨晨)演唱的《幸福成长》,这些歌曲是满足儿童的心理需求。

其次,春晚在思想上更加开放化和多样化,这就使春晚中的流行音乐紧跟时代的步伐。例如:2012 年热播的电视剧《北京爱情故事》受到了追捧,几种价值观的冲突在电视中表现得淋漓尽致。于是在 2013 年,春晚节目组邀请了这部电视剧的主角之一李晨和歌曲原唱侃侃共同演唱电视剧主题曲《滴答滴》。2013 年的热门电影《人在囧途2》让主演黄渤火了一把,黄渤从出道开始,他的农名工形象就深入人心,于是在 2014 年,春晚节目组邀请了黄渤参加春晚,他演唱了歌曲《我的要求不算高》。在演唱时,黄渤穿着一身蓝色制服,象征着普通的工人阶层,他唱着:"养老生病不差钱,食品安全吃得放心,这就是我的中国梦,它很简单也很容易懂。"每一句都唱出了人们心中简单的梦想。2015 年,《小苹果》迅速爆红,流传于大街小巷。与此同时,《最炫民族风》已成为广场舞爱好者的背影音乐。于是在当年的春晚,筷子兄弟和凤凰传奇将他们的两首"神曲"完美地结合在一起,共同演唱《最炫小苹果》,受到了观众的认可。

以上这些充分反映了春晚在流行音乐的选择上更加开放和多样化,这是这一时期春晚流行音乐的显著特点。

二、新世纪春晚流行音乐歌词的社会现实和美好理想

新世纪以来,每一届春晚演唱的歌曲都在二十首以上,由此可见,流行音乐在春晚中占有十分重要的地位。苏宁娜(2009)提出,"春晚具有传播政治文化、维持政治稳定、塑造国家形象的功能。"而流行音乐作为春晚的重要组成部分,自然也具有以上功能。

深入剖析流行音乐的歌词,可以发现这些歌词反映出一种社会现实和美好理想。具体分为:歌颂祖国和美好生活,促进祖国统一、民族团结,反映社会现实日常,加快国际化步伐。

(一)歌颂祖国和美好生活

1983 年第一届春晚,李谷一作为第一个登上春晚的流行音乐歌手,这标志着大家对流行音乐的认可。经过一年又一年的发展,歌颂祖国和美好生活成为春晚流行音乐的重要思想,例如:2001 年春晚宋祖英演唱《越来越好》"假期多了收入高了,工作越来越好;天更蓝了水更清了,环境越来越好"。从中可以看出祖国的政策在不断完善,人们的生活水平不断提高,环保意识也逐渐增强。2002 年春晚祖海演唱《我家在中国》"我家有长江黄河,我家有万里长城,我家人勤劳淳朴,我家里欢乐祥和"。这首歌不仅展示了祖国的大好江河,而且赞扬了中国人勤劳淳朴的优秀品质。2005 年春晚张燕演唱《好消息》"父母有好身体,儿女有好成绩,街坊四邻安居乐业,万事都如意"。家人健康、和睦就是最大的幸福。2010 年春晚,维吾尔族儿童演唱的歌曲《幸福生活亚克西》"如今国家给了帮扶款呀,抗震的好房子平地起,党中央的政策亚克西"。维吾尔族人民有了国家下拨的帮扶款,减轻了不少经济压力,才能建造坚固的房子,所以,他们感谢祖国,赞扬祖国的好政策。2016 年春晚雷佳演唱《多想对你说》:"小康路宽阔,盛世开太平,奋斗的脚步,幸福我们的生活"。正是因为改革开放,才有如今的小康社会,只有努力奋斗,才能让生活更幸福。

在这些流行音乐中,幸福感和自我满足感被赋予了深刻的内涵,它们都体现出了繁荣昌盛、和谐稳定,以此来歌颂祖国和美好生活。

(二)促进祖国统一、民族团结

1984 年春晚首次提出"爱国、团结、统一"的原则目标,从这年开始,每一届春晚都具备当年的重大政治内容,可以概括为:促进祖国统一、民族团结。

　　几乎每一届春晚都有港澳台流行音乐歌手的身影,如:2002 年春晚王力宏(美籍华人)演唱《美丽新世界》"亲情是守护,友情是支柱,人人都需要搀扶,彼此都需要帮助"。这首歌体现了亲情、友情的重要性,彼此相互帮助才能创造一个和谐社会。2004 年春晚周杰伦(台湾)演唱《龙拳》"渴望着血脉相通,无限个千万弟兄"。台湾是中国的一部分,是不可分割的重要领土,千万弟兄血脉相通,正是大陆和台湾的真实写照。2006 年春晚谢霆锋(香港)、李菲(澳门)、庾澄庆(台湾)共同演唱《百家姓》"同根同脉是汉唐,同祖同宗是炎黄,香火鼎盛我华夏之邦"。2016 年春晚,林心如(台湾)、梁咏琪(香港)演唱《山水中国美》"因为我很美,我是中国山水,我愿我们,总在你周围"。这些歌曲都是经过精心挑选的,有的歌词反映了对祖国的歌颂,有的歌词体现了对故乡的思念,还有的歌词是渴望祖国统一。春晚邀请港澳台流行音乐歌手上台演唱,不仅表示对港澳台的重视,而且这对于歌手来说,是一种肯定和认可。随着时代的发展,越来越多的年轻人喜爱港澳台歌手,"港澳台歌手在内地的文化是饶有意味的,他们在青少年当中拥有非常高的人气,他们出现在电视屏幕上是获得收视率的重要保证"。很多因素促成了港澳台的流行音乐高频率地出现在春晚的舞台上,这具有一定的政治意义。

　　民族和国家一直都是春晚的重要主题之一,并且每年春晚都会有各民族联唱的节目。例如:2001 年春晚维吾尔族、藏族、蒙族、高山族纷纷献歌,"民族复兴,家道昌盛,勤劳的人民心想事成""不变的情像旭日升,爱人的心是天上的星"。2007 年春晚由藏族、朝鲜族、彝族、维吾尔族、蒙古族、苗族带来歌曲《民族情歌舞联唱》,歌词:"祝你健康长寿,呀啦嗦,祝你吉祥如意,嘿。""为了友谊长久,为了健康长寿,让我们甩开心里的彩绸,祝福前程锦绣。""我的祝福,一杯美酒,朋友请你把它接受。"众所周知,我国是一个统一的多民族国家,始终坚持各个民族平等团结。在这些歌词中,反映出了少数名族对祖国人民最美好的祝愿,流露出对社会稳定、家道昌盛的赞美。这也是"整个文艺以人为本,以情为根的全新时期"的真实写照。

(三)反映社会现实日常

　　几乎每年春晚都会对当年重要的新闻人物和重大事件进行回顾,以此来突出某些社会热点问题。这在春晚流行音乐的歌词中有明显的体现。

　　2001 年进入新世纪,对外开放进入一个新阶段。2002 年春晚孙楠、戴玉强共同演唱歌曲《相会在北京时间》"新世纪的舞蹈在明日里飞旋"。2003 年春晚江涛、陈小涛、亚民演唱歌曲《老前辈》"赶上了新世纪经过了旧社会"。以上歌词均体现了祖国进入新世纪这一事实,字里行间流露出对新世纪的期待和美好祝愿。

　　2008 年 1 月,中国南部地区发生雪灾,影响了人们的正常生活,造成了巨大的经济损失。在当年的春晚上出现歌曲《大雪无情人有情》,歌词:"大雪无情人有情,万众一心连着中南海,天寒地冻民心暖,风雪过后又是艳阳百花开。"自然灾害是无情的,但是因为众志成城,彰显了中国的力量。

　　2008 年 5 月,四川省汶川县发生了大地震,全国人民万众一心。在 2009 年春晚,一首抗震歌曲《天地吉祥》震撼人心,歌词写道:"天地吉祥,唵嘛呢叭咪吽,天地吉祥,人和睦幸福常相伴。"另外,歌曲《站起来》"站起来,我的爱拥抱大海,超越不只是现在,跑过的精彩依然在"。字字句句满含对灾区人民的鼓励与祝福。同年 8 月北京奥运会成功举办,于是在当年春晚中出现了很多关于奥运的歌曲。例如:《中华全家福》的歌词:"新北京就要开新的奥运会儿,龙的传人最有精气神儿。"歌曲《同一个梦想》唱道:"奥林匹克,我对你讲,你是阳光,阳光洒在我身上,你在记忆中把我眼睛点亮。"北京奥运会可以说是所有奥运会中最好的一届奥运会,它不仅提高了中国的国际影响力,而且增强了社会的凝集力,使中国更加自信,更加进步。

2016 年春晚,一首《春到福来》概括了 2015 年发生的重大事件,歌词是这样写的:"四个全面,战略布局,五大理念引领发展未来。九三阅兵,威武震撼,一带一路蓝图无限精彩,人民币入了篮进入了前排。青蒿素方剂,中医学瑰宝,屠呦呦登上了诺贝尔奖台。"2015 年中共十八届五中全会提出创新、开放、协调、共享、绿色五大发展理念,绘制了全面建成小康社会的宏伟蓝图。2015 年是我国抗日战争胜利 70 周年,9 月 3 日在北京天安门广场隆重举行了阅兵仪式,震撼了每一位中国人,同时,也向世界展示了我国强大的实力。2015 年,屠呦呦发现了青蒿素,因此获得了诺贝尔科学奖,她是第一位获得诺贝尔科学奖的中国科学家,此事件引起了全国人的关注和赞扬。

正如许自强(2000)所说:"歌词主要属于语言艺术,是通过语言变现出来。"春晚流行歌曲,它展示的是中国一年的生活总结,在这一年里有重要的新闻人物和重大的事件,把它们写进歌词进行回顾,不仅让大家回忆过往,而且激发了大家对未来的憧憬。

(四)加快国际化步伐

随着中国国际地位的提高,春晚已经成为一个国际化的舞台。它所面向的观众不仅是中国人,也是全世界的人民。正如 Xie Yifeng(2010)提出"随着经济全球化的发展,大量国人走出国门,春晚应该拓展更多的国际平台,让海外同胞也能轻松看春晚。"因此,春晚应该提升自身的质量,寻找更广阔的平台,让更多的海外同胞一起来看春晚。近几年来,春晚在节目的选择上已经开始注意这个问题。例如:2002 年春晚,由解小东、孙燕姿演唱的歌曲《与世界联网》"想用长江的波浪亲吻撒哈拉的流沙,想用长城的青砖连接埃菲尔的铁塔,与世界联网,东方有如梦的书法,与世界联网,西方有似神的油画"。在当时,互联网发展十分迅速,中国与其他国家的交流也日益频繁,这首歌向大众传达了中国需要走向世界,开展对外文化交流的理念。

2004 年春晚,沙宝亮演唱歌曲《唐人街》"走在异乡的大道上,正是霓虹灿烂,儿时爆竹声浮现。Chinatown 里绸缎多美,霓虹更加耀眼"。在除夕团圆夜,有很多的海外同胞无法回家过年,他们思念家乡和亲人,但在春晚中那种喜气团圆的氛围,让他们有一种仿佛回到了故乡的感觉,以此得到慰藉。

2010 年春晚由解晓东、蔡国庆等演唱的歌曲《拍拍拍》,开头歌词是英文:"shooting, shooting, Let's pai a photo, everybody artista."在春晚的舞台上演唱英文,说明了大家对英语的重视,英语不再是陌生的、遥远的,而是存在于大家身边。侧面也反映出春晚的国际化趋势。

2013 年春晚,节目组邀请了李谷一和来自澳大利亚、肯尼亚、美国等国家的留学生来共同演唱最后的谢幕歌曲《难忘今宵》,在春晚的舞台上出现外国人的身影,体现了春晚不仅仅属于我国独有的晚会,而是开放的,属于世界的中国制造的晚会,这充分体现了春晚的国际化发展趋势。

春晚已经成为中国的一个象征,它在塑造国家形象,提高国家软实力等方面具有十分重要的意义。它是一场艺术的盛宴,并且越来越国际化,这也是中国实力增强,国际地位上升的结果。

三、新世纪春晚流行音乐歌词的文化解读

中国自古以来就是一个文化大国,春晚是对中国传统文化的继承与发扬,它不仅是一台文艺类型的晚会,更是中华文化的标志。歌词是音乐的重要构成元素之一,它是一门以语言为基础的文学创作模式,是一种音乐文学作品。它"与理性有着联系,因为它必须用文字来获得外形"。因而,歌词具备文学的本质。

(一)弘扬中国传统文化

春晚是中国最隆重的晚会,从文化角度来看,春晚已经成为一个典型的文化现象。春晚中的流行音乐应该在跟随时代潮流的同时,更加注重弘扬中国的传统文化。在这一点上,春晚中的流行音乐已经做出了一定的努力。

1. 孝文化

"孝道"一直是中国传统文化教育的核心。《说文解字》是这样解释孝:"善事父母者,从老省,从子,子承老也。"即:孝,就是好好善待自己父母的人,从老一辈做起,到你这辈还是这么做,子女继承老一辈的孝心代代相传。孝是人人推崇的良好品德,在春晚的舞台上自然是少不了的。例如,2004 年春晚歌曲《天下父母心》歌词:"受了多少累,吃了多少苦,你们为抚养儿女遭了多少罪,皱纹添了不会再消退,头发白了不会再变黑。"父母含辛茹苦抚养子女,这是不求回报的无私的爱,最感动就是天下父母心,这首歌的目的在于呼吁子女们常回家看看,多陪陪家人。

2007 年春晚歌曲《孝敬父母》歌词是这样写的"孝心是祝福,孝顺是疼爱,孝敬就是帮父母忙忙家务下下厨。孝敬父母,常把爱当做儿女的礼物"。随着时代的改变,孝文化的范围和方式也会不断变化,但不变的是孝文化作为构建和谐社会的一个重要要素,是中华民族的传统美德。

2. 戏剧文化

2004 年春晚,陈小涛、耿为华、刘和刚共同演绎歌曲《变脸》,展示了中国传统文化——川剧变脸,川剧变脸是统戏曲剧种之一,它揭示了剧中人物的内心情感变化,是川剧艺人共同创造并传承下来的瑰宝,是中华民族的艺术精华、传统文化。"脑壳一转,面孔说变就变,眼睛一眨,不过瞬息之间,反复锤炼,技巧不断发展,根深久远,老辈子代代相传。"这首歌曲通过流行音乐的形式,向大家传达了中国戏剧文化的魅力。

3. 语言文化

2011 年春晚周杰伦与林志玲共同演绎歌曲《兰亭序》,歌词是:"兰亭临帖,行书如行

云流水。悬笔一绝,那岸边浪千叠。"歌词写得非常唯美,深深地打动了听众的心。众所周知,《兰亭序》是东晋时期著名书法家王羲之的著作,被誉为"天下第一行书"。《兰亭序》的价值,不仅体现在精妙的笔墨技巧上,而且体现在文化与情感表达的深刻性上。这首歌曲通过流行音乐的形式,向大家传达了中国书法的魅力。

2015年春晚歌曲《中华好儿孙》歌词是这样写的:"爷爷在移山,奶奶在磨杵,奔跑的夸父,日行两万五,精卫衔石来,女娲把天补。是谁卧薪尝胆,吃的是苦中苦。是谁十载寒窗,头悬梁锥刺股。"这首歌写了愚公移山、磨杵成针、夸父追日、精卫填海、女娲补天、卧薪尝胆、悬梁刺股这几个寓言故事和神话故事,每一个故事都告诉我们一个道理,春晚将这些故事以流行音乐的形式演绎出来,不仅是让大家能更好地记住它们,而且反映出了传统文化的重要性。这种以流行音乐的形式,表达中国传统文化内涵是春晚中的流行音乐应该走的发展之路。

陈佳丽(2010)认为:"春晚将文化价值与民族认同感相结合,这体现了中国文化的核心价值观。"另外,春晚不仅展示了我国的传统文化,还引领当年的流行文化。春晚中的部分歌曲在晚会后迅速流行,红遍全国,如2008年春晚歌曲《青花瓷》,2011年春晚歌曲《春天里》,2014年春晚歌曲《时间都去哪儿了》等等。

(二)发扬军旅文化

2007年春晚歌曲《我爱这蓝色的海洋》歌词"严阵以待,紧握钢枪,我守卫在海防线上,保卫着祖国无尚荣光"。2014年春晚歌曲《英雄赞歌》歌词"人民战士驱虎豹,舍生忘死保和平,为什么大地春常在,英雄的生命开鲜花"。2015年春晚阎维文演唱的歌曲《强军战歌》是这样写的"将士们,听党指挥,能打胜仗作风优良。不惧强敌,敢较量,为祖国决胜疆场"。2016年春晚歌曲《铁血忠诚》歌词"为正义,为和平,不怕流血牺牲。为祖国,为人民,强军梦想神圣。将军和士兵昂首挺胸,目光闪烁着英雄血性"。从这些歌曲中可以感受到军人的责任与担当,保护祖国是一件非常光荣、神圣的事,是一种民族自豪感的体现。同时,也赞扬了中国军人的坚强勇敢、吃苦耐劳、敢于奉献的优秀品质。

(三)建构国家意识形态

春晚是中国人的狂欢盛宴,然而它有另一种更高的追求:通过狂欢来达到全球华人的文化和心理认同。近几年,春晚都是在央视频道、中文国际频道等多个频道一起直播的,这一种行为将全球华人凝聚在一起。春晚开始时,各个主持人用宏亮的声音宣布"中国中央电视台春节联欢晚会现在开始","中国中央电视台"被主持人一再强调,显得更加隆重,更加中国化。从某种意义上来说,春晚具有一种凝聚精神的作用,由此达到凝聚社会力量的作用。

经过长期的发展,春晚的文化意义已经上升到了一定的高度,它具有一种民族主义的国家意识形态。郑永年(2016)曾说:"对任何政党来说,它的意识形态和组织是不可分割的部分。意识形态代表的是软实力,而组织代表的是硬实力。"所以,中国共产党领导下的新中国非常注重国家意识形态,而春晚是一个向世界展示我们文化进步,是打造中国国家形象,展示实力的最佳平台。同时,春晚拉近了世界各地华人的距离,全球华人被共同"聚集"于春晚中,为国家而自豪。

四、新世纪春晚中流行音乐歌词的经济社会元素

21 世纪以来,中国的经济发展迅速,并取得举世瞩目的好成绩。随着电脑的问世,互联网迎来了它的全盛时代。互联网时代改变了我们的思维方式,为我们的生活带来了很多深刻的影响。"流行文化几乎等同于消费文化,成为商业发展的主要方式。"而在春晚中存在很多经济社会元素,具体做以下分析。

2001 年春晚,由青春美少女组合、神秘男孩组合合唱的歌曲《网络时代》中写道:"Internet 变幻,你我领先。和我一起飞向新纪元,我们就会成为网络战士,保卫网络空间。"这正是互联网迅速发展的真实写照,由此可见中国进入新世纪以后,互联网发展十分迅速,与大家的生活息息相关。

2002 年春晚歌曲《与世界联网》的歌词"与世界联网,西方有人造的神话,东方有天成的风华"。这充分体现了互联网的重要性,互联网不仅拓宽了大家的视野,让大家知道世界各地的文化、地理等等知识,而且拉近了中国与世界的距离。

2004 年青藏铁路开通运营,青藏铁路是西藏第一条铁路,它被人们誉为"天路"。西藏的海拔非常高,气候环境恶劣,修建铁路是一件非常困难的事,但是经过大家的努力,青藏铁路成功修建了,这具有非常重要的意义,不仅拉近了西藏与祖国内地的联系,而且拉动了青藏的经济发展。于是在 2005 年春晚,韩红演唱歌曲《天路》,"黄昏我站在高高的山岗,看那铁路修到我家乡,一条条巨龙翻山越岭,为雪域高原送来安康"。歌词中把铁路形容成巨龙,写出了铁路非常长,也写出了青藏铁路对于西藏人民的重要性。

2010 年春晚歌曲《幸福生活亚克西》的歌词:"如今国家免去了农业税,阳光照在了心头里。"从 2006 年起,我国全面取消了农业税,这是对农民的一种解放,也意味着中国的经济结构在不断升级,农业的比重在逐渐降低,也表明了当时的中国即使取消农业税也不会影响经济发展的脚步,也说明我国的经济在快速发展。

春晚流行音乐明显体现了中国经济的快速发展,具有重要的现实意义。

结　语

春晚歌曲是 35 年来社会发展的缩影,而它的歌词是时代变迁的证据,是大众心声的吐露,它对于社会政治、文化、经济的传播力是不容小觑的。同时,春晚是一个广阔的平台,很多在春晚的舞台上演唱过的歌曲迅速走红,例如王菲演唱的歌曲《传奇》,王铮亮演唱的歌曲《时间都去哪儿了》,等等。这些歌流传于大街小巷,很多人进行了翻唱,获得了非常高的点击率和下载量,有些歌红得成为了广场舞伴奏。由此可见,春晚的影响力是非常大的。

21 世纪的今天,随着生活水平的提高,人们的精神追求也不断提高,对春晚的要求也

越来越高,春晚作为一个具有强大影响力的晚会,它深深地影响着我们的生活。尽管每年都有很多人吐槽春晚,但是每年春晚的收视率仍然非常高,春晚对中国人来说不仅仅是一个晚会,更是我们精神的寄托,反应出了中国人的文化认同感。

在流行音乐的流传过程中,歌词扮演着十分重要的角色,它的发展以反映大众精神需求为原则,既要弘扬中国传统文化,又要走国际化道路。这种以流行音乐的形式,表达中国传统文化内涵是春晚中的流行音乐应该走的发展之路。

参考文献

(1)专著

[1]乔羽.歌词创作美学[M].北京:首都师范大学出版社,2000.

[2]赵玉明,王福顺.广播电视辞典[M].北京:中国传媒大学出版社,1999.

[3]黄会林.当代中国大众文化研究[M].北京:北京师范大学出版社,1998.

[4]周宪,刘康.中国当代传媒文化研究[M].北京:北京大学出版社,2011.

[5]晨枫.中国当代歌词史[M].桂林:漓江出版社,2002.

[6]许自强.歌词创作美学[M].北京:首都师范大学出版社,2000.

[7]刘士林.中国诗性文化[M].江苏:江苏人民出版社,1999.

[8]许慎.说文解字[M].北京:中华书局,2013.

[9]郑永年.再塑意识形态[M].北京:东方出版社,2016.

[10]高宜杨.流行文化社会学[M].北京:中国人民大学出版社,2006.

(2)学位论文

[11]刘铨.中国流行音乐的"中国风"现象研究[D].广西大学,2005.

[12]苏宁娜.央视春晚政治社会化功能分析[D].湘潭大学,2009.

[13]陈佳丽.春晚的文化解读与发展思考[D].南昌大学,2010年.

(3)外文文献

[14]Zhao Bin. Popular family television and party ideology:the Spring Festival Eve happy gathering. Media Culture Society,1998.

[15]Xie Y F. The influence and effect of Spring Festival Gala Evening in China. Philadelphia: Drexel University,2010.

思考与沉淀（下卷）

浙江越秀外国语学院中国语言文化学院

优秀毕业论文选·汉语言文学专业卷

主　编　杨　锋　任茹文

本卷主编　任茹文　姜兴鲁

郑州大学出版社

图书在版编目（CIP）数据

思考与沉淀：上、下卷／杨锋，任茹文主编. — 郑州：郑州大学出版社，
2021．6（2024.6 重印）
ISBN 978-7-5645-7815-2

Ⅰ．①思…　Ⅱ．①杨…②任…　Ⅲ．①汉语－语言学－文集②文学
研究－文集　Ⅳ．①H1-53②I0-53

中国版本图书馆 CIP 数据核字（2021）第 073603 号

思考与沉淀（下卷）

SIKAO YU CHENDIAN（XIAJUAN）

策划编辑	骆玉安	封面设计	苏永生
责任编辑	秦熹微　胡倍阁	版式设计	凌　青
责任校对	王晓鸽　孙园园	责任监制	凌　青　李瑞卿

出版发行	郑州大学出版社有限公司	地　　址	郑州市大学路 40 号（450052）
出 版 人	孙保营	网　　址	http://www.zzup.cn
经　　销	全国新华书店	发行电话	0371-66966070
印　　刷	廊坊市印艺阁数字科技有限公司		
开　　本	787 mm×1 092 mm　1／16		
总 印 张	40.5	总 字 数	961 千字
版　　次	2021 年 6 月第 1 版	印　　次	2024 年 6 月第 2 次印刷

书　　号	ISBN 978-7-5645-7815-2	总 定 价	128.00 元（上、下卷）

本书如有印装质量问题，请与本社联系调换。

前　言

    •　•　•　•　▬▬▬▬　•　•　•　•

  浙江越秀外国语学院中国语言文化学院汉语国际教育本科专业创办于 2008 年,汉语言文学本科专业创办于 2009 年。多年来,我们密切把握世界发展形势,响应"一带一路"倡议,不断深化教学改革,创新与实施"汉语+"人才培养模式,以"中外融通""线上线下"融合的"双栖"人才的培养作为两个专业人才培养的基本目标,收到了预期的效果。目前两个专业充满生机与活力,受到社会普遍的好评,均为学校的优势专业。尤其是汉语国际教育专业,2019 年 10 月被绍兴市评为重点本科专业,同年 12 月被教育部批准为省级一流专业,2021 年 2 月被教育部批准为国家级一流专业。迄今为止,全国 400 余所高校开办了汉语国际教育专业,其中被评为国家级一流专业的只有 10 余个,我们这个专业成为这 10 余个之一,是浙江省第一个国家级汉语国际教育专业。

  所谓"中外融通",就是毕业生具有中外文化的高素质,既可以在国外去任教汉语,也可以在国内任教语文或在汉语教育机构进行线上对外汉语教学。这是针对当今汉语国际教育专业面临的时代形势做出的抉择。所谓"线上线下"融合,是指汉语国际教育专业毕业生在教学技能上,既能在国外线下实体空间进行面对面的汉语教学的技能,也掌握了利用互联网线上虚拟空间进行跨境汉语教学。

  围绕"双栖"人才的培养,我们建构了"一体两翼"为内核的基本模式,确定了"汉语+"人才培养方案的基本架构,形成了汉语国际教育专业的人才培养方案改革的基本思路。所谓"一体",就是一体主导,是指确立一个主体和核心。这就是汉语中国文学与文化。我们的教学内容以汉语与中国文学与文化为主体内核,夯实毕业生的专业根基。"汉语+"就是要使汉语国际教育专业回归和确立"汉语与中国文学与文化"的主体地位,在突出语言课程的同时也强化中国文学与文化的教学。所谓"两翼",就是两翼互动,是指两种专业技能。这就是跨文化交际的外语实战能力与"互联网+"时代的教学技能。首先是强化外语教学,突出多语种表达能力的训练,鼓励学生参加"一带一路"对象国通行语言的学习,开设相关课程,举办强化培训班,提高学生跨文化交际的实战能力。其次是强化现代教学能力的培养,突出互联网线上跨境教学技能的训练。为此我们建立了跨境线上汉语教学实训中心,突出了学生线上虚拟空间的跨境汉语教学技能的训练,突显"互联网+"时代特征。

  我们从外语院校的实际出发,在改革中进行了长期而认真的探讨,并进行了长时间实践检验,最终确立了"四元融合"的课程模块和"四维协同"的实践教学体系。所谓"四元融合",就是从汉语国际教育专业人才专业素养和专业能力出发设置的四个课程模块,形成了"以汉语和中华文化课程板块为主体,以外语和跨文化交际课程板块和教育教学课程板块为支撑,以实践课程为推手"的课程体系。我们将汉语与中国文化(文学)课程作为核心课程群和专业课程体系的主体,确保中国语言文学类课程全面开设;并且在外语与跨文化交际的课程模块设置中充分发挥我校有 15 个外语语种的优势,既开设了《第二外语》课程,又开设小语种辅修专业学习,还定期开办 60 课时的泰语、阿拉伯语等小语种的强化培训班,提高学生通往"一带一路"国家的跨文化交际能力。在设置教育与现代教学技术的课程群时,除开设通常的线下教学技能的系列课程之外,还率先开出了《跨境线上汉语教学与实践》课程,又专门建立了跨境线上汉语教学实践中心,供学生训练,要求学生四年必须完成至少 20 课时的线上教学实践。

我们从教学型高校应用型专业的定位出发,构建了"四维协同"的实践教学体系,不仅线下教学实践与线上教学实践齐动,而且国内实践与国外实践协同,显示了线上实践充分,国别化实践扎实的鲜明特色。首先,做强国外国别化实习。我们先后在泰国华侨崇圣大学、川登喜大学、尖竹汶府艺术学院以及尖竹汶府 8 所中小学联盟学校,马来西亚苏丹依德理斯国立教育大学、拉曼大学,印度尼西亚的三宝龙大学和菲律宾华校协会学校等东南亚 20 余所大中小学校建立了实习基地,每年分期分批派出学生开展为期 2 个月的实习。其次,我们积极做好校内、国内的线下实践和线上实践。不仅先后在绍兴市一批中小学建立了实践基地,而且与哈兔网络中文学院、中文路、中文在线等多家互联网企业开展合作,共建线上汉语教学平台,打造了多元协同育人的实践平台。

"汉语+"人才培养方案改革,显示了很强的活力。"一体两翼四维"的模式既解决了人才培养目标滞后、课程体系陈旧、专业基础知识不扎实等问题,又解决了学生跨文化交际能力和教学实践能力弱、创新能力不强等问题,提高了毕业生的的综合素质,增强了社会适应度和市场竞争力,拓宽了就业渠道,落实了"德才兼备,道技并重"专业建设理想。"汉语+小语种和国别化"、"汉语+线上汉语教学"、"汉语+中国传统文化"、"汉语+实践"实现了人才培养模式的创新,而"四元融合"的课程模块创新了专业课程体系,实现了培养目标与课程设置无缝对接的同构效应;"四维协同"的实践体系,不仅提高了学生的跨文化交际、中华文化国际传播与汉语教学推广的能力,而且提高了学生的创新能力。近四年来,本专业学生获得全国大学生创新创业项目和浙江省新苗计划等各级课题 40 余项,在全国、全省和国际比赛中获奖 20 余项,公开发表学术论文 60 多篇,因此社会适应度和市场竞争力明显增强。考取硕士研究生的比例每年以 3% 左右的速度上升,涌现了一批颇有成就的创业者,申请汉语教师志愿者的成功率从 50% 上升到 2019 年的 100%。

本书分为上、下两卷。上卷是汉语国际教育专业卷,内容是来自汉语国际教育专业学生的优秀毕业论文。我们围绕着"留学生与汉语教学研究"和"语言文化研究"两个主题,选取了其中 16 篇有代表性的论文汇编成上卷。下卷是汉语言文学专业卷,内容是来自汉语言文学专业学生的优秀毕业论文。我们围绕"中国古代文学""中国现当代文学""外国文学与比较文学""文艺学与美学"以及"语言学"等 5 个主题,选取了其中 31 篇有代表性的论文汇编成下卷。这些论文既是浙江越秀外国语学院中国语言文化学院学生成果的一次集中展示,也是浙江越秀外国语学院中国语言文化学院一流专业与学科建设成果的具体体现。

在本书即将付梓之际,首先要感谢论文的作者和本书的几位主编老师的辛苦努力。其次也要感谢郑州大学出版社的编辑老师们,他们的专业素质、创新务实的精神令人难忘。

刘家思

2021 年 1 月 18 日

目 录

中国古代文学

中国现当代文学

外国文学与比较文学

文艺学与美学

语言学

中国古代文学

俞樾的民间祠神研究
——以《茶香室丛钞》为例

摘　要：论文以俞樾的民间祠神研究作为研究对象，以俞樾所著的《茶香室丛钞》卷十五、《茶香室续钞》卷十九、《茶香室三钞》卷十九，以及《茶香室四钞》卷二十为参考资料，将这四卷中俞樾所做的研究考证工作进行分类。先将这四卷中的祠神以及俞樾在研究时引用的文献进行分类，再将俞樾对祠神的研究工作按类型和对象进行划分总结，加以具体且形象的祠神个例分析，在此基础上，探究俞樾对民间祠神的认识和态度。

关键词：俞樾；茶香室丛钞；民间信仰；祠神

引　言

俞樾作为清末著名学者，在多个学术方面都有所涉猎。其研究主要着重于经学方面，对于诸子学派、史学、训诂学甚至于诗词歌赋书等方面均有所建树，在教育学方面也有其独特的见解，被称为朴学大师。

如今，学界把对俞樾的研究都集中于他的经学以及教育学方面，而对于他的诗词、小说作品以及笔记等其他方面缺少关注，实在是一个很大的遗憾。尤其是俞樾所著的笔记《茶香室丛钞》一书，极少有人能关注并加以研究。此书收录的内容十分丰富，包含了天文、地理、节气、墓葬、民俗、琴棋书画、风土人情等各个方面。

民间祠神信仰属于民间信仰的一种。"由于信仰是各地人民的精神纽带，当地人民在对重大事情做出决定之前，往往都要征求主宰当地的神灵的意志，于是祠庙便成为各个地域社会的中心场所。"①在中国的传统社会中，由于普通民众的信仰较为复杂，所以民间祠神信仰的概念在学界争论较多，本文采用皮庆生先生的观点，即以祠神为中心，有比较固定的活动场所、仪式和相对稳定的信众，介于官民之间的全民共享的宗教信仰活动。②民众希望能通过祠神的力量给自己以定心，是以自宋时起，民间祠神层出不穷，各地方有各自所信奉的祠神，这些祠神，有的是民间自发组织的，有的是官方修建的。

---

① 朱海滨：《民间信仰：中国最重要的宗教传统》，《江汉论坛》，2009 年第 3 期，第 71 页。
② 皮庆生：《宋代民众祠神信仰研究》，上海古籍出版社 2008 年版，第 2 页。

时至晚清,朴学大师俞樾在他的笔记中也提到了民间祠神。他花了较多的时间整理诸多典藏中提到的各种民间祠庙祠神,并加以梳理、分析,形成了自身对于民间祠神的研究。

一、俞樾及《茶香室丛钞》

(一)俞樾

俞樾(1821—1907),字荫甫,自号曲园,于道光元年在浙江德清南埭村出生。其先祖俞希贤自元末迁至德清,因以农耕为重,故族内少有名人出仕。直至清朝乾隆年间俞樾的祖父俞廷镳中举,俞氏一族开始在德清兴起,逐渐成为望族,并有谱牒。发展至俞樾一代时,族中已出现三位举人,俞樾乃是第四位。道光五年,即俞樾四岁之时,因南埭村地处偏僻难以求学,故俞樾的母亲姚氏带着俞樾及其兄搬至杭州临平。道光十九年,俞樾和他的表姐姚文玉结为夫妻。

道光三十年,俞樾以二甲十九名中进士,并参与复试。复试中俞樾以其非凡的才华得到曾国藩的赏识,以复试头名的成绩进入翰林院,被钦点为翰林院庶吉士。咸丰五年八月,俞樾又升为河南学政。初入仕途,先是得到能臣曾国藩的赏识,再得皇帝提拔,正是俞樾意气风发准备大展拳脚报国之时。然咸丰七年御史曹登庸以"轻浮卑鄙""试题割裂经义"及"坐索棚规"等罪名向上弹劾俞樾。虽然之后河南巡抚英桂上书为俞樾辩解,可是仍难挽全局,俞樾最终还是被革职。

俞樾被罢官之时正值太平天国运动白热化之际,其故乡江浙一带战火连天,生活不得安宁,俞樾不得不四处迁徙,以保全自身的安全。咸丰八年,俞樾搬到了苏州,在此期间开始对朴学进行研究。同治元年,俞樾又迁至天津投靠故交至同治三年,在此期间,他完成了《群经平议》三十五卷,开始在经学界崭露头角。同治七年,俞樾在浙江巡抚的邀请下主持杭州诂经精舍,在苏、杭二地往返授课。此后十多年中,俞樾一边教书育人一边著书立说,先后创作了《诸子平议》《古书疑义举例》《曲园杂纂》等重要的著作,在学术界颇负盛名。同时,此后三十余年的教育生涯对俞樾以及江浙一带的经学研究都产生了十分重大而又深刻的影响。

光绪五年,俞樾的夫人姚氏离世,此后三年,俞樾的长子、次女相继离世,于是俞樾更醉心于写作,陆续完成了《俞楼杂纂》《右台仙馆笔记》等著作。光绪三十二年十二月二十三日,俞樾于苏州与世长辞,享年八十六岁。

(二)《茶香室丛钞》

俞樾一生著作颇丰,他的作品集《春在堂全书》共收录了五百余卷,可谓是"生平专意著述,先后著书,卷帙繁富"。俞樾在研究经学的同时对通俗文学也进行了创作以及二次创作,他修改的《七侠五义》,使这部小说被更多人所熟知,而他所创作的《耳邮》等小说也在晚清的小说方面占有重要的地位。

《茶香室丛钞》对于俞樾而言,有些许的特殊。俞樾在《茶香室丛钞》序中言:"谓是吾之书可也,谓是夫人之遗书亦可也。"①光绪五年,俞樾的夫人姚氏离世,俞樾将其葬于杭州西湖畔的右台山之上,并在墓旁筑屋,名为"右台仙馆"。此后三年,俞樾的长子、次女相继离世,俞樾言其"骨肉凋零,老怀索寞,宿疴时作,精力益衰,不能复事著述。而块然独处又不能不以书籍自娱"。

俞樾的夫人姚氏生前博览群书,且读书过程中每有所得,必会以小纸将其存录下来,至姚氏离世,已积累了六七十事。姚氏留下的小纸虽然之后被俞樾烧毁,可读书所得以小纸录之这一读书习惯却被俞樾沿用了下来。久之,小纸所记之事已有千余,俞樾不忍将其烧毁,遂编纂成《茶香室丛钞》,总计四钞,一百零六卷。

二、俞樾的民间祠神研究

(一)保存了丰富的祠神资料

在《茶香室丛钞》中有四卷较为集中地对祠神的信息进行了摘录和评论,分别是《茶香室丛钞》卷十五、《茶香室续钞》卷十九、《茶香室三钞》卷十九,以及《茶香室四钞》卷二十。俞樾有意识地将关于祠神的资料整理到这四卷内,丰富了有关民间祠神研究的资料。其收录的祠神种类多样,祠神所在地区分布广泛,祭祀祠神的朝代亦不局限于一朝,因而对这四卷的祠神进行分类整理具有一定的必要性。

这四卷里一共详细梳理并收录了 123 位祠神。

▲按祠神的性别分类——男

颜回　梓潼文君　周宣灵王　张恶子　子路　西门豹　温将军　羊使君　屈原
任昉　谢绪　盘沟大圣　愚公　曹子建　五通神　七宝大王　仓颉　柳子厚
草鞋大王　周报王　周公　触锋将军　贡院将军　伍子胥　康押衙　张森
邓禹　祢衡　南朝六神　转智大王　吴元济　关羽　金元七总管　汉前将军
水平王　欧阳公祐　扁鹊　阳九　东岳庙神　刘鼎　张鳌　赵昱　张巡　晋公获
尔朱荣　解缙　雷海青　诸葛亮　许远　秦桧　李频　蒙恬　赵公明　蔺村大王
汉宣帝　朱元璋　王善　茅将军　沈七太保　康保裔　南霄云　邓将军
戚继光之子　白马将军　岳飞　箭风八大王　白眉神　范明　云台二十八将
攀花五郎　南堂太君　泰伯　大禹　灵哥　二七阿太　侍郎神　尧　姚彬
托塔天王　吕洞宾　永乐三侯　樊巳　卷帘将军　灌婴　申公豹　彭越　陈顼
陆太保

▲按祠神的性别分类——女

七娘子　巫山女神　三小娘子　孟姜女　半山娘娘　嫦娥　五义女　安济夫人
银瓶娘子　武则天　三婆婆　凌霄女　金姑娘娘　张鲁之女　茉莉夫人　息夫人
圣七娘　孙夫人　六丁　西施　震蒙氏之女　露筋娘娘　圣佛　妬神　天后

① 俞樾:《茶香室丛钞》,中华书局 1995 年版,第 3 页。

▲按祠神的性别分类——性别不明、童子

船神　三尸　马当山神　天目山神　玉蟾大王　四官　辟蛇童子　江伯神
太白山神　花园土神

以祠神的性别为标准的分类情况如上所示,男性祠神数量为88,女性祠神数量为25,性别不明或为童子的祠神数量为10。男性祠神的数量远超于女性和性别不明的祠神、童子的数量。其中男性祠神大多有其真实姓名、背景可考,而女性祠神多以其称号加"娘娘""夫人""婆婆"等称呼词为名,且其真实身份具有不确定性,姓名等身份信息大都未知。性别不明的祠神或童子出现数量最少,其中包括身份不详的各山神及童子等,现已较难考证。

▲按民间信仰的对象——人神

◎人神——圣贤

颜回　子路　屈原　解缙　仓颉

◎人神——隐士

愚公　谢绪　辟蛇童子　攀花五郎　灵哥　蔺村大王　南堂太君　二七阿太
盘沟大圣　七宝大王　草鞋大王　贡院将军　申公豹　吕洞宾

◎人神——帝王

周赧王　武则天　周宣灵王　朱元璋　箭风八大王　彭越　泰伯

◎人神——能臣

伍子胥　欧阳公祐　李频　张森　张巡　许远　范明　沈七太保　白眉神
梓潼文君　西门豹　康押衙　陈顼　灌婴　张恶子　羊使君　水平王　诸葛亮
周公

◎人神——奸佞

转智大王　吴元济　尔朱荣　晋公获　秦桧　五通神　王善

◎人神——名士

祢衡　雷海青　温将军　扁鹊　任昉　曹子建　柳子厚　陆太保

◎人神——将军

关羽　赵昱　汉前将军　东岳庙神　南霄云　岳飞　蒙恬　康保裔　托塔天王
卷帘将军　姚彬　南朝六神　茅将军　邓将军　张鳌　永乐三侯　白马将军
邓禹　刘鼐　戚继光之子　触锋将军

◎人神(女)

圣七娘　安济夫人　茉莉夫人　西施　妒神　七娘子　半山娘娘　银瓶娘子
金姑娘娘　息夫人　震蒙氏之女　孙夫人　三小娘子　五义女　三婆婆　天后
露筋娘娘　圣佛　孟姜女　六丁　张鲁之女

▲按民间信仰的对象——行业神

汉宣帝　赵公明　金元七总管　侍郎神　花园土神

▲按民间信仰的对象——自然神

◎自然神(女)

巫山女神　嫦娥　凌霄女

◎自然神——水陆神

船神

◎自然神——山神

阳九　马当山神　天目山神　太白山神

◎自然神——土神

云台二十八将　大禹　尧　樊巳

◎自然神——江伯神

江伯神

◎自然神——五行神

四官

◎自然神——虫神

三尸

◎自然神——蛙神

玉蟾大王

以祠神的身份、职能种类作为分类的标准得到的结果如上所示,记录了人神 102 位,行业神 5 位,自然神 16 位。

人神在这一分类中的数量大幅度超过自然神以及行业神。人神中又有 5 位身份为圣贤的祠神,14 位身份为隐士的祠神,7 位身份为帝王的祠神,19 位身份为能臣的祠神,7 位身份为奸佞的祠神,8 位身份为名士的祠神,21 位身份为将军的祠神,21 位身份为人类女性的祠神。由于有关人神中女性祠神的资料记录较少,身份存在极大的模糊,难以具体地罗列出其身份以及职业,故将没有明确说明或有详细资料的女性祠神都划分为此类。在俞樾的记录中,将军这一类别在有明确身份的人神中占比最大,其次为对朝廷或百姓有贡献的能臣官吏。隐士的数量略少于能臣官吏,但高于名士和帝王。

行业神俞樾记录得最少,只有 5 位。其中金元七总管以及赵公明都是行业神中的财神。

书中还出现了 16 位自然神。自然神中定位不太明确的女神有 3 位,山神有 4 位,土神也有 4 位,还记录了水陆神、江伯神、五行神、虫神以及蛙神各一位。

俞樾阅读的书目十分广泛,加之《茶香室丛钞》四册本就为俞樾的读书笔记,故书中所引用参考的书目文献种类繁多。现以本文所论述的四卷为主,对其材料的来源做一个简单的整理。

1. 文献典籍

▲按经史子集而分——经部

◎经部乐类

《乐书》

◎经部小学类

《广韵》

▲按经史子集而分——史部

◎史部正史

《新唐书》《明史》《史记》《三国志》《旧唐书》《元史》

◎史部别史

《容斋一笔》《容斋三笔》《容斋四笔》《双槐岁钞》《啸亭杂录》
《云麓漫钞》

◎史部传记类

《入蜀记》《骖鸾录》《南中纪闻》《敬乡录》《逊志堂杂钞》

◎史部目录类

《读书敏求记》《隶释》

◎史部载记类

《华阳国志》《蜀梼杌》《越绝书》

◎史部杂史类

《钱塘遗事》《战国策》

◎史部政书类

《文献通考》

◎史部史钞

《识小录》

◎史部地理类

《伽蓝记》《西湖志》《郴行录》《闽小纪》《北户录》《清嘉录》
《水经注》《岳阳风土记》《梦梁录》《岭外代答》《扈从西巡日录》
《荆楚岁时记》《闽杂记》《北隅掌录》《扬州画舫录》《连江县志》
《袖海编》《清波小志》《安南纪游》《括地志》《黔书》《北辕录》
《滇黔纪游》《滇行纪程》《南方草木状》《东还纪程》《岭南杂记》
《五山志林》《益都金石记》《豫章职方乘》《地理志》《峒溪纤志》
《帝京景物略》《中吴纪闻》《顺天府志》《福建志》《东京梦华录》
《太平府志》《柳边纪略》《万历杭州府志》《粤屑》《人海记》

▲按经史子集而分——子部

◎子部谱录类

《刀剑录》

◎子部天文算法类

《灵宪》

◎子部道家类

《真诰协昌期篇》《真诰协昌期》《灵飞经》

◎子部儒家类

《迩言》

◎子部艺术类

《益州名画录》《广川画跋》《石渠随笔》《图画见闻志》《宣和画谱》

◎子部小说家类

《北梦琐言》 《铁围山丛谈》 《博异志》 《听雨轩笔记》 《晁氏儒言》

《桐阴旧话》 《尘梦醒谈》 《闻见后录》 《道山清话》 《闻奇录》

《洞冥记》 《闲窗括异志》 《独异志》 《野获编补遗》 《翼駉稗编》

《耳新》 《癸辛杂识》 《异闻总录》 《画墁录》 《异苑》 《宣室志》

《寄园寄所寄》 《嘉佑杂志》 《酉阳杂俎续集》 《鉴诫录》 《语怪》

《矩斋杂记》 《云溪友议》 《睽车志》 《瓶山集》 《六砚斋笔记》

《山海经》 《山斋客谭》 《太平御览》 《菽园杂记》 《南部新书》

《唐语林》 《录异记》 《龙城录》

◎子部杂家类

《宾退录》 《曲洧旧闻》 《池北偶谈》 《却扫编》

《仇池笔记》 《日闻录》 《春明退朝录》 《师友谈记》

《春渚纪闻》 《石林燕语》 《莼乡赘笔》 《隋唐嘉话》

《大云山房杂记》 《天禄识余》 《东原录》 《小知录》

《风俗通义》 《香祖笔记》 《固树屋书影》 《文昌杂录》

《广阳杂记》 《研北杂志》 《癸巳存稿》 《野客叢谈》

《贵耳集》 《隐居通议》 《黄㵗余话》 《印雪轩随笔》

《坚瓠集》 《居易录》 《寓简》 《两般秋雨庵随笔》

《开卷偶得》 《在园杂志》 《谰言长语》 《卮林》

《老学庵笔记》 《麈史》 《蠡海集》 《紫桃轩杂缀》

《栋花矶随笔》 《吕氏杂记》 《梁溪漫志》 《梦园丛说》

《墨庄漫录》 《留青日札》 《能改斋漫录》 《柳南续笔》

《七修类稿》 《芦浦笔记》 《桥西杂记》 《玉烛宝典》

▲按经史子集而分——集部

◎集部总集

《文选》

◎集部诗文评类

《浩然斋雅谈》

◎集部别集

《柳亭诗话》 《东坡集》 《青藤书屋文集》 《二林居士集》

《清隽集》 《攻愧集》 《升庵集》 《香书屋集》 《蓄斋集》

《袁中郎集》 《香闻遗集》 《张三丰集》 《小鲍庵诗话》

《亦有生斋文集书蒋经元遗事》

由上可知,史部和子部的文献所占比例较大,且史部中多以地理类的书籍为材料的主要来源,子部中多以小说家类和杂家类的书籍为材料的主要来源。即在本文所研究的材料之中,材料来源占比最大的是各地方的地方志与各朝代的文人笔记。就材料来源的广度而言,其涵盖了经史子集各部,具有极大的参考价值。

2. 其他来源

在材料的来源中除了纸质的文献典籍之外,俞樾还引用了部分地方的碑记和祠记(《婺州碑记》《舆地碑记目》《孚贶侯碑》《建昌祠碑记》《文昌祠记》)。

在引用材料论述自己的部分观点之时,俞樾还加以诗赋进行佐证(《过褚丘》《题桃花夫人》《西京赋》《云间百咏》《送高员外还荆州诗》《题桃花夫人庙》《游洞庭西山记》)。

(二)祠神考证

俞樾在收集整理部分祠神的材料时亦加入了自己的观点,并对部分信息进行了初步的考证工作。其考证的方面多有不同,故暂以考证的对象和类型作为分类的依据进行梳理。

1. 对庙主的考证

在《茶香室丛钞》卷十五中,俞樾对数名庙主进行了考证。鉴于俞樾对庙主考证的方面不尽相同,下文暂只赘述俞樾对庙主本人身份的考证。

《临平周绛侯庙》一文中,引《梦粱录》,以周绛侯庙的庙主是绛侯周勃,庙址在临平镇为引申点,讲临平镇还有一申将军庙,谓之北庙,祀楚大夫申包胥。俞樾认为祀申包胥的地区不应在浙江,浙故乃是吴地,疑该庙的庙主为伍子胥,并提出两点论据。其一,伍子胥入吴封于申,国语谓之申胥。韦昭注曰:"申胥名员,楚大夫伍奢之子。奢诛,员奔吴,与之申地,故曰申胥。"[1]这一点说明了伍子胥又可称为申胥,与申包胥仅一字之隔,疑后人不知申胥而以为是申包胥。其二,伍子胥被称为潮神,临平离海近,故祀潮神伍子胥亦是情理之中。最后俞樾以唐刘蜕辨江陵伍子胥庙当为申包胥庙一说与他这一说法互为佐证。

《祢衡为土神》一文中提及杭州仁和北乡的瓜山土地祠,当地人称其祀瓜山土地。俞樾因其友卢书苍经过该祠,并看过祠前的碑记得瓜山土地乃是汉代祢衡。至于祢衡为何为杭之土神,为何有惧内之说,俞樾并未深入论述。

《赵昱》一文中先举赵昱因除老蛟救百姓被封神勇大将军,庙食灌江口这一事迹,论证灌口二郎神即赵昱。因为赵昱斩蛟时年龄为二十六岁,以其年少而行二,与所谓二郎者颇有相似之处。而现在后世传言的灌口二郎神是李冰之子,恐是误传。

《田相公》一文提出关于"田相公"为谁的两种说法。其一是旧说"田相公"为雷海青,"雷"字去"雨"存"田",即田相公。[2] 另一种说法称"田相公"乃老郎神。俞樾认为第一种说法较为可信。但是并未提出具体论证加以支持,只以"海青之忠"为依据,加之老郎神为唐明皇,以唐明皇作为伶人之祖祀之实为轻亵,故认为"田相公"为雷海青这一说法未谬。

《梨山大王》一文中提及宋郑起吊富沙梨山大王的辞,其辞赞梨山大王李频"诗人之穷兮诗人之昌"。而按《新唐书》中对李频的介绍,李频进士出身,官至刺史,俞樾认为称

---

① 俞樾:《茶香室丛钞》,中华书局 1995 年版,第 330 页。

② 同上书,第 334 页。

李频为诗人之穷者不符事实。然,俞樾对梨山大王为李频的这一说法颇为赞同,故该文应只是对郑起的这首辞表示了怀疑的态度。

《周将军》一文中提及五通庙供奉的周将军乃宋封的一位王侯,庙前的将军诰词却有缺字,不知该将军为谁。俞樾猜测该周将军为周宣灵王,但并没有依据。

《皮场庙》一文中俞樾查《西湖志》得出皮场大王庙庙主为张森,相州汤阴人,因"祷神杀蝎,镇民德之,遂立祠"。而《梦粱录》中云惠应庙就是东都皮场庙,按庙刻曰其神乃是古神农。俞樾认为这一说法不足信,神农氏是古皇,不可能被今皇封王,故否认这一说法。

《黑神》一文中贵阳的黑神庙庙主身份表示了疑问。"国朝王士祯居易录云:贵阳有黑神庙,祀唐南霁云"①,而俞樾却认为南霁云不应祀于黔,且南霁云被称作黑神的原因也未曾见过详细的记载,故疑之。

《康王庙》一文中记录了俞樾对康王各种身份的推测。按《癸巳存稿》中记载,康王庙庙主为康保裔,于宋时在江西立庙而后又在各地纷纷立庙。又按刘宋元嘉时刘子卿事,庐山已有康王庙。进贤县檀石山康王庙,则志云或曰周康王,或曰楚康王,或曰宋康王,或曰康佑,或曰康保裔。山西介休市康王庙则祀唐康太尉深。俞樾认为康王庙在各地的庙主或各不相同,有的地方祀周康王,有的地方祀康保裔,不可以一人而定康王庙庙主之身份。

《沈七太保》一文中提到《北隅掌录》有云"待封官桑园土地,即养济院沈七太保之神位②",故养济院中的庙壤像当为沈七太保而不是世俗所传言的严介溪。

《茉莉夫人》一文中俞樾先否定了《鬼磨传》对茉莉夫人的描写,认为其说甚迂。后参考诸多文献,或云茉莉夫人为摩利夫人,或云茉莉夫人为茉莉元君,并未有定论,只确定了茉莉夫人的遗迹在辰、常二郡间。

《梓潼文君》一文中指出后世称其所祭祀的梓潼文君为文昌乃是讹传,梓潼文君为益州太守文参,疑是后世误将"文参"传成"文昌"。由此又举丰都阴君原为阴长生而后世误传其为冥王为例子佐之。

《康押衙》一文中提及雅州有周公庙,庙中祀奉周公及康押衙二人,却不知此周公是否为古之周公,而康押衙又是何神。

《金元七总管》一文考证了金元七总管庙的庙主金元七总管的身份。俞樾应邀请为该庙撰写一篇碑记,因而对庙主进行考证。俞樾查阅各类书籍都未曾找到相关资料,只有睦州建昌祠碑记载元季兵构有提及,道金元七总管乃姑苏人,金为其姓,元为其名,七为其行次,总管为其官职。然,此碑文是弘治时所撰写,且其姓氏也是出自巫觋之口,并没有确切的典籍记载。

《八大王祠》一文对苏州的八大王祠所祭祀的祠主提出异议。现存的民间传说多云祠主乃是箭风八大王,是国初有一王公孤身来此地招抚当地人却被疑为是奸细,而被当地人凿舟毙之,后知道该人乃是王公,因此建立祠庙来祭祀他。可是国初并未有王公在

---

①　俞樾:《茶香室丛钞》,中华书局 1995 年版,第 825 页。

②　同上书,第 833 页。

下江南时离世。疑是一地方官员或将军而非现在所谓的王公。

《云臺诸将为吴中土神》一文纠正了《云间百咏》中提到的"梁岸庙",俞樾认为此当是祭祀梁王彭越,因土音而讹传为梁岸,并怀疑二十八将之所以被称为元墓土谷神也与土音讹传有关。

《奇相祠》一文中提及奇相祠中祭祀的是震蒙氏之女,且该女子亦为今之江渎之神。然,江渎之神,唐时封其为广源公,宋时封其为广源王,元时封其为广源顺济王,按此似不应为对一女子的封诰,故奇相祠祀震蒙氏之女一说亦有疑点。

《论江西祀灌婴之误》一文否定了今江西诸多郡县祀奉的城隍神为灌婴之说。按灌婴的生平事迹,其踪迹并不曾涉及江南一带。俞樾的一位朋友在查找了功臣表之后才终于确定了江南者应该是陈婴,而非灌婴。而光绪年间江西修省城隍庙时的碑文亦将此城隍神误认为灌婴,可见该谣言误传已久,难以改正。

《玉蟾大王》一文考玉蟾大王庙庙主是近世所奉的青蛙神之类,而且还是被世人称呼为仙人的白玉蟾,文中所举的陈韩与葛长庚为其所托生转世,暂无定论。

《水平王庙》一文否认了现冲山人以郁使君为水平王庙庙主即水平王的说法,认为水平王乃是后稷庶子,其辅禹平水有功,且墓就在马迹山附近,因此立庙于分水岭。

2. 对庙址的考证

俞樾还对部分文献中记载的庙址进行了考证,此类考证多为俞樾本人实地考察。《临平周绛侯庙》一文中,有"按余寓临平者垂三十年,竟不知有绛侯庙,其废久矣"[①]一句,说明了俞樾对临平镇有周绛侯庙的存在而感到惊讶,也表明了俞樾对书中已记载庙址的考证为实地考察。《曹子建庙》一文中对于《梦粱录》中记载的曹王庙庙址也加以质疑,"余从前久寓临平,而未闻有所谓曹子建庙者"[②]一句亦是俞樾以其亲身经历作为论证。

这四卷中俞樾还对个别庙的庙址变迁进行了梳理和考证。以《皮场庙》一文为例,俞樾先引《攻愧集》中的记载,说明在宋朝时的南京有一个皮场庙的存在。后又以自身的实地考察和生活经历回忆起其在苏州盛家浜见过皮厂大王庙,并听闻此庙在杭州亦有之。后考《西湖志》得知该庙庙主的身份,始知皮场庙于宋时而建,至建炎南渡,有商贾将皮场大王的神像带到杭州,于是又于杭州的吴山看江亭再建庙,而南京的皮场庙至金时仍在且香火旺盛。至俞樾在时,南京的皮场庙已经变得较为破落湫隘,而杭州吴山的皮场庙不知尚在否。这一篇文较为明确地梳理了皮场庙庙址的变迁过程,皮场庙是宋时而建,最初始的庙址位于汴京显仁坊,后分建于苏州盛家浜(俞樾文中并未提及是否还分建于别处),建炎南渡后又在杭州吴山修建皮场庙。

在《扬州仓圣殿》一文中俞樾也考证了扬州天宁寺的仓圣殿其前身位于四川天台山,而后才随一僧人移往扬州。《临安旌忠庙》一文则指出永乐三侯庙于临安柴垜桥之东迁庙至丰乐桥东北。

---

① 俞樾:《茶香室丛钞》,中华书局1995年版,第330页。
② 同上书,第1282页。

《康王庙》一文中俞樾虽没有按时间顺序整理出康王庙庙址,但也从零散的文献中罗列出诸多康王庙的庙址。江西泰和县东门外、江西建昌县、福州福清市、福州连江县和福州新建县德胜门外皆有康王庙,福州上高县的冲真庙以及麦新县皆有祀宋康保裔的庙宇。而庐山、进贤县檀石山的康王庙却是祀其他称号康王者,山西介休市康王庙则祀唐康太尉。

3. 对庙史的考证

俞樾对于庙史的考证大都集中于建立祠庙的缘由以及祠庙兴起的原因。俞樾记录考证的方式大多与庙主的身份事迹联系在一起,先记录考证庙主生前对国家民众做出的贡献或者庙主本身显赫的身份,再写民众或官方为悼念他而立祠庙。

而祠庙的兴起大都是以"灵验"为主要原因。

表1　各个祠庙兴起的原因(一)

记录祠庙的文本	庙主	建祠庙原因
《苍王》	仓颉	以仓颉造字,故胥吏祖之
《甘与霸庙有关像》	甘与霸	与霸尝为西陵太守
《赵昱》	赵昱	为民除蛟
《皮场庙》	张森	抽身杀蝎,镇民德之
《转智大王》	陈永泰	嘲其不慧
《范明庙》	范明	有捍卫乡邑之功
《沈七太保》	沈七太保	能善遇孤老
《戚公子》	戚公子	戚继光因军纪斩其独子
《攀花五郎》	攀花五郎	尽忠而死,生平忠直
《任昉为眼目司》	任昉	封道义乡
《八大王祠》	箭风八大王	王公被士人疑为奸细毙之,后祀之
《邓将军》	邓佐	杀敌勇猛,壮烈牺牲
《临安旌忠庙》	永乐三侯	杀敌勇猛,壮烈牺牲
《羊使君庙赞》	羊使君	身为牺牲,祷于洪水,民思其仁
《水平王庙》	水平王	辅禹平水有功
《盘门双忠祠》	刘鼒、张鳌	杀敌勇猛,壮烈牺牲

在俞樾详细说明建庙原因的这几篇文本中,多数庙主都是有身份的官吏或将士。甘与霸、赵昱、沈七太保、攀花五郎、任昉、箭风八大王、羊使君和水平王皆为官吏,官职或有大小,但其皆为百姓做出了巨大的贡献,为普通民众所称颂崇敬,故为其建庙。而范明、戚公子、邓佐、永乐三侯以及刘鼒、张鳌作为将士,以其英勇杀敌、捍卫国家而被祭祀。其中亦有身份为平民百姓的存在,如仓颉,即是以其造字的传说为士人所祭拜;皮场大王虽

为普通民众，但是其抽身杀蝎的壮举，让众多民众摆脱了困境，其德行值得被世人称颂，故立庙祀之。此类庙主皆为忠义德善之辈，是以民众祀之。

然而还是有与之相异的个例存在，《转智大王》中被祀于钦州城隍庙的陈永泰就是个异类。他是作为一个反面人物而被民众所祭祀的，从"凡嘲人不慧，必曰'陈承制'云"①一句中可知，陈永泰并非以其高贵品质或者卓越功勋被祭祀，而是以愚得庙食。

表2　各个祠庙兴起的原因（二）

记录祠庙的文本	庙主	祠庙兴起的原因
《黑神》	南霄云	凡水旱疠疫兵革之事，有祷必应
《马当山神》	马当山神	祈风水之安
《任昉为眼目司》	任昉	庙有紫荆，能疗目疾，军士尽受益
《南堂太君》	南堂太君	佑子孙，求子及生子极灵
《成都大成殿》	灵光殿	建庙时间
《安济夫人》	安济夫人	拜之可安全过江
《陆相公庙三小娘子》	三小娘子	相传与神同列，并筑江岸

韩森先生认为："中国世俗民众的宗教信仰是多变的，他们很容易从对某一神祇的崇拜，转向另一据说是更为灵验的神祇。"②从上述表格中也可以看出，祠庙的兴起与民众认为该祠庙是否灵验有极大的关系。

三、俞樾和民间信仰的关系

（一）研究者

俞樾作为清末的大学者，具有相当的文字能力，且博览各朝代的文学典籍，对民间信仰有着初步的认识和研究。下文以俞樾对神祇信仰的区域性发展研究为例，具体说明俞樾的研究者身份。

在《子胥水仙》一文中俞樾引《水经河水篇》中的注文，提出"按伍子胥庙，南中宜有之，乃黎、卫之间亦有伍子胥庙，不知其何自始也"③。又引《水经瓠子河篇》注："尧陵北、仲山甫墓南二冢间，有伍员祠。"④提出"则是成阳亦有伍子胥庙也"⑤。两次引注文均涉

① 俞樾：《茶香室丛钞》，中华书局1995年版，第342页。
② 韩森：《变迁之神：南宋时期的民间信仰》，包伟民译，浙江人民出版社1999年版，第3页。
③ 俞樾：《茶香室丛钞》，中华书局1995年版，第329页。
④ 同上。
⑤ 同上书，第330页。

及伍子胥的庙址分布问题。俞樾第一次想法的提出体现了他一开始对伍子胥这一民间祠庙分布的认识,他认为伍子胥庙"南中宜有之",说明在他对民间信仰的研究中,伍子胥作为一个潮神或者水神的存在主要活跃在江南地区,而黎、卫之间也存在伍子胥庙的事实在他读《水经》前是不知道的。这几句话中蕴含的信息也透露出俞樾已经对部分祠神的职能及其祭祀人群的分布有着一定的了解。并且由此他开始对伍子胥信仰的传播产生疑问,即伍子胥信仰是何时起从江南地区传播到中原地区的。

俞樾对这一问题的探索在《自荆以西多伍子胥庙》一文中也有所体现,他摘抄了《入蜀记》中对于伍子胥庙址的记录:"楚故城前临江水,对黄牛峡,城西北一山有伍子胥庙。大抵自荆以西,子胥庙甚多。"①从中可以看出伍子胥作为祠神在中原地区亦有人祭祀。俞樾对这一现象的摘录,说明了俞樾对他此前的疑问做出了进一步的研究。俞樾在补充了这部分的知识之后又提出了自己的设想,他认为:"岂以其为江神故邪?抑或如唐刘蜕所辨,江陵伍子胥庙当为申包胥邪?"②虽然在本书中俞樾并没有记录此后的考证,但是这两种猜想也体现了俞樾已经建立了一个较为粗糙的有关民间祠神的知识结构体系。

俞樾还运用了自己对祠神的认识对个别庙宇的庙主进行了考证。《临平周绛侯庙》一文中俞樾摘《梦粱录》中对临平镇庙宇的描述,并提出不同于书中的观点。《梦粱录》中认为在临平斗门桥北的申将军庙祭祀的是楚大夫申包胥。而俞樾则认为申包胥这一祠神不应该分布在浙江,"浙故吴地也,何为而祀申包胥乎"③?他以申包胥是春秋时期的楚国大夫,而浙江乃是春秋时期吴国的所在地,得出申包胥似不应该祀于浙江。且后文又指出此地离海不足十里,正符合伍子胥潮神的职能,加之伍子胥又有称申胥的说法,故俞樾认为此地的申胥庙祭祀的祠神为伍子胥。

在《黑神》一文中,俞樾对《居易录》中记载的贵州黑神庙庙主为南霁云也提出了质疑,认为南霁云不应该祀于黔地。《凌霄女》一文俞樾对沅州人民将凌霄女当作是火神祭祀,而不把祝融当成火神感到新奇。

综上,俞樾对于民间祠神的职能及其祭祀人群的分布有着一定的了解,并且在这一认识的基础上还对有关问题进行了一些简单的考证工作,充分体现了俞樾在民间信仰中的研究者角色。

(二)参与者

"近年来,欧美学者也已渐渐达成共识,民间信仰并非是单纯的'庶民信仰',在现实生活中,精英阶层(包括皇帝及各级官僚)也享有同样的信仰。也就是说,欧美学者已逐渐摒弃把民间信仰视作是庶民信仰的做法,而倾向于把其视为全体中国人的精神信仰。"④近年来,随着我国学者的深入研究,逐渐修正了民间信仰与封建迷信的关系,得出"民间信仰其实是全体中国人的一种宗教传统"的观点。这一结论或许在现今的中国人

---

① 俞樾:《茶香室丛钞》,中华书局 1995 年版,第 1793 页。
② 同上。
③ 同上书,第 330 页。
④ 朱海滨:《民间信仰——中国最重要的宗教传统》,《江汉论坛》,2009 年第 3 期,第 6 页。

身上并不完全适用,但是至少在清代以前绝大多数中国人都是民间信仰的参与者。统治阶级试图以对民间神祇进行封赐的方式,对基层百姓的精神文化加以控制。一方面,统治者以封赐对其认可的民间祠神进行奖励与建设,另一方面,统治者此举亦将自身地位驾驭于民间祠神之上,并且将部分灵验的祠神纳入祀典之中,建立类似于合作的关系。在此过程中,中央参与对地方神祇的册封,官员参与民间祠神祭祀的主持,士族及知识分子参与对民间祠神事迹的撰写,普通民众则参与对民间祠神的供奉与祭拜。

俞樾虽短暂地当过一段时间的官员,但从现存的文献资料中几乎没有找到有关于他主持某一祭典的记录,但是俞樾作为在晚清有较大的影响力的学者,拥有较为丰富的民俗知识,且在部分地区民众中拥有享有较高的威望,为不少民间祠神写过碑记,这些碑记大多收录在他的《春在堂杂文》一书中。

表3　收录在《春在堂杂文》中有关撰写民间祠神事迹的篇目

《徐庄愍公祠记》	《孙文节公祠记》	《西湖清风草庐徐文敬公祠记》	《蔡教授祠记》
《浙江学署文昌宫碑》	《书黄牛庙碑后》	《西湖痘神祠记》	《彭杨二公祠记》
《上海应公祠记》	《德清城隍庙碑》	《杭州重建北新关水口金龙四大王庙记》	《剡源先正祠记》
《孤山忠节祠记》	《李公祠记》	《德清柳侯专祠记》	《苏州新建李真人祠记》

由上表可知,俞樾在民间信仰中充分地发挥了他参与者的身份,参与了不少为民间祠神立传的工作。俞樾参与的此类活动虽不及普通民众祭祀虔拜之痴狂,却也足以表明民间信仰于俞樾的影响亦不小。

(三)批判者

鉴于中国传统文化中根深蒂固的天人神思想,实质上清代前基本不会有人跳脱出整个民间信仰的系统中去对这个文化体系做出批判。本文所言的批判即是相对于古代民间信仰文化的建议与对其做出的非本质性批判。俞樾对于此种文化亦表达出了他的批判。

其一,俞樾对民间过分夸大尊崇祠神的现象表现出了不满。在《关夫子之称起于明季》一文中俞樾明确表达了他的态度,"尤可笑者,至以关侯与孔子同尊"①。"可笑"一词,说明俞樾内心对于这一现象的不认同可谓是极高。孔子乃孔圣,暂不说孔子之于读书人的地位之崇高,单就夫子之称,所谓传道授业解惑者方可称夫子。而关羽以一介武夫,先是受民间信仰的影响被冠以夫子,再将其与夫子之顶尊孔子同尊,俞樾认为此现象可笑。从此文可见,俞樾对民间信仰并非盲目尊崇,儒学礼教在他心中远大于民间信仰。

① 俞樾:《茶香室丛钞》,中华书局1995年版,第824页。

文士与武夫,不可相提并论、同日而语。

其二,俞樾认为民间祠神的确立封赐存在极强的主观性以及官僚性。民间的神祇封赐是可被买卖的,从《唐藩镇行墨敕封神》中的"愚谓神祇尤可便宜封爵,则吏民更无嫌矣"①中可知,俞樾确知官吏在民间买卖神祇的这一现象,并以"尤"字表露出他对这一现象的批判。后又在《安史二圣》中再次表达自己的不满,俞樾在此文中叹道:"嗟夫! 人文悖而不已,则鬼享僭而不法,可不戒哉! 按安、史得二圣之称,奇矣。桀犬跖客,固各有心乎!"②

其三,俞樾认为民间传说中有许多讹伪的成分,而不加考证就将传说衍伸称为民间信仰的行为极愚。俞樾举《灵哥》一文对这个现象进行表态。先认为明时的灵哥事"其诞妄",再表今妇人所奉的樟柳人"灵哥"与明时的"灵哥"相混淆的现象,俞樾对今妇人用一"愚"字形容总结,亦是对此现象的表态与批判。

四、伍子胥信仰个案分析

(一)俞樾对伍子胥信仰的研究

在四卷《茶香室丛钞》之中俞樾共写了四篇与伍子胥相关的文章,分别是《子胥水仙》《临平周绛侯庙》《伍子胥庙》以及《自荆以西多伍子胥庙》。

《子胥水仙》一文,俞樾摘抄了《越绝书》中对伍子胥死时的记载,认为这则资料是伍子胥潮神之说的由来。后又抄录了《越绝书》中记载的有关钱塘江的异象,并指出此异象在伍子胥死前就有存在,由此,他认为"前潮子胥,后潮文种之说,不足据矣"。最后,他又引《水经》,旨在分析伍子胥庙的地理位置。此文实则是俞樾对伍子胥研究的综述,从伍子胥传说到伍子胥作为民间信仰的传播方向的总述。由此可知,俞樾对伍子胥在民间的传说以及他对伍子胥这一民间信仰有一定的了解,但是对于伍子胥信仰在各个时期的发展以及传播并没有深入的研究,只发现了在吴越之外也存有伍子胥庙,并对此产生何时存在的疑问,却没有进行下一步的研究。

《临平周绛侯庙》一文,俞樾考证了临平镇的申胥庙不应为申包胥庙而应为伍子胥庙。其考证的依据之一就是伍子胥在民间是作为一个潮神被祭祀的,而临平镇距海极近。此文反映出俞樾是将伍子胥划分为潮神而进行的研究,并且可以说明俞樾对伍子胥信仰的起源有一定的研究。

《伍子胥庙》一文俞樾只摘抄了《唐语林云》中的一句话,并未有自己的结论看法。从俞樾摘抄的句子中可以得出他对伍子胥的民间形象以及伍子胥信仰在民间的影响力是了解的。句子反映了伍子胥这一神祇在唐朝出现了说传,由伍子胥传为"五髭须",这无疑是民间群众口耳相传所致,由此看出伍子胥在唐朝民间的影响力之大。

《自荆以西多伍子胥庙》一文体现了俞樾对伍子胥信仰传播的研究内容,他找到伍子

---

① 俞樾:《茶香室丛钞》,中华书局 1995 年版,第 830 页。
② 同上书,第 1806 页。

胥庙在吴越之外的地区出现的凭据,并提出"不知伍子胥何由血食于此"的疑问,更为明显地反映出俞樾并未对伍子胥信仰的传播有深入的研究。其对伍子胥作为一种民间信仰从早期的吴越之地逐渐向中原地域传播的过程较为模糊。

(二)伍子胥信仰在吴越的影响

伍子胥作为春秋末期的吴国大夫,以其悲壮的形象为世人所称道,更在历史中作为一种民间信仰流传。鉴于伍子胥经历背景多在吴越,故对伍子胥进行祭祀的习俗是从吴越之地向四周传播的,即伍子胥信仰的发源地就在吴越。

史书中记载了伍子胥被投江时的异常现象:"王使人捐(伍子胥)于大江口。勇士执之,乃有遗响,发愤驰腾,气若奔马,威凌万物,归神大海;仿佛之间,音兆常在。后世称述,盖子胥水仙也。"①伍子胥以其自身悲惨的遭遇加之其入江时种种诡异的现象,让民众在同情他境遇时相信他具有控水的神力。吴王夫差处决了伍子胥之后,吴国谷物连年不熟,出现了几次非常严重的饥荒,这使原就对伍子胥有同情敬畏的民众更加相信伍子胥的神力,认为灾荒是伍子胥因吴王对他的处置心有不满而进行的报复,于是开始了对伍子胥的祭祀。

吴越之地因其自然地理位置,有不少河神河伯的传说以及对于他们的祭祀,因伍子胥是投江而死,故吴越民众将其作为河神水神也就不难理解。《荆楚岁时记》之中以"东吴之俗,事在子胥,不关屈平也"说明了汉时的民间已经有了对伍子胥的祭祀活动,会稽等地也明确记载有以伍子胥作为庙主的庙宇存在。《三国志》提及孙琳将伍子胥庙烧毁,被指责为"慢神"以此作为他的劣迹记载在册。由此,伍子胥在汉时已经成为较为广泛地流传于吴越之地的一种民间信仰。

唐武则天时期,狄仁杰作为江南巡抚使捣毁了一千七百余淫祠,其中唯有夏禹、季札、吴太伯、伍子胥这四类祠庙没有在损毁的范围中。伍子胥庙能在此次撤裁淫祠的行动中存留,除了伍子胥本身的形象利于封建阶级的统治外,与伍子胥信仰在吴越十分盛行也不无关系,其在民间较大的影响力使得朝廷将其纳入正规的民间祭祀之中。

由此,可以得出伍子胥信仰在吴越民间有着极大的影响力,是研究吴越民间信仰的一个重要课题。

结　语

俞樾是晚清的著名学者,儒学大师,对民间祠神研究也有所涉猎,并在此方面做了诸多整理和考证工作。一方面,在编排《茶香室丛钞》系列书时俞樾亦是有意识地将有关民间祠神研究的内容集中放置于几章之中,不只将有关民间祠神的信息内容进行抄录,还对部分他感兴趣的内容进行了初步的考证,并且发表了他自己的看法,极为真实地反映

---

① 袁康:《越绝书》,吴平辑录,上海古籍出版社1985年版,第102页。

出了俞樾的思想、观念以及他的主张;另一方面,俞樾在民间祠神研究方面仍有其片面与浅显之处。俞樾的研究工作大多只停留在提出疑问的阶段,却并未对其提出的问题进行考证与解答。当然,作为身处封建社会末期的经学大师,俞樾对民间祠神的研究仍然值得当今学者去更加深入地挖掘与研究。

参考文献

[1]俞樾.茶香室丛钞 第 2 册[M].北京:中华书局,1995.

[2]皮庆生.宋代民众祠神信仰研究[M].上海:上海古籍出版社,2008.

[3]乌丙安.中国民间信仰[M].上海:上海人民出版社,1996.

[4]韩森.变迁之神:南宋时期的民间信仰[M].包伟民,译.杭州:浙江人民出版社,1999.

[5]卢润祥.俞曲园与《茶香室丛钞》[J].书城,1997(3):43-44.

[6]朱海滨.民间信仰:中国最重要的宗教传统[J].江汉论坛,2009(3):68-74.

[7]林国平.关于中国民间信仰研究的几个问题[J].民俗研究,2007(1):5-15.

[8]王斯福.帝国的隐喻:中国民间宗教[M].赵旭东,译.南京:江苏人民出版社,2008.

《老子》"和光同尘"考

杨亚敏

摘　要: 本文分为三个部分,由浅入深地对"和其光,同其尘"做进一步的考证,通过对各家不一说法的辨析,以及该句于《老子》第五十六章和中国传统概念的联系,对"和其光,同其尘"的语法结构、表意与哲学意义都有了更深刻的理解,更对现代社会对于"和光同尘"的理解提出了质疑。通过考证,本文得出"和其光,同其尘"表意指混合光芒以同于尘埃,不引人注目又无所不在;其哲学含义,是指从矛盾走向统一,消除偏执,复归于一,是"道"的状态。其哲学含义,不论对于个人的修养,为人处世,还是对于社会,对于生态环境,都具有积极意义。

关键词: 和光同尘;混合;一

引　言

　　《老子》是反映道家学派思想的重要著作,是中国哲学史上的不朽名著,其提出的思想观念甚多,成就了道家哲学体系。道家哲学深刻地影响着中国人的世界观、人生观、价值观、文化心理结构、社会理想、艺术追求和审美情趣等诸多方面。本文将围绕《老子》第五十六章中"和其光,同其尘"一语,浅探道家哲学之一角。《老子》五十六章云:"知者不言,言者不知。塞其兑,闭其门,挫其锐,解其纷,和其光,同其尘,是谓玄同。故不可得而亲,不可得而疏;不可得而利,不可得而害;不可得而贵,不可得而贱。故为天下贵。"①今人将现代一成语"和光同尘"理解为与俗同垢,同流合污,该成语正出于《老子》第五十六章"和其光,同其尘"一语,这样理解恐有不妥。故本文除上文所提写作目的外,亦欲为"和光同尘"正义。由于《老子》一书版本众多,且各家说法不一,本文第一部分将选取对老子研究较有代表性的三家,将三家的说法进行整理与辨析,以便对"和其光,同其尘"有初步的认识。第二部分为两个方面,第一个方面,从《老子》第五十六章出发,对该句的语法结构,及在该章的意义做初步探究;第二个方面,通过对《老子》一书中与中国传统概念互通的几个概念的浅探,来帮助我们进一步理解该句的更深层次的哲学含义。第三部

---

　　① 王弼:《老子道德经注校释》,中华书局 2008 年版,第 147 页。凡本文引《老子》均据此,以下仅在正文中注出篇名。

分,浅谈"和其光,同其尘"对于现实人、自然、社会的意义。

一、"和其光,同其尘"各家评议及辨析

历代学者对《老子》第五十六章之意,众说纷纭,莫衷一是,其中对于"和其光,同其尘"一语,争议较大。下面以几位较有代表性的学者为例,对"和其光,同其尘"之意进行辨析与归纳。

(一)河上公

汉·河上公《河上公章句集注》:"和其光,言虽有独见之明,当知暗昧,不当以擢乱人也。同其尘,当与众庶同垢尘,不当自别殊。"大意是:虽然有独到的眼光,高明的见解,应当知道暗昧,不应当以独见之明擢乱人;混同于尘埃,应当与世间万物混同于尘埃中,不应当将自己特殊区别于其他的事物。

其所谓"不当以擢乱人也"与"不当自别殊"实际上都是让自己不与其他事物有所区别,即使自我有特别之处,不同于他人,也要将自我与众人放在同等的位置上,不因特别之处而感到自己与他人不平等,觉得自己特殊,而因此在心理或权利方面与他们有所不同。将特别之处作为无区别之处,其强调的其实就是一种"为无为"的过程。

(二)严遵

汉·严遵《道德经真经指归》云:"灭祸无首,反于太素,容貌不异,服色不诡。因循天地,与俗变化,深入大道,与德徘徊。无言以言言,无为以为为,清净以治己,平和以应时,与世混沌,与俗玄同。"灭祸无首,回归于天地之初,容貌没有什么不同,车马、祭牲、服饰等的颜色和谐。顺应天地,与世俗同变化,深入大道,与德为邻。不说任何话来说明话,不做任何事来做事,以清净修身治己,以平和来应对(四时)变化,与世混沌,与俗玄同。

其所言"反于太素"表达的是一种物质的原始的状态,"太素"一词最早出于《列子》"太素者,质之始也",即指一种初始的状态,"因循天地"指顺应自然、天地的变化规律,不说任何话来说明话,不做任何事来做事,以不变应万变,其实亦是在表达"和其光,同其尘"是一种顺其自然的、无为的状态。

(三)王弼

魏·王弼《老子道德经注校释》有云:"无所特显,则物无所偏争也;无所特贱,则物无所偏耻也。"大意是没有什么不同于其他显贵的地方,那么物就没有什么偏争的地方;没有什么不同于其他卑贱的地方,那么物就没有什么偏耻的地方。

王弼在对"和其光,同其尘"的理解中多次提及"无"字,可以看出这几个"无"的关系在于,第一、三个"无"是导致第二、四个"无"的本质原因,也是达到这种境界的唯一途径,"无所特显"使"物无所偏争","无所特贱"则使"物无所偏耻",他强调的是主体要达到一种境界,就能从一而无所偏执,是主体对自身的要求,这种境界也就是被提及多次的"无"。

(四)各家评议之辨析

这三位之言,表达的都是各不相同的一种状态,河上公强调的"为无为"是一个动态的过程,是一种去"为"的状态,严遵所表达的"无为"即一种相对稳定的静态,而王弼所说的是一种静态的"无",已经不存在"为"或者"不为"的问题。为便于理解,下面我将以婴儿在诞生前后的音乐才能作为例子来说明河上公、严遵以及王弼对"和其光,同其尘"这一状态的理解。河上公所说的"为无为"就像是一个婴儿出生后不具音乐天赋,而后天,通过不断的培养、不断的熏陶来提高他的音乐才能;严遵的"无为"就像是婴儿出生以后,顺其自然地成长,已经处于一种不易提高或降低音乐才能的阶段,是一种相对稳定的状态;王弼所谓的"无"就好像婴儿在诞生之前于母亲腹中,基因决定了他非常有音乐天赋,而在出生以后,并不需要刻意地培养锻炼,就已经极有水平的状态。

而这三位学者之言虽有一定区别,但都共同强调了"无",认为"无"是"和其光,同其尘"的根本,其中只有河上公,提到了"无"的对立面"有",但并未将"有""无"作为一个整体进行论述。我认为理解"和其光,同其尘"一语,一定要将"有"和"无"作为一个整体考虑,"无"是一切"有"的根源,所有的"有"走向了"无",回归初始,"有"和"无"的统一才是"和光同尘"的根本。

二、"和其光,同其尘"考

"和其光,同其尘"一语出自《老子》第五十六章(第四章虽亦出现该句,但一般学术界都认为是错简重出,因此不予考查),必离不开对第五十六章的理解,以及与《老子》一书的若干概念甚至于中国传统概念的联系,因此,下文将"和其光,同其尘"从第五十六章的篇章结构及与中国传统相关概念的联系中考查。

(一)《老子》第五十六章篇章结构

观该章结构不难看出是总分结构,全章围绕"知者不言,言者不知"展开,因此在梳理该章大意时,在考查"和其光,同其尘"一语之余,重点应放在理解"知者不言,言者不知"中,下文将逐句进行梳理。

"知者不言,言者不知",该句的关键在于"知"与"言"的问题上,相对于"知"而言,"言"的概念又显得尤为重要。《老子》中多次出现"言","行不言之教"(第二章与四十三章),"不言而善应"(第七十三章),"多言数穷"(第五章),"希言,自然"(第二十三章),"言善信"(第六十八章),"美言可以市尊"(第六十二章),"古之谓曲则全者,岂虚言哉?"(第二十二章),可见,老子对于"言",首先推崇"不言",其次是"希言""信言",最后是"美言""虚言"。"道可道,非常道……无名,万物之始",道本是无名的,故不能言,不得已而言,则必信,言不信则为虚为美。庄子《齐物论》:"道恶乎隐而有真伪,言恶乎隐而有是非? 道恶乎往而不存,言恶乎存而不可? 道隐于小成,言隐于荣华。道未始有封,言未始有常。夫大道不称,大辩不言。道昭而不道,言辩而不及。孰知不言之辩,不道之道。"道与言的关系,就像道与物的关系一样,"道行之而成,物谓之而然","谓之"就是"言",即给物以名称,必须通过言,"所谓"就是"物",即赋予物的名称,就是人们所称的某物,"谓之"之"言"亦可代"所谓"之物,而"言未始有常",总是在变化之中,这也就是老子所谓"正言若反"(第六十四章),因此"多言数穷"(第五章),"善者不辨"(第八十一章),"知者不言"(第五十六章),因为其中之道是难以言说的,道某物之道,非言所能达其道,所以,知者不言,反过来,道出某物之道者,一定与物之道,有所偏差了,反而成了那个不知之人。这就是"所谓",知道"道"的人不执着于语言,执着于语言的人不知道"道"。

"塞其兑,闭其门,挫其锐,解其纷,和其光,同其尘,是谓玄同",该句在《老子》帛书甲乙本中与王弼《老子道德经注校释》中不同,涉及出现先后顺序问题。帛书甲本"塞其闷(兑),闭其门,和其光,同其尘,坐(挫)其阅(锐),解其纷,是胃(谓)玄同"①,帛书乙本"塞其锐(兑),闭其门,和其光,同其尘,锉(挫)其兑(锐)而解其分(纷),是胃(谓)玄同"②。帛书甲乙本"挫""解"二句在"和""同"二句后,且乙本将两句并一句作"锉(挫)其兑(锐)而解其分(纷)",如按"而"作"以",则"和""同"二句以及"塞""闭"二句均应作一句。故下文将两句并为一句进行解读。"塞其兑,闭其门"可参照五十二章加以理解,历代学者对于该句的理解大都相同,即塞住耳目等感官,关闭自己的欲望之门,根据上文对该句语法的理解,则该句应解释为塞住耳目等感官以关闭自己的欲望之门。同理,"挫其锐,解其纷","锐"是指"尖锐之物",如第九章所说"揣而锐之",即指把东西打磨得锐利,亦指锋芒毕露,"挫"指将锐利的东西磨平,"挫其锐"也理解为收敛锋芒。"解其纷",指从纷繁的事物表象之中解脱出来。故该句解释为"收敛锋芒以解脱纷争"。

至于故不可得而亲、疏、利、害、贵、贱一语,"道之尊也,德之贵也"(第五十一章),"道生一,一生二,二生三,三生万物"(第四十二章),万物由道而生,老子以道为尊,以德为贵,此处的亲、疏、利、害、贵、贱,即指道不与人亲疏,不与人利害,与人没有贵贱之分。

综上,五十六章全章都围绕"知者不言,言者不知"这句话展开,"知者不言"是得道之人,即为天下贵。而"言者不知"是尚未得道之人,在通过"塞其兑,闭其门,挫其锐,解其纷,和其光,同其尘",达到玄同的境界后,即得道以后,方能不与人亲疏,不与人利害,与人没有贵贱之分,才能为天下贵。

(二)"和其光,同其尘"

由"塞兑闭门、挫锐解纷"一句的语法结构,可知"和其光,同其尘"则为"和其光而同其尘",学术界一般认为"和"字的字形有三种,"和""盉""龢"。《说文解字》"和,相譍也。从口禾声"③,"和"是一个"相应"的过程;"龢",《说文解字》"调也。从龠禾聲。讀與和同";"和"的另一个异体字"盉",《说文解字》"盉,调味也,从皿禾声",所以无论从"龢"还是"盉","和"都具有调和的意思,可知其本义就是不同东西之间相应调和。

至于"同","同"不如解释为"混",更为恰当,有一成语"混俗和光",大意为同于尘俗,不露锋芒,谓不求特异,与世无争。其意与"和光同尘"之意更为接近,因此,此句中

---

① 张松如:《老子说解》,齐鲁书社,1987年版,第490页。
② 同上书,第502页。
③ 许慎:《说文解字》,中华书局,2013年版,第26页。

"同"若以"混"代替,并无不妥。古代传说中认为世界开辟前元气未分、模糊一团的状态为混沌,后有劈开混沌破了鸿蒙。可见"混"是一种初始的状态,即"混同",是具有初始色彩的。

因此"和其光而同其尘",则大意为将不同的光芒混而为一,调和后,使其如同尘埃不引人注目,又无所不在。

回到"塞其兑,闭其门,挫其锐,解其纷,和其光,同其尘,是谓玄同"一句,不难发现塞、闭、挫、解皆云其差异,和、同皆云混而同之,其与"玄同"之相似,根据《老子》第一章"道可道,非常道;名可明,非常名……此两者同出而异名,同谓之玄","同谓之玄",同即玄,玄就是同,单词曰"玄"、曰"同",复词曰"玄同"。究历代学者看法,大都认为老子第一章是描述道的状态的一章,而"玄"就是道的一种状态,即"玄同"就是道的一种状态。而"玄同"就成了进一步理解"和其光,同其尘"的关键。

(三)"和其光,同其尘"与"和光同尘"

由上文可知,"和其光,同其尘"即使光和而与尘同,作为一个与"玄同"类似之状,"同为之玄"可为"玄同",意义不变,则下文提及"和其光,同其尘"哲学意义时,可姑且将其以"和光同尘"论。下文将对"玄同"做进一步阐释。

(四)"和""同"与中国概念

1."玄同"

马叙伦说:"挫锐解纷和光同尘,正说玄同之义。"可见"和光同尘"之状就是"玄同"之状了。

"玄"《说文解字》:"幽远也,黑而有赤色者为玄,象幽而入覆之也,凡玄之属皆从玄。""玄之又玄,众妙之门"(第一章)、"谷神不死,是谓玄牝"(第六章)、"涤除玄览,能无疵乎?"(第十章)、"古之善为道者,微妙玄通,深不可识"(第十五章)、"玄德深矣,远矣,与物反矣,然后乃至大顺"(第六十五章)。《道德经》中多次提及"玄"字,大都为"深远"之意,这正切合了道体的"视之不见,名曰夷;听之不闻,名曰希;搏之不得,名曰微"的特质,唐代成玄英释"玄",指出:"玄者,深远之义,亦是不滞之名。有无二心,微妙两观,源于一道,同出异名,异名一道,谓之深远。深远之玄,理归无滞。既不滞有,亦不滞无,二俱不滞,故谓之玄也。"这段文字不仅体现了"玄"有"深远"之意,"不滞"二字还体现出了"玄"具有灵动意味,"反者道之动,弱者道之用"(第四十章),道也是极具灵动性的。"载营魄抱一,能无离乎?抟气致柔,能如婴儿乎?"(第十章)"玄"讲求"去蔽"、"无身"、还原本真。《道德经》中关于"玄"有多种不同概念,"玄牝""玄览""玄德""玄通""玄同"之义各不同。"玄牝"就是道,是"天地根","玄览"是观道之法,"玄德"是得道者表现出来的外在形式,"玄通"是体道的一种境界,而"玄同"是道存在的状态。

如前所论"玄",要去蔽、无身,讲究深远、灵动。而"同"强调泯灭,消除人与人、人与物之间的差别,等量齐观,到达人与人之间、人与物之间相生无碍。回归原文,"玄同"是一根主线,串联着全文。"知者不言,言者不知",语言的表达是有限的,而"不言"也会造成沟通的阻碍,但"言"与"不言"的玄同却很好地解决了这个问题,"言"与"不言"是怎样一个呈现方式？即"言有宗"（第七十章），而"多言数穷"即告诫我们要"言有度"，此二者，就是"言"与"不言"玄同的结果。"塞兑""闭门""挫锐""解纷""和光""同尘"，消除个我的固蔽，化除一切的封闭隔阂，超越于世俗偏狭的人际关系之局限，以开豁的心胸，无所偏执的心境去对待一切人物，就是"玄同"的境界。而消除"亲"与"疏"、"利"与"害"、"贵"与"贱"的差别，使之"玄同"则"为天下贵"。

综述上文，"玄同"就是一种回归本真，消除偏执，无差别的境界。老子曰"知和曰常"（第五十五章）、"复命曰常"（第十六章），"和""复""常"皆同一义，五十六章曰塞、闭、挫、解皆云其差异，和、同皆云"混而同之"（上文已证），故"和"即"玄同"，"和光同尘"即一种回归本真、消除偏执的状态。

2."大同"

在《礼记·礼运》的首篇即《大同》，"大同"作为儒家最高的社会理想，根据《礼记》所言"大道之行也，天下为公"，除了每个人各司其职、各安其分外，还能够有余力去帮助他人，将他人的事情当作自己的事情，这就是"大同"，著名的社会学家费孝通先生，将大同社会很好地概括为"各美其美，美人之美，美美与共，天下大同"，即人们要懂得欣赏自己创造的美，还要包容别人创造的美，这样将各自的美和别人的美拼合在一起，就会实现理想中的大同美，是一种和谐之状。对"大同"的理解，关键在"同"。关于"同"字，《说文解字》："同，合会也。从同口。"段玉裁《说文解字注》："口皆在所覆之下，是同之意也。"关于"同"字之口，《说文解字》："口，人所以言食也。"段玉裁之注为："言语、饮食两大端；舌下亦曰口，所以言别味也。"由此可见，"同"的本义就是人们聚集在帐篷里说话、吃饭的意思，即"有饭同吃，有事同议"，这么看来，"大同"确如费孝通先生所言，是自己和他人之间的一种关系，不单单与自我有关，这是一种更为广泛的，还涉及他人的一种关系，并且是一种自我与他人的和谐之状。

而"和光同尘"中，此处的"同"在上文解释为"混同"，亦是一种自我与别物之间的关系，与"大同"之"同"却有相似之处，且"大同"又是一种"超和谐"之状，其与"和光同尘"正不谋而合。若从"大同"之"同"来理解"和光同尘"，则此"同"字，又给"和光同尘"丰富了一层，是一种消除偏执、复归于一的和谐之状。

3."和而不同"

"和"与"同"最早被提到是在《国语》中，西周太史史伯说："夫和实生物，同则不继。以他平谓之和，故能丰长而物生之。若以同裨同，尽乃弃矣。"把不同甚至对立的东西融合在一起并能够取得平衡，这就是和，是多元的、多种元素的综合，多个矛盾体的统一，而"同"是相同的、单一的，也就是无矛盾的。"和光同尘"也正是这样一个状态，使光和尘同，则是将多个矛盾体统一以达到一种无矛盾的状态。

4."一"

"和其光"，即《老子》五十二章所云"用其光，复归其明"，以至和，如何复归其明？万物负阴而抱阳，冲气以为和，气即阴阳，而阴阳合，万物复归于混沌，回归至最原始的状态，即"一"，阴阳合，在《周易》中亦指"一"。阴与阳又是正反两方，是矛盾的双方，"道通为一"，由此可见，"和其光"亦是指将矛盾双方相统一起来，是一个"道"的状态。

"同其尘",有物混成,先天地生,乃道。天地之初,万物混同,"道生一"即"和""同"之状;"一生二","二"即阴阳;"二生三","三"即阴阳两物"和"所生的第三物;"三生万物",即和生万物。最初道"抱一""同一""得一"之状即混同之状。"天气下降,地气上升,天地和同,草木繁动",亦指阴阳二气和同而滋生万物。"至阴肃肃,至阳赫赫,肃肃出乎天,赫赫发乎地,两者交通成和,而物生焉",此处之"和"即"和其光,同其尘"之"和",由此可见,"和""同"都蕴涵着"生万物"的强大生命力。可"和其光,同其尘",在使光和之时,与尘埃混同,却不失去自我,形同实和,潜藏着巨大的力量。

由此可见,"和光同尘"是一个由矛盾走向统一,混同于尘埃之中,返于最初,乃复归于一,道之状。

5."有""无"

"道生一,一生二,二生三,三生万物"(第四十二章),一生二之"二",亦是阴阳,阳对有,阴对无,"有""无"既同出于道,故曰此两者同。但两者仍然有其区别,"常无,欲以观其妙"(第一章),"妙者,微之极也",妙者,小也。"常有,欲以观其徼"(第一章),徼者,界也。"小"与"徼"相对代表"有""无"两种状态,实为相同,"小"与"徼"仅程度上有所差别。"有"为相对的大小,"无"为绝对的大小,绝对的大为无穷大,绝对的小为无穷小。"常无,欲可名于小,万物归焉而不主;可名为大,以其终不自为大,故能成其大"(第三十四章),故"常无"可名为小,亦可名为大,"无"为名小者,则无穷小,名为大则无穷大。"有"与道是相对的,"有"有名有形,而"道"无名无形;"无"亦无名无形,"万物生于有,有生于无",是无生万物,亦是道生万物,故"无"代表道,一种"无形""无名""生万物"的性质。

"天下万物生于有,有生于无"(第四十章),"无,名天地之始"(第一章),而"和其光,同其尘"又有复归于一之意,复归于一,即天地之始,即"无"。"用其光,复归其明"亦是从"有"至"无"的过程,因此"和其光,同其尘"即从相对的"有"至绝对的"无"的过程,矛盾双方相统一。

将上文进行归纳总结可得出结论,"和光同尘"从字面上理解,即将自身光芒混而为一,使自己如同尘埃不引人注目,却又无所不在,更深层次的内涵,是指从矛盾走向统一,消除偏执、复归于一的一种极具生命力的无矛盾的状态,是道的一种存在形态。

三、"和其光,同其尘"的现实意义

"和其光,同其尘"的境界状态,对于整个人类社会都是具有现实意义的,下文将分为人、自然、社会三个方面,论述"和其光,同其尘"的影响与借鉴意义。

能够回归本真的自我是最强大的自我,追求"和其光,同其尘"的修养,是人类进步与发展的途径。"和其光,同其尘"所谓消除偏执,从矛盾走向统一,即不要以所谓的善恶标准去对待人,而是要消除偏见,客观地看待善恶两面,以宽容的态度去关怀人。这也就是玄同的境界。此外,"和其光,同其尘"是指收敛自己的光芒,将自身的光芒混而为一,使自己如同尘埃不引人注目,这实际上就是"不争",是道家处世哲学的一个重要原则。超越世俗的价值观,收敛自己的光芒,少私寡欲,"生而不有,为而不恃,功成不居"(第二章)。"和其光,同其尘"是提高自身修养的一个很好的目标,保持内心的平衡,不自我膨胀,也不自卑;对于他人,怀着人人平等的态度,不轻视他人,也不低视自己。

消除偏执,复归于一,即回归自然之中,顺应自然,消除人与自然间的矛盾,和谐相处。顺应自然,无论是在古时还是如今都是人类生存与发展的准则,是人与自然和谐相处之道,"不违农时,谷不可胜食也……斧斤以时入山,树木不可胜用也"。人不仅从属于自然界,还源于自然界,依赖自然界,而面对当下严重的环境问题,顺应自然,合理利用自然,人与自然和谐共处也成为解决问题的不二法则。

社会是由人类活动构成的,离不开社会的主体——人。在《老子》一书中,"和其光,同其尘"是老子对当时统治者的自身修养的一种要求,老子希望统治者是一个智者,一个得道者,能"塞其兑,闭其门,挫其锐,解其纷,和其光,同其尘",来消除自我的固蔽,而一无所偏执,广开言路,这样才能使统治者"不可得而亲,不可得而疏;不可得而利,不可得而害;不可得而贵,不可得而贱",最后能"为天下贵"。此外,老子也希望统治者能更接近于道,"道冲,而用之久不盈"(第四章),道是空虚而无形的,所以能无穷无尽地使用而不溢满。"道"是虚的,"道"也是弱的,"柔之胜刚也,弱之胜强也,天下莫弗知也"。人若想立于不败之地,就应按照此理,收敛自己的锋芒,与尘埃混同,无所偏执,将自己置于弱的地位。但实际上弱的地位往往具有强大的力量,如水一般,"天下莫柔弱于水,而攻坚强者莫之能胜"(第七十八章)。若当下每位领导者能够如此,不与人亲、疏、利、害,与人不分贵、贱,能够居上谦下,则一定能治理好这个国家,这个社会一定是一个文明有秩序的社会。对于普通百姓而言,若能无所偏执,做到"不争",摒弃争强斗胜,不与人争名、争功、争利,则就不存在阶级矛盾,社会自然是一片和谐之象。

总而言之,"和其光,同其尘"对于现代社会个人修养的提高以及社会的发展乃至生态环境都起着积极重要的作用。

结　语

道家哲学体系之所以为一个完整的体系,在于道家哲学概念之间的互通性,"和其光,同其尘"作为道家哲学之冰山一角,却也是不可或缺的,"和其光,同其尘"一语出现于第五十六章中,正是"混同光芒以同尘埃"之义,而作为"和光同尘"这一个哲学概念,通过概念间的互通性,不断丰富与深化了"和光同尘"的内涵,其指从矛盾走向统一,消除偏执、复归于一的一种极具生命力的无矛盾的状态,是道的一种存在形态。可见现代所理解的"和光同尘"之义实在有失偏颇。作为一个内涵丰富的哲学概念,"和光同尘"对现实有着积极而重要的意义,我们可以以"和光同尘"为目标,先从要求自己开始,提升自我,善待自然,保护自然,进而使整个社会成为一个文明、富强、民主、和谐的社会。

参考文献

[1]荆门市博物馆.郭店楚墓竹简[M].北京:文物出版社,1998.

[2]马王堆汉墓帛书整理小组.马王堆汉墓帛书《老子》[M].北京:文物出版社,1976.

[3]严遵.老子指归[M].王德有,点校.北京:中华书局,1994.

[4]王卡.老子道德经河上公章句[M].北京:中华书局,1993.

[5]王弼.老子道德经注校释[M].北京:中华书局,2008.

[6]廖名春.郭店楚简老子校释[M].北京:清华大学出版社,2003.

[7]高明.帛书老子校注[M].北京:中华书局,1996.

[8]朱谦之.老子校释[M].北京:中华书局,1980.

[9]张松如.老子说解[M].济南:齐鲁书社,1987.

[10]许慎.说文解字[M].北京:中华书局,2013.

[11]段玉裁.说文解字注[M].上海:上海古籍出版社,1981.

[12]王力.汉语史稿[M].北京:中华书局,1980.

[13]唐兰.中国文字学[M].上海:上海古籍出版社,2001.

[14]裘锡圭.文字学概要[M].北京:商务印书馆,1988.

论《二胥记》中的忠孝仁义观

张露露

摘　要：孟称舜是明清之际的戏曲作家和戏曲理论家,他是继汤显祖之后"临川派"的又一位重要作家。《二胥记》是一部根据《史记》中的历史故事改编而成的晚明传奇,也是孟称舜剧作中评价较高的一部传奇剧,具有很高的思想和艺术成就。其故事情节是对《史记》的继承,其思想内容是对中国传统"忠孝仁义"思想的继承。但是,孟称舜在继承的基础上,又加上了自己对"忠孝仁义"的理解。在《二胥记》中,孟称舜通过伍子胥和申包胥爱家、忠君的故事,为我们形象地展示了他的忠孝仁义观。具体而言,孟称舜的忠孝仁义观表现为:忠于君、忠于夫,孝于双亲,兄友弟恭为仁,彼此尊重为义。

关键词:《二胥记》;忠;孝;仁;义

引　言

孟称舜及其剧作受到众多曲论家的高度评价,其中《花前一笑》《桃园三访》《眼儿媚》被卓人月评价为"北曲之最"①。陈洪绶这样评价孟称舜:"评者皆谓当与实甫、汉卿并驾。"②此外,更有倪鸿宝给予孟称舜"我朝填辞第一手"③的赞誉。从这些评价当中,我们可以了解到孟称舜在当时戏曲界的地位。

明朝后期,马权奇在《二胥记题词》中称:"天下忠孝节义之事,何一非情之所为? 故天下之大忠孝人,必天下之大有情人也……今读《二胥记》词,则壮气岳立,须髯戟张,觉吴市之后,秦庭之哭,两人英魂浩魄,至今犹为不死。"④在孟称舜的《二胥记》当中,马权奇通过孟称舜的文字看到了伍子胥英勇灭楚的威武雄姿,也看到了申包胥七昼夜哭秦庭的坚韧,二胥这等"有情"之流露更是让他觉得二胥至今犹为不死。

在这一题词中,我们大致可以了解到孟称舜《二胥记》写的是忠孝节义之事,但又不尽然。在这部历史传奇剧中,孟称舜不仅还原了历史故事,更是将忠孝、节义等思想渐渐

①　徐子方:《明杂剧史》,中华书局 2003 年版,第 339 页。
②　同上。
③　孟称舜:《孟称舜戏曲集》,王汉民、周晓兰编校,巴蜀书社 2006 年版,第 543 页。
④　吴毓华:《中国古代戏曲序跋集》,中国戏剧出版社 1990 年版,第 216 页。

融入戏剧当中，为枯燥的历史传奇剧蒙上了情感的薄纱。除此之外，戏剧中还包含了申包胥与其妻钟离氏之间的悲欢离合、楚王与小王叔之间兄友弟恭等诸多情节。

《二胥记》共三十出，该剧取材于司马迁的《史记·伍子胥列传》，其内容基本依据史实。剧中伍子胥和申包胥都是楚国人，伍子胥一家三百口皆死于佞臣之言，唯伍子胥一人逃往吴国。后伍子胥决心为父兄报仇，辅佐吴王伐楚。楚兵大败，伍子胥鞭打楚平王之尸为父兄报仇雪恨。而伍子胥的好友申包胥此时却站在了伍子胥的对立面——志在复楚。在吴军大破楚军之时，申包胥进入秦国以求帮助，秦王不愿派兵，他便站在秦庭哭了整整七昼夜。秦王感其忠心，故而派兵援助楚国，楚国得以恢复。

从上述内容可以得知，伍子胥的志向是覆灭楚国，而他的好友申包胥却志在复兴楚国。昔日好友自此站在了对立面，面对不同的立场他们有不同的选择。

忠君爱国，谓之忠；入孝出悌，谓之孝；博施济众，谓之仁；肝胆相照，谓之义。对于忠孝仁义这四个字，不同的人有不同的看法，儒家提倡的是"己欲立而立人，己欲达而达人"之忠；而道家却认为忠应该是"人生之时，为子当孝，为臣当忠"。对于孟称舜来说，这些都属于他独特的情理观，吴庆晏认为："在研究孟称舜戏剧情感之时，应该多面地看待。一方面要考虑当时带有浓郁封建色彩的历史局限性，另一方面要看到这种思想的进步性。这样才可以做到全面地看待问题。"①

一、孟称舜生平经历

孟称舜是明末清初、跨两个朝代的戏曲作家，众多曲论家给予其作品以高度的评价。他所编纂的《古今名剧合选》收录了 56 种杂剧，被公认为是元明杂剧中的一部重要选集，为现代学者的研究做出了巨大贡献。另外，他自己撰写的杂剧和传奇有十种，现存八种，其中《桃园三访》《二胥记》《娇红记》等成就较高。

据记载，孟称舜家学渊源且文名早著。在他人眼里，少年成名的他定有一番作为。然而，他的科举之路却异常坎坷——屡次应试却不第。吴庆晏在其《孟称舜研究》一文中指出："《钦定四库全书总目》卷九十在评价孟称舜《孟叔子史发》一书时有'屡举不第，发愤著书''述不得志而立言'的记载，表明其科场坎坷的真实性。"②孟称舜多次科考，却始终无缘官场，悲愤之下便将壮志之情和满腹才华寄托于创作之中。

徐朔方在其《徐朔方集》③中记录了孟称舜的生平，笔者在此基础上做了简单的整理，具体如下表。

---

① 吴庆晏：《酬之以情，报之以义——论孟称舜情理观的独特价值》，《文艺评论》，2008 年第 9 期，第 127-128 页。

② 吴庆晏：《孟称舜研究》，华东师范大学，2009 年博士论文。

③ 徐朔方：《徐朔方集》（第三卷），浙江古籍出版社 1993 年版，第 539-572 页。

表1　孟称舜生平

时间	事件
明神宗万历二十七年(1599)	一岁,生于浙江会稽(今绍兴市)
熹宗天启二年(1622)	二十四岁,或随父在兖州
天启年间(1621—1627)	二十三岁至二十九岁,创作杂剧《花前一笑》《桃园三访》
天启七年(1627)	二十九岁,客杭
天启七年(1627)或略后	二十九岁或略后,作《残唐再创》
毅宗崇祯初年(1628)	三十岁,创作杂剧《死里逃生》《泣赋眼儿媚》
崇祯二年(1629)	三十一岁,为卓人月序《古今词统》,入复社
崇祯三年(1630)	三十二岁,祁彪佳转求《眼儿媚》于沈泰
崇祯四年(1631)	三十三岁,作《孟叔子史发》,自述不得志的发愤之作
崇祯五年(1632)	三十四岁,列名于复社,以"复兴古学"为口号
崇祯六年(1633)	三十五岁,评点《古今名剧合选》,阐述自己的戏剧编选理论和创作理论
崇祯十年(1637)	三十九岁,入枫社(参加此社的大抵为致仕乡绅和失意文人)
崇祯十一年(1638)	四十岁,创作传奇剧《娇红记》,并撰写题记
崇祯十二年(1639)	四十一岁,祁彪佳来函赞《娇红记》
崇祯十三年(1640)	四十二岁,于寓山祁宅会见张溥
崇祯十四年(1641)	四十三岁,与诸友集议禁贩之事
崇祯十五年(1642)	四十四岁,致书祁彪佳
崇祯十六年(1643)	四十五岁,作《二胥记题词》
崇祯十七年(1644)	四十六岁,作传奇《二胥记》
清世祖顺治三年(1646)	四十八岁,客溧阳
顺治六年(1649)	五十一岁,为贡生
顺治十一年(1654)	五十六岁,作《松学义田说》
顺治十三年(1656)	五十八岁,作《贞文祠记》
康熙二十三年(1684)	八十六岁,卒

从上述表格中可以看到的是,孟称舜经历了朝代的更迭,时代的动荡。作为明清之际的戏曲家,孟称舜创作了许多优秀的戏曲作品,其中有讲述爱情的《桃花三访》《花前一笑》等杂剧,有抒发豪情壮志的传奇剧《残唐再创》《二胥记》等。在今天,他的许多作品都为人们所赞颂。然而,不幸的是,孟称舜恰好生于一个人才辈出的时代,前有徐渭《四声猿》,后有汤显祖《桃花扇》,因此,孟称舜作品的光芒,在一定程度上被其他优秀戏曲家的作品所掩盖。

二、《二胥记》创作背景

戏剧文化在历史的潮流中不断地发展,而明代恰好是一个传承与发展的阶段,在《古今名剧合选序》中,孟称舜指出戏剧的精妙之处在于"情"和"景"的融合,即"盖诗辞之妙,归之乎传情写景"[①]。因此,他在创作时也有意融"情"于"景",其作品《娇红记》《花前一笑》等都做到了情景交融。马权奇更是在《〈二胥记〉题词》中评价孟称舜的作品是"深于言情"。另外,叶长海在《中国戏剧史稿》一书中写道:"孟称舜将其《贞文记》定义为'言情之书'。另外,他在《贞文记》开场词中写道:'我情似海和谁诉,彩笔谱成肠断句。'"[②]孟称舜的作品集有奇妙的戏剧冲突,也有细腻的情感流露;既反映时代的变化,也抒发内心的感慨。

(一)明代戏剧的发展

徐慕云在《中国戏剧史》中评价元明戏剧"虽云元总大成,按之实际,必至明乃称完美"[③]。廖奔、刘彦君在《中国戏曲发展史》中这样评价明代戏剧:"在中国戏剧文学史上,明代戏曲创作是继元杂剧创作之后的又一座高峰。其数量之多,其范围之宽,其成就之大,都是空前绝后的。"[④]另外,他们还指出明代文人创作戏曲的动机与元人最大的不同是——元人为口腹之虞,明代戏曲作家则是为寄情寓意。明代戏剧是元代杂剧的继承和发展,其发展也经历了好几个阶段,以下是笔者根据廖奔、刘彦君《中国戏曲发展史》、徐子方《明杂剧史》[⑤]等书整理的明代戏剧发展表,具体如下表。

① 陈多、叶长海:《中国历代剧论选注》,上海古籍出版社 2010 年版,第 257 页。
② 叶长海:《中国戏剧学史稿》,上海文艺出版社 1986 年版,第 267 页。
③ 徐慕云:《中国戏剧史》,上海古籍出版社 2008 年版,第 63 页。
④ 廖奔、刘彦君:《中国戏曲发展史》(第 3 卷),山西教育出版社 2000 年版,第 201 页。
⑤ 徐子方:《明杂剧史》,中华书局 2003 年,第 163–364 页。

表2　明代戏剧发展

分类	时间	发展	代表作
明代传奇剧	明初	明初剧坛一片宣道之声,脱离了元人的现实精神,而日益走向伦理化	丘　濬《五伦全备记》 邵　灿《香囊记》
	嘉靖之后	文坛上复古变革之风愈演愈烈,士人情趣转向了对现实生活的注重	李开先《宝剑记》 梁辰鱼《浣纱记》 郑之珍《目连救母》
	万历时期	戏曲创作进入黄金时代,涌现了大量的作家和作品,戏班和演员也蜂拥而生	徐　渭《四声猿》 汤显祖"临川四梦"(《牡丹亭》《柴钗记》《邯郸记》《南柯记》)
		这一时期的杂剧创作形式上已完全脱离了元代的框范,在内容上则体现出一致讽刺批判社会的特征	徐复祚《一文钱》 王　衡《郁轮袍》
	明末	在末世情怀及其审美趣味的作用下,逐奇尚巧成为这一时期传奇剧创作的一大特点	吴　炳《疗妒羹》 孟称舜《娇红记》 袁于令《西楼记》 沈自晋《翠屏山》 范文若《鸳鸯棒》 冯梦龙《双熊记》
明代杂剧	明初	宫廷杂剧创作阶段,明初杂剧的演出活动在宫廷、王府和民间传承,而创作活动则主要集中于一些御用文人和藩王府中	贾仲明《荆楚臣重对玉梳记》 杨景贤《西游记》 朱　权《卓文君私奔相如》 朱有燉《张天师明断辰钩月》
	明中叶后	文人杂剧创作阶段,文化开始转型、冲破传统束缚、回归自我、向往自由	王九思《杜甫游春》 康　海《中山狼》
	明中期	南杂剧——文人剧的成熟标志	徐　渭《四声猿》 吕天成《齐东绝倒》 杨慎《王羲之兰亭显才艺》
	明后期	以复兴儒学正统来挽回世道人心,思想趋于拘泥和保守,难以容忍自由、独立的思考	卓人月《花舫缘》 孟称舜《死里逃生》
	明末	杂剧钩沉,出现文人历史故事剧、题材取于现实生活的杂剧、无名氏杂剧	叶小纨《鸳鸯梦》

　　从上述表格可以看出,明代剧坛呈现出杂剧与传奇并存的现象。明代杂剧是宋元杂剧的继承,李玲珑在《中国戏剧》一书中写道:"由于把文艺和现实人生结合得极端紧密,所以戏曲艺术常常在纲常教化、惩恶扬善,抑或是明志抒怀的现实目的中回旋。作为中国戏剧正式形成的宋元杂剧就在这些方面引领风骚,而到了明代传奇戏剧更是在文化主体的实用性上开疆拓土。"①虽然戏剧的发展在元代已经到了一个集大成的境界,但是明

---

　　①　李玲珑:《中国戏剧》,同济大学出版社2007年版,第138页。

代在元代戏剧的基础上推陈出新、改变风格，使得辞藻、形式更加完美华丽。

（二）明代传奇剧的繁荣

明清传奇是古代中国戏曲样式之一，"传奇"一词最早是唐代"传写奇事，搜奇记逸"的文言小说的指称。唐朝至宋元时期，出现了许多模仿唐传奇技法、内容取材于唐传奇的作品，这时的传奇包括南戏、北杂剧、诸宫调等。后经过发展，在宋元南戏的基础上，明代传奇剧便形成了。笔者就明代传奇剧的历史发展做了简单的梳理，具体如下表。

表3 明代传奇剧发展

时间	代表作	发展	影响
明初	丘濬《五伦全备记》	秉承了风化宣世的衣钵，把高明写戏要宣传风化的观念强调到完全不顾艺术的地步	这些作品主宰了明初的戏曲创作园地，严重影响了传奇的进一步繁荣和发展
	邵灿《香囊记》	秉承了风化宣世的衣钵，卖弄才学与辞藻，开明人传奇绮丽一派	
嘉靖之后	李开先《宝剑记》	体现了鲜明的忠奸斗争观念、强烈的社会参与精神和深广的文人忧患意识	这一时期，戏曲创作进入黄金时期，创作方向转向了高深的哲学思想层面，形成了"才子佳人"模式
	梁辰鱼《浣纱记》	使昆山腔从此走上典雅化的道路	
	郑之珍《目连救母》	推动了目连戏演出活动的发展，形成广泛的目连戏现象	
	汤显祖"临川四梦"	具有浓厚的士大夫气息，一反以往本色质朴的面貌，作品激扬浪漫、才情驰骋、绮丽典雅、婉转蕴藉。其中《牡丹亭》将中国戏曲带向了高深的哲学思考的层次，成为成熟的戏曲艺术样式	
	屠隆《昙花记》	形成了明代传奇剧创作的"才子佳人"模式	
	梅鼎祚《玉合记》		
	顾大典《青衫记》		
	周朝俊《红梅记》		

续表3

时间	代表作	发展	影响
明末	吴炳《疗妒羹》	内容上大多是"才子佳人"的科套	形成了"十部传奇九相思"的局面,但结构精致、编织细密、情节奇巧、关目诱人,增加了戏剧性与舞台性
	冯梦龙《双熊记》		
	范文若《鸳鸯棒》		
	沈自晋《翠屏山》		
	孟称舜《娇红记》		

《中国戏剧》一书有云:"明初,由于统治者对南戏施行的扼制政策,传奇发展举步维艰。直至成化、弘治年间才稍有起色,陆续出现了一批根据宋元杂剧或历史故事改编而成的作品。"①明代传奇剧经历了好几个时期的转变:从初期被扼制,到嘉靖隆庆年间进入成熟期,再到明后期的兴盛期。从上表也可看出明代戏剧的内容和形式发生了转变:从早期的宣传风化,到后来的"才子佳人"模式,明代戏剧开创了戏剧史上的一片新天地,另外,这时的剧本创作进入了中国戏剧发展的黄金期。

(三)《二胥记》的创作背景

嘉靖之后,"十部传奇九相思"成了那一时期的代名词,才子佳人之作林立剧坛,成为一道从未有过的风景线,供后人欣赏流连。在当时的社会背景下,随大流的戏曲作家数不胜数,而孟称舜却毅然继承其《残唐再创》的写作风格,意欲打破"十部传奇九相思"的束缚,创作了历史传奇剧——《二胥记》,为明代传奇剧留下了不一样的色彩。

明代末期,不断兴起的市民暴动和农民起义,打破了旧有的平衡和安宁。与此同时,层出不穷的矛盾也在统治阶级内部出现,使得明王朝逐渐走向衰弱和动荡。在这样的社会背景之下,明末的剧作家感受到了浓郁的末世情绪。面对这样的末世,他们只能通过戏剧创作来抒发内心的悲愤,孟称舜便是其中一员。

面对这样动荡的明王朝,孟称舜借用手中的笔写下了《二胥记》这部历史传奇剧。《二胥记》以《史记》为依托,以吴楚之争为背景,讲述了伍子胥、申包胥之间的故事。在作品中,孟称舜极力塑造申包胥舍身为国的忠臣形象,以及伍子胥为父兄报仇的孝子形象。除此之外,这部剧还描写了钟离氏、楚太子等人的种种忠孝节义表现。更值得一提的是,《二胥记》看似是以伍子胥、申包胥为主角,实际上从孟称舜的言语中不难看出他更

---

① 李玲珑:《中国戏剧》,同济大学出版社2007年版,第143页。

偏向于申包胥。笔者认为,孟称舜之所以更偏向申包胥,是因为他想借申包胥这一人物形象来传达自己想为国家尽绵薄之力的愿望,以及想要救亡图存的伟大抱负。《二胥记》中的吴楚之争正如孟称舜所处的明王朝一般动荡不安。受佞臣迫害被贬的申包胥就像屡次落榜的孟称舜一样,满腔热血却报国无门。不同的是,申包胥最后哭秦庭救了楚国,而孟称舜却只能借助戏曲来抒发自己内心的悲愤与决心。

聂付生《浙江戏剧史》有云:"《二胥记》的创作是作者源于对广义的'情'的一种形象思考。"①在这部作品中,孟称舜传递了各种各样的"情",有君臣之情、朋友之情、夫妻之情、父子之情等等。叶长海在《中国戏剧史稿》中也指出:"孟称舜把'性情'之'诚'归之于'正',由此而趋向'道',因而在理论上常常带一点迂腐之气。"②孟称舜虽然打破了传奇剧的界限,但从《二胥记》的内容来看,他还是被当时的封建思想所限制。由此可见,孟称舜的创作一方面是对"情"和"诚"的思考,具有一定的可取性;另一方面也受到时代和思想的限制,具有一定的落后性。

三、《二胥记》研究

《二胥记》不仅是一部反映史实的戏剧,更是一部反映孟称舜内心的戏剧。古往今来,伍子胥的故事为众多人所知晓,但是,知晓申包胥故事的人却少之又少。孟称舜打破常规,将鲜少有人知道的申包胥作为《二胥记》主角之一,将自己的悲愤与抱负寄托在申包胥身上。在剧中,他使申包胥的形象向忠义方面靠拢,面对即将灭亡的楚国,申包胥的内心是悲慨的,但更多的是一腔热血,这不正是写下《二胥记》的孟称舜的真实写照吗?在他的笔下,不仅有三贞九烈的钟离氏,也有入孝出悌的伍子胥,更有忠君爱国的申包胥等人物,在这部作品中,每一个角色都有属于自己的坚持。

(一)《二胥记》中的忠

明代,一个戏剧飞速发展的朝代。在这一时期,明代的文人们用传奇剧的形式,为后人塑造了一系列忠义的人物形象:满腔忠义却被逼上梁山的林冲(《宝剑记》)、忠君爱国却惨遭屠戮的杨继盛(《鸣凤记》)、功勋累累却蒙冤惨死的岳飞(《精忠记》)、辛苦遭逢却赤心不改的文天祥(《崖山烈》)等等。

孟称舜的《二胥记》讲述的是春秋时期的吴、楚柏举之战。在这部剧中,虽然作者一再强调"全忠孝"的观点,但通过对全剧的分析,可以发现作者对于"忠"与"孝"的态度是存在明显差别的。孟称舜《二胥记题词》云:"子胥覆楚,包胥复楚,两者皆千古极快心事。然吾谓为子胥易,为包胥难。"③孟称舜认为伍子胥为父兄报仇是较为容易的,但申包胥救国却是十分艰难的。正如前文所说,《二胥记》是孟称舜抒发内心愤懑的作品,其中包含着孟称舜拯救明王朝的强烈愿望以及报国无门的无奈。这样便不难理解,为什么孟

---

① 聂付生:《浙江戏剧史》,中国戏剧出版社2008年版,第378页。
② 叶长海:《中国戏剧史稿》,上海文艺出版社1986年版,第269页。
③ 吴毓华:《中国古代戏曲序跋集》,中国戏剧出版社1990年版,第201页。

称舜在《二胥记》中着重描写申包胥的形象,同时,更加突出"忠"的重要地位。

《忠经》认为,忠诚是世上最大的德行,是一种品德,更是一种传承,世间万物中没有什么比"忠"更重要。常言道,水能载舟,亦能覆舟。一个国家若是没有百姓的爱戴、群臣的忠心,是很难长久存在的。以秦始皇统治时期为例,秦始皇统一六国并建立了历史上第一个大一统的王朝,同时,也为中国成为统一的多民族的国家奠定了一定的基础,在经济、文化等方面也做出了不少的贡献。从历史进程的角度来看,秦始皇开大一统之先河,为中国历史做出了巨大贡献,但最后却还是"历三世而亡"。这又是什么原因造成的呢?

正如前文所说,水能载舟,亦能覆舟。任何事物都有其两面性,凡事都讲究一个"度"——适度使用是有利的,而反之必有弊害。分析当时的历史背景,秦王朝统一六国既是人心所向,更是大势所趋,故而秦始皇得以统一六国。但是,秦始皇统一六国之后,并没有着力于培养人心,巩固军心;反而做出了"焚书坑儒"一事,使得百官、百姓对大秦失望,对秦始皇失望。故而,秦存三世而亡。由此可见,百姓的支持对于一个国家来说多么重要。换而言之,臣民的"忠"即对君主的支持,对国家的支持。在《忠经·圣君章第二》中对于忠君有这样一段描述:"自上至下,各有尊也。故王者,上事于天,下事于地,中事于宗庙,以临于人。则人化之,天下尽忠,以奉上也。"[1]作为一个君王,在行事的过程中应当秉承大无私的精神,以此才可获得百姓的忠心。都说上行下效,君王以身作则,百姓当以君王的品行奉之。百姓感化于君王的仁政无私,便会以忠心报之。故谓"则人化之,天下尽忠,以奉上也"。

无独有偶,在《忠经·冢臣章第三》这一篇章中,对于冢臣之忠也做了简短的说明:"为臣事君,忠之本也,本立而化成。冢臣于君,可谓一体,下行而上信,故能成其忠。夫忠者,岂惟奉君忘身,徇国忘家,正色直辞,临难死节而已矣。"[2]作为人臣,要把"忠"作为第一要义,群臣忠心,朝廷方可清明。群臣不忠,那么朝中事务难以肃清。"下行而上信"的前提是,君王得民心,群臣共助之;群臣尽忠心,君王永信之。因此,归为一点便是,君王要仁政,群臣要忠心,故而方可达到"临难死节而已矣"的大无畏境界。

从《忠经》的记述中,可以发现对不同阶层的人来说,"忠"有不同的要求。《忠经》的出现为后世研究两汉忠德文化有着巨大影响,更标志着忠德观念在两汉时期已经发展成为一个较为系统、完整的学说。在孟称舜的《二胥记》中我们也可以看到不少关于"忠"的事情,在这部作品中,不仅有君臣之忠,更有夫妻之忠;不仅有大丈夫之忠,亦有小女子之忠。不同的身份性别,对于"忠"的理解与表现也是不一样的。大丈夫忠君爱国是忠,小女子忠夫爱家是忠;大丈夫不辱使命是忠,小女子死守贞洁是忠。

前文叙述了《忠经》对于忠的定义和描述,由上我们大致了解了古人对于"忠"的看法。在《二胥记》中,"忠"有不同形式的表现,有"群臣之忠",亦有"夫妻之忠"。"国乱思忠臣",在楚国危难之时,楚王才想起忠心护楚的申包胥。笔者认为,申包胥这一角色是作者借题发挥、抒发情感的一个角色。正如前文所说,孟称舜《二胥记》创作于明清交际之时,那时朝政日倾,群臣百官置百姓的生活于不顾。孟称舜借申包胥表明自己急于救

---

① 马融:《忠经》,郑玄注,中华书局1985年版,第1页。

② 同上书,第2页。

国的愤懑之情却又对政局的无可奈何,尤其是第二十三出《哭庭》中申包胥所倾注的一腔悲愤。

申包胥七昼夜哭秦庭,谓忠;钟离氏宁死不屈,谓忠。虽男女有别,但那一片赤胆忠心却是一样的。

1. 申包胥之忠

通读《二胥记》我们可以知道申包胥命途之坎坷,想要报效国家却遭奸人陷害,昏庸楚王听信谗言捉拿申包胥。尽管如此,申包胥仍一心爱国,即使一片赤胆忠心无处表,依旧是忠君爱国志向明。在《二胥记》第十一出中有这样一段话:

[解]遥望吴兵似风扫残云的到了,相公怎处怎处? 骤雨擎飙,来得直恁捷,欲行待怎迭。相公,如今也到不了郢都了。且各寻生路者。

[生]我等是休了。如今主上,不知可怎么? 遥想琼楼上,晓风乱飒,怎能勾飞向君傍把双袖遮。

[解]相公,你真是个忠臣! 到了这地位,也念念为着主上。①

面对昏庸的君主、紧逼的故军,申包胥想到的并不是如何保全自己的性命,他想到的仍然是君王。笔者认为,申包胥之忠并不仅仅是为了楚王,更多的应该是对楚国的忠心。其实不难理解,申包胥的种种行为无一不显示着对楚国的忠心。无独有偶,在另一处包胥与钟离氏的对话当中,我们亦可看出包胥爱国的赤胆忠心:

[生]感恩报义属何人。如今谗佞盈朝,宗社将颓,我虽居下僚,实难坐视。意欲上书切谏,只怕天威不测,贻累妻孥,谅夫人贤德,定然不以为怨。

[旦]相公不言,妾正有一言相劝。

[玉芙蓉]君门多虎狼,馋口将人葬。觑满朝中臣宰呵,尽高飞远举,万里翱翔。相公你一封表奏金銮,只怕恼动天颜九族殃。倒不如把朝衣挂,趁荷花正香,钓斜阳,脱却是非场。

[生]咳,夫人说的哪里话。

[前腔]我冲天一剑铓,待净扫烟尘障。怎忍见忠良丧魄,馋口高张;千年故国成墟莽,狐兔纷纷走建章。弃的个将身丧,是为臣理当。向云阳,博得姓名香。②

从上文申包胥与其妻的谈话中,我们可以看出尽管申包胥只是一个普通的官员,甚至没有什么实际的权力,但是他的一腔热血却难以平复。即使知道直言上谏会连累九族,却依旧心系朝廷,企图用一己之力扭转政局。"怎忍见忠良丧魄",他不愿意再看到有忠良因为佞臣之言而奔赴黄泉,他明知天威不可测,却依然愿意为国家、为忠良献身,此等忠义是值得敬佩的! 书中有云:"但俺自念食君之禄,命悬君手,怎做得耕野农夫、采薇高士,把国家祸乱一切置之不问?"③

因此,便有了著名的申包胥七日哭秦庭。秦王本不愿参与楚吴战事,奈何申包胥七

---

① 孟称舜:《孟称舜戏曲集》,王汉民、周晓兰编校,巴蜀书社 2006 年版,第 300 页。
② 同上书,第 269 页。
③ 同上书,第 268 页。

日痛哭秦庭,秦王被申包胥的忠心所感动,故而派兵援助楚国。从上文摘录的文字中,我们可以看出,即使申包胥被奸人所害,被君王所捕,他仍然心系自己的国家。他认为在这样的危急时刻,不可将国家祸乱置之不问。由此,我们更能感受到申包胥为人臣的"忠"。

2. 伍子胥父兄之忠

谈到伍子胥我们想到的是叛楚归吴,在历史的舞台上,各史论家对伍子胥的评价褒贬不一,我们暂且不谈论伍子胥是否忠义,我们且先谈谈伍子胥叛楚之缘由。在《二胥记》中,申包胥出场之时交代了伍子胥一家的情况:"目下楚国主年迈,嬖人费无忌擅政,贪求贿赂,谗害忠良。太傅伍奢进谏,无忌因而诬陷。要将伍奢、伍员父子三人尽行屠害。"[1]

伍奢一心为楚国直言进谏,然而奸臣当道,楚王被奸臣蒙蔽了双眼,不识忠良判处伍奢一家死刑。面对昏庸的君王、谄媚的奸臣,不少当政者选择明哲保身,然而,伍奢等人明知天威难测却依然勇敢进谏。或许,伍奢等人对楚平王还抱有一丝希望,他们也希望楚平王可以因为自己的一番话幡然醒悟。但事与愿违,"叵耐楚王听信费无忌谗言,擒俺父兄并一家三百口,尽行屠害。俺今日自弃一死,亦有何难"[2]。伍奢一家三百口人,唯有伍子胥一人逃出,故谓天威难测,忠诚难当。

司马迁曾说,人的命运最终逃不过一死,或重于泰山,或轻于鸿毛。笔者认为,伍奢明知这是一条死路,但心中的忠义要求他必须向楚王进谏。他不愿意让楚国就此毁在奸佞的手中,他用全家三百口人的性命来为楚国谋求一个出路,虽然结局并不理想,但足以见其对楚国之忠。这便体现了《忠经·家臣章第三》中的"为臣事君,忠之本也",作为人臣,伍奢将"忠"当作为人臣的第一要义。

3. 钟离氏之忠

申包胥出场时有这样一段自白:"继娶夫人钟离氏,仪容窈窕,性格幽闲,愿操井臼以俱隐,不愿轩车而共耀。每见朝事日非,变乱将作,劝俺弃职归田,全身远祸。[3]"

在申包胥的自白中,可以得知其妻钟离氏并不喜欢官场生活,她更喜欢归隐田间的安逸生活。与其说,钟离氏不喜欢官场,倒不如说钟离氏忧于官场的黑暗。然而,尽管钟离氏不愿丈夫卷入这场纷争之中,但当申包胥提出为人臣应当担起臣子之职时,钟离氏是无条件支持的。钟离氏有云:"相公主意已定,妾亦安敢阻挡?只愿皇天监佑,早启辰聪,使相公言而见聪,便是国家大幸了。[4]"

钟离氏对丈夫的支持不乏时代的影响,或者说大部分的女性,甚至是当代某些女性,仍然受到儒家"妻事夫"思想的影响。这种思想影响着一代又一代的女性,即使是第一女历史家班昭也没有跳脱儒家的这样思想,甚至在21世纪的今天仍存在奉行以夫为纲思想的女性。在《二胥记》十四出《全贞》中对于钟离氏的忠贞有具体的描写:

---

① 孟称舜:《孟称舜戏曲集》,王汉民、周晓兰编校,巴蜀书社2006年版,第268页。
② 同上书,第270页。
③ 同上书,第268页。
④ 同上书,第269页。

[前腔][旦]堪耻,我是良家女子,怎当作浪蕊狂花一般看视。

[丑]你是谁家妇女?

[旦]申包胥是我儿夫。他是第一个楚国明贤世家。

[丑]原来是申包胥的夫人,正好与我做姨夫哩!

[旦]须识,夫做忠臣,妻为烈妇。怎猜做乌鸦彩凤两同飞。伯嚭!

[丑]小官有!

[旦]原早赐青萍宝剑,刎首何辞?①

钟离氏虽然被敌军所掳,但是她却能在乱军之中保全自己的贞洁,由此看来,拿"贞""烈"二字来形容她,是极恰当不过的!孟称舜在作品中极力描述这样一个贞烈女子的形象,一方面是对钟离氏忠贞的肯定,另一方面是对中国传统的"妻事夫"思想的肯定。从那个时代的角度来看,"妻事夫"思想是值得颂扬的,但用当代的眼光来看,这种思想却是封建落后的。

(二)《二胥记》中的孝

孝,是中华民族的优良美德之一。常言道,百善孝为先。孔子指出:孝,是德行的根本。身体头发等都是父母赠予的,不敢毁坏,这是孝最初的意义。修养好的品德,为后世所称赞,做到光宗耀祖,这才是孝的最终意义。《诗经·大雅》云:"无念尔祖,聿修厥德。"②往小处讲,孝就是要爱惜自己的身体,不让父母为自己担忧;往大处讲,便是要立身扬名使父母老有所荣。父母是世界上最伟大的人,他们给了我们生命,给了我们好的生存环境,由此古人言,百善孝为先。生而为人,若是连孝顺父母都无法做到,那么又谈何善良呢?

孔子认为对于天子而言,"孝顺"二字不仅仅是对百姓的要求,更是对为人君的要求。孔子认为,对自己亲人爱护关心的人,对待其他人的态度也不会差;对自己的亲人尊重敬爱,那么对待他人也会做到尊重敬爱,不怠慢。因此,对待双亲要关爱和尊敬,对待百姓要用德行教化,这样才能称得上是天子的孝。正所谓,上行下效,天子用自己的实际行动来践行"孝顺"二字,那么百姓见了也会奉行孝道。

除天子孝之外,《孝经》中也有对诸侯之孝的相关描述:"在上不骄,高而不危。制节谨度,满而不溢。高而不危,所以长守贵也。富贵不离其身,然后能保其社稷而和其民人,盖诸侯之孝也。"③守住一方土地,保住君主留下的江山,使得百姓和睦安宁,这便是所谓的诸侯之孝。

此外,《孝经》认为士大夫应当用孝道来侍奉国君,这便是士大夫之"忠"。所谓孝道便是对待父亲与母亲应该怀有同样的崇敬之情,不可有所偏颇;对待兄长也应该有尊敬顺从之心;用孝道侍奉君主,也就是要求士大夫对待君王要像侍奉自己的父母一样。从上述这段话来看,《孝经》中所提倡的孝,不仅仅是孝敬双亲,还要顺从兄长,更要忠君爱国。

---

① 孟称舜:《孟称舜戏曲集》,王汉民、周晓兰编校,巴蜀书社2006年版,第308页。

② 《诗经》,李立成校注,浙江教育出版社2011年版,第222页。

③ 《孝经传家讲解》,于忠伟述评,重庆出版社2008年版,第23页。

《孝经》是阐述儒家孝道思想和以孝治国理论的书籍。从《孝经》的思想内容来看，一个人首先应该爱护自己，因为身体发肤受之父母；其次要顺从兄长，因为以敬事长则顺；再次要孝顺自己的父母；最后要忠君爱国，唯此方可谓之为"孝"。《孝经》将道德、伦理有机地联系在一起，但是在今天，我们在学习其思想时，应当取其精华，去其糟粕，批判性地继承其中的精华部分。

1. 伍子胥之孝

伍子胥是《二胥记》中的主要人物，更是人们熟知的历史人物。正如前文所说的那样，对于伍子胥，历史上对他的评价是褒贬不一的。在此，笔者先针对伍子胥的"孝"做简单的阐述。

伍子胥一家三百口人一夕之间全部丧命，此等家恨使得伍子胥深陷"忠孝"两难的境地。一边是自己国家，一边是生养自己的父母。选择国家，那么他将背负"不孝"的罪名；倘若选择父母，那他又将被贴上"叛国"的标签。自古忠孝难两全，最终在楚王的追杀下，伍子胥选择了孝，故而他投入了敌军的阵营。在作品中，孟称舜借申包胥之口讲述了伍子胥"忠"和"孝"的抉择：

[生]咳！子胥，子胥，我欲教子报楚，则为不忠；教子不报，则为无亲。此事只可任你自主，我则不说你去向罢了！

[南江儿水]若说君臣义，冤仇待怎论。则你一家的父子在刀口殒。都是那个奸臣呵，利齿磨牙施为狼，仇深似海应难忍，教你如何不恨。

[外]吾闻父母之仇，不与戴天履地；兄弟之仇，不与同城接壤；朋友之仇，不与同乡共里。言出无忌之口，听入楚王之耳，俺若不覆楚国，以雪父兄之仇，非为人也！①

楚王无能，听信佞臣之言，滥杀伍家三百口人，可谓是昏庸至极。楚平王仅凭费无忌几句谗言便下令斩杀朝廷忠臣，让子胥如何不恨！因此，在第十五出《鞭尸》中，吴军大胜之后，子胥下令掘楚王之墓，意欲鞭其尸，以泄心头之恨：

[外][点绛唇]鬼面獠牙，气行山峡，难停罢。他罪恶无加，俺怨恨有天来大。费无忌，你跪着！待俺把这昏君罪恶一一数与你听。你若替他解说得来，我倒饶了他罢！

[净]这昏君罪恶，是有几件，老夫也替他解说不得。如今请大人试数，老夫恭听。

…………

[外鞭介]桀杀龙逄，纣杀比干，却也不曾累及他父子妻孥。那桀纣呵，虽则是杀害忠良如当耍，可也伤他只自家。谁似你一个昏君狠贼呵，把人一家的龃龉，何曾肯放些。觑了那白骨纵横乱似麻，冤鬼成群闹晚衙，这一付恶心肠忒狠辣。这该打不该打？②

在楚国和父母之间，伍子胥选择了父母，或者说是楚王迫使伍子胥走上了叛国的道路。费无忌的奸佞之言，楚平王的不明事理，冤死了多少无辜性命，伍子胥因孝叛国也是情理之中。由此可见，在一个国家中，群臣忠，则国家兴；群臣奸，则国家亡。

---

① 孟称舜：《孟称舜戏曲集》，王汉民、周晓兰编校，巴蜀书社 2006 年版，第 274 页。
② 同上书，第 312 页。

2. 楚太子之孝

战争给无数人带来了灾难,在战乱之时,有一线生的机会都显得格外重要。在吴楚之战中,楚军大败于吴军,楚王携妻儿兄弟奔走逃难,途遇一湖,幸得老者相助渡河。然而,湖大船小人又多,渡至湖中,便发生了意外。有云:

[外]我说船小难渡,如今船已将沉,大家都是死了。算只有少了一个,可以久的三个。你们三个选哪一个下水为好?

…………

[旦哭介]这船中看来,只有孩儿是第一疏的了。

[前腔]都来。骨肉一样怎分开。俺叔父父亲,本是并蒂同胎。俺娘呵,又产下孩儿,论死亡惟我分应该。

[贴扯旦哭介]儿,宁可将我打的不着,你一丢丢年纪,怎忍就死了呵?①

身体发肤本就受之父母,楚太子在面临死亡难题时,没有丝毫犹豫,将生的希望留给了自己的父亲与母亲。从上述的对话中可以看出,楚太子年纪尚小,却深知"孝为先"的道理。生与死是一道选择题,有时一念之间便是生死。楚太子用投湖这一行为来传达自己的孝道,以此报答父母的生养之恩。

比较《二胥记》中的孝道思想与《孝经》中的"孝",两者有所相同,但又存在着些许偏差。《二胥记》中的孝更多的是"生与死"之间的抉择,而《孝经》中则更多地强调要孝顺躬亲。笔者认为,《二胥记》中所传达的"孝"并不适用于现代社会;相反,《孝经》中所推崇的"孝"更符合时代的要求,值得学习和推崇。

(三)《二胥记》中的仁

当我们提到"仁"时,最先想到的便是孔子。诚如我们所知道的那样,孔子的"仁学"思想对后世的影响极大。但是,"仁"也分为很多种:兄友弟恭之"仁"、杀身成仁之"仁"。孟称舜在《二胥记》中,为我们展现了楚王与楚王叔之间的兄友弟恭以及申包胥杀身成仁的决心。

1.《二胥记》中仁的含义

孔子认为孝亲悌弟、兄友弟恭是仁的一种外在表现,在《二胥记》中其实甚少谈及仁。全篇主要是从忠、孝、义这三方面铺陈笔墨,但在笔者看来,忠孝仁义四个方面其实是互为补充、相辅相成的。在《二胥记》中,有这样一段话:

[贴哭介]看来叔叔同胞是亲的,妾身异姓是疏的了。

[前腔]思之痛满怀。夫妻本是同林鸟,大限来时各自飞。双宿鸟同楼,限至难捱。我只有一个孩儿,已是死了,还要活他怎的?自弃残生,愿与孩儿同葬荒涯。

[小生泪介]为我一人,害了你母子两个,倒不如我跳下水死了罢!

…………

[外]古云:"人有善恶,天必佑之。"如今世上人,那个不亲妻子,疏兄弟的。客官似

---

① 孟称舜:《孟称舜戏曲集》,王汉民、周晓兰编校,巴蜀书社2006年版,第321页。

你这等好心,老天定然相佑了。①

楚王携妻儿、兄弟出逃时,面对汹涌的湖水,先后放弃了自己的妻儿,但却始终力保自己的兄弟。这一处虽然体现了孔子兄友悌弟的仁学思想,但在笔者看来却是残忍的。在一次次的选择当中,楚王先舍弃自己的儿子,再舍弃自己的妻子,只为保住自己的兄弟。从一方面来看,楚王的选择确实体现了"孝悌也者,其为人之本欤",从中我们也可以看出孟称舜对仁的思考。但是,弃妻儿保兄弟的行为是笔者所不能认同的。

在《二胥记》中,不仅有兄友弟恭之仁,更有申包胥杀身成仁的决心。申包胥一心为楚国,即使被贬至荒野,仍然心系国家。在楚国面临危难的时刻,申包胥毅然挺身而出,孤身前往秦国请兵。七天七夜哭秦庭的行为,终是感动了秦王。因此,楚国的复兴与申包胥杀身成仁的决心是分不开的。

2.《二胥记》与《论语》二者中仁的比较

春秋时期,人们的思想观念出现了崩塌的现象,礼乐制度开始无法满足社会变革的需求。越来越多的社会问题促使人们在精神层面陷入了瘫痪的状态。为满足时代的要求,孔子在不断的思考中提出了自己治国理政的观点——主张"为政以德",政治思想核心是"仁"和"礼"。在他看来,"仁"包含了义、礼、忠、恕、孝等优秀品质。

在《论语·学而》中,有子曰:"其为人也,孝悌而好犯上者鲜矣,不好犯上而好作乱者未之有也。君子务本,本立而道生。孝悌也者,其为人之本欤。"②据此,我们可以看到孔子对于"仁"的第一重理解是——孝亲悌弟。孔子对于"仁"的理解首先着眼于家庭关系之上,他主张父慈子孝,兄友弟悌。在他看来,孝悌是"仁"的外在表现之一,而"仁"是孝悌的本质。

无独有偶,在《论语·学而》中,孔子对"仁"有了另一种叙述:"弟子入则孝,出则悌,谨而信,泛爱众而亲仁。"③在这里,孔子强调的是"仁爱"也有亲疏远近之分,即在社会关系上,孔子是提倡忠恕的。这与老子的"不偏爱"思想是相违背的,但是,相比较而言,笔者认为,孔子"亲仁"的做法是比较符合实际情况的。

徐复观在《中国思想史论集续篇》中说道:"《论语》中'仁'的第一要义是一个人在面对自己时能够做到自觉自省。他认为能自觉自反的人便会有真正的责任感,有真正的责任感便会产生无限向上之心。"④由是观之,"仁"有许多不同的理解,立足点不同,所看到的"仁"也是不同的。

在《二胥记》中,孟称舜主要体现的是杀身成仁、兄友弟恭之仁。在上述篇目中,体现了仁爱的亲疏之分——"弟子入则孝,出则悌,谨而信,泛爱众而亲仁"。在孔子看来,在社会关系中,所谓的仁爱应该有远近亲疏之分。而孟称舜在上文的描述中亦体现了"亲疏"之分,同姓为"亲",异姓为"疏"。这种思想似乎早已根深蒂固,哪怕到今天,也有不少地方的人以姓氏定亲疏。然而,笔者认为这种思想是不可取的,孔子所提倡的仁爱亲

---

① 孟称舜:《孟称舜戏曲集》,王汉民、周晓兰编校,巴蜀书社 2006 年版,第 322 页。
② 《论语》,张燕婴译注,中华书局 2006 年版,第 2 页。
③ 同上书,第 4 页。
④ 徐复观:《中国思想史论集续篇》,九州出版社 2014 年版,第 404 页。

疏适用于"社会关系"之中,但笔者认为夫妻关系并不属于社会关系,故而,笔者不认同孟称舜舍妻儿保兄弟的思想。

(四)《二胥记》中的义

谈及"义",我们的脑海里大概会想起"受恩不忘恩"的韩信,"舍生取义"的关羽,等等。回顾历史,二胥本是好友,即使后来伍子胥投吴弃楚,两人各为其主,两人也维持着好友的关系,互相尊重彼此的选择。为人臣应当忠君为主,为人子应当孝悌为先,为人友则应当鼎力支持。虽然各为其主,但各自都有为之努力的目标,即使两人的目的是相违背的,但是,也正是这种相违背的奋斗目标让我们看到了申包胥与伍子胥之间的友谊。

1. 伍子胥与申包胥之义

孟称舜所著的《二胥记》对于义的描写主要体现在两个主角——伍子胥和申包胥身上。古人云:"道不同,不相为谋。"伍子胥在"家国"之间选择了"家",申包胥则选择了"国"。自此,昔日好友站在了两条相背离的路线,但两人的友谊并没有因此而变质。我们很难去揣测申包胥、伍子胥二人对立时的心态是什么样的,但是我们可以从中知道的是他们两人之间的义达到了一种无关他人的境界。

在前文(《二胥记》中的孝)中,我们看到了伍子胥与申包胥有自己的坚持,一个为家,一个为国。尽管两人志不同,但值得我们歌颂的是他们的友情超越了家仇国恨,更值得一说的是,他们两人都是为了自己的信念而付出了"诚心",伍子胥为家付出了"诚心",申包胥为国付出了"诚心"。两人皆以"诚心"做事,所谓物以类聚,人以群分,这大概是两人结为好友的原因之一吧!综上所述,"义"对于个人、国家都是十分重要的。

2.《二胥记》与《论语》二者中义的比较

孔子大概是中国最早提出"义"的人,在《论语·阳货第十七》当中,他与子路有这样一段对话:"子路曰:'尚勇乎?'子曰:'君子义以为上。君子有勇而无义为乱,小人有勇而无义为盗。'"[①]

孔子将"义"作为君子的最高尚的品德,同时,他也指出了君子无义与小人无义的坏处。如果君子没有义,那么将会发生混乱;如果小人没有义,那么将会出现盗窃这一类的事情。另外,孔子在《论语》的另一篇章中也有关于"义"的解释——"君子喻于义,小人喻于利"。看似很短的一句话,却蕴含着很多道理。孔子的这句话实际上讲出了"义"与"利"之间的辩证关系,哪怕时至今日,"义与利"仍然是我们关注的话题。那么,当两者发生冲突的时候,我们应当如何选择呢?

孔子所倡导的"义"不是围绕"利"而存在的。故在《论语》中,孔子针对"义与利"两者的关系进行了辩证。后孟子又在孔子"义与利"这一辩证思想的基础上,对"生"与"义"也做了一个比较:"生,亦我所欲也;义,亦我所欲也。二者不可得兼,舍生而取义者也。"生命是我想要的,道义也是我想要的,如果两样东西不能同时拥有的话,那么我只好牺牲生命选择道义了。

---

① 《论语》,冯国超译注,华夏出版社2017年版,第236页。

孟子的这番论述实际上传达了一个重要的主张:义重于生。孟子将"义"放到了制高点上,他认为当生和义不能兼得的时候,应当舍弃生,选择义。这样的想法放在现代来看,是不可取的。但是,我们从孔孟的论述中可以看出,在那个时代,"义"比生命更重要,是高于一切的。

人们通常理解的"义"是江湖义气之"义",从上述分析来看,这种理解与孔子的"义"是有差别的。而孟称舜在《二胥记》中,所体现的"义"似乎与江湖义气的"义"更为接近。也就是说,孟称舜所说的"义"与孔子的"义"是不一样的。笔者认为孟称舜所说的"义"是彼此尊重之义:立场虽不同,但彼此尊重,各为其主,各谋其事。仁义是体现一个人的基本价值观,仁是道德情感,义是判断标准。孔子是从宏观的角度对"仁"和"义"下了定义,而孟称舜则是从微观角度来思考什么是"仁"、什么是"义"。两者的角度不同,因此对于"义"的理解也是不同的。

四、《二胥记》与《东周列国志》忠义对比

冯梦龙是明代著名的戏曲家,他的代表作《喻世明言》《警世通言》《醒世恒言》,与凌濛初的"二拍"合称"三言二拍",是中国白话短篇小说的经典代表。同时,他也是晚明吴江派的一员主将。其作品除世人皆知的"三言"外,较为著名的还有《新列国志》(后更名《东周列国志》)等。

《东周列国志》是明末小说家冯梦龙著、清代蔡元放改编的长篇历史演义小说,成书于清代乾隆年间。这部小说写的是西周结束(前789年)至秦统一六国(前221年)的历史故事。小说取材于《左传》《国语》《战国策》《史记》等文学典籍,共108回。《东周列国志》中的人物为我们展现了忠义正直、积极进取、善良坚贞、机智聪明、侠肝义胆的传统文化精神。其中不乏忠孝节义之故事,与孟称舜笔下的《二胥记》有异曲同工之妙,均在"情"的基础上阐述"忠孝仁义"。

冯梦龙在《墨憨斋重定永团圆传奇总评》中云:"古传奇全是家门正传,从忠孝节义描写性情。新剧只将余波点染,纵观发笑。否则以幻怪取异而已。"[1]在冯梦龙看来,只有"从忠孝节义描写性情",才能抒发真性情,才能使戏剧发挥其真正的意义。孟称舜的"情理观"恰恰也表明了同一个意思。储著炎在其《晚明戏曲主情思想研究》一文中这样分析孟称舜的"情理观":"孟称舜的这种以'诚'为本的'情正'论,强调'诚'对于'情'的本体意义与约束作用。他认为,凡是合乎'诚'的'情'就是'正'。另外,孟称舜的这种以'诚'为本的'情正'论,也强调了'诚'对于传统封建道德的鉴别与观照意义。在他看来,凡是合乎'诚'的行为就是节义忠孝。"[2]孟、冯两人的思想在当时的社会背景下,具有一定的进步性,但同样也存在一定的滞后性。

《东周列国志》第72回,楚平王派人来抓捕伍员。伍员知道他的父亲和哥哥都已被杀害,想要逃跑以图报仇,但又担心妻子贾氏。贾氏睁大眼睛对伍员说:"大丈夫含父兄

---

① 高洪钧:《冯梦龙集笺注》,天津古籍出版社2006年版,第213页。
② 储著炎:《晚明戏曲主情思想研究》,中央民族大学2001年博士论文。

之怨,如割肺肝,何暇为妇人计耶? 子可速行,勿以妾为念!"①说完进入房间自缢而死。这一段描写了伍子胥之妻对丈夫忠贞,为不拖累丈夫,宁可牺牲自己的性命。孟称舜在《二胥记》中并没有描述伍子胥妻子的事情,但极力描述了申包胥之妻钟离氏。虽然描述的对象有所不同,但是孟称舜与冯梦龙所提倡的"女子忠"思想是一致的。

再如第 73 回,伍员逃到吴国溧阳后,饥饿求食,在吃过溧阳浣纱女给的饭食后,也要她不要泄露行踪。女子对他说:"嗟乎! 妾侍寡母三十未嫁,贞明自矢,何期馈饭,乃与男子变言。败义堕节,何以为人!"②等伍员离开后,浣纱女抱一块大石,自投濑水中而死。

以上几个片段的描述均是讲女子守节,宣扬了封建礼教的婚姻观念。这种观念于当时的封建社会是有一定积极作用的,但是对女子的身心健康造成了极大的伤害。比较上述两名女子与孟称舜笔下的钟离氏,笔者认为孟、冯二人在女子忠贞方面宣扬的传统思想带有浓厚的封建色彩,如今看来虽然有对封建传统思想的突破,但是仍有一定的保守性和滞后性。

除此之外,《东周列国志》中的"义"倒是与《二胥记》中宣扬的"义"有所不同。《东周列国志》第 72 回,伍员逃出昭关后,得到渔丈人的帮助渡过了大江。临别时,伍员解下价值百金的佩剑赠与渔翁,渔翁笑道:"吾不图上卿之赏,而利汝百金之剑乎?"③伍员又说要以后报答他,渔翁怒道:"吾以子含冤负屈,故渡汝过江。子以后报答我。非丈夫也!"④最后当伍员要他不要泄露行踪时,渔翁仰天感叹,为了自明,居然倒翻船底,自溺于江心。渔翁为表自己的忠义,不忍被伍子胥怀疑,毅然翻入河底。对比《二胥记》中,伍子胥和申包胥之间的义,笔者更欣赏《二胥记》中的义。当国家与朋友发生冲突时,当"忠"与"义"发生碰撞时,孟称舜宣扬的是一种更大公无私的精神——互相尊重才是真正的道义。

结　语

在《史记·伍子胥列传》中,二胥的故事是以伍子胥为主的,但是在孟称舜笔下,在《二胥记》中伍子胥与申包胥的分量却是并重的。在《史记》中,司马迁以覆楚为核心,而在孟称舜笔下,"覆楚"与"复楚"却是并列而行的,由此我们可以看出孟称舜在创作之时亦是带有爱国思想的。在这部作品中,每个主角都有自己的专属的标签:伍子胥——孝;申包胥——忠;钟离氏——节烈;等等。

那么,这样一部体现忠孝仁义的作品在历史上又处于怎样的一种地位呢?

孟称舜所处的时代并不是一个太平盛世,而是一个末世。罗宗强对晚明社会有这样一段描述:"富可敌国与民无立锥之地;歌吹宴饮与饥民流徙;商业的发展与贿赂公行;连绵的水旱灾伤、民变;边境战争不断;皇权的高度集中与政府之瘫痪;阳明心学与程、朱理

---

① 冯梦龙:《东周列国志》,华夏出版社 2013 年版,第 522 页。
② 同上书,第 529 页。
③ 同上书,第 530 页
④ 同上。

学、佛、道各种思想并存、纠结；淫乐、争斗、享乐、四面楚歌。"①而就是在这样一种局势之下，孟称舜创作了一部部歌颂忠孝仁义的作品，似乎用这种方式可以唤醒人们日益麻痹的道德思想。

《二胥记》是孟称舜的大胆尝试，更是对"十部传奇九相思"的突破。一个时代的进步，首先要做的便是打破时代的禁锢，走出固有的模式。孟称舜传奇剧的突破对清代许多传奇剧作家的创作产生了巨大的影响，促进了传奇剧的发展。无论是从内容到形式，还是从思想到题材，清初戏曲作家吴伟业、洪昇等人在戏剧创作上均受到孟称舜的影响。

忠孝仁义是中华民族的传统美德，不一样的时期对于忠孝仁义的看法也是不一样的。在 21 世纪的今天，我们并不赞同楚王舍妻儿救兄弟的做法，但是，按照当时的社会思想，这种亲兄弟的做法却是值得称颂的。在《二胥记》中，作者不仅仅强调男人要忠君爱国护家讲义，同时也强调了为人妻、为人母也应做到贞烈。由此可以得出，时代的不同，人们所接受的思想也是不一样的。

孟称舜的《二胥记》等传奇剧使得忠孝仁义等中华传统美德渐渐登上戏曲舞台，为更多人所见。戏剧文化，不仅仅是文化的传承，更多的是历史的传播、精神的传递。就历史而言，我们能从中看到忠孝的二胥；就文化而言，我们能从中感受到传奇剧的魅力；就精神而言，我们更能从中体会到何为忠孝仁义。

参考文献

[1]徐子方.明杂剧史[M].北京:中华书局,2003.

[2]孟称舜.孟称舜戏曲集[M].王汉民,周晓兰,编集校点.成都:巴蜀书社,2006.

[3]朱颖辉.孟称舜集[M].北京:中华书局,2005.

[4]于忠伟.孝经名家讲解[M].重庆:重庆出版社,2008.

[5]管仲.管子[M].梁运华,校点.沈阳:辽宁教育出版社,1997.

[6]罗宗强.明代后期士人心态研究[M].天津:南开大学出版社,2006.

[7]徐复观.中国人性论史·先秦篇[M].北京:九州出版社,2014.

[8]徐朔方.徐朔方集 第 3 卷 晚明曲家年谱[M].杭州:浙江古籍出版社,1993.

[9]吴庆晏.孟称舜研究[D].上海:华东师范大学,2010.

[10]陈多,叶长海.中国历代剧论选注[M].上海:上海古籍出版社,2010.

[11]叶长海.中国戏剧学史稿[M].北京:中华书局,2014.

[12]廖奔,刘彦君.中国戏曲发展史 第 4 卷[M].太原:山西教育出版社,2000.

[13]徐慕云.中国戏剧史[M].上海:上海古籍出版社,2008.

[14]李玲珑.中国戏剧[M].上海:同济大学出版社,2007.

---

① 罗宗强:《明代后期士人心态研究》,南开大学出版社 2006 年版,第 521 页。

娄春蕃生平考

文思佳

摘　要:绍兴师爷是明清时期幕府制度与绍兴人文背景相结合的产物,是一个地域性、专业性极强的幕僚群体。娄春蕃是"绍兴师爷"这一特殊历史群体中的代表性人物之一。其一生可谓是"绍兴师爷"这一群体之中的典范,但对其研究的人却寥寥无几,研究资料也非常散乱。所以,娄春蕃生平事迹的考证以及资料的整理,对于"绍兴师爷"这一群体的研究是非常重要的。本文从清代幕府制度出发,考证并且整理了娄春蕃的家乡家世、求学生涯、入幕北洋、辞官谢世这四个人生阶段的生平事迹。最后以其生平事迹作为依据,总结了娄春蕃幕学思想的渊源及其幕学思想。

关键词:娄春蕃;生平;绍兴;师爷

引　言

　　肇始于先秦时期的门客制度,经过上千年的演进,成就了清朝师爷制度的大行其道。① 众所周知,"师爷"是清代官府之中为官员捉刀代笔、出谋划策、实际操纵地方政治的人物。② 而在师爷这一群体中,绍兴人出道最早,数量最多,名声最大。③ 于是"绍兴师爷"遂成为师爷这一职业的一种统称。也正因如此,"绍兴师爷"的研究对于清末历史进程走向与社会变迁过程的探索具有重要意义。

　　以往学者对清代幕府的研究,主要集中在对制度的宏观探讨,或者是对刑名幕友、幕府学人、绍兴师爷等群体做综合考察,缺乏对幕友个案的剖析。而绍兴师爷是明清时期幕府制度与绍兴人文背景相结合的产物,是一个地域性、专业性极强的幕僚群体,是清代幕友的主流,在政治舞台、社会生活中扮演重要角色。

　　在绍兴师爷的研究方面,主要著作有郭润涛《官府、幕友与书生——"绍兴师爷"研

---

　　① 薛秀娟、彭红利、彭长江:《清朝师爷制度借鉴研究》,《西南石油大学学报》(社会科学版),2014 年第 4 期,第 97–101 页。

　　② 郭润涛:《官府、幕友与书生:"绍兴师爷"研究》,中国社会科学出版社 1996 年版。

　　③ 冯建荣:《一个特殊的幕僚群体:绍兴师爷论》,《绍兴文理学院学报》,2013 年第 1 期,第 1–7 页。

究》、李乔《中国师爷小史》,项文惠、王振忠、郭建各撰有《绍兴师爷》。其中郭润涛《官府、幕友与书生——"绍兴师爷"研究》一书最为重要,洋洋三十万言,从职业生活史的角度,对师爷的职业生活做了系统深入的考察。该书探讨了清代幕业的成因、人才来源、特点、内容、学成,以及幕友的游幕生活、职业道德规范、职业观念等,对清代州县幕友群体进行了翔实的剖析。有关论文有:郭润涛《试论"绍兴师爷"的区域社会基础》,王振忠《十九世纪华北绍兴师爷网络之个案研究:从〈秋水轩尺牍〉〈雪鸿轩尺牍〉看"无绍不成行"》,陈觉民《绍兴师爷的兴衰》,等等。此外,在新修的《绍兴市志》《绍兴县志》《读书》《绍兴人》等书刊中,载有一些简介性文章。由于个案的资料缺乏,有关绍兴师爷的著作多数停留在对中国师爷的概括介绍层面,实际上对于当时某些具有典型"绍兴师爷"特点的著名幕僚研究较少,特别是对于以娄春蕃为代表的这种一代名幕更是缺少仔细的研究。

绍兴图书馆古籍部藏有《娄椒生先生事略》民国抄本。题为事略,实则文录。收"民国"四年严修等士绅《为请故世道员娄春蕃附祀李文忠公专祠及将其事迹请交清史馆立传一案之禀文》,附批示及娄氏履历清册等。后有娄裕熊《先考椒生府君暨先母屠太夫人行状》、安徽巡抚兼提督冯煦《清故二品衔候选道娄公神道碑》等。另外,在《绍兴图书馆馆藏地方碑拓选》中有沈祖宪为娄春蕃写的墓志铭。沈祖宪是娄春蕃的同乡、朋友兼同僚,所以这个墓志铭对于研究娄春蕃的生平事迹有一定的价值。

本文以《娄春蕃墓志铭》《娄椒生先生事略》等文献资料为研究底本,全面系统地论述了娄春蕃的生平事迹。通过对娄春蕃这一"绍兴师爷"典例的剖析,为清代幕府制度与幕友的研究提供了一个典型个案的考察。

一、时代背景

娄春蕃出生于公元1850年,卒于1912年,所处时代为清朝末期,先后为李鸿章、王文韶、荣禄、袁世凯、杨士骧、端方、陈夔龙的师爷,一生备受礼遇,是清代幕府制度下绍兴师爷的代表。

(一)清代幕府制度

"幕府"原指古代将军府署,后世也将地方军政大吏的府署称作幕府。中国古代权臣、将帅、封疆官吏等引荐亲信人士进入官署参与行事决策的制度称为幕府制度。其制度历史可以追溯到夏、商时代的家臣制与战国期间的养士风习。至秦汉,封建官制体系初创,机制并不完备,各级长官难以单独完成职能,遂"皆有从事假佐",自行招募人员协助办公。魏晋时期幕府职能空前活跃,参军、记室、军师、主簿等幕称开始出现。隋唐曾一度废止自聘幕府而采用节度使幕府编制法定的方式,但同时承认无编制限额的惯例,此时辟用方式开始多样化,拓宽了自聘幕僚的途径,强化了幕主与幕僚之间的主客关系。宋、金、元、明时期,中央强化集权,大量幕职官方化,由中央直接任命。

清代的职官制度更加完备,职官的分工细化,由国家委派幕职的制度已无存在意义,于是,幕僚又变为私聘。而且,被聘入幕者不必拘于出身德行;入聘后的地位,既非正官属吏,又无固定的任期和按品级规定的薪俸。他们只是各级幕主处理政务公事的智囊和代办。一般称师爷或老夫子。其主要职掌是刑名和钱粮两项。清代幕僚的地位，已不能像古之长史参军那样与正官相提并论了。

鸦片战争之后，清政府和督抚大员们在处理解决中外关系以及中央与地方的关系时，都必须考虑到涉外因素，因此，幕府制度其内部结构所涉之职名、职能、具体管理方式等都随之发生了变化。地方督抚对新型人才的引进直接导致幕府中的人员构成发生变化，新型人才增多，又因为洋务和外交已在幕府中占据主导地位，督抚大员幕府的主要职能也随之发生了重大改变，地处沿海及中原的督抚大员的幕府几乎成了主办经济和外交的衙门。

（二）绍兴师爷

师爷是封建官场的一个特殊群体，其宦海生涯充满传奇色彩，他们非官而官，寄人篱下，弄权幕后。[①] 清代师爷职业及其幕业文化由绍兴人开辟，且从事师爷一职的以绍兴人居多，因此常以"绍兴师爷"统称师爷职业。其主要功能为置备顾问、咨议谋划、参与决策、掌握机要、典属文书，乃至迎接宾客、经办庶务或代主巡行出使等。

绍兴人富于入世精神，向重功名，多将当官做吏作为人生第一追求。明代便已有"天下衙官，大半都出绍兴"[②]的说法。清朝初期，绍兴师爷便已开始活跃于官场，沈文奎便曾以"投满营，充教授轻（经）年者中文，兼行营文牍"[③]作为绍兴师爷这一职业在清朝的发展开端。清朝中期，社会安定，统治者为发展社会生产而促进满汉融合，大量任用汉人汉臣，绍兴师爷趁此契机得到大规模发展，各地衙门争相聘用。鸦片战争后，清廷上下逐渐重视对外事务与新型人才的招揽使用，绍兴师爷的规模、地位与历史作用被进一步扩大，封疆大臣与实权官吏竞相私聘师爷以处理日常公务。娄春蕃便先后为李鸿章、荣禄、袁世凯、端方等高官聘用。

"戊戌变法"后，清朝政府逐步改革，裁撤多余机构，停止科举，发展新式教育。晚清司法制度的改革使得师爷的刑名地位被逐步摧毁，财经类专业人才的逐渐诞生使得师爷对钱粮的执掌作用逐渐弱化。绍兴师爷作为一个职业的存在根基受到动摇而逐步没落。

二、娄春蕃生平

（一）家乡家世

娄春蕃，字椒生，对于一代名幕娄春蕃的乡贯归属，《绍兴市志》[④]与《绍兴县志》均予以记载[⑤]，但两志所载存在差别，《绍兴市志》认为娄春蕃为清会稽人；而《绍兴县志》认为娄春蕃乡贯当属山阴安昌。《绍兴市志》第一卷第一章中记载"清宣统三年（1911）八月，

① 钟小安：《幕友·师爷·秘书》，《秘书之友》，2005 年第 7 期，第 7–11 页。
② 冯梦龙：《醒世恒言》，人民文学出版社 1956 年版。
③ 赵任飞：《（民国）绍兴县志资料 第 1 辑》，广陵书社 2011 年版。
④ 任桂全：《绍兴市志》，浙江人民出版社 1996 年版。
⑤ 绍兴县地方志编纂委员会：《绍兴县志 全4册》，中华书局出版社 1999 年版。

并山阴、会稽为绍兴县"①,那么山阴和会稽应该是两个地方。对此,本文查阅了沈祖宪所作的娄春蕃墓志铭中记有"与予同为浙之会稽县人"及冯煦所作之《清故二品衔候选道娄公神道碑》中所载"会稽娄氏世居檀渎村"。

一般认为,人物生平当以其墓志铭为翔实。又参照娄春蕃后人娄兴浩所作之《椒生檀渎归稽山——名幕娄春蕃乡贯小札》中针对娄春蕃故居的考证,"檀渎娄春蕃故居坐北朝南,前后临河,原有照墙、台门、大厅、二厅、后楼、东西厢楼及大厅二厅之间的东西侧厢诸建筑,后门外是双面踏道",故认为"清会稽县檀渎及下皋村,今为绍兴市越城区马山镇檀渎村和皋埠镇下堡村,这就是娄春蕃之故里和归葬之地"。

冯煦所作《清故二品衔候选道娄公神道碑》中有"会稽娄氏,世居檀渎村,世以廉吏著",可知娄春蕃官宦世家出身,其祖父娄德鉴"仁而好善",广施冬衣夏药,所耗颇多而被称为"善人"。"父树年,学行修饬,声隽一蠥",其父娄树年于当地亦是一位极有名望的乡绅。又有"曾祖妣王、祖妣张、朱,妣单、顾,三世并以公贵,赠荣禄大夫,妣皆赠一品夫人"。可见娄春蕃受祖上荣荫,自幼家境优渥,家族地位尊崇。《已故前清道员娄春蕃履历》中有"该故员家世业儒"可见娄春蕃出身书香门第,自幼受此熏陶,其以后的游幕生涯与人生经历也当受此影响。

(二)求学生涯

娄春蕃自幼聪颖,对家藏书籍精心研读,善于作文,为乡邻所推崇佩服。十九岁到杭州"邑庠"读书,所著颇丰。

后受困于科举考试,渐感所学无用,于是北行燕赵,修习法律与经济十余年,"於胜朝掌故,无所不谙,韦编数绝,夜以继晷"。于是"一时法学之精,无与伦比"。

当时法部尚书廷杰、沈家本等都是著名的法律名家,但对于娄春蕃的学识都表示敬服。

学成之后,娄春蕃以贡生身份捐钱换取同知官制,游幕至热河。恰逢李鸿章任北洋大臣兼直隶总督,而幕府之中称心之人甚少,于是对娄春蕃以优厚的礼遇邀请聘用。娄春蕃自此入幕北洋,开始了一代名幕的职业生涯。

(三)入幕北洋

娄春蕃入幕直隶后主要为李鸿章草拟官方文件,其思维敏捷,所写文稿与李鸿章的心意十分契合,久而久之,两人更为默契。虽然李鸿章对部属十分挑剔,但对娄春蕃却十分尊重,凡奏折、刑钱、河工、盐务等皆委托其办理。

娄春蕃就职北洋幕僚期间,总共经历了王文韶、荣禄、裕禄、杨士骧、端方、陈夔龙六任总督,从光绪十五年到民国元年,在幕府合计二十三年。历任总督均延用娄春蕃为幕僚师爷,礼遇有加。直至袁世凯就任大总统后,娄春蕃仍被继续聘用。

入幕北洋的二十多年间,娄春蕃的治政贡献大半体现在了李鸿章的经济奏折与历任总督的公文之中。而其中最主要的贡献是娄春蕃在直隶河道整治与盐务上。当时永定

---

① 任桂全:《绍兴市志》,浙江人民出版社1996年版。

河水患严重,决口事件几乎每年都会发生,百姓苦不堪言,称之为"无定河"。娄春蕃入幕后,对于全省河道都了如指掌,"叠次奏陈,悉由起草,载在册府",为李鸿章制订了一系列切实可行的治水计划。对于决口河道及时封堵,未决的河道提前预防,其方法被辖有河道的各级州县奉为圭臬。在他的治理下,河患减少,每年所省下的国帑无以计算,而百姓的生命财产也得到了保全。光绪初年,长芦盐场税收是清政府每年收入的一大来源,恰逢庚子赔款之时,朝廷向盐商增加赋税比例,而盐商也苦于赋税沉重。娄春蕃设法斡旋,其后代所作之文中记载其"宽大为政,款集而事不扰纲",于是"叠次加价,事举而民不怨",万民称颂。

清朝年间,各省刑事案件之繁重以直隶为最,且有"清季滥刑之习,为世诟病"的说法,可见刑名之混乱。娄春蕃所学专攻法律,治理直隶刑名期间"力矫其弊",二十余年间"维慎维详",以致"直省无冤狱"。其刑名能力为当世所推崇,廷杰、沈家本等人对此也均低眉俯首甘拜下风。对于重刑当死之人,娄春蕃心存仁义,"反复以求其生",反复争取,为他们求取活路,实在不行的便上书刑部裁决"不得而后定上之刑部旨"。

庚子年间,义和团风摩朝野,娄春蕃力排众议主张剿除,并为时任总督裕禄草拟奏折,陈明利害,痛陈义和团为歪理邪说,不能作为依仗。他不主张对外开战,认为"衅不可开",中国以一敌八绝无战胜的可能。1900年,联军进攻天津,幕府人员遁散,只有娄春蕃坚守幕府,苦力支撑,使"天津一隅之地,当六国联军之冲,支持月余"。期间协助裕禄,往来文书皆出自娄春蕃之手,又代总督请求朝廷委任李鸿章与联军议和。

裕禄殉职后,娄春蕃重入李鸿章幕府,协助李鸿章处理议和事宜。而当时战火初平,"案牍散失,库款尤无归束",李鸿章初到之时极难接手,而娄春蕃"于乱时情状,钜细具陈,始无疑阻",辅助李鸿章筹集款项并参赞议和条款至最终达成议和条约,对稳定当时局势起到了至关重要的作用。

(四)辞官谢世

庚子和议之后李鸿章曾想举荐娄春蕃出任京官,娄春蕃听说后极力劝阻。辛亥事变爆发后,娄春蕃认为天津为北京门户当极力保全,于是时刻焦劳以致积劳成疾,在官署中风,于1912年农历正月十八日病故,去世前仍对地方事务殷殷相念。

娄春蕃为幕府僚属总计二十余年,直至去世仍无一官半职。先后为李鸿章、王文韶、荣禄、袁世凯、杨士骧、端方、陈夔龙的师爷,一生备受礼遇,任李鸿章师爷时,凡折奏、刑钱、河工、盐务等要公,均非娄不办,足见其权位之高。幕府期间主要功绩集中表现为:一是治理河道,"指陈形势,相度工程";二是庚子赔款之时治理盐务"严私销之禁,以祛弊窦";在筹集了款项的同时保证了民生的安定,做到了"款已集,而事不扰",为民众所称颂;在庚子国难期间辅助裕禄苦撑危局,患难始终,举荐并辅助李鸿章进行议和谈判,维持国家稳定,堪称一代名幕。

三、娄春蕃幕学思想及行为

(一)幕学思想

娄春蕃为幕二十余年,历六任总督而被沿用不弃,除去其出众的个人才华而言,其幕学思想也堪称清末绍兴师爷之典范。汪辉祖曾在《佐治药言》中认为幕学思想应遵守入幕宜慎、律己立品、尽心事主、亲民便民等入幕原则,为清代各级官幕所推崇。

汪辉祖首先认为入幕宜慎,因为幕业中只有刑名、钱谷收入较高,且要求幕友具有较高的专业素养,能力不足而轻易入幕则误己误人。同时要求幕业人员慎交慎攀慎择主。在这方面,娄春蕃极好地遵循了这一幕学思想,他主学法律、经济十年,在具备了极高的专业素质甚至于法学称为天下首推而后入幕,入幕后才学惊艳,处理事务明达快捷获取了幕主的极大信任。其次娄春蕃择主谨慎,选择了入幕直隶而一展才华,选择有才华及远见的李鸿章为幕主而筹入世之志,并在直隶幕僚任上终老,专于本质,从一而终。

其次,汪辉祖认为幕僚应律己立品,要获得幕主的赏识信任需要注意个人品德修养,清廉自守。娄春蕃在这方面并无太多资料以供考据,不过据其为幕名声来看,备受历任主官器重,交付重任,主管一省刑钱、河道、盐务,可知其人品行操守也当不俗。并且娄春蕃在襄助李鸿章议和成功后拒绝出仕,直至去世仍无一官半职可以看出其为人淡薄严于律己。

就尽心事主而言,娄春蕃于庚子国难期间独守幕府,可谓尽心竭力。在"联军猝至,同僚皆遁"的情况下"独留参帷幄"与主官共据一隅临危不去,作为主官的左右手而与其主休戚与共,可谓尽心。义和团风起之时劝谏主官上述朝廷以禁止对外国挑衅,并在乱局中举荐李鸿章议和,稳定全国乱局,可谓尽言。为幕二十多年,为幕主处理各项事务直至积劳成疾而病故,致使直隶省内河道太平,狱无冤滞,可谓勤事。

娄春蕃为幕期间整治河道,治理永定河患,使永定河从几乎年年决口至数年稳定,在为国家节省开支的同时也保护了大量百姓的生命财产安全。娄春蕃利用自己所长,整顿直隶刑名,使直隶冤狱绝迹被作为全国榜样,使清末滥刑于民的恶状得到了改善。并在强大的赔款压力下斡旋宽免盐商赋税,在筹集款项的同时也维护了百姓的利益,保民便民的思想贯彻了其为幕二十余年的始终。

(二)幕学行为

清末幕府僚属虽非官非吏,但协助与各级主官处理日常事务,是各项政策的实际制定者与执行者,从某种程度上来说,幕僚可以认为亦官亦吏。因此在娄春蕃二十余年的幕府生涯中,如果说幕学思想是其安身立命的思想准则,那么其行为规范则是其处理一切政务的行动指南。

我国历代官篇史训,都把清廉视为立政的根本与为官最基本的品格要求。① 廉洁自

---

① 鲍永军:《绍兴师爷汪辉祖研究》,人民出版社2006年版。

律也是中国自古所传颂的为官美德。为官清廉即包括了防受贿、禁贪污、整顿财务等几个方面。娄春蕃执掌一省钱粮，整顿全省盐务期间，兼顾筹措款项于民生安稳可见其具备极强的财务整顿能力，对各级官吏的防受贿、禁贪污方面也处理得极为出色。

从官民关系上而言，中国自古就有"以民为本"的思想，是古代儒家民本思想的一种反映，认为万民百姓是国家的根本。治国应以安民、得民作为根本。这其中包括亲民恤民、爱惜民力、惩恶去弊等几个方面。娄春蕃治理河道，安息民生是其亲民恤民的吏治思想体现，作为一省的实际治政者，以百姓之务为务。作为一国政府，公事开销均来源于民间，国难之后举国困难，娄春蕃爱惜民力，减免盐商赋税，在筹集款项的同时贯彻了"与民休养，保全民力"的吏治精神。在娄春蕃入职之前，直隶刑名混乱全国皆知，入职后直隶司法则以清明而闻名全国，可见娄春蕃在执掌直隶刑名期间惩恶去弊，改革了司法弊端，整肃了害民之政。

中国官场自古深入汪洋晦涩难明，汪辉祖曾指出："事机百变，非名言可罄，惟积诚两字，上下相宜。"便是说处于官场之中，时事常变，而只有"积诚"二字对于上级与下属来说均为适用。娄春蕃幕府生涯之中，对主官坦诚相待，义和团乱国时对总督、对朝廷均直言劝谏，国难之中不避嫌疑极力支持李鸿章主持局面。而后议和使命完成后拒绝李鸿章举荐，并对李鸿章"逡巡不即北"表达不满，可见其对上以诚，对国以诚。

中国古代文人志向强调"修身，齐家，治国，平天下"，认为官吏的自身道德修养是为官基础，汉代也曾有"举孝廉"的选官制度。同时，汪辉祖也指出"为治不可无才"与"自做则勤，勤则百弊自绝"。即是说为官为吏当时刻保持谨身勤政思想。对于娄春蕃来说，其才学通达，勤于政务，忧心国事甚至于积劳成疾，同时为幕时整理河道、盐政、刑名等事功累累，声名极佳，谨身勤政之名当之无愧。

四、娄春蕃幕学思想基础

（一）家风影响

家风是一个家族代代相传沿袭下来的体现家族成员精神风貌、道德品质、审美格调和整体气质的家族文化风格。家风对家族的传承至关重要。家风是一个有影响力、有美誉度的家族必备的要素，也是一个家族最核心的价值。

娄春蕃家学深厚，娄氏便是绍兴望族，其祖父、父亲均为当地具有相当声望的乡绅，有"三世并以公贵"的说法。因此娄春蕃自幼便受家族熏陶，谨身爱民思想深植心中。其祖父用经商致富之财，广施冬衣夏药，可见娄氏经世济民之家风。良好的家风在无形和潜在地发挥着教育功能，对娄春蕃也有着耳濡目染、潜移默化的影响。通过家庭成员特别是父祖的言谈举止影响着娄春蕃以后的行为方式，也是他成长的风向标。

（二）地域传统文化影响

中国传统的忠君爱国思想是中国传统文化的重要组成部分，这种思想贯穿着中国数千年的民族历史，影响着一代又一代的杰出人物，绍兴一带尤为明显，娄春蕃当然也在其列。

在绍兴的地域的思想中,"忠君"是一项很重要的思想与行为原则,这种原则既要求子民对君王忠诚,同时也要求下属对上级的忠诚。在这种思想下,中国逐渐形成了对于忠诚于"主君"的人物的褒扬与赞颂习惯,中国也自古用"忠臣"与"奸臣"来区分臣子或下属品性的优劣。中国自战国开始便有养士风习,而"士为知己者死"的精神也自古流传,战国期间门客为主赴死的壮举便屡见不鲜且广为人所膜拜赞赏。对于作为幕僚的娄春蕃来说,主官即是其"主君",对于主官的忠诚是一个合格下属的基本要求。这也是外敌来袭而幕府同僚散去之后娄春蕃选择留守与总督共度艰危的精神原因之一。

绍兴也恰好具有与时俱进、奋发有为的名士文化。毛泽东诗句中的"鉴湖越台名士乡"点出了绍兴地域特色文化中的最重要的标志;那就是名士文化。大禹、勾践、范蠡、马臻、王羲之、陆游、王阳明、徐文长、蔡元培、鲁迅、秋瑾等,在历史文献中记载的历代各个领域的代表人物数不胜数,此文化之精粹,即历代名人名士为民族之复兴,为国家之强盛,敢于上下求索,成为政治、经济、文化的思想先驱。他们一生追求的是真理和光明,追求的是民族、社会的文明进步,他们留下的思想、文化遗产,引导和激励后人去实现新的理想追求。此特色文化中,也包括了"师爷文化","绍兴师爷"作为地域性很强的历史群体,其主持正义的精神,以及善用法典的智谋,同样闪耀着名士文化的思想光芒。在名士文化的熏陶下形成的与时俱进、奋发有为的精神是一代又一代绍兴人重要的精神动力,也成为绍兴地域形象的重要标志。

中国封建制度中以儒术为尊,而儒术提倡"仁"的治世思想,自古以来,爱民、养民的官吏便为历代史书所赞扬。民本思想自西周便开始萌生,春秋时期"重民轻神"与"恤民为德"成了较为普遍的思潮,秦汉以后,"重民爱民"便成了历代王朝宣称的基本政治原则之一,对于缓和社会矛盾、维系社会稳定产生了深远影响。这样促成了娄春蕃恤民爱民的理政方式,为民谋利并与民休养,这也是他整治河道、调理盐政、整肃刑名的为政举措背后的精神动力之一。

结　语

本文从中国幕府制度的产生与发展出发,分析了清末幕府制度特点与"绍兴师爷"这一职业产生的时代背景与职业特点,通过文献调研发现对于这一职业的研究缺乏具体事例,针对这一不足展开了对一代名幕娄春蕃的生平研究。本文考证了娄春蕃的家乡、家世背景、求学过程,并着重针对其入幕北洋二十余年的为政举措进行了详细调查。通过分析其为幕经历,总结了他入幕宜慎、律己立品、尽心事主、亲民便民的幕学思想与清廉自律、以民为本、事上接下、谨身勤政的吏治思想,并对其逐一展开了论述。最后,本文探究了其为幕生涯背后的思想基础,从其家学渊源与中国传统文化背景两个方面分析了其为幕思想的精神指导。本文不仅关注娄春蕃的生平事迹,更旨在透过这一典例,对绍兴师爷做系统的历史探讨和文化透视,有助于揭示明清幕府制度的演化以及社会的变迁,进而将文学研究和社会学研究结合起来,探讨文学和社会之间的交互影响。

参考文献

[1]薛秀娟,彭红利,彭长江.清朝师爷制度借鉴研究[J].西南石油大学学报(社会科学版),2014(4):97-101.

[2]郭润涛.官府、幕友与书生:"绍兴师爷"研究[M].北京:中国社会科学出版社,1996.

[3]冯建荣.一个特殊的幕僚群体:绍兴师爷论[J].绍兴文理学院学报,2013(1):1-7.

[4]李乔.中国师爷小史[M].北京:学习出版社,2011.

[5]郭建.绍兴师爷[M].上海:上海古籍出版社,1995.

[6]郭润涛.试论"绍兴师爷"的区域社会基础[J].中国社会经济史研究,1991(4):54-61.

[7]王振忠.十九世纪华北绍兴师爷网络之个案研究:从《秋水轩尺牍》《雪鸿轩尺牍》看"无绍不成衙"[J].复旦学报(社会科学版),1994(4):71-76.

[8]钟小安.幕友· 师爷· 秘书[J].秘书之友,2005(7):7-11.

[9]冯梦龙.醒世恒言[M].北京:人民文学出版社,1956.

[10]任桂全.绍兴市志[M].杭州:浙江人民出版社,1996.

论佛教思想对梅尧臣诗歌创作的影响

叶盛露

摘　要:梅尧臣被誉为宋诗的"开山祖师",其在诗坛上的地位不容忽视。从梅尧臣起,宋诗开创了自己的风格,形成了有别于唐诗的格局。宋初,佛教发展兴盛,禅宗在士大夫之间广泛传播。宋代的诗僧与文人也有着密切的交流,佛教的发展倾向于儒教并与儒教逐渐相融,梅尧臣的诗歌创作也受到了佛教思想的影响。梅尧臣与佛教结缘表现在他与僧侣交游、游历佛寺等方面,而在梅尧臣与僧人交游的过程中,佛教思想对梅尧臣的诗歌创作也产生了一定影响,其影响体现在梅诗意象的选择、诗歌情感的表露及梅尧臣平淡诗风的形成。而在梅尧臣身上,儒、释、道三教合流也有着深刻的体现,辨析梅尧臣对儒、释、道三家思想的态度,对理解梅尧臣的诗歌也有着重要的意义。

关键词:梅尧臣;佛教思想;诗歌创作

引　言

　　梅尧臣被誉为宋诗的"开山祖师",其诗在当时及至整个宋代都享有盛誉。梅尧臣和欧阳修交好,与欧阳修并称为"欧梅",且两人皆为北宋诗歌革新运动的推动者,对宋诗产生了巨大的影响。欧阳修曾为诗自叹弗如:"圣俞翘楚才,乃是东南秀。玉山高岑岑,映我觉形陋。"①司马光曾说:"我得圣俞诗,于身亦何有。名字托文编,他年知不朽。我得圣俞诗,于家果何如。留为子孙宝,胜有千年珠。"②南宋末年刘克庄在《后村诗话》中对梅诗做出了经典的评价:"本朝诗,惟宛陵为开山祖师。宛陵出,然后桑濮之淫哇稍息,风雅之气脉复续,其功不在欧、尹下。"③自梅尧臣起,宋诗形成了有别于唐诗的新风貌,他是宋诗风格转变的关键人物。梅尧臣在宋代诗坛有着崇高的地位,在他的身上,儒、释、道三教合流也有着深刻的体现。梅尧臣的诗文曾多次表明作者自身的儒家立场,儒家思想一直是梅尧臣的主流思想,但佛、道两家的思想对梅尧臣也有着一定的影响。探究佛教思想对梅尧臣诗歌创作的影响,是从一个方面切入研究梅尧臣的诗作及其思想,这对全

---

① 欧阳修:《欧阳修全集》卷五一,李逸安点校,中华书局2001年版,第716页。
② 李之亮:《司马温公集编年笺注(一)》,巴蜀书社2009年版,第159页。
③ 刘克庄:《后村诗话》前集卷二,王秀梅点校,中华书局1983年版,第22页。

方面了解梅诗乃至宋诗都有着重要的意义。

一、佛教在宋初的发展状况

探究佛教思想对梅尧臣诗歌创作的影响,对佛教在宋代的发展情况进行了解是很有必要的。宋代佛教的发展与宋王朝的政策有着很大的关系,宋代的佛教和政权的关系总体是比较和谐的。佛教在宋代的发展也更加本土化、世俗化,与儒家进一步融合。此外,宋代诗僧的数量众多,产生了大量的僧诗。

（一）宋初佛教的发展状况

唐代,佛教的发展处于鼎盛时期,唐代以后,佛教就呈下坡趋势,逐渐走向衰弱。宋初是佛教从低迷走向复兴的重要时期。宋初时,宋太祖和宋太宗改变了后周世宗时期的排佛政策,对佛教采取保护和弘扬,重新构建了佛教与政府的良好关系。宋太祖、宋太宗对佛教采取了一系列的保护政策。宋太祖一上台时就停止了后周世宗的拆毁无敕令的寺院的行为,对寺院采取保护和发展,已毁坏的寺院的佛像允许移置留存,对佛像也采取有意识的保护政策。在佛像修建方面,宋初统治者结合当时经济发展情况,禁止建造金属佛像,也由于民众佛教观念的转变,民间私造的佛像逐渐以木质、泥制居多。此项政策也有效抑制了日后"毁佛铸钱"行为的发生,有利于后世佛教的发展。宋太宗曾为寺院改名、赐名,并下诏重修、建立寺院,允许民间的合法修葺寺院的行为。另一保护佛教的政策为控制僧尼的数量。宋初,试经度僧成了度僧的一般方法,并将此方式进一步制度化、规范化、程序化,明确规定了考试的各项内容和要求。政府对僧尼的数量进行控制,避免了大规模的淘汰僧尼,也为佛教的发展提供了保护。宋太祖、宋太宗也多次巡幸佛寺,参与佛事活动。统治者们参与佛教活动的行为有助于佛教声望的提高,有利于佛教的发展。此外,宋初统治者弘扬佛教文化,印制佛教典籍,奖励高僧,积极地推动了佛教的发展。

宋真宗延续了前朝的佛教政策,他对佛教在政治上的裨益做了进一步的阐述。真宗认为佛教劝人向善、禁恶,劝人不杀、不盗、不惑、不醉,这些都有助于社会的稳定和政权的稳固。真宗也竭力利用佛教笼络人心,为其统治服务。到宋仁宗时期,宋仁宗基本承袭了前朝的佛教管理机构,在度僧、建寺和赐予荣誉等具体方面都进行管理,对于佛教的管理更加完善。宋仁宗时期,各种佛事活动也持续展开,并在不少方面都有所突破,达到了新的高度,这对佛教的发展有着不可忽视的推动作用。与前几代皇帝不同的是,宋仁宗除了利用佛教巩固政权之外,其自身也颇为尚佛,他对佛教的见解也达到了一定的高度。苏轼对宋仁宗与佛教的关系曾作此评价:"臣谨按古之人君号知佛者,必曰汉明、梁武,其徒盖常以借口,而绘其像于壁者。汉明以察为明,而梁武以弱为仁,皆缘名失实,去佛远甚。恭惟仁宗皇帝在位四十二年,未尝广度僧尼,崇侈寺庙。干戈斧质,未尝有所私贷。而升遐之日,天下归仁焉。此所谓得佛心法者,古今一人而已。"①由此可以看出,苏

---

① 郭预衡:《文白对照唐宋八大家文钞 第4册》,广东教育出版社2002年版,第458页。

轼对宋仁宗与佛教关系的评价是极高的,这也表明宋仁宗与佛教的关系十分紧密。宋仁宗对于佛教的推崇很大程度上影响了佛教的发展,并在无形之中提高了佛教的社会地位,为佛教的发展创造了有利的政治环境。

宋初对佛教施行保护和发展政策,其主要原因是佛教"有裨政权,有益世教"。佛教以"来世"规劝民众逆来顺受,给人以幻想和精神安慰。佛教思想对人的教化有利于统治阶级巩固政权、维护统治秩序。

佛教在宋初的发展呈现中兴局面,很多文人都受到了佛教思想的影响。佛教在宋初的发展以禅宗最为兴盛,禅宗在修持方式上求简,禅门语录的风格也更符合士大夫的品位,这也是众多文人士大夫参禅的重要原因。当时的一部分文学作品也与佛教有着紧密联系。文人接受佛教思想的原因在于儒学的衰颓以及宦海的沉浮。除此之外,诗禅相融的诗意禅境是文人在精神方面的重要追求。

佛教在宋初的发展呈现出世俗化的趋势,佛教与儒家进一步融合,与中国传统文化紧密结合,成为中国化的佛教。

(二)宋初的诗僧和僧诗

诗僧的出现、壮大和兴盛与佛教的发展是密切相关的,这也是佛教发展的一大体现。宋初,儒、释、道三教合流,佛教与儒、道两家的思想相融合,并逐渐中国化,佛教的发展也呈现出良好的态势。受到佛教思想影响的士大夫日益增多,文人与僧侣之间的交游也日益密切。这些都促进了诗僧和僧诗的发展,同时也反映出了佛教的复兴。

厉鹗《宋诗纪事》中记载宋代诗僧有 261 人,其数量远远超过《全唐诗》所载的诗僧115 人。而提到宋初诗僧,最著名的便是"九僧"。《温公续诗话》云:"所谓九僧者:剑南希昼、金华保暹、南越文兆、天台行肇、沃州简长、青城惟凤、淮南惠崇、江南宇昭、峨眉怀古也。"[1]九僧在宋初诗坛也占据着一席之地,是"晚唐体"的代表诗人。方回曾作言"晚唐体则九僧最逼真",由此可见九僧在"晚唐体"诗上的造诣。

众所周知,宋初时期先后流传着三个诗歌流派,分别是"元白体""晚唐体""西昆体",当时九僧不满西昆体的浮艳诗风,推崇晚唐时期的贾岛、姚合一派,九僧之间互相唱和,自成一股清雅之风。九僧之中,以惠崇最为杰出,惠崇专精五律,多写自然小景,诗作力求精工莹洁;惠崇亦擅作画,苏轼曾为其画《春江晚景》题诗:"竹外桃花三两枝,春江水暖鸭先知。蒌蒿满地芦芽短,正是河豚欲上时。"

九僧诗注重炼句,并多有佳句,而在题材方面,尤其擅长写景。诗句"琴声沉远木,花影动回廊"(希昼《书惠崇师房》)中"动"和"沉"字便运用得极为生动。还有"草际沉萤影,杉西露月光"(保暹《宿宇昭师房》)、"茶烟逢石断,棋响入花深"(希昼《寄题武当郡守吏隐亭》)等诗句也都妙极。此外,九僧诗带有浓重的感伤色彩,其诗常用"独""苦""秋""寒"等字,有刻意苦吟之习气。九僧诗恪守于贾、姚门径,其诗也带有"晚唐体"诗境狭小的特征,但贾姚诗歌的清新幽远亦被九僧所继承,九僧清新幽远的诗风在宋初诗坛可

---

① 何文焕:《历代诗话》,中华书局 1981 年版,第 280 页。

谓独树一帜,其诗写景清丽,淡泊尘世,清雅内敛。九僧在宋初诗坛开宗立派,正是佛教思想与本土文化进一步融合的表现,九僧诗对宋代僧诗乃至宋诗的发展都有着重要的影响。

除九僧外,宋初诗僧还有赞宁、释智圆、省常等人。赞宁学识渊博,富有学者气;释智圆的诗作意境高远,心静意深,超凡脱俗;省常为诗甚工,创立西湖白莲社。

宋初僧诗的内容大多与山隐林居的清逸生活相关,在山、水、花、草的吟咏中阐释禅理,表明佛意。此外,宋初佛教亲儒,有着明显的崇尚文化的风气和倾向,"文"也成了佛教发展的一大动力,诗僧也是佛、儒相融的结果。此外,僧诗中往往还包涵着诗僧们的现世情怀,因而这些诗歌作品往往呈现出独特的气象。

二、梅尧臣与佛教相关的诗歌

梅尧臣与佛教结缘表现在他与僧侣密切的交游酬唱以及游历佛寺,这些从梅尧臣留下的诗歌作品中便可见一斑。

(一)梅尧臣与僧侣的交游酬唱

梅尧臣在《访报本简长老》诗中云:"比泛苕溪来,初逢卞山雨。雨收精舍出,喜与高僧语。"[1]从此诗尾联中的"喜"字我们便能发现梅尧臣乐于与僧侣交游酬唱。他与僧侣之间往来唱和,留下了许多诗歌作品。方回在《名僧诗话序》中说:"石曼卿于山东演,梅圣俞于达观颖,张无尽于甘露灭,张无垢于妙善果,极一时斤垩磁铁之契。"[2]此中就有提到梅尧臣与达观昙颖禅师的交往,两人相交近三十年,及至嘉祐二年,梅尧臣还与昙颖有诗赠答:

雪窦达观禅师见寄依韵答

岩窦常留雪,山雪不有心。
禅衣百衲重,香刹四明深。
驯鹿来衔果,栽松去作林。
自缘冠绂累,未解远公寻。

在与僧侣的交游酬唱中,梅尧臣与昙颖禅师的交游是最为密切的,两人的唱和诗也最多,如《送达观禅师归隐静寺古律二首》《依韵和达观禅师春日雪中见寄》《依韵和雪窦山昙颖长老见寄》《送昙颖上人往庐山》等诗。此外,梅尧臣还与梵才吉上人(见诗《送梵才吉上人归天台》《寄题梵才大士台州安隐堂》)、怀贤上人(见诗《送怀贤上人归隐静兼寄达观禅师》《隐静山访怀贤上人不遇》)、文鉴大士(见诗《别达观文鉴二大士》《寄文鉴大士》《依韵和达观文鉴雨中见怀》)、可真上人(见诗《寄宣州可真上人》《僧可真东归因

---

① 朱东润:《梅尧臣集编年校注》卷十二,上海古籍出版社2006年版,第204页。
② 张煜:《北宋文人与佛教论稿 心性与诗禅》,华东师范大学出版社2012年版,第143页。

谒范苏州》)、显忠上人(见诗《答显忠上人》《览显忠上人诗》《送祖印大师显忠》)等僧侣
交往密切,据刘守谊的统计,"尧臣早年好与方外释子交往,终其生,与僧隐酬游,见录于
《宛陵集》者,多达七十人"。

梅尧臣在与这些禅师僧侣的交游唱和过程中,即便不是刻意去寻求佛理,但潜移默
化中,或多或少都会受到佛教思想的影响,例如《送怀贤上人归隐静兼寄达观禅师》一诗:

> 适从山中来,复向山中去。
> 为报山中人,莫厌山中住。
> 近城尘土多,乱尔烟霞趣。
> 野蜂衔漆汁,尚欲为蒂固。
> 息此可以安,其能忘我谕。

此诗首联、颔联两句一连用了四个"山"字,凸显出了诗人对清幽山林的流连向往之
情。"近城尘土多"一句描写了城池附近尘土飞扬,惹人厌烦,表现了尘世的纷繁杂事打
扰了诗人欣赏烟霞景色的雅趣。此诗正道出了诗人厌烦污浊烦扰的俗世,向往隐静山水
的归隐思想。

梅尧臣与僧侣的往来酬唱,寄托了他的隐逸思想,为自己的心灵寻到了一处清静之
地。在与僧侣的唱和诗中,梅尧臣可以抒发自己的烦郁之情,表达出对山水的向往之情。
在此过程中,佛教思想也对梅尧臣的诗歌创作产生了一定的影响。

(二)梅尧臣游历佛寺所作诗歌

梅尧臣现存诗歌2900余首,其中与僧侣往来题赠之作有100余首,游历佛寺所作的
诗歌有近20首。如游览采石山广济寺所作的《登采石山上广济寺》一诗:

> 船从山下过,直上见僧轩。
> 系缆当矶石,缘崖到寺门。
> 短篱遮竹溆,危路踏松根。
> 却看沧江底,帆归烟外昏。

此诗的首联和颔联描写诗人乘船至山下,缘崖而行到寺门。颈联和尾联则是景色描
写,短篱遮挡了成片的竹林,小路上处处都能看到松树,遥看向沧江,一道帆影在江烟中
朦胧。此诗描绘了广济寺幽雅静谧之景,寺院在山中遗世而独立,如青竹隽秀,如苍松岿
然。又如《金山寺》一诗:

> 吴客独来后,楚桡归夕曛。
> 山形无地接,寺界与波分。
> 巢鹘宁窥物,驯鸥自作群。
> 老僧忘岁月,石上看江云。

诗作通篇语句都呈现出一种悠远静谧的意境,诗中描绘的景物动静结合,优美而富有情趣。此外,还有《甘露寺》《山光寺》《与正仲屯田游广教寺》等诗歌都是梅尧臣游历佛寺禅院所作。

梅尧臣从家乡到仕宦之途,再到云游四方,他拜访过龙门寺、少林寺、会善寺、广教寺、相国寺、妙觉寺、峻极寺、山光寺、金山寺、齐山寺、甘露寺、西禅院、普明寺、十步院、普净院、永庆院、松林院等佛家圣地。佛寺中幽静的庭院、垂眸看世的大佛、平和超然的禅师,这些都展现出深厚的佛理,让梅尧臣在耳闻目见中更加了解佛教思想,体会佛理禅趣。

三、梅尧臣诗歌中佛教思想的体现

梅尧臣诗歌中的佛教思想主要通过梅诗中所用的佛学意象和梅尧臣的"平淡诗风"来展现。佛学意象寄托着佛教思想,给人以旷达、清净之感;而梅尧臣的"平淡诗风"则是梅尧臣接受佛教思想的体现,其中也体现出佛教的淡泊和旷达的意境。

(一)梅诗中的佛学意象

在与僧侣的交游酬唱和游历佛寺的过程中,梅尧臣的诗歌创作在潜移默化中受到了佛教思想的影响,经常使用含有佛教思想的意象,如《行僧》一诗:

> 风衣何揭揭,有若瓠叶翻。
> 尘土不远去,白云藏白门。

风无端吹动僧人袈裟的衣襟,就好似葫芦叶因风吹而翻卷。尘埃时起时落,白云藏在不远处的山间石门边,似乎在向人们低诉着路途的遥远和传经的艰辛。这是梅尧臣描写行僧在路途中的诗句,诗中出现了"白云"意象,而白云正是佛家常用的比拟"无心"的意象,是自由随缘、空静澄澹的象征。此外还有"蔼蔼苍渚空,悠悠白云起"(《白云和子聪》)、"畴昔人归老,于兹望白云"(《张侍郎中隐堂》)等诗句都有白云意象。

除此之外,梅诗中还有大量的"月"意象,如《寄天台梵才上人》一诗:

> 常观月从东海出,想照石桥旁畔人。
> 试问当年与今日,清光不改只如新。

此诗首句描写月出东海,第二句转向月光照人,颈联和尾联自问自答,写出了当年今日明月清光不改。诗作感叹任世事变迁、时光荏苒,明月只如新。月乃不生不灭之实体。佛教中的"月"常喻指佛性本自圆满清净的教义,《佛说月喻经》曰:"皎月圆满,行于虚空,清净无碍。""犹月行空,清净无碍。譬明眼人,涉履诸险,离诸疑惧。"此处乃指佛性本自清净,犹如明月行空。^① 诸如此类含有"月"意象的诗句还有很多,如:"九陌无人行,寒月净如水。洗然天宇空,玉井东南起"(《月下怀裴如晦宋中道》)、"唯应有素月,相照寒溪滨"(《谢尉西归》)、"迟月月已上,清光在高木"(《迟月》)、"明明云间月,皎皎莫可指"(《云间月》)等。

(二)梅尧臣的平淡诗风

用"平淡"来评价梅尧臣的诗歌创作风格,几乎已经成了一个定论,而梅尧臣的平淡诗风的形成也与佛教思想有一定的关系。梅尧臣言:"作诗无古今,唯造平淡难。"其难就难在这个"平淡"不是"淡而无味",而是淡而有味、富含理趣的艺术境界。

大珠会海禅师有言,"得意者越于浮言,悟理者超于文字"^②,其言乃指超脱繁华虚饰,方能得"意""理",其实质就是讲求"平淡",平淡之处,自有境界。如梅尧臣的《田家》一诗:

> 高树荫柴扉,青苔照落晖。
> 荷锄山月上,寻径野烟微。
> 老叟扶童望,羸牛带犊归。
> 灯前饭何有,白薤露中肥。

作者以平实的笔触描绘出田家景致,诗中使用了大量的意象,如:高树、柴扉、青苔、落晖、山月、野烟、老叟、儿童、羸牛、白薤等,这些常见于山野乡村的景象、人物,展示出诗作的朴实真味,使诗作富有生活气息,细读便能体会到其平淡中暗含的丰富趣味,品味出生活的哲理。

佛教无心无念的生活态度,造就了梅尧臣的平淡心境,也推动了梅尧臣平淡诗风的形成。梅尧臣的"平淡诗风"体现为其诗的"语言的平淡""色彩的清淡"以及"情感的恬淡"。如《秋日村行》一诗便很好地体现出梅诗"语言的平淡":

> 溪雾昼又收,山村夜初晦。
> 饥禽来往飞,远树青红碎。
> 原上楚牛童,屋头吴妇碓。
> 鸡肥酒已熟,野老邀同辈。

诗作整体风格朴素直白,从写景到写人,从山景到村景,从静谧到热闹,通过平淡自然的语言,能够体会到诗句内在的韵味和诗意,语淡而味不薄。梅尧臣在艺术上主张"状难写之景如在目前,含不尽之意见于言外",从诗句中体会到作者的言外之意、景外之感。

---

① 刘艳芬:《试论镜花水月在佛教中的象征意义》,《宗教学研究》,2008 年第 2 期,第 198—201 页。
② 蔡志忠:《漫画大珠慧海顿悟入道要门论》,生活·读书·新知三联书店出版社 2014 年版,第 219 页。

《般若波罗蜜多心经》言:"色不异空,空不异色,色即是空,空即是色。"此佛偈在梅诗中的体现或可理解为"色彩的清淡"。"色即是空",即不需用繁丽的色彩装饰诗句,从而让诗句呈现出原本的色彩,以"淡色"显"真意"。如梅尧臣的诗作《忆吴松江晚泊》:

> 念昔西归时,晚泊吴江口,
> 回堤逆清风,淡月生古柳。
> 夕鸟独远来,渔舟犹在后。
> 当时谁与同,涕忆泉下妇。

诗句中描写了清风、淡月、古柳,虽未有着色,却能从诗中见画,便如同水墨画般以清淡的色彩绘出无边的韵味。此外,"夭桃穠李不可比,又况无此清淡香"(《资政王侍郎命赋梅花用芳字》)、"薄薄远香来涧谷,疏疏寒影近房栊"(《梅花》)、"出舟湖渺渺,月白绝纤氛"(《吴仲庶殿院寄示与吕冲之马仲涂唱和诗六篇邀》)等诗句都呈现出梅诗"色彩的清淡"。

梅尧臣曾说过:"诗本道情性,不须大厥声。方闻理平淡,昏晓在渊明。"[1]又云:"因吟适情性,稍欲到平淡。"[2]譬如《淮南遇梵才吉上人因悼谢南阳畴昔之游》一诗:

> 久已厌宦旅,故兹归江南。
> 始时遽辞邑,不及事春蚕。
> 残腊犹在道,险阻固所谙。
> 扁舟次淮海,喜遇释子谈。
> 契阔十五年,尚谓卧岩庵。
> 偶见如凤期,淹留良亦甘。
> 叹逝独泫然,怀悲情岂堪。
> 班班云中鸟,共看投夕岚。
> 曷不念旧隐,山水唯素耽。
> 我从湖上去,微爵轻子男。

这首诗是梅尧臣"情感的恬淡"的体现,诗人厌宦旅,故兹归江南,欣喜于与释子相遇。"曷不念旧隐,山水唯素耽。我从湖上去,微爵轻子男"两句更表现出作者寄情于山水,展现出诗人淡泊的心志,诗作虽"平淡"却有深味。

梅尧臣受到了佛教思想的影响,并在其诗作中体现出来。佛教随缘任运、豁然旷达、淡泊恬静等思想在梅尧臣的诗作中都有所体现。梅尧臣的"平淡诗风"所展现的"言平""色清""情淡"也包含了玄妙的佛理。

---

① 朱东润:《梅尧臣集编年校注》卷十五,上海古籍出版社 2006 年版,第 293 页。
② 同上书,卷十六,第 368 页。

四、儒、释、道思想在梅尧臣身上的体现

在梅尧臣身上，儒、释、道三教合流也有着深刻的体现。儒家思想一直是梅尧臣的主流思想，而佛、道两家思想在梅尧臣坎坷失意时起到了很大的作用，这两家思想是梅尧臣的一方良药、一处净土。

（一）佛教思想在梅尧臣身上的体现

佛学东来，儒、释、道三教融合，禅与诗的交融是最为精妙的，梅尧臣接受佛教思想，他的部分诗篇体现了佛理与诗歌的融合，其诗作呈现出空灵的意境。如《僧元复院枕流轩》一诗：

> 寺外寒流驶，开轩静者栖。
> 浅深看藻荇，出没爱凫鹥。
> 一悟此中趣，万缘皆可齐。
> 谁来惊节物，岸木长春荑。

此诗中，梅尧臣用佛教的旷达心境将另一种人生体验展现出来："莫言归路无趣，抬头望月，自有一番美景在心头；休说玄理难求，一花一草，无不显道。"[1]一路凭心而观，荇藻、野鸭、鸥鸟，哪一处不是景，哪一处不含理；随缘而行，任运自在，心到处自有妙趣。"一花一世界，一叶一菩提"，细微之处亦蕴含无上的佛理。佛理把自然的一切都看作是佛性的显现，即所谓"青青翠竹，总是法身；郁郁黄花，无非般若"[2]。每一丛翠竹，每一朵黄花，都是佛性真如的体现。

梅尧臣羡慕僧侣闲云野鹤、超然物外的生活，如"平昔爱山水，兹闻庐岳游"（《范待制约游庐山以故不往因寄》）中体现出的山水情怀，以及"煮茗石泉上，清吟云壑间"（《猴山子晋祠以下陪太尉钱相公游嵩山七章其五》）、"不须河朔饮，煮茗自忘归"（《中伏日陪二通判妙觉寺避暑》）中展现的茶韵。

梅尧臣也喜描绘山水之间的佛理，如《东溪》一诗：

> 行到东溪看水时，坐临孤屿发船迟。
> 野凫眠岸有闲意，老树著花无丑枝。
> 短短蒲茸齐似剪，平平沙石净于筛。
> 情虽不厌住不得，薄暮归来车马疲。

---

① 陈利娟：《梅尧臣与禅宗》，《华南理工大学学报》（社会科学版），2003 年第 1 期，第 28—30 页。
② 宋建林：《艺苑耕耘集》，北京时代华文书局 2015 年版，第 182 页。

此诗描写诗人在东溪这一清幽的环境中静坐,从一切都显得宁静自然而又妙趣横生的自然景物中体悟佛理。

除此之外,梅尧臣的《秋日家居》《林翠》《鲁山山行》《登舟》《涡口》等诗作也都渗透着佛家的虚融清净与平和淡泊。

(二)儒、道两家的思想在梅尧臣身上的体现

梅尧臣很看重传统儒家道统,这在他的诗歌作品中有着直接的反映。儒家思想在梅尧臣身上的体现除了诗歌创作外,还有梅尧臣的积极入世行为。梅尧臣始终信奉儒家济世救民的思想,虽宦海沉浮,却仍承受艰辛苦难,执着追求自己的信念。儒家思想始终是梅尧臣的主流思想。如诗《依韵和李君读余注孙子》所言:"我世本儒术,所谈圣人篇。圣篇辟乎道,信谓天地根。"[1]此外,《新息重修孔子庙记》中云:"呜呼,孔子之道与天地久,与日月昭,一郡一邑之庙,不足以光显厥德,报厥功也。"[2]这都表明了梅尧臣对孔子的尊敬和推崇,及其弘扬儒家思想的坚定立场。

道家思想在梅尧臣身上的体现则表现在他对老庄、周易哲学的尊崇。《和潘叔治题刘道士房画薛稷六鹤图六首》《题刘道士奉真亭》《修真观李道士年老贫饿无所依忽缢死因为诗以》等诗都可以看出梅尧臣与道教的交游,但梅尧臣与道士的交游相较于佛教僧侣要少很多。道家崇尚自然,提倡道法自然、无所不容、自然无为,道家思想的表现是乐天知命、超脱达观,梅诗《合流河堤上亭子》便对此有所体现:

> 隔河桑榆晚,蔼蔼明远川。
> 寒渔下滩时,翠鸟飞我前。
> 山药植琐细,野性仍所便。
> 令人思濠上,独咏庄叟篇。

该诗从写景到写思,铺就了一幅宽阔、畅达的画面,诗文展现了道家超脱达观的思想。除此诗外,《上元雪》《赴刁景纯招作将进酒呈同会》《闲居》等作品都能体现出道教思想对梅尧臣的影响。

(三)梅尧臣对待儒、释、道三家思想的态度

儒、释、道三教发展到宋初趋于合流,三教合流也同样体现在梅尧臣的身上。其中儒家思想一直是梅尧臣的主流思想,而佛家"随缘任运""淡泊超脱"的思想以及道家"自然无为""齐生死等万物"的思想都为梅尧臣在经历坎坷、人生失意时提供了精神寄托。

佛教思想影响了梅尧臣的诗歌创作,对梅尧臣的生活处世也产生了一定的影响,但细究梅尧臣与僧侣的交游以及相关诗作,佛教对于梅尧臣或可比作是一处净土、一方良

---

① 朱东润:《梅尧臣集编年校注》卷十,上海古籍出版社2006年版,第159页。
② 同上书,卷十七,第415页。

药。所谓"闲来禅室倚蒲团,幻影浮花入正观。江月松风藏不得,大千俱在一毫端"①。既然人生如幻影浮花,那何必在乎老少、贫富及生死;既然大千世界俱在一毫端,又何须在意这个世界处处存在的矛盾。而梅尧臣与僧侣的交游,也是以"诗"为主,倾向于文人之间的交往,并没有深入探讨佛理。在《送梵才吉上人归天台》一诗中,诗人就较具体地阐明了他对于佛教的态度:

> 顷余游巩洛,值子入天台。
> 当时群卿士,共美出氛埃。
> 荏苒逾一纪,却向人间来。
> 问子何为尔,言兴般若台。
> 虽将发愚闇,般若安在哉。
> 此教久已炽,增海非一杯。
> 我言亦爝火,岂使万木灰。
> 盖欲守中道,焉能力损裁。
> 子勿疑我言,遂以为嫌猜。
> 忽闻携锡杖,思向石桥回。
> 城霞与琪树,璨璨助诗才。
> 嘉辞遍入口,幸足息岩隈。

对梅尧臣而言,儒家思想一直是他的主流思想。梅尧臣一直坚定地弘扬传统儒道,在其诗歌作品中也一直贯彻着儒家思想。而在佛教、道教方面,梅尧臣不崇佛、佞佛,但有着佛家的淡然旷达,且与僧侣有着密切的交游与唱和,其平淡诗风的形成就受到了佛教思想的影响。道家思想对于梅尧臣来说与佛教思想相似,都是梅尧臣遭遇坎坷、挫折后用以抚平创伤的休憩之处。

对于儒、释、道三教,梅尧臣有着明确的定位。终其一生,梅尧臣都坚定地遵循儒家积极进取、治国平天下的思想。然而进取之路何其坎坷,宦海沉浮、人生失意、生离死别,这都是梅尧臣所经历的,当此时,佛、道两家的思想便给予梅尧臣精神的慰藉和心灵的解脱。

结　语

梅尧臣在宋代诗坛有着"开山祖师"的地位,在他的一生中,儒家精神一直是他立身处世的根本,而由于仕途坎坷、家庭变故等原因,佛道思想在梅尧臣心中也占据了一定地

① 萧丽华:《从王维到苏轼　诗歌与禅学交会的黄金时代》,天津教育出版社2013年版,第392页。

位。梅尧臣慕佛但不崇佛,他羡慕脱离俗世的超然生活,在其部分诗作中也有表现出他的隐世思想,这些都是佛教思想带给梅尧臣的影响。佛家思想中的随缘任运对梅尧臣在历经坎坷,内心痛苦时有着很大的影响。

而在佛教思想对梅尧臣诗歌创作的影响中,私以为影响最大的是梅尧臣平淡诗风的形成。在梅尧臣与僧侣的交游中,其中有很大一部分是诗僧。他与僧侣的唱和诗都是咏叹山水、吟咏性情,而不是顿悟佛理的佛偈。僧侣们所倡导的清净的境界和清淡的语言,都在一定程度上促使了梅尧臣平淡诗风的形成。言语平淡却妙趣横生,色彩平淡却赏心悦目,情感平淡却韵味无穷,梅尧臣的平淡诗风不是"无味"而是"深味"。

总而言之,佛教思想对于梅尧臣诗歌创作的影响只是其中的一部分,梅尧臣的诗歌风格也不只平淡一种,探究佛教思想对于梅尧臣诗歌创作的影响是剑走偏锋,只是从梅诗中表现的佛教思想着手,另辟蹊径去探寻梅尧臣诗歌的整体风貌。

参考文献

[1]刘守宜.梅尧臣诗之研究及其年谱[M].台北:文史哲出版社,1980.

[2]林湘华.禅宗与宋代诗学理论[M].北京:文津出版社,2002.

[3]张文利.理禅融汇与宋诗研究[M].北京:中国社会科学出版社,2004.

[4]梅尧臣.梅尧臣集编年校注[M].上海:上海古籍出版社,2006.

[5]周裕锴.宋代诗学通论[M].上海:上海古籍出版社,2007.

[6]赵益.禅与诗:诗意·诗思·宗教与艺术:评周裕锴《中国禅宗与诗歌》[J].四川大学学报(哲学社会科学版),1993(2):72-75.

[7]都业智.梅尧臣的"平淡"论[J].沈阳师范学院学报(社会科学版),2001(1):42-44.

[8]陈利娟.梅尧臣与禅宗[J].华南理工大学学报(社会科学版),2003(1):28-30.

[9]吴莺莺.宋诗的"开山祖师":梅尧臣[J].合肥学院学报(社会科学版),2005(3):54-58.

[10]梁珍明.梅尧臣与佛教[J].广西教育学院学报,2005(2):107-109.

[11]杨慧.顺物玩情 平淡邃美:浅析梅尧臣诗论的平淡说[J].辽宁师范大学学报,2006(4):114-115.

[12]陈远洋.略论梅尧臣与宋诗的关系[J].创新,2009,3(12):72-75.

[13]任翌,姚婷."石齿漱寒濑,高峭带平淡":谈梅尧臣的诗歌风格[J].无锡商业职业技术学院学报,2010,10(6):100-104.

[14]朱存红.承唐启宋 继承开拓:论梅尧臣与宋诗的关系[J].广西民族师范学院学报,2010,27(6):14-18.

[15]张衰月.略论禅宗对唐宋诗人的多重影响[J].三峡大学学报(人文社会科学版),2010,32(S2):113-115.

[16]李正明.近十年来梅尧臣研究综述[J].襄樊职业技术学院学报,2010,9(3):73-75+99.

［17］李萍.梅尧臣诗歌的取材炼意［J］.河北理工大学学报（社会科学版）,2011,11（2）：199-201.

［18］孙盼盼.刘克庄《后村诗话》对梅尧臣诗歌的批评与接受［J］.湖北文理学院学报,2015,36（9）:69-72.

论宋代七夕词

陈笑笑

摘　要：七夕节在宋代是一个重要的节日,现存的七夕词或多或少能反映出当时的政治、经济、文化等情况。本文以唐圭璋主编的《全宋词》为参考依据,对其中收录的一百四十余首七夕词进行研究,由此探讨宋代七夕节的来源以及穿针乞巧、喜蛛应巧、拜织女等节日习俗。同时具体分析宋词中与七夕相关的意象,并且对宋人的爱情观进行探析。

关键词：七夕节；七夕词；节日习俗；爱情观

引　言

七夕,为每年农历的七月初七,是中国的一个重要传统节日。在中国人的心目中,七夕代表着爱情,是中国最具有浪漫色彩的一个节日。自古以来,描写七夕的盛况抑或是描摹由于七夕所触发的情感的诗作数不胜数,宋代亦不例外。宋代虽然在历史上对外软弱,但不失为一个经济繁盛、文化发达的时代,因此七夕在宋代是一个非常重大的节日,宋代七夕的盛况可谓空前绝后。无论是七夕乞巧等相关习俗还是作者由此抒发的人生感触,都在描写七夕的词作中展现得淋漓尽致。在七夕词中,沉浸在爱情美好中的闺阁少女让我们感受到人生的旖旎静好,对牛郎织女的无限追思又让我们慨叹于相爱之人不能相守的人生缺憾,总之,这一天被我们赋予了无限的浪漫色彩。与七夕相关的词牌名也不在少数,如《鹊桥仙》《夜飞鹊》等,只要一看到这些词牌名,就很容易让人联想到这首词的爱情描述。

一、七夕的由来

七夕节,又名乞巧节、女儿节、七巧节或七姐诞,为每年的七月初七,这个节日的由来源于中国古代民间牛郎与织女的传说。关于牛郎织女的传说起源很早,《诗经·大东》就已经对牛郎星、织女星有相关的记载。诗云："跂彼织女,终日七襄。虽则七襄,不成报章;睆彼牵牛,不认服箱。"牛郎星与织女星在不同时间,位置会有所变化,两颗星座遥遥相望,但当时的牛郎星与织女星仅仅是天上的两颗星星,人们还未将它们与传说相结合。

《古诗十九首》也提到牛郎织女的传说："迢迢牵牛星,皎皎河汉女。纤纤擢素手,札札弄机杼。终日不成章，泣涕零如雨。河汉清且浅，相去复几许。盈盈一水间，脉脉不得语。"①其中借助牛郎织女隔河相望的故事表达了一种悲伤无奈的心情，这时候牛郎织女的传说已经初具雏形。

到了三国时期，在牛郎织女的传说中已经将牛郎和织女认定为夫妻关系。曹植在《九咏》中写道："临回风兮浮汉渚，目牵牛兮眺织女。交有际兮会有期，嗟痛吾兮来不时。"唐代李善为曹植的《洛神赋》注释："牵牛为夫，织女为妇。牵牛织女之星各处河鼓之旁，七月七日乃得一会。"曹植的作品中已经认为牛郎织女是夫妇，传说的色彩更加浓厚。可见在三国时期，牛郎星和织女星已经有了一定的传说色彩，说明在东汉末年到魏这段时间中，牛郎和织女的故事大致已经定型。

到了南北朝时期，任昉的《述异记》中牛郎织女的故事已经比较完整："大河之东，有美女丽人，乃天帝之子，机杼女工，年年劳役，织成云雾绢缣之衣，辛苦殊无欢悦，容貌不暇整理，天帝怜其独处，嫁与河西牵牛为妻，自此即废织紝之功，贪欢不归。帝怒，责归河东，一年一度相会。"②宗懔在《荆楚岁时记》中写道："七月七日，为牵牛织女聚会之夜。"③说明到南北朝时期，牛郎织女的传说已经比较完善。

隋唐以后，牛郎织女的故事逐渐被文人墨客引用，杜牧在《七夕》中描绘出清冷的画面："银烛秋光冷画屏，轻罗小扇扑流萤。瑶阶夜色凉如水，坐看牵牛织女星。"白居易的《七夕》也抒发了一种惆怅之情："烟霄微月澹长空，银河秋期万古同。几许欢情与离恨，年年并在此宵中。"

尽管牛郎织女不能长相厮守，尽管他们一年中相见的时间只有短短的一天，但他们始终坚定对彼此的感情，这具有浪漫色彩的爱情成了世间男女对美好爱情的一种向往。

从天上两颗移动的星座，到牛郎织女的传说，再到星座与传说相结合，最后到传说与节日融为一体，七夕节的由来经历了一个漫长的时期，它代表着一种浪漫的情怀。中国古代的闺阁女子对这个节日充满着憧憬，在这一天，她们可以大胆地表达自己的心意，比之平日的谨言慎行，七夕也许是她们能够得到更多自由，可以正大光明的表达自己对爱情向往的日子。

在中国人的价值观里，辛勤劳动，靠自己的努力来获得生活所需，而不是不劳而获。耕田织布、挑水劈柴，虽是平凡之极的生活，在封建社会阶级压迫与经常出现的战乱纷扰之中，却也算得上是难能可贵的平静生活。而道家所宣扬的大道至简，也影响了中国人评价生存方式的价值观。牛郎织女虽是贫寒相守但相濡以沫的爱情让我们更多地体会到生活的岁月静好，而他们由于王母娘娘也就是上天专制意志而分开的悲惨结局又让我们感到无限憾恨。在现实生活中，人们或多或少都会体验到人世的无常与不得已的悲欢离合，人世的艰辛让我们格外珍惜朴素平淡的日子。人们所求的往往不是锦衣玉食的生活，而是格外珍惜与心上人厮守的平淡时光，"只羡鸳鸯不羡仙"，正是这种生活的真实写照。

---

① 刘玉伟、黄硕:《古诗十九首　玉台新咏》,中华书局2016年版,第16-17页。
② 任昉:《述异记》,吉林出版集团2005年版,第35页。
③ 宗懔:《荆楚岁时记译注》,湖北人民出版社1985年版,第85页。

二、宋代七夕词中的节日习俗

每个节日都有其特定的风俗习惯,元夕灯会、清明扫墓、中秋赏月、重阳登高,七夕也有它特有的习俗。七夕的节日习俗大多与牛郎织女的传说相关,也表达出了这时候的人们对爱情的一种美好追求。七夕词中多数都提到了七夕节的节日习俗,或描写七夕节的热闹,或描写闺阁女子的生活方式。

(一)穿针乞巧

汉代已有穿针乞巧的节日习俗,《西京杂记》记载:"汉彩女常以七月七日穿七孔针于开襟楼。"①七夕之夜,女子手执五色丝线和连续排列的七孔针趁月光对月连续穿针引线,将线快速全部穿过者称为"得巧"。多数闺阁女子在这一天都会穿针乞巧以示自己的女红高超,能与织女相媲美。

宋代七夕词中不乏穿针乞巧的词句。曹勋在《忆吹箫·七夕》中写道:"是向夕、穿针竞立,香霭飞浮。"到了傍晚的时候,一排排针已经立起来了,在等着穿针乞巧项目的进行,案桌上烟气缓缓上升,为这美好的一天增添了缥缈浪漫的气息。穿针快者得巧,为这美名,女子们可是花费了不少的心血,她们勤学苦练,就为在这个夜晚能够一举成名。女红作为古代大家闺秀必学的项目,也是她们展现自己能力的一种方式。词中将七夕节时穿针乞巧的情景写得较具体。《醉翁谈录》记载:"其夜妇女以七孔针于月下穿之。"正呼应了"穿针竞立,香霭飞浮"的场景。

柳永写作了许多内容俚俗的词,他的许多词作给后世留下了深刻印象。他在《定风波》中写道:"针线闲拈伴伊坐。"从中可以看出柳永对于日常生活场景的描述是细致入微的。柳永《二郎神》中对这个习俗描绘得也是较为细腻,"运巧思、穿针楼上女,抬粉面、云鬟相亚"。原本在楼上的姑娘现今已经下来,虔诚地手执金针,微抬着脸,望着天上的月亮,美丽的发鬟向下低垂。寥寥数语,将宋代女子对七夕节日的虔诚,将女子对自己穿针技术的追求,将女子对生活热烈的态度都呈现出来。词人将这属于女子的七夕夜写得十分细致,表达出了女子对美好生活的一种期盼和向往。

大多数宋词在提到穿针乞巧这个项目时都是描写穿针前夕的准备或是穿针乞巧的过程,但也有不少词描写穿针乞巧过后发生的事件。赵以夫《夜飞鹊·七夕和方时父韵》中写道:"蛾眉乞得天孙巧,愔愔楼上穿针。"从词中可以看出,乞巧的时辰已过,美丽的女子已经向天上的织女祈求到了灵巧的手艺,现在正在楼上默默地练习着穿针的技巧。这时候她们定是心情愉悦的,"乞得天孙巧"说明女子们已经进行过了穿针乞巧的项目,她们也收获了自己想要的结果,这时候努力练习穿针技巧,是为完成七夕乞巧项目的一种满足的心理。

尽管这只是一个普通的项目,但在不少闺阁女子心中是展现她们才能的机会。闺阁女子展现自己卓越的才能,想展示自己不逊色于织女的灵巧的手艺,这是对生活的一种

---

① 吕壮:《西京杂记译注》,上海三联书店2013年版,第65页。

追求。在宋代七夕词中描写穿针乞巧这个习俗的词句不在少数,大多都是展现这个节日的热闹喜庆以及表现女子心灵手巧,这个项目也是七夕节美好的夜晚的一种开端。

(二)喜蛛应巧

在七夕节,蜘蛛是一种代表祥瑞的动物,"穿针乞巧"项目结束以后,大家都围在桌子边上睁大眼睛看果盆上是否有"喜蛛"在结网,谁先发现,就意味着接下来的日子一帆风顺;或是第二天起来观察自己的小匣子内是否结满了蛛网,若是,则意味着"得巧"。《开元天宝遗事》中有一段记载蛛丝卜巧的文字:"帝与贵妃,每至七月七日夜,在华清宫游宴。时宫女辈陈瓜花酒馔,列于庭中,求恩于牵牛、织女星也。又各捉蜘蛛于小合中,至晓开视,蛛网稀密,以为得巧之候。密者言巧多,稀者言巧少。民间亦效之。"①从中可以看出唐代七夕节是热闹的,喜蛛应巧的习俗从宫内到民间都争相效仿。

宋代也延续着喜蛛应巧的习俗,《东京梦华录》中记载宋人七夕节乞巧的场景:"或以小蜘蛛安合子内,次日看之,若网圆正,谓之'得巧'。"②《梦粱录》同样记载:"或取小蜘蛛,以金银小盒儿盛之,次早观其网丝圆正,名曰'得巧'。"③

宋词中不少词句都提到喜蛛结巧这个活动。石延年《鹊桥仙》:"宝奁深夜结蛛丝,纤五孔、金针不寐。"七夕佳节,穿针、蜘蛛结网都是当时的喜庆之兆,在不少女子眼中,蜘蛛是十分恐怖的,但七夕之夜的小蜘蛛却是大多数女子的期盼之物,精致的小匣子里被结满了蜘蛛丝,蛛网织得越密,寓意未来的日子越好,也为七夕的夜晚增添一抹亮色。蜘蛛卜巧为热闹的夜晚增添了几许乐趣。

葛立方《多丽·七夕游莲荡作》中写道:"想天津、鹊桥将驾,看宝奁、蛛网初抽。"遥想天河,现在鹊桥将要被搭建起来了,看看这精致的小匣子,蜘蛛吐丝,蛛网将成,美好的夜晚将要呈现。匣子里的蛛网织得越密,寓意未来的日子会越平顺。有所寄托的生活显得充实而丰富。

就像《武林旧事》当中描绘的:"以小蜘蛛贮盒内,以候结网之疏密,为得巧之多少。"④少女们以寻找盒子内的蛛网疏密程度来判断自己是否得巧。赵师侠在《鹊桥仙·丁巳七夕》词中呈现七夕夜晚的蛛丝卜巧的场景:"花瓜应节,蛛丝卜巧,望月穿针楼外。"香瓜雕花,正应了这个节日夜晚展示女子心灵手巧的美好氛围。七夕夜晚在月下摆上桌椅,备上鲜花、瓜果点心,果盘上的蜘蛛开始结网,少女们乞求的"巧"已经得到,未来的日子当一帆平顺,再自然的现象一旦被赋予美好的寓意,能给予人一种独有的心理安慰。

蜘蛛结网是再正常不过的现象,但人们赋予它的美好的寓意让这个节日有一种独特的魅力。精致的小匣子里的热闹景象正是少女们内心最期盼的,也是她们平淡的生活中难得一见的乐趣。

---

① 王仁裕:《开元天宝遗事(外7种)》,上海古籍出版社2012年版,第23页。
② 伊永文:《东京梦华录笺注》,中华书局2007年版,第780页。
③ 阚海娟:《梦粱录新校注》,巴蜀书社2015年版,第46页。
④ 周密:《武林旧事》,李小龙、赵锐评注,中华书局2007年版,第85页。

（三）拜月、拜织女

七夕节的时候拜织女、拜月大多是少女、少妇们喜欢做的事。她们大多是和自己的邻里或好友们事先约好，或四五人，有时多至十来人联合举办。仪式举行时，她们会在月光下摆上一张桌子，桌上放置祭品，将裹着红纸的鲜花插在瓶子里置于桌上，鲜花前置一个小香炉。而约好一起参加拜织女拜月活动的少妇少女们，会事先斋戒一天，七夕当天沐浴停当，于约定好的时辰到主办人的家中，对着案桌焚香礼拜。之后大家一起围坐在桌前，谈着自己的生活，吃着瓜子，并对着织女星默念自己的心事。场面热闹，往往玩到半夜才散去。

月亮对她们来说是纯洁无瑕的，拜月是因为心中有所期盼。宋词中不少描写七夕的词句中都提到了少女们虔诚拜月拜织女的场景。姚述尧在《水调歌头·七夕》中写道：“殷勤拜舞，乞寿乞富乞团圆。”闺阁少女在七夕这一夜总喜欢频繁地向月亮、织女星叩拜，然后在月光下翩翩起舞，她们有的乞求家人平安健康，有的希望自家富贵平安，有的祈祷每年都能有这般一家人团聚、和和美美的日子。她们的愿望很小、很平凡，但这是她们内心一种美好的寄托，在她们心中，似乎向上天祈求了，这个愿望有一天就能实现了。这是这个时期的一种风俗，也是这个时代对美好生活的一种向往。

辛弃疾在《绿头鸭·七夕》中以短短数语描绘出七夕夜晚的繁华：“避灯时、彩丝未整，拜月处、蛛网先成。”躲开这个热闹的灯会，大街上为装饰这个灯会而挂上的彩带还未撤下，家家户户的庭院中都在拜月乞求平安康顺，供桌上蜘蛛已经织好了密密的网。这美好的节日，灯会、彩丝、月亮、蛛网将七夕渲染出热闹的氛围。祭拜月亮是为内心的期盼，也是对未来生活的一种追求。

这些词句都是描写少女、少妇们拜月时的场景，不论此前是何场景，但这个时候对她们来说，是传达她们心意的日子，心中有所寄托，未来的日子将有所期盼。

每种习俗是人们对美好未来的向往，在心中有了一分寄托，就好像生活多了一种追求，宋代七夕词中体现出来的不仅是对生活的真实写照，更是对未来的一种期盼。宋代的拜月习俗对中国文化传承有一定的影响，比如说元代关汉卿的《拜月亭》，其中王瑞兰拜月的情节模式就是对宋代七夕词中拜月习俗的一种因袭。

三、宋代七夕词中的意象

（一）天河

在宋词当中，看到天河这个意象，马上能联想到的就是七夕，进而联想到牛郎织女的遭遇。

宋词中天河的别称有很多，斜汉、汉渚、银湾、明河等都是天河的别称，张先在《菩萨蛮·七夕》里写道：“斜汉晓依依。”又比如晏几道在《鹧鸪天》里所说的“桥成汉渚星波外，人在鸾歌凤舞前”，高观国《隔浦莲·七夕》中所写的“银湾初霁暮雨”，吴文英《六么令·夷则宫七夕》言及的“嫠星为情憔懒，伫立明河侧”。

但这些称呼在七夕词中出现的次数相对较少，“河汉”“银汉”“银潢”等在宋代七夕词中出现的次数相对较多,皆达到数十次。吴文英《诉衷情·七夕》中有"河汉女,巧云鬟",苏轼《渔家傲·七夕》提到"皎皎牵牛河汉女",黄裳《洞仙歌·七夕》说"河汉涵秋静无暑",陈师道《菩萨蛮·七夕》中提及"天回河汉斜",谢薖在《鹊桥仙》中描绘"叹银汉、何曾风浪"的场景。杨无咎在《雨中花·七夕》中写道:"乘鹤缑山,浮槎银汉,尚想风流。"李处全的《贺新郎·和俞叔夜七夕》描绘的是另一种场景:"银汉桥成天路稳,乾鹊声声媚妩。"京镗《满江红·壬子年成都七夕》写道:"银汉桥成乌鹊喜,金梭丝巧蜘蛛吐。"张先《鹊桥仙》中有"重城闭月,青楼夸乐,人在银潢影里"的描述。陈三聘《鹊桥仙·七夕》所描绘的"银潢仙仗,离多会少,朝暮世情休妒",韩淲在《踏莎行·七夕词》中提到"柳边新月已微明,银潢隐隐疏星渡",魏了翁《七夕之明日载酒李彭州家》谈到"银潢濯月,金茎团露,一日清于一日"。

宋词中出现天河别称次数最多的当数"银河",达二十一次。柳永《二郎神》:"极目处、微云暗度,耿耿银河高泻。"晏几道《蝶恋花》:"路隔银河犹可借。"苏轼《鹊桥仙·七夕送陈令举》:"客槎曾犯,银河微浪,尚带天风海雨。"秦观:《七夕立秋》"龙辀暗渡银河浪。"吴潜《鹊桥仙·己未七夕》:"银河半隐,玉蟾高挂,已觉炎光向后。"

这些都是对天河的称呼,但这些别称赋予天河别样的寓意。宋人对宇宙万物怀着一种崇敬的心理,天河对他们来说是遥不可及的,但是因为牛郎织女的传说,七夕夜晚的天河成了人们眼中情人分隔的象征。因为天河的存在,牛郎织女才不能相见,不少人为牛郎织女的遭遇惋惜,因此觉得天河是一种阻碍,使他们的爱情分隔。正如晏几道在《蝶恋花》中所写的:"路隔银河犹可借,世间离恨何年罢。"不少人借助天河表达一种不能相见的惋惜之情以及七夕之夜的一种惆怅之感。

在传说中,天河是王母娘娘用头上的发簪在天空中划出来阻隔牛郎织女相见的,是对他们爱情的阻隔,但天河能挡住两个人,却挡不住两颗相爱的心,所以天河是七夕中别样的一种存在。

(二)乌鹊、喜鹊

在民间传说当中,牛郎织女的版本较多,不同的版本中出现的事物也有差别,在古代中国,北方关于牛郎织女的传说中为牛郎织女搭桥的是乌鹊,而在南方人的眼中,乌鹊是一种不吉祥的动物,因此,在牛郎织女的传说渐渐向南传的时候,南方人将传说中的乌鹊改成了喜鹊,有些则改成搭桥的为一半喜鹊一半乌鹊。在唐圭璋收录的《全宋词》的一百四十余首七夕词中,明确使用喜鹊这个意象的有五处,而用乌鹊这个意象的有十六处。

就像天河一样,乌鹊也是牛郎织女传说不可缺少的一部分,天河是他们爱情的阻拦,鹊桥则是他们爱情的连接。不少宋词中都会提到乌鹊或喜鹊这个景象。

乌鹊在七夕词中使用较为频繁,张先《菩萨蛮·七夕》中有"空闻乌鹊飞"。欧阳修的《渔家傲》中有"乌鹊桥边新雨霁"。陈师道《菩萨蛮·七夕》中三次提到了乌鹊:"东飞乌鹊西飞燕""龙车乌鹊桥""银潢清浅填乌鹊"。周紫芝《鹧鸪天·七夕》有"乌鹊桥边河汉流"。京镗《满江红·壬子年成都七夕》写了"银汉桥成乌鹊喜,金梭丝巧蜘蛛吐"。陈三聘《南柯子·七夕》提及"夜深乌鹊向南飞"。宋人在写七夕词的时候使用乌鹊这个意象多于喜鹊,北宋的政治中心位于汴京,牛郎织女的传说在北方较盛行,因而大部分词人在写鹊桥相会的时候会使用北方盛行的版本——乌鹊。

喜鹊是代表祥瑞的鸟儿，在南方人的眼中，喜鹊能带来好运，而乌鹊会带来霉运，所以在牛郎织女传说的流传过程中乌鹊搭桥渐渐被改成了喜鹊搭桥。在许多人眼中，喜鹊架桥更能体现出这种吉祥的意味。欧阳修《渔家傲·七夕》有"喜鹊填河仙浪浅"。晏几道《蝶恋花》有"喜鹊桥成催凤驾"。蔡伸《减字木兰花·庚申七夕》有"喜鹊桥成牛女渡"。姚述尧《洞仙歌·七夕》有"喜鹊儿、向织女报佳期，停机杼，草草便谐欢会"。郭应祥《玉楼春·丙寅七夕》有"休言夜半悄无人，那喜鹊、也须知道"。

无论是乌鹊还是喜鹊，都是七夕文化中不可缺少的一部分，是七夕文化的一种传承，它们在七夕夜晚出现，为牛郎织女搭桥相见，故不少七夕词中在写到鹊桥的时候都表达了一种欢愉之情，是为情人间相见的一种喜悦，也是为七夕夜晚美好氛围的一种由衷之喜。

无论是乌鹊架桥还是喜鹊架桥，都是牛郎织女传说美好的连接，正是它们，予以传说大团圆的结局，呈现出凄美的爱情故事。

（三）月

对中国人来说，月亮是一种特殊的存在，它代表着中国人的一种思乡情结。游子往往会在中秋节的时候大量咏月，抒发自己对家乡的怀念抑或是对家人的思念之情，而平时对月抒情也都是抒发自己对故乡或亲人的思念。

人们耳熟能详的苏轼的《水调歌头》一开篇就写道："明月几时有，把酒问青天。不知天上宫阙，今夕是何年？"中秋佳节，自己独身一人在外，这时候看到月亮想起了自己远在他处的兄弟，也不知道何年何月才能相见，这时候内心的思念只能通过月亮传达。在中秋，月亮寄托思念之情，但在七夕，面对月亮，人们更多的是一种虔诚的态度，是对美好生活的一种向往。

七夕节素来是热闹的，七夕灯会、庙会不断呈现，七夕词中不少句子都带上了月亮。石延年《鹊桥仙》有"一分素景，千家新月，凉露楼台遍洗"。谢逸《减字木兰花·七夕》有"新月弯环浅晕眉"。千家千户都能看到天上的月亮，这时候的月亮似乎将整个大地都清洗了一遍，让这个世界似乎都明亮了不少，这样的月光，是淡雅的，也能抒发人们的心境。七夕的新月给人一种淡雅平静的感觉，同样是新月，在李煜的眼中却是寂寞无奈的，"小楼新月，回首自纤纤"。小楼回望，新月依旧是那样纤巧，回首却只有自己孤独的影子，进而生出"春光镇在人空老，新愁往恨何穷"的愁苦之情。月亮是一种寄托，但不同情境下的月亮传达着不同的情感。

谢薖《鹊桥仙》："月胧星淡，南飞乌鹊，暗数秋期天上。"葛胜仲《鹊桥仙·七夕》："凉飙破暑，清歌萦坐，缺月稀星庭户。"虽然月光不明显，使得大地蒙上一层浅灰色，但是这样的夜晚，天上的宫阙是很美好的，人间都在羡慕天上牛郎织女相会的美好时光，即使月光惨淡，但他们仍坚守初衷在天上相会。

蔡伸《江城子·秋夜观牛女星作》："满院蛩吟风露下，人窈窕，月婵娟。"辛弃疾《绿头鸭·七夕》："避灯时、彩丝未整，拜月处、蛛网先成。"赵师侠《鹊桥仙·丁巳七夕》："花瓜应节，蛛丝卜巧，望月穿针楼外。"月亮是美好的，在七夕的夜晚，它为有情人铺桥搭线，传达它美好的祝福。

张元幹《如梦令·七夕》:"乞巧夜楼空,月妒回廊私语。"七夕夜晚闺楼中都空了,走廊上传来窃窃私语,月亮都妒忌这对情人之间的爱情。词人用"妒"来写月亮,为夜晚渲染上浪漫的色彩。

七夕夜晚的月亮是神圣的,它寄托着人间痴男怨女们的美好心愿。对他们而言,月亮是心灵的一种寄托,祭拜月亮求得未来平顺是心中的一种信仰。月亮,在宋词中体现的是一种美好的人间愿景。

四、宋人七夕词中的爱情观

(一)真挚、坚贞的爱情信念

美好的爱情始于对生活的信任,词人在七夕的时候多数是相信爱情的,他们的心中都有着一种对美好的、坚贞爱情的执着信念。秦观的《鹊桥仙》是宋词中体现爱情的代表作:"纤云弄巧,飞星传恨,银汉迢迢暗度。金风玉露一相逢,便胜却、人间无数。柔情似水,佳期如梦,忍顾鹊桥归路。两情若是久长时,又岂在、朝朝暮暮。"全词借牛郎织女的故事,体现人间的悲欢离合,通过描写牛郎、织女相爱的故事,赋予这对仙侣浓郁的人情味,讴歌了真挚、细腻、坚贞的爱情。秦观将爱情升华到一种高度,将爱情的真挚、坚贞呈现出来,将他对爱情的信念呈现在我们眼前。

当然,有的词写到了坚贞的爱情,也会有人在词中表达对人生的无奈。文人墨客自古多愁肠,即使再美好的日子总会有人有自己的愁绪。七夕是大多数人的好日子,也是不少人心结郁郁的日子。欧阳修的《渔家傲·七夕》系列表达出的是对年年常相见的美好愿景。欧阳修对七夕词的描写多达五首,其中四首是《渔家傲·七夕》。其一云:"一别经年今始见,新欢往恨知何限。"其二言:"千秋愿。年年此会长相见。"其三写道:"归心乱。离肠便逐星桥断。"其四云:"经年岁。犹嗟不及牵牛会。"都表达出了牛郎织女相见不易,也表达了他对牛郎织女遭遇的同情。相比欧阳修在七夕夜的沉重心情,苏轼在七夕节的时候喜欢抒发一种旷达的情怀。苏轼的四首七夕词并不在七夕节慨叹牛郎织女的悲惨遭遇,而是用来体现一种飘逸旷达的人生态度。《渔家傲·七夕》:"明月多情来照户。但揽取。清光长送人归去。"《南歌子·七夕》:"相逢一醉是前缘,风雨散、飘然何处。"《南歌子·七夕和苏坚韵》云:"人生何处不儿嬉,看乞巧、朱楼彩舫。"《菩萨蛮·七夕》:"相逢虽草草,长共天难老。终不羡人间,人间日似年。"

晏几道在《蝶恋花》中写道:"路隔银河犹可借,世间离恨何年罢。"牛郎织女虽然"路隔银河",可每逢七月初七仍有鹊桥相通,而人世间就没有这种福气了,不能相聚的痴男怨女们,什么时候他们的离恨才能消除呢?词人将内心的期盼呈现于纸上,人世悲欢离合让人忍不住慨叹,如果人生没有"黯然销魂者,惟别而已矣"[①]的憾恨,那么人生该是多么的美好啊。

---

① 胡之骥:《江文通集汇注》,李长路、赵威点校,中华书局1984年版,第25页。

无论是写坚贞的爱情,还是通过天上美好的爱情来抒发情感,都是对美好爱情的一种追求。

(二)对天长地久的爱情的向往

美好的爱情是人人都向往的,宋代词人也不例外。尽管许多人在仕途、婚姻上都不美满,但他们对地久天长的爱情始终有一份美好的期盼。

吴潜在《鹊桥仙·己未七夕》中写道:"原来一岁一番期,却捱得、天长地久。"结果一年一年地过去了,但又如何能等得到天长地久呢?但就算对生活少了一分期待,却又不停地想象着自己什么时候能够遇见天长地久的爱情。

陈德武的《玉蝴蝶·七夕》有:"暗想离愁,人间天上古来饶。但心坚、天长地久,何意在、雨暮云朝。"天上人间自古以来多离愁,但只要心意坚定,定能守得天长地久。人的一生当中有着数不尽的离别,有时一别自此再难相见,有时爱情的苗头刚刚呈现,却败给了无穷无尽的分离。天上的牛郎织女一年仅能相见一天,但他们始终坚守本心,在无穷无尽的岁月中始终坚定自己的心,所以,他们的爱情能禁得住岁月的磨砺,长长久久。

词人在向往天长地久的爱情的时候,更多的还是对牛郎织女年年相隔不相见的同情,尽管有的人会羡慕牛郎织女每年能相见一次,经年累月,永不相变,但三百多天的分离换来简短的相见时光也是让人同情的。

在宋词当中不乏对牛郎织女爱情的感慨之作,张先在《菩萨蛮·七夕》中写道:"牛星织女年年别,分明不及人间物。"这是对他们一年到头分别的无奈。人间的情人尚有机会长相厮守,而他们只能遥望天河寄托思念之情。苏轼的《渔家傲·七夕》有:"皎皎牵牛河汉女,盈盈临水无由语。"这是对他们相望无言的无奈。天河隔开的是一对恋人,隔不开的是两颗相恋的心。苏轼与王弗可谓是琴瑟调和,苏轼在王弗去世十年后的一个夜晚于梦中惊醒,发出"十年生死两茫茫"的感叹,对亡妻的思念愈加浓重。苏轼的红颜知己当属王朝云,在王朝云生前,最喜爱为他唱《蝶恋花》,故王朝云去世后苏轼一生再不愿看到这首词。苏轼的爱情也是不幸的,最后只剩下他一个人形单影只,但他相信,相爱的两个人不会因为距离的远近而改变最初的爱意。

多数词人在词作中都表达出他们对牛郎织女的同情,但同时又羡慕他们的爱情。他们对天长地久的爱情有着向往与憧憬,所以在七夕夜晚常常抒发对爱情不能长久的遗憾。

结　语

七夕节是中国人独有的节日,从牵牛、织女星座的衍生,到牛郎织女的传说,再到七夕节日与传说相结合,经过了漫长的时期,才有了七夕的各项习俗与热闹的场景。七夕节自古以来都牵动着中国人的心,宋代七夕词是中国历史长河上一道独特的风景,它引领我们了解宋代的风情习俗、社会风貌,带领我们走进词人的内心世界,它是一块瑰宝,将七夕这个丰富多彩的节日呈现在我们眼前。

参考文献

[1]孟元老.东京梦华录笺注[M].北京:中华书局,2006.

[2]周密.武林旧事 插图本[M].北京:中华书局,2007.

[3]刘歆.西京杂记译注[M].上海:上海三联书店,2013.

[4]脱脱.宋史[M].北京:中华书局,1977.

[5]费著.岁华纪丽谱[M].北京:中华书局,1991.

[6]宗懔.荆楚岁时记[M].姜彦稚,辑校.长沙:岳麓书社,1986.

[7]关海娟.梦粱录新校注[M].成都:巴蜀书社,2015.

[8]刘玉伟,黄硕.古诗十九首 玉台新咏[M].北京:中华书局,2016.

[9]马俊芬.悲喜缠绵七夕词[J].西昌学院学报(社会科学版),2008(1):57-59.

[10]张玉璞,曹瑞娟."七夕"题材诗歌源流考[J].聊城大学学报(社会科学版),2005(1):27-30.

[11]卢小燕.牛郎织女恨《鹊桥仙》中情:宋代《鹊桥仙》七夕相会词的情感内涵及审美效应[J].四川教育学院学报,2007(5):43-46.

[12]李冬梅.宋代七夕词的民俗意蕴[J].济源职业技术学院学报,2013,12(1):117-120.

[13]程民生.七夕节在宋代汴京的裂变与鼎盛[J].中州学刊,2016(1):114-119.

[14]张锡梅.从七夕词看宋代文人的爱情观[J].读与写(教育教学刊),2007(6):8+29.

[15]胡银元.须知此景古今无价:试论宋代七夕词中的牛女爱情观及其发展历程[J].安徽文学(下半月),2007(11):77-78.

[16]蒋秀英.细说中国古代的妇女节:七夕乞巧民俗事象论[J].北方论丛,1999(5):75-80.

[17]陈祖美.宋四家"七夕"词新论[J].文史哲,1992(4):76-83.

[18]贺闱.宋代节日词研究:一个文献综述[J].重庆社会科学,2013(2):78-83.

[19]薛以伟.浅谈"七夕"传说与诗词[J].彭城职业大学学报,2000(2):40-43.

[20]黄世民.宋代七夕诗词的发展与流变[J].怀化学院学报(社会科学),2006(4):111-114.

[21]蒲向明.从唐宋七夕诗文看乞巧在陇南的流传[J].重庆三峡学院学报,2014,30(4):99-103.

[22]张爱美.七夕诗织女原型解读[J].中国石油大学胜利学院学报,2007(1):29-31.

[23]丁小纯.七夕诗源流考论[J].内蒙古民族大学学报(社会科学版),2015,41(3):29-32.

[24]周淑芳.七夕诗:自然燃烧和温暖诗人灵魂的火焰[J].延边大学学报(社会科学版),2002(3):92-95.

[25]牛会娟,江玉祥.七夕的习俗[J].文史杂志,2014(1):38-41.

[26]赵逵夫.连接神话与现实的桥梁:论牛女故事中乌鹊架桥情节的形成及其美学意义[J].

北京社会科学,1990(1):74-79.

[27]王帝.牛郎织女神话传说及其演变[J].贵州文史丛刊,2006(1):25-30.

[28]孙续恩.关于"牛郎织女"神话故事的几个问题[J].武汉大学学报(社会科学版),1985(3):103-107+95.

[29]付湘虹.同是借鹊情各异:"鹊"的文化意蕴探究[J].北京科技大学学报(社会科学版),2006(3):86-91+98.

论中国古代诗歌中的"回归"主题

林佩佩

摘　要:"回归"是中国古代诗歌中的重要主题之一,自《诗经》以下,源远流长。"回归"主题有五大类型特别值得关注。它们各有自己的内涵与特色,但又殊途同"归",有着共同的深刻意蕴和中国传统文化内涵。探讨中国古代文学中的"回归"主题及其精神意义,不仅是从一个侧面深入理解中国传统文化,也有益于当代精神文明的建设,给予世人心灵世界的良性启迪。

关键词:"回归"主题;中国文学主题学;文化内涵;当下意义

引　言

"主题"是指文学作品表达出的思想内容,其作为西方文论的术语,大致相当于中国古代文论中的"立意"。"主题学"作为一个在文学史上与文化史的动态发展流程中,把握文学细胞基本形式和思想观念流变的学科,也是一个非常具有反传统性、具有多重挑战性的学科,介乎比较文学、民俗学、民间故事学、国别文学观念史等交叉领域,也是与通常的文学理论有着较大区别的理论方法。具体来说,它是在民俗故事学研究基础上,拓展为对文学主题、母题、题材、人物、意象、情境等在不同时代(国别、地区、民族)演变的研究,而且需要研究主题相关因素表现的过程、规律、特点和成因,以及它们在世界文学中的同一性和差异性。① 主题学理论的产生是由来已久的,在 19 世纪,德国的民间故事与童话传说编辑研究是主题学的摇篮,而后 19 世纪中叶,部分学者对印度的寓言、童话和民间故事进行研究,使得主题学逐渐成熟。20 世纪 60 年代,主题学在西方复苏。20 世纪 80 年代中期后主题学逐渐被融入流行的各个课题中,因而在国际学术界认为主题学已经成为一个交叉学科,主题学在各个学科中的重要性显而易见。而带有方法论性质的主题学虽是源于西方,但在中国古代文学中主题学思想已经产生与发展了。我国古代的主题学思想在古代类书的编纂、诗文的笺注时就已经产生萌芽了,而后在诗词、传奇故事等中古代主题学思想不断拓展。在 20 世纪,中国的文学主题学研究大致可分为三个阶

---

① 王立:《文学主题学与传统文化》,中国社会科学出版社 2016 年版,第 1 页。

段:20 年代时,以顾颉刚的《孟姜女故事的演变》为标志表明中国文学主题学研究的理论和方法论意识的确立;70 年代,中国文学主题学从停滞不前的低谷中走出来逐渐地恢复生机,1979 年 8 月钱锺书先生以读书笔记的形式所著的《管锥编》出版了,该书是以文学主题学思想为经纬构建,特指揭示出中国传统文学的继承仿拟性,为当时复归的主题学树立了样板;80 年代以后,文学主题学研究逐渐成熟,而后的发展更是获得了广泛的影响,主题学的研究从各方面形成更有效的发展。文学主题展现的价值观及其稳定性,虽然无法完全指向具体的个体行为表现和思想活动,但还是可以以此折射出古代文人的部分心理思想、现实环境及其创作因素。

中国古代文学中有着大量的主题,如惜时、相思、出处、怀古、悲秋、春恨游仙、思乡、黍离、生死等,其中"回归"主题是典型的一类。自然界中存在着各种各样的"回归",像是在太平洋每年都有成千上万的鲑鱼会在特定的时间回到它们的出生地繁衍下一代;植物随着一年四季的变化,春天开花,秋天结果,年年轮回;宇宙天象也存在着"回归",太阳经过一天的东升西落后,在新的一天里总能回归到一日之初的样子……而本文所研究的"回归"指的是关于人的各种回归,比如,在空间上,游子在外漂流后回到家乡的回归;在精神上,从尘世的浮躁中得到心灵的栖息,回归初心;在情感上,女子出嫁找到归宿,全身心地依托于丈夫,寻到了另一半;等等。这些都在本文"回归"主题的探讨之中。

中国的"回归"主题源远流长,《诗经·唐风·葛生》中"夏之日,冬之夜。百年之后,归于其居。冬之夜,夏之日。百岁之后,归于其室"表达了妻子对已离世的丈夫无尽的思念,愿死后能与丈夫同穴,认为这样才是她真正的归属,而这就是一种"回归";《诗经·豳风·东山》中"我徂东山,慆慆不归。我来自东,零雨其濛。我东曰归,我心西悲"描述的是一种战士在战争结束后归家的"回归";陶渊明的《归鸟》中的"翼翼归鸟,戢羽寒条。游不旷林,宿则森标。晨风清兴,好音时交。赠缴奚施,已卷安劳"描述的是一种归隐田园山林的"回归"……中国古代文学中关于"回归"主题的诗文繁多,以此表现出的"回归"现象也存在着好几类,"回归"主题在中国古代诗歌史上是非常常见的主题之一,因此对中国古代文学中的"回归"主题的研究是很必要的。

"回归"主题在中国古代诗歌中的重要性与普遍性不言而喻,但近现代对"回归"主题进行系统而又专门的研究少之又少。与"回归"主题相关的学术研究还是不在少数的,例如,王惠发表的《魂归荒野:论中国古代山水诗的回归主题》、雒海宁发表的《王维山水田园诗的禅意和回归主题》等。如此有针对性地研究某一类"回归"主题的有很多,但总体上系统的研究是不多的,所以本文针对这样的研究现状,在主题学的视野下,对中国古代文学——主要从诗文中的"回归"主题进行系统地、较完备地探讨研究。

一、"回归"的释义及古代诗歌史上的"回归"主题

(一)"回归"的释义

"回归"从字源学上看可分为"回"与"归"来解释分析。《说文解字》:"回,轉也。从

口中,象回转形。"①"回"字本义表示为转,即以圈状的轨迹不断旋转、扩展。《说文解字》:"歸,女嫁也。从止,从婦省。"②"归"字本义表示为女子出嫁,如《诗经·周南·葛覃》:"害瀚害否,归宁父母。"其中"归宁"就是指出嫁了的女子回娘家看望父母。除了本义外,"归"字还有着许多引申义,常见的像是《广雅疏证》中提及的"归,返也",也是"归"的意义之一,且在如今的现实生活中常引此意。再如范仲淹的《岳阳楼记》中"微斯人,吾谁与归"的"归"字,解释为"归依,归到一处"。又如成语"殊途同归"的"归"意为"趋向或集中于一个地方",可与"归宿"的"归"解释为同一意义,表示最终趋向于一个地方。在古诗词中很少将两者连用,但发展至今的"回"与"归"字在本义的基础上其意义也有所延伸。我们从两个字的本义上看,可以联系两者加以理解,"回归"或可理解为某人或某物以圈状的轨迹进行往返的活动。"回"在现今运用时有"返、还、重归"的意义,而"归"亦有"返回、回来"之意,因此两个字在意义上有着相通点,那么"回归"一词我们可以较为通俗地解释为"回还、返回"。

(二)古代诗歌中的"回归"主题源远流长

"回归"主题在中国古代文学中源远流长,顺着历史脉络可以从春秋战国直至唐宋时期的诗词古文中寻找到"回归"主题的存在。《诗经》中关于"回归"主题的诗句如《唐风·葛生》的"夏之日,冬之夜。百年之后,归于其居。冬之夜,夏之日。百岁之后,归于其室"。又如《豳风·东山》的"我徂东山,慆慆不归。我来自东,零雨其濛。我东曰归,我心西悲"。此外,还有《周南·桃夭》里描写女子欢喜出嫁场景的"桃之夭夭,其叶蓁蓁。之子于归,宜其家人"。《小雅·采薇》中讲述将士久戍不归的思乡之情的"采薇采薇,薇亦柔止。曰归曰归,心亦忧止。忧心烈烈,载饥载渴。我戍未定,靡使归聘"。《楚辞》在古代文学中开创了浪漫诗歌的新篇章,"回归"主题在《楚辞》中也展现不少。不仅有《山鬼》中"怨公子兮怅忘归,君思我兮不得闲"的回归家乡的"回归",还有《招隐士》"王孙游兮不归,春草生兮萋萋。……王孙兮归来!山中兮不可以久留"里的超乎空间上之"回归"。

中国的历史经历着数次的朝代更迭,社会无情地动荡,文学日新月异地发展,但是"回归"主题一直存在着并且不断地衍生着。从汉代开始《史记·高祖本纪》中的"大风起兮云飞扬,威加海内兮归故乡"借着自然现象却表达出刘邦的豪情壮志,东汉张衡《归田赋》的"感老氏之遗诫兮,将回驾乎蓬庐"表现出对归隐山林的决心,东汉时期《古诗十九首》中"思归故里闾,欲归道无因"表现了浓浓思归之情。到动荡流离的魏晋南北朝时期,关于文学中的"回归"主题更加丰富多彩了,东汉曹操《苦寒行》"我心何怫郁?思欲一东。水深桥梁绝,中路正徘徊"里的悲凉思家之情,孔融《杂诗》"白骨归黄泉,肌体乘尘飞。……孤魂游穷暮,飘飘安所依?"是悲痛地悼念幼子夭折。魏文帝曹丕的《燕歌行》"慊慊思归恋故乡,君为淹留寄他方"刻画出时时盼望远方的丈夫能归家的深闺妇人形象,魏晋陆机的《门有车马客行》"念君久不归,濡迹涉江湖"里诗人急切地迎接远涉久

---

① 许慎:《说文解字》,徐铉校定,中华书局2013年版,第125页。
② 同上书,第32页。

未归的故乡客的心情描写得恰到好处，东晋陶渊明的《归园田居》"羁鸟恋旧林，池鱼思故渊。开荒南野际，守拙归园田"是隐士归林的自在闲心。唐宋时期，诗词大兴盛，初唐诗人王绩的《在京思故园见乡人问》"旅泊多年岁，老去不知回。忽逢门前客，道发故乡来"与贺知章的《回乡偶书》"少小离家老大回，乡音无改鬓毛衰"缓缓道出了在外漂泊的游子的思乡之情，诗仙李白在《关山月》"戍客望边邑，思归多苦颜"中描写了戍边战士对家中妻子深深的思念之情，晚唐诗人温庭筠的《商山早行》"因思杜陵梦，凫雁满回塘"表达商人们在旅途上急切的归乡之情。北宋诗人王安石的《泊船瓜舟》"春风又绿江南岸，明月何时照我还"借春景表达思乡情，柳永的《八声甘州》"不忍登高临远，望故乡渺邈，归思难收"更是情深意切地道出"归思"。唐宋之后，古典诗词的高峰虽然过去了，但元明清各代仍然诗家辈出，回归主题的诗歌传统依然流传不绝，在此不再详叙。

二、"回归"主题的类型及其表现

"回归"虽在几千年的起起伏伏中，不断地扩充延展其意义，但"回归"又是一直贯穿的主题。研究"回归"主题也能更细致地体会出在诗词中诗人们想要借此主题表达的思想感情。本章主要探讨中国古代诗歌中的五大"回归"主题类型。

（一）女子出嫁之归

第一种"回归"主题类型为女子出嫁的"于归"之归。从"归"的本义来看，"回归"主题中关于女子出嫁的主题是必不可少的。在中国古代文学中有大量描写女子出嫁的作品，诗歌中最早最集中的抒写就是《诗经》，其中《唐风·葛生》《周南·桃夭》在上文已有提及。其他如：《召南·鹊巢》"维鹊有巢，维鸠盈之。之子于归，百两成之"，这是一首以鸠占鹊巢比喻女子出嫁住进男家，全诗表达出对出嫁女子的祝贺，是一首典型的描写女子出嫁之归的诗。《郑风·丰》"裳锦褧裳，衣锦褧衣。叔兮伯兮，驾予与归"，此诗描写的是女子后悔没能和未婚夫结婚的故事，该女子与幸福婚姻失之交臂的后悔和向往之情在她的自述中表现得淋漓尽致。南宋诗人哀长吉的《水调歌头·贺人新娶集曲名》中有"此夕于飞乐，共学燕归梁"，这里引用了《诗经·邶风·燕燕》里"燕燕于飞，差池其羽"的典故。此处的双燕形容新婚夫妻比翼双飞、恩爱归巢，祝福了新人婚姻幸福美满。

《诗经》中描写这类"回归"主题的诗句甚多，或是描写女子出嫁时的热闹场景，或是描绘出嫁之女的复杂心情，或是表达待字闺中的姑娘对婚姻的期盼，或是描写女子嫁为人妇后的生活、情感状况……这里的"回归"既是古代女子对婚姻美好的向往，也是对"家"的深深思念与割舍不下的人伦天性。

（二）游子乡梓之归

第二种"回归"主题类型指游子乡土之归。这类的"回归"主题与"乡土情结"是分不开的，在中国古代诗歌浩瀚的海洋里，怀乡诗犹如漫天的繁星不计其数。而借助诗词来表达思乡、归乡之情的诗人们或是游学、游宦，或是军旅、劳役，或是商旅、远嫁……皆是远离家乡。有多少人在不尽地悲歌，挥洒下思乡的热泪。关于"游子的乡梓之归"的类型可以再细分为几类，如战士、军旅之归，《诗经·王风·扬之水》中"扬之水，不流束薪。彼其之子，不与我戍申。怀哉怀哉！曷月予还归哉？"表达了戍卒怨恨统治者长期使他们久戍不归，而思念家乡、思念亲人，希望能早日回家的情感。曹操《却东西门行》中道："狐死归首丘，故乡安可忘。"这样的"乡土情怀"反映了战士们虽在外奋力杀敌不惧生死，但依旧有着如狐死首丘般本能的回归情结。传为汉代苏武所作的《留别妻》"生当复来归，死当长相思"里丈夫即将出征，诗中描绘与妻子互相依依不舍地嘱托的离别之情，丈夫对妻子"若是活着一定归家，若是死了定不相忘"的保证，使人感动。宋代范仲淹的《渔家傲》"浊酒一杯家万里，燕然未勒归无计"，表达了卫国将士在使命未成、有家归未得的特殊归思。如远嫁之归，西汉嫁去和亲的"乌孙公主"刘细君一首《悲愁歌》"居常土思细心内伤，愿为黄鹄兮归故乡"唱出她为了和亲不得不牺牲自己的自由、离开自己的家乡的内心深处莫大的悲愁，以及她想要如"黄鹄"一样能飞回故乡的深深渴望；蔡琰的《悲愤诗》"慕我独得归，哀叫声摧裂"写到诗人历经千辛万苦，终于回到日日夜夜思念的故乡时，却看到家破人亡的场景，这使她痛不欲生，这篇《悲痛诗》无疑将蔡琰动荡流离的一生真实而又生动地描绘了出来。又如在外任职做官的官宦之思归，唐代诗人韦应物在《闻雁》中的一句"故园渺何处，归思方悠哉"直接引出他在雨夜思念着家乡的感情，也表明了这是一首表达远宦的思乡之情的诗，萧瑟凄寂的雨夜独坐高斋的诗人听到远处的雁声由远及近，这声音衬着凄廖的雨夜，愈发地容易引起伤感，诗人思绪万千，难以入眠，忍不住思念起远在千里的故乡了。

自古以来，在因战争、仕宦、游学、做生意或是避难等原因而远离故乡的诗人们的内心里一直有着一种无法消解的思归之情，这是一种区别于西方诗人的长久流传于中国诗人心灵中的一种情怀，也是中国诗歌永恒的主题。

（三）魂兮归来之归

第三种"回归"主题类型是魂归故乡、故国之归。自古以来，中国人受着几千年的宗法制的影响，形成了"落叶归根"特殊的回归现象。人民大学马相武教授曾说："人在落地生根，心在落叶归根。"虽然这句话是他对海外华人的总结，但我觉得这也同样适用于漂泊在外乡的游子们。屈原《哀郢》中感慨道："鸟飞返故乡兮，狐死必首丘。"自然界中的动物尚且如此，更何况我们人类。同样是《楚辞·九章·哀郢》中，屈原唱道："羌灵魂之欲归兮，何须臾而忘反。"灵魂时时刻刻都想着回来啊，又怎么会有片刻忘了返回故乡呢？就算只剩灵魂也必然能回归故里的。而曹植的《白马篇》："捐躯赴国难，视死忽如归。"为国赴死，视死如归，就算"金戈铁马去，马革裹尸还"也在所不惜。这充满着英雄气概的豪言，也可从中窥视出人死后尸身与灵魂回归故里的重要性。陆游临死前念念不忘的是"死去元知万事空，但悲不见九州同"（《示儿》），生前国破山河被侵已是不瞑目，死后若是祖国统一定不要忘了祭奠我的灵魂，达成魂归故国的愿望。

中国传统文化中的"魂归故里""落叶归根"一直是中国人难以忘怀和割舍的特殊情结，而这种特殊情节的根源与中国的历史文化背景以及古代神话依据有着很大的联系，这样复杂的背景影响下使得中国人借着对故乡的眷恋导致对"魂归故里"的渴望。

（四）田园林下栖隐之归

第四种"回归"主题类型为田园林下的身心归隐之归。本人认为此处的"归隐"可分为三种来研究,一是真正的身心归隐者,二是心向官场却洒脱于江湖的假归隐,三是亦官亦隐的半回归与半不归。

说起归隐于田园林间的诗人我们不得不提起陶渊明,"陶渊明的回归是儒道互构的,是亦儒亦道的,使得晋人在人格精神上获得了某种同质"①。魏晋时期是一个思想精神上相对自由的时代,玄学的兴起,赋予了文人们思想的独立和自由的价值观。陶渊明正是这个时代大背景下,以田园为心灵自由之追求的隐者。作为一个真正的归隐者,他在如愿归隐后不禁舒心地感慨"久在樊笼里,复得返自然"。陶渊明也曾为少年时的壮志理想曾不断地去尝试,但经过十三年的官场生涯,最后失望地辞官归隐。他离开官场、赴向田园时所作的《归去来兮辞》既表达了对官场政治的失望与厌恶,"悟已往之不谏,知来者之可追。实迷途其未远,觉今是而昨非",又对未来的田园生活充满希望与幻想,"怀良辰以孤往,或植杖而耘耔。登东皋以舒啸,临清流而赋诗"。陶渊明开创了田园诗,多描写归隐后闲暇舒适、悠闲自在的田园生活,如《归园田居·其三》"晨兴理荒秽,带月荷锄归"、《饮酒·其二》"采菊东篱下,悠然见南山"、《移居·其二》"农务各自归,闲暇辄相思"等。除了陶渊明是这般真正的隐者,还有孟浩然也是个不折不扣的隐士。隐居在当时已是一个普遍的存在,但真正意义上的隐士却是不多的,大多只是想借着归隐而出仕,而孟浩然做到了洁身自好,不阿谀奉承。他在《京还赠张淮》"拂衣何处去,高枕南山南。……因向智者说,游鱼思旧潭"中表达了自己不堪与官场以及对归隐山林的向往。《夜归鹿门山歌》中"人随沙岸向江村,余亦乘舟归鹿门"也表明了孟浩然隐居于鹿门山。

李白在我国古代众多诗人们中享有盛名,更是被后人称为诗仙。他一生自视甚高,却一直挣扎于"入世"与"出世"之间,他有着远大的抱负"俱怀逸兴壮思飞,欲上青天揽明月"(《宣州谢朓楼饯别校书叔云》),但一直未能在官场上一展宏图。李白曾在《留别王司马嵩》中提到自己的远大理想:"愿一佐明主,功成还旧林。"他想功成名就后,就名遂身退,归隐山林。但因官场失意,转而先过着似隐居的生活,其实不然,从《行路难》"长风破浪会有时,直挂云帆济沧海"、《将进酒》"天生我材必有用,千金散尽还复来"等充满豪情、乐观前进的诗句中,我们可以看出他是想借着隐居等待"入世"的机会。因此李白并不如陶渊明他们一般是个完全的归隐者,而是身虽处于山水间但心向官场的"假归隐"。

王维对自然山水的喜爱之情我们可以从他的山水诗中感受到,他的归隐也是出于对山水自然的喜爱,是心灵上的归隐。他的晚年处于一种半官半隐的状态,白天在朝为官,晚归终南山辋川别墅,《旧唐书》本传记载其"晚年长斋,不衣文彩。得宋之问蓝田别墅,在辋口……与道友裴迪浮舟往来,弹琴赋诗,啸咏终日。尝聚其田园所为诗,号《辋川集》……退朝之后,焚香独坐,以禅诵为事"。他在诗中也常自述"中年颇好道,晚家南山陲"(《终南别业》),"一悟寂为乐,此生闲有余"(《饭覆釜山僧》),"万年唯好静,万事不关心"(《酬张少府》)。他的很多诗歌名篇名句,如"行到水穷处,坐看云起时"(《终南别业》),"明月松间照,清泉石上流"(《山居秋暝》),"独坐幽篁里,弹琴复长啸"(《竹里馆》),等等,正是其隐居生活环境与心境的真实写照。王维很好地处理了"仕"与"隐"的

---

① 方顺贵:《关于陶渊明"回归"主题的文化阐释》,《天府新论》,2005 年第(A2)期,第 267-269页。

关系,晚年的王维平常为官,从容归隐、入世不执、心有田园。这种亦官亦隐、半归半不归的状态,与陶渊明不同,也与李白不同。

(五)心安是归处之回归

第五种"回归"主题类型为"无论何处,心安即乡土"的精神世界大超越之回归。白居易的《初出城留别》"我生本无乡,心安是归处"和《重题》"心泰身宁是归处,故乡何独在长安"中体现了他乐观知足的心态,也可窥探出白居易的精神世界追求的是心安,回归于自己本体心灵。韩愈的《雪后寄崔二十六丞公》"朝歊暮喑不可解,我心安得如顽石"道出消极感叹是无法突破困境的,而要回归"心安"的乐观心态,这样脱俗的想法实在是难得。北宋的苏轼受到白居易超脱复杂的现实、寻求内心安定的心境的影响,也使得苏轼有着"此心安处是吾乡"的旷达,即使是被贬,官场失意,仍然豁达乐观。他的诗词中处处体现着他的积极乐观,能够摆脱外物的控制,回归本心感受生命中的喜悦,回归自我求得心灵的自由和安宁。如《定风波》:"回首向来萧瑟处,归去,也无风雨也无晴。"回头望望来时走过的风雨之处,回去吧,对我来说,已经无所谓是风雨还是天晴了。《临江仙》"夜阑风静縠纹平,小舟从此逝,江海寄馀生"是他被现实所扰,表现出的超脱现实的豁达乐观,回归于本心,寄托于自然。

"心安是归处"早已点明心之所向乃是家的归处,"心安"不仅指的是内心所指,也是精神与心灵的安定,回归自我的安定。这里展现出的是一种豁达乐观的人生态度,不同于一直在伤春悲秋的诗人们,能有如"长安何处在,只在马蹄下"这般超越现实的价值观念,就已到达归于本心,回归自我的人生境界。

三、"回归"主题的共性及其文化内涵

上文归纳出"回归"主题的五大类型,五大类型各有不同,但又存在着共性。前文着重论述了"回归"主题不同类型的异,接下来主要探讨"回归"主题的同及其文化内涵。

"回归"主题的共性是其无论属于何种"回归"主题,在结构上都存在着一种从某个空间地方或者某种人生情境回到另一个空间地方或者另一种人生情境的特点。为何有这样的回还呢?是因为如果人处于一种游离的状态,没有归宿,那么人们才会选择回归,才能够存在这样的回还。在空间上,游子们在外漂流远离了家乡,所以会产生思家之情,因而要归家,从离家至归家就形成一种回环;在情感上,中国人常说的"魂不守舍",这里的"舍"指的是家乡故土,且"魂"是要回来的,因此灵魂定是要归家的,这与中国人"魂归故里""落叶归根"的传统理念是一样的情感根源,活着的人们对逝者的感情像是飘飘荡荡的船儿一样,无所依归,所以借助"招魂"等方式找到一个情感的依归,弥补心中的遗憾;在婚姻上,女子要找到一个好的归宿与依靠,这是中国古代女子穷极一生的追求,往往婚姻的不如意,会造成一生的悲哀,因而这里的"归"是一个归宿,是女子下半辈子的归宿。不管是空间还是精神上,因为人有了需求,才会追求"回归",形成一种"归"的回还,而且这种需求人人都需要,因此人皆有一种"回归"的心理,这就是"回归"主题的共同点。

那么什么才是真正的"回归"呢?前文我们从字源学上对"回归"一词加以解释理解,探讨至此我们可将"回归"扩展并丰富其意义,"回归"可指在具体和抽象层面上的某

人或某物进行从某一空间地方或者某种人生情境回到另一个空间地方或者另一种人生情境的回还状轨迹的活动。中国人自古就离不开"回归","回归"是一种人在这个世界里不可缺少的活动,亦成为人们难以忘记的情结,"回归"主题在中国古代文学史的长河中起起落落却从未消失,"回归"文化也成为中国文化的一部分。

"回归"蕴含着超越现实的文化内涵。"归"是一种到达某地后不愿再离开的状态,是一个令人心安之所。游子回到故乡后不再离开终于心安了,人老了落叶归根终于回到故乡也心安了,这是空间上的安定。客死他乡的人们,灵魂依旧飘荡在外,招魂后在世的人觉得心安了,也感觉魂归故里的逝者也心安了,这是生命的安定。若是一个人在情感上本是孤苦伶仃,终于有了一个归宿,像是一个孤儿被人领养后,有了父母、家庭,那么他在情感上有了填补,也有了依靠,这是命运上的安定。陶渊明在官场上动荡多年,起起伏伏,内心不安,最后选择归隐田园林下,即使他的生活过得清苦艰难,但心安了,不再想放弃归隐的生活,也不再离开了;而苏轼是另一种心安,他不管身在何处都可以适时地调节自己,让他自己心灵有一片空间,一半是政治的纷扰,为老百姓的忧心,另一半是一个能让他的心灵栖息、回归本心的空间,这便是他的心安,陶渊明与苏轼是精神上的安定。因而"回归"不仅只是身体的回归,更是心之所归,不仅是他人之归,更是自我所归。不论哪种类型的回归,其"归"的终极特点与意义是一致的,正如白居易所概括的,"无论海角与天涯,大抵心安即是家",这正是"归"的核心文化内涵。

结　语

从主题学角度看,"回归"主题虽对其进行系统研究者甚少,但我们不可因此对该主题忽略不谈。中国古代诗歌中的"回归"主题研究是在学术界较为分散的研究基础上,从主题学角度对其进行的较为整体的探讨。既简要梳理了诗歌史上的"回归"主题源远流长的历史,又将古代诗歌中的"回归"主题抒写概括为主要的五大类型,论述了其特征。更进一步,在此基础上,讨论了不同"回归"主题类型背后的共同的文化内涵,将"回归"主题的研究引向深入。

"回归"主题中富有丰富的中国传统文化底蕴和中国人的传统情感心理,如女子出嫁之归中婚嫁仪式场景的描写,展现了我国古代传统的婚嫁风俗礼仪;古代士人对山水自然的喜爱,及对归隐田园生活的向往,使得中国的山水文化大放异彩;中国"魂归故里"的传统思想对中国的丧葬文化有着十分重要的影响,逝者的亲朋好友们定要将其安葬于故乡,这样在双方的情感中才有了归宿与依托,这样的传统思想是中国人几千年来难以割舍的情结……

在当今浮躁的社会风气下,通过对"回归"主题的研究,能够认识到回归自我与本心的重要性和感受到乐观豁达的人生态度,帮助到深受社会各种压力的人们由内观照自我并汲取积极有益的精神影响。"回归"主题中传达出的洒脱的、不拘于现实困扰中的人生心境,是现代人们极具缺乏的,望能借此使得人们回归初心,寻找并建设美好的心灵家园。

参考文献

[1]班固.汉书选[M].顾延龙,王煦华选注.北京:中华书局,1962.

[2]房玄龄等. 晋书 全十册[M].北京:中华书局,1974.

[3]刘昫等.旧唐书[M].北京:中华书局,1975.

[4]北京大学古文献研究所.全宋诗汇编[M].北京:北京大学出版社,1992.

[5]沈文凡.汉魏六朝诗三百首译析[M].长春:吉林文史出版社,2002.

[6]朱东润.中国历代文学作品选 上编[M].上海:上海古籍出版社,2008.

[7]许慎.说文解字[M].徐铉,校定.北京:中华书局,2013.

[8]佟基.孟浩然诗集笺注[M].上海:上海古籍出版社,2013.

[9]蒋凡,白振奎.陆游集[M].南京:凤凰出版社,2014.

[10]陈庆元,曹丽萍,邵长满.陶渊明集[M].南京:凤凰出版社,2014.

[11]安旗.李白全集编年笺注[M].北京:中华书局,2015.

[12]林家骊.楚辞[M].北京:中华书局,2015.

[13]罗宗强.魏晋南北朝文学思想史[M].北京:中华书局,2016.

[14]王立.文学主题学与传统文化[M].北京:中国社会科学出版社,2016.

[15]王志清.盛唐的城市化进程与诗歌回归主题[J].东北师大学报,2005(1):96-101.

[16]方顺贵.关于陶渊明"回归"主题的文化阐释[J].天府新论,2005(S2):267-269.

[17]雒海宁.王维山水田园诗的禅意和回归主题[J].青海民族研究,2006(4):73-76.

[18]殷光熹.《诗经》中的女子思乡归宁诗[J].楚雄师范学院学报,2006(11):1-4.

[19]王惠.魂归荒野:论中国古代山水诗的回归主题[J].江苏大学学报(社会科学版),2007(6):43-48.

[20]王淼.神话学视角下国人"魂归故里"情结溯源[J].文化学刊,2016(7):85-87.

闽南"田都元帅"信仰变迁研究

林锶澐

摘　要："田都元帅"是莆仙地区、闽南八乡一带的普遍信仰，随后这种信仰又散播到了港澳台、马来西亚、新加坡等地，具有一定的文化意义。"田都元帅"是我国南方地区的戏神之一，但随着时间的推移和传播地域的扩大，他被赋予了更多的精神寄托，从专司戏剧的"行业神"转变为守护一方水土的神明，成为闽南民俗信仰的一部分。在本文中，笔者尝试通过实地考察、访问调查、查阅文献等方法，从了解"田都元帅"这一信仰入手，探究其信仰功能的变迁，浅析其信仰功能变迁的原因。

关键词：田都元帅；雷海青；闽南；行业神

引　言

　　行业神的存在对于我国民间社会来说，并不少见。一般行业神分为两个种类："祖师神"和"保护神"，而田都元帅则独树一帜，对于戏班弟子而言，它既是祖师爷，也是守护神，其与从业人员的关系紧密，是其他行业十分罕见的。随后，田都元帅又在特定时期引起了文人、艺人的附会，与雷海青相结合。历史的车轮滚滚向前，雷海青信仰的影响力逐步扩大，很快就超过了戏剧行业的范畴，成了福建民间信仰中很重要的一部分。

　　在福建闽南一带，雷海青的信仰十分普遍，光是泉州市区内，供奉雷海青的寺庙就有13座之多，散落在乡野之间的寺庙更是不计其数。闽南地区的雷海青信仰，很大程度上已经脱离了"戏神"的身份，而作为"区域神"活跃在大街小巷中。田都元帅信仰可以说见证了闽南乡间的历史，与闽南的地域文化、民俗文化产生了紧密的联系。但由于田都元帅这一信仰的发端在莆田仙游一带，且对莆仙戏的影响举重若轻，因此，学者在讨论这一信仰时，往往是从行业神的角度出发，而鲜少关注其作为行业神之外的社会影响。

　　笔者书写这篇文章，一方面是想记录闽南地区的"田都元帅"的信仰状况，另一方面，是想讨论其从"宗教资本"到"社会资本"的转换过程，这一过程常常伴随着大量的民俗传统和历史文化熏陶，具有一定的研究价值。

一、田都元帅简介

　　"田都元帅"又被称作"田公元帅"，是盛行于莆田、仙游两县的一种普遍的民俗信仰,具有悠久的历史和丰富的内涵。随着闽人迁徙、商业活动的进行,这种信仰远渡重洋,不但在我国的港、澳、台地区拥有大量信徒,在日本、马来西亚、新加坡等东南亚地区也具有一定的影响力。

"田都元帅"这一信仰具有多重属性:首先,它很有可能与古代农业社会中所存在的农业神"田公"有关。其次,它是"戏神",这是它最本质的身份。"田公元帅"可以说是我国南方戏曲行业中最具有代表性的一种信仰,对兴化、福州、闽南一带的戏曲的发展有重要的意义和作用。戏班弟子对其极其崇敬,称其为"祖师爷"。最后,在其不断的发展和壮大过程中,我们不难发现,田都元帅所产生的社会影响已经远远地超出了戏曲行业的范畴,在当今百姓的心目中,"田都元帅"亦是能够保境安康、镇守四方的"相公爷",是一位"守护神""忠烈神"。

清代施鸿保的《闽杂记》中曾有记载:"兴、泉等处,皆有唐乐工雷海青庙。在兴化者,俗称元帅庙。有碑记唐肃宗封太常寺卿,宋高宗时加封大元帅。此不见传载,殆里俗会之说。在泉州者,俗称相公庙,凡婴儿疮疖辄祷之,上元前后,香火尤盛。"①这一记载虽然只有寥寥数句,但却简明扼要地为我们介绍了"田都元帅"这一信仰的概况,且与笔者在调查中的听闻基本一致:其一,民间普遍认为"田都元帅"是唐朝乐工雷海青;其二,除了在戏剧曲艺方面的超高造诣,百姓还认为其有"治病去疾"的能力;其三,记载中点出其寺庙在"上元"前后香火尤盛,这与闽南一带百姓的祭祀习惯相符。

(一)田都信仰与雷海青

1. 田都信仰与雷海青

田都元帅的信仰究竟源于何处,已经很难考证。现代学者普遍认为,田都元帅是古代农业社会对于农业神信仰的遗绪,其最开始的原型,应当是被称为"田祖或田畯"的神农。这也是为什么田都元帅这一信仰在泛化之后,其宫庙活动和部分民间传说,都带有"守护一方水土"的意味,甚至有的人直接将其视为"地头神"的原因。

明刊本《三教源流搜神大全》有一段关于"风火院田元帅"的记载:"帅兄弟三人,孟田苟留,仲田洪义,季田智彪。父讳镛,母姓刁,讳春喜,乃太平国人氏。唐玄宗善音律,开元时,帅承诏乐师,典音律,犹善于歌舞。鼓一击而桃李甲,笛一弄而响遏流云,韵一唱而红梅破绽,蕤一调而庶明风起。以教玉奴、花奴,尽善歌舞。后侍御宴以酣,帝墨涂其面,令其歌舞,大悦帝颜而去,不知所出。复缘帝母感恙,瞑目间,则帅三人翩然歌舞,鼗箭交竟,琵弦索手。已而神爽形怡,汗焉而醒。其疴起矣。帝悦,有'海棠春醒,高烛照红'之句,而封之侯爵。至汉天师因治龙宫海藏,疫鬼徜徉,作法治之不得,乃请教于帅。帅作神舟,统百万儿郎,为鼓竞夺锦之戏,京中谴噪,疫鬼出现,助天师法断而送之,疫患尽销。至今正月有遣俗焉。天师见其神异,故立发差以佐玄坛,敕和合二仙助显道法。无和以合,无颐恙不解。天师保奏唐明皇,封'冲天风火院田太尉昭烈侯'……岳阳三

---

① 施鸿保:《戏神雷海青》,转引自林庆熙、郑清水、刘湘如:《福建戏史录》,福建人民出版社1983年版,第6页。

部儿郎百万圣众云云"。①

文中所提到的"田元帅",精于歌曲舞艺,能够为人治病,并且有统领军队降妖除魔的本领,与今日人们对"田都元帅"的描述高度契合。但这个故事的主角是"田元帅兄弟三人"而并非雷海青。由此可见,早在明代时,"田都元帅"这一信仰还未和雷海青发生联系。那么,其与雷海青的联系发生在什么时候呢?清乾隆三十六年刊的《仙游县志》中有一则记载:"元帅庙在宝幢山,祀田公(神司音乐,即雷海青也。今世人不曰雷,而曰田,其言颇幻。幢山之神,能显威御寇,乡人感之,至今香火不断)。"因此笔者推测,其联系的发生大概在明末清初的这段时间里。

田都元帅为什么会被附会成雷海青,这里存在的可能性有很多,笔者也听闻了许多不同的看法和猜测:一说是清朝"异族"入侵,引起文人、艺人的不满;二说倭寇侵扰,沿海群众爱国情绪浓烈;三说来自戏班弟子遭受官府压迫后的愤然反击……

但无论如何,雷海青与"田都元帅"的联系附会,极大地丰富了这一信仰的内涵,为其进一步泛化提供了基础和可能性。

2. 雷海青的生平事迹

正如笔者在上文所提到的,"民间普遍认为'田都元帅'即是雷海青",尽管这很有可能只是文人、艺人的私自附会,但不可否认,"田都元帅"这一信仰发展至今,已经和"雷海青"发生紧密的联系,因此,了解"雷海青"的生平事迹,可以进一步了解"田都元帅"信仰。

雷海青为闽人,具体出身于闽地何处,至今仍然众说纷纭:有人认为雷海青是唐朝时莆田县人士,但由于现今的南安罗东振兴村留有"雷海青墓",因此也有学者推断,雷海青实际上是南安人。

关于雷海青的出生,笔者并没有找到确切的典籍记载,但却在坊间听到不少传说。这些传说虽然在细节处有所不同,但主要内容大致都是一样的:传说雷海青出生后,嘴巴周围的皮肤乌黑,家人认为这是不详的,于是把他遗弃在田野间。这婴儿因为一毛蟹用泡沫饲喂才得以活了下来。后来一个木偶戏班子路过发现并收养了他。因为其头戴的帽子上绣有一个"雷"字,就取名"雷海青"。

长大后的雷海青才华横溢,精通各类乐器,尤其是琵琶和筚篥。后来,唐玄宗谱成了《霓裳羽衣曲》,命乐师演奏,却少了一名出色的吹箫乐官。这时有人奏禀,在闽地有一名能歌善舞的音乐神童,唐玄宗即刻派人南下,宣召这名神童入宫。这名神童正是雷海青。由于雷海青才华横溢,人品出众,应召入宫后,他很快就得到了唐玄宗的器重。他被封作翰林院大学士,同时又成了梨园的教官。在职期间,雷海青谱成了《引梅敬酒歌》,将莆仙一带的民间音乐、戏曲舞蹈引进了宫廷。

据《唐明皇杂录补遗》记载,唐天宝十四年秋,安禄山举兵叛变,长安沦陷,唐玄宗出逃。包括雷海青在内的梨园一众被乱军扣留,后被掳进洛阳城。安禄山在凝碧池设宴,命令雷海青和其他乐官在宴席上演出助兴,雷海青愤然拒绝,痛斥安禄山不仁不义,将琵琶掷向安禄山。安禄山恼羞成怒,对雷海青处以肢解的极刑。王维后来听闻此事,感其

① 《三教源流搜神大全》,王孺童点校,中华书局2019年版,第212页。

气节,以此事赋诗:"万户伤心生野烟,百僚何日更朝天。秋槐叶落空宫里,凝碧池头奏管弦。"①另外,在《闽百三十人诗存》中也有一首诗以此为题,诗曰:"胡儿彭礜鼓乱中原,献媚多从将相门;独有伶官名足传,欲奸贼帅死何言。渐离击筑功堪本,子幼弹筝殁共恩;省字为田雷变姓,灵神或说报忠魂。"安史之乱平定后,唐玄宗返回长安,将雷海青追封为"唐忠烈乐官""天下梨园都总管",在此之后,又有多位皇帝为其追封。

在民间的传说中,雷海青曾多次"显灵"。据说,唐玄宗蒙难时(另有传"福王南逃闽中时"),雷海青的亡魂曾带天兵助阵,奋勇杀敌,其将旗上绣着"雷"字,但因雨雾遮蔽,遮去了"雨"字头,只见"田"字,因此才被称为"田都元帅"。

(二)田都元帅在台湾

"田都元帅"信仰在我国不但在各地有福建人聚集的地区盛行,同时也备受其他籍贯民众的崇拜,比如与闽南文化"血缘、地缘"亲近的台湾,就有很浓厚的信仰"田都元帅"的氛围。

明清以后,由于政治、经济等多重原因,闽南地区陆续有人口向台迁徙。伴随着闽人入台,闽戏在台湾的影响力逐渐扩大,"田都元帅"的信仰也随之传播开来,最终成为台湾民间信仰中的众神之一。

根据刘枝万的《台湾省寺庙教堂(名称、主神、地址)调查表》②的记载,台湾共有四座以"田都元帅"为主祀的寺庙,分别在基隆市、台南市、彰化市以及台北寺。此外,罗永利先生在"莆田田公(雷海青)信仰文化学术讨论会"的致辞稿中,还曾提到,"田都元帅"在宜兰、台中、嘉义也有寺庙,并组织成立了一个"田都府委员会"。至今,每逢雷海青的神诞(每年的正月十六),都会有大量的台湾同胞返乡参加祭祀。

20世纪80年代之后,通过"田都元帅"这一共同信仰,两岸民间团体之间的交流日益深厚、频繁,可以说"田都元帅"是闽台文化交流的桥梁之一,对维系两岸关系具有重要意义。

二、"戏神"田都元帅

(一)戏神信仰

清人纪昀在《阅微草堂笔记》中曾说道:"百工技艺,各祠一神为祖。"纵观我国古代的各行各业,奉祀本行业的祖师,或者技艺高超者作为"行业神"的现象并不特殊,比如:木匠、土匠等工匠崇拜鲁班,医药业从业者崇拜孙思邈、华佗、扁鹊,冶炼业、铸造业崇拜太上老君等,甚至连盗贼、娼妓这些被视为"下九流"的行业都有其崇拜、供奉的对象。

中国的戏剧行业中也并非只有"田都元帅"一位"行业神",不同地区的戏班弟子,结

---

① 王维:《菩提寺禁装迪来相看逆贼等说凝碧池上作音乐供奉人等举声便一时泪下,私成口号诵示装迪》,载黄勇《唐诗宋词全集 第1册》,北京燕山出版社2007年,第371页。

② 潘荣阳、王辉:《闽台信仰雷海青概况及成因初探》,载叶明生主编《福建戏曲行业神信仰研究》,莆田田公信仰文化学术讨论会论文集2002年,第177页。

合实际需求,还创造出了"西秦王爷、二郎神、老郎神"等戏神。那么,作为众多神灵中的一位,"田都元帅"具有什么特殊性呢?答案在其与戏班弟子的关系中:戏神"田都元帅"与戏班弟子的关系紧密程度是十分罕见的。对于戏班弟子而言,对田都元帅的崇拜不只在于对先辈的敬仰,对更高的行业技能、成就的追求,他们还把"田都元帅"当作是一位保佑戏班平安的"守护神",意外发生时的"执法神"。

在调查资料的过程中,笔者采访了一位曾经从业于"晋江高甲剧团"的演员吴小姐。谈及对"田都元帅"的崇拜时,她肯定了戏班人员与"田都元帅"的这种"亲近"。她认为,只要虔诚地信仰"田都元帅",就会在冥冥中得到一些"点拨"和"灵感",这里与技艺方面相关的;她又提到,福建民间的戏班必定会供奉一尊"田都元帅",并且这尊神像是"带来带去"的。换言之,戏班在哪,它就在哪,只要戏班组织外出演出,无论路途遥远,麻烦与否,一定会将其带在身边。这位从业者还提到,戏班受聘到外乡演出,落脚歇息时如果遭遇了"麻烦",他们就会请出"田都元帅"作法,为戏班消灾解难。在这样的情境下,"田都元帅"就转化成了一位"守护神"。

(二)行业禁忌及献棚仪式

1. 行业禁忌

和其他行业神相似,为了表达对"田都元帅"的崇拜,戏班中自然也有其行规和禁忌。这些规矩繁多复杂,大多与祭祀仪制、仪式相关,其目的是捍卫"田都元帅"的威严性,避免对神灵的不敬、冲撞。笔者选取了两条与戏班弟子日常生活直接相关的规定,列举如下:

其一,据传,毛蟹在"田都元帅"幼年遭弃时,以泡沫喂养他,使他得以生还。戏班弟子为了对其表达感激,因此不吃毛蟹。

其二,戏班中必定供奉一尊"田都元帅"神像,而摆放其塑像的神龛通常摆放在戏班置放大衣的箱笼的最上层,并在箱笼上画上太极与八卦,以显示此箱与其他箱笼的不同。这样的情形同时也出现在当戏班到外乡演出时。戏班到外演出,必定随行携带神像,而运输途中,此箱笼一定会置放在所有行李物件的最上层。

2. 献棚仪式

"献棚"又被称作"踏棚",是戏班开演前纪念田都元帅,祈求演出顺利进行、戏班平安的一种仪式,是田都元帅作为戏神,最有代表性、知名度最高的祭仪。这一仪式按照信仰地区、戏班类型的不同,所执行的具体步骤也有所差异。

吴捷秋先生所著的《梨园文化艺术史论》中有一段文字描述了"献棚"仪式的具体流程:"在戏房内(化妆的地方)置一桌,放上相公爷的神龛,前面放捋板一副(用二尺长,三寸宽,五分厚的木板制成),以及酒杯、杯、纸帛、柱香等物,由末(小梨园用丑行)献棚,先落锣三下,用捋板合拍三下,斟上三杯酒、上香,请相公爷(用偶像雕成,也有用红纸或红布写上相公爷神位)用'蓝青官话'念道:'宝香、宝香,烧你金炉里,一对蜡烛点炉边,好花插在金瓶上,美酒敬在金杯里。恭请,拜请玉音大王、九天风火院、田都元帅府、大舍、二舍、吹箫童子、引调判官、来富舍人、武灿将军;再请本境土地、诸位神明,各个都在上。'

念完奠酒,烧纸帛,把纸灰渗入酒中,用无名指蘸酒在抌板上画了'十八'个符号,再在板上画'···'符号,然后合板,把酒捧给后台全体人员点酒,喝彩,唱'懒怛'(它是由'唠哩嗹'三个音组成的无字曲)······"①

从"献棚"仪式流程的烦琐和庄重,我们不难感受到戏班弟子对于田都元帅的敬畏和崇拜。

三、田都元帅功能的变迁

随着时间发展,"田都元帅"逐渐进入民间大众视野。如今的"田都元帅"并非完全以"行业神"的身份出现,而与巫道的行傩巡游、禳灾祈福的祭祀活动有紧密联系,并作为一种民间信仰在福建各地大为盛行。关于这一现象,福建省艺术研究院、艺术理论研究室主任叶明生先生也曾在相关研究中提到过,并称之为:"比较突出的行业神与区域神交叉的民间信仰文化现象。"②

(一)祭祀活动

在福建泉州深沪湾一带聚集着东山、坑边、柳山、运伙、吕宅、古坡等八个乡村,这八乡每年都会举办隆重的迎神盛会,他们称作"八乡会",这个传统从明末开始沿袭至今。

在"八乡会"中所要迎接的神便是"田都元帅"。可以说,八乡会正是对田都元帅的一次盛大的祭祀仪式。这个仪式在每年农历的正月十六左右举行,由八个乡村轮流操持。虽然每年都举办,但参与的每个村庄要隔八年才能取得一次主办权。因此,每年拥有主办权的村子都把它当成了八年一遇的头等好事,花费大量人力、物力来把它办好。等到祭祀那天,主办的村子的男女老少更是倾巢而出,就连许多旅居海外的侨胞也为此特地返乡。

笔者有幸在2019年2月26日,参加了由东山村主持的祭祀仪式。在祭祀仪式前,村子里已经给各位村民发放了不同的服装。大多数人都是一顶红色的帽子、一件红色外套,而村里有资历的老长辈则是一件大红色唐装。

祭祀活动从当日凌晨就开始准备,直到下午两三点才能结束。大概在早晨六点钟左右,就有人到村里的各个街道上敲锣,提醒各位村民注意时间。在六点半左右,村民便在村子里的寺庙聚集了。七点左右,好几百人的队伍才浩浩荡荡地出发,这个队伍出发到大庙里去请神,再抬着神轿,步行环绕八乡一圈,然后返回自己的村庄。在这一过程中祭祀队伍所经过的沿途各乡镇的房屋都会敞开自家的大门,门口的桌子摆放着祭祀生果,当祭祀队伍路过时点燃鞭炮,以示对神明的欢迎,而保佑阖家平安。

整个祭祀仪式的队伍里分成了好几个方阵:走在前面抬神轿、骑马拿将旗的主要是村里的年轻人;中段有一些表演的方阵,如"三通鼓、高甲戏、舞龙舞狮、西洋乐团、民乐团、花车花童";跟在较后方还有两个方阵,其中,村中资历较深的老前辈单独组成一个方

---

① 吴捷秋:《梨园戏艺术史论》,中国戏剧出版社1996年版,第351页。

② 叶明生:《莆仙戏剧文化生态研究》,厦门大学出版社2007年版,第305页。

阵,小孩和女人组成另一个方阵。

每到一个指定的位置,神轿都会停下,由两边抬着的年轻人不断摇晃,这便是"请神"。跟在最后头的女人、小孩,都需手持一柱线香,这香自第一次请到神点燃后,就不能熄灭。因此,当一炷香快烧完时,人们就会拿着它点燃另一柱,续上香火,这样持续到整个仪式结束为止。

与戏班传统中的"献棚"仪式不同,在这场规模庞大的巡游活动中,组织、参加的群众来自社会的各行各业。而仪式的意义则是为了祈求村民能够"风调雨顺,阖家平安"。在这样的仪式中,"田都元帅"的信徒的职业、社会地位各有不同,其不再是专司戏曲,负责"照看"戏班弟子的职业神,而守护着八个村子里所有百姓的保护神。

(二)供奉场所

供奉田都元帅的寺庙具有混杂性。这种混杂性主要体现在田都元帅的庙宇里供奉的神明塑像繁多。

2019 年 5 月 2 日笔者参观了位于泉州运伙村的龙泉古宫。这是一间二进三开式的寺庙,歇山式屋顶,砖木结构,雕梁画栋,金碧辉煌,极具闽南建筑风格。

寺庙外的院子里,首先可以看见的是一排道教"八仙"塑像。走进庙内,抬头便见其上挂着"有求必应"的横幅。主位供奉的田都元帅塑像,共有六座,中间一尊体积最大。此外,左边还供着另一位闽南神明"三夫人妈",右边则摆着土地、观音。

再朝里走,后殿的空间更为宽广。后殿的中心和前殿一样,供着田都元帅。正中间的田都元帅塑像前的大桌子两边各放了两尊佛像。左边供着"三夫人妈",再往左,有一张小桌,桌上陈列着观音、土地的小像和释迦牟尼的塑像,再往旁边,是一个单独的小神龛,里面摆放的是土地公的塑像。右边的案台上则摆放着一张地藏王菩萨的图像,其上贴有咒符,值得一提的是,在同一张桌子上,还放有两尊身着胡服、骑着马的男女小人塑像。这两尊塑像保存在一个精致的小木柜中,因和寺内的其他塑像风格差异大,所以格外引人注目。此外,在后殿房间的右侧,还有一尊单独陈列的马的塑像,前面有一个小个子人偶牵着这匹马。

这座主祀"田都元帅"的寺庙,同时还供奉着其他神明。这些神明有的来自佛教,有的来自道教,还有的则和田都元帅一样,来自闽南民间信仰。主祀"田都元帅"的寺庙所具备的混杂性正说明了"田都元帅"在今天已经成了闽南神谱体系中的一员,与其他闽南民间的主祀神共存。

四、变迁的原因

从以上种种现象,我们可以了解到"田都元帅"这一信仰功能的变迁,其本质是这一宗教的信徒群体以及影响力的扩大。笔者认为,造成"田都元帅"信仰变迁的原因可以从以下两个方面来讨论:第一,从宗教本身出发,雷海青身上所涌现出的精神品格等在一定情况下符合了民间百姓的需求;第二,从外部条件来看,闽南宗教文化的优质土壤对"田都元帅"的传播和发展也有很大的影响。

（一）田都元帅的精神

与民间造神的目的相似，"田都元帅"能够进一步泛化传播，很大程度是由民众当下的实际需求所决定的，具备一定的功利色彩。换句话说，当民间百姓处在某个特殊的情况（通常是困难的处境）下，某一信仰所反映出来的精神、品格有助于这一情况的改善，那么这一信仰便很容易传播起来。

1. 忠烈神

英国牛津大学龙彼得教授在其所著的《中国戏剧源于宗教仪式考》中说："田都元帅作为祖师爷的声望不仅在他的音乐才具上，而且在他调兵遣将的能耐上，因为武生也祭祀他。他同时是潮州英歌队和台湾宋江阵的守护神。因此他们表演武力对抗威胁及社团的凶神恶煞时，他也主持其事。"[①]

雷海青在被乱军挟持以后，愤然拒绝为安禄山演出，先后受到了割嘴唇、挖舌头等酷刑，但他依旧坚守自己的原则，拒与叛军为伍，最终被安禄山肢解而亡。由此可见，雷海青是个具有强烈的民族责任感的人。他不畏强权、视死如归，这种民族气节，在潜移默化中强化了他的形象，并在一些特定的情境引起百姓的共鸣。

笔者上述所提到的，隆重的祭祀仪式"八乡会"的由来，其实还有一段佳话，这段历史铭刻于深沪运伙村龙泉古宫前的石碑上："相传在明末中期以后，统治日渐衰微，沿海地区武备松弛，倭寇大肆入侵深沪，烧杀抢掠十分猖狂。八乡民众义愤填膺，共同集结在龙泉古宫，通过'卜杯'后请龙泉宫田都元帅为保护神。由此号召村民担柴草入深沪，围困倭寇驻地，火烧倭寇，大获全胜。为了纪念此事，更是为了感恩田都元帅的庇护，便有了举办'八乡会'的传统。"

此外，从"田都元帅"在台湾的传播过程中，也可以看出些端倪。随着闽戏在台湾逐渐风靡，台湾的戏班也逐渐有了信奉戏神的习惯。但在这段时期，田都元帅作为戏神主要还是在戏团、梨园中传播。随着台湾进入日据时期，日本正式开始在台湾的殖民统治，大力推行"皇民化运动"，百姓在衣食住行被迫全面"日化"甚至连姓名也改用日本的，在台的传统戏曲行业也遭受了很大的破坏。在这样的社会环境下，失业的艺人将戏神带入民间。田都元帅对叛军的反抗精神与民间抗击日本、要求摆脱日本殖民统治的情绪吻合，因此这一信仰很快被泛化传播开来。

2. 守护神

"田都元帅"作为"守护神"其实可以从两个方面来说。

于地方而已，区域内的居民百姓将"田都元帅"当作是守护一方水土的"地头神"。福建古时候就有按照不同村落、街道供奉"境主"的传统。境主神的含义是"本境内的保护者"，也就是特定区域内的"守护神"。而福建省内又以泉州的境主供奉情况最有特色：旧时泉州城总共划分36铺94境，每一铺、境均设有宫庙供奉境主，其中，供奉相公爷的寺庙约有13座，这个数量并不在少数，说明了"田都元帅"作为一位"守护神"还是颇为地方

---

① 吴捷秋：《梨园戏艺术史论》，中国戏剧出版社1996年版，第350页。

百姓认可的。

泉州丰泽区的乌州村奉"田都元帅"为境主,宫庙名为"田都古地",相公庙门外的石刻楹联所书:"天泰地泰三阳开泰,神安民安合境平安。"显示出了百姓对于境主神寄寓的期望。

将"田都元帅"作为"守护神""地头神",很大程度是对其忠烈形象的延伸。百姓为雷海青宁死不屈、舍生取义的精神所动,感其气节,为其不忿,进而为其增添了"调兵遣将"的能力,将其神化为一名武将。既然是武将,守护疆土便很自然地成了它的职责之一。

于家庭、个人而言,不少信众又认为"田都元帅"有治病救人的能力。马来西亚的霹雳州爱大华有一座仿造南安坑口庙所建的"田都元帅"寺庙,这座寺庙以"救世救人"为宗旨,几乎每天晚上"元帅"都会在庙里"降乩办事",为前来的百姓答疑解惑。

前来问事的百姓都对元帅极其信服,他们认为,"田都元帅"是灵验的。在纪录片《田都元帅信仰》中,庙里的扶童叶子启向观众分享了一段他的亲身经历:十年前他遭遇车祸,状况十分惨烈,但在冥冥之中,他感受到了"田都元帅"在支持着自己,于是他便挺过来了。从此以后,只要遭遇困难,他都会来庙里点香、请求;一位信徒江婵娇女士,也连连赞叹元帅"厉害",她提到,之前她的孙子脚不能走,来庙里"按一按、抓一下,回去拿个姜片贴上"不过两天,就又能够走路了。且她再来的时候,刚把孙子的生辰八字放下,"元帅"便马上知道,她孙子的脚好了。

当然,从现实角度出发,信徒们所认为的"灵验",很可能只是心理作用,或者一些精神层面的力量在作祟。但这种"灵验"的小故事极易传播,一传十,十传百,在潜移默化中就扩大了其信仰的影响力。

(二)闽南一带的"泛神"现象

闽南是现今"田都元帅"信仰的主要活动地区之一。由于其独特的人文生态和海洋环境,闽南地区对于宗教信仰有着惊人的包容性和开放性。

"泛神"即多神。"闽俗好鬼,漳、泉尤盛"[1],闽南地区流传的宗教信仰数量之庞大,体系之复杂,是其地区"泛神"现象最直观的体现。据一项正式统计表明:闽南地区平均不到一公里就有一座宫庙,其中有百分之八十以上的庙宇所供奉的神都是民间信仰中的神佛。这些民间信仰中的神佛高达两百多种。[2]

在闽南地区,有一句俗语广为流传:"人在做天在看。"这句话恰如其分地体现了闽南人"举头三尺有神明"的观念,敬鬼畏神,在闽南地区已经形成了一种普遍的大众心理。宗教信仰对闽南的民俗生活影响深远,几乎渗透到了闽南人日常生活的方方面面:在闽南,新生孩子往往会认一位"神明"做"义父"或"义母",可以说闽南人从降生开始,就与宗教信仰产生了一定的联结;此外,闽南家庭的祭祀活动繁多,平均每个月需要准备三到

---

① 张禹东:《试论中国闽南民间宗教文化的基本特点》,《华侨大学学报》(人文社会科学版),1999年第4期,第100页。

② 黄振良:《闽南民间信仰》,鹭江出版社2009年版,第6页。

四次祭祀,这是其他地区百姓所难以想象的。每逢家中有大事发生,也会摆桌"摔杯"问卦,请示"神明"。

闽南地区的宗教氛围浓重,宗教文化的土壤肥沃。在莆仙诞生的"田都元帅"信仰,一经戏班演出传入闽南,便势不可当地泛化发展起来,甚至有些"喧宾夺主"的势头;时至今日,竟有不少人认为"田都元帅"雷海青为泉州府人氏。可以说,这一信仰的传播和影响力的扩大和闽南地区的宗教环境有着紧密的关系。

结　语

正如笔者以上所述,闽南地区中的"田都元帅"信仰与最初在莆仙地区产生时的职能有很大的不同。其功能变化可以直观从"田都元帅"的祭祀活动及供奉情况看出来。

作为"戏神"时,无论祭祀活动还是供奉场所都与戏剧有着密切的关系,戏班中最有代表性的祭祀仪式"献棚"仪式的直接目的是"祈求演出成功",整个仪式富有强烈的音乐性和戏剧性,而"田都元帅"被单独供奉于戏班之内,并且与戏班人员如影随形,共同出入。

作为"区域神"时,"田都元帅"的祭祀活动规模庞大、人员繁杂,举行祭祀仪式一方面是为了缅怀历史,另一方面则寄寓了深沪八乡百姓对未来的美好愿景,供奉田都元帅的宫庙也时常出现其他神明的身影。

"田都元帅"功能变迁,实质上反映的是这一信仰逐渐成为闽南地域文化的一部分,并且在闽南民俗的文化影响下,不断丰富自身内涵,逐渐从封闭走向开放包容,影响力逐步扩大的过程。

参考文献

[1]吴捷秋.梨园戏艺术史论[M].北京:中国戏剧出版社,1996.

[2]黄振良.闽南民间信仰[M].厦门:鹭江出版社,2009.

[3]林庆熙,郑清水,刘相如.福建戏史录[M].福州:福建人民出版社,1983.

[4]叶明生.莆仙戏剧文化生态研究[M].厦门:厦门大学出版社,2007.

[5]黄勇主.唐诗宋词全集 第1册[M].北京:北京燕山出版社,2007.

[6]林育毅,谢万智.泉州非物质文化遗产大观[M].北京:中国戏剧出版社,2013.

[7]田仲一成.田都元帅考:其神格及其形象[J].福建艺术,2010(6):24-29.

[8]潘荣阳,黄洁琼.社会变迁与近世台湾戏神雷海青信仰[J].福建论坛(人文社会科学版),2009(9):97-101.

[9]陈志勇.南戏戏神田公元帅信仰变迁考[J].文化遗产,2013(2):49-57.

[10]吴幼雄.闽南多元宗教文化和谐共处探源:以泉州为例兼谈闽南文化生态保护[J].泉州师范学院学报,2011,29(1):1-6.

[11]林春蓉,潘荣阳.论坑口宫与台湾戏神雷海清的信仰[J].黎明职业大学学报,2007

(2):11-14.

[12]张召.雷海青与李香君骂贼之比较[J].边疆经济与文化,2015(6):104-105.

[13]康保成.中国戏神初考[J].文艺研究,1998(2):44-55.

[14]康保成.中国戏神再考(上)[J].中山大学学报(社会科学版),1998(6):92-100.

浅析儿童读物中的大禹形象

朱　娇

摘　要:数千年以来,大禹神话与传说故事一直以口头传播、图文叙述而为后人知晓,而大禹身上的智慧、坚韧和奉献精神亦深入人心。儿童是民族的未来,近年来儿童教育为社会高度重视,于是大禹神话与传说以其故事性与教育性成为热门儿童读物。一般来说,取材于大禹故事的儿童读物多采用图文结合的形式,具体而言,包括3—6岁幼儿期的绘本以及适合6—12岁童年期儿童的连环画、漫画与插图注音版故事书。我们考察这些不同的大禹形象,既可以梳理近现代儿童读物中大禹形象的类型与其流变,揭示其背后深广的社会文化信息,譬如绘画技法的变更、审美观念的转换、思维认知的时代嬗变,等等,又可以揭示、探讨此类儿童读物的得失、价值与意义,从而为新时期儿童读物的创作、出版与发行,乃至优秀传统文化的传扬,提供有益的借鉴与参考。

关键词:神话传说;儿童读物;大禹形象;儿童教育

引　言

近年来,神话与神话人物研究已成为国内外文学研究中的热门对象,而大禹作为一位人神叠合的传说人物,与之相关的神话传说深具文化内涵与文教功能,因而迄今为止大禹研究的成果相当丰硕。国外在研究图腾与洪水神话方面就涉及大禹传说,如俄国N. P. Macokin 的《中国神话中帝王与图腾崇拜》及日本学者小川琢治的《中国上古的天地开辟及洪水》。新文化运动后,国内有些学者开始关注和讨论大禹传说,留下了很多表述大禹形象和大禹精神为现代人类带来积极影响的论著,如张光义的《大禹治水与中华民族优秀文化》、谢兴鹏的《大禹精神的内涵及其现实意义》等。

迄今,研究者们已经关注到大禹形象所包含的需阐释的价值与意义,但这些研究层面都较为宽泛,从教育学角度来解读大禹传说的重要性便少之又少了。另外对当今社会中大禹形象的研究也少见,真正将大禹神话传说与儿童教育联系起来的并不多也不够深入,提出解决措施的就更寥寥无几了。

作为著名的中国神话传说之一的大禹传说,在现今时代更应该得到重视,进行深入研究。一方面,大禹治水的故事在中国家喻户晓,大禹的形象对儿童富有吸引力,治水的精神又有鼓舞、启迪之用。另一方面,20世纪90年代以来,我国对儿童教育的重视程度在不断提高,各种儿童读物纷纷涌现;以大禹治水为题材的儿童读物也是推陈出新,极大地丰富了"国学热"的童蒙读物。可惜的是,学术界对于关涉大禹形象的儿童读物之研究却付诸阙如,于是我们以此为题来加以探讨。

一、大禹神话、传说与传播媒介

(一)大禹传说述略

关于大禹传说的故事,究其内容而言,可归为"人话"和"神话"两大类。

历史上的"人话"内容,即围绕尧舜禹展开。尧居帝位期间,大旱之后又有大洪水。人们东漂西流,田地淹没,草木茂盛,禽兽加多,残害人民。尧派鲧治理洪水却不见成效。舜做国君时,任命鲧的儿子禹去治理洪水,禹将鲧堙障的方法改为疏导。平息洪水后,舜便将帝位禅让给禹。其主要传达的是古代劳动人民同自然界做斗争,赞扬大禹机智勇敢、大公无私和艰苦奋斗的精神。

而"神话"则是围绕神人妖展开。在"人话"的基础上,进行改编。世人作恶,神降洪水。大神鲧深心哀怜人民却无措,在猫头鹰和乌龟的告知下,偷天庭宝物——息壤来堙塞洪水。天帝知晓,派火神祝融杀鲧于羽山。息壤被夺,洪水未平,人民饱受饥寒。鲧心系人民,精魂不死,尸体不腐,天帝派神用"吴刀"剖开其尸体,跳出一条虬龙,禹生。天帝忌惮禹天生神力,赐息壤于禹并任命他治水。禹带领应龙导引水路,水神共工从中作梗,洪水肆虐;禹不得已会合天下群神于会稽山大战共工,其间防风氏不守时,斩之而树威信。其后河伯赠河图,伏羲赠玉简以度量天地;龙门山带领人民疏导黄河,开凿三门峡,今存"马蹄窝""禹王庙"等遗迹。途中各种除魔降妖,将无支祁镇压于龟足山下,为民除蛇身九头相柳,等等。禹三十岁时于涂山见九尾白狐娶女娇,妻送饭遇熊惊吓化石,禹无奈破石,儿启出。铸九鼎,刻鬼神精怪,教导人民辨认奸邪。在此类"神话"中,禹天生神力,故更多的是宣扬惩恶扬善的主题,如偷息壤被杀的鲧,禹为民除贪暴无厌的无支祁与相柳,等等。①

传闻异辞而神其说,跟随禹历九州之人为数不多,人们神化英雄实属应当。综合各书籍,大禹故事内容主要包括:鲧窃天帝息壤而被杀,鲧尸三年不腐而生禹,禹奉父命治水,凿山疏水,禹步及磨光汗毛指甲,车船樏鞋等的发明,禹娶涂山氏女,三过家门而不入,涂山氏化石生启,会师茅山怒斩防风氏,征三苗战共工,划九州铸九鼎,成功治水,国家安定。

(二)大禹传说与传播媒介

在原始社会时期,大禹故事的传播方式主要是人们口口相传,由于在黄帝时期已有象形文字,故流传到后世除了口口相传更是通过文字记载的。大禹的事迹西周时期已是家喻户晓,先秦时期的《诗经》、孔子所整理的《尚书》、孔子弟子整理的《论语·秦伯》中

---

① 袁珂:《中国古代神话》,华夏出版社2013年版,第216—239页。

对大禹的故事都有所记录。战国时期,《左传》《国语》《山海经》《庄子》《孟子》《韩非子》等书中亦不乏大禹的史迹。西汉时期历史学家司马迁在先秦文献的基础上,将有关大禹的内容记录在《史记·夏本纪》中。不同历史时期具有各自的时代特色,之后大禹的传说故事都是在以上这些书籍的基础上符合当时的生活环境及人们的思想加以改编而成的。

就传播途径而言,大禹传说可被分成两部分,一是众所周知的大禹治水、三过家门而不入等,二是为儒家统治者所推崇的会师茅山怒斩防风氏、划分九州铸九鼎等。前一部分在民众中流传甚广,由于口头传播有其本身的局限,加之人们在生活中遭遇困难急需精神支柱的缘故,今日传说中的大禹形象便被神化了。洪水是当时最能威胁生产生存的自然灾害,大禹成功治水,人们对于治水英雄不胜感激,因此把他当作偶像,崇拜他。在其治水过程中,为了拯救广大民众家园而牺牲小我家庭团聚的事迹,以及无私奉献精神更能在民众中流传开来。后一部分则是由统治者们来传播的,统治阶层的官员们在先朝文献的基础上认为对于无视规矩随意挑战权威的百官,应该杀一儆百从而树立威信。《大禹史话》中多次提到大禹治水先治人,统治者治国则要先治家,就是这一传播理念与模式的典型体现。

二、儿童读物中大禹形象之类别

20 世纪 20 年代初,叶圣陶创作的童话《稻草人》,被称为我国现代最早的儿童文学作品。几年后冰心的《寄小读者》问世,这也是儿童读物发展史上不可不提的一笔。儿童读物是适合儿童阅读的知识读物以及各种文艺作品的总称,包括文学读物、美术作品、自然科学读物、社会科学读物、历史、地理知识读物等。[①] 儿童文学里的五个年龄阶段,即 1—3 岁的婴儿期、3—6 岁的幼儿期、6—12 岁的童年期、12—15 岁的少年期和 15—18 岁的少年后期。本文讨论的儿童读物中重点讨论对象是处于幼儿期与童年期 12 岁以下的儿童,即就读于幼儿园及小学的儿童。我国封建社会时期长,又不甚注重发展儿童教育,故儿童文学出现较晚。

本文将研究以大禹传说故事为主题或由其改编的图文结合的儿童读物,包括连环画、漫画、绘本以及带插图的注音版故事书等。进入 21 世纪以来,由大禹故事改编而成的儿童读物便如雨后春笋般涌入市场。此下,我们将重点剖析大禹在 3—6 岁幼儿期的绘本与 6—12 岁童年期连环画、漫画、绘本与注音版插图故事里的形象及精神。

(一)连环画中的大禹形象

上述四类读物中最早问世的是,1979 年人民美术出版社出版的杨新与高适合作的连环画《大禹治水》。现代连环画是以连续图画叙述故事来刻画人物的一种通俗读物,是以书籍形式出版发行的一种艺术形式。如前所述,1979 年由杨新编著、高适绘画的《大禹治水》是今天我们所见的同类连环画中最早的读物,特别值得探究。

该册读物先用毛笔在纸上绘制黑白色调,再以白描技法勾勒工笔画,使得这连环画

---

① 张念宏:《中国教育百科全书》,海洋出版社 1991 年版,第 13 页。

具有传统中国文化气息。至于版式，则是一页一图一小段叙述文字。在人物绘画上，神仙的形象与现实中的宗庙塑像最为接近，人物的比例同现实人物相接近。水神共工和火神祝融都是凶神恶煞般的模样，让人不得不敬而畏之，因为他们既能降洪水惩罚人类，又会给予息壤帮助人类。人们生存及生活既依赖于自然界的星辰轮回及风雨晴和，又受制于自然界的旱涝等灾害，故此类神亦是自然力的象征。百姓则穿着单薄的布衣布鞋在田间劳作，洪水袭来则悲伤不已，洪水退却则欢欣鼓舞。大禹心系百姓又遵纪守法，就算连自己的父亲都未治平水患，他却有勇挑重担，引领劳动人民与大自然做斗争。他亦是制度的遵守者和执行者，他不因为鲧偷息壤被杀而记恨天帝，而又当场处死无视规则的防风氏以明肃法纪。大禹就是这么一个英勇顽强、敢于斗争的领导者形象。

（二）漫画中的大禹形象

漫画，乃绘事中简笔而注重意义之绘画，是一种具有强烈讽刺性或幽默性的绘画，带有鲜明的时代特征。漫画在我国尚不足百年历史，我国最早出现这二字的是 1925 年丰子恺刊载于《文学周报》的画，被当时的编者称为漫画。依据漫画的言语和绘画的自身特点，例如语句的幽默特点需要儿童有一定理解力去参透，因而受阅人群是 7 岁以上的儿童。

2001 年，人民文学出版社出版发行由无花果撰绘的作品《唠叨故事·大禹治水》。其与连环画内容相似，区别在于绘画形式上。在该故事伊始之前，有大半篇幅是与大禹相关的人物的简单介绍，而这种介绍一是以卡牌的形式呈现的，二是其涵盖的内容主要是战斗值方面，包括属性、体力、攻击力、防护力、魅力、IQ 和综合能力。将卡牌和战斗值的特色融入书籍中，契合当下的文化品位与现代儿童的思维，与时俱进，现代感十足。在人物形象的设计上融入了很多当代的西方元素，例如鲧身着蓝色紧身连体服、红色披风及红色大头靴的超人服，皋陶的红白条纹头巾及机车服的海盗形象，防风氏则是今日流行的潘多拉星球上的纳美人模样。当然也不乏中国传统元素，例如有扈氏的纶巾头饰。而大禹由于治水，直接将大禹绘成身着潜水服的蒙面侠，中国古代道义中的侠士形象。这些人物形象的设计反映出 21 世纪初我国的漫画受到西方文化的影响。

在中国画报出版社 2013 年出版的《画说中国·大禹治水》漫画书中，大禹传说的史实成分比较明显。重在阐述大禹承父遗志治水，最终完成两代人的心愿，以及启谅解父亲并希望能早日成功治水回家的忠孝之道，大禹的孝子形象与忠孝精神是中华传统美德不可或缺的组成部分。漫画书这一特殊体裁的文字内容是借人物之间的对话整合而成的。一方面此书在故事情节上，强调实践动手能力，展现人们认识自然、运用自然规律来解决问题的进步过程。举例来说，试验无数种巩固堤坝的方法都没有进展，而妻子无意踢翻水缸却使他发现了疏导治水的办法；测量山体高度急需大量人力却遇农忙时节致使人手不足，而一孩童玩耍时踩影子却让他想到借影子来衡量山高的办法。忠孝之道及治水过程中的勇于探索、求真务实的创新精神是此书欲传达的大禹精神。另一方面在绘画表达上，一页纸上可以绘制 5—8 幅图画，这些图画内容繁多，含义丰富。在以人物为主的画面中，除了典型人物的头像外，还有局部的面部表情，例如一双犀利的眼睛、一副沉思中的侧脸、一张呐喊时的脸庞等。绘画对象为自然景物时，则可以是湍急的水流，或是山峰的一角,或是树木的一节,景物、色彩多较纯粹。还有一种是寥寥几语的文字。这些文字会被故意拉长抑或是被扭曲,背景则是如同调色板般的过渡色,意在突出文字与其字体给人带来惊恐及不可思议的想象。此书中的图画多选用近景或特写,这局部的绘画使得人物脸部的轮廓愈加明显。在色彩搭配方面,画中色彩不但如油画般丰富,黄皮肤略带古铜色而且更传神醒目接近现实——一个四处奔波风吹日晒的大禹形象。虽然这本书属于漫画故事,却并未体现其讽刺性或幽默感,文本及图画倒是十分尊崇史实。

童乐编绘的《漫画中国神话传说》系列之三为《大禹治水》,于2010年海燕出版社出版。在书中每当神话成分居多时,便出现了协助治水的应龙、玄龟、息壤与制造困难的其他神兽,以及禹化熊惊女娇而成石像、启破石而出等故事。此书以大禹治水的神话故事为主,塑造了机智勇敢、有先见之明能掌控大局,而又幽默风趣、搞怪、大智若愚、亲和力十足的形象。最大的特色就是在每篇故事的首页都会将古文作为例证,相对有难度的词语会在页末做脚注解释。语言上幽默搞笑的词句,配之夸张的图片,吸引儿童的眼球。然而任何事物都如同一把双刃剑,趣味性喜剧效果确实一时能吸引大部分的读者,然而趣味过多就缺少一定的文学性,故这类书会赢得孩子喜欢,成年人会认为其只可一赏而过但没有细品读的必要。

漫画凭借其独特的人物形象,吸引了大批读者,而书中出现的语言偏离现象比较严重,许多儿童读物中的语言理应浅显明白,需要口语化而非成人化、戏谑化及超前化。无论传说故事是否注重史实成分,不该随意迎合读者的口味改变故事情节;次品太多会迷乱真假,若不及时制止,青少年将曲解大禹神话传说故事真正的模样。

(三)幼儿读物绘本中的大禹形象

幼儿读物是适合3—6岁的儿童阅读的书籍、杂志、报刊等读物。从定义可以得出它的三个特点:第一,幼儿读物的作者是成年人;第二,阅读对象是幼儿(即3—6岁的孩子);第三,幼儿读物的购买对象是成年人,因为幼儿本身不具备购买能力。正是因为这三者,使得幼儿读物在形成至消费这个过程中具有多样性和复杂性。故幼儿读物既需适合幼儿品读,又需赢得家长的青睐,此时有关中华传统美德的绘本便易于进入家长的考虑范围。

绘本是出现于19世纪晚期,发展于20世纪的一种新型文学样式。我国的绘本则较晚于西方,直到20世纪初才流行于儿童市场的。图画是由画家们手绘而成,讲究绘画的技巧,存其各自的风格;言语简短而精练,又不失故事的丰富与曲折;供孩子阅读的绘本必须要符合他们的语言习惯、阅读习惯,带有幽默趣味。对于3—6岁的幼儿来说,他们还不识字,却已经具备了一定的认知图形的能力,图画在潜移默化地影响着他们的思维,更能培养他们的观察能力及想象力。绘本是适合3—6岁年龄段的孩子们阅读的图书形式。

由段立欣编写、画盟工作室绘画的、学习出版社2012年出版的《好孩子·绘本馆:大禹治水(3—5岁)》一书中,大禹在应龙、玄龟及息壤的帮助下,战胜共工,带领民众开山掘土,不辞劳苦地治平洪水。主线围绕鲧和禹同自然界洪水、天界水神共工的抵抗展开,体现当时人类的勇敢无畏的斗争精神;副线则是围绕大禹三过家门而不入与涂山氏日日等待却化成"望夫石"展开,体现当时领导者牺牲小我成就大我的奉献精神。这两点就是此书所传达的大禹精神。

故事内容是略带神话色彩的,但还是以"人话"为主。首先从封面上来看,"大禹治水"四个字是以黑色外框、蓝灰色彩色亮粉填充的卡通字体,而图画中,大禹在海上身骑黄龙、头戴斗笠、身披蓑衣、脸侧向远方,誓与洪水斗争到底的神情从容。其次从文字内容来看,每一页的文字内容都只占用图画的一小部分,文字的两端都是适应图画来调整的。该绘本也是借简单平白的语句讲述了大禹治水的故事。自然灾害频繁的远古时代,洪水使得人们生活苦不堪言,经过十年的奋斗,大禹终于成功治理黄河等地的水患,使人们过上安居乐业的生活,舜因此传位于大禹,其勇敢无私的伟大精神成为中华民族宝贵的精神财富。整个绘本语句中只用了两个比喻句,而且都是在十个字以内的;所选用的语句较为简洁明了,鲧和禹治水时用的语言更多的是体现他们心系百姓,实在没办法才偷息壤的,这一点就重点抓住幼儿的同情心理,以及禹同共工决战时的决心。

最后从绘本中的人物形象塑造来看,人物可分为三类:治水英雄大禹和鲧、反派人物共工和协助治水的人们及将士。治水英雄大禹和鲧在外表上只是一个有胡须一个没有胡须的区别,衣着服饰的绘画上也是符合原始社会人们的穿着特点,遮衣蔽体,但是有一点,他们上身都是裸露的,鲧的下身是用兽皮制成的衣物,而禹则是和治水将士们一样身着普通的棉麻布制成的衣物。这该是鲧在治水前已是一个英雄人物,而禹是在治水之后才被人称为英雄,以此表明平民英雄受民众爱戴程度更深。共工和其他将士们及英雄的眉毛在画法上有异同之处,他们的眉毛在眉尾处都是高扬型的,而眉毛的粗细却不同。共工的眉毛是剑眉上扬型,眉尾细又尖,如锋利的刀剑般,这种眉毛类型的人有抱负,行事刚强,但若眼泛凶,则人生易罹险恶之地。将士及大禹和鲧的眉毛都是一字眉,当他们奋勇治水时,眉尾是上扬的,而眉毛的粗细没有很明显的变化。这种眉毛类型的人则更多的是忠厚老实,脚踏实地肯吃苦。整体看来,所有物体的外部轮廓都是黑色线条勾勒绘成的,大禹露出的八块腹肌,手臂及腹部的肌肉线条同样清楚可见。这种画法使不同人和物之间更加清晰明了,填充的色彩方面也都尽量接近现实生活中的实物,即使同一种颜色也有深浅且有阴影的体现。另外,在表达天空以及神人神兽妖怪时都选择用又卷又舒的云朵群来增加神奇虚幻感。总之,此绘本在绘画技巧的处理上是惟妙惟肖的。

文字+图画=带插图的书,文字×图画=图画书。松居直先生曾说:"真正的图画书应该看成是一种文学与绘画艺术的综合结晶,特别是一本真正好的图画书,即便是将其中的文字完全抽离,亦可由画面的意象与连接,清楚传递出完整的故事情节及作者所要表达的中心思想。"这也是为什么幼儿不识音不识字,却也能自己看得懂绘本的原因。

(四)注音版插图故事书中的大禹形象

文字注音版的书籍更适合于7—12岁的儿童,这个年龄阶段的小孩子学习能力强。注音版的故事书既能让小孩子看拼音认一些字,又能让他们在看图的过程中激发想象力,拼音文字与图画结合之后,能加深对故事的理解。故事书中附上一张图画,家长给他们读文字,和他们一起看图讲故事,他们也能在听故事中欣赏图画,增加阅读兴趣,激发想象力与创造力。

浙江少年儿童出版社出版的《史记故事》中两页的大禹治水故事,用简单直白的语句写出大禹治水的故事内容。洪水淹没丘陵后,尧命鲧治水,鲧采用的堵水方法无效;舜命禹治水,禹改用疏导与堵水相结合的方法治水,开辟九州,使得百姓生活安居乐业;禹十三年治水却始终不入家门,体现大禹忠于职守、公而忘私的精神品质。禹成功治水又无私,得到人们的爱戴,故人们尊称他为"大禹"。由于《史记故事》以记录历史故事为宗旨,介绍的大禹故事也只是将古籍中的文言文翻译成通俗的文字,优点是遵循故事的本身,未做大改动。但是,作为一本儿童读物则未免显得有点枯燥乏味,使人难以保持阅读的趣味。

书中有三幅插画,第一幅是帝王舜,舜内着红色长衣,身披棕黄长衫,头戴流苏下垂的帝王帽,神气十足。第二幅是禹的妻子与儿子在家门口招手的场景,房子是蓝灰色的,而站着的母亲与儿子只是一个人物的体型。第三幅是禹的图像,禹着棕色束腰大衣,手拿治水工具,脸侧向远方,胡须、衣袖飘起却依旧坚定地立在那儿。这三幅插画以白色为背景,其中人或物的轮廓的线条及推崇的色彩都界限分明,无过多的过渡色。大禹在史记中的形象则同看到的插画是一样的,都是一种高大威猛、严于律己、忠诚可靠的硬汉形象。

长江少年儿童出版社出版的《中国神话故事》中三页的大禹治水故事,在语言上加了对话的形式以及各种形容词和成语,故事中也侧重治水。大禹受天帝之命治水,应龙辅助之。水神共工是反派角色,降下大水危害百姓,大禹便在会稽山召集众神共同抵抗共工。治水的方法也是堵塞与疏导相结合,但是成功治水还得依赖神土息壤。大禹因为治水时间紧迫故三过家门而不入,开沟渠通湖海后,大地上生机勃勃,人民幸福安康。

因为这篇文章放在神话故事中,应龙、神龟及息壤等都具备了奇幻色彩。这篇故事只有一幅插画,是众神合力对抗共工的场面,插画中众神腾云驾雾,神情气愤威严,而共工则是身体倾斜落荒而逃。若说史记中的大禹是现实中的人物,那神话传说中的大禹则是神一般的存在了。

浙江少年儿童出版社 2009 年出版的《山海经》中六页的"治理洪水的英雄大禹",文章内容上使用形容词、成语以及一些修辞语句,出现很多的妖魔鬼怪和奇异动植物,这些才是这本书中的大禹所需对抗的敌人。天帝命大禹去凡间治水,大禹召集各路诸侯及部落首领集于会稽山时,巨人防风氏故意刁难大禹违反命令,大禹才治罪于他,斩首示众。大禹破巨石疏导长江水使之流入大海,手握巨斧怒斩猛兽相繇,又降服水怪天吴等河妖洪魔,最终平息洪水,大地恢复生机。《山海经》是一部充满奇幻色彩的、百科全书式的古代名著,蕴含着神话、天文地理、气象、动植物等多方面的知识,故书中的动植物都是离奇诡异的,人们往往对未知事物充满好奇之心,儿童的好奇心比成人更为强烈,这本书中的奇异动植物正是抓住这一点来增加儿童的阅读兴趣及想象力的。

此书的六幅插画与之前两本书的最大不同之处在于,这些插画是整体布局的,从远到近色彩上有深浅之分。由于有山河作为背景,人物便画得小了些,不能看出面部的具体表情。其中两幅画的是九头巨蛇相繇,有着九个人头和蟒蛇的身子,其周围仍有山石点缀。相繇是我们在现实生活中从未见过的动物,甚至有点可怕,但这正展现怪兽的恐怖,也突出大禹的无畏。《山海经》赞扬大禹是治理洪水的救世英雄,情节上则描写大禹与妖魔作战时的英勇威猛,严惩鬼怪的迅速,等等。故这本书中的大禹是一个能降妖除魔,拯救百姓于水火的巨人英雄形象了。

(五)各读物绘画技巧之异

较早出现的连环画中,全借墨色线条达到以"形"传"神"的效果,从而着力描绘人物形象,与人物对话相结合。朴实的白描手法加之符实的人物比例,极具中国民族色彩。21世纪,我国处于接轨国际的新潮时期,人们热于接受新兴事物。色彩艳丽、形象搞怪的漫画来势汹涌,电子科技制作而成的图片更是吸引了一代人的眼球。相比于连环画中的全景和远景,漫画携带的近景与特景别有一番风味。而这外来形式的大禹亦由原先的强健雄壮,夸张变形成只能看一眼的"视觉人物",戏谑性掩盖文学性。近年来的绘本中,不再受限于页面的条条框框,而是用背景颜色撑满一整个页面。其中的大禹形象,又给人感觉是漫画与连环画的结合,既有连环画中人物的比例,又有漫画中艳丽的色彩。

故事书的插图与早期连环画都是白底全景,漫画与绘本就人物的眼神眉宇、面容表情及嘴唇之间的变换,渲染人物当时的内心想法。工笔画下的白描线条难以抵挡亮丽柔和的色彩感,这不仅是绘画本身的不同,最主要是由阅读群体决定的。信息大爆炸的时代,人们的思维认知发生转变,于是审美观念发生转换,最终亦改变了绘画技法。不可否认的是,这些读物的存在价值亦是人们思想变更、时代变更的体现。

三、大禹儿童读物之与儿童教育之价值与意义

(一)从大禹形象的角度而言

不管是大禹治水的神话还是大禹三过家门而不入的传说,对现在的儿童来说都过于遥远,因为现实生活中他们难以体会到当时大禹的经历与情感。一个看似普通的故事其实都包含着一定的哲理,每个看故事的人也是想要从中获取深刻含义,这就是具体与抽象的体现。仅让孩子懂得大禹故事的内容是浅显的,从故事内容和情节升华到思想上的参透或某种行为的改变,这才是神话传说在今时今日的意义。那么,大禹的神话传说故事又有什么地方值得父母让孩子们从小开始学习呢?

大禹形象和大禹精神亦能过渡到今日儿童的思想和实践上。第一,大禹十三年风餐露宿,躬亲劳作,脚踏实地的艰苦斗争精神。现如今中国的生活水平在逐步提高,衣来伸手饭来张口的孩子已不知米饭的来之不易,轻易地得到与随意地浪费不该是他们的价值观。第二,三过家门而不入,腿毛磨掉、指甲脱落也无怨无悔,公而忘私的自我奉献精神。这里的奉献精神在幼儿身上可以从最简单的分享开始,从小学会分享长大之后才会不求回报地愿意为他人付出。第三,克服自然、人定胜天、刻苦钻研攻克难关的挑战精神。家固然是最温暖的港湾,让远行的人有坚实的后盾,没有后顾之忧,但是首先得要有走出去的勇气,从无知者无畏成长为知其不可而为之,摔倒了不是哭而是如何站起来继续往前,遇到困难不是退却而是想方设法地去攻克。

（二）从儿童接受的角度来看

想要跟小朋友讲述某一个道理，比如直接告诉孩子你要学会谦虚，可是他连谦虚是什么意思都不知道，这个时候你若选择符合他年龄的接受方式将故事和道理传达给他，便会轻松很多。卡耐基说过："想要影响他人，唯一的方法就是以对方的需求为出发点。"[①]"众所周知，三岁孩子的世界观，和三十岁父亲的世界观，有着天壤之别。"[②]孩子的世界观怎么可能和父亲的世界观相同呢？父亲除了考虑自己的想法，还要顾及孩子的需要，更重要的是兼顾自己和孩子的立场。

自国家对于中国传统文化的重视程度上来看，正如郑勤砚所说："神话传说和民间传说是一个国家和民族宝贵的精神财富，它的题材内容和各种神话人物，对历代文学创作及各民族史诗的形成具有多方面的影响，特别是它丰富奔放、瑰奇多彩的想象和对自然事物形象化的方法，与后代作家的艺术虚构及浪漫主义创作方法的形成都有直接的渊源。不仅如此，神话还具有丰富的美学价值与历史价值，与远古的生活和历史有密切联系。儿童对神话有一种天然的渴望，他们历来是神话故事最热心、最忠实的听众。在孩子幼小的心灵中，神话传说给他们最朴素的情感，给他们英雄的力量，浪漫的梦想，善恶分明的态度。"

儿童本身是纯净的化身，如自然界的水一般，外界加什么他就成为什么，同时说明了教育的重要性。神话故事不但传授了一定的史实，还引导儿童进入幻想的世界。另外，因为中国神话能完整流传下来的很少，"重实际而黜幻想"的观念在中国人的脑海中已根深蒂固，而浪漫主义与创新思想是新时期发展必不可少的，神话传说中的神化色彩不仅能使人眼前一亮，还能激发想象力创造力，为国家的未来建设出贡献力量，故我们新一代的少年们应该传承我国优秀的传统文化。

（三）从儿童读物创作与出版角度来看

优秀的儿童读物能推广国学经典故事，进而促进文学的有效再创造。作家在修改或增减故事内容的时候，一方面考虑故事内容如何吸引儿童的目光，另一方面可以在书籍形式上下功夫。儿童读物再创造的过程，首先是保留，故事内容本身需保留主干部分，生僻字词可改为现代口语化中常用的词语，因为适当保留可开阔儿童的知识面，能在无意中让他们对传统文化感兴趣。其次是创新，一是在故事内容上融入当代儿童所知的概念，二是在书籍形式上创新，例如对封面上的人物或标题进行特殊处理，可制成凹凸不平的感觉，更具触觉效果；书籍内页设计成折叠状，打开后成立体状图书，更具视觉效果；等等。除了以书籍的形式呈现文学作品之外，还可以设计相应的游戏、玩具等来拓展儿童接受渠道。儿童读物的再创作中，保留是基础，创新是发展，多元化是主要方式。

在市场经济条件下，出版商更应做到经济效益与社会效益相统一，"文学出版要以孩

---

① 卡耐基：《人性的弱点》，陶曚译，天津人民出版社2014年版，第33页。
② 同上书，第46页。

子为基础,做到从孩子中来,到孩子中去,尽最大努力满足少年儿童成长中的阅读需求"①。出版商严格把好这一道关口,才能杜绝部分不合格作品流于图书界,才能使得有效的作品、利于儿童的作品得以创作与出版。只有适应儿童认知水平与审美心理,才能达到教育启蒙的最大化。

结 语

本文从略述大禹传说的内容与其传播媒介入手,继而梳理、分析四类儿童读物中的大禹形象。由于创作时期不同,读物类型有异,各类儿童读物对于大禹故事的叙述重心、形象塑造与绘画技法均各有侧重。一般地说,早期连环画多运用白描手法,画面朴实,人物比例协调,极具中国民族色彩;大禹是治水英雄,人民的领袖。讽刺或幽默风趣的漫画中,禹承父志治水与启谅解禹三过家门而不入,高度宣扬了禹的忠孝形象、亲民形象。新时代绘本读物中,色彩明亮,图画布满整页,并配以极其精简易懂的文字,大禹是富有斗争精神和奉献精神的领导者形象。带有插图的拼音故事书中,大禹故事多比较简短,且被按时序置于全书的叙事架构中来讲述。比如《史记故事》注重故事的历史性,叙述平直;《中国神话故事》中大禹善恶分明,与人协力抗敌;《山海经》侧重于描写大禹治水途中遇见的奇异动植物。

鉴于儿童是特殊的读者群体,我们便分别着重从大禹形象、儿童接受与儿童读物的创作与出版三个角度探究儿童读物中大禹精神的时代内涵、表现与生命力,证实以大禹为主题的儿童书籍在今天有存在的必要性、合理性。具体而言,大禹在治理洪水中体现出的勇于探索的精神,高尚的人格魅力,牺牲小我成就大我的奉献精神,以支持鼓励为主的无畏挑战精神,都是儿童教育中应该学习的优良的道德品质。儿童阅读大禹传说的相关读物,既可拓宽知识,了解经典传说,又可激发想象力与创造力。最后,在儿童读物中的大禹故事的创编中作家和出版商都应知晓:只有适应儿童认知水平与审美心理,才能达到其教育陶冶效果的最大化。

参考文献

[1]杨新.大禹治水[M].高适,绘.北京:人民美术出版社,1979.
[2]农妇改编.魔幻英雄故事 愚公移山 大禹治水[M].杭州:浙江少年儿童出版社,2003.
[3]陈庆惠,陈睿.山海经 彩图注音[M].胡志明工作室,绘.杭州:浙江少年儿童出版社,2009.
[4]童乐.漫画中国神话传说 3 大禹治水[M].郑州:海燕出版社,2010.
[5]程涛平,李茜.大禹故事[M].武汉:武汉出版社,2012.

---

① 李学谦:《最重要的是"不亏心"(繁荣儿童文学大家谈)》,《人民日报》2015 年 06 月 01 日,第 24 版。

［6］海豚传媒编绘.中国神话故事［M］.长江少年儿童出版社,2015.

［7］罗成玉.神话传说对幼儿德育的培养［J］.戏剧之家,2015(21):193.

［8］赵洪玺.《大禹治水》神话故事的魅力［J］.治淮,1997(12):55.

［9］王悦娟,陈宇飞.浅谈新媒介在儿童读物设计中的运用［J］.艺术与设计(理论),
　　2010,2(9):61-63.

柳永与纳兰性德爱情词之比较

徐一田

摘　要：柳永与纳兰性德同是中国词史上影响重大的词人。一位是"凡有井水饮处，即能歌柳词"的宋词名家，一位是"传写遍于村校邮壁"的清初第一才士。在两人的作品当中，爱情词都尤为突出。他们的爱情词既有相同点，也有不同点。笔者找到的柳永与纳兰性德爱情词的相同点主要有两个方面：一是在风格情感上都是婉约哀愁，感情真切的；二是都富于女性特征的意象。两人爱情词的不同点笔者认为主要有三个方面：一是词中爱情观之别，二是词的语言特征之别，三是词中女性形象之别。

关键词：柳永；纳兰性德；爱情词；比较法

引　言

柳永与纳兰性德，一个活在北宋，一个生在清初，两人都是在词坛上有着重要地位和影响的词人。他们的词，不但在当时被人们广泛传唱，至今仍是现代学者研究的热门对象。

笔者通过考察而知，在柳永留下的词集《乐章集》的190余首词中，一半以上是恋情词，或是隐晦表达爱慕之情的作品。在纳兰所作340余首词中，爱情词也占了最大的比例，尤其是纳兰为他的亡妻卢氏所写的大量悼亡词。本文主要比较他们爱情词的异同点。

一、时代文化背景的比较

文学的创作与作者所处的时代背景息息相关，并且受制于当时所处的文化氛围。柳永生活在经济快速发展、都市繁荣的北宋，这是一个宋词兴盛的时代。纳兰性德生活在盛世清初，在这一时期，清朝文人创作的大量词让词坛再次焕发光彩。通过研读这两个时代的文化背景，我们可以得到一些影响柳词和纳兰词的因素。

（一）北宋词坛兴盛的文化背景

宋词作为一代的文学，在中国文学史上与唐诗、元曲有着同样重要的地位。词起源于唐，滋衍于五代，直至两宋词的创作才呈现出全面繁荣的景象，并取得了辉煌的成就。

那么,北宋词坛兴盛起来的原因是什么呢? 经笔者阅读相关文献总结出以下四点:

一是宋代在经济上快速发展,都市逐渐繁荣起来,出现了像成都、杭州、广州等著名的商业都市。宋代的统治者还逐渐取消了百姓居住区和商业区的界限,不禁夜市。这一政策为北宋商业和娱乐业的迅速发展提供了更有利的环境。茶楼酒肆、秦楼楚馆竞作新声的局面,刺激了宋词的创作。

二是宋代在政治上崇文抑武。宋代的统治者不仅主动把五代十国留下来的歌妓乐师集中到汴京,还搜集流散在民间的俗乐,甚至自己填制新词。统治者们也大肆鼓励大臣们追逐宴饮寻乐的生活。官僚与士大夫用歌舞以佐清欢,词就被用作遣兴娱宾、佐酒应歌。"盛世享乐"成为一国风气,"遣兴娱宾"成为一种文化现象,所以滋生于这种土壤的词也就异常兴盛。

三是宋代的歌妓制度推动词的发展。宋代的歌妓制度高度完备,不论是在类型划分上,还是在服务性质与对象的划分上,都严格而详细。宋代的歌妓的数量也十分庞大。歌妓与词形成了一种互生共赢的关系,词的创作为歌妓演唱服务,而歌妓成风又推动了词的传播。

四是词体、词风的变化促进词的发展。北宋初期,诗歌仍是传统文学之大雅存在,宋词还在发展初期,"词"这种题材被大多文人认为是雕虫小技,入不了士大夫之眼。填词之人鲜少,佳作更少。这时的文人填词,大致承袭唐五代花间词风,而以晏、欧为代表的宋初文人词,多是一些宴饮歌乐之余的"聊陈薄技,用佐清欢"①之作。这些词主要描述的是官僚与士大夫闲适自得的生活及感伤光景的愁情,更多则是即景抒情的短调小令。正是在这样的环境下,柳永另辟蹊径,从多个方面对词进行了创新,为词坛注入了新鲜的血液,扩大了宋词的表现领域,大力推动了宋词的发展。

总之,词之所以独盛于宋,与当时的社会环境、政治条件、经济状况以及文学艺术的发展与繁荣是分不开的,是那个特定历史时代的必然产物。

(二)清初词坛再振的历史必然

清词的中兴主要是针对宋代之后元明两朝词坛不振的历史而言的。清代学者陈延焯在《白雨斋词话》中说:"词兴于唐,盛于宋,亡于明,而再振于国初,大畅厥于乾嘉以还也。"那么为何词能在清初出现再次繁荣的局面,究其原因有以下几点。

一是清词的中兴与明代词坛的长期沉寂和明末江浙词坛的崛起有关。在明代词坛中不仅没有出现专门以词著名可与唐宋词人争胜的文人,而且明词的整体质量也普遍不高。明代词坛的衰疲和不足却激起清代继承者们对词的重新思考及创作,最后掀起了一个新的创作高峰。

二是清词的中兴与历史现实有关。民族的不幸既激起了百姓的愤怒和不平也在他们心里留下了难忘的伤痛。处在民族矛盾高潮中的清初文人受到南宋末年的爱国词人的感染,他们也借词来抒写自己的家国之恨和身世之慨。在这些作品中既有慷慨的壮歌

---

① 谭新红:《欧阳修词全集》,崇文书局 2014 年版,第 1 页。

也有低沉的悲吟,更多的则是借花草美人和华宴声色来曲传自己内心的不平、无奈和追悔之情。

三是清词的中兴与社会现实和词的抒情功能相契合有关。在清朝统治者的高压统治下,文人心头苦闷的郁结便用写词来抒发。由于传统思想一直把词视为"艳科""小道",所以统治者就不易将词同抒写故国之思等严肃的政治内容联系起来。正是有这一层思想的掩护,一些文人学士就在词中寻求消磨才华的机会,借以抒发他们的抑郁不平之气和故国兴亡之思。

四是清代学术风气发生彻底变化的文化背景。在清代学术风气发生彻底变化的大背景下,清词才逐渐开始兴起。传统文人都认为诗是严肃的东西,词则为诗之余,是"艳科",而这种传统观念直到明末清初才开始有了较大的改变,词的地位也逐渐得到提高。清代文人梁清标就是其中的代表文人之一,他完全抛弃了视词为艳科小道的传统偏见,认为词和诗一样都是抒情言志的手段,都能起到"兴观群怨"的社会作用。

五是清初词人群体的形成和壮大。在清初,词坛上作家群体的形成和壮大对提高作品质量、形成创作风气、促进词的中兴起了决定作用。同时还出现了以专门填词而著名的"清初三大家"——纳兰性德、朱彝尊与陈维崧。不仅如此,此时刊行的词集也大量出现,如:顾贞观与纳兰性德合编的《今词初集》、佟世南的《东白堂词选》、聂先和曾王孙的《名家词钞》等。因作家团体的壮大和词集的大量刊行,词在清初终于出现了中兴的局面。

清词就在这样的政治经济文化土壤中渐渐地发展起来,得到了文人的喜爱与支持。清初词坛再振给中国词史增添了浓墨重彩的一笔。

二、生平经历及思想性格的比较

孟子曰:"颂其诗,读其书,不知其人,可乎?是以论其世也。"意思是"吟咏他们的诗,读他们的书,不知道他们到底是什么人,可以吗?所以要研究他们所处的社会时代"。这就是孟子提出的"知人论世"说,即要了解一个人必须从他的生平经历和思想性格着手。柳永虽为书香门第,但仕途坎坷,常年混迹于秦楼楚馆,与妓女乐工交好。而纳兰性德是一位出生在官宦世家的相门贵公子,仕途相对平顺,但情路曲折。不同的出身与经历,似乎早早决定了两人的思想性格也会迥然有别。

(一)流离辗转的柳永与乌衣门第的纳兰

北宋著名词人柳永(约984—约1053),福建崇安人,原名三变,字景庄,后改名柳永,字耆卿,因排行第七,又称柳七,著有词集《乐章集》。

出身于官宦之家的柳永,从小就受到文学艺术的熏陶,学习诗词,有功名用世之志。他不到20岁就填了《望海潮·东南形胜》这样脍炙人口的名篇。咸平五年(1002),柳永离开家乡,游遍临安、苏州,便流连于莺歌燕舞的秦楼楚馆之中。大中祥符元年(1008),柳永进京参考,初试落第,之后也屡试屡败,灰心丧气的他一气之下填了《鹤冲天》:"忍把浮名,换了浅斟低唱。"①这首词很快传到皇帝的耳中,仁宗闻后不悦,回道"且去浅斟低唱,何要浮名"。此后柳永就自称"奉旨填词柳三变",一心填词,浪迹江湖。景祐元年(1034),柳永暮年及第,南北羁宦,历任睦州团练推官、余杭县令、晓峰盐碱、泗州判官等职,以屯田员外郎致仕,故世称"柳屯田"。晚年穷困潦倒的柳永死于旅中。

纳兰性德(1655—1685),原名成德,后因避东宫太子嫌改为性德,字容若,号楞伽山人,满洲正黄旗人,大学士纳兰明珠之子。著有《侧帽词》(后更名为《饮水词》)、《渌水亭杂识》等,曾辑刻《通志堂经解》。

出身显赫的纳兰,自幼饱读诗书,文武兼修,才华出众。与柳永的仕途相比,纳兰可谓是顺风顺水。纳兰在十七岁时便入了太学,后被祭酒徐文元赏识,推荐给内阁学士徐乾学。十八岁参加顺天府乡试,毫无悬念考中举人。纳兰在十九岁准备会试时因寒疾,错过了那年殿试。之后在康熙十五年(1676)纳兰补考殿试,考中第二甲第七名,赐进士出身。深受皇帝赏识的纳兰,被皇帝留在身边当贴身侍卫,多次随康熙出巡,还曾奉旨出使梭龙,考察沙俄侵边情况。纳兰虽然在仕途上平步青云,但他从未因此而快乐。他厌倦职业、轻看富贵、不屑功名,追求的是长久的爱情与江湖的逍遥自在。纳兰性德于康熙二十四年(1685)暮春抱病,与好友一聚后一病不起。七日后,于康熙二十四年五月三十日(1685年7月1日)溘然而逝,年仅三十岁。

柳永的一生可谓是郁郁不得志,还因填了一首《鹤冲天》得罪了当朝皇帝,使原本就坎坷的仕途变得更加艰难。正是这些遭遇造就了他痴狂不羁的性格。纳兰性德身为相门贵公子,没有柳永那般坎坷的经历,他的仕途一路顺畅。但是纳兰自幼多病的身体以及他成长的环境让他形成了多愁善感的性格。

(二)痴狂不羁的柳永和多愁善感的纳兰

由于受到家庭的影响,少年柳永刻苦学习,勤习举业,希望科举入仕。从其所作的《劝学文》可知,少年柳永是一个信奉"学而优则仕"的积极进取、勤勉稳重的青年。

年轻的柳永自视才高艺足,认为科举功名不过是唾手可得的,他曾写下"临轩亲试。对天颜咫尺,定然魁甲登高第"②这样的豪言壮语。就算一次科举失利,他也毫不怀疑自己的才华,认为这不过是"黄金榜上,偶失龙头望"③。但一次次的科举失利使柳永没有了以前的勤勉稳重,更是让他将功名抛到一旁,到烟花巷陌去"偎红倚翠""忍把浮名,换了浅斟低唱"。他大胆、直率的表达,反映了他思想性格发生了变化。残酷的现实压抑着他的情愫,摧伤着他的神经。所以,柳永把这些压抑和痛苦全部倾注于笔端,展现出了他独特的"痴"与"狂"。他的爱情词中无论是男性或是女性对感情的执着,都映射他的这种"痴"与"狂"。如:"此际寸肠万绪。惨愁颜、断魂无语。和泪眼、片时几番回顾。伤心脉脉谁诉"④"怎向心绪,近日厌厌长似病。凤楼咫尺,佳期杳无定。展转无眠,粲枕冰冷。

---

① 薛瑞生:《乐章集校注》,中华书局1994年版,第239页。
② 同上书,第167页。
③ 同上书,第239页。
④ 薛瑞生:《乐章集校注》,中华书局1994年版,第100页。

香虬烟断,是谁与把重衾整"①"雅欢幽会,良辰可惜虚抛掷。每追念、狂踪旧迹"②"况值阑珊春色暮。对满目、乱花狂絮。直恐好风光,尽随伊归去"③。

柳永不仅天性浪漫、雅好音乐,还有极敏的音乐才能。天性浪漫的柳永曾写过:"帝里风光好,当年少日,暮宴朝欢。况有狂朋怪侣,遇当歌,对酒竞流连。"④在热闹繁华的北宋,秦楼楚馆与歌妓乐工吸引着雅好音乐的柳永,为他天性中的浪漫提供了广阔的发展空间。让柳永用他那如椽大笔把整个北宋市井和他悲喜交加的人生都写了进去。

柳永雅好音乐,精于音律,加上深厚的文学修养,所以词评家在音律方面对柳词评价很高。李清照称其词"谐音律"⑤;王灼在《碧鸡漫志》卷二中也评价道:"又能择声律谐美者用之。"⑥

相比柳永的痴狂、直率,纳兰性德则表现出柔婉和多愁善感。纳兰同柳永一样聪敏早慧,并且博通经史,精于书法绘画,对词道还颇有建树。纳兰生长在贵族之家,其父是一人之下万人之上的宰相纳兰明珠,自己也身为皇帝的贴身侍卫。但是与其尊荣享乐、无所不备的贵族生活相比,纳兰词给人的感觉却是另一番情景,有人统计,在纳兰现存的三百余首词中,"愁"字出现了90次,"泪"字65次,"恨"字39次,其他如"断肠""伤心""惆怅""憔悴""凄凉"等字词也是触目皆是。纳兰词的情调凄凉哀婉,气氛悲郁怆恻,字里行间充满幽怨与无奈之情。

在事业上,由于统治阶级内部争权夺利的斗争以及侍卫生活的枷锁,让超逸脱俗、向往自由的纳兰十分苦恼,给他带来了无形的心理压力。纳兰在《金缕曲》中也表达道:"德也狂生耳。偶然间、淄尘京国,乌衣门第。"⑦在爱情上,从纳兰初恋的夭折,再到爱妻卢氏的早逝,都给他留下难以弥合的心灵创伤。"欲诉幽怀,转过回阑叩玉钗"⑧、"而今才道当时错,心绪凄迷。红泪偷垂,满眼春风百事非"⑨等这些写给亡妻的悼亡词实在是让人感到其用情至深,令人不忍卒读。在友情上,文学挚友的离合,也使他无法摆脱内心深处的困惑与悲观。纳兰这一生把最真挚的情感都赋予在爱情与友情之中,他最爱的却也伤他最深,种种原因综合才能让纳兰写出如此的词。

三、柳永与纳兰爱情词的异同比较

(一)两人爱情词的相同点

通过研读、比较柳永和纳兰的爱情词之后,下文主要从风格情感、词的意象两个方面

---

① 薛瑞生:《乐章集校注》,中华书局1994年版,第162页。

② 同上书,第66页。

③ 同上书,第110页。

④ 同上书,第145页。

⑤ 唐圭璋:《词话丛编》卷一,中华书局1986年版,第201页。

⑥ 同上书,第85页。

⑦ 赵秀亭、冯统一:《饮水词笺校》,中华书局2005年版,第135页。

⑧ 同上书,第360页。

⑨ 同上书,第41页。

来分析柳永与纳兰爱情词的相同点。

1. 词风婉约哀愁,感情真切

古往今来描写男女恋情之作数不胜数,或写相见之欢,或写离别之苦,柳永与纳兰也是如此。两人的爱情词都恣意渲染,写得情意深浓,缠绵悱恻,词中真切的情感让读者感同身受。

如柳词中最为传诵的《雨霖铃》:

寒蝉凄切。对长亭晚,骤雨初歇。都门帐饮无绪,留恋处、兰舟催发。执手相看泪眼,竟无语凝噎。念去去、千里烟波,暮霭沉沉楚天阔。

多情自古伤离别。更那堪、冷落清秋节。今宵酒醒何处,杨柳岸、晓风残月。此去经年,应是良辰好景虚设。便纵有、千种风情,更与何人说。①

柳永用杨柳、晓风、残月这一系列极易触动离愁的凄清景象,烘托出恋人离别后寂寞悲凉的情绪。由"今宵"想到"经年",由"千里烟波"想到"千种风情",由"无语凝噎"想到"更与何人说",回环往复又一气贯注地抒写了不尽愁思。

纳兰的爱情词也是这般感情深切。在纳兰的爱情词中,最感人至深的还数他写给爱妻卢氏的悼亡词,其情真语挚,被评为"一种凄婉处,令人不忍卒读"②。如纳兰《饮水词》中的一首《蝶恋花》:

辛苦最怜天上月。一昔如环,昔昔都成玦。若似月轮终皎洁,不辞冰雪为卿热。

无那尘缘容易绝。燕子依然,软踏帘钩说。唱罢秋坟愁未歇,春丛认取双栖蝶。③

纳兰不仅用了荀奉倩的典故来表达他对妻子的爱,还用明月、燕子、蝴蝶这三种景物来显示妻子逝去后自己内心难以消解的愁苦。而纳兰用喜语来作为这首词的结尾,以喜写悲,更让读者体会到其中的哀伤。这些正因为都是纳兰的亲身感受,所以才会写得如此情真意切。

2. 富于女性特征的意象

在词中,意象是必不可少的要素。而女性在爱情词中又占据着十分重要的地位,那么在词人的爱情词中必然会用到具有女性特征的意象。柳永与纳兰都写了大量的爱情词,在他们各自的爱情词中也出现了许多女性特征的意象。柳词中常出现的具有女性特征的意象有:"柳腰""凤枕""鸾帷""绮罗""香被""凤灯""朱扉""秀履"等。纳兰词中常出现的具有女性特征的意象有:"罗裙""镜匣""翠黛""粉泪""轻绮小扇""绣被""檀粉""钗钿"等。这些意象或是女子闺房中的物品,或是女子的服饰,或是女子的翠黛、粉泪,这些意象都是在女子身上所特有的。

虽都与女子相关,但不同的意象所蕴含的意思不同,所表达的情感也不同。如柳永的《斗百花》这样写道:

满搦宫腰纤细。年纪方当笄岁。刚被风流沾惹,与合垂杨双髻。初学严妆,如描似

---

① 薛瑞生:《乐章集校注》,中华书局1994年版,第59页。

② 唐圭璋:《词话丛编》卷二,中华书局1986年版,第1937页。

③ 赵秀亭、冯统一:《饮水词笺校》,中华书局2005年版,第117页。

削身材,怯雨羞云情意。

举措多娇媚。争奈心性,未会先怜佳婿。长是夜深,不肯便入鸳被,与解罗裳,盈盈背立银釭,却道你但先睡。①

这是一个女子初做新妇的夜晚,女子羞怯之中,洋溢着新婚生活的甜蜜与喜悦。如此香艳的一首词,柳永自然也运用许多香艳的女性特征意象。"满搦宫腰""垂杨双髻""鸳被""罗裳"把这位不多懂事的生涩的少女与丈夫的初夜描写得淋漓尽致。

相比柳永大胆的平铺直叙,纳兰词则显得委婉很多。纳兰的《浣溪沙》中有这样几句:"一半残阳下小楼,朱帘斜控软金钩。倚栏无绪不能愁。有个盈盈骑马过,薄妆浅黛亦风流。见人羞涩却回头。"②这首词活灵活现地描写了一位闺中女子怀春又羞怯的形象,用"小清新"来形容这首词再合适不过。"朱帘""薄妆""浅黛",词中所有女性特征的意象都是淡的,透露出一种自然美。可以说薄妆浅黛的骑马少女羞涩回头的神态,把原本显得低沉的夕阳、小楼、斜挂的朱帘、软垂的金钩及无聊的心绪衬托为一幅情景交融、极具美感的画卷,读来口角生香,有意犹未尽之感。

(二)两人爱情词的不同点

世上没有两片相同的叶子,词人更是如此。就算二人同属一流派,文风再怎么相似,总还是会有着自身的独特之处。本节主要从爱情观、语言特征、女性形象三个方面分析柳永与纳兰爱情词的不同点。

1. 爱情观之别

(1)柳永"针线闲拈伴伊坐"式的爱情观

所谓爱情观,就是人们对爱情问题的根本看法和态度。在《玉女瑶仙佩·佳人》里,柳永第一次讲到自己推崇的爱情观:"自古及今,才子佳人,少得当年双美。"③柳永认为,世间最完美、最浪漫的,便是才子佳人式的爱情。郎才女貌,情投意合,遂结良缘。

如《定风波》:

自春来、惨绿愁红,芳心是事可可。日上花梢,莺穿柳带,犹压香衾卧。暖酥消,腻云嚲,终日厌厌倦梳裹。无那。恨薄情一去,音书无个。

早知怎么。悔当初、不把雕鞍锁。向鸡窗、只与蛮笺象管,拘束教吟课。镇相随,莫抛躲。针线闲拈伴伊坐。和我。免使年少,光阴虚过。④

晏殊曾对柳永说:"殊虽作曲子,不曾道'针线闲拈伴伊坐'。"⑤正是这首曾被晏殊取笑过的词,笔者认为最能代表柳永对待爱情的态度。这首爱情词中的女子正在等待她那薄情郎。有怨、有恨,然而终归被那无情的思念所缠绕,女子后悔当初的轻易离别,幻想着把丈夫"锁"在家里,只愿两人针线闲拈,长相厮守。女子大胆露骨的爱情宣言,也正折

---

① 薛瑞生:《乐章集校注》,中华书局1994年版,第14页。
② 赵秀亭、冯统一:《饮水词笺校》,中华书局2005年版,第453页。
③ 薛瑞生:《乐章集校注》,中华书局1994年版,第3页。
④ 同上书,第119页。
⑤ 袁行霈《中国文学史》第三卷,高等教育出版社2005年版,第48页。

射了柳永对理想中的平俗的爱情生活的设想和追求。科场失利,仕途坎坷,让柳永追求的是物质上的满足,追求世俗化的爱情。

世俗化的爱情所追求的就是朝朝暮暮的相依相守,柳永的这种爱情观很大程度上受到世俗文学的影响。在北宋时期,随着经济的繁荣,人们开始追求精神上的享受。供人娱乐的瓦子、茶楼酒肆、秦楼楚馆大量出现,逐渐在民间掀起了一股市民文化。柳永又因仕途不顺常年混迹于各种民间娱乐场所,与歌妓乐工交好,他大量的爱情词都是站在市民的立场上所创作的,所以在词中透露出的便是这种市民的"俗"气,同时也突显了他平等的市民意识。同样是仕途坎坷的北宋词人秦观,在他仕途受挫后,则灰心丧气,变得沉默、多愁善感,自然也影响了其爱情观。秦观的《鹊桥仙》中有这两句"两情若是久长时,又岂在朝朝暮暮"①。这也反映了秦观所追求的爱情,他认为爱情就要能经得起长久分离的考验,不会因为时空的改变而改变,也比朝夕相伴的庸俗情趣可贵得多。秦观是传统的文人,他是以士大夫的审美情趣,描写华丽精美的男女主人公的相思与愁苦。

秦观虽继承了柳永第一人称吟咏对女性的思恋之情的做法,但秦观的性格气质与柳永大不相同,以至于在男女合欢词上就不像柳词那般艳俗、直露。秦观爱情词与纳兰有些类似,语言清新自然,含蓄蕴藉,留不尽之意于言外。

(2)纳兰"赌书消得泼茶香"式的爱情观

在纳兰短暂的一生中,深爱过三个女人。纳兰并非是一个贪恋美色的人,但他却是一个需要爱情来滋润的人,一旦用情,便是一生。从懵懂的初恋到一生挚爱的卢氏,再到后来惺惺相惜的沈宛,纳兰都以自己独特的方式去诠释爱情。但纳兰用情最深的还是在他23岁时病逝的爱妻卢氏,是卢氏将纳兰的婚前的爱情理想变为婚后的理想爱情,所以他在卢氏身上倾注了双倍的爱。"抗情尘表,则视若浮云,抚操闺中,则志存流水"②,相濡以沫的夫妻生活给纳兰带来了极大的快乐。

谁念西风独自凉,萧萧黄叶闭疏窗,沉思往事立残阳。

被酒莫惊春睡重,赌书消得泼茶香,当时只道是寻常。③

这首纳兰写给爱妻卢氏的《浣溪沙》可谓是字字句句皆心泪,自然而然地倾诉了他最真实的心情。词的上阕写的是纳兰的沉思与孤独,下阕写的是纳兰回忆曾经与妻子一起的那些短暂而欢乐的时光。开头"谁念西风独自凉"仅仅七个字就让读者体会到词人内心无尽的哀伤。"赌书消得泼茶香"这是纳兰与卢氏曾一起做过的事,这像极了当年李清照和她的丈夫赵明诚赌书的场景。当年李清照夫妻两人闲暇时爱赌书,一人说一事件,另一人说这是某书某页某行,而赌注是一杯茶。李清照擅长记忆,总能说对答案,一次她赢得茶水后太过开心,结果茶泼到衣服上。奖品虽没了,茶香却弥漫了整间屋子。

纳兰与卢氏也如同李清照与赵明诚一样诗情画意,一样的恩爱。过往的种种历历在目,让词人伤心不已,纳兰明知无法挽回,只有把所有的哀思与无奈化为最后一句"当时只道是寻常"。浮现在纳兰脑海之中的全是美好的回忆,与爱妻卢氏两人之间心灵上的

---

① 秦观:《秦观词集》,上海古籍出版社 2010 年版,第 17 页。

② 赵秀亭、冯统一:《饮水词笺校》,中华书局 2005 年版,第 157 页。

③ 同上书,第 85 页。

契合,是如此的幸福。纳兰追求和向往的爱情也像李清照夫妇那样,夫妻两人之间有着精神上的共鸣。

2.语言特征之别

(1)艳俗不羁的柳词

对于柳词来说,给人的第一印象是"俗"。正是因为这些俗词,让一些学者颇有微词,王灼在《碧鸡漫志》里称柳词"浅近卑俗,自成一体,不知书者尤好之。予尝以比都下富儿,虽脱野村,而声态可憎"①。胡仔的《苕溪渔隐丛话》载道:"直以言多近俗,俗子易悦故也。"②徐度在《却扫编》中评价柳词:"虽极工致,然多杂以鄙语,故流俗之人尤善道之。"③

柳永的爱情词是他俗词的代表。或是为了取悦佳人,如"坐中年少暗消魂,争问青鸾家远近"④。或是为了记录风月之事,如"脱罗裳、恣情无限。留取帐前灯,时时待看伊娇面"⑤。他创作了大量以描写妓女、世俗生活、男女情爱为主要内容的艳词。柳永在一些艳情词中更是大胆直露地描写男女情事,可谓是香艳露骨之极。柳词的俗还体现在他吸收了大量的市井俚语。他的这种行为在以典雅雍容为尚的宋初词坛,则需要莫大的勇气。如在爱情词中频繁使用"那""怎""个个""人人"等生活俚语。以《凤栖梧》为例:

蜀锦地衣丝步障。屈曲回廊,静夜闲寻访。玉砌雕阑新月上。朱扉半掩人相望。

旋暖熏炉温斗帐。玉树琼枝,迤逦相偎傍。酒力渐浓春思荡。鸳鸯绣被翻红浪。⑥

词的上阕通过"地衣""步障""回廊""玉砌雕阑"等一系列事物的描写把这一夜的环境衬托得别有一番风味。上阕的环境铺垫暂且还能体现词的几分含蓄、温婉之美,而柳永在下阕把笔锋一转,开始描写爱恋中男女的闺房情事。相依相偎的两人,借着愈来愈浓的酒力在鸳鸯被中挥发着体内的洪荒之力。词的下阕如此大胆直白的对闺房情事的描写实在是艳俗至极,就是现代的读者读来,脸上也不禁要泛起一层红晕。

(2)清新婉转的纳兰词

纳兰虽出生在北京,可他的词却隐隐透着一股江南的秀气,小桥流水、杨柳明月,字里行间透露出来的是一种婉转而清新的气息。纳兰总能用他淡淡的语言表达出他内心的浓浓的情思。

"一生一代一双人,争教两处销魂"⑦是对有缘无分的初恋的遗憾和叹息;"旋拂轻容写洛神,须知浅笑是深颦"⑧写的是夫妻间愉快相处的画面;"春色已看浓似酒,归期安得

① 唐圭璋:《词话丛编》卷一,中华书局1986年版,第85页。

② 同上书,第172页。

③ 施蛰存:《宋元词话》,上海书店出版社1999年版,第117页。

④ 薛瑞生:《乐章集校注》,中华书局1994年版,第142页。

⑤ 同上书,第162页。

⑥ 同上书,第78页。

⑦ 赵秀亭、冯统一:《饮水词笺校》,中华书局2005年版,第115页。

⑧ 同上书,第108页。

信如潮。离魂人夜倩谁招"①、"近来无限伤心事,谁与话长更"②是对亡妻卢氏深沉的思念;"忆交加,倚着闲窗数落花"③写的是与知己沈宛富于情趣的田园生活;"而今才道当时错,心绪凄迷"④是失去爱人后独自在痛苦中的煎熬和惆怅。一句句清新自然、高洁清雅的词,无一不透露出词人内心最真实的情感。初读纳兰的爱情词,感到颇有后主遗风,再读,便是妙不可言的意犹未尽。以《落花时》为例:

夕阳谁唤下楼梯,一握香荑。回头忍笑阶前立,总无语,也依依。

笺书直恁无凭据,休说相思。劝伊好向红窗醉,须莫及,落花时。⑤

这首词仿佛是纳兰青春年少时的一笔缩写。上阕写的是二人相会时女子害羞的场面,仅仅十数字就把女子的形貌神情和点点心事悉数写尽。"总无语,也依依"六个字更是道出了女子欲言又止的娇羞模样。下阕写的是女子埋怨男子,希望男子好好珍惜自己的心情。短短的一首词把女子等情郎、见情郎、怨情郎的种种都一一道明。在精准的用词中,让人体会到其中缱绻的情意和离愁。词风雅致,清新自然,亲昵却不失庄重,艳丽但不艳情,纳兰的风骨之高,由此可见。能将爱描写得如此轻描淡写,而又如此深入人心,也许就只有纳兰能够做到了。

3.女性形象之别

(1)柳词中的风尘女子

柳永因长时间浪迹于江湖,混迹于秦楼楚馆之中,所以十分熟悉风尘女子的生活状态,了解她们复杂的内心世界。在柳永的爱情词中,我们总能看到一个个明艳美丽、活泼动人的歌妓形象,如:虫虫、英英、佳娘、酥娘……她们不是为了取悦达官贵族而浪荡形骸的俗世女子,而是有着自己本真的灵魂与炽热的追求的真性情女子。

在柳词中,写歌妓面容的是:"抬粉面、韶容花光相妒。绛绡袖举。"⑥写三千青丝的是:"宝髻瑶簪。严妆巧,天然绿媚红深。"⑦写弯弯的眉梢是:"偶认旧识婵娟。翠眉开、娇横远岫。"⑧写明媚的双眸是:"倾城巧笑如花面。恣雅态、明眸回美盼。"⑨写妖娆的身姿是:"身材儿、早是妖娆。算风措、实难描。"⑩写吹弹可破的肌肤是:"一个肌肤浑似玉,更都来、占了千娇。"⑪写歌妓柔媚的神情是:"天然俏,自来奸黠,最奇绝,是笑时,媚靥深

---

① 赵秀亭、冯统一:《饮水词笺校》,中华书局2005年版,第89页。

② 同上书,第461页。

③ 同上书,第375页。

④ 同上书,第41页。

⑤ 同上书,第132页。

⑥ 薛瑞生:《乐章集校注》,中华书局1994年版,第249页。

⑦ 同上书,第224页。

⑧ 同上书,第184页。

⑨ 同上书,第152页。

⑩ 同上书,第131页。

⑪ 薛瑞生:《乐章集校注》,中华书局1994年版,第131页。

深,百态千娇。"①写她们内心的愁苦是:"早知恁地难拚,悔不当时留住。"②写她们炽热的追求是:"万里丹霄,何妨携手同归去。永弃却、烟花伴侣,免教人见妄,朝云暮雨。"③写歌妓悲喜交加的生活是:"好天良夜,深屏香被,争忍便相忘。"④

从柳词中看出,柳永对待风尘女子多了对女性天然之美的赞叹欣赏,少了庸碌世俗的情色与亵玩。泼墨挥洒间游刃有余,把"有画难描雅态,无花可比"⑤的芳容尽显笔端,道出了"倾国倾城,暂回眸,万人断肠"⑥的万种风情。

(2)纳兰词中的宫廷深闺女子

对于词人的创作,很大程度上受到生活环境及个人经历的影响。纳兰与柳永不同,他是高贵的乌衣门第。在他的爱情词中我们很难找到描写风尘女子的文字,最多不过是意象性的指代罢了。最常出现的除了卢氏与沈宛,便是身份高贵的宫廷深闺少女、少妇的身影。

"紫玉拨寒灰,心字全非。疏帘犹是隔年垂"⑦是寂寞无聊的闺中少妇对远别丈夫的思念;"小晕红潮,斜溜鬟心只凤翘。待将低唤,直为凝情恐人见"⑧是活泼可爱的怀春少女偶遇自己心上人时的娇羞模样;"有谁知? 闲教玉笼鹦鹉念郎诗"⑨是深闺女子无处诉说心底埋藏的思念的愁绪;"凭将扫黛窗前月,持向今朝照别离"⑩是思妇对千里之外的征人深深的愁思;"一骑近从梅里过,片帆遥自藕溪来。博山香烬未全灰"⑪是闺中女子幽怨绵远的离怨;"暗觉欢期过,遥知别恨同。疏花已是不禁风,那更夜深清露湿愁红"⑫是离恨难消的女子独守空房的凄冷空寂。

纳兰笔下的女性形象都充满了真情实感,不搔首弄姿,不矫揉造作。喜怒哀乐、离愁别恨尽是相思之情。

结　语

柳永一生考场失意,词场风发;官场不济,情场张扬。虽落魄市井,题词于酒肆勾栏,但随笔挥就的一首词作就可造就一位佳人,使文人骚客趋之若鹜。他用一己之力开启宋

---

① 薛瑞生:《乐章集校注》,中华书局 1994 年版,第 198 页。
② 同上书,第 110 页。
③ 同上书,第 67 页。
④ 同上书,第 136 页。
⑤ 同上书,第 127 页。
⑥ 同上书,第 22 页。
⑦ 赵秀亭、冯统一:《饮水词笺校》,中华书局 2005 年版,第 398 页。
⑧ 同上书,第 360 页。
⑨ 同上书,第 458 页。
⑩ 同上书,第 302 页。
⑪ 同上书,第 74 页。
⑫ 同上书,第 165 页。

词中婉约派面貌,让最初只是微末小道的诗余,通过坊间的弹唱,经久不衰。纳兰虽身为满族,却乐于学习汉族文化;虽出身富贵,却心慕江湖自由。不喜官场、不通俗务的他,只愿求得长久的爱情,能够与心爱之人生死相守、不离不弃。他用自己的才华、心血与生命,为人们创造出了一个凄美哀婉的情感世界。

曾一度流连于秦楼楚馆的柳永与下层歌妓们频繁接触,与这些身份低微的歌妓们互为知音。他欣赏歌妓们的才艺,了解她们的生活,懂得她们的痛苦,柳永以文人身份,真情痛悼了社会底层的风尘女子。关于柳永所作的男女艳情词,因过于浓艳、直露、详细的描写,所以一直受到评论者的批评。而崇尚"性灵"的纳兰却与柳永相反,他总是遵从自己的心声,描写心意,抒发出自己最真挚的情感,用清新婉转的词打动无数读者。

千年之前,柳永苦吟"忍把浮名,换了浅斟低唱"①,千年之后,化为纳兰一句"别有根芽,不是人间富贵花"②。恰好,也正好。

参考文献

[1]孟轲.孟子[M].许卫全,注.南京:凤凰出版社,2006.

[2]秦观.秦观词集[M].徐培均,导读.上海:上海古籍出版社,2010.

[3]刘锋杰,章池.人间词话解读[M].合肥:黄山书社,2007.

[4]曾大兴.柳永和他的词[M].广州:中山大学出版社,1990.

[5]薛瑞生.乐章集校注[M].北京:中华书局,1994.

[6]施蛰存,陈如江.宋元词话[M].上海:上海书店出版社,1999.

[7]谢桃坊.柳永词选评[M].上海:上海古籍出版社,2002.

[8]赵秀亭,冯统一.饮水词笺校[M].北京:中华书局,2005.

[9]谭新红.欧阳修词全集[M].武汉:崇文书局,2014.

[10]章明寿.论柳永的艳情词[J].淮阴师专学报,1994(2):45-47.

[11]项小玲.试论纳兰性德的悼亡词[J].南平师专学报,2000(1):53-56.

[12]时东明,田全金.柳永的情词与"恋妓情结"[J].临沂师范学院学报,2003(1):131-134.

[13]乐芳.近十年柳永研究综述[J].陕西理工学院学报(社会科学版),2010,28(1):55-60.

---

① 薛瑞生:《乐章集校注》,中华书局1994年版,第239页。

② 赵秀亭、冯统一:《饮水词笺校》,中华书局2005年版,第29页。

杜诗中的郑虔形象研究

郑靖雯

摘 要: 郑虔是唐代著名书画家与文学家,但他的诗文书画存世极少。值得关注的是,郑虔曾与杜甫交游甚密。在现存杜诗中,有十四题二十三首提及郑虔,杜甫在诗中多称郑虔为郑广文、郑十八。将这十四题交游诗按照时间顺序排布,可展现出杜甫与郑虔交游的始终,同时也使郑虔的贫士、才士、高士形象跃然纸上。本文即以杜诗中的十四题杜、郑交游诗为基础,剖析郑虔的形象。

关键词: 杜甫;郑虔

引 言

郑虔,字趋庭,又作若齐、弱齐、若斋,郑州荥阳人,唐代著名书画家、文学家。他在天文、地理、军事、药学等方面均有开拓,但其诗文著作、书画作品等传世甚少,生平记载也语焉不详。他为人所关注的一个原因,在于他与杜甫之间有着一段密切交往。

《唐才子传》中称郑虔"与李、杜为密友"[1],而太白诗中并不见郑虔,二人交往真实性有待考究。郑虔曾与杜甫交游却是不争的事实,现存杜诗中,就有十四题二十三首提及郑虔。目前,对郑、杜交游的研究主要集中于以下几点:第一,对郑、杜二人的关系研究。如连晓鸣《郑虔与杜甫》[2]、日本学者吉川幸次郎《杜甫与郑虔》[3]、霍松林《杜甫与郑虔》[4]、郑征庄《"天下何曾有山水人间不解重骅骝"——试析郑虔与杜甫深厚情谊的思想基础》、何方形《郑虔与杜甫交游述略》、蔡川右《杜甫与郑虔》、胡正武《郑虔杜甫与台州》以及王冰《从几首杜诗看杜甫与郑虔的交友》等文,都对郑、杜关系做了论述,在《杜甫交游亲眷行年考》一书中亦有所涉及。第二,对郑、杜初识时间的考证。在陈贻焮《杜甫评传》与王晚霞《杜甫与郑虔初识之探》中均有推测。第三,探讨杜甫对郑虔陷伪一事的态度。如左汉林《论郑虔事件对杜甫诗歌创作的影响》与李晓青《杜甫为郑虔辩护之我见》

---

① 辛文房:《唐才子传》,古典文学出版社 1957 年版,第 34 页。
② 王晚霞:《郑虔研究》,浙江古籍出版社 1990 年版,第 63 页。
③ 王晚霞:《郑虔研究续集》,浙江古籍出版社 1993 年版,第 91 页。
④ 同上书,第 118 页。

这两篇文章,就对这一问题做了探讨。需要特别注意的是胡可先教授所作《新出土〈郑虔墓志〉考论——兼及郑虔与杜甫的关系》,对新出土郑虔墓志《大唐故著作郎贬台州司户荥阳郑府君并夫人琅琊王氏墓志铭并序》做了笺证,并据此重新确认了郑虔生年,使得郑、杜交往时的年岁更加清晰。另外,履冰《从杜甫有关诗句试论郑虔的性格特点》一文另辟蹊径,对杜诗中所体现的郑虔本人的形象有所关注,但探讨的角度单一,仅通过六首郑、杜交游诗中用以比喻郑虔的历史故事来讨论郑虔的性格特点。

由此可见,目前对郑、杜交游的大部分研究仍局限于对二人关系以及相识时间的探讨。史书对郑虔记载甚少,难以展现郑虔人生的全貌,但在有着"诗史"之称的杜甫的情笔与实笔之下,郑虔得以重新回到了人们的视野中。杜甫与郑虔交往的这些诗作,实际是研究郑虔人生经历、性情爱好与品德的重要文献资料,极具史料价值。观郑、杜交游诗之内容,可分为赠友、戏友、怀友、悼友等题材,其中甚至包括记述二人同游经历的游记诗。将这十四题交游诗按照时间顺序排布,几乎可展现出杜甫与郑虔交游的始终,同时也使郑虔的才士、高士、贫士形象跃然纸上。本文拟以这十四题杜、郑交游诗为基础,探析郑虔形象,分析郑虔负有才名却深陷贫困的原因,并就由杜、郑深厚友谊而引出的杜甫是否对郑虔标榜失实的问题略作讨论。

一、郑虔生平

(一)郑虔的人生经历

1. 生卒年

郑虔,字若齐(又作"弱齐"),家中排行第十八,曾任著作郎、广文馆博士等职,因此后世多称郑十八、郑著作、郑广文。其生卒年记载不详,据台州现存数支郑氏宗谱,有三种不同的说法:台州临海光绪《康谷郑氏宗谱》载郑虔生于垂拱元年(685),寿八十三岁;三门民国《石马郑氏宗谱·世祖本传》载其生于长寿元年(692),享年九十三岁;高枧宗谱《广文祠记实》载其生于唐丙寅九月九日。徐三见结合《唐书》、杜甫与郑虔交游诗以及《美术史》,认为郑虔生卒定于长寿元年(692)和广德二年(764)不会相差太远。[①] 王晚霞女士亦结合杜、郑交游诗与唐史并宗谱三说进行推考,认为较为合理的郑虔生卒年为武则天垂拱元年(685)和广德二年(764)。[②] 然二人所言均为推测,并无确证。在新出土《郑虔墓志》中,载郑虔卒于乾元二年(759)九月廿日,享年六十九,这与编于明、清及民国时期的宗谱相比,是更为可信的材料。胡可先教授据此推算郑虔生年应为691年,当确凿无疑,本文依据此说。[③]

由此生卒年可看出,郑虔一生大部分时间处于盛唐时期。盛唐时期国力强盛,文化

① 王晚霞:《郑虔研究》,浙江古籍出版社1990年版,第53页。
② 王晚霞:《郑虔研究续集》,浙江古籍出版社1993年版,第24页。
③ 胡可先:《新出土〈郑虔墓志〉考论——兼及郑虔与杜甫的关系》,《杜甫研究学刊》,2008年第1期,第47—55页。

多元、繁荣,在选官制度上,也采用相对开放的科举取士法,使天下读书人有了实现理想和施展抱负的渠道,更使他们有了不同以往的崭新面貌。盛唐士子多集自信和狂傲于一身,他们积极进取、胸怀广阔、抱负远大,并且有着极重的功名心。郑虔既生于盛唐,不能不被人人进取的大环境所感染,这一点从郑虔晚年于台州的功绩中可见一斑。然而杜甫称郑虔"德尊一代常轗轲"①,表明郑虔虽有德行,在官场上却并不得意。时运与个人的志向产生了冲突,也许是郑虔后期形成淡泊个性的原因。

2. 一生行迹

郑虔生于郑姓郡望——荥阳,杜甫称郑虔"荥阳冠众儒",可见郑虔年少时便颇负才名。才名之下必有厚望,郑虔弱冠举秀才,然首次入长安赴考,得到的却是举进士不第的结果。此后他困居长安,寓于慈恩寺中,期间贫苦无纸,于是常取柿叶练字,留下了"红叶学书"的美谈。后到开元四至五年,郑虔有了苏颋知遇,中进士,得以开启仕途。从率更寺主簿到广文馆博士、著作郎再到台州司户,两次起落间,郑虔担任过九种官职。其中,任协律郎期间,郑虔曾采集异闻,著书八十余篇,因有人窥其书稿,告其私撰国史,而被贬谪十余年,贬地不详。所幸玄宗爱才,郑虔方从调选,得归长安,为广文馆博士。后郑虔献诗书画于玄宗,玄宗大悦,御笔署尾"郑虔三绝",并迁其为著作郎。经此一事,郑虔虽无实权,仍处贫困,但却名动天下。自此至安史之乱间的几年,可以说是郑虔人生中最为风光的几年,也是史书对其记载最为翔实的几年。禄山之祸以后,郑虔因陷伪而被贬台州。此时的郑虔虽近古稀之年且只任微末户曹,但大到婚冠丧祭的礼仪,小到登降揖让的礼节,事事亲力亲为,鞠躬尽瘁,且开台州教育之先河,完成了台人的文化启蒙。可以说,郑虔在其人生的最后一点时光中展现出了他为士的理想光辉。后世台人为了纪念郑虔,便将郑虔深深印刻于城市地图的各个角落上。如图1为1988年重修的唐代郑广文祠,即郑广文纪念馆。图2则为广文墓前若齐亭,亭之左右书有对联,上联"三绝诗书画盛唐群彦推盟主",下对"一官归去来台人百世沐春风",上联虽有过誉之处,但足见后人对郑虔的台州"文教之祖"地位的认可。再如图3之广文坊,位于紫阳古街之中,附近亦凿有广文井。除此之外,更有广文路、郑虔街,不一一详举。

图1　郑广文祠即郑广文纪念馆

① 萧涤非:《杜甫全集校注》,人民文学出版社2014年版,第410页。

图2 郑虔墓前若齐亭

图3 紫阳街中广文坊

（二）郑虔与杜甫之交往

关于郑虔与杜甫开始交往的时间并没有一个确切的说法。从杜诗来看《陪郑广文游何将军山林十首》是最早的一组杜、郑交游诗,由此可知杜、郑开始交往的时间最迟在天宝十一、二载前。《新唐书》载郑虔"天宝初,为协律郎,集缀当世事,著书八十余篇。有窥其稿者,上书告虔私撰国史,虔仓皇焚之,坐谪十年。还京师,玄宗爱其才,欲置左右,以不事事,更为置广文馆,以虔为博士"①。合《旧唐书》所言天宝九载"国子监置广文馆"②,则天宝初至天宝九载间郑虔应在谪地。而在郑虔首次被贬以前,杜甫并不在长安,那么杜、郑之交往按理来说是在郑虔首次被贬而返归长安,即天宝九载以后开始的。但事实并非如此,《新唐书》中并未明言郑虔得归长安的时间,按王晚霞推测,郑虔谪期并未满十

---

① 许嘉璐、黄永年:《二十四史全译新唐书》,汉语大词典出版社2004年版,第4344页。
② 刘昫:《旧唐书》,中华书局1975年版,第227页。

年,而是在天宝九载以前就被玄宗召还,在任广文馆博士之前有一段"不事事"的时间。① 这一点在对杜、郑交往开始时间的进一步讨论中可以得到印证。

陈贻焮先生在《杜甫评传》中根据《郑驸马宅宴洞中》一诗,猜测杜甫可能因与郑虔交好而得以与其侄儿郑潜耀即郑驸马有所往来。② 这一猜测可以得到证实,证据有二:第一,从陈尚君先生对俄藏敦煌遗书中的郑虔手札的分析中,大致可推知郑虔与郑潜耀父子的往来不迟于开元中。③ 第二,杜甫在诗中所言宴会中为郑潜耀亡母写作《唐故德仪赠淑妃皇甫氏神道碑》,其中有云:"甫忝郑庄之宾客,游窦主之园林。"④"郑庄"即郑虔郊居,"窦"即《郑驸马宅宴洞中》一诗中之"洞",这正说明杜甫是通过郑虔才得以与郑潜耀有所接触的。此诗作于天宝五载左右,是年杜甫刚刚返回长安,则杜、郑之交往当自杜甫写作此诗前始。郭沫若《李白与杜甫年表》中亦载杜、郑于天宝五年交游。则杜、郑相识于天宝五载,甚至天宝五载以前,都是有可能的。

由此可见,杜、郑相识早于《陪郑广文游何将军山林十首》的写作时间。至于为何在此前了无酬答痕迹,一则可能是因交往未深,二则可能是因诗稿亡佚。杜甫既可通过郑虔认识郑潜耀,那么说明二人关系并不一般,因而是二人交游诗稿亡佚的可能性更大一些。

将现存的十四题共二十三首杜、郑交游诗按时间顺序罗列,得表如下。

表1 郑、杜交游诗及写作时间与郑、杜交往年龄

序号	诗题	创作时间	杜甫年龄	郑虔年龄
1	《陪郑广文游何将军山林十首》	天宝十一、二载间(752—753)	年四十一至四十二	年六十二至六十三
2	《醉时歌(赠广文馆博士郑虔)》	天宝十三载(754)	年四十三	年六十四
3	《奉先刘少府新画山水障歌》	天宝十三载(754)	年四十三	年六十四
4	《戏简郑广文虔兼呈苏司业源明》	天宝十四载(755)	年四十四	年六十五
5	《郑驸马池台喜遇郑广文同饮》	至德二年(757)春	年四十六	年六十七
6	《送郑十八虔贬台州司户伤其临老陷贼之故阙为面别情见于诗》	至德二年(757)冬	年四十六	年六十七

① 王晚霞:《郑虔研究续集》,浙江古籍出版社1993年版,第29页。
② 陈贻焮:《杜甫评传》,上海古籍出版社1982年版,第125页。
③ 王晚霞、丁锡贤、郑瑛中:《郑虔传略》,黄山书社1998年版,第56页。
④ 萧涤非:《杜甫全集校注》,人民文学出版社2014年版,第120页。

续表1

序号	诗题	创作时间	杜甫年龄	郑虔年龄
7	《题郑十八著作丈(一作文)故居》	乾元元年(758)春	年四十七	年六十八
8	《有怀台州郑十八司户(虔)》	乾元二年(759)	年四十八	年六十九
9	《所思(得台州郑司户虔消息)》	乾元二年(759)	年四十八	年六十九
10	《哭台州郑司户苏少监》	广德二年(764)	年五十三	
11	《存殁口号二首》	大历元年(766)	年五十五	
12	《八哀诗·故著作郎贬台州司户荥阳郑公虔》	大历元年(766)	年五十六	
13	《寄薛三郎中(璩)》	大历二年(767)春	年五十七	
14	《九日五首》	大历二年(767)秋	年五十七	

杜、郑交往可以分为前、后两期。

郑虔因禄山之祸被贬至台州以前的一段时期可以说是杜、郑交游的前期。此期交游诗以《戏简郑广文虔兼呈苏司业源明》一诗为界，包括此诗，共有四题。此时郑虔尚未陷伪，杜、郑二人仍可以自由相见、接触，除贫困不得志外并无其他深重的烦忧。因此，这一时期交游诗的总体思想内容表现为志士不遇的自嘲以及二人对共饮同游的安逸时光的记录。

杜、郑交游的后期即是郑虔因安史之乱陷伪及贬至台州，直至卒于台州，这一时期的交游诗作共十题。包括《郑驸马池台喜遇郑广文同饮》一诗，此诗笔调痛惋，二人在郑驸马池台得以重遇，是乱后的匆匆相逢，心态都已与安史之乱以前大不相同。陷伪时的郑虔已年近古稀，一别长安恐再无归日。然而去日仓皇，杜甫未及送别，空余满腹悔恨。此后杜甫亦离长安，过着漂泊流离的生活，二人就此再无交期，山高水远，只有寥寥书信以寄怀思。因此，这一时期交游诗的总体思想内容多为怀友、悼友、为友人鸣不平并感慨自身的多舛命运。

可见十四题杜、郑交游诗中，写于杜、郑交游后期的较多，并且在这些后期诗作中，杜甫所表达的情感更加充沛、真实，所刻画的郑虔形象更为鲜明、完整。

二、杜诗中的郑虔形象

杜甫对郑虔形象的刻画，是真实而用情的。一方面，杜甫"诗史"之名由来已久，其诗包罗时局万象,是一部天然的历史画卷,诗中所言句句真实可信。在十四题杜、郑交游诗中,杜甫亦不忘摹写时事,结合时代背景来刻画郑虔形象。另一方面,郑虔虽长于杜甫二十一年,但二人有着浓厚的忘年之谊,杜甫在二人交游诗中,尤其是后期交游诗中,用语恳切,情深动人,读来令人涕泪俱下,可以说,杜甫笔下的郑虔形象确是以情刻画的。杜甫用其真笔与情笔贯穿了郑虔一生,在史书中不曾记载的生平细节,如贫中籴米、醉酒骑马等人生细节都得以展现,郑虔的才华出众、淡泊名利、名高位卑、负才招忌、贫寒困窘、忠心守节也全都跃然纸上,将这些特点总结起来,可将郑虔形象集中概括为才士、高士与贫士。本节将重点讨论杜、郑交游诗中所体现的郑虔的这三种形象。

(一)才士形象

郑虔掌握了诗、文、书、画、医药、兵法、天文、地理等学问和技能,可谓全才。《郑虔墓志》中即谓郑虔"又工于草隶,善于丹青,明于阴阳,遂于算数,百家诸子,如指掌焉。家国以为一宝,朝野谓之三绝"[1]。《新唐书》中亦载:"虔长于地理,山川险易,方隅物产,兵戎众寡,无不详。尝为《天宝军防录》,言典事赅。诸儒服其善著书,时号郑广文。"[2]足见郑虔才名非虚。

杜甫对郑虔的才士形象的刻画主要存于二人交游后期的诗作中。其笔下的郑虔学冠众儒,颇具才名,虽无尊位,却在病中得宰相苏颋亲自抚问,因而在《八哀诗·故著作郎贬台州司户荥阳郑公虔》[3]中有"早闻名公赏"一句。此诗中更有"天然生知姿,学立游夏上。……子云窥未遍,方朔谐太枉",是说郑虔并不需要学习就已经拥有了知识,学问更是超过了子游、子夏、扬雄与东方朔。《醉时歌》中亦有"先生有道出羲皇,先生有才过屈宋"[4]之句。虽说这些诗作对郑虔的赞誉似乎过高,言语之间有所夸大,但郑虔确为才士,这一点是毫无疑问的。

杜甫写郑虔之才,是具体通过对郑虔的多种学识技能的描写来点明其才士形象的。

首先,杜甫笔下的郑虔尤其善画。郑虔在绘画领域的成就是最为卓越的。据《历代名画记》所载,在当时的山水画家中,郑虔的名声仅亚于王维,有《沧州图》《著色山水图》《秋峦横霭图》等。其人物画虽比山水稍逊,但亦不俗,有《摩腾三藏像》《陶潜像》《竹溪六逸图》《七贤出关图》等。杜甫描绘玄宗初见郑虔之画时的情景为"沧州动玉陛,寡鹤误一响"[5]。玄宗饱览名士之作,却仍为郑虔之《沧州图》而动容,这一"动"字道出帝王之惊艳;孤鹤以为郑虔所画为真境,因而一头撞上图画,这一"误"字道出郑虔绘笔之灵动。另有《存殁口号二首》其二中的"郑公粉绘随长夜,曹霸丹青已白头。天下何曾有山水,人间不解重骅骝"[6]一句,表明即使是如郑虔、曹霸这样的山水名家,也都终将逝去,杜

① 吴钢:《全唐文补遗第六辑》,三秦出版社 1999 年版,第 41 页。
② 许嘉璐、黄永年:《二十四史全译新唐书》,汉语大词典出版社 2004 年版,第 4344 页。
③ 萧涤非:《杜甫全集校注》,人民文学出版社 2014 年版,第 4035–4036 页。
④ 同上书,第 410 页。
⑤ 同上书,第 4036 页。
⑥ 同上书,第 3901 页。

甫主要是借此感伤世事无常,却也道出了郑虔山水为天下不可多得之物。

其次,郑虔诗、文、书亦工,诗、书更与其画并得"三绝"之名。在诗才方面,其五言绝句《闺情》录入《全唐诗》:"银钥开香阁,金台照夜灯。长征君自惯,独卧妾何曾。"①前句将视觉、听觉、触觉、嗅觉融于环境描写之中,道出女子闺阁之奢丽,衬托出女子的寂寞孤单,后句则大胆地对思念对象直接表达了情思。此诗虽篇幅短小,却完美刻画出了一个娇俏的思妇形象。在文采方面,他为族人撰写过多篇墓志铭及序文,如《汾州郑仁颖墓志铭并序》等,均用语凝练,情感朴实动人。在书法艺术上,唐人韦续在《墨薮》中评郑虔书"如风送云收,霞催月上"②,可见其书舒卷自如之态,成就不凡。虽然郑虔作品存世较少,今不得见,但仍可在杜诗中见其对郑虔诗、文、书的赞叹之意:"神翰顾不一,体变钟兼两。文传天下口,大字犹在榜。昔献书画图,新诗亦俱往。……三绝自御题,四方尤所仰。"③杜甫以"神翰"誉郑虔书法,并赞其作品兼具钟繇、钟会父子二人的神韵,大字仍存于高悬的匾额之上。献诗、书、画于玄宗后,其文章传颂天下,"三绝"的名声已为四方之士所敬仰。可见郑虔的诗、书、文、画在当时俱享盛名。

最后,郑虔在杜诗中更被刻画成了一个掌握医药、兵法、天文、地理的全才。这一点亦体现于《八哀诗·故著作郎贬台州司户荥阳郑公虔》中:"神农或阙漏,黄石愧师长。药篆西极名,兵流指诸掌。贯穿无遗恨,荟蕞何技痒。圭臬星经奥,虫篆丹青广。"④在《哭台州郑司户苏少监》中杜甫更点出郑虔"惨澹阚阴符"⑤的境况。这并非空谈,郑虔今可为人知的著作有《胡本草》《天宝军防录》以及《荟蕞》,虽均亡佚,仅存残句,但足以和墓志中所言"明于阴阳,邃于算数"一道印证杜诗所言。郑虔不但长于"三绝",更掌握了多方实用之学,可见其学识之广博。

总之,在这些杜、郑后期交游诗中,杜甫对郑虔的才士形象做了全面的展现。

(二)高士形象

在《唐才子传》与《历代名画记》中,郑虔均被称为"高士"。

关于高士的定义,有两种说法较为常见。晋皇甫谧在《高士传》序中指出,高士应为"身不屈于王公,名不耗于始终"的"高让之士"⑥,即一生脱身世外、隐居不仕而有才名之人。另一种说法则认为高士为品行高尚之人,如墨子《兼爱·天下篇》中指出:"吾闻为高士于天下者,必为其友之身,若为其身,为其友之亲,若为其亲,然后可以为高士于天下。"⑦再如《旧唐书》列传第四十中记载李怀远曾说:"因人之势,高士不为;假廕求官,岂

---

① 彭定求:《全唐诗》第 8 册,中华书局 1960 年版,第 2864 页。
② 韦续:《墨薮》,中华书局 1985 年,第 14 页。
③ 萧涤非:《杜甫全集校注》,人民文学出版社 2014 年版,第 4036 页。
④ 同上书,第 4036 页。
⑤ 同上书,第 3313 页。
⑥ 皇甫谧:《高士传》,中华书局 1985 年版,第 1-2 页。
⑦ 《墨子》,毕沅校注,吴旭民校点,上海古籍出版社 2014 年版,第 67 页。

吾本志?"①足见高士可释为怀瑾存馨、品质高洁之士。

在杜、郑交游诗中,杜甫即刻画出了郑虔怀隐士之心、有高洁之质的高士形象。

首先,杜甫对郑虔怀隐士之心的描写少而精。一方面,杜甫指出郑虔实无心于仕途。《八哀诗·故著作郎贬台州司户荥阳郑公虔》之首句即为"鹡鸰至鲁门,不识钟鼓飨。孔翠望赤霄,愁思雕笼养。"②此句用典,意指郑虔为"鹡鸰""孔翠",佳音美馔不入其目,不应圈于雕笼之中,表明郑虔虽有才但并无心于名位俸禄。另一方面,二人交游诗中多记录郑虔嗜酒狂放之态。如"嗜酒益疏放,弹琴视天壤"③(《八哀诗·故著作郎贬台州司户荥阳郑公虔》),再如"郑公樗散鬓成丝,酒后常称老画师"④(《送郑十八虔贬台州司户伤其临老陷贼之故阙为面别情见于诗》),都是对郑虔酒后醉态的生动描摹,表现出郑虔与陶潜、嵇阮等隐士之流的相近之处。这与郑虔一生的经历似有相悖,但从细处分析,却又是合于情理的。第一,郑虔年少而有才名,弱冠举进士不第可能给了他不小的打击,因而生出隐心也实属正常。第二,禄山挟百官,尚且拟伪授郑虔水部郎中之职,郑虔称病才得求摄市郎,而玄宗爱虔之才,却仅以不事事,是不大合理的。若为郑虔婉拒实位,而玄宗以虚位留之,则当得"爱"字。第三,郑虔善书、画工山水,人物画则取陶潜、佛像,表现出其出世、隐逸的取向;第四,郑虔著作偏于医药、地理、军防之学,足见其心态、喜好都于传统儒学强调的仕心、入世之学有悖。从这四点来看,郑虔确实存有隐心。

其次,杜甫对郑虔的高洁品质给予了不遗余力的肯定。安史之乱中,安禄山伪授郑虔水部郎中之职,郑虔虽称病而求摄市令,并送密信与肃宗,但毕竟已受伪职,平乱后难逃严惩而被贬台州。杜甫却为郑虔不平,于诗作中一再强调郑虔的守节之志。《郑驸马池台喜遇郑广文同饮》作于至德二年(757)春,所记为二人乱后重逢之喜,杜甫即在此诗中首次表达了对郑虔守节之实的肯定:"然脐郿坞败,握节汉臣回。白发千茎雪,丹心一寸灰。"⑤安禄山为其子安庆绪所杀,因而郑虔得以逃回西京长安。杜甫以"握节"用典,表明郑虔虽身陷贼庭,然心系正统,忠心不改。至德二年(757)冬时,郑虔即定罪遭贬而往台州。杜甫与其虽再无相见之日,但在二人后期交游诗中,杜甫仍多次为郑虔的守节之志正名。如"贾生对鹏伤王傅,苏武看羊陷贼庭。可念此翁怀直道,也沾新国用轻刑。"⑥(《题郑十八著作丈(一作文)故居》)再次用典,将郑虔比作贾谊、苏武,以明其高洁之志。又如"流恸嗟何及,衔冤有是夫"⑦(《哭台州郑司户苏少监》)为郑虔衔冤遭贬而痛心不平。再如"反覆归圣朝,点染无涤荡。老蒙台州掾,泛泛浙江桨"⑧(《八哀诗·故著作郎贬台州司户荥阳郑公虔》)道出郑虔虽得归朝廷,但由于受伪职的污点无法得到去除,难以得到正名,杜甫伤于此,因而用一"蒙"字以表同情。

---

① 刘昫:《旧唐书》,中华书局1975年版,第2920页。
② 萧涤非:《杜甫全集校注》,人民文学出版社2014年版,第4035页。
③ 同上书,第4036页。
④ 同上书,第990页。
⑤ 同上书,第819页。
⑥ 同上书,第1105页。
⑦ 同上书,第3313页。
⑧ 同上书,第4036页。

总之,在杜甫笔下,郑虔既为有才德之士,怀隐士之心,而为官又存高洁之志,实为高士。

(三)贫士形象

郑虔虽有才名,但其一生几乎都是在贫困中度过的。他年二十举进士不第,困居长安,甚至"好书,常苦无纸,于是慈恩寺贮柿叶数屋,遂日往取叶肄书"①。暮年时虽得玄宗爱其才,任广文馆博士,却仍"饥穷坎坷"②。

杜甫对郑虔贫士形象的塑造,主要体现在七首诗中,通常是以直接叙事的方式来记录郑虔真实的生活,通过一些小事的叙写、细节的刻画,以小见大地描摹郑虔穷困潦倒的境地,突出表现了郑虔物质资料的匮乏、失意困顿之态以及晚年的老病之态。

首先,杜甫多方位、多角度地表现出郑虔在物质资料上的匮乏。

郑虔无钱买粮。最能体现这一点的莫过于《醉时歌(赠广文馆博士郑虔)》。这是一首五七言歌行,叙议结合,概括了郑虔任广文馆博士时的景况。此诗首句即言"诸公衮衮登台省,广文先生官独冷。甲第纷纷厌粱肉,广文先生饭不足"③,将郑虔与公卿、进士进行对比,一是"登台省",一是"官独冷";一是"厌粱肉",一是"饭不足"。在此基础上使用叠词,使得一句诗中的前后染上了不同的色调,一是热闹的暖色,一是清寒的冷色,以不同的温度、色调引起联想与想象,形成画面感:诸公酒足饭饱而郑虔独困于无粮的惨状。这便在鲜明对比中表现出了郑虔的贫态。更有一句"日籴太仓五升米,时赴郑老同襟期"④,亦是说郑虔无钱买粮。《旧唐书》中有:"天宝十二载,京城霖雨,米贵,出太仓米十万石,减价籴与贫人。"⑤说明郑虔虽为官,却需要与"贫人"一道籴米度日,并且需要日日亲自前往。潦倒至斯,可见郑虔俸禄微薄,实为贫士,而广文馆实为"冷署"⑥。

郑虔好饮而无钱买酒。郑、杜二人皆好饮,二人常同饮,二人的忘年之谊也似乎是在同饮中建立的。如《醉时歌》中曾写:"得钱即相觅,沽酒不复疑。忘形到尔汝,痛饮真吾师。"⑦二人无钱买粮却也要沽酒共饮,可见二人之好饮重情。然而郑虔身处贫困,无钱买酒是常态,必要时郑虔甚至会"乞酒钱",杜诗中曾两次提及郑虔"乞酒钱"之事。一是在《戏简郑广文虔兼呈苏司业源明》中,杜甫写作此诗时,尚处二人交往前期,虽谓其贫,却是以轻松的笔调写成的友人间的"戏言"——"赖有苏司业,时时乞酒钱"⑧;二是在《所思(得台州郑司户虔消息)》中。此诗则是杜甫收到被贬至台州的郑虔的来信时所作的,作于乾元二年十月左右,此时的杜甫不知晓,郑虔已于当年的九月二十日去世,依然发出了

---

① 许嘉璐、黄永年:《二十四史全译新唐书》,汉语大词典出版社 2004 年版,第 4344 页。
② 张彦远:《历代名画记》,中华书局 1985 年版,第 301 页。
③ 萧涤非:《杜甫全集校注》,人民文学出版社 2014 年版,第 410 页。
④ 同上书,第 410 页。
⑤ 刘昫:《旧唐书》,中华书局 1975 年版,第 227 页。
⑥ 同上书,第 415 页。
⑦ 同上书,第 410 页。
⑧ 萧涤非:《杜甫全集校注》,人民文学出版社 2014 年版,第 573-577 页。

"世已疏儒素，人犹乞酒钱"①的感喟，将哀惋之意尽含于"已""犹"二字之中，"人生不相见"的悲剧性，也正在其中了。由这二处"乞酒钱"可见：一方面，郑虔无钱买酒而需"乞酒钱"的状态贯穿了他的后半生；另一方面，杜甫用一"乞"字而非"要"或"借"，使郑虔渴饮而处贫的状态尽显。

郑虔的居处简陋。杜甫曾谓郑虔"才名四十年，坐客寒无毡"（《戏简郑广文虔兼呈苏司业源明》）②。友人来家中做客，天气寒冷，郑虔却无法拿出毡垫供其一坐。再如《题郑十八著作丈（一作文）故居》中有"穷巷悄然车马绝，案头干死读书萤"③一句。杜甫怀念故人，走至小巷尽头郑虔故时居处，四下安静无声，不见车马痕迹，走至郑虔书案边，却发现原作读书时照明之用的萤火虫都已经干死了。可见郑虔住在车马都不会经过的小巷尽头，读书时亦无油灯可供照明。坐无毡，案无灯，足见郑虔的贫居状态。

其次，杜甫写出了郑虔的失意困顿的状态。这也体现在《戏简郑广文虔兼呈苏司业源明》一诗中，诗中前二句："广文到官舍，系马堂阶下。醉则骑马归，颇遭官长骂。"④虽是"戏言"，但有趣之中寓含辛酸。杜甫凭两句诗便将郑虔到、去官舍的过程描绘得鲜明可爱。郑虔初至官舍即系马于堂阶下，说明了两点，一是广文馆或许并无专门的马厩可供系马，二是郑虔所就仅为虚职，并无实质性的工作，可以随就随离，甚至可以饮酒，因而醉酒则骑马归去。关于这一醉，仇兆鳌认为是"摹其狂态"⑤，但私以为一个因被人诬告私撰国史而将书卷仓皇而焚的人，并不会大改性情而有"狂态"。这一醉，醉的应是无事可做的闲愁。原本玄宗为郑虔置广文馆对郑虔来说是一件荣耀之事，本应因此而改善郑虔的生活状态，而现实却并不美好。广文馆仅设于国子监的数间破败房屋之中，这数间败屋在经过漏雨、无人修理直至彻底破败后，竟就不了了之，可见广文馆极不受重视。一方面，在官方学校体制已经相当完备的唐代，广文馆凭空而出，为"馆"而居国子监。另一方面，郑虔身为广文博士的工作内容虽说是"领生徒进士业"⑥，但生源由何处而来，并无明确记录，最大的可能是并没有实际的"生徒"，而是仅挂有空衔。且广文馆博士的俸禄也使人大跌眼镜："只有一万三千钱，相当于太师俸钱的1/154。"⑦在这种情况下，郑虔或因才高位卑遭人轻视耻笑，或因玄宗为其专设一馆而招人妒恨忌惮，都是不可避免的。郑虔一生两度被贬，即使是受玄宗青睐之时也是如此状态，可见失意困顿是郑虔坎坷仕途的主题。

最后，杜甫描摹了郑虔的老病之态。这主要体现在二人交往后期的诗作中，如《有怀台州郑十八司户（虔）》：

> 天台隔三江，风浪无晨暮。郑公纵得归，老病不识路。
> 昔如水上鸥，今如置中兔。性命由他人，悲辛但狂顾。

① 萧涤非：《杜甫全集校注》，人民文学出版社2014年版，第1347页。
② 同上书，第573–577页。
③ 同上书，第1105–1106页。
④ 同上书，第573–577页。
⑤ 仇兆鳌：《杜诗详注》，中华书局2015年版，第426页。
⑥ 刘昫：《旧唐书》，中华书局1975年版，第224页。
⑦ 王晚霞：《郑虔研究》，浙江古籍出版社1990年版，第65页。

山鬼独一脚,蝮蛇长如树。呼号傍孤城,岁月谁与度。
从来御魑魅,多为才名误。夫子嵇阮流,更被时俗恶。
海隅微小吏,眼暗发垂素。黄帽映青袍,非供折腰具。
平生一杯酒,见我故人遇。相望无所成,乾坤莽回互。①

杜甫虽心怀旧友,盼其归日,却也知郑虔老病,即使得以召返,也恐怕经受不住跋山涉水的辛苦长途。杜甫以郑虔所处的环境来凸显郑虔老病的可怜之态:一是写郑虔在官场上面临的情势,因才名而遭人忌惮,又因行径一如嵇阮而被人厌恶,后遭贬之时成众矢之的,如笼中兔一般被他人左右着性命;二是写郑虔贬地自然环境的险恶,写台州到处都是独脚的山鬼和长如树木的蝮蛇,郑虔一介贫弱书生,只有依山呼号,艰难度过人生中剩余的惨淡岁月。杜甫写作此诗时,尚未收到郑虔来信,只能描绘想象中郑虔的模样:荒僻海边的一个身着青袍、戴黄帽的微末小官,眼神黯淡无光,白发散乱,因是戴罪之身,虽已垂老,却无法得到朝廷分发的鸠杖。虽是想象,却使一幅郑虔老病无依的肖像显现于笔端。后杜甫得郑虔消息,果不出所料,郑虔在台州的生活虽不至为山鬼、蝮蛇所困,亦是"为农山涧曲,卧病海云边"②(《所思(得台州郑司户虔消息)》)。另外,在洛阳新出土《郑虔墓志》中有"经一考,遘疾于台州官舍,终于官舍,享年六十有九,时乾元二年九月廿日也"③一句,也可为郑虔于台州老病一事做证明。

总之,在杜甫笔下,郑虔是一位物质资料匮乏、仕途失意且老病无依的贫士。

杜甫对郑虔的贫是同情且共情的。一方面,杜甫与郑虔是忘年之交,杜甫对郑虔远贬台州、老病无依的情状充满了同情。这一点体现在杜甫对郑虔老病之态的想象之中,尤其是"黄帽""青袍"句。据《隋书·礼义志》载,都下与外州之民,花甲以上者赐黄帽与鸠杖。"青袍"是颜色为深青或浅青的官服,即唐代八、九品官的制服。④ 许是对郑虔高逸品格的赞美与对其远贬台州一事的不平之鸣。杜、郑二人在物质资料匮乏和仕途失意这两点上是相似的,二人一同籴米、失意共饮,是"生前相遇且衔杯"⑤、"相望无所成,乾坤莽回互"⑥的共情之谊。另一方面,郑虔陷于贫困、失意却并不消沉萎靡,在杜诗中,郑虔总是以一种释然态度直面人生。如"郑公樗散鬓成丝,酒后常称老画师"⑦(《送郑十八虔贬台州司户伤其临老陷贼之故阙为面别情见于诗》)一句,即呈现出一幅郑虔老而不为世所用的惨淡画面。郑虔正是以其山水之作而名动天下,在如此情状之中,郑虔称自己为"老画师",一是说自己在画上还小有所成,二则意重自嘲。在《有怀台州郑十八司户(虔)》中杜甫更称郑虔为"嵇阮流",也说明了郑虔对名利地位的淡泊心境。

① 萧涤非:《杜甫全集校注》,人民文学出版社2014年版,第1366–1367页。
② 同上书,第1374页。
③ 吴钢:《全唐文补遗第六辑》,三秦出版社1999年版,第41页。
④ 曹远航:《唐代官品服色制研究》,西北大学2015年硕士论文,第10页。
⑤ 萧涤非:《杜甫全集校注》,人民文学出版社2014年版,第410页。
⑥ 同上书,第1366–1367页。
⑦ 同上书,第990页。

(四)郑虔才高而困顿的原因

至此可见,杜甫笔下的郑虔是一位身负才名却贫穷困顿的高洁之士。然而,按新出土的《郑虔墓志》可知,郑虔出身荥阳郑氏,为皇秘书郎郑镜思次子,以进士解褐,婚配琅琊王氏女,在安史之乱以前曾任率更寺主簿、左监门录事参军、尚乘直长、太常寺协律郎、左青道率府长史、广文馆博士、著作郎等职。他既门第不低,进士解褐,才高八斗,又迁任多职,何以沦落至籴米为生的境地呢? 其中有三点因由。

第一,郑虔虽出身荥阳郑氏,但门阀氏族到了以科举取士的唐代已经失去了特权,除了家学礼法、身份标志的继承,并不能为氏族中人带来实际利益。在入仕途径上,氏族之中的成员多只能依靠科举入仕,和其他士族并无区别,且入仕后大部分人都官止基层,即使某房中出了官至宰相的卓越人才,在科举制度下也无法维持长期的荣耀。在身份地位上,门阀氏族失去了以往政治和经济上的优待,只能依靠大姓通婚来维持门第。自北朝始,如崔、卢、郑、王"四姓"家族之类,就互为姻亲,在历史上煊赫一时。① 郑虔与琅琊王氏女的结合,也是所谓大姓之间的联姻,只不过是一种维持氏族身份地位的手段,并不能带来实际的政治和经济上的利益。

第二,唐代进士登科虽是荣耀之事,但在政治体制运行的过程中,进士也多要以八、九品释褐,凭考绩晋升,很少得到额外提拔。龚鹏程在《论唐代的文学崇拜与文学社会》中提到,在实行科举、崇尚文学的唐代,进士更像是"文学奖"的优胜者,皇帝与朝臣仅在态度上敬羡进士,在实际的政治运作过程中,却并不将进士放在眼中。② 郑虔虽为进士,也要从基层官员做起,其时基层官员的俸料钱多在两千文左右,难有积蓄。③ 后郑虔得玄宗爱其才,专为其设广文馆,已是破例,但不论是作为广文馆博士这样的学官,抑或是从前太常寺协律郎这样的礼仪官,皆非唐代士人心中适合作为升迁踏板的政要之职,并不受重视。

第三,杜、郑交往之时正是郑虔困顿之时。杜甫与郑虔开始交往的时间为天宝五载左右,正是郑虔曾被告私撰国史而遭贬,守选待职的时候,此时郑虔无官无职,没有俸禄,自然贫困。杜甫写作《醉时歌》时,又逢荒年米贵,二人须得籴米为生是再正常不过了。后郑虔得迁著作郎,《新唐书·百官志二》中记载,著作局隶属于秘书省,有"郎二人,从五品上,著作佐郎二人,从六品上,校书郎二人,正九品上,正字二人,正九品下"④,迁为郎官的郑虔已晋升至唐代政治体制的中层,郎官的地位虽然"会因所属省司的不同而有高低之别",但这一群体的整体地位普遍高于其他中层京官,可以说"处于中级文官中的最上层,再往上便迁入高层如侍郎和尚书了"⑤。但安史之乱后,郑虔即被贬往台州,向上的仕

① 谢思炜、王昕、燕雪平:《唐代荥阳郑氏家族 世系与婚姻关系考》,上海古籍出版社 2019 年版,第 4 页。
② 傅璇琮、罗联添、王国良:《唐代文学研究论著集成(第 8 卷)》,三秦出版社 2004 年版,第 21 页。
③ 赖瑞和:《唐代基层文官》,中华书局 2008 年版,第 270 页。
④ 许嘉璐、黄永年:《二十四史全译新唐书》,汉语大词典出版社 2004 年版,第 977 页。
⑤ 赖瑞和:《唐代中层文官》,中华书局 2011 年版,第 136 页。

途之路就此斩断,未得进一步升迁。

因此,郑虔于其时虽有一定名望,但却不得不在贫困之中踽踽前行。

三、杜、郑交往原因及其对杜、郑交游诗的影响

(一)郑虔与杜甫的交游原因分析

1. 乡情深厚

杜甫与郑虔相差二十一岁,二人相遇于长安,从"荥阳冠众儒,早闻名公赏。地崇士大夫,况乃气精爽"①(《八哀诗·故著作郎贬台州司户荥阳郑公虔》)一句可见杜甫对郑虔的名声早有耳闻。此前郑虔虽尚未得御笔"三绝",名声并未远播,但二人均为河南人,杜甫生于洛阳,与郑虔生地荥阳相近,大有机会听闻郑虔的才名。因此,在杜甫初至长安,郁郁不得志之时,遇见从前自己多有耳闻、乡音近似的郑虔,极易生出"他乡遇故知"的感受。这份浓厚的乡情首先拉近了二人之间的距离。

2. 同饮相亲

杜、郑交游诗中对二人同饮同醉之事不乏记述。如最早的一首杜、郑交游诗中的"自笑灯前舞,谁怜醉后歌。祇应与朋好,风雨亦来过"②(《陪郑广文游何将军山林十首》其十),便是写二人同游山林之事,且二人在游赏的同时不忘共饮,以至到了"灯前舞""醉后歌"的状态。至天宝十三载(754),二人为共饮甚至到了"得钱即相觅,沽酒不复疑。忘形到尔汝,痛饮真吾师"③的地步,可见杜甫与郑虔因酒而完全消弭了年龄的芥蒂,成了亲密友人。二人最后一次相见亦是于郑驸马池台同饮之时:"不谓生戎马,何知共酒杯。"④乱后重逢,同饮时光也变得弥足珍贵。在杜、郑后期交游诗中,杜甫对郑虔的回忆也总是带有酒的影子。如"乱后故人双别泪,春深逐客一浮萍。酒酣懒舞谁相拽,诗罢能吟不复听"⑤(《题郑十八著作丈(一作文)故居》)一句,表达了杜甫对二人从前同饮时光的眷恋和对郑虔的深切怀念。另有"早岁与苏郑,痛饮情相亲。二公化为土,嗜酒不失真"⑥(《寄薛三郎中璩》)与"旧与苏司业,兼随郑广文。采花香泛泛,坐客醉纷纷"⑦(《九日五首》其三)均写出了杜甫、郑虔与苏源明三人的同饮情谊。可见同好饮酒对杜、郑结下忘年情谊有着推波助澜的作用。

3. 辙轲共情

二人交往之时,在名位上均无所大成。郑虔虽为官,但俸禄微薄。杜甫亦是清贫,二

① 萧涤非:《杜甫全集校注》,人民文学出版社 2014 年版,第 4035 页。
② 同上书,第 380 页。
③ 同上书,第 410 页。
④ 同上书,第 918 页。
⑤ 同上书,第 1150 页。
⑥ 同上书,第 4490 页。
⑦ 同上书,第 5085 页。

人到了需与贫人一同籴米的地步。糊口尚且困难，抱负与理想自成空谈，因此杜甫常在二人交游诗中发出志士不遇的感慨。如"德尊一代常轗轲，名垂万古知何用。……先生早赋归去来，石田茅屋荒苍苔。儒术于我何有哉，孔丘盗跖俱尘埃"①。表达了对郑虔才名一世却轗轲始终的同情，也表现了对自身不得志的命运的感伤。再如《有怀台州郑十八司户》："海隅微小吏，眼暗发垂素。黄帽映青袍，非供折腰具。平生一杯酒，见我故人遇。相望无所成，乾坤莽回互。"②前两句对郑虔被贬台州后的凄苦形象做了想象性的描述，后两句则以一杯酒拉近了两人的空间距离，表达了对二人共同的不遇处境的无奈，而这无奈又似乎在二人的共情之中得到了释然。足见二人共同的坎坷不遇的经历也是二人交游共情的原因。

（二）杜、郑友情对其交游诗的影响问题

关于杜、郑友情对杜、郑交游诗的影响，有两个问题需要讨论，一是杜甫对郑虔陷伪一事的态度是否受到杜、郑友情的影响，二是杜甫是否因为与郑虔友谊深厚而在诗中对郑虔过度标榜。

首先讨论杜甫对郑虔陷伪一事的态度问题。在安史之乱中，郑虔虽是受到胁迫才接受伪职，但"陷伪"的确属实，这是不容争辩的。对于传统儒士来说，不事二君是人臣所应保有的最基本的道义，郑虔并未做到。而杜甫一生奉儒守正，对附贼之事也本应抱有排斥态度，但面对好友郑虔之"陷伪"，他却坚定地为友人申冤、鸣不平，认为其所为并非附贼。杜、郑友情对杜甫的原则和态度是否有所影响，应将诗作与史实结合起来进行判断。

第一，郑虔虽被迫接受伪职，但对唐王室一直忠心不移。史书有载："安禄山反，遣张通儒劫百官置东都，伪授虔水部郎中，因称风缓，求摄市令，虔以密章达灵武。"③（《新唐书》卷二百二）此中可见两点：一方面，郑虔等人被俘是无可奈何之举；另一方面，郑虔称病拒绝高位，转而求任摄市令，这是在为向君王递送秘密情报和逃回君王身边而做打算，可见郑虔的政治立场是完全站在唐王室一边。因此，杜甫认为郑虔是"陷贼"而非"附贼"，在其为郑虔争辩的诗作中，"陷贼"一词出现了两次，一是至德二年（757）冬写下的《送郑十八虔贬台州司户伤其临老陷贼之故阙为面别情见于诗》，二是前章曾提过的"苏武看羊陷贼庭"④。"陷贼"与"附贼"有着本质上的不同，杜甫以苏武比郑虔，便是说郑虔始终持节不屈，一直心系君王。杜甫认为百官陷伪之过并不完全在他们自身，郑虔即使有一定的过失，也不应遭受远贬。其诗作中有"可念此翁怀直道，也沾新国用轻刑"⑤（《题郑十八著作丈（一作文）故居》），亦有"反覆归圣朝，点染无涤荡"⑥（《八哀诗·故著作郎贬台州司户荥阳郑公虔》）一句，皆表明郑虔并非毫无过错，而是"沾""点"之过。从

---

① 萧涤非：《杜甫全集校注》，人民文学出版社 2014 年版，第 410 页。

② 同上书，第 1366–1367 页。

③ 许嘉璐、黄永年：《二十四史全译新唐书》，汉语大词典出版社 2004 年版，第 4344 页。

④ 萧涤非：《杜甫全集校注》，人民文学出版社 2014 年版，第 1150 页。

⑤ 同上书，第 1150 页。

⑥ 同上书，第 4036 页。

这个角度来说,杜甫为郑虔辩解并不违背道义。

第二,在安史之乱后的"清算"过程中,朝廷态度几次反转,或使杜甫心寒,更加同情陷伪官员。在百官遭劫而被授伪官一事上,原是玄宗错信奸臣,临乱之际仓皇逃窜,弃百官于不顾在先,致使陷伪者众多,此乃其一。收复两京之后,肃宗颁布敕令,以召回奔窜、陷伪的官员,并许下既往不咎、官复原职的诺言,百官欣然归朝,面临的却是在朝堂之上脱帽赤足的侮辱以及严厉的刑罚,此乃其二。面对朝廷如此作为,百官自然惊惧心寒,新入朝堂的杜甫亦如是。在杜甫自鄜州至洛阳投奔肃宗途中,也曾被安史叛军抓获,由于他地位不高,未被授予伪职,若真细追严查,杜甫也难辞其咎,因此他对曾送密信与肃宗的郑虔更加同情也是无可厚非的。

其次杜甫是否因二人友谊深厚而对郑虔有所标榜。杜甫为郑虔辩解一事自古以来颇受争议,如施补华就曾在《岘佣说诗》中做出评价:"《醉时歌》为郑虔作。虔从禄山而云'道出羲皇',云'德尊一代',标榜失实,学者当戒。"①认为杜甫为郑虔辩解有违儒士原则,赞誉郑虔的言辞则是标榜之语。这个问题需要一分为二地看待。

一方面,郑虔确有才德,可担杜甫"道""德"之赞誉。郑虔精于诗、书、文、画、天文、地理、医药、军防等学,堪称全才,却才高而位卑,一生安贫随性且为人不争,此为道。郑虔被贬台州之后,面对"一州人怪郑若齐,郑若齐怪一州人"的情况,仍然砥砺前行,开创台州的教育事业,被誉为"台州文教始祖",后辈台人无不感念其恩,此为德。仅凭郑虔陷伪一事就全然否定其才能品格,偏于诛心之论。

另一方面,杜甫极重情义,杜、郑又相交多年,郑虔才德在杜甫眼中存在被放大的可能。杜甫珍重友人,从不吝于夸赞友人,以友之才比前人之才的诗句颇多。如"清新庾开府,俊逸鲍参军"②(《春日忆李白》)赞李白诗歌清新俊逸如庾信和鲍照。如"凌烟功臣少颜色,将军下笔开生面"③(《丹青引(赠曹将军霸)》)赞曹霸丹青比阎立本有过之而无不及。再如"高岑殊缓步,沈鲍得同行"④(《寄彭州高三十五使君适、虢州岑二十七长史参三十韵》)则是赞高适、岑参之诗才可与沈约、鲍照相媲美。而在杜甫的诸多赞诗中,能让他以"羲皇""屈宋"相比的人,唯郑虔一人而已。在杜甫求仕不顺、陷入困顿的时候,郑虔亦处于贫苦之中,但郑虔心怀淡泊,用他的诙谐宽慰了杜甫,纾解了杜甫心头的郁结,也许正因如此,杜甫可能对郑虔怀有别样的深厚情感。郑虔虽有才德,但由于缺乏史料且其作品鲜有留存,难以判断其才德是否真能达"羲皇""屈宋"的高度,但杜甫对亦师亦友的郑虔有着崇敬之心是必然的,郑虔才德在杜甫眼中也存在被放大的可能。

总之,杜甫是在郑虔确怀忠心、朝廷亦存过失的真实情况下,站在客观的角度为郑虔辩护的。郑虔确有才德,杜甫对郑虔的称赞并非标榜,但出于其对郑虔的感激与崇敬,言辞之间或有一定夸张。

---

① 萧涤非:《杜甫诗全集校注》,人民文学出版社2014年版,第410页。
② 同上书,第107页。
③ 同上书,第3200页。
④ 同上书,第1629页。

结　语

综上所述,在与郑虔相关的杜诗中,前期多体现出郑虔的贫士形象,后期则多体现出郑虔的才士、高士形象,郑虔才、德、能得以在杜诗中实在、立体地展现出来。此外,杜甫与郑虔有着深厚友谊,杜甫为郑虔辩护不仅合理且合情,其赞颂郑虔的诗句可能有一定的夸张成分,但郑虔确有才德,并非标榜过度。

参考文献

[1]辛文房.唐才子传[M].徐明霞,校点.沈阳:辽宁教育出版社,1998.

[2]王晚霞. 郑虔研究[M].杭州:浙江古籍出版社,1990.

[3]王晚霞. 郑虔研究续集[M].杭州:浙江古籍出版社,1993.

[4]王晚霞,丁锡贤,郑瑛中. 郑虔传略[M].合肥:黄山书社,1998.

[5]郭齐勇. 中国儒学之精神[M].上海:复旦大学出版社, 2009.

[6]陈冠明,孙愫婷.杜甫亲眷交游行年考[M].上海:上海古籍出版社,2006.

[7]张彦远.历代名画记[M].北京:中华书局,1985.

[8]吴钢.全唐文补遗 第6辑[M].西安:三秦出版社,1999.

[9]韦续.墨薮[M].北京:中华书局,1985.

[10]皇甫谧.高士传[M].北京:中华书局,1985.

[11]谢思炜,王昕,燕雪平.唐代荥阳郑氏家族 世系与婚姻关系考[M].上海:上海古籍出版社,2019.

[12]赖瑞和.唐代基层文官[M].北京:中华书局,2008.

[13]赖瑞和.唐代中层文官[M].北京:中华书局,2011.

[14]蔡川右.杜甫和郑虔[J].昆明师范学院学报(哲学社会科学版),1982(1):50-54.

[15]胡正武.郑虔杜甫与台州[J].台州学院学报,2007(2):38.

[16]王冰. 从几首杜诗看杜甫与郑虔的交友[J].安徽文学(下半月),2009(11):180-181.

[17]左汉林.论郑虔事件对杜甫诗歌创作的影响[J].杜甫研究学刊,2004(2):12-18.

[18]李晓青.杜甫为郑虔辩护之我见[J].河北大学成人教育学院学报,2002(2):42-43.

[19]胡可先.新出土《郑虔墓志》考论:兼及郑虔与杜甫的关系[J].杜甫研究学刊,2008(1):47-55.

凌祉媛及其《翠螺阁诗词稿》研究

叶敏安

摘　要：清代钱塘闺秀凌祉媛（1831—1852），藏书家丁丙妻，著有《翠螺阁诗词稿》，诗、词清秀纤丽。凌祉媛出生于官宦之家，从小就接受家中众多文人的熏陶与培养，母亲还教授其《毛诗》《内则》诸篇。清代开放、包容的社会环境，为凌祉媛的交游，提供了便利。作为闺阁女子，凌祉媛与孙佩兰、凌薪媛等人时常乘舟出行游玩，有时甚至在道士修行之所彻夜观看灯戏。凌祉媛出嫁前还曾参加文人聚会，跟众多文人曲水流觞。《翠螺阁诗词稿》中收录的近六十位名人所撰写的序跋、传记和题词，展现了清代文人群体对女性文学创作赞赏的态度，体现了清代文人对女子"才""德"的关注。凌祉媛的诗歌按照题材可分为咏物诗、写景诗和怀古诗等。咏物诗生动清新，写景诗灵秀自然，怀古诗胸襟开阔。词作特色则为哀愁缠绵。

关键词：凌祉媛；丁丙；生平经历；《翠螺阁诗词稿》

引　言

清代嘉庆、道光时期（1796—1850），女性文学创作之风盛行久矣。前有袁枚收纳女弟子，女子广扬才德，后又有陈文述招收碧城仙馆女弟子，桃李争妍。此时的女性文坛，显示出了与以往不同的生命活力，女性的文学活动，突破了传统的礼教束缚。女子不仅遵礼，遵儒学，她们的"德"与"才"也开始变得密不可分。在中国传统观念中，"女子无才便是德"。但在此时的社会环境下，德行与才识并重，德才兼备的女子，更得夫家的认可，更得社会的赞赏。这种女子才德观的变化，引导着女性由附庸礼教到形成个体意识的转变。

女子的教育，此时也不再局限在女工、女德之上，诗词的熏陶感染，开始进入到女子的闺阁之中，女子的师从也突破了家庭的藩篱，而开始面向社会。

江南地区，是优秀女作家的聚集地。江南的水乡灵气，为女文人的熏陶培养贡献了自己的一分力量，如吴藻、郑兰孙、沈善宝等人，都在江南这块宝地上，大放异彩，女文人间相互酬唱、题画、题集，文学活动异常丰富。明代后期出现的刊刻女性诗词集的现象，如今依旧盛行，女子的诗词集，如雨后春笋般不断涌现。此时出现的一本《翠螺阁诗词稿》，引起了清代文人们的广泛关注。曾乃敦《中国女词人》云："其注稿名动一时，当时闺媛唱和其众,亦一时之盛也。"①

《翠螺阁诗词稿》的作者,即钱塘闺秀凌祉媛。徐燕婷在《清代钱塘闺阁词人研究》中称:"由于清朝由鼎盛走向衰弱,钱塘女词人也从一个群体性的创作转而为零散的创作,除了关锁、凌祉媛、孙佩兰等少数几个女词人独撑门面外,其余基本不成气候。"②凌祉媛虽然主要生活在清词还算繁盛的时期,但是她的著作刊出时,已是清代女性文坛步入衰弱之期。她的诗词集一经刊出,便在社会上引起了一场不小的轰动,光是为她作序、作传、题词的人,就达五十多人。在凌祉媛诗词集的序跋、传记、题词背后,隐藏着一个巨大的清代文人群体,他们对凌祉媛的评价,在一定程度上反映了社会文人对于女性文人的态度,为学界研究清代闺秀提供了一份有力的资料。加拿大汉学家方秀洁,即《美国哈佛大学燕京图书馆藏明清妇女著述汇刊》的主编者,就曾对凌祉媛的《翠螺阁诗词稿》有过深入的研究。

本文旨在通过《翠螺阁诗词稿》中丰富的序跋、传记、题词等相关评论资料,和凌祉媛的诗词作品,结合史料,还原清代钱塘才女凌祉媛传奇的一生,诠释她的婚姻、交游情况。通过《翠螺阁诗词稿》中的评论性资料,探究清代文人对女性文人创作的态度。同时,将凌祉媛的雅诗丽词,呈现在读者们的面前。

一、凌祉媛的生平经历

（一）凌祉媛家庭背景

凌祉媛(1831—1852),字芷沅,浙江钱塘人(今浙江杭州),生于道光十一年(1831),因为出生在四月八日,恰与佛祖诞生之日相同,所以据陆以湉的《冷庐杂识》记载,其出生时"制有玉牌,镌'与佛同生'四字"③。但凌祉媛未得与佛同寿,二十二岁时便不幸早逝,卒于咸丰二年(1852)五月二十日。

"沅有芷兮澧有兰"④,作为屈原笔下的香草之一,白芷性温气厚,凌祉媛正是有如白芷般高洁品性的女子。钱塘文人高炳麟夸赞:"凌芷沅女士工诗,能以品胜,所著《翠螺阁集》,其色其香,其神其韵,莫不与梅兰之品同。"⑤高炳麟称凌祉媛为一位拥有"梅兰之品"的女子,既有才学,又有美好的品德,同时拥有梅花与兰花的高雅气质。

这与她的家庭背景是分不开的,因为凌祉媛出生于一个官宦之家,父亲为光禄寺署正凌咏。凌祉媛从小就接受了良好的家庭教育,家有私塾教导,家中众人又都是小有成就的文人墨客,母亲朱安人在其年幼时,更是亲自教授她儒家经典。

在优秀家庭环境的熏陶和培养下,凌祉媛从小便表现出了她独特的才华,在凌祉媛七岁时,凌母教授其《毛诗》《内则》诸篇,凌祉媛聪慧过人,一点即通。十岁时,凌祉媛能

---

① 曾乃敦:《中国女词人》,女子书店 1935 年版,第 252 页。
② 徐燕婷:《清代钱塘闺阁词人研究》,华东师范大学 2007 年硕士论文,第 5 页。
③ 陆以湉:《冷庐杂识》,中华书局 1984 年版,第 250 页。
④ 屈原:《楚辞》,崇文书局 2017 年版,第 51 页。
⑤ 彭国忠、胡晓明:《江南女性别集·初编》,黄山书社 2012 年版,第 921 页。

通音律,而且尤善吟咏诗歌,极富诗词创造力,据《翠螺阁诗词稿》记载:"(凌祉媛)髫年所作为其叔父所激赏。"叔父偶尔举厚朴为封,祉媛就举例薄荷来回应。

凌祉媛成年后,才开始在文坛上大放异彩。尚在闺阁时便已有诗名传扬在外,文人于克襄称其:"肆力于唐宋诸大家,针黹馀闲,往往寄情吟咏,闺中早有诗名。"①在一般闺秀的刺绣生活外,凌祉媛追求诗词创作,将诗词作为终身爱好,出嫁后也未抛下。

凌祉媛人生的转折点是在道光三十年(1850)出嫁,嫁给了同邑人丁丙。

丁丙(1832—1899),中国四大藏书家之一,字嘉鱼,别字松生,晚号松存,做过江苏补用知县。丁丙出生于庞大的藏书世家丁氏,"系出明处世际龙公,世居山阴福岩村。五传至瑞南公,是为先生五世祖"②。在浓郁的家庭环境影响下,丁丙爱好书籍,一生都为中国的藏书事业而奔波劳走,一直致力于古籍的收集和补抄,他和兄弟丁申,更是对文澜阁《四库全书》的抢救和抄补工作,做出了巨大的贡献。他所保护的八千卷楼,被誉为中国清代四大藏书楼之一。

丁丙还是一位文人,著述极多,德清俞樾《丁君松生家传》云其:"所著有《读礼私记》《礼经集解》《松梦寮诗初集》,皆毁于兵火。余若《九思居经说》《说文部目详考》《说文篆韵谱集注》《二十四史刻本同异考》《乐善录》《于忠肃公祠墓录》《善本书室藏书志》《武林金石志》《皋亭山志》《宜堂小记》《松梦寮集》《北郭诗帐》《西溪诗集》……"③

丁丙十八岁时就随父亲施粥救济穷人,在父亲逝后,丁丙仍广济天下,时常救济因战乱导致生活困苦的百姓们。他天性淳良,为人子女极为孝顺。某年,丁父丁母同时病倒,丁丙割肉救双亲,可惜只救回了母亲,而父亲不幸离世。不久后,母亲再次病倒,丁丙二次割肉却无效,痛失至亲。

凌祉媛是丁丙的第二任妻子,丁丙的第一任妻子不幸早逝。凌祉媛嫁到丁家后,"事先祖考妣能得欢心,御仆媪勿加辞色,督理家政井然不紊"④。同为文人的夫妻二人,志趣相投,琴瑟和弦,吟咏诗歌以助兴,常有诗歌作品相互唱和。凌祉媛有诗《秋夜同松生坐翠螺阁闻邻笛感赋》,丁丙则有诗《同芷沅坐翠螺阁上闻邻笛感赋》:"笛短情长良夜悠,一声两声清且柔。"⑤两人的柔情蜜意与心意相通都尽显于诗中。

凌祉媛还被高望曾夸赞:"奉舅姑而尽职,曾调厨下之羹;相夫婿以成名,欲断机边之杼。"⑥丁丙若是挑灯夜读,凌祉媛便伴其左右,刺绣之余两人诗词情深。丁丙身体虚弱,染有肺疾,时常发作。凌祉媛便细心照料,亲自服侍汤药,经常是通宵地伺候丁丙。丁丙曾遇到科试不顺利时,凌祉媛耐心劝诫,告诉丈夫读书不在功名,更不能因功名之事而伤了身体,见解深刻,确非一般女子。

在凌祉媛嫁给丁丙的一年多里,虽然夫妻恩爱,但凌祉媛却不得不时常归宁。因为

---

① 凌祉媛:《翠螺阁诗词稿》,延庆堂丁氏刊本1854年版,第175页。

② 周鹰、吴晶:《杭州丁氏家族史料》,当代中国出版社2016年,第99页。

③ 同上书,第88页。

④ 本社影印室:《晚清名儒年谱》,北京图书馆出版社2006年版,第407页。

⑤ 顾廷龙:《续修四库全书》,上海古籍出版社2002年版,第223页。

⑥ 彭国忠、胡晓明:《江南女性别集·初编》,黄山书社2012年版,第921页。

母亲染上风寒,而家中父亲衰弱,弟弟又尚且年幼。凌祉媛为人子女,便担起了照顾母亲的责任,她时常侍奉在母亲身边,端汤送药,处理生活琐碎之事。尽管有凌祉媛的细心照料,但是母亲的病情仍多次反复,这让凌祉媛忧虑万分。于是她寄希望于神明,开始到处拜访寺庙,四处跪拜,祈求让自己来代替母亲受苦。最后母亲竟然真的痊愈,而凌祉媛一病不起,病卧床榻两月有余。病重之时,凌祉媛担忧未曾为丈夫丁丙留下子嗣,希望丁丙早日续妻。

凌祉媛逝世后,其家人、友人都感伤万分,尤其是她的丈夫丁丙。丁丙为了纪念亡妻,整理了凌祉媛的诗词稿,并请当时的诸多名流撰序题词,然后刊行,刊为《翠螺阁诗词稿》五卷。庄仲芳为凌祉媛作序时称其:"孝行与诗兼之,诚闺中之称首者矣。"①凌祉媛的诗歌,后来还曾被收录到《清诗纪事·列女传》一卷中。多年后丁丙在重雕《冬心先生三体诗》时,想到了凌祉媛有仿效冬心先生三体诗之作,又不禁一时伤感,怀念芷沅。凌祉媛的诗词能够得以流传至今,丁丙功不可没。

(二)凌祉媛交游情况

凌祉媛的一生极其短暂,活跃于清代文坛的时间不长,所以她的闺阁密友也只有关锳、孙佩兰、凌薪媛几位,都活跃于钱塘诗坛。

关锳,即钱塘秋芙女士。在凌祉媛的《翠螺阁诗词稿》前,有关锳作于咸丰四年(1854)的序言。关锳与丈夫蒋坦,凌祉媛与丁丙,同是杭郡城的文人伉俪。丁丙为关锳丈夫蒋坦作传,记录了文人蒋坦绚烂的一生,为今人研究蒋坦提供了有力的材料。凌祉媛与关锳二人,又同是西溪文人圈中的成员,再加上两个家庭往来密切,其二人之间的关系也可想而知。梁乙真在《清代妇女文学史》中评价关锳对凌祉媛的感情是:"秋芙对芷沅之夭,多抱同调之痛,盖秋芙亦落魄憔悴,才人薄命之流亚也。"②

而孙佩兰,是凌祉媛深交八年的知心好友。孙佩兰,字谱香,胡学纶之妻,著有《静观楼词》《吟翠楼诗》等,但不幸遭乱散失,现存《吟翠楼诗稿》一卷。孙佩兰在为凌祉媛题词时,言称:"气味相投一见时,常教聚首比荆枝。"③两人之间常以诗歌往来,凌祉媛寄诗《翠螺阁独坐怀谱香叠前韵却寄》。孙佩兰也在《鹤清凌姻妹以诗见寄即和原韵》中道:"可知一别芳颜后,早盼琅函抵万金。"④相依相惜之情溢于言表。在凌祉媛与诸多女性文人的互动中,与孙佩兰最为频繁。

而在凌祉媛和孙佩兰的交往中,又有另外两人不得不提:凌薪媛和凌鹤清。凌薪媛,字书君,乃凌祉媛叔父之女,凌祉媛与她从小一起长大,两人一起读书,一起玩耍,结下了深厚的友谊。凌祉媛在烦闷之时,常会写信给凌薪媛,以此来排解心中的苦闷。又因为叔父家与凌祉媛家来往密切,凌祉媛更是时常拜访凌薪媛。而凌鹤清,凌祉媛唤她为姊。

凌祉媛、凌薪媛和凌鹤清三人,同孙佩兰共结盟友,时常一同出行游玩,因为生活在

---

① 潘衍桐:《两浙輶轩续录》,浙江古籍出版社 2014 年版,第 4262 页。
② 梁乙真:《清代妇女文学史》,中华书局 1932 年版,第 240 页。
③ 彭国忠、胡晓明:《江南女性别集·三编》,黄山书社 2012 年版,第 538 页。
④ 同上书,第 525 页。

钱塘水乡,水路发达,她们几人常泛舟湖上,然后以诗歌相和。凌祉媛的《春日偕孙谱香姻姊家鹤清姊书君妹泛湖即席和谱香韵》一诗,对应孙佩兰的《春上偕凌鹤清芷芳姻妹书君表妹游湖上》一诗,记录了几个女子在春日之时,着小裙戴细簪,乘着一叶扁舟游行水上,"扁舟移向西泠去,鸥鹭纷纷解避人"①。

凌祉媛作为一位闺阁女子,受到其自身性格和生活环境的影响,在这些与她来往的好友中,除了女性作家,其实家族人员所占多数,其中来往最为密切的便是凌祉媛的叔父——凌誉。凌祉媛从小跟随叔父长大,凌祉媛幼年时对诗词的偏爱,实际上受了叔父极大的影响,叔父凌誉是她诗画世界的启蒙师,凌祉媛幼时对着叔父牵衣问字,倚案裁笺。叔父远行做官时,凌祉媛《送叔氏燕庭誉之官吴郡》中道:"霁颜一隔梦魂遥,深情愿祝加餐饭。"②依依惜别叔父。

凌祉媛逝世后,叔父还为其作跋,附于《翠螺阁诗词稿》之后。叔父在所作之跋中,指出其夫丁丙对凌祉媛诗词的收录并不详尽,尚有一些佳作还未收录集中。因为凌祉媛年幼时,每次写完诗稿都会将纸揉去,不肯轻易示人。这些诗都是通过口头记忆,或者是散落保存的。而叔父作为凌祉媛的知音之一,对凌祉媛的诗歌更是了解透彻。

凌祉媛生活在女性文学最为繁盛的清代,此时的社会,对女性的交游活动,态度是极其宽容的。凌祉媛与孙佩兰、凌薪媛几人的交往,颇为自在,她们与众文人一起出席宴会,饮酒怡情。有时甚至是整个家族的女性一同出游,也不会引起社会的非议,如凌祉媛《雨中随母暨诸姐妹泛舟至皋亭看桃花》中所记:"舫咏移时暮色催,花香载取归舟里。"③在春日里,凌祉媛与家族女子一起,乘舟去观赏桃花,在船上,众人一起喝酒吟诗,到了傍晚才想起归家。

凌祉媛在出嫁前,还曾参加文友聚会,"四壁瑶花绮席张,菊天风景快传觞"④。在深秋的季节,受小华鬘馆主人的邀请,与众文人一同赏菊,饮酒作诗,即席创作了《小华鬘馆主人供菊招饮即席奉酬》一诗。

这种女性文人间的宴会,在清代之间颇为盛行,如与凌祉媛同时期的沈善宝,就曾受闺秀许延礽的邀请,在清和望后二日,于宴席上赌酒风流,读诗论文,写下了《清和望后二日云林夫人招饮斋中得晤龚瑟君夫人(自璋)即席赋赠》一诗,云林夫人即许延礽,同席参加宴会的还有女诗人龚自璋。沈善宝与许延礽、龚自璋在这场宴会初次相识,而后相谈交往,进而结下了深厚的友谊,最后结拜为姐妹。而女词人吴藻与沈善宝的结交,也是在一场文人宴会上。吴藻在宴席上鼓琴,沈善宝受人邀请赏梅,两人初次见面,便成了一生的至友。这种文人聚会,为女性文人提供了展示才华的舞台,女性文人可以即兴作诗,表演才能,大大促进了女性文人间的交往。

而此时的江南地区,观看戏剧的活动,也正式面向妇女们开放。除了钱塘女性文人徐德音记载的,观看戏剧《长生殿》之外,妇女们观看的戏剧,主题还有很多,可谓多种多

---

① 彭国忠、胡晓明:《江南女性别集·初编》,黄山书社 2012 年版,第 889 页。
② 同上书,第 891 页。
③ 同上书,第 894 页。
④ 同上书,第 905 页。

样。如凌祉媛在《试灯后三日集吴山淳素山房观演灯剧》中记录的妇女们观看的灯戏：
"一队两队旌旆扬，缤纷绮组织女相。秾歌艳舞明珠妆，翩翩鬓影兼衣香。琵琶弦索笙竽簧，妙音宛转调宫商。忽惊赤焰腾荧煌，火攻灼爛清辉彰。恍如旭日摇扶桑，金迷纸醉交相当。"①灯戏中夹杂着火戏表演，亭台楼阁间都摇曳着光彩。

凌祉媛观看的这种灯戏，以上元节为主题，在正月十五日前后上演。嘉庆三年（1798）时，还曾作为宫中大戏上演，"大戏呈于前，招待各国使臣观"②。凌祉媛观看灯戏的地方是吴山有名的城隍庙，吴山俗称城隍山，"其左右约里许，各神庙咸备焉"③。山上茶楼具备，神庙繁多，每个庙的道士都有自己居住的山房。这些山房，因为装扮讲究，被称作天仙画阁，只有与道士交好的人，才能被邀请入房。淳素山房就是其中一间，布置典雅清净，是"道士宏奎栖炼之所"④。咸丰二年（1852）八月二十日，淳素房中的抗峰高馆，还曾作为秋宴的地方，馆主宏奎邀请了另外八位好友来此聚会。

而清代的妇女们，能够聚集在道士修行的馆所观看灯剧，有时甚至是彻夜观戏，丝毫不避讳男女之别，这些都显示出了清代女性强大的生命力，她们也可以同男文人一样，设席招饮，观看灯剧，开放、包容的文化环境为女文人们创造了丰富多彩的闲暇生活。

二、《翠螺阁诗词稿》

（一）翠螺阁诗词稿版本

钱塘丁氏，是著名的藏书家族，拥有庞大的"八千卷楼"，丁丙是丁氏家族的核心力量，他与家族众人不断地收集资料、刊刻书籍，整个丁氏家族的刊书活动十分活跃，所刊书籍有《当归草堂丛书》《西泠布衣遗著》《武林掌故丛编》《西泠词萃》《武林往哲遗著》等，为中国的书籍事业做出了巨大的贡献。

凌祉媛的《翠螺阁诗词稿》是目前已知丁氏家族最早刊刻的书籍，于咸丰四年（1854）刊出，共有诗稿四卷、词稿一卷。首刊本为丁氏延庆堂刊本，后不幸"版毁于燹，劫后重刊"⑤，由"武林任有容斋"重刊。"武林"二字，是对杭郡地区的称呼。据丁丙其子丁立中所编《宜堂类编》中《家传》一卷云："天语有嘉惠士林之奖，因总名藏书之所，曰嘉惠堂，乃择士林所罕见者刻以传播，取其有涉杭郡掌故者都为一编，曰：武林掌故丛编，凡一百余种。"⑥

根据丁丙的家族史料记载，丁丙在咸丰十年（1860）和咸丰十一年（1861），曾因战乱逃离本家，八千卷楼的大部分藏书也在这次长达两年的战乱中受到毁坏，其中，以咸丰十一年（1861）的战乱受损最为严重。凌祉媛《翠螺阁诗词稿》的原雕版经历过一次毁坏，应

① 彭国忠、胡晓明：《江南女性别集·初编》，黄山书社2012年版，第906页。
② 邓运佳：《中国戏曲广记》，四川大学出版社2015年，第1450页。
③ 王国平：《西湖文献集成》第25册，杭州出版社2004年版，第2页。
④ 袁进：《海上文学百家文库·姚燮、蒋敦复卷》，上海文艺出版社2010年版，第223页。
⑤ 本社影印室：《晚清名儒年谱》，北京图书馆出版社2006年版，第411页。
⑥ 丁立中：《宜堂类编》，嘉惠堂丁氏刻本1900年版，第63页。

当是在此时,也就是说《翠螺阁诗词稿》的重刊本应刊于咸丰十年(1860)之后。

而"延庆堂"应为丁氏家族较早刊刻书籍的场所,"任有容斋"很有可能是当时杭州地区的刻书家或刻书场所,与丁氏家族有关。

《翠螺阁诗词稿》后还附有丁丙所作《舞镜集》,收录有丁丙所作《亡妇凌氏行略》,而由高望曾所作的《舞镜集序》则写于咸丰二年(1852),由此可知,丁丙在凌祉媛逝世当年便在准备刊刻其作品,《翠螺阁诗词稿》的筹备工作早在咸丰二年(1852)便已开始,丁氏家族刊刻书籍的筹备时间可提前到咸丰二年(1852)。

关于《舞镜集》,根据丁丙其子丁立中所作《先考松生府君年谱》中记载,丁丙在咸丰三年(1853)云:"著《离鸾集》,此府君为凌太宜人所作悼亡诗也,高茶庵为之序附刻翠螺阁集后。"①而在《翠螺阁诗词稿》中,我们并未见到《离鸾集》,《离鸾集》中提到的"高茶庵",即高望曾,也就是《舞镜集》中序的作者,故认为《离鸾集》可能是《舞镜集》的一个别称,离鸾代表夫妻分离,以《离鸾集》来表示夫妻阴阳相隔之意,而其就是《舞镜集》本身。

浙江图书馆古籍部现所藏有的首刊本,即无"武林任有容斋重刊"字样的刊本,仅有残本。其中未见《舞镜集》中的《亡妇凌氏行略》,也无题词,也无序,仅有跋,凌祉媛的一卷诗稿《停针倦绣集》也未见收录。

(二)《翠螺阁诗词稿》相关评论资料研究

《翠螺阁诗词稿》中除收录有凌祉媛的四卷诗稿和一卷词稿外,还收录有大量名人撰写的传记、序跋和题词资料,其中包括秀水庄仲芳所作传记一篇,其他文人所作序八篇,名士题词三十八首,闺秀题词十一首和凌祉媛叔父所作跋一篇。

其中涉及名士、闺秀近六十人,数量之多,实为少见。

据胡文楷《历代妇女著作考》记载,《翠螺阁诗词稿》"前有庄仲方(芳)撰傅,于克襄、高学沅、魏谦升、高炳麟、朱智、朱城及女史吴藻、关锳序,高均儒、陈来泰等及女史鲍靓、高茹、施贞、孙佩兰、齐学裘、夏尚志、高学淳、吴元禧、赵我佩、汪静娟题辞,后有叔誉跋"②。

庄仲芳是清代嘉兴地区著名的藏书家,有藏书楼"映雪楼",著作有《映雪楼文集》。庄仲芳偏爱书籍,他不仅藏书丰富,对其他古籍也有校订之功,编撰有《南宋文选》《列史碧血录》《金文雅》等。在庄仲芳对凌祉媛的评价中,他首先褒奖了凌祉媛的"德",再谈及凌祉媛的"才",强调先"德"后"才",如"论曰:妇德惟贞烈足传,此外则孝行独重,而娴于风雅次之。孺人乃孝行与诗兼之,诚闺秀之称首者也"。在女性的诸项品德中,庄仲芳认为首先是女子的妇德,也就是侍奉丈夫及丈夫亲属的体贴行为。其次,就是作为子女的孝德,也就是凌祉媛祈求以身代母的孝顺行为。最后,才是女子的诗词才华,即"风雅"的追求。在庄仲芳看来,凌祉媛"德""才"兼备,是名副其实的才女。

清代的文人们,在评价女性时,尤其重才德,女子有德又有才,才称得上梅兰之品。凌祉媛因孝行为人称道,而才学更使她名扬。虽然这种才德观还是基于传统的儒学,但

---

① 本社影印室:《晚清名儒年谱》,北京图书馆出版社 2006 年版,第 410 页。
② 胡文楷:《历代妇女著作考》,上海古籍出版社 1985 年版,第 453 页。

是已经有所变化。杭州高学沅在为凌祉媛作传时曾提到:"《经解》云:'温柔敦厚,诗教也。'厚,坤道也;柔,妻道也。诗教男女并学,而于女子为近。风诗所载后妃、夫人之作无论已。"①清代文人认为,女子应当遵礼教,守孝道,遵夫纲。但是他们也不限制女性文人与男性文人之间的交友和往来,从凌祉媛在道士的居所彻夜观看灯戏便可看出。

而且,在高学沅看来,女性因为继承了"诗教"的传统,从而在诗词的某些方面,成就更胜过某些男性文人,他称凌祉媛:"诸篇有才士之所不及者。"②不再局限于传统的男性为大的男权思想,而是诚恳地肯定女性的价值,重视女文人。

由此可知,女性的文学创作活动,在此时是极受赞赏的。甚至于一些男性文人对女文人的褒奖,在一定程度上推动了女性文学的发展。如为凌祉媛作序的八位文人之一,魏滋伯。魏滋伯乃关锁之师,字谦升,是清代道光年间县学的教员,也是一位文学家,在楹联和诗词方面小有成就。他曾为多位女性的作品集作序,如吴藻的《花间词》,孙佩兰的《吟翠楼诗稿》等,汪端在诗稿中也曾提及过这位男性文人。有名望的男性文人,为女性作家作传、题词,既肯定了女性作家的地位,也在一定程度上为女性作家作品集的传播做出了贡献。

(三)凌祉媛诗歌研究

凌祉媛著有《停针倦绣集》《南国萍寄集》《珠潭玉照集》和《画眉余暑集》诗稿四卷,皆收录于咸丰四年(1854)丁氏刊刻的《翠螺阁诗词稿》中。诗稿的每一卷前都标注有凌祉媛创作的时间,如《停针倦绣集》《南国萍寄集》《珠潭玉照集》则创作于道光三十年(1850)前,为凌祉媛待字闺中时的作品,内容以描写闺阁生活为主。而《画眉余暑集》则创作于道光三十年(1850)后,记录了凌祉媛出嫁后的生活和感悟,因为出嫁后,凌祉媛的家人们时有染病,她此时的诗作大多以悲愁为主旋律。

凌祉媛还有少量作品,如《春眺》七律"溪头新绿平篙眼,楼角微黄上柳须",《病中即事》"因贪月色犹凭槛,为爱花香不放帘",《读列女传》"德由天授非关学,事贵人传不在多",《闲情》"亲钞眉史调乌鬒,细把心经教绿鹦",等等,因保存不当,而未传世,最终未能收录于《翠螺阁诗词稿》之中。

凌祉媛现有的四卷诗歌,按照创作题材可分为咏物诗、写景诗和怀古诗等。

1. 咏 物 诗

凌祉媛作为一名深居闺阁的女子,受到自身环境的限制,她的目光所及之处,有所局限,所以她的诗作大多咏唱生活所见之物,如《红莱菔》:"芳名曾记紫花菘,叶似青芜点缀工。别有红裳传梦幻,问谁唱出火吾宫。"③以紫、青、红三色,通过强烈的视觉冲击来写萝卜,写出了生命蓬勃的气息。

凌祉媛咏物,生动而有趣,善于抓住事物的本来面目,写蟹则云:"介士横行莫与俦,

---

① 彭国忠、胡晓明:《江南女性别集·初编》,黄山书社2012年版,第861页。
② 同上。
③ 同上书,第897页。

霜天月黑聚汀洲。岂知多足翻贻患,漫说无肠不解愁。人世何烦戈甲拥,杀身终为稻粱谋。爬沙一曲黄昏静,灯火前村断暗投。"①(《蟹》)又因见到秋海棠柔弱可爱,便起了作诗之意,《石间秋海棠一丛弱质幽姿娟娟可爱酬之以诗》一诗曰:"啼妆带雨娇如滴,醉脸迎风韵欲流。"②将一株海棠的娇媚刻画得活灵活现。对待不同的吟咏对象,凌祉媛把握其不同的特点,螃蟹霸道,则写它多足易翻,海棠娇嫩,则写它风流欲醉。

凌祉媛的咏物诗,常以组诗的形式出现,一组诗围绕一个主题展开,如《新月上钩夕阳留线晚凉院落吟怀悄然砌卉盆花各含生意分裁短什聊期无负秋容耳》则创作了一系列关于花卉的咏物诗,包括《凤仙》《鸡冠》《金钱》《玉簪》四首。

女子的闺阁之物是凌祉媛咏物诗的主要咏唱对象,她以清新自然的笔调,咏唱事物,如《闺友以绮疏咏物诗示余得三十余种可谓美且富矣余因补所未备成五首》中则咏唱了眉匠、寿字香合、指锁、唾壶、翠钿五种女子物件。记录下了清代当时盛行的螺子黛眉毛:"黛螺细刷理妆迟,浅浅深深总入时。别有匠心能独运,不须京兆笔尖。"③(《眉匠》)

2. 写景诗

在凌祉媛的一系列诗歌中,最有特色的是她的西湖写景,她的《西湖杂诗》《西湖竹枝曲》《里湖棹歌》等,被后人奉为西湖诗佳作。

如《西湖竹枝曲》:"不须锅里怨金销,第一明湖水利饶。卖过荷花复荷叶,横塘秋雨种鱼苗。风物西湖美不胜,嫩凉天气试吴绫。澡盆权作瓜皮艇,侵晓临流采刺菱。"④诗中一句"卖过荷花复荷叶"就勾勒出了西湖一年的光景,从"小荷才露尖尖角"到采荷人采荷卖荷,收获又播种,一年又一年。"澡盆权作瓜皮艇",更是为西湖的景色添上了一丝灵俏之感。

又有《西湖杂诗》云:"桃花流水了无痕,油壁香车杳墓门。简简不呼呼小小,西泠桥畔吊芳魂。"⑤更是极尽清逸之美。

凌祉媛的写景诗以灵动自然为主要特色,一句"西泠桥畔吊芳魂"则不知勾勒出了多少才子佳人的传奇故事,又有在西湖采菱角的欢快灵动。再有《里湖棹歌》一诗曰:"波光绿浸柳阴阴,新种鱼苗小似针。五日东风三日雨,里湖水比外湖深。辋川庄外浪迢迢,携得青樽复碧箫。商略依舟泊何处,嫩寒春晓段家桥。"⑥又得一尾新鱼苗,活物与西湖的自然景色完美融合。

钱塘的水乡风物,在凌祉媛的诗作里得到了很好的保留,不多一字累赘,也不因少一字而缺失韵味。在平淡中寓以新意,使人感受到漫步水乡的悠然趣味。

---

① 彭国忠、胡晓明:《江南女性别集·初编》,黄山书社2012年版,第911页。
② 同上书,第901页。
③ 同上书,第902页。
④ 同上书,第890页。
⑤ 同上书,第886页。
⑥ 同上书,第907页。

3. 怀古诗

文人于克襄称凌祉媛"近体及诗余清丽纤绵,温润如玉,犹可想见林下之风"①。将凌祉媛诗歌的总体艺术特色概括为"清丽纤绵"。但是他又认为凌祉媛的诗歌"至于怀古诸章,如咏岳武穆、梁红玉等作,感慨淋漓,沉郁顿挫,其议论雄伟,几欲与古人颉颃,非复儿女子之态,安得以寻常闺秀目之哉?"②尤其推崇凌祉媛的怀古之作。如《梁红玉战袍小像歌》:"生绡一幅装珍重,不写妍妆写忠勇。儿女英雄事绝奇,活泼丹青神欲动。谁与绘者妙得真,英英貌出韩夫人。桃花马上倦驰骤,戎装侧立疑天神。征袍一领好结束,秃巾窄袖浑殊俗。"③一股英气扑面而来。

凌祉媛怀古诗最突出的特点,便是有如男子般的壮阔胸襟和庞大的气势,而不是有如咏物诗的清新自然,也不是写景诗的灵秀之气。如《敬瞻岳忠武王遗翰谨书长古》:"电逝云驰七百秋,铁画银钩十三字。字字劲整飞海鸿,岁时款式详厥终。英姿弈弈想英挺,铜章压尾芝泥红。"④一脱女子的柔婉,创造出有如大丈夫般的胸怀和意境。

(四)凌祉媛词作研究

凌祉媛著有《尺八余音》词稿一卷,词作仅 19 首,见收于南陵徐乃昌的《小檀栾室汇刻闺秀词》,吴藻称凌祉媛的词作有"南宋遗响"。词作构思巧妙,唱响一曲"生命悲歌",多流露出对生活的哀思。

这种哀思首先表现在对生命流逝的感叹上,也就是一系列的伤春诗,如《钗头凤》:"春光杳,春怀悄,一场春事阑珊了。絮飞尽,花飞尽,咒骂东风,者般薄幸。忍,忍,忍。啼鹃老,啼莺少,绿阴满地余芳草。恨相见,愁相引,日暮凭阑,香消酒醒。怎,怎,怎。"⑤

正是感慨"青春不常,白日难驻,草无情而自绿,花将离而褪红。抚景伤时"。因为丈夫久病,家中不顺,繁花都变作枯木,对春逝的感悟,其实也是对自己生命逝去的感悟。《浣溪沙》:"柳絮飘零满径飞,酴醿落尽雪霏霏,一年花事又将离。坐树啼莺窥镜槛,衔泥飞燕蹙帘衣,无人庭院绿阴肥。"⑥写出了花落凋零,女子独自忧伤的悲惨心境。

这种无尽的哀思,还表现在一系列"思归"词中,女子思念外出的丈夫,独坐一夜到天明。其中佳作当推《菩萨蛮》:"檐铃惊破红闺梦,晓妆人怯余寒重。纤手卷帘衣,风前放燕归。落红纷似雪,倦了寻香蝶。楼外易斜晖,春归人未归。"⑦在意境上塑造了空蒙的待归人,春天都回来了,人却还没回来。

凌祉媛的大部分词作都以悲、愁为主调,《唐多令》是凌祉媛词作中少数笔调清新,较

---

① 彭国忠、胡晓明:《江南女性别集·初编》,黄山书社 2012 年版,第 860 页。

② 同上书,第 860 页。

③ 同上书,第 899 页。

④ 同上书,第 911 页。

⑤ 同上书,第 918 页。

⑥ 同上书,第 919 页。

⑦ 同上书,第 914 页。

为明朗的词作,"切玉妙能共,香调桂米浓。快登筵、粉腻酥融。仿佛刘郎题字在,谁印取,口脂红"①。先写年糕的制作过程,再写撒上桂花,最后用红胭脂来点缀年糕的情景。

结 语

凌祉媛在《二十生辰自述》曾云:"瑶池轻悔谪红尘,小住兰闺二十春。"②凌祉媛这样一位才女,在她有限的生命里,创作出了许多优秀的作品,在女性文坛上留下了自己的痕迹。在她的成长路上,家庭的支持对她起了莫大的帮助,无论是出嫁前的官宦之家,还是出嫁后的文学世家,她都接受了良好的教育。她的家庭为她播下了一颗种子,而良好的社会环境,给了她生长发芽的机会,丈夫的支持,就像是阳光,给予了她最大的支持。她取得的成绩,也代表了清代女性的成绩,社会认可,交往自由,凌祉媛在清代这片厚土上,自由生长,而凌祉媛只是清代诸多女性作家中的一位,还有许多优秀的女性作家,也同样绽放着属于自己的色彩,这都值得我们去探索,去发现这些女性作家的美。

参考文献

[1]胡晓明,彭国忠.江南女性别集 初编 上[M].合肥:黄山书社,2008.

[2]谭正璧.中国女性文学史[M].天津:百花文艺出版社,1991.

[3]梁乙真.清代妇女文学史[M].上海:中华书局,1932.

[4]胡文楷.历代妇女著作考[M].上海:上海古籍出版社,1985.

[5]陆以湉.冷庐杂识[M].北京:中华书局,1984.

[6]高彦颐.闺塾师 明末清初江南的才女文化[M].李志生,译.南京:江苏人民出版社,2005.

[7]邓红梅.女性词史[M].济南:山东教育出版社,2000.

[8]张宏生.明清文学与性别研究[M].南京:江苏古籍出版社,2002.

[9]张宏生.中国诗学考索[M].南京:江苏教育出版社,2006.

[10]沈善宝.鸿雪楼诗词集校注[M].北京:中国社会科学出版社,2012.

[11]李汇群.闺阁与画舫 清代嘉庆道光年间的江南文人和女性研究[M].北京:中国传媒大学出版社,2009.

[12]石祥.杭州丁氏八千卷楼书事新考[M].上海:上海古籍出版社,2011.

[13]文图.丁丙及其"八千卷宗楼"[J].图书馆学刊,1994(1):56-57.

[14]徐燕婷.清代钱塘闺秀词探论[J].中文自学指导,2009(2):59-63.

---

① 彭国忠、胡晓明:《江南女性别集·初编》,黄山书社2012年版,第916页。

② 同上书,第902页。

方以智《和陶·饮酒》诗研究

吴秀霞

摘　要: 方以智是中国明清之际的著名思想家、学者和文人。他出生并成长于安徽桐城一封建道学世家,从小以"狂生"自居,随着年龄渐长,用世之情也日切。然而李自成攻陷北京的现实浇灭了他的经世热情。又目击明王朝腐朽沉沦,身遭奸人蓄意报复,方以智心中的"归隐"之意渐浓。约言之,在1640年至1650年这十年间,方氏走过了从经世到避世再到出世的人生途程,也经历了由昂扬奋发而煎迫焦困至超举洒脱的心路历程,完成了人生中的一次重大转折。《和陶·饮酒》诗正创作于他退避归隐生活之始,是对他十年人生遭际与曲折心理的笔录,也是他对未来生活的安排,而且这部诗稿长期深藏书室,乏人研析,因此本课题必将有助于加深对于方以智生平、诗歌与思想心理的认知。我们认为,方以智之所以选择和陶浇心中块垒,具有多方面的考量:乱世易代生存状态的驱使,深慕陶诗,借和陶吐露真情,后者又透露出方氏隐世思想与勘破生死的放达。

关键字: 方以智;《和陶·饮酒》;隐世思想;勘破生死

引　言

钱锺书曾言:"渊明文名,至宋而极。"①然而,何止宋代,不被当时文人注重的陶渊明,在其仙逝后出现了大批钦慕他、唱和他的诗作的人。此种现象,在明末清初尤为昌盛。明代文人钱谦益曾讥讽那些伪隐士说:"今世隐约之士俯仰无聊,哦几篇诗,种几丛菊,咸以柴桑自命,殆长公所云陶渊明一夕满人间者,此不足为伊人道也。"彭士望也曾有过类似的言论:"今则惟陶元亮、谢叠山满天下耳……元亮宽易,宜效者众,使其有知,必恨其悔,以为不幸其佣也。"当然,不管文人们是出于何种动机、心态"和陶",都足以见得,在这一特殊时期,陶渊明受到广大文人的关注与慕效。

阎尔梅《陶靖节墓》诗云:"庐山西麓老松楸,处士星高此一丘。碑碣当头题晋字,其余何事不千秋!"该诗道出了陶渊明之所以被钦慕的两大重要特性,其一是陶渊明自身表现出来的高尚节操;其二也是最重要的,是其"耻事异姓"的忠义思想。要知道"具柴桑之

---

① 钱锺书:《谈艺录》,中华书局1984年版,第88页。

耻"是所有遗民悲愤莫名的最大感受。

明末清初出现了不少唱和陶渊明的诗人,诸如王夫之、黄淳耀等皆在其列。他们在性格上与陶渊明极其相似,坚守着自己的人生准则,坚决"不事二君",十分倔强。方以智作为明遗民的重要代表,自然也在"和陶"诗人之列。近些年来,当代学者对于他的研究愈演愈烈。罗炽先生曾评价方以智:"他是一位真正的、博大精深的而被历史有意无意地遮埋了的伟大思想家。其经历之坎坷,为学之扎实,学问之厚博,思想之深邃,著作之杂多,可以说是'卓然独立'。"①

不过,当今社会对方以智的研究侧重于其思想方面,文学艺术上的研究甚少。个人认为,文学创作恰恰最能反映文人当时的思想状态与面临的真实困境。受好友的影响,方以智对陶渊明甚是钦慕与关注,创作《和陶·饮酒》二十首,以追和陶渊明。然而受清朝政府限制,《和陶·饮酒》二十首至二十世纪后期才得以完全面世,其数量也不在多数。但因为方以智在明遗民中的地位,其诗集的重要性却是不容小觑的。

明末清初,"和陶"风气极盛,"和陶"诗篇的数量更是巨大。方以智作为当时重要的思想代表人物,他所创作的"和陶诗"具有深刻的研究价值。除此之外,对于研究方以智而言,十年流离岭南的艰难生活不得不提。短短的十年,方以智经历了从经世到避世再到出世的曲折历程。而《和陶·饮酒》二十首组诗正是他在结束这十年生活后创作出来的,是这十年生活的真实写照。组诗是方以智对自己十载流离生活的感悟及体会,真实地展现了一个受清朝政府压迫,想要极力挣脱,退避隐居,无所求的形象。

一、方以智的家世

方以智(1611—1671),字密之,号曼公,安徽桐城人,明崇祯进士,入清为僧后,改名弘智,字无可,人称药地和尚,又称浮山愚士,是明末清初的学者、哲学家和思想家,同时也是明遗民中不可忽视的杰出代表。

方以智曾祖方学渐(1540—1615),是有名的学者,曾到东林书院讲学,著有《性善绎》等作品,其学术实为心学之一支。祖父方大镇(1559—1628),万历十七年进士,官大理寺左少卿,提倡"仕优而学,学优而仕,随学随仕,随仕随学,两相济相成也"。父亲方孔炤(1591—1655),中万历四十四年进士,仕途较为坎坷。曾担任天启初官兵部职方司郎中,因忤阉党崔呈秀,遭削籍。后复官,旋被任命为右佥都御史巡抚湖广,参加镇压农民军。后遭杨嗣昌嫌恶陷害而被捕,在方以智孝心的感动下,免死释狱。嗣后又以都察院右佥都御史降级戴罪总理河北、山东屯务,兼理军务,然而刚赴任便因"国变"而"踉跄归南"。母亲吴令仪,性温良,有美德,方以智在《慕述》中说:"吾母性善,秉宫谕诲。建幢幡林,通瞿输慧。敬事堂上,塞渊主馈。礼宗唱和,二姑相慰。黻佩遗集,綵帕渍泪。"

方以智儿时就是在这样一个讲究"至善""连理""崇实""宁澹"的学术氛围中度过的。其曾祖方学渐、祖父方大镇、父亲方孔炤的封建伦理道德和《易》学研究对于方以智的价值观、人生观和学术观的形成,产生了深刻的影响。方以智思想中的易学观,正是其

---

① 罗炽:《方以智评传》,南京大学出版社 2001 年版,第 1 页。

对父辈们的继承。除此之外,父辈们忠贞、正直的形象间接影响了方以智今后对待政治的态度。

正是这令人羡慕的家庭背景给了方以智博览百家的机会,让他在少年时期便展现出不俗的才华,"九岁能属文,比冠博及群书,才名倾当世。崇祯己卯举于乡,庚辰登第",更同商邱侯方域、宜兴陈贞慧、如皋冒襄合称"明末四公子"。然而好景不长,连年国变,使方以智不得不流离岭南,多次濒临死难。直至顺治七年,清兵攻陷桂林,方以智被俘而选择逃禅为僧。至此放身世外,致力于思想上的突破,遂成为清初思想界一代宗师。

二、《和陶·饮酒》诗叙录

方以智平生著述数量不菲,但在清朝多被列为禁毁之物,后人较难收集诗文,录有《和陶·饮酒》的《浮山后集》更是在很长一段时间都不曾被发现。直至1973年冬,台北故宫博物院展出了王世杰先生捐赠的方以智《和陶·饮酒》诗十首的绢本草书真迹。这是一幅长508.4厘米,宽26.3厘米,字体古拙沉厚,书写与诗作双佳的作品,有"精品"之誉。

《和陶·饮酒》诗十首绢本草书真迹展出后,台湾大学历史系主任方豪教授曾三度参观,并称自己私藏有方以智《浮山后集》的手抄本,且云《和陶·饮酒》诗原为二十首,均已收录《浮山后集》,王世杰先生捐赠的绢本只录前十首。方教授又称,《浮山后集》手抄本之《和陶·饮酒》页面上有多处方以智用朱笔、墨笔涂改过的地方,并加注了各种记号,若干首诗上还刻有"未刻"等字样,似乎是准备之后刻板付梓之用。

另外,安徽博物馆(今安徽博物院)馆藏有《浮山后集》木刻本,此为清初刻本,框面长20.2厘米,宽12.3厘米,底为精白棉纸,字体是仿宋体,共有十行,每行二十四个字,为桐城方氏"此藏轩"刊本。该书卷首有余佺所作的"序",题为《浮山前后集序》,但书内署"浮山后集",书后亦有"学人王必述、曾传灿校"的字样。方以智次子方中通于康熙四年(1665)作《又编次浮山后集》诗,载"《浮山前后集》,子舍录千篇"。据此,《浮山后集》在以智生前即已厘定付梓,此即为清初刻本。任道斌《方以智年谱》中所选取的《和陶·饮酒》即为这一版本。该版本与之前方豪所说的更改后的诗文内容相符,由此也相互证明了文献的可靠性。

《和陶·饮酒》共二十首,是组诗,但其就诗歌内容而言相互之间并无紧密的联系。方以智通过唱和陶渊明的诗,以抒发内心的情怀,借用这种形式,表达自己对陶渊明的钦慕之情,同时寄托个人情志。透过诗中的序,我们不难感受到方以智的兴致。

序曰:"论诗于陶,不必其《饮酒》二十首也,和者风其风耳。栗里如故,葛巾常着,岂非天乎! 余虽不饮,倘然若醉。不饮非戒,余当为渊明受双非之戒。"

陶渊明的性情自古以来就受到许多文人的欣赏,王国维曾给出很高的评价:"屈子之后,文学之雄者,渊明其尤也。"宋朝著名诗人苏轼在其谪居惠州之时遍和陶渊明的诗。或许因为出于逃禅的原因不能饮酒,但是内心受到陶渊明的感染,也依旧"倘然若醉"。

本文所选取的诗文内容主要依据任道斌所选取的"刻本"为本,将之与方豪的手抄本比较,《和陶·饮酒》二十首内容如下。

其一:"举世无可语,曳杖将安之(杖曳将安之)①。残生不能饿,乞食今何时。东篱一杯酒,遗风常在兹。赤松言辟谷,其事终然疑。容易一餐饭,此钵原难持。"

其二:"北窗草木盛,壁立如深山。四顾虽无人,可歌不可言。短歌四五字,上下尝千年。终古北窗下,一片心谁传。"

其三:"多生此世间(人生此世间),安问情无情(安得言无情)。古书书何字(诗书何以传),名山山何名(名山何以名)。死死者不死(见性行至性),以死知其生(远生期无生)。悦然遇虎狼,徒步能无惊。推琴安卧耳(安坐爱边幅),灯影不求成(问道何年成)。"

其四:"子安问黄鹄,万里将安飞。八极纷茫茫(四海纷茫茫),中路能无悲。三萍飘大海,风波还相依。安得如潮头,朝夕自言归。一经离乱中,盛年忽已衰。有心不敢椎,有口当猗违。"

其五:"十年避乱走,畏闻人语喧。天地已倾复,何论东南偏。网罗不可脱,杀戮到深山。有路不早达,无家何用还。所以蜗牛庐,十问无一言。"

其六:"带索与披裘,素心只如是。被发如佯狂,高冠不妨毁。葛巾漉更着,古人聊复尔。大布苟御寒,自不用纨绮。"

其七:"衰柳蔽秋日,黄花纷落英(黄华分落英)。慨然一念至,一往无人情。不知地气热,不知天河倾。溪水日夜流,蟋蟀随时鸣。哀乐所不受(刻苦不觉苦),乐得浮游生(自乐其平生)。"

其八:"庭前养白鹤,枉昔凌云姿。珊瑚拖铁网,安贵琼树枝。寄信三青鸟,所言何大奇。颓然厌斯世,长年复何为。山中爱神骏,不用黄金羁。"

其九:"荆扉当谷口,一径临流开。逍遥足千古,想见前人怀。珍重此颠沛(不幸颠沛中),自问何当乖(此心何当乖)。所见不空旷,长林如羁栖。出门风以雨,杖屦皆污泥。洸洋任蒙庄(洸洸任蒙庄),志怪听齐谐。直下无可悟(远者原自得),悟者天然迷(深论或以迷)。途穷亦尝事,何用恸哭回。"

其十:"自然林薮命,何论天一隅。风波卷地起,篷海皆危涂。一进不能退,枉为世所驱。到处容木塌,抱膝原无余。自非一茎草(自非宁静者),广厦难安居。"

其十一:"诗书不忍弃,但读勿复道。此时合墙壁,对之可以老。冷灰自爆豆,衔木定枯槁。客来问此意,慎莫自言好。洒墨无黑白(知黑无黑白),白室以为宝。猛火炉无烟,香气出林表。"

其十二:"生有幸不幸,士诚难此时。衣冠饰剑珮,人人能言辞。一当刀锯前,风流谁在兹。黄金畏众口,白璧翻自疑。妻子不相信,何怪朋友欺。古人故独往,不知其所之。"

其十三:"流水不曾流,滚滚桃源境。随流见此句,万年不须醒。讲经诚多事,高卧自能领。长夜幽漫漫,无所事毛颖。宁当化流萤,草间飞炳炳。"

其十四:"孤岛越洪涛(海岛越洪涛),人人有路至。但笑不复言,见者以为醉。石火电光中,死生见语次。直立塞天地,横议何足贵。一瓢赤仓米,几人知其味。"

---

① 按,括号中的内容为"抄本",下同。

其十五："我闻鄱阳岸,尚有渊明宅。寻阳彭泽路(浔阳彭泽客),所至传遗迹。乱后村烟少,千家不满百。匡庐三叠泉,至今飞空白。余时写一纸,自病自爱惜。"

其十六："尝翻《博物志》,流览《神异经》。飞身不可信,黄治知无成(黄治知无成)。篝灯对古人,开卷尝三更。风雨不出户,披衣周中庭。闭目若有见,两耳时一鸣。蠹鱼成神仙,此是天地情。"

其十七："我歌君和之,满座生凄风。闻者数行之,一句三声中。咫尺竟阻隔,言语不得通。终当合神剑,何必求遗弓。"

其十八："忽忽四十余,努力何所得。读书好山水,此中颇不惑。狂澜久汹涌,一篑何可塞。人生是行路,招魂还故国。吾道何所言,相视但嘿嘿。"

其十九："岂少五斗米,乃公多一仕。贪贱分所甘。何必求知己。青蝇为吊客,自听沟渠耻。独以老亲故,凄然念乡里。老大爱忘事,甲子犹可纪。人传凤凰山,枳棘非所止。宁且随鸒鹊,一枝良可恃。"

其二十："修士多顾忌,吾宁率吾真。末世风俗薄,犹喜山中淳。终岁无闻见,但当禾苗新(但道禾苗新)。虽历干戈后,口不言胡秦。茅屋各相望,永无车马尘。始知衡山懒,无异丈人勤。远公不饮酒,偏与陶公亲。饮食但高枕(饮食但高枕),绝迹不问津。有时濯清流,漉以手中巾。古今不同调,同是羲皇人。"

三、十载流离——和陶序幕

《和陶·饮酒》的创作以方以智1640年至1650年的经历为背景。青年时期的方以智极为狂傲,因为家学的影响、师友的教诲以及游学经历和所结交的好友的勉励,处在政治危机蓄势待发前的沉闷中的方以智,表现出一种因忧患天下而迫切入仕的亢奋状态。"野鬼悲号天欲夕,蓬沙坐捲埋兵革。城南战死血未消,一望黄河千里赤。"[①]"繁霜如雪尚孤征,莫道能无故国情。斥鷃抢榆方大笑,牵牛负轭总虚名。凌云久动江湖气,仗剑时成风雨声。海内只今信寥落,龙眠山下有狂生。"

然而在这十年间,朝政上的变迁,心理上的转变,让方以智有了巨大的变化。在这十年里,方以智经历了从经世到避世再到出世的转变,他背负着功名包袱,行走南北,历尽沧桑世态,尝遍苦辣辛酸。

崇祯十三年,方以智中进士入仕朝廷,同年,其父亲遭奸人陷害入狱。方以智便每日在朝门外等候百官经过,叩头呼号,希望百官可以代达父冤,并愿意代父死。其孝心终于感化崇祯帝,出于"求忠臣必于孝子之门"的考虑,崇祯帝释放了方孔炤。为报皇恩,方以智以积极的实际行动投入到政治活动中。但正值方以智经世情怀满胸、欲大显身手之时,李自成攻陷北京,崇祯帝自缢殉国。为尽忠,方以智曾想以死相随,岂料投井未果,只能逃离北京,四处流窜,欲重振明朝,却被弘光朝廷的现实摧毁:"未有汾阳复两京,江东草创党人争。障天欲入贤良罪,在野虚存月旦评。坐见网罗催凤翮,可能迁徙避枭声。阴风匝地浮云黑,耿耿长虹何处明!"

---

① 罗炽:《方以智评传》,南京大学出版社2001年版,第34页。

以弘光帝为首的上层统治者昏庸荒淫,朝政腐败浑浊,而趋附之群臣明争暗斗,不以朝廷利益为重,更有妒心者对方以智等复社党人刻意报复。以上种种都对方以智的经世热情造成沉重打击,无奈只得流离岭南。但正是这种不被政事打扰、闲乐畅快的生活使得"天性不爱利禄,时以旷达玩世"的方以智的归隐之心继青年时期入仕之后再次萌芽。隆武二年(1646)八月,唐王卒。十月,桂王在肇庆称帝,改元永历,因为方以智曾参与拥戴活动,所以被永历帝任用为左詹事府左中允,充经筵讲官。后因刘蕭触犯太监王坤遭其忌恨,祸及方以智,便辞官流浪。

永历朝廷内部的朋党争斗终于使方以智觉悟到"大厦忽如此,一木何以支"!遂作《劝隐歌》以表达想要隐居避世之心,其中论述了他归隐的自由说:"彼一丘,此一壑,可荷锄,可采药。植杖何烦老父愁,灌园自有三公乐。杀君马,坏君车,焚君锦绣来钓鱼。山中十钱一壶酒,天地尚在我辈。"后又作《俟命论》,阐述了归隐的理由曰:"可以隐,圣人之论也。无何有之乡,广漠之野,以樗栎全其天年,此老庄之指也。……何为老恋恋于朝,而坐待大奸之阴中乎!"

方以智决心退隐,便采取了逃避政治的做法。永历四年(1650),满洲兵陷平乐,清将马蛟麟俘获方以智,劝其投降,方以智宁死不肯。《辛卯梧州自祭文》记载:"庚寅之闰,栖一瓢于仙回山,不幸同隐有相识者,系累胥及被絷而胶致之平乐将军。将军奉默得那教,尤恶头陀,露刃环之,视此衲之不畏死而异之,逼而怵之,终以死自守。"方以智的态度感动了马蛟麟,遂听任其为僧,将他送到梧州城东云盖寺供养。

就是在这样坎坷不安的十年后,方以智最终选择以逃禅的方式逃避世事,他的心态也因此变得更加消颓。1651年,披缁梧州云盖寺的方以智作自祭文以表示他所认为的以前的方以智已经死去了,认为现在的自己虽生犹死。也是这一年,他于云盖寺内冰井泉旁起屋三间,名为"冰舍"自居其中,作《和陶·饮酒》二十首,向往自己的未来,但字里行间中却充满了酸楚和忧愁。

四、和陶探析

陶渊明是文学史上的一位大家,无论是以前还是现在,追随以及推崇的人不在少数。《饮酒》诗作为其创作中的一颗璀璨之星,追和、研究的人自然有多不少。拜读、研究过《饮酒》的人都有这样一个共识,其虽题为"饮酒",但其诗文内容却与"酒"并无太大关联,顶多可以算是一个陶渊明创作这首组诗的起因。归隐田园的陶渊明并无太多钱财,好酒的他其酒大多是他人相赠。也正是因为这些赠酒人同他说了一些他并不是喜闻的话,让陶渊明产生了一些思考从而创作了《饮酒》。陶渊明在诗中所表述的思想感情与生活经验和感受紧密联系在一起,是其对一生中的盛衰、祸福以及选择的一些论述。陶渊明反省自己先前在朝廷做官的选择,"恐此非名计,息驾归闲居"[1]。因此即使不被人理解,他也依然选择隐居。他认为"人生似幻化,终当归空无",名与利不过一场浮云,重要的是达到"结庐在人境"的"得道"境界。

---

① 袁行霈:《陶渊明诗笺注》,中华书局,2003年版,第258页。

方以智"和陶"是否也是在表达此种感情呢？自然不是。方以智对陶渊明的追和更多的或许是一种形式上的相似。他通过"和陶"的方式，将陶渊明视为治疗内心创伤的理疗师，从而表述其内心勘破生死，想要避世隐居的想法。

（一）混乱局势下的选择

陶渊明所处的时代是晋宋易代之际，反动门阀制度此起彼伏，门阀士族垄断高官要职，出身于庶族寒门的人遭到无理的压制。这时的东晋政治极端腐败，统治阶级内部矛盾尖锐，经历了司马道子、元显得的士族和军阀，他们所热衷的是争权夺利，他们既不想整顿政治，也无意收复失地。陶渊明的曾祖陶侃虽以军功取得晋朝的高官，但本身并非门阀士族，因此并没有在这场政治争夺中占据有利地位。在这样的政治局面下，想实现进步的政治理想是不可能的。就是在这样的背景下，使得陶渊明远离政事，隐居田园，选择"采菊东篱下，悠然见南山"的生活。

同样处于易代之际的方以智，所面临的政治环境也不容乐观。如前文所言，方以智令人称羡的家族背景并没有对其产生良好的影响，相反地成为奸人所要谋害的焦点。李自成攻陷北京，抓获在东华门崇祯牌位前哭灵的方以智，"被执受刑，矢死不屈，李贼惊服，既得脱，南奔"①。后是马士英特举阮大铖出任兵部右侍部，阮用事后，记恨当年《留都防乱公揭》之仇，对方以智等复社党人刻意报复，列名追捕。再后，方以智被永历帝擢左中允，却因刘蕖触犯太监王坤遭其忌恨，祸及方以智，便又辞官流浪。之后，也就是顺治七年（1650），一心逃避政事的方以智却又被清兵列名抓捕，藏匿于严伯玉家中的方以智为免他人受连累，乃剃发僧装出，以免伯玉。就是在这种压迫中，方以智背负着功名包袱，历尽沧桑世态，尝遍苦辣酸甜，创作了《和陶·饮酒》二十首。

（二）深慕陶风

陶渊明可以说是历代文人心中的精神花园，是中国士大夫的一个精神归宿，在陶渊明死后，许多士人便对陶渊明看破政治、隐居田园的选择极为称慕，多有人在仕途上失意，或厌倦了官场的时候，便会想要"追随"陶渊明，试图从陶渊明身上寻找新的人生价值，并借此安慰自己的心灵。

陶渊明崇尚自然、不受拘束的个性注定了他不可能久居污浊黑暗的官场，追求人格上的独立、归隐田园必是他不容改变的选择。因此，很多人都视陶渊明为真善美的化身，理想人格的楷模。辛弃疾作《书渊明诗后》言："身似枯株心似水，此非闻道更谁闻？"遍和陶渊明的苏轼作《和陶怨诗楚调示庞主簿、邓治中》："但恨不早悟，犹推渊明贤。"查慎行曾作赞誉陶渊明的诗《寓楼读陶诗毕敬题其后》"颜谢非同调，千秋第一人。精深涵道味，烂漫发天真"。正是陶渊明那种不流于世俗、超拔众类的行为吸引了众多学者来研究、学习陶渊明的行为、艺术，方以智便在其中。

方以智初识陶渊明是受到其友新建熊人霖的影响。资料显示，熊人霖雅好陶诗，曾

---

① 吴道新、陈焯：《浮山志》，黄山书社 2007 年版，第 26 页。

辑《陶渊明集》八卷行世。方以智受其影响便开始关注陶渊明,研究陶渊明的诗文。陶渊明性格率真,作风自任,隐逸于"采菊东篱下,悠然见南山"的桃园。深陷清初黑暗朝政,初经生死大劫的方以智怎能不被陶渊明创作出来的"土地平旷,屋舍俨然,有良田美池桑竹之属。阡陌交通,鸡犬相闻。其中往来种作,男女衣着,悉如外人。黄发垂髫,并怡然自乐"的桃源景象吸引。因而其通过《和陶·饮酒》来寄托个人情感,表达个人历经劫难之后的感悟。如第十五首,诗中展现出了其对陶渊明的钦慕,以及寄托了个人退避隐居的企望。又有第十九首,方以智对于陶渊明不为"五斗米折腰"、甘于贫贱的风骨,十分感佩,表达愿意追随的意愿。除了挂念家乡的老父,而有思乡之情意之外,对于未来的人生道路,方以智以"鹪鹩一枝"的典故,表述个人别无所求的淡泊心情。故在第二十首中流露出对脱离俗世、闲居乐贫生活的向往。此中所谓"率真",即为陶渊明"结庐在人境,而无车马喧"的一种精神追求。作为一名有名望,有经世抱负,尤其是对朱明王朝有深厚情感的封建士大夫,是不可以和政治划清严格界限的,更是不可以和红尘绝缘的。但方以智还是借和陶表明了他未来出世归隐的美好向往,最终高唱"古今不同调,同是羲皇人",以表达其作为遗民,隐居山林、抗节守志的企盼。

(三)借和陶露真情

作为明遗民的方以智对明朝的感情甚为浓烈。面对清朝政府的猛烈攻势,明政府早已破败不堪,然方以智却从未放弃归复明朝的希望。方以智不管是自身,还有与友人一起,都竭尽全力想要挽回明朝政权。奈何少数人的力量实在太过单薄,加之清朝政府来势汹汹,明朝遗留势力又软弱不堪,终不敌对手。面对清朝政府的威逼利诱,方以智不管是身体,还是心灵上都受到了极大压迫。然因顾忌亲人,又不敢大肆申诉,多年来的积压,在其心灵上造成了极大的伤害,便借"和陶",以抒心中郁结。

1.隐世思想

前文提到,青年时期的方以智以"狂生"自居。早在十四岁时,他便有过徒步百里去应童子试之举,当时有人讥笑不值得,他坦然言曰:"天下将乱,士君子当习劳苦。"其后,面对岌岌可危的政治形势,方以智曾积极地投身到斗争行列中。这种饱含忧国的情怀面对堪愁堪哭的国家现状,一度感愤交加地呼号道:"独我狂生衣敝褐,登楼空抱仲宣怀。"然而统治阶级内部由于腐败而出现的朋党之争,使得内耗严重,恶性循环,终归走向"出门风以雨,杖屦皆污泥""风波卷地起,篷海皆危涂"的局面。那颗决心要为朝廷尽忠的心在一次次被奸人追捕以及统治者无能的摧残下,走向一种孤立无援、独木难撑的乏力感,"举世无可语""何必求知己"。永历帝曾委以大学士之职,十次征召方以智入朝,然而均被方以智拒绝。此心心情在《和陶·饮酒》第十首提及。

方以智非常爱慕庄子,从小即在讲究"至善""连理""崇实""宁澹"的封建道学氛围中度过的方以智,曾效法庄子寓言手法创作了《七解》,向朋友宣示自己如何做出人生选择,深刻剖析自己。有学者表示,在明朝灭亡之前,方以智所表现出来的对庄子思想的钦慕主要表现在其狂放的性格上,他在《孙武公集序》中说:

余住与农公,克咸处泽园,好悲歌,盖数年所,无不得歌至夜半也。农父长余,克咸少余,皆同少年。所志同,言之又同,往往酒酣,夜入深山,或歌市中,傍若无人。人人以我等狂生,我等亦相谓天下狂生也。余有叔尔祉,舅氏子远,虽非同辈,而年相苦,且引绳排根,不知何故风苦。惟老父尝戒之。然感于中,形于声,不能禁也。

这种"疏远"的性格实与庄子"旷达"的性格极其相似。在粤期间,"至是放情山水,殇咏自适,与客语,不及时事"的行径,固然引来别人的侧目,但这何尝不是方以智面对"有心不敢椎,有口当猗违"的时局的态度呢!然而国家灭亡后,看着这个"天地已倾复,何论东南偏。网罗不可脱,杀戮到深山""乱后村烟少,千家不满百"的政治局面,生性"疏远""淡泊"的方以智,日趋隐逸的心境终归显露出来,对于庄子思想的诠释也向"放达"的处世胸襟转移。社会的阶级矛盾、民族矛盾把方以智卷入政治的漩涡之中,然其能以豁达的胸襟泰然处之,"不以物喜,不以己悲",终以庄子"逍遥局外"为处世哲学,类似的心境在《和陶·饮酒》第三首可见:"多生此世间,安问情无情。古书书何字,名山山何名。死死者不死,以死知其生。傥然遇虎狼,徒步能无惊。推琴安卧耳,灯影不求成。"方以智期许自己能以"徒步能无惊"的心态,面对行世与遁世。然而要知道,逃禅并非其所愿,实乃局势所逼。美其名曰的"逃禅"实为方以智选择的一条"人生进路",用以脱离当时所面临的人生困境。在此心境下,再来看其期间所作的《和陶·饮酒》,我们不难察觉,二十首诗实则并未有僧人看破红尘,了然人间世事的空无,反倒有隐居以观世事,表达对未来的向往。《和陶·饮酒》第六首中提到的"带索""披裘"指的是古代隐者荣启期。陶渊明的《饮酒》诗中也曾多次提及此人,可见陶渊明对此人不以贫穷而哀,"固穷"气节的欣赏。此处方以智追和陶渊明,故也表现了其对荣启期甘于贫穷的品质的钦慕,同样还有对陶渊明隐逸田园行为的欣赏,类似隐逸想法的诗句有如第八首。

"十年避乱走"的流离生活,使得以"狂生"自居的方以智"盛年忽已衰",即使面对永历帝的十次征召,都"十问无一言",而表现出退居深山,以求保身的心志。

2. 勘破生死

在清兵的威逼利诱下,对于既不愿仕清,也不愿就此告老还乡的方以智而言,逃禅实为不得已的选择,但也是"以退为进"的唯一出路。披缁梧州云盖寺以后的方以智,便作自祭文,以此表明他意识形态中的过去的自己已经死去了,而今后的他,虽生犹死。面对生死,方以智在《东西均·尽心》中曾这样描述:

东西圣人千百其法,不过欲人性其情而已。性其情者,不为情所累而已。情至生死而尽,故言生死,出生死者,不为生死所累而已;出世者,不为世所累而已;舍身者,不为身所累而已;心空者,不为心所累而已。累因此身,身为世累;世无非物,物因心生。

方以智讲求三教合一,无论是儒是释,还是道,都应尽其性情,即所谓"性其情"。不管是"出生死者""出世者""舍身者",抑或是"心空者",都是跳脱出身之累,而身累归根则为心所生。因此,在方以智的观点里,一切皆由心出发,心乃万物之始。故经历十年动荡人生的方以智,以自祭文宣告过去的自己已经死去,从而生出"能以死知其所以不死,知不死之无不可以死,则此死也诚天地之大恩矣"的处世态度。《和陶·饮酒》的第三首中亦云:"死死者不死,以死知其生。"以此表现出他对生死透彻的感悟。也因此能在第九首中如此豁达地表达他对于人生困顿的态度。面对这样一个凋敝的、冷酷的、充满危险的腐败黑暗时代,方以智却依旧表现出了对未来的向往,"安得如潮头,朝夕自言归",显示出其看破生死的澄明心境。

结　语

诗人们唱和陶渊明的原因在不同时代、不同诗人身上皆有不同,但值得注意的是,"和陶"的背后大概都是对陶风的钦慕以及自身的寄托。同样以遗民身份出现的方以智,在明末清初之际,经历了十年流离生活。出生于封建道学世家的方以智,从小以"狂生"自居,随着年龄的增长,用世之情日益迫切。然李自成攻陷北京的事实,使拥有满腔经世热情的方以智无用武之地。明王朝的腐败浑浊,奸人的刻意报复,更使方以智的"归隐"之意渐浓。《和陶·饮酒》的创作正是方以智退避归隐生活的开始,也是他对未来生活的安排。

《和陶·饮酒》虽以"和陶"的形式展开,但就其诗文内容而言,两者并无太大关联。陶渊明虽题为"饮酒",然"酒"仅仅只是引发、触动他思想活动的媒介。陶渊明通过与生活经验和感受紧密联系,运用许多形象和比喻,探索生活以及为官的真谛。如《饮酒》其一中的"衰荣无定在,彼此更共之",其三中的"一生复能几? 倏如流电惊",正是陶渊明物我两忘,天人合一的境界。陶渊明提到多个历史典故中的隐士形象,以此表现自己不愿投入是非漩涡,"固穷节"的风骨。

《和陶·饮酒》源于方以智对陶渊明的钦慕,在其十五中,追慕率真自然的陶渊明,但二十首也正是借陶渊明的隐逸形象,来寄托个人对于避世的企盼。由于方以智流离岭南的坎坷经历,在不得报国、不得孝亲的两难情况下,内心的煎熬使得方以智羡慕陶渊明远离尘世的宁静与不被世事牵绊的逍遥。相较于陶渊明《饮酒》中创造出来的理想世界,方以智所面临的社会现实的残酷、个人处境的无奈都令他无比消颓。在一步步地"和陶"过程中,方以智表现出了他的隐世思想以及勘破生死的洒脱。他将陶渊明视作自己的心灵导师,由此慰藉残破的心灵。

方以智借醉酒赋诗,表达了他对现实的不满和忧愤,表明自己永不出仕的决心,更是以死自守,从而摆脱内心的忧愁。因此,我们认为《和陶·饮酒》二十首很好地展现了一个处于明末清初混乱时期的诗人的心理状态,在唱和陶渊明的同时,将自己的情感渗入其中,让我们在参透组诗的同时,了解到一个思想境界极高的伟大诗人。

参考文献

[1]袁行霈.陶渊明集笺注[M].北京:中华书局,2003.

[2]李剑锋.明遗民对陶渊明的接受[J].山东大学学报(哲学社会科学版),2010(1):145-150.

[3]张清河.明清之际江南陶诗接受与诗风流变[J].河南师范大学学报(哲学社会科学版),2013,40(2):151-157.

[4]任道斌.方以智年谱[M].合肥:安徽教育出版社,1983.

[5]罗炽.方以智评传[M].南京:南京大学出版社,2001.

[6]余英时.以智晚节考 增订版[M].北京:生活·读书·新知三联书店,2004.

[7]曹刚华.方以智晚节考补[J].清史研究,2013(2):107-116.

中国现当代文学

毕淑敏作品中的死亡书写

郑 双

摘　要:毕淑敏是现当代作家中创作风格十分鲜明的一位作家,生死问题是她作品中永远的主题。本文以毕淑敏作品中的死亡书写为研究内容,认为其作品中主要呈现出直面死亡和尊严地死去两种死亡观;在此基础上重点分析其作品中的多种死亡形态,提出崇高式死亡、顺其自然式死亡、肉体湮灭而精神与灵魂救赎式死亡等三种死亡形态;最后对毕淑敏死亡书写的形成因素和研究死亡书写的现实意义展开论述,认为品读和研究毕淑敏的死亡书写,能帮助我们更好地理解她建构的死亡文化,让每一位个体树立起健全的死亡观,把握生命真正的意义。

关键词:毕淑敏;死亡书写;死亡观;死亡形态

引　言

关于生死问题的探讨,在人类文明史中,从未停息过。生与死,各执一端,人的一生,便是从生的一端走向死的一端的过程。哲学家们认为生与死是哲学上的问题,关于生死的思索都属于哲学思辨。的确,生与死作为矛盾的两个方面,互相博弈又相互关联。文学家们则以文学作品,一笔笔勾勒自己的生死观。死亡也是一门学问。1912 年,美国人罗斯威尔·帕克正式提出了"死亡学"的概念。古往今来,围绕着生与死的问题,人类的探索从未停歇过。

在现实生活中,我们一直在为生活付出大大小小的努力,我们忙忙碌碌,东奔西走,竭尽全力只是为了更好地"生"。而死亡,常常被抛在忙碌生活之后,我们习惯性地不去想这一沉重的话题。即使是亲友的离世,也只是麻木地操办着大小事宜,事后再次将"死"抛之脑后。也许是"生"的重压让我们无暇顾及"死"的重量,也许是我们根本没有勇气去直面死亡,每每思及便下意识地回避。

"纵观毕淑敏一系列文本中的各种死亡叙事,可以认为,毕淑敏是当代文学中唯一一个自觉地从社会文化心理的多层面和文学艺术上的多角度,理性地建构当代死亡意识及其文化的作家。"①生命关怀是毕淑敏的文学创作中的一大主题,与此同时,毕淑敏对死亡也给予了相当的关注。她在自己的作品中,对死亡加以冷静细腻的描画,并呼吁人们对死亡进行深入思考,让人在阅读中间接地获得直面死亡的勇气,在面对死亡时多一份从容。

死亡主题的书写与毕淑敏丰富的人生体验是分不开的。在从事文学创作之前,毕淑敏有着长达22年的从医经验,这也是她能将"生"与"死"描写得深刻且真实的重要原因之一。因为曾经的每一天,她都与生死无比靠近,所以格外懂得生死的重量。因为对生命的稍纵即逝抱以理解与宽容,对死亡抱以释然和深刻的感知,所以毕淑敏的文学创作独有一份温情,她笔下的死亡叙事也有着特别的美学价值和意义。

一、毕淑敏的死亡观

我们的民族鲜少谈论死亡。"死亡"这个字眼一直被人们贴着不祥、晦气的标签。鲜有人会主动提及,要是闲聊时不小心谈及,脸上不免浮现出不自然的神情。比起研究死亡,显然研究成功学,努力攀上人生巅峰,为自己、家人创造更优渥的生活环境更契合实用主义。"探讨死亡非常重要,是因为我要探讨生存的意义。"②这是毕淑敏直面死亡,不断寻访死亡的根本所在。她竭自己所能去改变人们一味避谈死亡的现状,帮助人们对死亡形成一个全新的、正确的认识。

人生而拥有尊严。死亡,作为一个完整的生命体的重要组成部分,同样具有尊严。"临终关怀"就是对死亡的尊严的有力支持和捍卫。死亡是符合自然法则的自然现象,人生的完整性不仅仅体现在活着时享有尊严,死亡亦享有尊严。毕淑敏用一部部作品,往复地书写死亡,架构起她蕴含温情的死亡观。书写死亡,究其初心,就是让人更有意义、有价值地去活。

(一)人应当勇敢地直面死亡

生命即是走向死亡的一个过程,那么对待死亡问题,不再感性地一味逃避,理性地接受、去感知死亡,应该成为基本的态度。

毕淑敏说:"人的生存就是一个向着死亡的存在。每个生命必然会终结。死亡其实是一切的本质。"③死亡,它是我们无法逃避的一种客观存在,它遵循自然的法则。死亡,不是遥遥无期的,因为下一秒永远是未知的,生命的走向是不可控的。直面死亡,思索我们的存在,是为了让我们在有生之年能更清醒、透彻地活着。

无畏和无知是层次、深度悬殊的两个境界。儿时,我们懵懂,不知道死亡是什么。在自己的小小世界里,被呵护、被照顾,快乐地"生"。随着年龄、阅历的增长,我们能逐渐把握生命的意义,此时,若仍然逃避对死亡问题的思考,生命也就止步不前,单纯地为了生

---

① 施津菊:《中国当代文学的死亡叙事与审美》,中国社会科学出版社2007年版,第195页。
② 毕淑敏:《我敬畏生命的过程》,花山文艺出版社2006年版,第59页。
③ 同上书,第47页。

存而生存了。直面死亡,是要求我们摒弃内心对死亡的恐惧,从而逐渐对死亡形成更完善的认识。

直面死亡,并不是一件容易的事。孔子有言曰:"未知生,焉知死?"孔子在对待生死问题时,与常人无异,同样规避了死亡,教育学生从现实出发,着眼于人事和现实。思想境界极高的圣贤对待死亡,也是顾左右言其他,更遑论思想觉悟并不高的普通人了。为克服直至瓦解这种根深蒂固的传统生死观,直面死亡、书写死亡,成了毕淑敏的第一选择。她用文字温柔而强势地揭开死亡的面纱。其死亡书写的内核是对生命的尊重和珍视,在此基础上她竭力宣扬有意义的"生"。直面死亡,是树立起正确的死亡观的先决条件,也是改变人们始终回避死亡问题的现状的重要前提。"不知死,焉知死。"这是毕淑敏为建构健全的死亡观迈出的第一步,她勇敢地向传统思想发起挑战,无惧争议,奋力前行。

直面死亡,是毕淑敏为了拓宽生命的意义所做的努力和尝试。对待死亡,做到真正的"无畏",将恐惧升华为超越。人固有一死,但我们理应追求一个清醒明白的当下,坦然无愧地接受终结。

(二)人应该尊严地死去

作为一名有着长达 22 年医务工作经验的作家,毕淑敏对死亡的描写注定与其他作家有许多不同之处。毕淑敏在作品中,从不吝于描写死亡。她善于用平静淡然的口吻叙述各种不同的死亡形态、死亡事件。她用文字在读者无波的心湖投下一块块烙着"死亡印记"的巨石。"死亡"这个我们曾经一直规避的存在,在文本面前,避无可避,只能静静地看着作者的叙述,认真并深入地思索"死亡"真正的意味。

何谓尊严?"尊严是指人和具有人性特征的事物,拥有应有的权利,并且这些权利被其他人和具有人性特征的事物所尊重。简而言之,尊严就是权利和人格被尊重。"①尊严从人存在于世上的那一瞬就有了,一个人死前、死时、死后都是有尊严的。它是人与生俱来的一项自然权利,理应受到尊重。

死亡的尊严是什么?是在对自身的生存与死亡有过深刻的思考和体认之后,面对不可避免的死亡,能够如己所愿地死去。预先决定自己的死亡状态,家人、医生都要尊重将逝之人的选择。保有尊严的死亡,是深图远虑的、预想过的死亡。

《预约死亡》是毕淑敏以临终关怀医院为背景,亲历"临终",并对将逝之人以及临终关怀医院的医护工作人员进行深度的谈话,力图预约死亡,剖析死亡,将死亡"亲切地"展示给读者的一部作品。临终关怀医院的每一个工作人员都竭力维护着垂死者的尊严,尽可能地满足病人的一切要求,他们的工作如同没有止境的慈善事业。

临终关怀是一个充满人文关怀的医疗护理概念。其终极追求是,让患者生命的全过程都享有尊严,并舒适地抵达人生的彼岸。书中,英国的临终关怀医学专家詹姆斯博士在参观国内临终关怀医院时就传达了很多临终关怀的科学理念。例如,一个必将走向死

---

① 安忆:《北大送给青少年的最好礼物》,北京理工大学出版社 2012 年版,第 62 页。

亡的病人受疾病折磨，疼痛到无以复加时，就应该足量地使用镇痛剂，而不是担心过度使用镇痛剂会成瘾的问题。而在国内，对麻醉性药品的使用剂量有着严格的规定，所以临终关怀医院也只能服从国家规定，这和临终关怀的理念是相悖的。临终之人长期受病痛的折磨，无休止的疼痛远比须臾的死亡令人恐惧，死亡反而成了一种解脱，是他们摆脱病痛的救赎。无法减轻病人的病痛，同时无法消减病人对死亡的恐惧、焦虑、不安等心理，临终关怀内容中的身关怀和心关怀还有着很大的欠缺。

一直以来大家都在极力讴歌与病魔做斗争，近乎病态地追求生命数量的增加。这一现象是传统死亡观对人思想的禁锢，社会文化环境的限制，社会舆论导向不力等其他诸多因素综合作用的结果。然而，这只不过是将尊严摒弃，无意义地延长生命罢了。毕淑敏将"临终关怀"的理念带给民众，并坦率地指出了我国医疗制度及理念上存在的问题，体现了她身为一名医者、作家强烈的生命关怀意识。

当死亡已成既定事实，根据临终关怀的关怀目标，我们可以了解到病人最需要的其实是亲友安静的陪伴，给予他精神慰藉，满足他对美的追求，例如在房间放置鲜花、播放音乐等。让他们以安然平和的姿态走完生命的最后一程。

毕淑敏在《让死亡回归家庭》一文中提出，人应该"'尊严地死去'。这包括他是怎样洁净的来到世上，他也要怎样洁净的离开这个世界……不要遗留人工的、化学的、放射的等强加的痕迹，像那些在医院死去的人，身上还插着很多管子、输液的、输氧的……还有放射和电击的痕迹，这是很不人道的"[①]。死亡的确是不可抗拒的，但我们应有权利选择以何种方式让生命走向终结。现代科技逐步发展，医疗水平也随之日益提高，医院逐渐成为生命终结的正常地点。过去，人是在家中去世的。家，是一个人最熟悉、最温暖的地方，在亲友的陪伴下，安然且满足地安静离去。

这是一个医学高度发展的时代，但人选择何种方式走向生命尽头的权利不曾变过。家人和医护人员有义务尊重患者的选择，不可剥夺患者的个人权利，因为个人尊严不应也不能因生命活力的降低而削减。人自然地拥有选择死亡的权利。毫无温度的插管、营养液、辅助呼吸设备，给病人带来的恐怕不会是生的喜悦。一个濒危的病人有权利参与治疗方案的制订，无论是再争取那一分、一秒"生"的可能，还是解除医疗设备的束缚，从容地合上双眼、与世界诀别。尊重病人的自由意志，将选择自己的死亡的权利交还给他，死亡的尊严不认可旁人越俎代庖。

此外，直面死亡和"死的尊严"是紧密相关的。通过思考死亡这一形式，将自己对人生的认识上升到新的高度。受到阅历和年龄的限制，很多想法可能有欠妥当、不够成熟，但我们至少要拥有直面死亡的勇气和魄力。当死亡不期而至，相信自己依然能不慌不乱地做出最好的选择。

二、毕淑敏死亡书写中的死亡形态

军人、医生、心理师，多元的身份让毕淑敏有机会站在不同的人生舞台上审视生死。

---

① 毕淑敏：《带上灵魂去旅行》，北京十月文艺出版社2017年版，第96页。

这些宝贵的生死体验也是她笔下的死亡叙述不同于其他作家的重要原因之一。她十分擅长将死亡作为故事中的主脉络，正是因为"看多了生命的夭亡、衰弱、断裂与毁灭，面对生的渴望与死的苍凉，生命之死便在毕淑敏的文本中被格外地凸显"①。《昆仑殇》中众多军人士将士悲壮且崇高的死亡，《拯救乳房》中的安疆老人为追寻死亡的尊严自我觉悟的死，《红处方》中简方宁不愿行尸走肉般活着最终献身戒毒事业，等等。在这些死亡形态背后，蕴含着毕淑敏对生存意义的积极思考，也是构成毕淑敏作品中死亡美学的重要审美形态。

（一）舍生取义——昆仑山上崇高的死亡

西藏高原部队中长达 11 年的军旅生活在毕淑敏的人生中画下了浓墨重彩的一笔。雪域高原带给毕淑敏的直观感受就是"苍茫"。在那一片无尽的苍茫天地下，神圣又威严的大自然，凛冽的风，落下的雨雪、稀薄的空气，死亡好像就在咫尺之间。人类，在自然的面前，永远那么渺小，那么微不足道。生命，在自然的面前，只有两种可能性——要么生、要么死。毕淑敏这么描述在高原的生活，"缺氧和严寒像一把张开的剪刀，悬在人们的头顶，不定在哪个瞬间，就永远刈去一条生命"②。我们从来不曾有过这样刻骨的生死体验。生和死之间并不是隔了几十年的时间距离，而是一丝一缕的人类赖以生存的氧气。

部队里的每一个人日复一日地面对着无尽绵延的高山，巍峨森严的雪山，无边际展现着苍凉的荒漠，这一切都给人一种无形的压迫感，生命的存在已然是一种胜利。肉体上感受到的艰辛并不是全部，精神上的苦痛更是一种折磨。荒漠、高山、雪山一成不变地矗立在那儿，毕淑敏感到的是"极端的寂寞"以及"刻板、单调、死一样的沉寂"。阿里的严酷使她开始思考人生的本质，在死亡的阴影笼罩下，她开始对人的生命状态进行深度思索。

中篇小说《昆仑殇》的时间背景是"文革"时期。战士们执行昆仑防区最高指挥官"一号"进行冬季野营军事拉练这一命令时发生的种种是故事的主线。主角是一群坚守军令不惜葬送生命、血性十足的年轻士兵。这项军事拉练是在严酷的自然条件下进行的，严寒缺氧的高原，战士们挑战自己的生理极限强行穿越了昆仑高寒之地的无人区。这次拉练最终取得了成功，代价却是惨重的伤亡。

这是一场在零下四十摄氏度的极寒环境中展开的拉练。"一号"仍然严格比照着拉练的要求，战士们吃的是分量有限且难以下咽的"忆苦饭"，夜宿冰川且不允许用帐篷，军事演习中用解放鞋代替毛皮鞋……面对这些如铁般强硬又冰冷无情的军令，战士们没有质疑过，他们依旧义无反顾地向前，即使生命受到巨大的威胁。号长李铁在夜间行军途中收到"一号"的命令，要求吹号员吹响铜号以振奋士气。在极寒的天气条件下，"严寒冻木了号兵的脸颊，导热极快的铜号一沾上嘴唇，就黏结在上面，嘴唇闭不拢，口腔像漏气的风箱，吐不出又匀又细又硬的高压气流，号便执拗地沉默着，偶尔发出难听的'扑扑'

---

① 施津菊：《毕淑敏文本中的死亡意境的美学追求与文化建构》，《中国文学研究》2003 年第 2 期，第 1 页。

② 毕淑敏：《昆仑殇》，花山文艺出版社 2012 年版，第 35 页。

声,也全不成调"①。即便如此,军人的世界里又何曾有过"放弃"二字。李铁用撒上尿的毛巾捂在嘴上,奋力揉搓,只为吹响号角。号声响起后,李铁也没有停歇,他"逆行而动,不停地变换着位置。疾速地奔跑,不歇气地吹,这在高原上无异于自杀"②。为了他的战友们,"他毫不犹豫地将最后一缕真气,幽幽地吐进号嘴"③。在生死抉择面前,有谁能同李铁一般果断呢?他决绝的选择背后,又有多少次踌躇呢?有谁会甘愿选择死亡呢?正因为李铁肩负着身为军人的使命和尊严,所以他舍弃了个人意志、超越自我,坚毅地执行了军令。

这和孟子的生死观"舍生取义"高度契合。尽管"一号"下的命令无视了他们的生命安危,极端又冒进。但他们是军人啊,军令之下,绝无二话,死亡又有何惧。面对自然生命与道德使命这道残忍痛苦的选择题,军人们交出了一份染血的答卷,成全了道德使命。"舍生取义"是悲壮的,也是战士们的豪情。他们太过纯粹,他们的忠诚永远说一不二。"一号"肩负着国家的"义",必须要做到无情、决绝却也是身不由己。这样一种死亡形态,以生命为代价将道德价值放大,"义"永存战士们心间。

毕淑敏将高原上军人的死亡定义为"崇高"。抛开军人的身份,战士们和大多数平凡人一样,畏惧死亡。但他们是军人,在做一个普通人前,他们选择先扛起了身为一个军人的重担。他们是军人,这个身份就足以成为他们战胜对死亡的恐惧的唯一理由。众多年轻战士的牺牲,背后是他们捍卫尊严的刚毅。生命与军令、个人意志与权威意志相互冲突、产生分歧时,战士们的决心依旧坚定。于他们而言,人生在世,"我"首先是个"军人",然后才是"我"。他们身上显现的崇高庄严的生命内涵,是毕淑敏努力想传达给读者的。面对死亡,她对生命状态发起了深度思索,雪域高原上的死亡图景也构成了毕淑敏死亡书写中的重要形态之一。

(二)顺其自然——病房里的困厄与解脱

疾病,在某种程度上和死亡有着无法割裂的联系。因而,执着书写死亡的毕淑敏没有理由绕开疾病书写。多年从医的经历使得她在这一方面的创作上相较其他作家要得心应手些。疾病描写出现在毕淑敏的诸多作品中,例如《预约死亡》《生生不已》《拯救乳房》《女心理师》等等。从生理性疾病,例如血液病、癌症、肿瘤等,到随着社会发展涌现的各异的心理疾病,毕淑敏大篇幅地描写着危及生命的疾病,以不断推进的治疗过程和最终取得的疗效,作为文章的主脉络,沿着这条主脉络,各个富有张力且饱满的情节依次展开,不断地对病人的生理状态进行追踪,同时对病人的死亡心理进行展示。

小说《拯救乳房》中,安疆在得知自己身患乳腺癌时,她坚定地选择了放弃治疗,让死亡顺其自然。她提出,想在抗癌小组成员的注视下走到生命的尽头。同时,她又担心起来。怕大家早早地来了,自己却迟迟不走。于是,这个可爱又可敬的老太太找到敬老院院长,商量好以眨三下眼为暗号,假装死去了,可不能让大家久等。毕淑敏说:"这个瘦弱

---

① 毕淑敏:《昆仑殇》,花山文艺出版社2012年版,第66页。

② 同上书,第68页。

③ 同上书,第69页。

如剪纸一般的老女人，成功地为自己也为他人创建了一个模式。也许这死亡本身所具有的意义，已超过了她活着的岁月的总和。"①并且，她将安疆老人的选择定义为"一个体面而温暖的死法"。

当疾病无声息地降临，从生理和心理全方位地折磨着病人；当死亡以强硬的姿态并毫无预兆地出现在生命中；当死亡和疾病如影随形，反复威胁着病人，毕淑敏用安疆老人的故事告诉读者该如何抉择。平静而尊严地离开，已然在心理上接受了死亡这一既定事实，实现了对死亡的超越。

疾病和死亡并不可怕，可怕的是人的抗拒心理。厄运、疾病在漫长的生命旅程中静静蛰伏着，若有一天不期而至，不必与之"大动干戈"，向安疆老人学习吧，让离开变得"体面而温暖"。

(三)肉体湮灭——精神与灵魂的救赎

"夫哀莫大于心死，而人死亦次之。"这是说，人生在世，比死亡更悲哀的事便是心死。心死了，精神没有寄托，即使身体健康，生活也不会有任何意义。找不到生的乐趣，人变得越来越麻木，这实际上和行尸走肉并无二致。这可以说是死亡形态的一种特殊形式。

生理上的疾病带来的苦痛有药可医，而心理上的苦痛却无药可医。在精神彻底幻灭的情况下，人会是这样的一种状态：身体康健，心脏依然在有力地跳动，内心却如一片荒原，毫无生意。这一死亡形态无疑是最让人感到无力和恐惧的。

《红处方》中的故事发生在一所戒毒医院。主人公简方宁是戒毒医院的院长。戒毒医院的生活图景用触目惊心来形容绝不为过。吸毒者们精神萎靡，冷酷无情，撒谎成性，暴躁多疑，奸猾狡诈……戒毒医院可谓是集人性的龌龊、恶劣于一堂的场所。简方宁的工作就是与这样一群人斗智斗勇，她是医生却更像是一个战士，一个在戒毒医院孤军奋战的战士。有太多的人站在她的对立面，而她只能奋力迎击。折磨着戒毒者身心的毒瘾，花样百出的毒品抛售者，唯利是图、企图将戒毒医院掏空的护士孟妈，将戒毒医院作为"择偶"场所的护士栗秋，又有凭借祖传的戒毒秘方向简方宁索要重金，最终却摒弃原则、诚信将秘方转卖给外国人的秦炳……简方宁是一个孤立无援的战士，至死，她都坚毅地站在抗毒的一线。

简方宁自杀这一情节将全文推向高潮。戒毒医院的病人庄羽，处心积虑给简方宁送了一副添加了毒品"七"的油画——《白色和谐》。使得简方宁不知不觉中染上毒品"七"，待简方宁发觉时，为时已晚，只有切除脑内的"蓝斑"，才能彻底戒除"七"。"蓝斑"是人类的幸福中枢，切除了"蓝斑"之后，就会失去感知所有情感的能力，喜怒哀乐都无法被感知。如此活着，等同于精神湮灭、心灵死亡。当生命失去了精神内核，活着比起死亡难道不更是一种折磨吗？

正如简方宁所言："人与动物最大的区别，是我们具备高尚的情感。当动物为一己事物而狂吠不止的时候，人可以为了更高尚的目标，放弃个人的利益英勇赴死。我们因为

---

① 毕淑敏:《拯救乳房》,湖南文艺出版社 2012 年版,第 356 页。

美好的事物而快乐,因为丑恶的事物而愤慨和斗争。假如这一切都不存在了,生命又有何意义和价值?"①选择死亡,不是简方宁对毒品"七"的妥协,而是另一种形式的战胜。选择死亡,是简方宁对自己生命质量的成全,是简方宁对"生的尊严"和"死亡的尊严"的积极捍卫。死亡不是她生命的尽头,她传达给在世人的精神将生生不息。

死亡,在那些把生命交付给国家的军人眼中,是和呼吸一般自然的存在。不负军令、无愧祖国,是他们对自己死亡尊严的捍卫。死亡,在流连病榻的安疆老人眼中,不过是寻常事,是一场终将到来的盛宴。正因她对尊严的死亡执着追求,如何让这场生命的落幕变得尽可能圆满一些,成了她唯一的在乎。在简方宁和毒品的斗争中,选择死亡,让她大获全胜。她用死亡这把利剑,死死守住生命的自由、精神的自由以及身为人的尊严。

正因为他们的勇敢直面,死亡变得不再那么高不可攀。正因为他们对自己的死亡有过深刻的思索,并妥帖地安排了自己的死亡,离世这一既定的事实才能变得温暖而美好、安详又宁静,让生命的最后一个阶段持有它本该有的尊严与体面。

三、毕淑敏死亡书写的形成因素与现实意义

多年的从军、从医经验以及经历亲友的死亡的体验,是毕淑敏进行死亡书写的重要基石。她走过的大半的人生岁月,基本上都与"生死"有着密切的关联。这迫使她不得不严肃认真地审视"生死问题"。毕淑敏的作品基本上都是她真实生活的映射,她笔下人物的种种死亡形态,生理疾病又或者是心理疾病的描写,都不是凭空而生的。以她多年从医,不计其数的生死体验为支撑的文学创作,使得她笔下的死亡书写游刃有余,入木三分,别具一番温情。死亡书写,不是简单地为了描写死亡而写,其最根本目的还是让读者把握生命的真正意义和价值,树立起正确的死亡观,把握住"死亡的尊严"。

(一)死亡书写的形成因素

1. 丰富的人生经历与职业体验

毕淑敏在西藏阿里军区从兵、从军11年,又有着22年做主治医生的经验。在从军和从医的数十年里,她都频繁地接触死亡。因此,她用文字处理死亡描写时相较其他作家更加得心应手。

从军、担当主治医生的经历,使得毕淑敏对生和死有深刻的体验。在雪域高原生活的每一刻,她都能清晰地感知到死亡。恶劣艰苦的高原生活,让人的生命赤裸裸地暴露在死亡的阴影下。充满未知的高原,让毕淑敏意识到死亡从来不是一件遥不可及的事,死亡和生牢牢地绑在一起,活着的每一秒都像是从死神手里抢来的恩赐。生的喜悦和死的震撼激荡着毕淑敏的心灵世界,让她重新审视生命的全过程,她无法保持缄默,决定提笔书写。

医生的身份,将生死置于毕淑敏面前。生命的降临,生命的陨落消逝,背后都有自然规律这双大手默默牵引。医生能够医治部分疾病,然而在自然规律面前,他们常常也无

---

① 毕淑敏:《红处方》,译林出版社2011年版,第398页。

能为力。毕淑敏将文字喻为福尔马林,她将自己在从医过程中触摸而产生的种种想法付诸写作,让那些精彩的想法浸泡在文字的福尔马林中,使其发挥出最大的力量,传达给更多的人。

没有亲人的死亡不会对我们个体产生强烈的冲击,每个人都不免会经历亲人的离世,毕淑敏也不例外。她的父亲是因骨髓癌去世的。在恶疾面前,身为医生的毕淑敏承受着与其他病人家属相同的痛苦、无助和无奈。终是避免不了的离别,在很长一段时间内,前所未有的悲痛将毕淑敏紧紧笼罩。她说,那是一种无法去回忆的痛苦,并且,她无法诉说,亲友无从分担。至亲的离世,使她开始恐惧医院,不能去参加追悼会,甚至后来选择弃医从文都与之紧密相关。

毕淑敏笔下的死亡书写,是她长期游走在死亡的边缘以及反复亲历生命的消逝凝聚而成的杰作。

2. 专业的心理学知识

毕淑敏花了三年的时间进入北京师范大学开始系统地修习心理学专业知识。学习心理学源于一个偶然,却为毕淑敏更好地关照人生命的全过程提供了更科学、更全面的理论依据。在取得心理学博士学位后,毕淑敏用两年时间担任心理咨询师,将所学理论应用于实际,并陆续进行了许多心理学讲座,给需要的人提供帮助。

心理学知识在她诸多作品中也占有相当的比重,例如《拯救乳房》《女心理师》《花冠病毒》等。专业的心理学知识与毕淑敏的死亡书写碰撞出新的火花。《拯救乳房》中,乳癌患者心中生与死的挣扎,精神治疗与死亡的博弈;《花冠病毒》中,面对死亡时,人类面临的心理困境。

俗话说,"打铁还需自身硬"。并不是任何人都有勇气、有能力、有健全的心态去应对和处理复杂的死亡与心理问题,专业的心理学知识为毕淑敏提供了扎实的理论依据,也为她构筑了一道强大的防火墙,让她在面对死亡问题时仿佛智者一般高瞻远瞩、临危不惧,同时能游刃有余地为笔下每一位面临死亡威胁的人物形象开出准确的化解死亡绝症的"诊断书"。

3. 作家的使命感

毕淑敏说:"写作是一种命运,我已经无可逃避。"[1]严酷的自然环境,给予毕淑敏的是对生命渺小脆弱的认知,在城市讳莫如深的死亡,放在苍茫无垠的大自然中实在是稀松平常。她的内心有了一种身处城市从未有过的使命感,即充分利用生命,并向世人传达生命这一份短暂的珍贵。

医学和文学在一定程度上是有着共通之处的。两者皆人学。医学,并不局限于对人身体的关注,它更是对生命的尊重。病人前来求医时,医生不仅需要对症下药,给予其心灵的呵护同样重要。文学,是心灵的一剂良药。展现对生命的尊重,对人类的热爱,实现与人心灵的对话沟通。不管是医学还是文学,都无法规避生命与死亡,因而毕淑敏最初在医者和作者的两个身份中周旋。她在雪域高原、医院走过了大半的人生旅程,却无法

---

① 毕淑敏:《毕淑敏作品精选》,长江文艺出版社 2012 年版,第 343 页。

忽视灵魂深处的呼喊,有太多想要倾诉的,促使她放下听诊器、手术刀,拿起笔。

在完成心理学的学习后,毕淑敏花了两年时间担任心理咨询师。心理治疗的过程实则是生命与生命的碰撞,是一个漫长、渐进的过程。络绎不绝的来访咨询者让毕淑敏应接不暇,更让她愁苦,身为作家强烈的使命感让她意识到是时候换一种方式,将她的感悟、众多来访者给她的启示,用文字表达出来。让文字代替她本人,给予需要帮助的人更多启发和思考。

在写作的过程中,毕淑敏把她想说的娓娓道来,从自己的切身经历出发,关怀生命,书写死亡。她的死亡书写是抓住了现实的命脉并对其真切地进行描写。她以笔为戈,超越生死,努力对死亡达成更理性、达观的认知。逐渐形成了具有鲜明个人特征的死亡叙事,架构起超然的死亡观,并竭力影响着他人,帮助读者建立起正确的、积极的生死观。

(二)死亡书写的现实意义

据世界卫生组织调查统计,全世界每年有近 80 万人自杀身亡。2015 年,自杀是全球 15 至 29 岁年龄组中第二大死亡原因。自杀现象的产生关联多种因素,是一个复杂的综合性问题。例如,个人心理素质、微环境、周边的社会支持程度(包括对抑郁症和精神疾病患者的支持)等。人的心理健康问题可以发生在任何阶段,这没什么可指摘的。毕淑敏也曾大胆发言:"连一次自杀都没想过的人,肯定凤毛麟角。"关注现代人的心理健康,对人生命的每一个阶段投以关照,传达健全的死亡观,呼吁人们珍视生命,与自身、世界和解,毕淑敏用作品积极发声。

1.树立健全的死亡观

面对生与死这个深刻、必然的哲学命题,我们究竟该采取何种态度去面对?古往今来,其实有很多人已经用他们的实际行动给出了最好的解答。

2016 年 5 月 25 日凌晨,杨绛先生病逝。27 日,先生的遗体在北京火化。遵照她的遗愿,不举行遗体告别仪式、不开追悼会、不留骨灰,只需少数几个亲友相送。这个伟大的文学家,细心地为自己安排了一个妥帖、平和安然的离去方式。她用一生的时间,实现了自己生的价值与意义,她无憾;面对死亡,她无惧,睿智且理性。

2017 年 3 月 12 日,知名作家琼瑶女士通过网络发表一封公开信,向亲人传达了自己对死亡的态度和意愿,此举引发了社会群众的广泛热议。她拒绝大手术、拒绝住进"加护病房"、拒绝各种"插管"以及最后的"急救措施";对自己的"身后事",她也做好了详细的安排,直言不要"死后哀荣",例如不用任何宗教的方式悼念、不发讣告、不设灵堂等等。琼瑶说自己是抱着正面思考写下这封信的,希望亲人理解她的决定,尊重她的意愿。信中的言辞坚定且诚恳,为了达成自己"死时愿如雪花,飘然落地,化为尘土"的愿望,她坚定地拒绝了临终救助的诸多措施,守护自己选择死亡的权利。她劝慰亲人看淡生死,切勿被"有救就要救"的观念束缚,徒增延长生命的痛苦。这个年近八十的老人,认真地审视了死亡,追求以一种舒适、平静的状态离去,诚恳地与亲人对话,成全自己死亡的尊严。

树立健全的死亡观,答案不是唯一的,每个生命都各有其特殊性。但有几点是存在普遍性的。即不抗拒死亡，勇敢地去思索死亡，用死亡反观生命，让生命发出"清凉的荧光"①。死亡真正来临时，能从容些，更有尊严些。毕竟，我们谁都不知道明天和意外到底谁会先到来。

2.珍视生命，把握生命真正的意义

毕淑敏的文学作品中大篇幅地进行死亡书写的背后，有她想要表达的重要理念。细腻笔触刻画的那些死亡形态和死亡意象的背后，折射出强烈的生的气息，她努力用死亡反观现实生命的珍贵。

毕淑敏意识到国人对"直面死亡"的恐惧心理以及谈及死亡时人们的排斥心理，而这种文化心理若不能改观或扭转，生的可贵和意义也会被忙碌的日常湮没。人们太过看重生命的"数量"，却对生命的"质量"漠不关心。② 长此以往，人们只是机械地活着，单纯为了生而生。无法更改、仅有一次的生命的旅程绝不允许这般浪费。除此之外，在生命的末期，国人依旧存着对生命"数量"的不懈追求。而事实上"在生命的末期，长度已毫无意义，关键是生存的品位"③。运用现代医学的手段对将逝之人施加外界的影响，借此人为地增加其生命的数量。那般活着对病人来说何尝不是一种痛苦，他们要经历的不过是符合自然规律的生老病死，却在发达的医疗手段下放弃了生存的品质，选择了一种最可悲的生存状态——活着如同死了。

所以，毕淑敏拿起笔，反反复复地书写死亡。用文字为读者积聚直面死亡的勇气，将"死亡的尊严"娓娓道来，创造的种种死亡形态也是毕淑敏对人类生存问题的积极探寻，并以此来消解人们对死亡的恐惧以及排斥心理。通过死亡书写，让人把握生命真正的意义，热爱生命，为无愧无悔的人生而拼搏奋斗，而不是终日寻寻觅觅，庸碌一生。

结　语

死亡书写，并非单一直白地描写死亡。谁都会对死亡存有恐惧心理，毕淑敏也不例外，但她说过："因为害怕，所以要直面。"④哲学上，生和死是和通统一的。日常生活是生与死之间的不断循环和更迭。有句话说："生命，就是从出生走向死亡的过程。"人在诞生的那一刻起，不仅仅意味着一个新生命的起始，同时也意味着这一生命正逐步走向死亡。生与死，本就是同根相连的，我们既不能跨越"生"，对"死"侃侃而谈；也不应该，围绕着生活忙碌不已，重复着相似的每一天。直面死亡，试图去理解死亡，才有可能抓住生命的内核，真正领悟生命的内蕴。死亡形态的架构，营造独特的死亡意境，生与死在死亡书写的艺术世界里虽对立但又和谐地统一了起来。毕淑敏如此积极地书写死亡，建构健康的死亡文化，只为向人们展示死亡的实质："是水到渠成温柔淡定的熄灭，是生命自然的脱

---

① 毕淑敏：《心灵密码》，安徽文艺出版社2009年版，第51页。
② 毕淑敏：《我敬畏生命的过程》，花山文艺出版社2006年版，第48页。
③ 毕淑敏：《预约死亡》，中国文联出版社2009年版，第41页。
④ 毕淑敏：《心灵密码》，安徽文艺出版社2009年版，第37页。

落与销声匿迹，是一种宽广宁静的平稳终结状态，是灵魂统领下的智慧超拔与勇气升华……"①盼读者能够理解毕淑敏的一番良苦用心，与死亡和解，更进一步深刻地理解生的意义和价值。

参考文献

[1]施津菊.中国当代文学的死亡叙事与审美[M].北京:中国社会科学出版社,2007.

[2]毕淑敏.我敬畏生命的过程[M].石家庄:花山文艺出版社,2006.

[3]安忆.北大送给青少年的最好礼物[M].北京:北京理工大学出版社,2012.

[4]毕淑敏.带上灵魂去旅行[M].北京:北京十月文艺出版社,2017.

[5]施津菊.毕淑敏文本中死亡意境的美学追求与文化建构[J].中国文学研究,2003
    (2):1-5.

[6]毕淑敏.昆仑殇[M].北京:人民文学出版社,2014.

[7]毕淑敏.拯救乳房[M].长沙:湖南文艺出版社,2012.

[8]毕淑敏.红处方[M].南京:译林出版社,2011.

[9]毕淑敏.心灵密码[M].合肥:安徽文艺出版社,2009.

[10]毕淑敏.预约死亡[M].北京:中国文联出版社,2009.

[11]毕淑敏.话说生命[M].长春:时代文艺出版社,2008.

[12]施津菊.毕淑敏文本中死亡意境的美学追求与文化建构[J].中国文学研究,2003
    (2):1-5.

[13]邓寒梅.毕淑敏小说中疾病叙事的生命伦理学意蕴[J].南通大学学报(社会科学
    版),2010,26(4):90-94.

[14]蒋华.毕淑敏小说中对死亡的审视与超越[J].保定学院学报,2012,25(6):88-92.

[15]张亮.毕淑敏小说的生命美学及其意义建构[J].伊犁师范学院学报(社会科学版),
    2015,34(2):70-77+2.

[16]贾丽萍.向死而生:毕淑敏小说的死亡主题透析[J].小说评论,2000(4):62-65.

[17]蔡安延,赵华.毕淑敏小说中死亡意象的精神蕴涵[J].遵义师范学院学报,2003
    (3):42-45.

[18]吴伟.超越困境的死亡救赎:对《拯救乳房》的一种解读[J].名作欣赏,2015(6):
    168-169.

[19]王新惠.毕淑敏小说中对死亡的预约与超脱[J].河南社会科学,2008(4):78-80.

[20]施津菊.论当代文学中的死亡叙事[J].天津社会科学,2006(3):104-106.

[21]王云岭,徐萍,王书会,等.伦理学视域中的死亡尊严问题[J].山东社会科学,2009
    (8):60-62.

[22]莫诩,治平.现代人的理性选择:评毕淑敏的尊严观[J].中山大学学报论丛,1998
    (5):121-124.

---

① 毕淑敏:《话说生命》,时代文艺出版社2008年版,第171页。

论木心散文中的流浪意识

陈胜男

摘　要：木心作为旅居美国多年而在晚年回归故土的当代作家，他站在传统文化的立场上进行纯文学的创作，为读者呈献了一场文学的盛宴。木心兼备诸体，尤以散文最为称道。木心散文与五四散文的似曾相识和当代散文的若即若离，根于其文本中蕴含的流浪意识。其散文展示的是一种叛根寻根式的叩问，是流浪与复归的合奏。本文着眼于木心散文中的流浪意识，梳理其文本呈现形式，进而探究其散文流浪意识创作的成因及价值。

关键词：木心散文；流浪意识；文本呈现；价值意义

引　言

木心创作初期的全部手稿在"文化大革命"时期就被上缴销毁了，因而少有人读到过这些作品。正是来自主客观的各种因素，关于木心的研究历经数十年仍是空白。1982年，木心移居美国并在异国他乡重新走上了文学创作之路。其间，他出版了多种类型的文学作品，对陈丹青等在美人士产生了较为深远的影响。木心的作品在外出版后引起了较好的反响。然而在大陆，其作品却迟迟没有面世。直至2006年，木心系列作品才在广西师范大学出版社的推动下相继发行，其文学创作才开始流传开来。与此同时，在木心的弟子及朋友陈丹青等人的推动下，木心作品在大陆的研究逐渐走上正轨。

其中对木心散文的研究，在近十年的发展可谓是迅猛。学者们从多方面探讨了木心的散文：流散文化身份、人生流亡旅程的知性表达，以及由此深入挖掘其精神上的怀乡情结、文学主张和人文精神。但多数学者只看到木心用文字掩盖的流浪表象，即一种流散文化身份或一段流亡的旅居，并没有深入挖掘其笔下流露的流浪意识的内根性，即对生命自由的不懈追求。可以说，木心的流浪意识是与生俱来的，其流浪意识的传承性和独特性等都还存在广阔的阐释空间。笔者论文的言说空间，主要也就来源于此。

本文以木心散文中的流浪意识为研究对象，依据木心出版的《哥伦比亚的倒影》等散文集及其他资料作为基础，在归纳、梳理流浪意识内涵及发展后，结合木心散文的具体语境，分析其流浪意识的文本呈现，揭示其流浪意识的本质特征。从横纵两维度出发，梳理木心的身世经历和时代环境带来的独特生命体验，探究木心流浪意识创作的成因和意义,其中涉及木心散文中语言风格、思想内涵等分析,在理论概括之外辅之以实例论证。

对木心散文中的流浪意识展开较为全面和深入的研究,有利于挖掘散文中所具有的独特的流浪意象及象征符号,也有利于深化对流浪意识这一主题的认识,为原本就精彩纷呈的流浪文学研究增添不一样的风景。在现代化进程中,浮躁的商业文明撼动了传统文化的"正统地位",现代文学开始出现文化断层的危机。许多作家也由此走向了文学的商业化运作。但木心执着地坚守传统文化,立足于纯文学的创作。其作品中阐述的对个体流浪历程的关注、对家国情怀的思索、对恶俗现实的决裂以及他对自由精神的追寻,显示出深刻的人文精神和社会内涵。木心散文中的流浪叙述是对当下社会生存现状的深刻反思和披露,表达了一介自由之士的精神追求。这无疑给当下文坛送来了一阵清风。

一、何为流浪意识

究竟何为"流浪意识"?任何一个具有顽强生命力,并且能够长期作为研究对象的概念,如语言、文化等都有复杂的内涵,不可能用两三句话就概括得清楚。任何定义都只是基于理性之上的一种感性认识,即将对象中的某一组特征与性质抽象地归纳出来,但这样做在本质上并不能概括对象全部的内涵。"流浪意识"这一概念也是这样,它不是一个孤立的概念。正如维特根斯坦所言,一个词的确切意义要在具体的语境中才能呈现出来。因而,为了准确且深入地探析木心散文中的流浪意识,有必要先对"流浪意识"一词进行梳理。

欲究木心散文中的"流浪意识",必先探讨何为"流浪"。"流浪"原义为在水里漂游,后引申为流转各地,行踪不定。"流浪意识"是基于漂泊这一具体行为而产生的情感因素,并逐渐从为现实考虑的无意识层面上升到意识层面(精神上)的寻求。因而流浪意识也就存在现实生活的漂泊感受和对精神自由的追求两个方面。作为人类文学史母题的流浪,其中蕴含的流浪意识,则体现着人类共通的自由精神。

在西方,古希腊神话、荷马史诗中通过主人公的漂泊流浪故事的描写,既显示出人类的智慧和勇气,也彰显了人类最原始的精神状态——冒险的"流浪"意识。古代中国是一个分封制的国家,其以血缘关系为纽带。因而生活在其中的人民逐渐形成了安土重迁的固化思维。然而,"知识分子"和流浪意识之间似乎有着命定般的羁绊。古代游走的士大夫就是中国知识分子的原型,"游士""养士"的称谓体现了中国知识分子的漂浮性。

20世纪中后期,伴随着社会的飞速发展,中国社会出现了"断裂"现象。中国原有的社会体系、价值模式等与其原有的传统模式相脱离,处于断层当中的现代知识分子呈现出一种无所依的悬浮心态。中国知识分子在中西两种文化中上下求索,他们"不仅疏离了国家,而且也游离了社会,成为无所依附的自由漂泊者"[①]。其在作品中的体现就是,知识分子对于流浪的深情书写以及文本中所蕴含的个体自由精神。流浪是中国知识分子反抗残酷现实的必然结果,也是他们摆脱世间束缚、实现精神自由与自我救赎的必经之路。流浪意识,所指向的人在漂泊过程中对人生价值的探索同知识分子所追求的自由精

---

① 许纪霖:《20世纪中国知识分子史论》,新星出版社2005年版,第3页。

神有着内在一致性。

"流浪意识"这一横越中西古今的词,其深层问题涉及对生存本质的思考。卡夫卡代表的是一种积极的悲观主义精神,他认为虽然人类没有办法掌握自身命运的船舵,但能反抗天命中的困苦,展现的是向死而生的勇气。而东方的孔夫子则拒绝从正面回答生死问题,展现的是向生而死的自然伦理态度。但无论双方给出何种答案,其问题的实质都是指向生存困境的这一本质问题。生存困境,就其字面的意思可以简单地理解为"生"与"死"之间的矛盾抉择问题。而实质上,生存困境有两个方面的意义,一是底线的生存困境,大多指的是生理意义的生死问题,其关键在于物质基础等最低层次的正常获得;二是发展问题。当生存问题得以解决时,就不得不面对发展问题带来的困境,而这种困境的实质就是精神选择问题即自我价值与自我价值的冲突。

木心散文中对流浪意识的书写,正是基于现代人所面临的价值缺失而造成的生存困境问题所进行的探讨。人类生命活动的本质就是赋予生命有意义的活动,其内核则在于标准与选择两者的对立统一当中,即选择以何种标准来衡量生命活动的意义。然而,现代的商品经济和商业化文学不仅解构了超验价值的圣人思想和上帝思想,也消解了现实世界中的英雄主义和理性主义。人的价值从以往的对单一价值的认同演变到现代的无标准的选择。这不仅引起了现代人普遍性的焦虑,也导致了现代价值走向了相对主义,但更多地走向虚无,人类的精神世界越发变得荒草丛生。木心在散文中不仅描绘了人类在面临困境时所做出的不同选择,而且深入挖掘造成这种困境的具体因素,并试图为现代世界构建新的精神标杆。

二、木心散文中流浪意识的文本呈现

木心,这位出生并成长于20世纪中国传统富庶之家的文人,一方面深受中国传统文化的熏陶,骨子里渗透着"士大夫"的自由心性;另一方面他又深陷"流浪"的时代洪潮,加之其自身特有的"流浪"体验,共同构成了木心散文中叛根寻根式的怀疑精神和坚定信仰相结合的复归情结。这也是其流浪意识区别于他者的主要特点,即是流浪与复归的合奏。因而在木心的作品中,时常呈现出矛盾式的流浪书写。

乔伊斯说流亡是他的美学,木心说美学是他的流亡。乔伊斯将苦难的生命酿造成诗,木心将散文化为他的生命。欲读懂木心的流浪意识,其散文就是最好的注解。

(一)个体历程的漂泊和归根

木心散文中的流浪意识最为外在的表现即是个体历程的漂泊和归根。在此应该明了的是个体不单指在一定的社会关系中,在社会属性、作用功能等方面相区别的有生命的生物。因其概念具有相对性,广泛意义上是指就某一个群体或他者而言的事物。木心散文中个体的漂泊和归根,正如他幽默的自诩——"带根的流浪人"。"带根"与"流浪"本就是极为矛盾或者可视为不相容的两种属性。但木心将两者合二为一,使物和灵相连、时间与空间相交,从而形成了他极为飘摇但又异常坚定的自由精神。虽然这在一定程度上,造成了他散文的晦涩难懂,但并不能掩盖其散文中流露出的流浪意识。

木心笔下的人或事物无论以何种形式离开(或出现),其结果大抵可分为个体现实生活中的落叶归根和"精神还乡"。但无论是何种形式，其"思与行"都是难以剥离的，都带着归根的种子。正所谓，欲顾无术，则弃之而后顾。

九月初九之日，去国之离愁，在"我"这个流浪人心中悄然而至。异国的秋风、芳草、山水等都不符合"我"心里对于古华夏中国的观念。对于花草树木，"我"只知道需回到中国才能认得大半。那两句话"假如回中国"袒露了"我"真挚纯净而又颤动的心声。从历史悠久的中国漂流到年幼的美国，"我"的心里始终怀着一部离骚经。中国的人和中国的自然从《诗经》起就有了密切的联系，孰先孰后，总是分不清的。到后来两者形成了一套无缝衔接的精神密码，即中国山川草木孕育出来的一介乡愿之情。而这带根的思乡之情，正是在漂泊的过程中日益明晰深刻起来的。正如他在《九月初九》中所言：在没有离开中国的时候，未必不知道；但离开了，日子久了，就更知道了。

木心本人的生命历程就如他笔下的许多人物一样，都是漂泊的一生。他出生于江浙水乡，青少年时曾接受过良好的教育，但不幸后来命途多舛。1970年木心因言获罪，但木心并没有因此而放弃对生的希望，而是将灵魂寄托于文学。其作品先后在台湾和纽约等地发表，他被称为解读中国传统文化的文学大师。21世纪初期，在乌镇当地政府和学生陈丹青的协助下，木心再次踏上故乡的土地，并在乌镇走出了生命的时间，在漂泊的起点接上了归根这根线。

流浪这一行为贯穿木心生命和他笔下许多人物的始终，这始于他们对自由的执着向往。正是在漂泊的过程中，他们生命中潜在的"归根"意识慢慢地茁壮成长，并渐渐以外化的形式呈现——或落叶归根或酿就满腔乡愿。因而木心散文中的流浪意识是漂泊与归根的共舞，且互为彼此的起点和终点。

（二）家国情怀的舍离和复归

在中国的传统文化中，家国情怀蕴含着丰富复杂的内涵。它不仅是人类日常生活中普遍存在的一种联系即以集体无意识的形态充当家国社会伦理关系的纽带，更是潜藏在人类意识冰山下，并且触动某些行为的动力。因此，在中国历代文人的作品中，对家国情怀的反复书写和吟诵已成为一种十分显著的现象。细读木心的作品，我们可以发现"家国情怀"在他这里是淡化的，是有意识的掩饰和忽略，甚至是故意"唱着反调"的。

木心无法原谅也无法放弃热爱那个"遥远的国度"，所以"骄傲"的他宣称，他对任何地理上的或历史上的"家国"都不具迂腐的情结。少年时他曾落发出家，后虽又还俗，但这一时期的体验加之后来的坎坷使他对家国社会有了新的认识。木心否定以传统意义上的某一固定客观存在的事物（区域）作为根，如国家、故土等。他将自身对"家国"的情感进行解构，否认了那个具体的遥远的国度就是其真正的归处。因此他的作品往往突破了对"乡土情怀"的普遍叙述，淡化了传统文化所赋予的"根"的至高无上性。在《上海赋》中作者以幽默嬉笑的笔调从衣食住行等方面开刀，不着痕迹间揭露了中国固有的冷漠的世态人情。上海文化的根脉里连通着中国文化的"根本"，中国国民的劣根性就如上海开门人的眼光，比街上的西北风还要令人寒冷。

那么他的"家国"又在何处？木心在《哥伦比亚的倒影》中解释道，要把任何地方都当成自己的"家国"，究其原意即回到自我。其流浪意识的矛盾处也正体现在"回归原我"。因为肯定了"返璞归真"的他，就等于肯定了他与生俱来的"文化印记"——家国情怀。木心从小接受中国传统古典诗词的熏陶，为了表示对《诗经》的致敬，他写出了一本洋洋洒洒的《诗经演》。与此同时，身处海外的他并不以冷眼看中国，而是以冷静自由的姿态，对中国的现代化进程进行思考。在《九月初九》中可以看到他对古老国族的荒诞纷争和固定遗传的畸形进行批判。他所表现的先天下之忧而忧、后天下之乐而乐的辽阔情怀，从未因为离开而消失，反而因此而愈发浓烈。由此可见，木心在内心深处具有极其浓厚的家国情怀。

(三)人文理想的落荒和重拾

在木心的散文中无论对个人历程的关注还是对家国情怀的书写，其关注点始终是人。对于人的不断深入的分析和解读，形成了他独有的对于"人的本性"的认识。所谓人性，在木心看来那就是人类共有的本质的统一性，这种共性也是文学作品能够在世界范围内广泛传播的原因所在。在触及对人性的描述时，木心往往站在世界的立场上关怀人类的生存状态、人性的丧失等，从而去寻求生命与社会、自然最本质的关系。木心散文中的底色在于他的人文理想。然而，他的人文理想在赤裸裸的现实面前又是如此的"幼稚"和不堪一击，以至于让他放弃对理想社会的构建，从而转向重拾自我的人文理想世界。流浪的本质必然要返回真我，实现自我的精神化和审美化。

在木心看来，现代人是可悲的。他们的可悲在于不仅看不到自身的可悲，而且用金钱蒙住澄澈的双眼，直至自然天性和纯粹自我的完全泯灭。面对理想在各国的失落，目睹人们被欲望和金钱所驱使，木心在散文中表达了对这个无情世界的极大失望和对人性世界的悲痛担忧。在《子午线受辱》里，前往格林尼治天文台旅游的人们都喜欢双脚分踏横子午线两侧拍照，美其名曰"脚踏东西两半球"。木心站在那儿笑看众生，等一位不愿脚踏东西半球的同伴，然而没来。地球就在一批又一批的游客脚下沦为任人"蹂躏"的物件。现代人是如此无情，就像腐烂的水果，一烂就此烂下去。

天性的泯灭，源于对怀疑精神和批判精神的丢弃，从而造成了对个体独立精神的忽视以及践踏。木心发现人不是眼盲就是心盲：对奇怪的事情习以为然，而对平常的事情啧啧称奇。在遥远的恒河边，有一个阶层——阉人。阉人间互称"姐妹"，既为"阉"又何谈"姐妹或兄弟"？但是阉人们和非阉人们都认为这样的称呼"恰到好处"。这一荒谬的存在之所以荒谬正在于其本身所具有的严密的结构，或以纲常，或以伦理，或以法章，否则其难以为继。阉人的可怜，人生的可怜乃至世界的可怜都在于看破世事而无法置身事外，一样要随波逐流。木心的冷静和怀疑让他发现了人心的逐渐麻木冷漠和由此构成的历史的无情。《烂去》高度地概括了人类历史的走向：往前看，一代比一代有情；往后看，一代比一代少情。多情可以无边无涯，无情则无情而已。

自我的独立精神和怀疑精神让木心对世界和人都怀有悲观的情绪，只对文学残留了一丝希望的曙光。木心在《卒岁》中叹喟相比于现实世界的可怕，文学好在还可以承载一些真善美的东西。在他看来文学的本质是真实的，是虚构的现实生活的真实呈现。正如他曾将艺术喻为"哥伦比亚的倒影"，即真实世界的幻象。我们虽仅得到它们的倒影，但这是一种内蕴的真实，"流浪"的真实。倘若可以选择，木心更愿意活在"戏"中，即使是全然悲惨的。因为他相信即使太子和狸猫都是假的,但其中总有真的在。这个"真在"就是作者精神的"真我"。

木心的真我也即是自我人文理想的内化,其深度触及悲观主义;悲观主义的极致便是酒神精神。他以怀疑的态度批判世界,其背后掩藏的是深切的人文关怀。在《比黄金贵七倍》中,木心用极冷静的笔调批判了虚伪贪婪且手段毒恶狠的毒枭。他们利用儿童贩毒,却也彬彬有礼地劝告年轻人要珍惜生命。木心对此的批判轻描淡写,却意味深长;他的嘲讽仅三言两语,却准确犀利。这世界是薄凉的,但木心以深情担起这个社会正在慢慢缺失的责任,为我们写出爱心、同情、牺牲、正义和尊严。这便是一种大"孤勇"。

三、木心散文流浪意识创作的成因及意义

关于离国流浪,木心笑称那是"散步散远了"。他不喜欢也不认同自己被称作流亡作家。因为在他看来,他并不属于"逃亡"和"旅游"中的任何一种流亡。木心更像他自己所言的"带根的流浪人"。这其中蕴含的漂泊在异国他乡,灵魂中却充盈着祖国血脉的流浪意识,成为木心精神世界的根脉。"对于一个不再有故乡的人来说,写作成为居住之地。"[①]准确地说,木心是带着故乡的气息离开了,但其写作却是其居住之地。他作品中的那些"艺术情感当然是主观的,但我们的情感总是由生动的对象激起的"[②]。其缭绕在木心散文中的流浪意识跟他自身所处的荒诞时代和苦难经历密不可分,但他并没有因此而沉沦,而是试图在人类共同的生命困境中寻求一条出路,即在精神荒漠的当下构建新的价值尺度。

(一)对现实的疏离和超越

在文学史上,关于流浪意识的写作并不少见。然而,在独特的时代背景和作者自身的生活阅历的双重发酵之下,木心的流浪意识写作呈现出一种新的姿态。他关于流浪的写作既不同于西方个人英雄主义的"冒险"或宗教压迫式的流浪,也不同于因生活困顿所致的漂泊感。木心散文中描绘的流浪者无论是为了坚守信仰而进行的精神流浪,还是为了寻求生命的绚烂而选择的离家漂泊,其血液和灵魂中始终洋溢着丰沛的流浪气息。

木心散文中的流浪叙述深刻地展现了其对现实世界的疏离以及对美好精神家园的极度渴求。在个人主义至上的现实社会中,流浪者在自私无情的社会关系中常常倍感压抑。为了避免此种处境,流浪者往往刻意与周遭环境保持一定距离。他们试图以流浪的形式来消解现实所带来的烦恼,并以此获得精神的解脱。有人把钢筋混凝土构成的城市称为"第二自然"——森林。这在木心看来是荒谬的,因为要不就是自然,要不就是非自然,从无第二自然可言。这个时代也充斥着各色各样的替代品,友谊的替代品、爱情的替代品、真空艺术……更加令人唏嘘的是争夺权力这件事在全世界都是一样的,在没有功利的时候,人们也急急忙忙地争夺权利,不利己也要损人。显然我们都生活在一个上当

---

① 爱德华·W.萨义德:《论知识分子论》,单德兴译,麦田出版股份有限公司1997年版,第95页。

② 童庆炳:《维纳斯的腰带:创作美学》,中国人民大学出版社2009年版,第188页。

受骗的现实生活里,所以作者借助那笔下诗意的文字,不仅以犀利的笔锋戳破那现实脆弱的屏障,而且也为人们描绘了风景宜人的桃花源。

流浪是人最自由的一种存在状态。在流浪的过程中,人们可以摆脱日常琐事的烦扰,尽情地享受自然所带来的纯真与宁静。也正是在亲近自然的过程中,人渐渐褪去了伪装的面具,露出诚挚的本真并与自然合而为一。当人的存在状态接近于自然纯真时,那么乌托邦式的诗意栖居就不再是幻想。在《疯树》中,"我"发现大自然是个疯子,大自然的一切都是如此的恣肆和疯狂。那一年四季的色彩,都仿佛有一定的色彩消费量,用不完隔年就要作废,因此树上、地上、天上,赤、橙、黄、绿……挥霍无度。这种将生命能量挥洒到极致的存在方式,是木心所歌颂的理想状态,也是他所认可的自由的生命价值。木心散文中对于流浪意识创作所呈现的对于现实世界的疏离和超越,源于其对人、社会以及自然关系的深刻思考,并在此基础上对当下的生存境况进行质问。

(二)对苦难的关照和救赎

在文学创作中,木心始终带着一颗赤子之心和鲜活的艺术个性在文学的天空中畅游。纵观木心的一生,不难发现他生命中那些最美好的年华都沉陷在"多事之秋"中。虽然木心不曾在其散文中正面叙述过他所遭遇的痛苦,但对苦难的印记却是挥之不去的。因而对于苦难的叙述在他的作品中比比皆是。历史的皮鞭打开了潘多拉并将苦难洒向了广阔的世间,而使在其中忙碌的人们苟且营生。正如"我"在《笔挺》中感慨道,在人间过了半个多世纪,才明白"我"来到世间是为了承受名为痛苦的诸般感受。其字里行间无不弥漫着无尽的无奈和悲哀。

苦难是绊脚石,它能压制人的自由发展;苦难也是垫脚石,它能够激发出人类无限的潜能,并逼迫其思考关于生命的本真。苦难构成了人生的主体,它很难被消除。倘若人的精神世界被苦难所压垮,那么从本质上存在的也仅是一具具"行尸走肉"。人类的成长建立在对苦难的战胜上,只有在经历了苦难的"磨砺"之后才可能对苦难进行救赎。

在苦难面前,木心是一位真正的勇士,他敢于直面荒凉的生命本真。对于自身所受的苦难,木心从未以在场的身份进行言说,而是采取置身事外的高姿态。其散文当中的流浪美,也正源这种极大的反差。木心不仅在书写流浪意识,而且也以流浪者的身份深入到历史的褶皱中去观照苦难,最终实现对苦难的救赎。《很好》中,儿时的"我"抛下玩具糖果,逃学去看戏;青春期时的"我"最喜欢的不是爱情友谊而是一味幻想;中年时,在积水的地窖中用手绘的黑白琴键无声地"弹奏"莫扎特。在那些颠沛流离的岁月里,"我"岂非都是在逃避? 如是,为何灾祸又无时无处不在。木心身处绝境但仍在绝望中求生,正如他朋友对他的评价——"很好的悲观主义者"。

(三)对现代人的精神建构

现代是一个矛盾的时代。伴随着社会的高速发展,以商业文明为核心的现代化时代悄然而至,生活在其中的人们就像工厂里的加速器,不是忙着生,就是忙着死,根本没有时间停下来思考人生。在物欲横流的现实世界,人们开始缺失理想和精神,灵魂的无处安置使人们走向虚无。原本美好的生命本真正在枯萎凋谢,但一步步走向毁灭的人们却不自知。社会转型以及文化冲突所带来的精神迷茫和信仰缺失使得越来越多的作家在文学领域进行商业化运作。但这一潮流并没有得到木心的认可,木心坚守中国传统文化的阵地,用生命本身与这个功利、无情甚至是荒诞的世界抗争。他试图在人类共同的生命困境中寻求超越,给现代人的精神荒漠播种绿色的希望。

在瞬息万变的漩涡时代,对于沉沦或坚守的选择是对人们的终极考验。木心在《鱼丽之宴》中写道,现代人的精神失落,是因为他们忘却了、违背了少年时立下的志愿。自以为摆脱了以往的稚嫩,变得世故练达,却不知在无形之中早已变成了年少时最厌恶的那类人。但木心从不妄自菲薄,只是坚韧地在绝望中求生存。正如木心所言,在很多世事面前,我们能做的便只有长途跋涉的返璞归真。正是在这个层面上,木心散文中的流浪意识超越了纯理念的虚幻构想,具有了精神理想的坚守。他用文字在荒漠化的精神世界中一笔一笔地勾勒出理想的绿洲,给无数前行的勇士们以心灵的慰藉。

木心正以自身的力量担负起这个时代所缺失的但也是所必需的人的精神理想,即真善美、人道主义等精神。木心通过对个体流浪过程以及在此基础上形成的流浪意识的叙述来揭示现代社会的病根。作家的职责并不在于站在道德的制高点去批判,而在于通过对流浪的叙述,以展现生命的不同形态,从而告诉我们这个世界是怎么样的,进而引发读者的思考:应该坚守怎样的道德品格,应该拒绝怎样的生存方式。流浪是人类追求自由天性的体现,其本身就是对自我精神的救赎。木心终其一生去描绘自由的生命本真,以试图构建新的精神体系来帮助那些深陷泥潭的灵魂。

结　语

木心曾言如欲相见,不必在万头攒动火树银花之处找他,他在各种悲喜交集处。这短短的一句话,生动准确地概括了木心流浪了数十年的心路历程。木心散文中的流浪意识立足于个体真实的漂泊体验,关注生存表象背后的精神失落,并经过艺术化的处理将其表现在作品当中。一方面,木心着眼于个体真实的漂泊体验,通过对乡愿之情、人文精神的诉说,在散文中呈现出人类所经历的现实漂泊和精神漂浮的双重流浪。其传达出生命个体在无法自赋生命价值意义时所产生的浓烈的流浪意识。另一方面,流浪意识也体现在木心对自我言说的坚守,不谄媚于当下的世俗文学,自觉地立足于传统文化进行纯文学创作。正是在这样的姿态下,木心散文中的流浪意识创作在同时代作家创作中独树一帜。也因其色彩浓重的个性化创作和文本中深厚的精神内蕴,木心的作品风格辨识度极高。

在华文文学中,并不缺少对流浪意识的书写。但木心的文学作品却以其独特的流浪意识中的复归情结,将灵魂的漂泊感通过"离—归"看似相互矛盾却又相互依存的文本表现出来。流浪意识就在木心个体历程的离和归、情怀的掩和露、精神的失落和重构等的关联中产生艺术反映,最终点亮了木心的整个文学旅途。对于世界华文文学研究,木心不应缺席。但遗憾的是木心早期的文章早已被销毁,其后期的部分作品还未在大陆出版;加之对木心散文的研究正处于不断成熟的阶段,这就导致了笔者未能穷尽木心的全部资料。因而本文虽从现有的资料出发竭尽全力地进行较为全面的探讨和阐述,但其所论述的内容并未涵盖木心流浪意识中所包含的全部内容。

参考文献

[1]木心.爱默生家的恶客[M].桂林:广西师范大学出版社,2009.

[2]木心.即兴判断[M].桂林:广西师范大学出版社,2013.

[3]木心.素履之往[M].桂林:广西师范大学出版社,2013.

[4]木心.鱼丽之宴[M].桂林:广西师范大学出版社,2013.

[5]木心.哥伦比亚的倒影[M].桂林:广西师范大学出版社,2013.

[6]木心.琼美卡随想录[M].桂林:广西师范大学出版社,2013.

[7]李劼.木心论[M].桂林:广西师范大学出版社,2015.

[8]翁奕波.沉潜于人生体验中的理性思维:美华作家木心散文管窥[J].世界华文文学论坛,2002(1):44-47.

[9]孙雪.木心散文中的悲观主义精神[J].名作欣赏,2016(35):19-20.

[10]李静."你是含苞欲放的哲学家":木心散论[J].南方文坛,2006(5):4-10.

[11]夏春锦.木心生平考释三题[J].现代中文学刊,2016(4):91-95.

论鲁迅作品中的女性形象

——以《呐喊》《彷徨》为例

张舒娴

摘　要：鲁迅一生致力于妇女解放,他在自己的作品里也表达了对深受封建压迫的妇女们生存问题的关注。鲁迅刻画了一群虽然处在不同阶层但内在仍然一致沉默的国民的魂灵,用人物极具必然性的悲惨结局来批判腐朽的封建伦理道德,也表现出希望女性能够摆脱封建礼教束缚、解放自由个性的渴盼。本文首先将《呐喊》《彷徨》里的女性形象分为类型形象和典型形象,从中选取具有代表性的人物进行分析。之后通过鲁迅塑造女性形象的审美立场和审美视角,即人道主义视角、女性主义视角和男性视角这三个方面进一步分析其笔下的女性形象,并借此分析这些女性形象的审美价值与现实意义。

关键词：鲁迅;女性形象;审美价值

引　言

五四运动拉开了新文化运动的序幕,自此提倡新思想、反对旧道德的文学作品大量问世。鲁迅也在这时开始了新文学创作,相比起其他作家的作品,他的小说具有更深沉的思想内涵。因此,历来鲁迅作品的相关研究,都着重于其思想内涵,这也无可厚非。然而其笔下的女性形象却总是被忽略,即使是以人物形象分析为指向的研究,也多是浅显的,常采用以点带面的手法,缺乏整体视角。但若是细细探究那些不受重视的女性人物,可以更系统、全面地了解鲁迅作品的美学价值和现实意义。尤其在《呐喊》《彷徨》这两部作品中,鲁迅采用了多种角度,在把握住各类女性人物的思想、性格特点的基础上,用不同的手法展现了当时妇女们所处环境的恶劣与凄凉,辛辣批判了旧中国的封建制度和那些陈腐破败的社会观念,揭示封建社会吃人的本质。在鲁迅看来,女性受封建礼教毒害最深、牺牲最多,总是被"吃"而不自知。他笔下的女性人物,大多麻木愚昧,有些甚至不辨是非,只会做些损人利己的勾当,但鲁迅却没有对这些行为进行过谴责,相反,他一直在用人道主义的温情态度来叙述这些妇女的悲戚遭遇,表达对她们的同情和期盼。他将妇女们的生存惨状娓娓道来,引人深思。

鲁迅的作品中对妇女、儿童和知识分子这些人物进行了深度刻画,但是相关研究却并没有关注其笔下的女性人物。文学是描写人生的,小说创作是通过刻画人物来反映生活、展示思想主题的,因此人物也是十分重要的一部分。纵观历来相关的女性形象分析,《呐喊》《彷徨》里的女性角色虽是出镜最多的,但也只局限于祥林嫂、子君、爱姑等几位刻画比较丰满的人物,其余那些着墨不多的角色很少被提及。但是这些小角色多数也比较丰满,寄予着比较丰富的思想意蕴,深刻地反映了鲁迅的思想指向,显示了比较强的审美价值。本文仅就这两部作品中出现过的女性人物进行分析,探讨其背后隐含的审美蕴含,以期抛砖引玉。

一、鲁迅作品中的女性形象类型

鲁迅塑造过许多不同的人物形象,这些形象既有典型性的也有类型性的。而无论典型与类型,这些形象都具有重要的艺术价值和艺术感染力。因此,对于《呐喊》《彷徨》里的女性形象,可以从这两个角度来分析。

(一)类型形象

类型形象是指性格单一、描写不深刻的形象,她们的性格、心理普遍都不丰富,属于扁形形象。《狂人日记》中的娘老子和母亲、《阿Q正传》中的秀才娘子和吴妈、《风波》中的九斤老太等,都是这种类型。

《狂人日记》是鲁迅所写的第一部小说,它撕裂了士大夫的日常语言表达体系,展示了大时代下的一个重大议题,即启蒙和"人"的解放。《狂人日记》具有寓言性的特征,它诉说了"吃人"的社会现象,揭露封建礼教的黑暗和家族制度的残酷,并指出事实上并不是仁义道德在吃人,而是教条主义在吃人。娘老子和母亲这两种类型形象正是用来指证封建社会对人的压迫和残害的。

娘老子是典型的封建制度的侍从者。她们教导小孩子们去学习"吃人",自己也口口声声叫嚷着要去咬人。她们当街打孩子,边打边嚷:"老子呀! 我要咬你几口才出气!""她话中全是毒,笑中全是刀。她们的牙齿,全是白厉厉的排着,这就是吃人的家伙。"她们作为家庭主妇,完全没有自主意识,只是听从男性、依附男性、维护男权,迫害还没有被封建思想侵染的小孩子们,让他们去学习如何欺凌、压迫他人。她们的教导也颇有成效,原先天真良善的小孩子们被教成了凶恶的欺凌者,"睁着怪眼睛""脸色也铁青"。而同样作为侍从者的母亲,虽没有沦为侵染小孩子的工具,对自己的孩子们也存有爱意,但是面对被"吃"的女儿,她完全无法相帮,只能默默落泪,哭得"实在还教人伤心",而伤心之下还被家中掌权的大儿子劝解,哭也哭不尽兴。不过在此之前,面对大儿子提到的割肉请人吃才算是好人的说法,她不置可否,"母亲想也知道;不过哭的时候,却并没有说明,大约也以为应当的了"。母亲虽然爱护自己的孩子,但是面对封建强权,依旧是顺从的,她愿意"吃"掉自己的孩子。这类人物形象,说到底依然是封建男权下苟且的弱小依附者。

《阿Q正传》是鲁迅传播最广、影响最深的作品,它通过描写未庄这一没落、封闭的农村里的世俗人生,展现了中国人的国民性,也揭示了虽有辛亥革命但变革仍旧难以成功的现实。未庄是封建宗法社会的缩影,生活在这里的人们,多是冷漠无情、封建庸常之辈,秀才娘子和吴妈就是如此。

秀才娘子算是女性人物里地位相对较高的一位,生活条件也比较好,这一点从阿Q幻想造反时要抬出她的宁式床,到赵家被劫时宁式床真的被搬出都可见一斑。不过真正有关秀才娘子的描写极少,她只在赵太爷想找阿Q买东西时露了一下面,当时秀才扬言出的价钱不会比别人少,于是秀才娘子"忙一瞥阿Q的脸,看他感动了没有"。这短短一句包含的消息倒是不少。首先,是赵家听说了阿Q在外面发了财,想得到些好货才去找已不再被他们聘为短工的阿Q,为此甚至破例点了灯,点灯期间"赵府的全眷都很焦急",他们满心想要从阿Q那拿到好东西,贪婪的人性可窥一斑。其次,尽管阿Q言明自己那儿已经没有什么东西了,赵家还是不依不饶,想着"尽先送来给我们看",而且表示出价不会不合理,说完以后还觉得阿Q会因被如此高看而感动,这一点上,也可见秀才娘子等人的傲慢自信。再者,"忙一瞥"又从秀才娘子的胜券在握中看出了她的不自信,既觉得阿Q不会不从,又觉得阿Q可能会不从,自傲又矛盾。像秀才娘子这类人物,依附着当权者,孤高自持,做着上等人,同时又压迫剥削底层人民,冷心无情,封建意识浓厚。吴妈则和秀才娘子不同,她是生活在社会底层的劳动人民,不过作为"赵太爷家里唯一的女仆",可见她的待遇、境地都比一般劳动者要好上一些,毕竟赵家聘用长工、短工不少,但是女仆却只有她一个。初出场时她刚做完工,洗好碗碟后坐在长凳上和阿Q聊天。从这一行为来看吴妈还是良善的,末庄里很多人都看不上阿Q,但是吴妈却并不嫌弃阿Q,不仅如此,还和他坐在一起闲话家常。但是吴妈聊的却是老爷要买小妾、少奶奶要生孩子等并不合适与男性一起讨论的内容。吴妈或许不知道阿Q听了这些话会被撩拨起性欲,她讲这些也许只是为了纾解自己的欲望,毕竟她是"小孤孀"。作为一名守寡多年、需求正常的妇女,吴妈的性欲肯定是被迫压抑的。和阿Q闲聊,可能就是为了释放欲望。毕竟如果她真的和她表现出来的那样正气守节——当阿Q向她求爱要困觉时觉得受辱,哭闹着要寻短见,那么她也不会在洗完碗碟后不回避阿Q,反倒坐在一起聊闲天,讲赵老爷家的事讲得津津有味,真正恪守妇道的节妇怎么会不懂得男女之大防? 而且她对于阿Q求欢的反应,与其说是受到了惊吓,不如说是觉得受到了侮辱,她虽然有欲望,但是发泄的对象却不会选择阿Q,她看不上阿Q。她后来哭闹,就是为了掩盖自己的不守妇道,邹七嫂宽慰说的"谁不知道你正经"就是她寻死觅活想要得到的结果。但是尽管她装得像模像样,最后也没能接着在赵家做下去,只能去城里找活。吴妈最后一次出场,是在阿Q被枪决的时候。"车子不住地前行,阿Q在喝采声中,轮转眼睛去看吴妈,似乎伊一向并没有见他,却只是出神的看着兵们背上的洋炮。"游了那么长的街,吴妈怎么可能真的没看到阿Q,何况那么多的群众围观这场游街,就是为了看阿Q被枪决的场面。吴妈同样是来凑热闹的,但她在现场却盯着洋炮看得出神,对看热闹的对象视而不见,可见她的冷漠麻木。而吴妈的无动于衷,又加深了阿Q自身的悲剧性。秀才娘子和吴妈,虽然身处阶层不一样,但却异曲同工地展示了封建礼教"吃人"的事实。

再说九斤老太,她是个长寿的老人家,虽然经历过义和团等多种大事件,但是这些经历并不能启发她的心智、改变她腐朽的思想,她依旧是个思想落后、身体康健而不开智的人。她的口头禅是"一代不如一代",她"常说伊年青的时候,天气没有现在这般热,豆子也没有现在这般硬;总之现在的时世是不对了。何况六斤比伊的曾祖,少了三斤,比伊父亲七斤,又少了一斤,这真是一条颠扑不破的实例。所以伊又用劲说,'这真是一代不如一代'"！九斤老太对如今生活中的一切都十分不满，什么都要和从前比，张口闭口都在用"活了七十九年"来表现自己的见多识广、知之甚多。而九斤老太所强调的"一代不如一代"的观念，却也正体现了封建社会下、身处封闭农村的农民们思想的陈腐和落后。此外，九斤老太历经义和团等事件，见识过当时是何等艰苦卓绝的日子，她和赵七爷抱怨时也说过以前长毛在时的惊悚日子："现在的长毛，只是剪人家的辫子，僧不僧，道不道的。从前的长毛，这样的么？我活到七十九岁了，活够了。从前的长毛是——整匹的红缎子裹头，拖下去，拖下去，一直拖到脚跟；王爷是黄缎子，拖下去，黄缎子；红缎子，黄缎子——我活够了，七十九岁了。"可见九斤老太年轻时的日子也并不好过，但在此对比之下还是"一代不如一代"，可以想见封建社会的黑暗残酷。再说九斤老太虽然一向愤懑不平、封建保守，却也不是毫无可取之处，尽管她常骂孙女是"败家相"，可当七斤打了孙女后，还是很不高兴地说教了七斤，并牵着六斤的手一同走了。九斤老太作为封建家庭里的长辈，虽说是守旧蒙昧，却也有一些人情味。像她这一类的人物形象，正代表了那些思想保守陈旧、不满现状而盲目留恋过去的人物，她们的存在，对所谓的"复辟"有着强烈的讽刺意味。

娘老子、"我"的母亲、秀才娘子、吴妈和九斤老太，这几种类型形象，本身就代表了旧社会的不同阶层。虽然描写寥寥，但都鲜活地展示了旧中国人民黑暗的生活情景和被封建礼教压迫的病态人生。

(二)典型形象

典型形象是指那些描写深刻、性格丰富、心理复杂的人物，属于圆形人物。《阿Q正传》里的邹七嫂、《离婚》里的爱姑和《风波》里的七斤嫂等，都是这一类型。

邹七嫂是个十分善于交际、迎奉的人物。吴妈因阿Q求欢闹得赵家满屋风雨的时候，赵家人集齐了，连"赵府一家连两日不吃饭的太太也在内"，而邹七嫂一个外姓人却也夹在赵家这一群人里面来帮着宽慰吴妈，可见她混迹能力的厉害。后来，她从阿Q那里买了条蓝绸裙，得意地在自己的交际圈里展示，结果竟将阿Q的大名从浅闺传到了深闺，让他得到了赵太爷的传唤。而且在这传唤的过程中，尽管阿Q说过了已经没有东西可卖了，她依旧要让阿Q亲自去和赵太爷说，因为怕如果只自己一个人去回复会被认为没有办成事。而后她又因为赵太爷的疑心，立马把买来的裙子染了皂，表示和阿Q划清界限，不仅如此，秀才叮嘱过她，让她不要提及"庭讯"，但她还是四处宣扬，最后将阿Q置于不利的地位。从这种种事迹中，可以看出邹七嫂是个见风使舵、趋炎附势的高手。而且她十分善于钻营，最会奉承。当全村人心动摇觉得革命党要进城来的时候，她"不以为然，说那不过是几口破衣箱，举人老爷想来寄存的，却已被赵太爷回复转去"。当然，邹七嫂也是被封建观念毒害的可怜人，阿Q因求爱一事被末庄众多女眷躲避的时候，"将近五十岁的邹七嫂，也跟着别人乱钻，而且将十一岁的女儿都叫进去了"，一个"钻"字，生动体现了她的慌乱，邹七嫂这个年纪的人，阿Q根本看不上，但是她依旧在害怕，觉得阿Q会侮辱到自己的贞洁，甚至连女儿都不放心要叫进去。但是之后却因为阿Q的好东西，主动和阿Q亲近，又是何其荒谬。邹七嫂这个人物，实在是封建、可笑又悲剧。

爱姑则和前面所说的几位女性不同。首先，她具有一定的身份、地位：她的父亲是沿海三六十八村人人都知道的庄木三,她还有六个能帮衬的兄弟,就连和父亲出去坐船,也是"刚从木莲桥头跨下航船去"就得到了"船旁的坐板也空出四人的坐位来了"的待遇。其次,阔绰的家世也助长了她泼辣的性格,"施家的儿子姘上了寡妇",她闹了整整三年,甚至放出豪言:"我总要闹得他们家败人亡!"就算是到了慰老爷家,面对高堂上坐着的几位大人,她照样骂"老畜生""小畜生",还腹诽自己的父亲,"连爹也看得赔贴的钱有点头昏眼热了……"甚至当面说出"就怨我爹连人情世故都不知道,老发昏了"这样的话。最后,爱姑也是很豪放、不拘小节的人,她随父亲进船舱后,"将两只钩刀样的脚正对着八三摆成一个'八'字",惹得同舱的妇人们"撮着念珠,又都看爱姑,而且互视,努嘴,点头",而她毫不在意。不过爱姑的出身虽然带给了她一定的便利,但同时也带给了她不幸。爱姑的依凭是娘家人,是封建男权给予她的资本。她附从的男性群体地位高,她才获得了表面上的高地位,这种阶级附从性也导致了她的悲剧。

结合时代背景可知,爱姑生活在民国初期,当时正是新思想萌芽的阶段,民主、自由、平等的先进理念开始出现,爱姑使用了这些理念作为武器,但是她却并不具有先进性。因为辛亥革命虽然将文明民主的观念传扬开了,但是民众的思想解放并不彻底。就像爱姑,她没有足够的现代意识,也没有能够完满解决婚姻问题的能力,她甚至不理解离婚的含义。这也是为什么明明可以离婚拿补偿,她却一心只要闹,她无法忍受丈夫的出轨,也不愿意接受丈夫休妻的举动,她只要出气。何况爱姑一再强调自己"是三茶六礼定来的,花轿抬来的呵"! 她在倚靠封建礼教为自己辩护,这样的行为无疑会失败。因为当时的农村社会,身处统治阶层的依旧是慰老爷、七大人之流,他们维护封建男权,是以并不会给爱姑合理的判决。再加上几千年的封建专制使得人们慕强慕权、匍匐在权势之下不敢反抗,这也是爱姑最后折败在七大人的"来兮"中的原因。而且在这场离婚斗争里,根本没有人真的愿意支持她,即便是她的父亲,也是不赞成闹离婚的。所以无论如何,爱姑都不会、也不可能获得闹离婚的胜利。爱姑这类人物,虽然勇于反抗封建理论,但依旧是蒙昧、不可取的。

《风波》展示的同是辛亥革命后的农村景象,辛亥革命提倡民主共和,可这些观念并未深入人心,革命的不彻底使得农村依旧被封建帝制的思想统治,农民大众仍旧愚昧无知。七斤嫂作为农村小人物的缩影,其思想行为都展示了农村妇女的腐朽狭隘。

七斤嫂是生活在底层的农村妇女,一个自私落后、麻木浑噩而不觉悟的人物。她说话做事都带着一股泼辣刻毒劲,面对婆婆"一代不如一代"的絮叨,她会愤愤然摔篮子顶嘴:"你老人家又这么说了。六斤生下来的时候,不是六斤五两么? 你家的秤又是私秤,加重称,十八两秤;用了准十六,我们的六斤该有七斤多哩。我想便是太公和公公,也不见得正是九斤八斤十足,用的秤也许是十四两……"态度蛮横,嘴上绝不饶人;面对七斤,只要他做的事情不合自己心意,她也是动辄开骂。回家晚了,就是:"你这死尸怎么这时候才回来,死到那里去了! 不管人家等着你开饭!"听闻"新坐上龙庭的皇帝要辫子"后,面对剪了辫子的丈夫,她又是动怒又是绝望,恨声痛骂:"这死尸自作自受!""他偏要死进城去,滚进城去""这囚徒自作自受,带累了我们又怎么说呢? 这活死尸的囚徒……"而"活死尸"这种称呼不仅展现了对丈夫做"错"事的责备,更是对丈夫的一种咒怨;八一嫂发善心来劝解她,她也并不接受好心,即刻辱骂回去,害得八一嫂仓皇离去。七斤嫂粗俗刁野,蛮不讲理,她并不像以往传统的妇女那样遵循三从四德,她随时随地都敢骂自己的婆婆和丈夫,还会对女儿动手,说女儿是"偷汉的小寡妇",但她同时也是家里最受封建思想统治的人,她骨子里还在尊崇封建传统,因此在知道"皇帝坐龙庭"之后才会绝望哭诉"一班老小,都靠他养活的人"。七斤嫂虽然泼辣蛮横,敢对丈夫指指点点随意打骂,但是在真的遇到事时,她还是将自己当成是丈夫的附庸,认为没了丈夫自己就没了依靠和未来。也正是因为如此,她会对七斤曾经骂过"贱胎"的赵七爷毕恭毕敬,赔笑问话,当"皇帝不坐龙庭"之后,她又给予七斤"相当的尊敬,相当的待遇"。七斤嫂看似天不怕地不怕,实际上整个人愚昧保守,欺软怕硬,不思进取,也正是基于如此原因,面对赵七爷的侃侃而谈,没有读过书的七斤嫂才会"不很懂得这古典的奥妙,但觉得有学问的七爷这么说,事情自然非常重大"。当时民主观念虽然已经在群众中传扬,但是像七斤嫂这类的农村人闭目塞听,受教育程度低下又不肯觉悟,只想做封建思想统治下的奴才,并不期望有任何变动,是以她们粗鄙落后、封建愚昧。再者,虽然她时常会斥责自己的丈夫、女儿,看着像是家庭地位的领导者,但每每到关键时刻总是屈服于男权、受那些男性角色的欺压,她仍旧是依附于封建男权的侍从者。

邹七嫂、爱姑和七斤嫂都是农村妇女,她们生长在闭塞的农村,没有受教育的机会,同样缺少思想觉醒的机会,她们展示了底层劳动女性真实的境遇,她们的悲剧人生,是旧中国社会造就的,有着难以言喻的哀痛。

二、鲁迅塑造女性形象的审美立场与审美视角

鲁迅塑造女性形象时,也采用了不同的叙事角度,将各类阶层的女性不同的思想、性格给展现了出来。尽管这些女性角色的出身、经历都有所不同,但是殊途同归,都是封建社会中被"吃"的成员。鲁迅在叙述的过程中,首先,采取了人道主义的立场,即用倡导平等的态度将那些受苦受难的女性的悲剧命运书写出来,表达对底层人民拥有做"人"的基本权利的期盼。其次,他采用了女权主义的立场,即用提倡男女平等的思想描写一些具备一定手艺的女能人,借她们的所作所为展现了对男女平权社会的期望。最后,他身为男性写作者,采用男性视角来塑造妻子形象,在这一点上,鲁迅的观点是具有时代局限性的。

(一)从人道主义立场和内视角去描写受难女性形象

人道主义提倡关怀人、尊重人,以人为中心,主张人格平等、互相尊重。鲁迅所倡导的人道主义也是如此,他同情那些生活在社会底层中的劳动人民,也将自己的眼光集中到了那些最受压迫的下层苦难人民处,希望他们可以开发民智,希望他们的生存权利可以得到维护,更希望他们能够取得做"人"的尊严。

祥林嫂就是在鲁迅如此期望下塑造出来的角色,她是杂取合成的悲剧代表,真实反映了封建底层社会里无数劳动妇女的凄惨人生。

祥林嫂是典型的中国传统劳动妇女,勤劳本分。纵观文中众人对她的评价,都离不开"能干"二字,众口一词地夸赞她比男人还勤快。就连她婆婆抓她走的时候,给的说辞也是特地叫她回去帮忙。而且婆家人来抓她的时候她正在淘洗食材,被拖拽捆绑,还能

做到淘箩"平平正正地放在岸上,旁边还有一株菜",这也是四嫂会对她念念不忘的原因。就连素来冷心的卫老婆子慨叹她的遭遇,都会夸她一句"幸亏有儿子;她又能做,打柴摘茶养蚕都来得"。

而正如旧社会许多底层妇女一样,祥林嫂驯良、安分、容易满足,但这并不如以往研究所说的那样,她想要做奴隶。她在鲁家做工后变得开朗健康,与其说是因为实现了做"合格的奴隶"的追求,倒不如说她是满足于自己"人"的价值得到了实现。祥林嫂来到鲁镇的前提是从婆家逃了出来,她并不认可自己是婆家的所有物,出逃是她本能的自救行为,她没有被所谓的三从四德给束缚住,不仅想法如此,她还付诸了行动。敢于反抗封建礼教这一点,对于没有机会接触新文化的祥林嫂来说,是难能可贵的。而且做短工给了她生活保障,她为此才光彩焕然。再者,祥林嫂在鲁镇并不爱社交,也不讲述自己从前的生活,大家都是打听了许久才得到了一点信息。这时候的祥林嫂不像后来那样逢人就诉说自己的遭遇,很大程度上就是因为此时的她并不需要倾吐,她对当前的生活状况很满意。而且不论是出逃还是抗拒再婚,祥林嫂都是在捍卫自己作为"人"的权益。否则她若是为了维护忠贞不愿再嫁,怎么还会洞房? 她和贺老六在一起生活,是因为她愿意和贺老六过日子。因此当柳妈问她"那时怎么后来竟依了呢?"的时候,她才会露出笑容说:"阿阿,你……你倒自己试试着。"并且"旋转眼光,自去看雪花",躲避地去看雪花那一刻流露出来的娇羞,也是她"人"的体现。再说对于自己的二嫁,祥林嫂也是直到柳妈问起后才对这种不忠的行为有所意识,她怕在阴司被锯成两半,她担忧的只是自己,这并不是对封建礼教的维护。她去捐门槛,也是为了让大家能够认同她。因此她捐完门槛后镇定自若地去拿祝福的祭品,因为她觉得自己很清白,而四婶慌忙中大声说出来的"你放着罢,祥林嫂!"让她清楚地知道自己一整年的努力毫无用处,大家依旧觉得她是个不贞洁的人。她知道自己不被接纳,而且再没有办法让大家接受自己,这才颓丧了,否则她这样顽强坚韧的个性,也不会落得个惨死街头无人问津的结局。

祥林嫂一生都没有依附过他人,她一直靠自己在努力生活。两次丧夫都没有使她消沉,阿毛的死也只是让她精神不振了些,可到最后,她不容于鲁镇,不容于社会,死在不被大众和社会认可的忧惧中。而她的死亡,在众人口中也是个"谬种",是大家淡淡然的一句"怎么死的? ——还不是穷死的"。

不过以当时的生存环境来看,就算祥林嫂能不被婆家发现,就算阿毛没有被狼咬走,也还会有别的悲剧出现。不幸和悲剧是既定的,不论祥林嫂是遵从还是反抗,都逃不掉注定的结局。封建制度的黑暗是造成她悲惨命运的最大原因。更何况祥林嫂面对的,是一整个吃人的社会。生活在当时社会环境下的女性,没有意识到自己在被"吃",反而在有了一定的地位和能力后对同性敲骨吸髓,卫老婆子和柳妈就是如此。她们漠视祥林嫂的苦痛,不仅没有"物伤其类"的同理心,更是将祥林嫂的悲惨遭遇作为茶余饭后的谈资,冷漠残酷又麻木自私。而且祥林嫂后来被大家取笑伤疤,其中未尝没有柳妈的推波助澜。

祥林嫂对这种情况虽有反抗,但总是失败的,这失败是必然的,因为环境如此,无可奈何。

同样的受苦受难者也存在于《狂人日记》,"我"的妹妹也是其中之一。《狂人日记》

全篇对妹妹的着墨并不多,只有寥寥几句话。据"我"所说,妹妹在不过五岁,还是很可爱可怜的样子时,就被"吃"掉了,就是怜爱她的"我"也可能吃到过她的几片肉。五岁,正是一个孩童最天真烂漫的时期,妹妹就已经被"吃"了。文中几次提到的举止奇怪的小孩子,这些小孩子之所以奇怪,是因为早已被他们的娘老子教导了如何去学"吃人",他们小小年纪心里却装满了吃人的思想。而妹妹的境况远不如那些小孩子,她是那些被教导了去"吃人"的小孩子所要吃的人。妹妹是个被吃者,她的遭遇印证了"满本都写着两个字是'吃人'"的事实。而所谓"吃人"并非确有其事,只是用以指代,但妹妹这个形象在"吃人"环境下却有其存在的一定的真实性和合理性。妹妹是被家族、礼教迫害的牺牲者,是封建社会里身为弱者的女性的缩影。妹妹指代了那些还没有长大就被"吃"的孩童们。她们太过弱小,身处封建底层,不仅被他人欺辱、侵害,甚至还被自己的亲人压榨。她们在并不清楚什么是"吃人"的时候就已经被吃掉了,因为实在没有能力,她们也反抗不得。

(二)从女权主义立场去描写女能人形象

女权主义又称男女平等主义,旨在反对性别歧视、促进性阶层平等、推动性底层的权力与利益。受父权社会的长期桎梏,女性在政治、经济、文化等方面,地位都是低于男性。就算是当今社会,歧视女性的现象也常有发生。求学也好,就业也好,生育也好,这些地位不平等的问题常常出现,究其根源,是历史遗留下来的传统思想观念的问题。而所谓的女能人,就是指那些具有个人能力,如某种技能,并且拥有一定社会地位的女性。她们头脑灵活、做事积极、社交广泛,有组织领导的能力,即便没有担任社会职位,也拥有一定的话语权。王九妈和杨二嫂就是如此。

总的来说,王九妈是个十分具有领导能力和决断力的角色。她主要领导的事情就是宝儿的葬礼。单四嫂子在宝儿死后浑浑噩噩无法理事,于是王九妈上场了,她领着蓝皮阿五、红鼻老拱、咸亨掌柜几个人来到单四嫂子家帮忙,掌控了全场,发号施令"烧了一串纸钱";又将两条板凳和五件衣服作抵,替单四嫂子借了两块洋钱,给帮忙的人备饭",将单四嫂子的"一副银耳环和一支裹金的银簪,都交给了咸亨的掌柜,托他作一个保,半现半赊的买一具棺木",并且当单四嫂子在葬礼上失控"哭一回,看一回,总不肯死心塌地的盖上"使得葬礼无法继续时"幸亏王九妈等得不耐烦,气愤愤的跑上前,一把拖开他,才七手八脚地盖上了"。而且王九妈帮忙帮得也是尽心尽力,"昨天烧过一串纸钱,上午又烧了四十九卷《大悲咒》;收敛的时候,给他穿上顶新的衣裳,平日喜欢的玩意儿——一个泥人,两个小木碗,两个玻璃瓶——都放在枕头旁边。在做完这一切后"掐着指头子细推敲,也终于想不出一些什么缺陷",终于使葬礼完满办完。而且在葬礼办完之后又帮着做饭,让"凡是动过手开过口的人都吃了饭",从这一串事情中可以看出,王九妈为人沉稳,办事得当,妥帖细腻,是个十分热情的善心人。不过她热心稳当的外表下,是副十足残酷冷漠的铁石心肠。从文章开头就能知道"原来鲁镇是僻静地方,还有些古风:不上一更,大家便都关门睡觉。深更半夜没有睡的只有两家:一家是咸亨酒店,几个酒肉朋友围着柜台,吃喝得正高兴;一家便是间壁的单四嫂子,他自从前年守了寡,便须专靠着自己的一双手纺出绵纱来,养活他自己和他三岁的儿子,所以睡的也迟"。单四嫂子是无人可依靠的寡妇,只能靠自己纺纱过活,一做就是到深夜,这事大家都心知肚明,但是对于这种情况，热情好心的王九妈从未施过援手，她一直是冷眼旁观者，她的热心，直到宝儿出事后才开始显现。单四嫂子刚抱着病重的宝儿回家，她"在街边坐着，远远地"就开始询问，当单四嫂子无措地将她当成救命稻草依附、询问宝儿的病况时，她"端详了一番，把头点了两点，摇了两摇"地开始装神弄鬼，糊弄单四嫂子。她语焉不详，只是增添了单四嫂子的难过无助。且王九妈嘘寒问暖的殷切热心，一开始就建立在了单四嫂子孤苦无依的惶惑无依之上，尤其是在宝儿死后，单四嫂子无主发慌时，她自作主张替单四嫂子借洋钱，还将单四嫂子的东西托了保，忙前忙后殷勤不停，为了也不过是搜刮掉单四嫂子仅剩的一点财产。她烧纸钱、烧《大悲咒》，把葬礼做得完美无缺，但越是完美就越显其世故凉薄。单四嫂子为宝儿痛哭时，她不耐烦地一把推开单四嫂子就让人盖上了棺盖，这样的举动更是冷心冷情。王九妈作为单四嫂子多年的邻里，既不体恤丧子的母亲，也缺乏同理心，冷血又麻木。王九妈这样的人，虽说是个强势的女能人，看着正派传统，处事圆滑，但仔细看来，还是个冷漠虚伪、惯会压榨、不顾他人生死的伪善人物。

而杨二嫂也是同样漠然、刻薄的人物。杨二嫂也是个手艺人，年轻的时候靠开豆腐店维持生计。那时因为容颜貌美，被称为"豆腐西施"，光是擦着白粉在店里终日坐着，都能引得无数人争相来店里采买豆腐，生意好得不行。早年的杨二嫂也有着中国农村妇女的传统美德：勤劳、简朴、会持家。但可惜时过境迁，辛亥革命之后农村经济因帝国主义的操纵而趋向崩坏，像杨二嫂这样的农村小市民便都濒临破产，难以维持生计。贫穷使杨二嫂没了操守，曾经的寡言美人成了叉腰的圆规，怪声怪气，尖酸刻薄，做出的都是些上不得台面的事情。杨二嫂初出场就是一阵怪腔怪调，还因为"我"没有认出这位曾经抱过自己的亲戚而"很不平，显出鄙夷的神色，仿佛嗤笑法国人不知道拿破仑，美国人不知道华盛顿似的，冷笑"，也因为"我"不肯给她破烂木器而"一面愤愤地回转身，一面絮絮地说，慢慢向外走"顺手将"一副手套塞在裤腰里，出去了"。而她最后一次出场，是"在灰堆里，掏出十多个碗碟来"，认定是闰土埋的，觉得自己发现这件事情，"很以为功，便拿了那狗气杀，飞也似的跑了"，而这些行径和"我"印象中的"豆腐西施"可谓是天差地别。二十年前的杨二嫂，衣食无忧，那时的她端庄娴静，坐镇柜台，还会擦白粉来展示美貌，而擦白粉这一举动不仅是因为她爱美，懂得利用自己的长处，也是因为她的经济地位可以让她进行自我妆造。那时的豆腐店生意很好，不只是因为她的美貌吸引顾客，杨二嫂待人接客的服务必然也很好，才会使豆腐店门庭若市。而二十年后，她成了"凸颧骨，薄嘴唇""两手搭在髀间，没有系裙，张着两脚，正像一个画图仪器里细脚伶仃的圆规"，为了生计不顾脸面做些损人利己的勾当，但她放弃道德名誉拿来的也不是什么好东西，只是一个狗气杀罢了。

杨二嫂的可笑行径，是她当时所处的社会造成的。年轻的杨二嫂可以凭借美貌轻而易举得到经济、地位，可老去之后，她就没了可以依凭的资本，那些辛苦恋睚的生活使她变得不顾脸面、没有操守，一个劲地搬弄是非、颠倒黑白。不过即使是这样，杨二嫂还是有着一点底线：虽然她讲话刻薄尖酸，但是也没有骂出什么污言秽语，虽说讨要东西的言辞不当，但她也没有诅咒没有谩骂，不顾脸面做出的最大的举动也只是顺手牵羊，没有偷窃过。当时的农村经济凋敝破败，杨二嫂展示了经济萧条后广大农村人民的艰难生活，她过去的生活和现在的处境形成了强烈的对比，从豆腐西施变成圆规，这不仅是她个人的悲剧,也是时代的悲剧。

(三)从男性视角去描写妻子形象

或许是自身经历的缘故,鲁迅对于妻子这一形象的塑造是有所缺陷的。鲁迅曾说过:"女人的天性中有母性、有女儿性,无妻性。妻性是逼成的,只是母性和女儿性的混合。"将这句话对照进他的相关作品里,可以看到鲁迅小说里的妻子们的妻性确实被抹杀掉了。在鲁迅的观念里,女性中的母性和女儿性是天然的属性,而妻性则是女性被赋予的社会属性,是不自然也不存在的存在。可细细探究,所谓的母性,其实也只是社会伦理道德所赋予女性的一种属性罢了。诚然,鲁迅作为男性写作者,能够站在女性的立场上去描述事实、抨击封建男权社会对女性的压榨和戕害,在对女性的相关思考上有着一定的进步性,但终归是被时代所限,他有关于女性解放的观念还是被传统思想所影响,有着不彻底性。就如他在《阿金》里说的:"我一向不相信昭君出塞会安汉,木兰从军就可以保隋;也不信妲己亡殷,西施沼吴,杨妃乱唐的那些古老话。我以为在男权社会里,女人是决不会有这种大力量的,兴亡的责任,都应该男的负。但向来的男性的作者,大抵将败亡的大罪,推在女性身上,这真是一钱不值的没有出息的男人。"鲁迅认为,在男权社会里,把一切过错归罪到女性身上是懦弱且不负责的行为,因为男权社会里女性没有多少推动作用。但这种观念是有失偏颇的。哪怕是在绝对男权的旧中国封建社会里,依然有很多女性是掌权者、决策者,她们基于和男性的各种关系,如夫妻、母子、父女等,在社会发展中起到了直接或间接的推动作用,甚至对国家都有着兴亡的影响,如武则天、慈禧等。鲁迅的这类观点,在一定程度上弱化了女性。封建男权社会虽然对女性迫害至深,女性被视为是男性的附庸,但女性也并不全然是任人摆布的傀儡,虽然所谓的"大力量"是以女性的人权牺牲为代价,但不可否认的是,女性有着推动社会的力量。就说当年那些参加革命的女性,她们为了摆脱父权的控制、抗争包办婚姻,纷纷离家参加革命,剪短发、放缠足,甚至卖掉自己的嫁妆,做了中国第一批为了个人的自由而出走的"娜拉",虽说她们革命的时间不长,也因为经济原因最后或多或少都成了失败者,但其后很长一段时间的主流宣传倡导的男女平等,可以说是因为那些女革命者起到了作用。

而《伤逝》中的子君也属于女革命者之一,不过是在鲁迅有失偏颇的观念里创造出来的。子君是那些在五四时期被思想解放的知识女性们的代表,她的经历也是那些女性命运的缩影。

子君是受到过新思想熏陶的进步女性,有着彻底的反抗封建伦理的勇气,她追求个性解放、自由婚恋,所作所为均大胆无畏。她乐于接受新事物,接受程度也很高,因此会和涓生"谈家庭专制,谈打破旧习惯,谈男女平等,谈伊孛生,谈泰戈尔,谈雪莱",还"总是微笑点头,两眼里弥漫着稚气的好奇的光泽";即便知道了涓生的身世、缺点,却仍旧能够"分明地,坚决地,沉静地"说出自己的意愿,和家庭决裂,奔赴涓生处,哪怕令自己的叔叔气愤到不再认她做侄女,也从未后悔过;热恋期和涓生在路上同行,"时时遇到探索,讥笑,猥亵和轻蔑的眼光",她"大无畏的,对于这些全不关心,只是镇静地缓缓前行,坦然如入无人之境",洒脱又自如,就像涓生所说:"彻底的思想就在她的脑里""半瓶雪花膏和鼻尖的小平面,于她能算什么东西呢?"子君不仅勇敢大胆,她同时也很要强,和涓生找住处时一定要入股,卖掉唯一的金戒指和耳环,只为了住得更加安心;而在和房东太太相处的时候,也会因为被奚落,而在鸡鸭等小事上铆足劲去比拼。当然,除去这些果敢自强的个性,子君也是稚气的。她常常会回味求爱的场景,让涓生温习,"被质问,被考验,并且被命复述当时的言语,然而常须由她补足,由她纠正",而这时的子君,眼里也总是稚气的光彩,这时的她,只是个沉浸在自己创造的幸福中的小女人。由此也可见子君是没什么远大抱负的。她和涓生成家后,自然地将自己的身份从恋人过渡成了妻子,待在家里整日操劳,将全副身心放在了和涓生创建的小家上。"做菜虽不是子君的特长,然而她于此却倾注着全力""终日汗流满面,短发都黏在脑额上;两只手又只是这样地粗糙起来",她并没有再充实自己,反倒将自己局限了起来。但子君依旧是清醒的,涓生失业那晚她所表现出来的惶惑不安,不仅是涓生所谓的软弱,她知道经济的重要性,也明白涓生的失业会有怎样重大的影响,这也是为什么当涓生和她说自己的工作"不能受规定的吃饭的束缚"时,她会表现得明白而很不高兴。子君不仅清醒,还很果决,她在得到涓生肯定的不爱了的答复后离开了吉兆胡同,即便是被涓生抛弃,即使依然热烈地爱着涓生,她也在留下两人生活材料的全部、让涓生可以维持较久的生活后立刻离开,去迎接"烈日一般的严威和旁人的赛过冰霜的冷眼。此外便是虚空。负着虚空的重担,在严威和冷眼中走着所谓人生的路""路的尽头,又不过是——连墓碑也没有的坟墓"的结局。

历来的研究总说子君是因为无法做到经济独立而被抛弃、只能死于无爱的人间,但是在当时的社会,生活环境并不自由,女性生存的环境也是十分艰难,子君势必无法拥有和男性平等工作的权利。也正是因为经济上绝对的无法自由独立,她才会成为涓生的附庸,才会在最后死在无爱的人间。子君的悲剧是由当时整个社会环境造成的,她的结局更是可以想见的、那些"出走"的知识女性们的结局:因为缺少经济支撑而注定会失败,但是那样的结局也能予人警醒。

同样的,被赋予了"妻子"地位的爱姑,也是一位有缺陷的形象。爱姑是个不先进的、却拿着先进思想做武器的人物。不过爱姑的不先进其实也体现了鲁迅的女性观念的不成熟。首先,爱姑这个妻子形象是缺失妻性的,不论从哪个角度看,都不是个合格的妻子。虽然她自辩说自己是"三茶六礼定来的",嫁过去以后"低头进,低头出,一礼不缺",看上去像是被封建理论浸淫得十分透彻,可却还是能骂出"小畜生""老畜生"这样的语句。作为封建社会里的一位小媳妇,爱姑的行为可以说是十分出格了。其次,爱姑敢于反抗,敢对峙封建礼教,在这一点上,她是值得称颂的。可是爱姑虽然果敢进步,实质上还是在蒙昧中挣扎,且不得解脱。爱姑当时所处的环境,已经有了民主共和的观念,但就像子君接受了新思想却无法自如运用到生活中一样,爱姑同样是有了闹离婚的行为却无法完全理解婚姻。她证明了:纵然辛亥革命成功了,输送了新的观念、新的文化,但是它仍旧没有使国民转变,没有改变中国人的灵魂,他们骨子里还是浸透着封建思想。就像敢于反抗的爱姑,她反抗男权的依凭还是她的娘家人,还是封建教条。爱姑和鲁迅笔下其他的女性人物一样,无论是遵循封建伦理道德的旧式妇女,还是受启蒙思想影响的新女性,结局都是被"吃"掉。不论她们做过什么样的抗争、抗争到什么程度,结局都是一样的凄惨。这些凄惨结局反映了鲁迅对当时女性所处境况的认知:女性是弱者,是被牺牲者,无法自救,无法成功。而且鲁迅只是提出了问题,并没有给出真正会让妇女得到解放的方法。就算他指出娜拉若要成功出走需要经济的支撑,但是这种观念真的照进现实,则是宣言经济权最重要的鲁迅也只会让许广平叹息:"我私意除了帮助他些琐务外,自己应当有正当职业,再三设法,将要成功,但是被他反对了好几次。""尽管在社会上大吹男女平等,要女人出来谋生,经济独立,一到自己的女人,就什么都两样了。"

三、鲁迅塑造女性形象描写的审美价值

鲁迅描绘了旧社会里妇女生存的惨状,他用悲剧的形式概括了小人物们的命运结局,以小见大,展示了封建社会对女性的摧残。

(一)书写了女性受苦受难的社会现实,揭露了封建专制统治的罪恶

鲁迅小说真实地展现了旧社会背景下女性的悲惨处境,他笔下的女性,通常是愚昧迷茫的,她们受尽欺凌却还是逆来顺受、不知反抗,即便是反抗,也是短暂的,她们根本不明白自己悲剧的根源。鲁迅在挖掘她们受苦受难的根本原因的同时,也无情批判了封建社会的黑暗,如《明天》里的单四嫂子和《在酒楼上》的顺姑。

单四嫂子是个节妇,丈夫死后将一切生活重心都放在了自己儿子身上,而在儿子病后又将一切的希望都寄托于"明天",她没有自我,只会自我安慰明天到了就好了,可她却永远也等不到充满希望的"明天",只能在邻里的无情和吃人的旧社会中没落,在无望中了却一生。鲁迅在文中几次三番说她是个"粗笨女人",诚然,单四嫂子十足的蒙昧愚钝,但是她同样也良善勤朴,她会纺织,日子虽然过得很艰难,但还是攒下了钱来。她也懂些人情世故,会说出"请法眼"这样的场面话。她所谓的"粗笨",也是当时的环境造就的。宝儿生病,请何小仙看诊,但是所谓的神医也只会装神弄鬼,说些玄之又玄的话来糊弄哄骗;蓝皮阿五、红鼻老拱等只想揩她这位寡妇的油,咸亨酒店彻夜不眠的烛火照着邻里冷淡的社交关系。他们漠视单四嫂子的艰难处境,从未想过要去相帮,却能在单四嫂子悲痛欲绝之时帮忙,搜刮钱财,将一切银两货物照单全收,毫不体恤;连同为女性的王九妈,也是十足的冷硬心肠,她热心前来帮助完成葬礼,也是为了将单四嫂子"吃"得更彻底些,单四嫂子的悲剧,从一开始就注定了;而得到过"祝赞她一生幸福,愿世界为她变好"那样温情祝福的阿顺,最后因为伯伯长庚的一句玩笑而在"如果她的男人真比长庚不如,那就真可怕呵! 比不上一个偷鸡贼,那是什么东西呢?"的惊惧绝望中病逝。阿顺同样是一个寻常的、不出众的不幸小人物。首先她的容貌就不显眼,但是有着一双漂亮的眼睛,明净纯澈,好看得让吕纬甫念念不忘多年。阿顺虽然容貌不惊人,但是她自小勤快能干,十多岁就能带好弟弟妹妹们,家务操持得当,待人接客也很热心真挚,邻里街坊没有不夸赞和喜欢她的,连吕纬甫的母亲多年之后还记得阿顺曾心心念念过剪绒花,老发奶奶谈起她的病逝都要叹息一句"只可惜",可惜如此美好的少女,最后沦落到个惊惧病亡的结局。

鲁迅塑造出单四嫂子、阿顺这样勤朴良善的角色,并不只是在单纯地叙述小人物的故事,他借这些女性形象痛斥了封建专制统治对女性的戕害。单四嫂子和阿顺等人的故事涵盖了当时的社会时代内容,她们这些平凡庸常的小人物有着不寻常、多层次的内涵,她们的结局,折射出封建伦理道德的残酷特质,也深化了封建社会底层妇女们命运的悲惨与凄凉。"妇人,从人者也",封建社会里女性的地位早有定论,她们是男性的依附者、

侍从者。单四嫂子和阿顺就是如此的"从人者",单四嫂子守节,会因为阿五触碰到了自己而"觉乳房上发了一条热,刹时间直热到脸上和耳根",阿顺也是因为谨遵了封建父权才会对长庚的话深信不疑,最后抑郁死去。她们的悲剧,揭露了封建专制统治的罪恶。而且她们的悲剧结局,有一部分也因为她们屈从了男权社会的尊卑阶级。鲁迅借她们来讽刺当时吃人不眨眼的社会,封建社会迫害着这些勤劳质朴的女性,她们是受难者。

(二)展现女性凄苦的生存环境,借以警醒、启蒙大众

鲁迅说:"悲剧将人生的有价值的东西毁灭给人看。"因此《呐喊》《彷徨》展示了封建伦理道德是如何毁灭有价值的东西的。在那个时代,身处男权社会的女性,丧失人身自由,受人摆布,犹如浮萍草芥,不能掌握自己的命运。她们没有自由可言,只能被动地承受,被摆布、被安排;别林斯基说过:"在哀歌中,必须把产生悲剧的原因和所发悲哀的强度辨别开来。眼泪的渊源越是广阔和深邃,哀歌的内容也就越丰富和重要,而我们也更深刻地同情那眼泪。"①可见在悲剧作品里,揭示的悲剧越深刻越动人。孝女、子君、祥林嫂等人就是如此。

孝女依靠乞讨维系祖孙二人的生活,却被光棍拿来打趣,说着"洗一洗,好得很哩"之类的昏话,而卫道夫四铭听到了,甚至对孝女生出了淫念,并在淫欲的驱动下为自己的夫人买了肥皂。孝女去乞讨,是生活环境所迫,她本人并没有做选择的权利,而生活重压之下,还要做他人性欲的遮羞布,实在是悲苦;子君和孝女不同,她有着良好的家世出身,后来因为新思潮的影响,毅然决然出走追寻自由的爱情婚姻,在和涓生结合之后,安于现状,每日只是局限在小家之内,没有进取,最后被认为她是拖累的涓生抛弃,回到家里,死在封建的威压之下。子君的悲剧在于当时的社会依旧是男权的社会,她没办法在社会里找到自身的价值,只能通过依附,而失却经济基础的依附终究是不牢靠的;祥林嫂的境遇更是不如子君,她没能被新思潮影响,因此她的价值观只能取决于所处的封建伦理道德,但就算如此,她也会为了自己生而为人的权利努力,会反抗会争取。但她最后还是失败了,在各类打击之下,原先处境再艰难都能积极生活充满生活张力的祥林嫂变成了麻木沉默的木偶人,丧失了求生的欲望,最后被封建社会侵害、吞噬,也逝去了。

鲁迅作品中的女性人物,都有着强烈的悲剧色彩。不过整部作品却并不以绝望为尚,《呐喊》《彷徨》虽然描述黑暗,真实可怖,整个基调却并不阴冷,反而还在悲怆中存留点希望,予以读者慰藉。因此虽然狂人的周围是"吃人"的恶状,但还有"救救孩子"的呐喊,还有未被侵染的小孩子们;虽然夏瑜母亲不懂自己的儿子、不明白革命的意义,只会在儿子的坟墓前哀痛,但是夏瑜的坟头却出现了花圈,有希望的延续……那些不开智的人物是封建社会的特定产物,她们让人产生同情怜悯,也让人"哀其不幸,怒其不争",鲁迅创作她们的目的就是让我们在产生同理心的同时,明白迫害她们的黑暗社会的残酷,由此得到警醒与启蒙。这些描写旧中国苦难经历的作品是在为那些底层人民发声,为的是反抗封建旧社会,为社会的进步做出贡献。

---

① 孙丽玲:《论鲁迅小说中女性形象的悲剧特征》,《曲靖师范学院学报》1997 年第 3 期,第 40—45 页。

鲁迅的小说，从革命民主主义出发，描写了当时社会景象的黑暗和丑恶，为的就是启迪大众、开发民智，他通过各色女性形象的悲剧展现封建传统社会里女性卑下的地位，控诉封建宗法制度和封建礼教的极端黑暗，也借此引导大众，去理解悲剧角色、明白她们悲剧产生的根源，然后反抗、挑战、血战前行，为男女平等的社会奋斗。

结　语

鲁迅说小说"必须是'为人生'，而且要改良这人生"①，"多采自病态社会的不幸的人们中，意思是在揭出病苦，引起疗救的注意"②，"力避行文的唠叨，只要觉得够将意思传给别人了，就宁可什么陪衬拖带也没有"③，而且小说和历史不一样，历史记载的是真实事件，但是小说所描写的不是实例，它的故事是虚构的，可是它虚构出来的故事远比现实发生的事情更加合理真实、发人深省。人物形象虽然是虚构的，但作品呈现出的现实世界却是真实的，作者将现实投入到小说世界中去，不论现实是美好还是可怕，不论实情是夸大还是缩小。何况艺术形象成就的高低，除了人物本身形象个性，也和其所囊括的社会意义、形象内涵有关。就如鲁迅笔下的那些女性，她们蒙昧到让人痛心，但也使人警醒。这些各式各样栩栩如生的女性角色，不论是何出身、是何个性，终究都是被吃，摆脱不了封建统治的压迫，拥有宿命般的结局。鲁迅借此真切展示了封建社会里女性的艰难处境，严厉抨击了封建礼教对女性的残害。而他的小说的最高价值，就是让奴性的人变成自觉的"人"，这也正是文学的妙处，"文学之美妙，即在于能使不生存的人物生存"④，文学展示着社会的不同面，展示光明，也揭露阴暗，引发读者的共鸣、引起我们的深思。

时至今日，我们依旧可以从鲁迅的创作中得到启示。鲁迅笔下的故事虽然都是上个世纪的旧事，但时至今日，这些过去的事情依然存在，我们的社会依然在上演着同样的悲剧。究其根本，是因为封建文化思想一直没有被彻底清除，它依旧有着存活空间。一代人付出了如此巨大而惨重的代价，后代们看了，理应不再重蹈覆辙。而要做到如此，首先我们就要有足够透彻的认识，要争取平权社会。女性需要提升自己的社会地位，在生存、教育、劳动等方面得到自己合法、和男性同等的权利。女性尤其需要注重经济，要明白经济才能够给自己带来足够的地位保障。当初江南地区能够集中出现"悍妇"现象，就是因为当时的女性掌握了家庭经济的命脉。江南地区的商品经济发展迅速，造就了纺织业的发达，因此许多女性担任了实际的养家重任，这才拥有了足够多的话语权。而一个家庭中女性要是掌握了经济，就能得到和家庭中的男性相对平等的地位。当时的女性虽然不能靠经济实力来打破阶级偏见，却也能得到家庭的主导地位。再者，要使女性完成自我

---

① 刘国胜：《独有"爱"是真的：鲁迅"立人"思想解读》，上海人民出版社2014年版，第138页。
② 同上。
③ 陈翼浦：《演说·魅力·逻辑》，气象出版社1990年版，第11页。
④ 刘福春、李广良：《回读百年　20世纪中国社会人文论争》（第2卷　上），大象出版社2009年版，第310页。

解放,不仅要让女性自身有此认识,更需要破开社会环境的束缚,否则,便是如子君一样,虽然接受了先进思想的洗涤,但还会迫于社会现实的压力,被剥夺话语权,无力摆脱作为附庸的命运,直到沦为男权社会的牺牲品。女性解放不仅要靠女性自身的努力,还需要全社会观念的更新和提高。而在这过程中,也要警惕苦难消费,预防"看客"心理。女性若是不能和同性共情,那才是更大的悲剧。在要求平权的同时也要注意不要过分夸大,不必将女性过度神化、过分讴歌,要承认女性的不足,否则容易招致别人的反感和蔑视。

参考文献

[1]鲁迅.鲁迅全集 1-18 卷[M].北京:人民文学出版社,2005.

[2]倪墨炎.鲁迅散文选集[M].天津:百花文艺出版社,2009.

[3]姜异新.读懂鲁迅[M].南宁:广西人民出版社,2014.

[4]刘福春,李广良.回读百年 20 世纪中国社会人文论争 第 2 卷 上[M].郑州:大象出版社,2009.

[5]沈书雁,汪成法.从女性主义角度看鲁迅小说中的女性形象[J].安徽文学(下半月),2016(03):77-78.

[6]闫顺玲.女人的一曲哀歌:论《呐喊》《彷徨》中的女性形象[J].社科纵横,2006(11):111-114.

[7]孙丽玲.论鲁迅小说中女性形象的悲剧特征[J].曲靖师专学报,1997(3):40-45.

[8]郭若凡.鲁迅小说中的女性世界[J].现代交际,2017(23):75-77.

[9]何芬芳.论鲁迅作品中女性形象的无妻性[J].黄冈师专学报,1995(04):43-47.

[10]郝兰.鲁迅婚恋小说中的三位女性形象分析[J].陕西师范大学学报(哲学社会科学版),2005(S1):405-408.

[11]周芳芸.论鲁迅笔下的悲剧女性形象[J].四川师范大学学报(社会科学版),1999(1):46-54.

[12]黄铁成.试论鲁迅小说中的悲剧特征及其审美价值[J].中国矿业大学学报(社会科学版),2001(4):115-120.

[13]孙丽玲.论鲁迅的女性观[J].洛阳师范学院学报,2003(6):66-69.

[14]宋傲雪.从鲁迅笔下的女性形象看他的妇女解放思想[J].天津职业院校联合学报,2010,12(3):134-136.

[15]朱向军.论鲁迅"平常悲剧"的审美价值和社会意义[J].甘肃社会科学,2006(3):159-161.

[16]宋桂珍.鲁迅笔下的女性形象与其妇女观:《呐喊》《彷徨》散论之二[J].学术交流,2006(2):168-170.

[17]黎菲.向封建礼教说不:鲁迅小说女性形象的意蕴诠释[J].柳州师专学报,2015,30(5):19-22.

白先勇小说《台北人》之人物群像解读

桂慧慧

摘　要："台北人"出生在大陆,随着国民党政府撤退到了台湾,在台北社会的各个阶层打拼。台北人中的女性深受时间与空间的影响,各显生活才干,有如鱼得水的尹雪艳,"老大嫁作商人妇"的金大班,还有沉浸在对世界的愤怒中由良家妇女沦落为交际花的一把青;作为台北人中的男性,他们的整个生活都处于潦倒之中,地位的沦落、物质的困乏带来精神的落寞,使他们再难重整旗鼓;而作为身处边缘的同志,面对台湾根深蒂固的传统风尚,社会对他们既鄙视又排斥,因此他们永远处于边缘状态。无论是男性还是女性甚至是同性恋,白先勇都带着同情和感伤奏出了一曲曲属于他们的悲歌。

关键词:台北人;男性;女性;同志;特质;白先勇

引　言

　　《台北人》的作者白先勇是一位极具特色的作家,他的作品复杂多样,成为台湾与大陆沟通的重要桥梁,同时也便于大陆更好地了解台湾社会的现实情况,打破了大陆与台湾之间"文学隔绝"的局面。

　　《台北人》作为一部短篇小说集,作品一共包括十四篇,小说通过不同景、不同境,弥漫着离愁和感伤。在这挥之不去的乡愁里,白先勇构建了一个独特的人物群像。不同性别、不同个性、不同心理的人物展现出他们在当时时代背景中的生存抉择以及人物命运的具体形态和生命的一般流程。

一、女性群像特色

　　在任何一个时期,女性都是反映时代的一面镜子。自原始社会以来,女性就担负起了生儿育女的重任,随着父权制的产生不断沦为被奴役的对象,生育的工具,家庭的奴隶。尽管西方科学民主新思想不断涌入中国,但从整体上来看,中国传统思想根深蒂固,妇女的地位依旧低下。因此,在战火不断的年代,处于社会底层的中国妇女,无论贫富、贵贱,社会给予她们更多的是凌辱与伤害。作家白先勇关注到了这一点,将笔触伸向命运多舛的女性群体,运用细腻、含蓄的文字塑造了女性群像。

(一)时空投影

白先勇描绘的女性形象,如《金大班的最后一夜》中的金大班、《孤恋花》里的五宝、《游园惊梦》中的钱夫人、《一把青》里的朱青等,经笔者反复地阅读与研究,发现这些女性形象之间有着必然的联系,有着某些共同的特质,如本身性格的特质,所处时代的特殊,抑或是生活环境的特殊。而命运的悲剧是叙述这些共同特质的主因。

1. 共处一时

这是一个处于激荡转变的时代,国民党作为大陆的统治者以失败的姿态撤退,来到了台湾,准备以此作为退身之所,企图在台湾立足。纵观当时社会,百万大陆人迁至台湾,给台湾经济带来了沉重打击,导致物价上涨。在并未完全安定时局的情况下,台湾民众内心多了一股难以言说的酸楚感和危机感。

在白先勇看来,女性本应是弱势群体,要受到社会的保护,但是在那个时代,她们不仅没有受到保护,反而要承受肉体的摧残和精神的压迫,面对社会的重压,她们又不得不依附时代而生存,于是就随着社会的动荡逐渐由社会中心地位向边缘地带滑落,最终狠狠地摔下来。在这极度反差中她们感受到的是无尽的凄凉与落寞,尽管如此她们都挣扎着在这种落差中寻找自己最后的归宿。

2. 同居一隅

由于历史原因,女性从广袤的大陆来到偏于一隅的台北。作为社会弱势群体,她们感受到更多的是心理落差,以及强烈的孤独感和不安全感。

作者在女性的书写上可以说是跨度极大的,包含了台北都市的各个阶层。《游园惊梦》中上流社会的钱夫人、《孤恋花》中下流社会的"总司令"、《永远的尹雪艳》中的社交名媛尹雪艳,《金大班的最后一夜》中的低级舞女金大班,她们无论身处何位,都具有共同的大陆情结,怀念大陆。作者在对女性形象进行细致描写之余一再表示台湾的衣料丝绸等一切都不及大陆的好用。

3. 身世漂泊

她们都不是原住民,都不是真正的台北人,而是出生在中国大陆,随着国民政府撤退来到孤岛台湾,成为异乡人的一群人。由于历史原因,以及她们本身所具有的敏感特质,就不得不依靠男性而生存,因此处于比较被动的状态。

时代的巨变、地域的转移导致了她们的身世在漂泊中跌宕。在白先勇的小说中,女性一个个性格鲜明,对男人有着依附力,无论是国民党将军的遗孀蓝田玉,还是不断嫁人的尹雪艳,都是靠男人吃饭,因此更能显示出她们被压迫、被摧残的不幸。白先勇通过女性视角,丰富女性情感,突出反映了当时社会的悲剧性与人性的悲剧意识。

(二)各显神通

白先勇善于观察女性,深入女性心灵深处,从而不断地刻画出不同的女性形象,在《台北人》中,女性角色性格鲜明,风姿各异,活跃在不同年龄阶层、社会阶层,生活的悲剧性也较为明显。曾经花容月貌的舞女如今年老体衰,过去排场奢华的军官夫人现在风光不再,曾经被爱情滋润的女子如今失去爱人悲痛欲绝……白先勇对女性心灵深处的情感刻画也极其深刻,正如白先勇自己所说:"内容决定技巧,但技巧决定故事的成败。"

身处风云起伏的时代,从广袤的大陆来到偏于一隅,她们的整个身份都因为时空的投影,在跌宕中漂浮,捉摸不定。尽管如此,她们各显神通,展现出独特的形象特征与命运走向。

1. 如鱼得水尹雪艳

在男权社会中,尹雪艳将男性玩弄于股掌之中,不管时代变迁、地域变化,自身都不会改变,都能活得很滋润,她的生存能力超越时间、地域,展现出十分强大的一面。尹雪艳的性格存在多面性,一面是迷人,她举手投足间的风情,男人和女人都会为之着迷。一面是"煞人",在她身边自始至终都有各色男人,如上海棉纱财阀王家的少老板王贵生、洪处长、台北新兴实业巨子徐壮图等,他们为了得到她,官商勾结,抛妻弃子,但都逃脱不过悲惨的结局。显然,尹雪艳是一朵带刺的玫瑰,在她风情万种的外表下隐藏的是可怕的真面目。虽然尹雪艳给这些人带来了不幸,但面对这一切她却无比冷艳,她那魔鬼般的姿态不仅毁灭了别人也毁灭了自己。

尹雪艳洞若观火、未雨绸缪,总能在这弱肉强食的世道里凭一己之力谋得荣华富贵,而又能在"暴风雨"来临之前迅速逃逸。她的眼光长远,下手果断,为自己谋划好一条条路,选择先风风光光地做个舞女最后嫁人,她总会留一条退路给自己。不仅如此,她还具有强大的读心术,能够读懂男人,攻击男性的软肋,将他们玩弄于股掌之中,就连女性也诚服于她,羡慕她,但是并不恨她。因此,她在男性世界里如鱼得水,在女性世界中长袖善舞。

2. 美人迟暮金大班

二十年特殊的生活环境,造就了金大班独特的性格,她愿赌服输,一生都在赌,最终走上了从良之路,终究"老大嫁作商人妇"。同样是舞女,尹雪艳与金大班存在许多不同之处。如果说尹雪艳是高层舞女,那么金大班就是处于底层舞女阶级。相比于尹雪艳的典雅脱俗,金大班更多的是一种粗俗感。"娘个东采""偏他娘的"这类言语总挂在嘴边,粗俗得令人发笑,但这都与她的生活环境息息相关。她所面对的客人大多是生意人,交谈离不开金钱,为了生存,她也必须适应客人,甚至趋同于他们。

在漂泊的二十年里,现实的残酷、人心的冷漠并没有影响金大班那颗善良、侠义的心,当朱凤因为得罪客人要被赶出去时,她选择挺身而出,教她才艺并留下她。在朱凤怀有身孕向她哭诉时,她尽管怨其不争,还是帮她安排好了一切。她的正义和善良之心,虽然无法自救,却帮助了别人,也赢得了别人很大的尊重。

金大班有过难以忘怀的辉煌岁月,有过刻骨铭心的真挚爱情,她在肉体上、精神上不断地麻痹自己。就这样爬滚了二十年,走过了二十年,当青春不再,步入四十,她渴望拥有安稳,希望可以做一个普普通通的女性,过上安定的生活,但这一切并不是秦雄所能给的……

3. 判若两人一把青

《一把青》里的朱青原来是一个十八九岁消瘦的女大学生,后来与郭轸结婚,再后来丈夫惨死，现实的打击让她从稚嫩的女孩变为浪荡歌女。尽管如此，她一直没有从丈夫的死亡中走出来，精神的堕落使她像个活死人，放纵自己是为了活而活，不把过多的情感寄托在他人身上。也正是因为这样的心态，当她面对小顾之死时呈现出了面对郭轸之死截然不同的态度。

生活和命运的压榨让朱青变得老练成熟、冷酷无情。但朱青看似坚强冷漠，实际上在自救，为了保护那颗脆弱的心。玩世不恭是她对自己的一种纵容，对社会的一种报复。"游戏人间"是朱青后半生最好的概括与总结。在朱青强烈的性格反差中读者感受到的是生活和命运对人的压榨，对情感的摧残，从而上升到人生的苍凉和无奈。

无论是尹雪艳的主动出击，金大班的愿赌服输，还是一把青从一个极端走向另一个极端麻木地生活，都是她们选择的自救方式。如果说尹雪艳是闹剧，那么金大班就是正剧，一把青则成了真正的悲剧。

二、男性群像特征

如果说《台北人》这一作品的成功完全依赖于其女性形象细腻生动的塑造，这是相当片面的。因为在这十四篇作品中，有七篇是以男性作为主角进行讲述的。由此可见，男性在小说中拥有不可替代的地位。但无论男女，他们都是被那个时代抛弃，流落到台湾的人，因此男性身上所体现出的悲剧色彩并不亚于女性。

（一）生活潦倒

在男权社会下，物质生活对男人而言至关重要。生活潦倒与精神落寞具有相关性，他们找不到自己的地位，没本事，或许是因为他们不随波逐流，又或许是因为运气不好……不管怎样，生活潦倒会给男人带来重大的打击，这样的打击并不亚于精神落寞所带来的伤害。

1. 地位沦落

小说中有一个群体，他们位于权贵阶级之下，底层阶级之上，他们因为逃难来到台北，有的做着小生意但是生活依旧困苦，有的谈天论地却郁郁不得志。他们在台北的生活也仅仅算是安家落户，以各种方式在这块人生地不熟的台湾土地上落户，拥有了一定的地位，开始了自己的生活。但他们要面临的不是开始新的生活，而是物质生活上的压力、经济上的负担，以及每天为琐事而忙碌。

相比于为"柴米油盐"而活的普通百姓群体，《梁父吟》《思旧赋》《国葬》中刻画了一群国民党遗老形象，他们由于兵败来到台湾，晚年落寞、凄楚惨淡。过去他们风光无限，时间慢慢磨去了他们的灵性，江河日下，地位沦落，时光的流逝使他们失去了昔日的功勋和过往的美好，年少的稚嫩与英气不再，只剩一群日薄西山的老叟们。

2. 物质困乏

地位沦落带来了物质困乏，受时代背景的影响，台北人曾经拥有过的财富、权利丧失一空，逃亡生活使他们来不及变卖资产，失去了上级的支撑、同级的帮助，东山再起也就成了妄想。地位的沦落，物质生活的困乏，导致男性丧失尊严，脸面无存。

卢先生属于中产阶级,虽说有一定的经济能力,但是勉强用自己的辛苦换回报酬,坚持在战乱之中生活。他的心境从一开始的平缓走向低谷再走向更低谷。从老板娘的言语中我们也可以了解到,老板娘在经历了生死离别之后,对于生活的那份憧憬被一点点地打碎,逐渐走向更加残酷的现实。

(二)精神落寞

在男性为主角的小说中,还有一类就是国民党士官群体。他们曾经驰骋沙场,满腔热血为国献身,后来随着战败流落台北,妻离子散、病魔缠身,生活变得凄楚惨淡。他们的落魄遭遇与所处环境有着必然的联系,就像雅斯贝尔斯曾说过:"处境有内外两个方面,既包括外在的环境,也包括人所处在的某种特殊的精神状态,这就是人心理上的某种情调。这种情调在人身上每时每刻都有,仿佛是某种不以意志为转移的外在东西,人永远也摆脱不了某一情调的纠缠。"可见,他们终究摆脱不了心境的落寞,他们的命运也因此变得不可逆转。

1. 失恋失爱

透过白先勇的作品,读者总能体会到感伤,主人公在守护情感、青春,追求自由时都会流露出浓郁的感伤。从感伤的角度出发我们能更加清晰地把握人物心理。《那片血一般红的杜鹃花》中的感伤色彩并不亚于其他任何一部作品,男主角王雄把表妹丽儿当成湖南乡下的童养媳,对她百般爱护,他在丽儿身上灌注了自己所有的爱。在王雄看来,丽儿就是"小妹仔",是过去最好的见证,是活着的全部理由。王雄不断地出现在丽儿身边,努力拉近距离,却没有认清自己的身份,越过了男佣这条界线。王雄一直将自己定位成一个少年,一个可以永远保护小妹仔的少年,完全忘却了自己的生理状况,每天为丽儿种杜鹃花、穿珠子,甚至笨拙地模仿儿童的姿态和丽儿牵手奔跑。可是,丽儿终究还是会长大,她也不再喜欢王雄,并十分明确地表达了自己的厌恶之情。这也让王雄手足无措,变得越发古怪。每天都默默地浇好几遍花,想方设法努力挽回丽儿。

王雄不愿意承认出现在他和丽儿之间的问题,不肯放弃他与丽儿之间的关系。随着时间的推移,丽儿开始脱离王雄,王雄也因此失去了精神的寄托、感到绝望、导致精神错乱、意识模糊。与其说王雄是因为没能挽回丽儿失去理智,不如说他是因为跨越年龄与身份,畸形的单恋而精神失常,最终走向了自我毁灭。

2. 壮志难酬

童年的经历,时代的动荡,使白先勇的小说总体呈现出沉重的悲剧色彩。他注重精神世界的刻画,精神的痛苦又是当时台北人普遍的社会心理,因此作者深刻地书写了一个又一个的悲剧故事。

小说《岁除》之中的赖鸣升,是一个不服老的"迟暮英雄",他曾经是驰骋沙场的英雄人物,一半的胸膛被炮火轰炸掉,他的辉煌历史众人皆知。过去是辉煌的而现在是壮志难酬的,只能靠对过往的回溯、追忆支撑着生活。无论是不服老的赖鸣升,还是上了年纪的朴公,他们都是历史的遗弃者,只能靠着过去的辉煌记忆活着;都是台北的外来者,壮志难酬、精神落寞似乎成了必然。

老兵经历了抗日战争,解放战争,但却只有少部分人维持着过去的荣耀,而大部分人都过得十分落魄。当时的国民党政府缺乏对他们的关爱,才使他们壮志难酬,落寞至终。白先勇关注到了这一点,他带着一种悲天悯人的情怀去体会人物精神世界的落寞,努力帮其找寻摆脱精神困境的出路,因此也强化了他作品中深刻的人文关怀。

3.自甘堕落

当上升无望,左右又得不到支持时,沉沦就成了他们唯一的途径。过去朱青(《一把青》)全心全意地只爱郭轸一人,现在喜欢年轻小伙子。过去金大班(《金大班的最后一夜》)深爱月如,现在她下嫁老迈的富商陈发荣,只为寻求肉体的欢愉。这种灵与肉的变化,不仅在女性身上有所体现,在男性中更加深刻。"教主"(《满天里亮晶晶的星星》)以前在上海,与姜青产生同性之间的爱情,现在他为了肉欲与三水街小幺儿勾搭在一起。余钦磊(《冬夜》)与前妻拥有真挚的爱情,现在他与妻子只剩肉体的欲望。

在白先勇的小说中,绝大多数的"灵"与"肉"是不可能互相妥协让步的,不为任何一人,不为任何一件事。卢先生一直期待把未婚妻接来和自己一起住,这也是他生命的全部意义,为了这个目标,他不在乎也看不见现实生活的艰辛,因为此时他的"灵"凌驾于"肉"之上,牵制并控制着他。然而,当现实击碎了理想,他就和一个放荡的台湾洗衣婆阿春草草地结了婚,整日沉溺于性欲的发泄。但当卢先生得知阿春在自己房里偷人,他赶回去捉奸,反被阿春咬掉大半个耳朵时,他面临崩溃,死于"心脏停搏",这也可以说是灵肉冲突下产生的悲剧了。

三、同志群像特质

同性恋,作为一种社会现象,引起社会各界的广泛关注。同性恋是一种相对异常的性倾向,只是在一定程度上有异于常人,但这并不能将其归为某一种病。不同的人对同性恋的理解不同,因此对它的定义也各不相同。白先勇先生则认为"就其同性恋的特质而言,同性间的恋爱是从另一个个体身上寻找一个'自己',一个'同体'"。可见,在文学领域同性恋题材具有一定的地位,甚至可以说这一题材在一定的历史时期是作家们无法回避的话题。

(一)台北的风尚

二十世纪五十年代末六十年代初的台湾,在经济上受西方资本主义经济的影响,正处于社会转型时期,在文化上也受到了西方文化思潮的影响。大陆与台湾的隔绝,使台湾的作家无法密切联系大陆,获取大陆文学的养分,因而他们便把目光投向了西方,开始学习西方思潮。与此同时,正处于大学时期的白先勇就与同学一起创办了《现代文学》,不断吸收西方思想,创新创作,以致在台湾掀起了风靡一时的现代主义热潮。

1.传统根深蒂固

当时的台北社会伦理规范普遍存在,它作为社会大多数人的操守潜移默化中影响了一批又一批的人。不得不承认,社会伦理规范对社会的稳定发展有着积极的作用,但并不能说社会伦理规范适用于每一个人。娶妻生子、传宗接代成为台北社会扎根于每个家庭根深蒂固的生育文化传统。就是在这样的社会传统背景下,同性群体面临着身份认同、心理健康等生存困境,作者白先勇就是鲜活的例子。

成年后的白先勇,一直处于苦闷状态中,在社会伦理规范的影响下他的另类情感取向在现实中失去了生存的希望,于是他陷入了无限的悲观之中。白先勇从小就受到中国传统文化的熏陶,深刻感受并接纳悲的精神,特别是佛教"四谛"之"苦谛",这与他的人生经历相契合,产生了共鸣。正是这种对情感认识的苦的观念,决定了他对人类情感的基本认识,使他在作品中一次又一次地向人们展示人类在情感面前的失败以及有这种失败所带来的内心痛苦。

2. 社会鄙视排斥

在当时无论是西方社会,还是中国社会,人们对同性恋者的鄙视与排斥总是存在,因此对同性恋者受社会舆论压力的影响相当大。精神层面的鄙视,行为层面的排斥使他们面临着一系列社会、道德、疾病等方面的问题,使他们经常处于性冲动、自我否定之中。

在中国的传统文化中,同性恋文化相对于其他文化是扭曲的。在《台北人》小说集中,无论是《孤恋花》还是《满天里亮晶晶的星星》,它们都在向我们展示那个特殊的情感世界。白先勇的长篇小说《孽子》全面而深刻地向我们揭示了同性恋之间较为复杂的情感,小说《孽子》通过对龙子与阿凤爱情的描写,淋漓尽致地向我们展现了同性文化。不管是男同性恋还是女同性恋,在当今社会意识形态下都处于相对被动而尴尬的地位。

台湾在漫长的社会进程中,给予了人性更多的理解与包容。如今台湾同性婚姻合法化是社会向前迈进一大步的表现,是一个足够写进历史的时刻。人们的努力铺就了这条渴望包容多元化、性别平等和婚姻平权的漫漫长路。

(二)他们的挣扎

处在传统的桎梏、现实的鄙视中,同性恋者既要对抗来自精神层面的摧毁,又要抵御来自行为层面的排斥。例如《满天里亮晶晶的星星》里的老年同性恋者朱焰,以及一群在新公园荷花池边寻找肉欲的同性恋们,《孤恋花》里的"总司令"等,这些都是十分典型的同性恋者形象。作者极力捕捉他们的追求、苦闷和悲哀,彻底地刻画了同性恋者炽热而癫狂的爱。他们放逐自己的心灵,寻找自己的幸福,在痛苦中孤独地挣扎着。作者将他们的痛苦、辛酸与煎熬谱写成一首悲怆的"同性恋哀歌",让我们以独特的视角来审视他们的存在。

1. 理想破灭的 gay

《孤恋花》《满天里亮晶晶的星星》是《台北人》中均涉及同性恋话题的两个重要的短篇。《孤恋花》描写的是女同性恋者的悲剧人生,而《满天里亮晶晶的星星》十分逼真地描绘了一位典型的老年同性恋者,甚至深入到"同性恋"这个被人们鄙视的群体的世界。

主人公朱焰曾经是默片时代"红遍了半边天"的电影明星,随着"有声片子"的到来,他因为"不会说国语"而理想破灭了。于是决定重拍他最后演的电影《洛阳桥》,还把他自己全部的希望都寄托在了男主角姜青身上,在他身上寻找自己青春时的影子。但后来随着姜青在车祸中被烧死,"复活了"的朱焰再次消失了。朱焰在经历困顿挣扎后理想完全破灭,最后无所事事晃荡公园,甚至因为纠缠男学生入狱,还被刑警虐待。

小说在刻画朱焰形象的同时,还对一群特殊的男性同性恋群体的"活动"展开了细致的描写,影射出了这些人整个的生活状态。有的妩媚含羞"自以为是个大美人";有的旷野豪放"全身都暴露着饱和的男性"①;还有的和普通人没有特别大的差别,在路上碰到,一点也不会觉得有什么奇特之处。

但主人公朱焰作为老年同性恋者,在众多同性恋者中显得尤为突出,他那老朽的身体纠缠着另类的情欲,微弱的精神却缅怀着过去的青春。他对女明星林萍的忌恨,是同性恋者强烈的妒忌,他把希望完全寄托在姜青的才华和成功上,那么姜青的死亡也就直接毁灭了他。在这样一位同性恋者身上,我们看到的是悲哀,这不只是一个同性恋老者的悲剧故事、一群被社会摒弃的同性恋者的悲剧故事,更是整个人类的悲剧故事。这些看似心理扭曲的同性恋者,他们的人生是荒凉的,他们游走在死亡边缘,靠寻求的那一点点人性活着,徘徊内心的乡愁,在人们异样的眼光下,显得无助又苍凉。

2. 灵肉分离的 les

白先勇作品中的女同性恋者因为主流社会所不容而无法过其想要的生活,充分反映出当时的女同性恋者所面临的残酷现实。女性情感因压抑而变形,因此只能生活在灵肉分离的矛盾之中。总之,白先勇笔下的女性几乎都是弱势群体,主流社会和文化生活要求她们将全部精力放在家庭琐事上,隐藏自己的情感,这也与她们的欲望相抗衡,但无论是哪种生活,女性终究是受害者。《孤恋花》就是从女同性恋者——五月花"总司令"的视角出发叙述的,将总司令所喜爱的两个女子五宝和娟娟的命运进行了对比,表现出这类女性悲凉的生活。五宝的替代品娟娟,深受总司令怜爱,她与五宝有着相同的遭遇,不同的反抗方式,最终五宝选择自杀,而娟娟在精神失常下用电熨斗砸碎了柯老雄的脑袋。娟娟最终的精神失常,象征着灵魂的消亡,虽然肉体未死,却也如五宝一样,在这个残酷的世界里永远的消失了。

"总司令"和五宝、娟娟都有过与同性之间的恋爱纠葛。她属于女同性恋中的"男性化"形象,这从她被称作"总司令"就能得知,而她又"是在男人堆子里混出来的","和他们拼惯了",自认为自己好像不属于女性。不仅如此,小说对"总司令"和五宝、娟娟同居生活的描写,以及她服侍她们上床睡觉时一系列亲密动作的展现也证明了她形象的特殊化。

《孤恋花》在表现女性同性题材时,借这份特殊的恋爱关系,表达了对下层妓女悲惨命运与不公待遇的同情和怜悯。这也正是因为当时社会受到男权的压迫,处于社会底层的风尘女子对异性恋爱绝望,不得不出卖皮肉以求得生存。

结　语

《台北人》涉及的人物众多,无论是活跃在舞场的交际花,驰骋沙场的将军战士,还是

---

① 白先勇:《台北人》,广西师范大学出版社 2010 年版,第 230–231 页。

大户人家的下等奴仆,甚至身处边缘的"同志",他们看似各不相同又似乎有着相似的命运。在大陆,他们有过一段辉煌的过去,然而来到台湾后,有的各显神通,有的精神落寞,有的物质匮乏,有的垂死挣扎……

白先勇的短篇小说,在数量上其实不算多。但他为读者塑造了许多个性鲜明的人物形象,展现了人物命运的具体形态和生命的一般流程。白先勇将自己的忧思意识注入他笔下的人物中,加深了小说的悲剧色彩。白先勇作为一个同性恋者,他看人物的角度似乎更加中立,更能从人性的角度来关照这些人物。因此在白先勇的笔下,无论是男性还是女性甚至是同性恋者,他都带着感伤和同情奏出了一曲曲属于他们的悲歌。

参考文献

[1]白先勇.台北人[M].桂林:广西师范大学出版社,2010.

[2]欧阳子.王谢堂前的燕子[M].桂林:广西师范大学出版社,2014.

[3]张曦姗.白先勇《台北人》中欢场女子形象分析[J].世界华文文学论坛,2014(1):44-48.

[4]李晓怡.同性恋者的生命悲剧意识:白先勇同性恋作品研究[J].沙洋师范高等专科学校学报,2007(2):40-43.

[5]赵东蕾.论《台北人》女性形象的悲剧性[J].文学教育(中),2011(4):31-32.

[6]胡明龙.《台北人》女性形象探析[J].新西部,2018(29):97+118.

[7]袁良骏.一个旧时代的挽歌:论白先勇小说的悲剧艺术[J].云南师范大学学报(哲学社会科学版),1989(4):25-34.

[8]孙秋英.白先勇同性恋题材小说主题论[J].文学教育(下),2015(5):16.

[9]任利娜.《台北人》中女性形象研究[J].知与行,2017(11):150-155.

[10]杨青.裸露的根:白先勇《台北人》中的"大陆情结"[J].内蒙古民族大学学报,2011,17(4):8-10.

[11]杨辉.难舍的乡愁 无奈的人生:试析《台北人》的文化主题和哲学意蕴[J].合肥工业大学学报(社会科学版),2006(4):158-162.

论张翎小说中的"残缺"婚恋叙事

俞文蓉

摘　要:张翎是北美新移民文学的扛鼎作家之一,她十分擅长于描绘男女之间微妙而复杂的婚恋关系,并且形成了极具个性的风格。在她的作品中,纷呈多样的婚恋形态和异族婚恋纵横交错,共同建造了一个庞大的、错综复杂的婚恋生态。而这些形态各异的婚恋现象具有"残缺"的共性,其背后不仅蕴含着张翎对人生、人性的见解和思考,还彰显着一定的美学意义。本文通过大量的文本细读将"残缺"婚恋归为命运捉弄下的悲欢离合、文化断裂下的分道扬镳、宗教禁忌下挣扎妥协、自我解放下的出轨背离四类,并结合相关理论知识,试图挖掘"残缺"婚恋所折射出的美学意义以及一个作家丰富而细腻的创作情怀。

关键词:残缺美;审美;残缺婚恋;美学意义

引　言

随着北美新移民文学的崛起,张翎凭借着自身开放的文化眼光,独具个性的叙事手段,丰富深刻的思想内涵走进了大众的视野,并逐渐在海外华文文坛占有一席之地。她不仅与严歌苓并称北美华文文坛的"双子星座",还成为海外华文文学领头的"三驾马车"之一。

纵观张翎的所有作品,无论是她的长篇还是中短篇小说,爱情都是张翎笔下永恒不变的主题。她用自己敏感发达的笔触深入视线无法涉及的角角落落,将一个个鲜活的社会小人物从厚重的历史尘土中剥离出来,并以历史为背景,细细密密地织出了一张张千姿百态的婚恋之网。然而,在她笔下的婚恋几乎都是残缺的。张翎曾坦言:"所谓完美的、激情燃烧的爱情是不存在的,真正的现实中的爱情往往就是这样残缺的、平淡的、错位的。"[①]在她看来,"完美的爱情在审美意义上是败笔。残缺往往可以激发想象力。一如维纳斯的断臂"[②]。而正是这些"残缺的悲情"集中地展现了小说的"美学力量"。

---

①　饶芃子、蒲若茜:《新移民文学的崭新突破——评华人作家张翎"跨越边界"的小说创作》,《暨南学报》(人文科学与社会科学版)2004 年第 4 期,第 65~71 页。

②　李蓉:《张翎小说论》,硕士学位论文,安徽大学,2004 年。

本文首先阐释了"残缺美"丰富的美学内涵,其次,通过大量的文本细读归纳了张翎小说中的"残缺"婚恋类型,深入挖掘了婚恋最终走向残缺的原因。最后,进一步地剖析了残缺婚恋的美学意义。

一、"残缺美"的美学内涵

"'残缺美'是指与整体美相对而言,存在于自然客观中的一种视觉形象,在美学范畴里,是一种具有现代感的艺术形式的美。"①随着人们审美需求的不断扩大和提升,残缺美作为一种特殊、另类的审美范畴渐渐进入人们的视野,并被人们接受和欣赏。它是以残缺作为审视对象,从美的角度对其进行一系列的审美活动,从而获得美的享受。残缺美是一种美的合理存在,它既是美的对立又是美的补充,更是美的解放和拓展,并且广泛地体现在历史文物、艺术作品以及日常生活等多方面。残缺美根据其不同的表现方式又有广义和狭义之分。广义的残缺美可理解为因残缺而美,即残缺物本身已经具备一定的美感,能够直接引起人们的审美趣味。在此基础上,广义的残缺美又能够被细分为以下两种概念。

第一种残缺美是事物的外在因残缺而形成的一种新的直观上的形式美。即事物的残缺部分与事物本身以全新的组合方式有机地融合在一起,残缺成了美的局部,共同参与组建新的整体美,从而达到事物完整时所达不到的新的美感。比如,由古埃及法老雷吉德夫按照父亲的肖像所雕刻的人面狮身像斯芬克斯,自诞生以来几千年,饱经风吹日晒,再加上人为的破坏,不仅整个面部的色彩脱落,鼻子严重损毁,精雕细刻的圣蛇和下垂的长须也早已不翼而飞,可谓是面目全非。原本庄严雄伟、象征着权力和地位的完美雕像成了残缺的形式,但令人意外的是,正是这种残缺使得雕像从整体面部表情上看起来就像是斯芬克斯露出了一个非常奇特的微笑,非但没有影响到斯芬克斯最初的整体美,反而在原来的基础上更多了一些美的形式感和表现力。"就好像在戏剧的进展中,偶尔出现一个插科打诨的小丑,在规则中出现不规则,在和谐中出现不和谐,在对称中出现不对称,反倒会使美变得更美。"②这种重新构成的形式美在一定程度上拓展了人们的审美活动领域,促进和激荡了审美活动的上升运动,给予了人们更上一层的审美体验。

第二种残缺美是事物的残缺令其蕴含的美从根本上产生了实质性的变化,即为残缺后产生的美感完全取代了原先的美感,或者说因为后者更加能够带来审美快感以至于使原先的美感黯然失色,两者是截然不同的两种相对立的美感经验形态。如圆明园如今的满目疮痍所带来的悲壮凄清之感完全代替了昔日繁华辉煌之感。从某种意义上来说,这种美感经验实则是一种悲剧感。鲁迅先生曾经说过:"悲剧就是将人生的有价值的东西毁灭给人看。"圆明园的毁灭就是一个悲剧,会给人一种压抑、恐怖和悲痛感。"但是,正是这悲痛,使得人们认识到了更高的存在——超越领域,这超越领域的存在向人们启示了一种道路——超越片面性,走向新的更高的完善的存在。也正是这超越道路的启示,

---

① 董仲明:《论绘画语言及美的形态多样性》,《德州师专学报》1994 年第 4 期,第 47-51 页。

② 牛宏宝:《美学概论》(第 3 版),中国人民大学出版社 2012 年版,第 147 页。

使人们在苦痛、遗憾中获得了最大的精神超越。"①即对于振兴中华民族的使命感,这就是悲剧快感的来源。也是为什么悲剧总是比喜剧更加震撼人心的本质原因。换而言之,人们从悲剧中体味到的快感就是残缺美的魅力。

狭义的残缺美则为在残缺物中融入审美主体自身的想象和思考,通过想象将残缺的物体完善化,不完整变成完整,不和谐变成和谐,不平衡变成平衡,由此而产生美学效果。从审美心理角度来讲,残缺美为人们在心理上对于残缺物予以完美期望的结果,是人们审美心理需求多样性的显露。"格式塔心理学"认为:"人类心理上有一种出自本能的'完形倾向',总是想将不那么完整即有所残缺的物体完整化,将不那么完善即有所缺憾的事物完善化。这是一种'完形化'的心理趋势,这是一种对物体和事物进行理想化再造的过程,人们能在这种'再造'之中获得一种愉悦感。"②温克尔曼就曾对一尊相当残缺的雕像赫克勒斯进行过赞美。这尊雕像没有头也没有四肢,仅仅有一条躯干,而在温克尔曼看来,这尊雕像给他带来的是无穷无尽的美,他说:"在这身体的强健的轮廓上,我看到了战胜强大巨人的英雄的不可征服的力量……当我眼前产生这样一个充满伟大和明智的头部时,其余的残缺部分也开始在我胸中形成:……健壮的肩膀向我表明了,他那在吉费隆山上掐死过一只狮子的手臂曾是多么有力;于是我的眼睛就竭力重现出……这一双手,……还有我可以想象到追逐上铜腿鹿的那一双不知疲倦的脚。"③残缺给了温克尔曼无限的想象空间,温克尔曼就可以根据以往沉淀的审美经验,通过想象将残缺物"完形化",从而在"再造"的过程中间接得到一种美的体验。残缺美的整个审美活动由此看来实则是一个从部分趋于整体、从残缺趋于完美、从简单趋于复杂的过程。在这个过程中,一千个欣赏者就可以创造出一千个赫克勒斯。

然而,当残缺降临到现实形象或文学作品中的人物形象上时,残缺从直观上抑或是想象上便构不成美了,甚至是让人抗拒的。但残缺却依旧试图另辟蹊径,以另一种方式闪耀着美丽光辉。这种残缺美就是外在丑和内在美之间形成对照,从而表现出的一种别样的美。因此,此处的残缺意为人在外在形象上有残缺,比如外貌、肢体、外形方面的缺陷。在这种情况中,残缺和美是相反相成的辩证关系,它们是一对不可分离的美学形态,残缺本身不能作为独立审美形态来看待,残缺以美的陪衬地位出现,一旦脱离了美或从美的衬托地位剥离下来,残缺就不可能产生审美活动。总之,残缺本身的存在就是为了能更好地突显美。庄子尽管避弃现世,却在对待生命的审美态度上极具理性色彩,他很早便提出了"形残而神全"的观点。他在《人间世》和《德充符》中塑造了一系列畸人群像,他们或身体残疾,或相貌丑陋,但皆因"德有所长",有的身有一技之长,有的则有着完美的理想人格。人在外貌上的丑陋,反而更有力地衬托出了人内在的丰满和高尚,使得人们跳过形貌直指人心。美的效果就是让人赏心悦目,感到愉悦感,而当形残德全或形残才全的这些人物因其内在的充实而产生了常人所没有的魅力时,这在一定意义上也就化残缺为美了。残缺是真正与美矛盾的,它打破了传统上的和谐美、完整美的表现形式。

① 牛宏宝:《美学概论》(第3版),中国人民大学出版社2012年版,第136页。
② 李蓉:《张翎小说论》,硕士学位论文,安徽大学,2004年。
③ 王文革:《残缺之为"美"》,《博览群书》2014年第2期,第41-45页。

但以残缺与美相互转化的辩证法思维来看,它们也可以相伴相生,如果说残缺是"无",美为"有",那么它们之间的转化便完成了一个"从无到有、无中生有"的过程,进而升华为别样的残缺美。

残缺美虽是美中不足,但它凭借着自身的独特魅力开辟出了属于自己的审美领域,进一步深化了美学的研究课题,增强了人们的审美意识,扩充了美的表现力,具有超越性的价值意义。

二、张翎小说中的"残缺"婚恋类型

张翎在她的作品中,建造了一个庞大的、错综复杂的婚恋生态。向读者呈现了一个又一个丰富特异的婚恋故事。但故事中男女主人公之间的爱情往往是残缺不全的,他们的爱情或婚姻皆因各式各样偶然抑或是必然的因素逐渐走向残缺。细细品读张翎小说中的婚恋现象,依据造成婚恋残缺的原因大致可以将小说中的"残缺"婚恋类型归为四类,在这些"残缺"的婚恋中,张翎表达着自己的价值立场。

(一)命运捉弄下的悲欢离合

谈及张翎笔下男女之间的爱情纠葛,总也绕不开故事中无处不在的命运捉弄。命运的捉弄使爱情之树的花期无限延长,将含苞待放的扼杀在希望的摇篮里,又让开到最灿烂最极致的那一朵瞬间枯萎。人生的未知和迷惘显而易见。

张翎十分善于在"风云"中书写"风月"。她巧妙地避开了与复杂历史的正面冲突,将笔锋转向历史风云中的渺小生命个体,还原过往岁月中人的生存处境。在历史的变迁中,个人命运就好比风中的蒲公英,充满了未知,在这其中衍生出的种种婚恋创伤让人唏嘘不已。《交错的彼岸》中金飞云和龙泉产生了志同道合的革命爱情。然而在那样一个听从组织安排的特殊年代里,飞云只能斩断幻想的翅膀嫁给革命功臣黄尔顾。正如龙泉所说:"飞云,我们从事的这个事业,必要时连性命都要牺牲。别的还有什么不能牺牲呢?"[1]虽说他们的爱情还含了些趋利避害的意味,比如龙泉的缄默,比如飞云的认命。但归根究底仍旧是那个动荡的时代所造成的悲情。《邮购新娘》里许春月对江信初的爱是深到骨血里的,面对家人的催婚,她剁指明志。甚至可以毫不犹豫地跟分别五年几乎陌生了的江信初离家出走,过生死未卜的日子。为了追随江信初,她割舍了拖在她身后的巨大影子,与自己的家人断绝来往。这样的爱情却仍没逃离阶级斗争,换来岁月静好。一次组织的谈话让她选择悄无声息地消失以至于不连累到江信初。历史的变迁让有情人不能终成眷属,饱受生离死别的痛苦。种种婚恋的残缺足见历史风云变幻对人产生的无声控制与伤害。

当然,在这些命运捉弄中不仅有历史变迁的创伤,也有生死遥望的缺憾。在她的笔下,无论是多么轰轰烈烈的爱情似乎都逃离不了死亡的魔爪,这些俗世男女的爱情都以一种生命不能承受的方式戛然而止。《邮购新娘》中从中国千里迢迢到多伦多与妻子余

---

① 张翎:《交错的彼岸》,浙江文艺出版社 2015 年版,第 62 页。

小凡相聚的外乡客林颉明,每日妻子的归家成了他冷清的异国生活中唯一的期盼。可就是这样平静的生活也被一场突如其来的车祸打破。"她是在离家不远的一条马路上被车撞上的。错不在她。她规规矩矩地照着指示灯过马路,侧面开来一辆装满了建筑材料的大卡车,拦腰将她撞倒,又从她的身上碾压过去。"①而当时余小凡已有了八个星期左右的身孕。余小凡带着美丽的误会离开了,留给林颉明的是无尽的遗憾和怀念。《恋曲三重奏》里王晓楠在大学认识了已有女友的张敏,俩人很快相爱了。张敏在不断抉择后最终选择了王晓楠。当王晓楠收到张敏发的电报"等我回北京"时,也收到了公安局发来的认尸电报。"死亡像一张永久有效的保鲜膜,将张敏所有的优点都鲜活地保存在王晓楠的记忆里。"②让王晓楠的心时不时隐隐作痛。突如其来的死亡让留下的人承受着缺憾的疼痛。

一段段吟唱着哀婉的爱情故事,使人深切地感受到了人生的无常,岁月的无情,世事的浩渺和人间的苦难。命运的不可测让人不禁暗叹造化弄人的同时,更多了些命中注定的宿命感。换而言之,这实则为张翎的一种宿命意识的体现,但不同于我们平常所说的宿命论,它苍凉而不绝望。这与张翎的人生经历有密不可分的关系,作为一个听力康复师,她见过太多的病人在治疗中燃起希望随即破灭又燃起。此外,她本人也遭遇过一起黑色幽默事件,她腿上一个简简单单的黑色斑块,却被诊断为一个绝非简单的肿瘤。命运同样跟她开了这样一个玩笑,使她对人生原系残缺有了更深层次的看法。

(二)文化断裂下的分道扬镳

在北美大熔炉式的社会中漂泊闯荡的华人,与异族打交道是不可避免的。因此,异族婚恋成了众多新移民作家在书写两性关系时不可或缺的题材,张翎也不例外。这些恋情的萌发虽超越了种族,却仍然遭受着传统观念以及交流代沟等文化差异的不断冲击,从而止步于婚姻前。

在品读张翎的作品时,我们不难发现这样一个现象,张翎所书写的异族两性关系中,华人女性在与异族男性的交往中通常是积极主动的一方,而华人男性在与异族女性的交往时,则显得被动、顾虑颇多。深究其原因,华人男性很难从传统观念的禁锢中脱离出来。《金山》中方锦山和印第安姑娘桑丹丝在朝夕相处中渐生情愫。然而当得知桑丹丝要嫁给他时,他落荒而逃,留给桑丹丝的理由是"祖宗,不认你的……",自由率真的印第安婚恋文明在这里与根深蒂固的中华传统"非我族类""异族不婚"的婚姻择偶观念形成了正面的交锋。在如此激烈的碰撞中,爱情显得脆弱、不堪一击,首当其冲地成了牺牲品。《望月》中的女主人公望月虽独立自尊、不畏世俗,敢于在他乡勇敢追求自己的爱情,但现实的残酷毫不留情地打碎了她关于天长地久的期待。她意外发现了牙口的同性恋身份,突如其来的冲击让她溃不成军。中国传统固有的"阴阳平衡"思想遭受猛烈的撞击,她无法坦然接受这样的事实。两性关系和性取向认知的差异成了俩人永远也跨越不过的鸿沟,最终只能分道扬镳。

---

① 张翎:《邮购新娘》,浙江文艺出版社 2015 年版,第 5 页。
② 张翎:《余震》,华东师范大学出版社 2009 年版,第 125 页。

传统观念的影响固然深刻,但文化交流代沟在男女精神世界融合之路上的阻碍力量也不容忽视,植根于不同文化中的人,他们的言行举止以及思维方式必定存在差异。他们往往会从各自的文化立场出发进行思考。《交错的彼岸》里蕙宁和谢克顿的恋情全是由外界的推波助澜而引发的。他们之间的文化差异一开始就不可忽视地存在着。谢克顿提议送蕙宁回宿舍遭到拒绝。在西方国家,晚间送女性回家是绅士风度的体现,在社交礼仪中是十分平常的。但在中国思想观念仍然较为封闭的年代,这种行为只会招致流言蜚语。再者,谢克顿在蕙宁的作业本上写下了关于蕙宁的眼睛的评语,谢克顿不知道,在中国,一个男人对一个女人眼睛的赞美,往往可以被读出很多层的意义。正如谢克顿的自述:"我诸如此类的自以为是,以及我对中国国情的麻木不仁,后来一而再、再而三地伤害到了温妮。"①文化背景的差异使得两人并没有真正地相知。俩人的分道扬镳是必然的结果。文化交流代沟现象不仅在异族婚恋中显而易见,在同族之间也有迹可循。具体来说是一种文化意识上的时间差。这种时间差在某种程度上也造成了沟通的障碍。有些研究者将《邮购新娘》中林颌明最终放弃江涓涓而选择塔米的深层原因归结于塔米的经济和能力,这固然是其中一个重要因素,但究其根本还是在于林颌明和江涓涓之间的文化意识上的时间差。倘若时光倒流至十几年前,林颌明一定会被江涓涓身上中国传统女性温婉、矜持的特质所吸引,然而在加拿大生活了十几年的林颌明,早已入乡随俗,深受加拿大文化的熏陶。严格来说,他已经具有了一种双重文化性格。这在他跨洋与江涓涓的初次约会中就可见端倪,"临分手林颌明提出要送她到宿舍门口。他说送女客到家门口是西方人的礼节"②。林颌明可以和塔米轻松地调笑,和江涓涓相处却要小心翼翼,婉转迂回。这种时间差无疑成了林颌明和江涓涓之间的沟通障碍,也让林颌明深刻地意识到他和塔米才是同一种人。这预示着身处异国的林颌明,他的价值观念和生活方式正在逐渐西化。他和塔米的结合预示着中西文化融合成为一种可行性的尝试。

张翎在这些婚恋现象中,淡化了种族意识,她在表现不同文化差异所导致婚恋残缺的同时,更注重的是展现东西文明在碰撞中逐渐相互交融渗透的现象,她笔下的异族恋主人公也正是因为自身的不同而相互吸引。这正是张翎对世界各文明共存与对话所做的思考。

(三)宗教禁忌下的挣扎妥协

张翎作为一个深受西方基督教文化影响的基督徒,在她的小说中频频出现一些光辉圣洁的牧师形象,这种"离天稍微近一点,离地稍微远一点"的神职人员被认为是神性与人性的完美结合体。他们充当着上帝和世人之间进行沟通的桥梁。然而摘下了神性光环后的牧师依然有着自身作为一个普通男人人性的一面。在张翎的笔下,这些特殊的神职人员在面对与同族或异族女子之间的爱情时,无一例外都遭受着神性与人性的困顿挣扎。他们能够救赎他人,却拯救不了自己的爱情。

在《交错的彼岸》中青春丧偶的安德鲁牧师,在婚礼上看到汉娜的第一眼,青春美丽

① 张翎:《交错的彼岸》,浙江文艺出版社2015年版,第123页。
② 张翎:《邮购新娘》,浙江文艺出版社2015年版,第21页。

的汉娜就像一只蜻蜓扑朔着点开了他的心水。他很享受和汉娜之间产生的平淡微妙的感情，然而牧师身份的禁锢让他不断挣扎在爱与不爱的矛盾中，一边是威严的上帝，一边是自己的欲望。灵与肉的搏战让他无所适从，精疲力竭。只能一次次妥协于上帝，在摇曳的烛光中向上帝祈祷以得到心灵的平静。"仁慈的主，求你像怜悯那个税吏那样地怜悯我吧，怜悯我肉身的软弱……让我离开这里，请让我走。"①直到俩人都年过半百，在得到主的神迹后他才像个被恋爱烧坏了脑子的小伙子急切地向汉娜求婚，却以失败告终。"你想想，我哪敌得过他的上帝？他是要带着他的上帝来和我过日子的。"②倘若没有上帝神迹的应允，安德鲁终将在欲望纠结中死去。他无法摆脱宗教教义的束缚，他的爱情与婚姻只能让位于"上帝之爱"。

《邮购新娘》中的牧师约翰·威尔逊同样承受着灵与肉的纠结抗争。毅然放弃学业，离开故土踏上中国教学之路的约翰，在温州这块陌生的土地上，收留了无家可归的邢银好，并以一个父亲、师长的角色悉心照顾她，为她施洗，改名为路得。约翰不仅挽救了路得的肉体生命，还在一定程度上造就了她的精神生命。然而逐渐长大的路得对这个赋予她新生命的男人产生了超出亲情的情愫。约翰对路得的感情天平也早已在不知不觉中滑向了爱情。"他的信绕着恩典红房转过无数个圈，却始终没有触及他自己生活里一些至关紧要的变迁。很多年后，当岁月洗涤了记忆河谷里的一切遗憾幽怨时，他才有勇气承认，那时他其实是有意对路得隐瞒了事实真相的。"③身为牧师的约翰背负着抛弃一切世俗欲望，终生献身于主的使命，而作为普通人的约翰，他也有着凡夫俗子的七情六欲。悬横在他和路得之间的，不是年龄，不是种族，也不是人群，而是一个上帝。在信仰和欲望的抉择中，约翰妥协于辅助神圣事业的无爱婚姻，路得在约翰那里的爱最终石沉大海。约翰虽然离开了中国，却将掉落的心瓣永远地埋在了这片土地上，路得绵延无尽的守望之路也由此铺就。相似的命运在约翰的孙子保罗身上再次上演。江涓涓如一只迷失在人生浓雾中的羔羊跌跌撞撞走入了保罗的生活，出于牧师的天性，保罗伸出了援助之手。在相处过程中，江涓涓的勇敢知心滋润了保罗干涸已久的心田。彼此的惺惺相惜让两人的感情逐渐升温。不过这段爱情依旧没有逃开残缺的结局，保罗在上帝的面前选择了逃避。牧师的爱可以广施于人，却不能独独给予一人。当欲望遭遇信仰，对于美好感情的渴求最终冲破不了禁欲主义的牢笼。爱情只能牺牲于宗教道德的背后，不可避免地走向残缺。宗教禁欲主义对人性造成的残害可见一斑。

（四）自我解放下的出轨背离

钱锺书先生在《围城》中对婚姻的本质进行了有力的揭示："婚姻像一座被围困的城堡，外面的人想冲进去，里面的人想突围出来。"④在张翎的小说中，随处可见一幕幕冲破婚恋牢笼的出轨与背叛的戏码。围城中的男女已不再甘于做无欲无爱的婚姻中的囚徒，

---

①　张翎:《交错的彼岸》,浙江文艺出版社 2015 年版,第 86 页。

②　同上书,第 289 页。

③　张翎:《邮购新娘》,浙江文艺出版社 2015 年版,第 207 页。

④　钱锺书:《围城》,人民文学出版社 2004 年版,第 124 页。

他们挣脱了道德伦理的枷锁,去寻求属于自己的幸福。从个人道德修养角度来说,人们往往将产生这种现象的原因归咎于个人的生活作风问题,用道德的标准对背叛者进行批判和谴责。人们通常只看到了婚恋残缺的结果,从而忽视了过程中内在的种种因素。张翎恰恰注意到了这一点,她理性地正视了破碎的婚姻和那些围城外产生的爱情。

瓦西列夫指出:"如果男女双方的亲昵结合不是以爱情为基础,他们繁衍后代却并不彼此相爱,有意地把个人利害或者崇尚虚荣的偏见置于自然规律之上,那他们就是对人类、对未来的人们犯下了过错。"①很显然,张翎笔下的绝大多数婚姻都符合这个条件。他们的爱情起初多为单向的,通常都是缺少爱情的铺垫就匆匆步入了婚姻殿堂,因此,在某种程度上,这类婚姻中的出轨更像是一种无爱婚姻的自我救赎。《望月》里的孙氏三姐妹中,望月和卷帘都因不同的原因匆匆忙忙就闯入了无爱的婚姻。望月和丈夫颜开平可谓是青梅竹马,她最终决定跟了他也是因了开平身上的那份"直"。待到望月远赴多伦多,距离的存在使她更清楚地意识到对于自己来说,颜开平"是衣食父母,是朋友,是兄长,唯独不是爱人"②。他们的婚姻早已名存实亡。所以当她在多伦多遇到完全不同于开平的牙口时,望月勇敢地充当了爱情的主动追求者,义无反顾地陷入了新的恋情当中。卷帘和丈夫黄明安更是同床异梦,那时的卷帘正处于进不成退不成的尴尬处境,异国的艰苦生活让她心力交瘁,因而选择了和黄明安步入婚姻作为权宜之计。黄明安的周全照应,让卷帘将旧时的一腔浪漫之情渐渐藏起,敛气收神地做起了"荔枝阁"的老板娘。但卷帘的心也从未在黄明安身上逗留过,住进卷帘眼里的是另一个男人李方舟,卷帘对李方舟处处照顾,甚至只要李方舟的一句话,她便可卖了"荔枝阁"的股份奋不顾身地随他远赴非洲,共度余生。

除此之外,张翎小说中也有因为激情的退却而逐步走向残缺的婚恋故事。美国心理学家马斯洛将人的需要分为"生理的需要、安全的需要、社交的需要、尊重的需要与自我实现的需要,并把生理的需要确证为人类最基本的需要。当人的基本的需要得不到满足时,便不可避免地滋生出无限的'生活焦虑'"③。《雁过藻溪》里末雁和越明之间的爱情在日复一日缺乏新意的生活隧道中消磨殆尽。"其实在那之前很长的一段日子里,越明早已不上末雁的床了。"④越明在无欲的冗长岁月中掐着指头地算着分居的日子,对自由的渴望如万点春意从覆盖着冰碴儿的土层里争先恐后地冒出来。看似波澜不惊的婚姻早已从内里往外烂,烂得毫无补救之法。反观《望月》,黄明安出轨的很大原因是生理需要的不满足。"当初认识羊羊时,和卷帘早已是平淡夫妻,疏于床笫之事了。"⑤"知道自己虽不再年少,可离死大概还很远。身上那点精血,如何尚未好好取用就干涸了呢?便极其不甘心起来。"⑥日渐苍老的黄明安愈加渴望青春的灌溉,羊羊的出现,正好满足了

① 瓦西列夫:《情爱论》,赵永穆、范国恩、陈行慧译,当代世界出版社 2002 版,第 362 页。
② 王宗法:《山外青山天外天——海外华文文学综论》,安徽大学出版社 2007 年版,第 194 页。
③ 彭聃龄:《普通心理学》,北京师范大学出版社 1988 年版,第 116–117 页。
④ 张翎:《雁过藻溪》,华东师范大学出版社 2009 年版,第 18 页。
⑤ 张翎:《望月》,浙江文艺出版社 2015 年版,第 191 页。
⑥ 张翎:《望月》,浙江文艺出版社 2015 年版,第 192 页。

黄明安关于青春以及肉体的全部欲望，让黄明安感觉到又年轻了一回。黄明安和卷帘的婚姻虽平淡地维持着，却早已千疮百孔。《余震》中，"小灯很早就和杨阳分房睡了，开始是因为失眠，后来就不完全是因为失眠了"①。杨阳从最初对分居生活的抗议到自觉进入属于自己的房间，这种转变已经使小灯和杨阳的两颗心越走越远。反而让杨阳和画家向前有机会拉近了彼此的距离。两人的婚姻危机四伏，逐渐走向残缺。

综观所有自我选择下的出轨与背叛，在张翎的笔下似乎都变得情有可原。张翎从人道主义的立场出发，客观地正视了人最本质的欲望。让那些因背叛而破碎的恋情少了一些哀怨，多了一些温情。

三、张翎小说中"残缺"婚恋的美学意义

张翎的笔下不断演绎着一段段跌宕曲折的爱情残缺的悲剧。当残缺无处不在的隐藏在世界和我们的人生当中，我们自然就无法忽视张翎小说中"残缺"婚恋所具有的美学价值和意义。

（一）对生活本真的还原

张翎善于写情，但并不热衷于对完美童话世界的建构，在她的故事里，爱情以悲剧戛然落幕已成为一种普遍现象。细细品读，我们可以发现，她孜孜不倦所讲述的残缺的婚恋故事都是些生活在尘世中的普通人的普通遭遇，"男人遭遇女人，信念遭遇欲望，感情遭遇时空"②。皆是芸芸众生相的一个精简缩影。张翎仿佛就是在大范围地将原汁原味的生活呈现在文本当中，演尽人世沧桑离合。

在爱情破碎之后，有的人选择了原谅，有的人选择了远方。事实上，小说中那些俗世男女的爱恨纠葛不再单单是一种个人遭遇，其中的困顿、遗憾、心灵的变迁以及对于幸福的诉求恰恰是我们每个人心路历程的写实。这也正是张翎所构筑的婚恋故事能够让人产生共鸣的原因。人有悲欢离合，月有阴晴圆缺，现实生活中的爱情往往就是有情人未必就能终成眷属，残缺才是生活的常态。张翎通过谱写这些纷呈多样的残缺婚恋，抽丝剥茧地还原现实生活的本真面目。所以，在她的笔下，因为事业发展的长期不同步以及对于这种亘古不变的生活模式的厌倦，《向北方》中潇潇向中越提出了分居；因为时间和距离的拉扯，《阵痛》中宋武生和刘邑昌的爱情被扯得稀薄，再也承受不了一丁点儿生活的负荷；因为琐碎压抑的婚姻生活的侵蚀，《雁过藻溪》中的越明越狱般迫不及待地逃离了末雁；因为仕途的沉重和政治权利的吸引，《交错的彼岸》中的龙泉义无反顾地牺牲了和飞云的爱情；因为婆媳之间的矛盾和冲突，《望月》中的家杰一纸离婚申请书将星子逐出了家门；因为社会身份地位的悬殊和剥削阶级的无情，《邮购新娘》中的一代名角筱丹凤被前途无量的崔家少爷抛弃；因为衣锦还乡的夙愿和男人的自尊心，《金山》中好强的方得法最终错过了与六指的团聚……这些残缺的婚恋故事在不同的时代不断地发生

---

① 张翎:《余震》,华东师范大学出版社 2009 年版,第 174 页。
② 姜平:《论张翎小说中的婚恋现象》,硕士学位论文,暨南大学,2010 年。

着,甚至在当下我们的生活中也有迹可循。

生活就是这样,它拥有蜂蜜的香甜,也存在着海水的苦涩。它从来不会厚此薄彼,在创造了"甜蜜"的同时,必定会注入新的"苦涩"。细碎的聚散离合才是生活的常态。人生本来就是不完满的,更何况是爱情呢?正是苦难和挫折给了我们活着的感觉,人生因残缺而更加精彩,皎月因残缺而别有动人之处,因为残缺,所以更加真实。

(二)对人性复杂的彰显

张翎曾调侃自己所塑造的人物都是"好人"。确实,在张翎小说中既无大智大勇的英雄人物,也无大奸大恶之徒,有的只是微不足道但血肉丰满的普通人。尽管这些普通人所遭遇的爱情因为种种原因大都走向了残缺,尽管每个人都饱受其中的伤痛和折磨,但在我们所看到的人物之间并没有什么铭肌镂骨的仇恨,而是一种经过时间的漂洗和沉淀后的平静,是一种时过境迁的淡泊,应该说再刻骨铭心的仇恨,经过张翎之手,也就不那么面目可憎了,更多的是一种理性和释然。

金无足赤,人无完人。张翎展现在我们面前的不再是纯粹的不含任何杂质的被理想化了的人物,而是处处充满着矛盾与对立的斑斓驳杂的人性。在残缺的婚恋中,这些饱满立体的人物个个面目鲜活、棱角分明。《金山》中的方锦山在遇到流落妓院、骨瘦如柴的猫眼时便动了恻隐之心。他的善良让他默许了猫眼留在身边的请求,即使明知前路崎岖,将要面对的除了舆论的压力,还有居无定所的日子。但同样的,方锦山也有着他自私懦弱的一面,方锦山的一次意外坠马让猫眼成为家里的经济支柱,猫眼的辛苦劳累换来的不是方锦山的体恤,而是一句句像刀子一样刻薄的话,方锦山始终对猫眼的身世耿耿于怀,打心底把猫眼看轻贱了。直到猫眼死后,猫眼图了一辈子的名分才以一块石碑的形式留存后世。但仔细想来,方锦山的种种行为何尝不是生存焦虑下人性的自然流露呢?《邮购新娘》中江涓涓的初恋男友沈远,他心高气傲,在这偌大的世界里,他只顾及自己的野心,不断地透支着江涓涓的爱。虽说爱情最终败给了理想,但又有谁能够否定他没有为江涓涓有过片刻的犹豫呢?当七年后,一位画家拍卖了一幅题为"情殇"的人物画像后,揣着一夜之间厚重起来的皮包买下一只名为"蓝色泪珠"的戒指时,我们看到的仅仅是一个俗世男子的浪漫与深情。

爱情与婚姻的悲剧在张翎的小说中一幕幕上演,人性的美与丑、善与恶在这些残缺的婚恋里展露无遗。但我们从中感受到的不是赤裸裸的批判和痛斥,而是张翎对人性中的弱点不容置疑的包容与谅解。她既没有刻意展现人性的美好,也没有回避人性的弱点,而是客观地正视了人性中的矛盾对立,以一种平等、自由的心态,随着小说情节的展开,不动声色地完善了每个人的人格,将人性的复杂和微妙彰显得淋漓尽致,进而集中体现了小说的美学力量。

(三)对想象空间的拓展

从叙事上来讲,在张翎的小说中,婚恋的残缺具体表现为对婚恋故事的片段式叙事方式或情节上婚恋发展过程的省略。男女之间的恋情缺少循序渐进的细节,其中往往充斥着大量的空白和缺失。这种残缺的恋爱特征不仅承载着张翎的内在隐含意图,还极大地延伸了读者的想象空间,丰富了小说的审美意味。《邮购新娘》之中余小凡是以一种回忆的形式被推至读者面前的,林颉明和余小凡相知相恋的过程就存在着成片的空白,他们是典型的先婚后恋,在结婚前俩人仅仅是熟人,而从熟人转变为夫妻这整个过程是非常仓促和缺少交代的,比如为什么余小凡偏偏选择林颉明而不是其他正派单身男子,林颉明又是如何在极短的时间内就决定娶她的。当然,伴随着粗糙简略的开始,呈现在文本上的是快进模式的婚姻生活,读者可以透过简单的几个生活片段,自由揣摩他们的情感发展状态,可以是冷清寂寞的,可以是平淡无奇的,也可以是温暖甜蜜的,每一种可能性都能衍生出无限遐想。这种缺少了过程的叙事特质同样出现在了小说《瓶》中,张翎用寥寥数笔就勾勒出了虹和志文的恋情,情感关系的进展简单激进,缺少厚厚的铺垫。前一刻还是出于街坊的情义互相体恤,后一刻便是双方天荒地老的承诺。简短的两句话便迅速完成了一整个极为复杂的摸索真心的过程,过程直接又匆促,充斥着无数的空白。让人即使在心理上已有充足的准备,也无法避免被这意料之中的意外击中。随之在情节上俩人的恋情更是暧昧不明,小说并没有对人物心理进行细致挖掘,而是完全以一种场景化、片段式的书写方式将恋情匆匆地铺展开一丁点儿又迅速合拢,好似再多露出一点就会被窥见什么一般,引得读者更加好奇,从而更想从文本上真的找到点什么东西。可以说,故事的开头和结尾几乎是同时发生的。这种“残缺的恋爱”,就好像是“撕去了一些章页的书”。在空缺的同时,更多了一些故事续写的空间。

张翎笔下这种独特的叙事策略,营造出了一个潜在的叙事空间,不仅留出了无数让人自由发挥想象的余地,也间接引发了读者的思考。在这些预设的空白之中充满着无数的可能性和未知数,故事能够被不断地重新续写,继而走向千姿百态的结局,这不就是对于人生不可预知的本质属性的真实写照吗?换句话说,张翎采用这种在婚恋故事中预设空白的方式传达的正是一种被动的、身不由己的无法把握自身命运的人生状态,特别是对漫漫人生道路中所遭遇的爱情残缺的无奈和遗憾。

结　语

张翎虽书写了种种残缺的婚恋,但她总会让迷失了的人重新寻找方向,让找到方向的人实现自身的价值。各奔东西的男男女女在最后都找到了属于自己的归宿。残缺虽说带来了伤痛,但正是这些伤痛促使着人一路行走,一路思考,在伤痛中坚强,在伤痛中飞翔。

陈瑞琳曾这样评价张翎的小说:“她钟情的多是那种残缺的悲情,或短暂或夭折,或不容或变味,总之人间难有真正的圆满。但是,我们却听到张翎婉转悠长的歌咏,歌咏这世界无论怎样苍凉地运转,爱情永远在润滑着齿轮的时光,并散射着人性最有魅力的光芒。”①张翎对这种残缺而不失希望的婚恋书写,旨在让人在残缺中感悟人生,在残缺中

---

① 陈瑞琳:《遥看红尘缘起缘灭:论旅加女作家张翎的小说》,《文学报》2004 年第 25 期,第 2 页。

正视现实,从而认识自我,寻找自我。

参考文献

[1]张翎.余震[M].上海:华东师范大学出版社,2009.

[2]张翎.金山[M].上海:华东师范大学出版社,2009.

[3]张翎.邮购新娘[M].杭州:浙江文艺出版社,2015.

[4]张翎.交错的彼岸[M].杭州:浙江文艺出版社,2015.

[5]张翎.望月[M].杭州:浙江文艺出版社,2015.

[6]张翎.雁过藻溪[M].上海:华东师范大学出版社,2009.

[7]牛宏宝.美学概论[M].3版.北京:中国人民大学出版社,2012.

[8]钱锺书.围城[M].北京:人民文学出版社,2004.

[9]饶芃子,蒲若茜.新移民文学的崭新突破:评华人作家张翎"跨越边界"的小说创作[J].暨南学报(人文科学与社会科学版),2004(4):65-70+138.

[10]沈欢.丰富人性的日常书写:读张翎长篇《邮购新娘》[J].世界华文文学论坛,2005(2):30-33.

难以勘破的情色
——论施蛰存小说中的男性形象

李洲萍

摘　要:施蛰存作为"新感觉派"的主要作家之一,其笔下的男性角色呈现出具有较大差异的两种类型,一种为贴近"新感觉派"描写的偏执型男性形象,另一种则为偏向"现实主义"的传统型男性形象。这两类形象都有各自的表现特点及情感困境。偏执型男性形象主要发生精神的压抑,产生精神的困顿;传统型男性形象主要受到生活的压力,产生俗世的困扰。

关键词:施蛰存;偏执型;传统型;男性形象

引　言

施蛰存在20世纪30年代中国小说创作中占有重要地位,在现代文学史上也有其独特的价值。但由于历史政治原因,施蛰存的小说研究较为落后,这与他的历史地位和文学成就是不相符合的。新时期以来,国家文艺政策的调整,使我们终于能够对其小说作品进行公平公正的研究,过去半个世纪施蛰存小说研究的空缺得以弥补,其意义非凡。

施蛰存小说研究的活跃期较短,所以研究成果不多。在这一基础上,其小说研究的内容也比较集中,主要偏重于心理分析、历史小说写作、都市文化和创作概述等几个方面,较少有从新角度进行的研究。研究内容的单一化是施蛰存小说研究的薄弱环节,这就要求我们去做出新的丰富和发展。从男性形象的角度分析施蛰存的小说,可以拓宽施蛰存小说的研究范围,填补其小说中男性人物形象分析这一方面的空白。

一、男性形象分类

从施蛰存笔下的男性对待女性的态度来看,他的笔墨主要集中于为情所困的男性身上,根据这些男性的形象特点又可以分为两大类型,即偏执型男性形象和传统型男性形象。偏执型男性形象较贴近"新感觉派"的形象塑造,而传统型的男性形象则靠近"现实主义"的描写。

偏执型男性形象,在施蛰存多篇艺术成就较高的小说中有着鲜明的体现,偏执一词的基本解释是过分地偏重于一边的执着,指自我援引性优势观念或妄想,是一种病态的表现。而纵观施蛰存小说中的男性人物,我们会发现其中有不少男性形象存在妄想症的症状,这即是偏执型男性形象的重要依据,剖析该类男性形象时,将主要由"性"出发,从性心理的角度进行分类解析。

传统型男性形象,在施蛰存的小说的创作中亦时有出现,不过现在施蛰存作为"新感觉派"的主要作家之一,这类形象的传播广度不及偏执型男性形象。传统一词的基本解释为世代相传的、从历史沿传下来的思想、文化、道德、风俗、艺术、制度以及行为方式等,传统型男性形象的分析将由"爱"出发,以少年、青年、中年为三个切分点,主要从俗世爱情的角度进行解读。

(一)偏执型男性形象

1. 为色所困——难控的癔症

施蛰存笔下的古代好汉和现代君子都存在为色所困的情况,这一困顿在大多数情况下都由"性"而起,这种人类无意识的本能反应,但又不得不受礼教等的压迫。在两相冲突中,人物的精神状态达到矛盾的巅峰,无法满足的性本能催生出癔症,在偏执型男性形象身上被演绎得登峰造极。这类人物形象主要出现在《闵行秋日纪事》《梅雨之夕》《在巴黎大戏院》以及《魔道》等文章中,含有丰富的心理学内涵。

荣格的分析性心理治疗认为每一个心理病理症状都是具有启发意义的。施蛰存小说中主人公的失常行为也都在预示着他们各自的心理癔症。《闵行秋日纪事》《梅雨之夕》两篇小说中都描绘了绅士对陌生女子的尾随与搭讪,其中伴随着男性主人公不着边际的想象,丰富的心理想象无疑是男性主人公无意识的行为,而这类行为也正为他们的人格的运行提供了线索。

在《闵行秋日纪事》中,"我"沉湎于对"她"的幻想,猜测她的职业,尾随她的踪迹;而《梅雨之夕》一文里,"我"在雨中为一个陌生少女神魂颠倒,幻想出一幕幕子虚乌有的情景。这两个故事的相似点甚多,其共同的起点都是性的欲望——"在车门口,……坐着这样一个少女! 我再说一遍:这样一个少女! 并不敢过于夸大了,也并不愿意承认我没有看见过美貌的女子,我确说这个同车的少女是异样的美丽。"[1]"她走下车来,缩着瘦削的,但并不露骨的双肩,窘迫地走上人行路的时候,我开始注意她的美丽了。"[2]两篇文章中的女性主人公都是美丽的,美丽的事物往往会引起欲望,美丽的女性则会引起性的欲望,很显然两篇小说中的男性主人公都被美色所困,出现了大量有悖于常的幻想,这类幻想正淋漓地展现了他们人格的运行。而他们后续的行动也验证了情欲对其行为的影响,一个追随女子下车,一个陪女子避雨多时后又相邀同走。在弗洛伊德的性心理学中,性欲观念和人格理论是互相渗透的,两篇小说中男性主人公的幻想和行为都被美丽的色相所支配,正说明了无法满足的欲望会使人产生癔症,进而影响人格的发展,让人背离正常的行为轨道。

---

① 施蛰存:《十年创作集》(第一卷),华东师范大学出版社 2011 年版,第 47 页。
② 同上书,第 146 页。

在这类由于对色相的渴望而催生出癔症的小说中,《夜叉》无疑是最为极端的。小说中主人公卞士明在外人看来是一个"天真的中年人……他有强健的体力,也有明智的灵魂"①。但恰恰是这样一个人,仅仅因为在小港中,望见了船舱中一个浑身白色的女人,便再也抛不掉对她的欲念。无法满足的欲念给卞市明的精神带来了沉重的打击,他走不出对这个白衣女人的幻影,不断产生臆想,甚至精神失常,最后以掐死无辜村妇的方式来得到性满足。

弗洛伊德在癔症的研究中就已经发现,性是癔症的病因之一,甚至他还通过调查得出了一个结论:"心理历程是性本能的一种表示"②,而"神经症的症候是性的满足的替代物"③。通过一眼色相,男性主人公的内心就有了丰富的想象活动,这样的心理历程正是色欲在作祟,而异常的举动也是神经症的前兆,通过异常的举动——尾随、跟踪、搭讪甚至于掐死不相干的人,都是癔症的表现,也是用另一种途径得到性的满足。

为色所困的偏执型男性形象多呈现非正常人格,他们无法控制自己的臆想和异动,精神上是病态的。

2. 因爱而困——压抑的爱欲

《鸠摩罗什》中,鸠摩罗什对于自己的表妹(妻子)怀有异样的情感,这种情感不单单是性的欲望,更是爱的欲念。但其作为一个自幼学习佛学经典,立志要修成正果的高僧,本应是远离人间情欲的。在弗洛伊德的人格结构论中,人格结构分为本我、自我和超自我三个层次,本我是本能的驱动力,超自我是社会约束力量,而自我则是用以协调本能和社会要求之间不平衡的机能。鸠摩罗什身上对性的渴望和对爱的追忆,是他本我的表现,但在社会的法则中他的欲念是不被接受的,于是在本我和超自我的矛盾冲突中,鸠摩罗什的自我机能陷入了痛苦的挣扎中。他明知爱欲于他的功德是大大有损的,却压抑爱欲而不得,只能自我安慰"爱欲和功德是没有什么冲突的"④,以自我欺骗的形式来达到本我和超自我的平衡。

鸠摩罗什偏执的自我欺骗精神反映了其内心世界和外在约束的矛盾冲突,在越演越烈的冲突之下,他不仅欺骗自己,也开始欺骗众人——用表演吞针的小把戏来证明自己的功德。这是鸠摩罗什潜意识在作祟。精神分析理论中存在着两个基本命题,即潜意识和性本能,而小说中鸠摩罗什的潜意识无疑是认同了自己对于妻子的爱欲,才做出了种种掩饰的举动,来力证自己无损功德。潜意识的认同和社会意识的反对,使鸠摩罗什陷入矛盾的困境中。

鸠摩罗什在怀恋中不断出现幻象,已经走入了爱欲与佛心的死胡同,他的理性的偏执使他无法放弃修法,而他的情欲的偏执又让他无法隔断爱意,最终只剩下舌头没有焦朽。

---

① 施蛰存:《十年创作集》(第一卷),华东师范大学出版社 2011 年版,第 191 页。
② 吴光远、徐万里:《弗洛伊德:欲望决定命运》,新世界出版社 2006 年版,第 7 页。
③ 西格蒙德·弗洛伊德:《精神分析导论讲演》,周泉、严泽胜、赵强海译,国际文化出版公司 2007 年版,第 261 页。
④ 施蛰存:《十年创作集》(第一卷),华东师范大学出版社 2011 年版,第 70 页。

《将军底头》也是一篇以偏执型男性为主人公的小说,相比鸠摩罗什暗藏心底的涌流而言,花惊定将军的偏执要明显得多。与鸠摩罗什在爱欲与佛心之间煎熬相同的是,花惊定将军也陷入了两难的矛盾,即爱情和种族利益的选择。在两面交困的情况下,花惊定将军的爱欲被一再压抑,但小说最后他的爱欲以战死沙场的悲情方式得到了展现,失掉了头的将军骑着马奔回了他的少女身边。

在这两个因爱而困的男性形象中,我们可以发现爱欲的力量亦是超乎想象的,爱欲的偏执既可以销毁一世的修行,又能够支撑已死的躯壳。

3. 由爱生暴——变态的爱恋

小说《石秀》中,石秀被结义兄弟杨雄之妻潘巧云的美色所惑,燃起了强烈的占有欲,但出于兄弟道义,石秀又不得不通过理智来约束自己的感情,从起初"秘密的羞惭"到"隐秘的情热"无不是石秀压抑着自己内心情感的体现。

这一时期石秀处于本我与超自我的循环斗争中,精神状态尚属正常。但至潘巧云与海和尚私通之后,对石秀的热情则大不如前,石秀有所察觉,其感情也渐渐由爱转为嫉妒乃至于恨,变态的性心理开始发酵。弗洛伊德认为创伤性的心理体验容易导致心理变态,石秀在潘巧云和海和尚的私通一事中,精神受到了一定的羞辱,逐渐展现出心理变态的征兆,行为开始偏离社会的既定轨道。

当石秀看到勾栏的娼妓割破的指头上流出嫣红的血缕时,惊异于女人血的美丽,心中的爱欲达到了高潮。这无疑是变态性心理的写照,石秀通过女人血的嫣红,接受了感官刺激,以此来替代性的满足。在石秀真正撞破潘海二人私通一事后,便唆使杨雄对潘巧云进行虐待性迫害,表面上是为了义兄肃家风、惩淫妇,事实则是为了满足他变态的爱欲中偏执暴力的心理,以暴力手段获得性快感。他由爱生妒,爱而不得,又生恨,爱恨交织间情欲的突破口只剩下暴力。这与弗洛伊德的癔症理论"神经症的症候是性的满足的替代物"[1]又不谋而合。

石秀对潘巧云爱恋的偏执性正体现在他内心的妄想与期待,他希望潘巧云来捉自己的奸,更希望她与海和尚的调情是一场做戏。小说后半段石秀的性变态心理逐渐凸显,偏执的爱恋引发了暴力变态心理,在无法得到潘巧云的情况下,石秀最终选择了将她永久毁坏,用暴力血腥的虐杀代替性,完成对潘巧云的精神占有。

(二)传统型男性形象

1. 少年时期的朦胧情怀

《扇》和《旧梦》两篇都是回忆往昔的作品,是男主人公少年时代朦胧情怀的记忆。

《扇》是由一柄团扇所引发的对旧日的追忆,"我"窃走了女孩的团扇,使自己遭到了女孩的轻视,内心一度十分不安。但最终"我"还是决定将团扇还给女孩,以缓和"我们"之间的关系,摆脱自己内心的谴责。这篇小说中的男性主人公的情感困顿,在篇尾得到

---

① 西格蒙德·弗洛伊德:《精神分析导论讲演》,周泉、严泽胜、赵强海译,国际文化出版公司 2007年版,第261页。

了完满的解决。少年时期的朦胧情愫通过一把团扇,淋漓地展现了出来,表现了一个健康的男孩在成长过程中无可避免的爱恋情怀。

《旧梦》一文的篇尾则徒留惆怅,男主人公"我"与女主人公"她"儿时的朦胧情愫因为一对被保存完好的小铅兵而唤醒,可是"她"已嫁作人妇,"我"也不再是十七年前的少年了,只有儿时朦胧的回忆还可以说明女孩曾经的可爱。故事的最终,男主人公在同情心的支配下,送了些钱给女孩,但他又害怕伤及女孩的自尊,打破他们之间的平衡,所以"当她坚执地固辞着的时候,我轻声说:'譬如我买了小铅兵来送给他们呢?'"①这暧昧的话语,并不表示着"我"的轻薄,而恰恰显示着"我"对于曾经美丽可爱的"她"的尊敬。这篇文章中的男性主人公从幼年到成年都符合社会对男孩和男人的要求,是传统的优秀男性的写照。

施蛰存的这类小说中总是荡漾着显尼志勒式的柔和与轻快,其描述十分符合少年时期的情怀,在温情的文字中展现出传统男性对于儿时的爱恋的看法和行为,与上一类偏执型男性形象大相径庭。

2. 青年时期的爱意燃烧

小说《上元灯》是一篇典型的青年爱情故事,两位主人公的爱情既含蓄又热烈。文章中的主人公"我"和"我"的女友情投意合,女友将自己扎得最精致的花灯送给了"我",并且为"我"拒绝了她表哥的求婚,但"我"却因为贫穷而给不了女友真正的承诺。这篇小说中的男主人公作为一个传统型的男性形象,深知自己的贫穷不被女友的母亲看好,所以对自己身上破旧的袍子格外在意,去女友家前希望换一件新袍子,从女友家志得意满地出来时看到自己的破袍子便偃旗息鼓。故事中男主人公与女友虽然两情相悦,可是在现实面前男主人公还是无法抬起头来,贫穷成了他情感困境的阴影。

《渔人何长庆》一文是沉默的爱情的写照。何长庆是一个典型的传统型男性形象,务实讷言,他的爱意是内敛的,他单相思般的爱意不曾为菊贞所知,这也是他陷入情感的困境的主要原因。不过长庆的困境又与《上元灯》中的有所不同,他的困境是有突破口的,凭着长庆的传统型男性的坚韧毅力,在菊贞与他人私奔四年后,将她找了回来,成了自己的妻。

《上元灯》和《渔人何长庆》两篇文章描写的都是青年的爱情,在施蛰存笔下也依然柔和温情,没有过激的冲突,也没有情节的跌宕,在这类男性主人公的描绘中,施蛰存用柔和平淡的笔触写出了普通男青年在爱情路上的挫折,是完全现实主义的。

3. 中年生活的琐屑温情

施蛰存描写中年人的家庭婚姻生活的小说不在少数。其中《妻之生辰》《失业》和《纯羹》等篇中,虽则描写了婚姻生活中永远绕不开的话题——家庭的困境和情感的困境,但终归还是保有脉脉温情的一面。

《妻之生辰》一文中作为丈夫的"我"希望在妻子的生辰时送一样礼物给她,走在街上发现囊中羞涩,只好回去向妻子拿钱,却反而了解了妻子持家的艰辛与不易,对妻子感

---

① 施蛰存:《十年创作集》(第一卷),华东师范大学出版社 2011 年版,第 26 页。

到十分愧疚。《失业》也是一篇描写主人公由于经济窘迫而陷入困境的小说,失业后的刘念劬回到家里自觉无颜面对妻儿,认为自己没有尽到作为丈夫、父亲的义务,迟迟不敢将自己失业的消息告诉妻子。

在人类的发展史中,男权文化的演进是绕不开的话题,传统的男性都被社会赋予了一定的期望值,事业上的成功是男性价值的体现。在一般的社会情况下,男人都必须担起养家的重任,作为一家之主,他们需要赚到足够的钱来支撑家庭的开销。《妻之生辰》和《失业》中的男主人公都是传统型男性形象的写照,由于无力做到社会对一个传统型男人的期待,便产生了深深的负疚感,陷入了婚姻生活愁闷的困境中。

不过施蛰存的写作并没有止于此,在这类描绘家庭生活的小说中,施蛰存还是保留了他柔和轻快的笔触,通过丈夫和妻子的行动以及对话让读者感受到夫妻共同支撑一个家庭的温情。

二、男性形象与情感困境

(一)偏执型男性的情感困境

1. 无处不在的矛盾

在偏执型男性形象的塑造中,冲突是不可缺少的,因为偏执型人格的情感困境就是在冲突与矛盾中情感逐渐疯狂而产生的。

《闵行秋日纪事》中开篇就说明了"我"受在闵行隐居的朋友无畏庵主人的邀请,去闵行小住一旬,赏赏秋色,看看古书,净化尘俗。但"我"却在车上受到了一个美丽的少女的诱惑。"我"的内在心理与外部表现是相当矛盾的,本我意识与自我意识已经相差甚远。《夜叉》一文的矛盾塑造也与《闵行秋日纪事》异曲同工,主人公卞士明在外人眼中是体魄强健、灵魂明智的,但其内在心理却恰恰相反,受压抑的情欲对女性具有变态的渴求,以至于产生了癔症。《梅雨之夕》中的"我"上班时是一个严谨的工作人员,下班后却在街上无目的地闲走,并对一个陌生的少女产生不切实际的幻想。

以上这些为色所困的男主人公形象都是具有矛盾性的,并且具有双重人格的倾向,他们的情感困境主要在于对自我情欲的不认可,理性上否定了自己的欲望,但实际的行为表现却不然,说明了他们内心中对自己的定位是虚伪的,他们渴望性的满足,却不愿承认自己情欲的热望。情感的困境就在他们的"本我"与"超我"的斗争中产生了,以至于最终通过癔症的方式,将他们的人格扭曲化,以此发泄性本能,得到性满足。

《鸠摩罗什》和《将军底头》,这两篇小说中主人公的情感困境与上文中提到的又有所不同,上文中的困境由主人公自己压抑的心态所筑成,而《鸠摩罗什》和《将军底头》中的主人公则切切实实地遇到了现实的壁垒。鸠摩罗什和花惊定所遭遇的现实困境让人无法抉择,在情感的道路上走入了两难的处境,一个在佛心和爱欲中左右摇荡,一个则因爱情和种族利益的矛盾难以选择。外部的矛盾催生了二人内心的冲突,以此塑造了两场备受煎熬的情感困境。

《石秀》一文中的矛盾塑造是有所转化的。在文章的前半段,石秀处于是否背叛自己的义兄的矛盾之中，即便是见到自己义兄的一条头巾，也能退却了狂热的爱欲。石秀对于人伦的尊重，使他不能回应潘巧云的示爱，而陷入了情感的困境。但在文章的后半段，石秀的矛盾发生了变化，他的内心已接受了自己对于潘巧云的爱恋，可现实中却无法得到潘巧云，占有和不能占有的矛盾塑造了石秀在文章后半段中的情感困境，也是他精神世界日渐扭曲变态的源头。

2. 强烈的性妄想

偏执型男性形象大多都存在妄想症的症状，《闵行秋日纪事》《夜叉》《梅雨之夕》《鸠摩罗什》《石秀》……施蛰存的大部分偏执型男性形象的塑造，都带有相当强烈的妄想症。作为一个人格正常的人，我们审视这些小说时会发现主人公多呈现非正常人格特征，不是遭受都市文明压抑而产生精神变态的现代人，就是被人的本能欲望驱遣难以自持的古代人物。性妄想就是这些人病态的表现。

《闵行秋日纪事》中的性妄想是含蓄的，不过是"我除了与无畏君闲谈外，把所有的独自的时间都花费在对于那个女子的幻想"①。这样的妄想已有些恐怖了，已经开始把自己缠进了情感的困境中，但《梅雨之夕》和《夜叉》的性妄想却更要甚之，一种朦胧的变态的爱欲在"我"与卞市明的幻想中呼之欲出。《鸠摩罗什》《将军底头》和《石秀》的性妄想都较为露骨，对性欲有着赤裸裸的追求，"他对妻的幻想又浮了上来……坐在他的怀里，做着放浪的姿态。并且还搂抱了他，将他的舌头吮在嘴里，如同临终的时候一样"②。鸠摩罗什在讲经时出现的性妄想非常强烈，这个时候的他事实上已被情欲所控，并且无法回转。而花惊定将军梦中对少女的淫亵和石秀对潘巧云的性幻想，无不说明在偏执型男性的情感塑造中，对性妄想的描绘是十分重要的，在情欲的挑逗下，产生的无边无际的欲的幻想正说明了他们情感无处发泄的困境。

（二）传统型男性的情感困境

1. 生活的压力

施蛰存在传统型男性形象的情感困境的塑造中，存在着大量生活压力的描写，例如贫穷的压力、情感维系的压力等。对于传统的中国男性，生活的压力无疑是他们组建家庭、维持家庭的一大难题，因此对于生活的压力的描写自然是有助于塑造传统型男性形象的。

《妻之生辰》《残秋的下弦月》《失业》等都是描写主人公迫于生活压力而进入情感困境的典型文章。在《妻之生辰》和《失业》中施蛰存笔下的男主人公都因无法负担起家用，而内心对妻子存有愧疚之意。在传统型男性的心中自己是应该置身社会，担起家庭的重任的，然而现实却是一个所挣无多买不起生日礼物，一个刚刚失业断了经济来源，生活的压力让他们的男性自尊受到了摧残，使他们陷入了无法面对妻子的情感困境。《残秋的下弦月》中，"我"为了生计，不得不构思新的作品，但病中的妻子却希望"我"能时刻

---

① 施蛰存:《十年创作集》（第一卷），华东师范大学出版社 2011 年版，第 50 页。
② 同上书，第 80 页。

关心她,和她闲聊,维持生计和陪伴妻子之间产生了矛盾,两人的情感产生嫌隙,也形成了困境。婚姻生活中的压力,在施蛰存笔下都成了情感困境的源头。

《上元灯》一文中,两位主人公还处在情义相投的热恋中,但"我"由于家境的贫穷,与女友并不相称,也不为女友的家人看好,"我"的自卑感正来源于早早地感受到了生活的压力。施蛰存通过描写"我"对于自己破旧的袍子的在意,塑造了"我"在贫穷的家境的影响下情感的困境——与女友情投意合,却无法娶她为妻。

2. 缄口的爱意

传统型男性形象还有一个鲜明的特点,即三缄于口的爱意。施蛰存在塑造这类形象时,将他们的爱意都潜藏于心,而不表露于外,但也恰恰是这样的沉默的爱意,容易使传统型的男性走入情感的困境。

《渔人何长庆》中的何长庆是一个典型的沉默的传统型男性形象。他对菊贞的爱其实是相当热烈的,在她做了四五年的娼妓后,还是找她回家娶她为妻。但在平日的生活中,他的爱相当隐忍,从未对菊贞表达过自己的情思,甚至连与菊贞结亲都是在其父亲的推动下才有了眉目的。这般沉默的爱的描写,让菊贞这个女主人公直接置身其外,与长庆没有任何互动,长庆觉得自己仿佛是突然失去了自己的未婚妻(对于菊贞来说,当然是早有预谋的),从而陷入了爱而不得的情感困境中,孤独地做了几年渔人。

《扇》与《妻之生辰》中的男性形象也具有这一特点。在《扇》中,"我"对于小伙伴树珍有着朦胧的情愫,但作为孩子"我"对这一情愫并没有清晰的认识,只希望将她美丽的团扇窃来,如同窃来她对自己的一个承诺。团扇在这里就是一种朦胧而沉默的爱意的象征。同样《妻之生辰》中也有爱意的象征,就是"我"希望买给妻子的生日礼物,虽然最终因为窘迫的经济条件,生日礼物成了空中楼阁,但依然表现了"我"对妻子未说出口的爱意。

缄口的爱意是塑造传统型男性形象的一大突破点。在中国传统社会中,稳重踏实是一个优秀男性必备的品质,这也就意味着传统型男性形象往往是沉默的,他们的爱意表达是内敛的,而非浪漫的。

结　语

文章选择从为情所困的男性形象的角度,分析了施蛰存的一部分小说,在一定程度上契合了施蛰存小说的特点。首先,从小说的内容看,施蛰存的小说多以男女两性的情感为基调,着重于男女之间复杂的情感纠葛的描绘,这其中包含有大量不同的为情所困的男性形象描写;其次,从施蛰存小说的艺术特色上来看,其男性形象的可挖掘性较强,抛开传统的女性角度由男性视角切入分析施蛰存的小说,是一种新鲜的尝试。

通过两类不同的男性形象的分析,突出了施蛰存小说中备受情感煎熬的男性的生存困境,并讨论了这两类形象的情感困境是如何通过小说的叙事来营造的,使这两类形象从施蛰存的小说中抽离了出来,在一个新的场域中对他们进行了审视和关照,得到了他们在情感中挣扎的普遍原因,确立了施蛰存笔下两类鲜明的男性形象。

　　施蛰存的创作期比较短暂,他从20世纪20年代开始发表作品,到全面抗战爆发后就基本停止了小说创作。但在这短短的十年当中,施蛰存的小说写作却横跨了现实主义和现代主义,传统型男性形象主要出自他早期的现实主义写作,而偏执型男性形象则来自他转型后的现代主义写作中,这两类男性形象分别出自其创作的早期和中期(晚期又回归了现实主义),代表了施蛰存创作理念的转化和革新。而这两类表面如此相异的形象出自同一个作家的笔下,那么他们是否其实有着同质的内在呢? 这也值得我们思索。

参考文献

[1]黄德志.施蛰存研究述评[J].徐州师范学院学报,1996(4):94-98.

[2]杨迎平.新时期施蛰存研究述评[J].中国文学研究,2000(1):89-92.

[3]黄德志,肖霞.论施蛰存都市小说的现代意识[J].齐鲁学刊,2000(2):26-29.

[4]余志平.施蛰存历史题材小说创作心态透视[J].湖北大学学报(哲学社会科学版),2000(2):52-54.

[5]施蛰存.十年创作集[M].上海:华东师范大学出版社,2011.

[6]唐文一,刘屏.往事随想 施蛰存[M].成都:四川人民出版社,2000.

[7]吴福辉.都市漩流中的海派小说[M].长沙:湖南教育出版社,1995.

[8]许道明.海派文学论[M].上海:复旦大学出版社,1999.

[9]夏志清.中国现代小说史[M].上海:复旦大学出版社,2005.

[10]赵凌河.中国现代派文学引论[M].沈阳:辽宁人民出版社,1990.

[11]卡伦·荷妮.我们时代的病态人格[M]陈收,译.北京:国际文化出版公司,2000.

《孤独者》
——鲁迅追忆小说的终结

杜变明

摘　要：在小说《孤独者》中，鲁迅追忆的绝望与希望已然共同消失在旷野的悲吼之中，对人物命运不再是"狂人"醒悟后被候补的继续悲惨分食，也不是吕纬甫仍在运动中的绕圈。在鲁迅的小说中，《孤独者》是真正地将回忆杀死，抛弃循环的闭合，从而完成鲁迅自身对旧的决绝和对新战斗的准备。本论文从追忆小说的类型与作用入手，探索研究鲁迅小说的叙事结构及其表现力和背后的思想，并探究其思想转变缘由。

关键词：鲁迅；叙事结构；鲁迅思想

引　言

重构，也即是追忆，在鲁迅《呐喊》《彷徨》这两本小说集中，我们会发现有着不少追忆结构的小说。追忆结构的小说人物的命运在小说叙述的开头就已注定，通过对人物人生过程的回顾将回忆中的事件、意象、心理形成叙事的串联来揭示人物命运形成的过程。而对于鲁迅"反抗绝望"的哲学而言，与无边的黑暗战斗的方式即是表现人物如何在黑暗中逝去，从而让牺牲者无声消逝的悲剧变为有声的呐喊和在旷野中的孤号的过程。追忆在《孤独者》中揭示和批判的意味被深刻的悲哀和愤恨所削弱，似乎是要妥协和退缩，但后退的过程中，鲁迅真正地不再向往虚无的希望，而转去体会实际的黑暗，从而在黑暗中对回忆进行决然的终结。

一、追忆的类型与作用

呐喊与吼叫是主动的，是人在外界刺激下的反应，而回忆正是对动态的外在刺激的一种静态的思索，正如李长之所言，鲁迅一生有很多变化，但这些变化大多非主动发声，而是对他偶然碰到这件事或那件事的反应或回应。鲁迅这种被动的习惯，在追忆的小说之中，则体现为将人物放在封建绝望的环境之中，以被动的挣扎来批判和反思封建社会对人的摧残。鲁迅小说追忆的类型主要有自我的追忆与客体的追忆两种。自我的追忆是在回忆的流变中描绘外部不变的吃人，而客体的追忆则更突出革新与传统的对抗，从而表现求新者的无奈与挣扎。《孤独者》中自我与他者是相容与和解的，而不是泾渭分明，更好地体现出了旧有和变革、外在与灵魂的复杂关系，从而在对人物撕裂的拉扯中显出鲁迅对人生和对回忆的决绝。

（一）自我的追忆：《狂人日记》《伤逝》

自我的追忆类型中，虽然也有他者以某君某朋友之类，或者如祥林嫂，但其中所要表现的是个体被无意识异化的世界，比如《狂人日记》和《伤逝》即是此类人物的追忆，如小孔成像般将犬吠、闲言、佃户、大哥全放在一线上，通过小孔呈现出一个复杂又清晰可怖的像——吃人。而"吃人"在狂人分析研究的过程并不是从一而终的，在得到吃人这个结果之前，吃人的行为却已完成了。

从《狂人日记》的叙事顺序来看，形式上是以"狂人"的心理变化为线索，并在最后得出身边的村民、哥哥和母亲都是吃人的结论，并规劝不让吃人，发出"救救孩子"的呼喊。读者在阅读的开始，着眼于狂人"个体的病"，但在狂人不断的分析追忆的过程中，个体的病例变为集体的无意识的压迫，在其空间上也如追忆从茫茫中入手，起始是"今晚很好的月光"，这月光的好自然是明亮通透、照亮大地的，光明的表象此时是通透的。狂人见了三十多年前的故人，这个故人让狂人知晓其三十多年以来一直在发昏，我们无从得知狂人的故人是谁，他又如何得知自己一直在发昏的，但发昏是狂人在开始就得出的结论。在明亮的月光下，那赵家的狗仿佛黑暗的瞳孔，两眼的光使狂人的心理开始了溃堤般的意识倒流。在第二节中月光已不见了，整个狂人的意识陷入了黑暗之中，但在凝固的夜色中浮出了赵贵翁的眼色，七八个人的议论和路人以及孩子。这些人物则是另一种刺激物，与赵家的狗的目光意味是相同的，使狂人回忆了起来，"只有廿年以前把古文先生的成年流水簿子踹了一脚，古文先生很不高兴"，时间又向前流了，则将追忆的范围进一步明晰，从最初的赵家的一条狗，扩大到周围的路人及至周围的孩子，异变发散开来，使狂人的意识更加激荡，以达到自我的凸显。在第三节中狂人在"凡事须得，研究才会明白"的策略下，从昨天要吃儿子几口的女人和佃户告荒时说将恶人打死挖出心肝来吃掉中这两件事中醒悟，明白"今天才晓得他们的眼光全同外面的那伙人一模一样"，文本叙述至此，狂人已经完成了从三十年来的发昏到明白的一个心理过程，这个过程的起点，是对三十年来的反思，再到细想廿年前踢翻了簿子，以致得出要被吃的结论。这个结论，潜藏在表象的事物之下。将要被分食的感觉，逼迫着狂人去探究吃人的原因及过程，甚至可以说凡事须得研究才会明白这种近似于"格物致知"的方法都是已被吃的证据，狂人在此刻已然醒悟，他们将要吃"我"的命运早已完成了。文本得到一切封建道德都写着吃人的结尾时，并在继续追忆的过程中，通过妹妹这个人物来回忆，"须割下一片肉来，煮熟了请他吃"，并想到"我"也是妹妹的分食者，从而完成在复杂的生活中主体思维追忆的过程，达到发掘真相的目的。而当"我"亦为吃人的角色时，主体又回归到了周围的具象之中，即所谓的"疯"，如醉梦般长眠，即便偶尔地睁眼却也很快就沉睡了，甚至连睁眼都是梦，这个梦中"我"是一直被吃也一直吃人的。最后候补的结局是主体的追忆思维回归到现实后无声地咀嚼，《狂人日记》里追忆作为时间的线性串联，是为了将主体意识在伦理道德网格之下的象征所指呈现出来，以达到精确而广泛地批判当时的礼教的目的。表现被束缚和屈辱的狂人时，鲁迅是冷静客观的，这个短篇"意在揭露家族制度和礼教的弊害却比果戈理的忧愤深广也不如尼采的超人的渺茫"。在果戈里的《外套》与《鼻子》中用鼻子的消失和外套的幽灵,来达到夸张和漫画式的效果。于整个社会而言,其小官员的角色是不足以体现最广大的人民生活,鲁迅在《狂人日记》中,通过狂人从现在到四五岁时三十多年的追忆过程来审视自己的经历,从而得出自己吃人和被吃是两千多年来历史的缩影。

鲁迅笔下《狂人日记》是启蒙和反思的,《伤逝》中涓生追忆子君,追忆自己和子君的生活是绵延的。人物的追忆是时间上,也是空间上的,当狂人在回顾四年前的历史时,他自身亦在历史之中,当涓生写下悔恨和悲哀的时候,他亦回到了最开始的那个子君已经离去的小屋了,"依然是这样的破窗,这样的窗外的半枯的槐树和老紫藤,这样的窗前的方桌,这样的败壁,这样的靠壁的板床"。空间和时间是凝固的,但"我"曾经的希望——子君却离去了。当四天前鲁迅所写的孤独者中"我要活着"是一种生存需要,而在《伤逝》中则增加了一种爱情与变革的因素。文本的叙述也在不断的拥有和失去中推进,"我"拥有子君,"我"还可以一个人轻松地生活。到有了子君一起生活的改变,从有小鸡、阿随,到无小鸡、阿随,再到自我失掉工作,生活变得困难艰辛从而领悟"便是生活,人必是活着,爱才有所附丽"。这其中追忆的失去与拥有都是子君的主观感受,文中主观的追忆中隐藏的是子君的生力。《鲁迅批判》里说"女性在理智上意志力上的脆弱,恐怕如男性在情感上的单薄,不能专一一般,是一种永远的缺陷吧。所以我说鲁迅这篇小说有对于女性最切的了解"是不符合原文的,在《伤逝》里抒情之处是涓生的悲哀与悔恨,而在子君身上则一直潜藏着坚韧和勇敢的力。这个力完全不在于"她早已什么书都不看了,已不知道人的生活第一着是求生"。子君在喊出"我全是我自己的"即是最大求生。其后,子君的生便是涓生的爱。当涓生开始厌烦子君并准备抛弃她时,子君的生已经全无了。子君知道归家之后的悲惨,可她还是走了,没继续给涓生造成所谓的拖累。并且子君在与涓生的生活中是不断变得刚强的。她的手变粗糙了,她养的油鸡只能充饥,连狗都要送走,但子君的怨是从未有过的。在涓生的主体追忆中自然充满了他本身的悲哀悔恨的情感,在这情感映照下是子君如火的光辉。

《狂人日记》和《伤逝》同是主观的追忆,但一则从追忆中将伦理的罗网外显出来,一则是内倾表现其怯弱与子君的勇敢。主体的追忆,其结构是松散不紧密的,但这样可以更大范围地串联意象和跳跃时间,而在客体的追忆过程中人物表现的情感更加收束,而其揭示与批判则更为深刻。

(二)客体的追忆:《在酒楼上》《孤独者》

《在酒楼上》和《孤独者》都是客体的追忆类型,小说围绕"我"和吕纬甫、"我"和魏连殳的对话展开,其结构似一个闭合的圆。"我"因绕道访了我的家乡,从而来到这个酒楼,吕纬甫也是在绕了一小圈子回到了这个酒楼;在《孤独者》中"我"与魏连殳的相识是以"以送殓始,以送殓终"。结构闭合的叙事之下是两两精神的同质,四者虽然处在大江南北之中,但其遭遇和悲苦是相类的,其思想亦是有所发展。同质表现在"吕纬甫是我的旧同窗,也是我做教员时代的旧同事"。同窗和同事所受的教育大抵是相同的,在后来"我们"也都是教员。吕纬甫对"废园忽地闪出我在学校时代常常看见的射人的光束。"而

"我"对废园亦是"从惯于北方的眼睛看来,却很值得惊异了"。"我们"对废园相同的惊异来自"几株老梅竟斗雪开着满树的繁花,仿佛毫不以深冬为意,倒塌的亭子边还有一株山茶树,从暗绿的密叶里显出十几朵红花来,赤赤的在雪中明的如火,怒而且傲慢,如蔑视游人的甘心于远行"。"我们"的惊异是由于被老梅和山茶蓬勃傲然的生命力给震慑了。这废园里的老梅和山茶是作者作为客体对"我"和吕纬甫的审视。这个客体即是鲁迅在人物渺茫的希望与绝望之上的精神审判,"我"和吕纬甫的对话宛如对能焚毁一切生命之火的陈冤与讼词,正如鲁迅在《野草》的题词中所言:"地火在地下运行,奔突。熔岩一旦喷出,将烧尽一切的野草。以及乔木,于是并且无可朽腐。"此时的鲁迅正如这地火一般,是潜藏蓄力的,与前者主体在《狂人日记》时对比,在《狂人日记》中,鲁迅如同是高悬在狂人头顶的月,态度是淡漠和冷然的,却隐藏着莫大的同情。而在《在酒楼上》则是老梅和茶花般的蔑视,傲然和无可发泄的愤怒,鲁迅是被吃者,所以鲁迅同情最广大被欺辱的平民,而其战斗则就在对"我"和吕纬甫的愤怒中,"我"和吕纬甫是有力向着新生的,却绕圈子般又回到了真正的旧地。在吕纬甫的回忆中嵌套着两件事:为小弟迁葬和为阿顺买花。从拔掉神像胡子到替小弟迁葬,因为长庚的谎而导致阿顺的死,自己却也去欺骗母亲,吕纬甫的欺骗是"旧日的梦的痕迹"完全消失了。这两件事如同两场大雪,一开始将吕纬甫的脖子之下全掩埋了,但总还可以眨几下眼睛看着天,可后来的一场雪使仅剩的眼睛亦闭上了,将吕纬甫冻僵在原地。让他承受风雪的是当时的时局,买花与迁葬不过是压死吕纬甫最后的稻草,那僵化而不可为的现实是凝滞的。但"我"和吕纬甫在整个追忆过程中所表现的内在痛苦远不如孤独者中来的悲苦与艰辛,是因为未进行真正的反抗。《在酒楼上》文中"我"和吕纬甫是影子般孪生的,而《孤独者》中"我"则如同骷髅一样用空洞洞的眼眶注视着被蚕食的魏连殳,"以死人似的眼光,赏鉴这路人们的干枯,无血的大戮,而永远沉浸于生命的飞扬的极致的大欢喜中"。魏连殳身上有着鲁迅很深的影子,所学的是生物学却教的是历史,与鲁迅弃医从文却又要教授理科的逆转是相同的。"常说家庭应该破坏,一点薪水却一定要寄给她的祖母。"与鲁迅虽反抗封建伦理,却又极孝顺母亲并不违背母亲的意愿,而迎娶朱安是一致的。甚至魏连殳被当作"一个外国人看待,说是同我们异样的"的生存处境都与鲁迅归国始相同。小说的开始简直是青年鲁迅的经历,恐怕也是鲁迅生前未曾出版这篇小说的原因之一,再者即不符合鲁迅在做文章时最初的愿望,"却也并不愿将自以为的寂寞,再来传染给如那年青时候,似是正做着好梦的青年"。《孤独者》中的寂寞纯然是鲁迅自身的,这寂寞是行走在黑暗中的困苦,是蘸着鲁迅自身鲜血的药。这药的效力则在于以毒攻毒,因此魏连殳在文中不断地追忆着悲惨的后祖母,抛弃"我"的孩子和进步的青年以及不愿"我"活下去的敌人,当追忆的尽头赤裸裸地显示出人性根源的坏和必须生存的需求时,这药力终于见效了。

二、追忆小说中鲁迅的思想转变

追忆或者说倒叙的目的在于寻找,讽刺和批判则是其附带的表现,所寻找的最终原因或结果才是追忆这一方式的最大意义。《狂人日记》追寻的结果是吃人,《在酒楼上》则是无可改变的循环般的宿命,《伤逝》中反抗的艰辛和反抗者的懦弱。吃人的伦理,无奈的宿命,反抗者的懦弱在《孤独者》中却被魏连殳"战胜"了。魏连殳"躬行其先前所憎恶的,所反对的一切,拒斥我先前所崇仰"。他失败了,但他活了下去。他活下去的同时却又摒弃了"生",他的生是亲手用厌恶换来的。但他终究不再是被吃的活尸、绕圈的机械以及怯弱地抛弃爱人的懦夫,他冷笑着,自身的尸骸解脱了。

(一)旧的铁屋,新的藤条

"先前旧社会的腐败我是觉到了,我希望着新的社会的起来,但不知道这新的该是什么,而且也不知道新的起来之后是否一定就好。"鲁迅的这句话,可以概括其在这四篇追忆小说中的思想与疑问,《狂人日记》是揭露旧的道德,可在其他三篇小说中旧的伦理观念不仅未消失,反而更进一步指向人性上更深邃的恶。鲁迅笔下"狂人"最癫狂之时所呐喊的"救救孩子"只是文本必需的结局,而不是追忆本身所衍生的终结,"癫狂"重生在读者的无意识的阅读之中。狂人回想自己的病、兄、母亲、妹妹,然后思及文化,使文本的内容一直处于流变的跃动状态,而这种追忆意识又不是普鲁斯特笔下描绘"小玛格丽特"甜点那般从色彩、味觉等立体式使"追忆物"娇艳欲滴达到超出于文本之上的目的,可以说《狂人日记》就是为了描写环境而不是性格,狂人觉醒的意识处于必然会被闷杀的铁屋才是鲁迅所真正想要表达的,为了描绘这个铁屋使人能觉到旧社会的腐败,鲁迅在一系列的文章之中从自古以来的无意识,积累在周遭人或物之上的潜意识,使其通过习俗、观点等复活,让冷月叫嚣、长明灯狂舞,从而得出传统文化中的儒释道都只是吃人口上的白牙,而无意识就是这大嘴,用那白牙去切割着中国人。

与之相对应的还有《伤逝》。逝,往也。从涓生最开始的忏悔的追忆,到追忆与子君生活的日子,再到追忆子君"个体意识"觉醒的日子,此处的个体意识觉醒是有所偏差的,子君的意识觉醒表现在自由的恋爱,子君知道了爱的自由,却不清楚人的自由。子君所觉醒的意识是凝结雨滴的尘,但不是雨的全部。子君的意识是不可能突破到雨的外部,外部对于子君、对于涓生都是不可知的荒芜,荒芜即是雾的外延。不只在《狂人日记》和《伤逝》,在《在酒楼上》《孤独者》《范爱农》中我们都可以看到一种追忆的闭合循环,所形成的朦胧发散的意识氛围。这种薄雾式的小说风格来源于作者精神上的社会经历以及所生活生存的社会现状,中国历史长期的封闭,如孟子所言:"仁之实,事亲是也,义之实,从兄是也。"事亲,从兄就构成了家庭的经纬,鲁迅即是在这经纬中去写人,如描述网线勒住的人,那人自然是疼的,网线勒出血来,那人成了血人。大片的薄雾是无意识般朦胧的,却是个体身上殷红的血雾。

牟宗山曾批评新文化运动者说:"人之见咸于现实之弊,而不见得真理。"这句话可以理解为在传统的伦理道德中有其坏的一面,也有其好的一面,求新变革者往往倾向于破坏家庭,却不为家庭承担其责任。其实不然,狂人最后回归了家庭,吕纬甫也学会了不在意迷信,至于涓生则发现第一便是生活而抛弃了不合礼法的爱情,而魏连殳则是极孝顺祖母,这些人其结局大多是空虚而悲哀的。鲁迅创作小说是为人生的,他憎恶吃人的伦理,所以在《狂人日记》中追忆自身及两千年历史上的吃人,但旧的制度已无时无刻不钳制着人,我与吕纬甫不过仍旧是铁屋中的囚徒,鲁迅将囚徒的痛苦描绘出来,以希望唤醒些许沉睡的国民,可对于醒来的国民鲁迅却又不知道给些什么,只知道醒来也有新的藤条。

（二）憎恶与胜利

"我已经真的失败,——然而我胜利了。"当没有一个人愿意魏连殳活的时候,他即陷入了无边的黑暗,此刻苟活不过是虚妄的希望。但他还要活下去,为了他的憎恶。厌恶他的人不是想让他死去吗? 而他就偏偏活下去,活在憎恶里以憎恶为动力。但是狂人憎恶吃人,吕纬甫厌恶庚三的谎言,可他们自身却已沉浸在谎言之中了。虽然知晓吃人以及谎言的恶,却没办法遗忘。他们无法做到涓生所说的,"向着新的道路跨进第一步去。我要将真实深深地藏在心的创伤中,默默的前行。用遗忘和说谎做好前导"。遗忘和说谎在魏连殳身上实现了,甚至可以说魏连殳即是涓生的先行者,涓生用遗忘给子君送葬。然后,朝着新的人生道路迈进了第一步,涓生的新路大概是魏连殳所说的:"这里有新的宾客,新的馈赠,新的颂扬,新的钻营,新的磕头和打拱,新的打牌和猜拳,新的冷眼和恶心,新的失眠和吐血……"这个新道路是悲哀的,当时的时局是军阀混战,新路注定充满着谎言与暗色的血。1925 年初刚发生了北京女师大事件——杨荫榆与军阀政府合作压制学生的革命活动。革命是另一条新的道路,没有谎言没有遗忘,革命是狂人对历史的审判,是吕纬甫心心念着的未送出的花。革命是永恒的,"是只有自觉地永远的革命,才是真正的革命者",可鲁迅所愿的青年是放下憎恶,去取得活着的胜利。但是鲁迅终究没有将《伤逝》和《孤独者》发表出来,在鲁迅的回忆散文里,我们会读到这些句子:"一认真便趋于激荡,发扬则送掉自己的命,沉浸着,又啮碎了自己的心。""时间永是流逝,街市依旧太平,有限的几个生命,在中国是不算什么的,至多,不过供无恶意的闲人以饭后的谈资,或者给有恶意的闲人作'流言'的种子。"鲁迅对于这些是记忆深刻的,鲁迅是一个难以忘却回忆的人,是一个至死都绝不原谅的人。可在小说中他将这个与自己相似的"魏连殳"跟回忆终结了,原谅他所憎恶的,遗忘他所不该忘却的,是因为鲁迅知道他还有更渺茫的胜利等着他去取得,所以他决然地终结了魏连殳的回忆。

结　语

鲁迅的思想是极其复杂的,在目前对鲁迅的广泛研究中,成果丰硕,将鲁迅的思想与各种主义和哲学联系在一起。但鲁迅是一个战士,而不是一个预言的巫师。在文本的细读中去发掘表层之下的思想,其研究可能更有利于把鲁迅放在其适合的位置。鲁迅的文章是战斗性、批判性的,但在文本之下的悲哀与无奈,也是鲁迅思想的一部分,甚至其哲学即在这悲哀之中。悲哀着去战斗,悲哀着怀疑历史。在这新旧之间,鲁迅审视着走向前方继续战斗,不管用着何种方式。而在传统的鲁迅研究中对于小说中的觉醒者形象,关注的是其性格特点和社会现实造成了觉醒者们的悲剧命运,但是笔者认为鲁迅在一系列的追忆小说中,表现的不但是进步青年来自外部环境压迫和内部的思想缺陷,还潜藏着鲁迅的自我意识。这个"自我意识"与小说中的人物保持一种若即若离的关系,在《狂人日记》中是客观冷漠的,而不是传统所认为的同情与悲哀,鲁迅通过狂人的不断追忆过往从而揭示封建伦理是吃人的时候,其态度是冷笑般的,作为鲁迅的第一篇小说,《狂人日记》虽然采用的是描写心理变化的方式,但其最主要的还是批判腐朽的外部世界。而作为与《狂人日记》同类型的自我追忆的小说《伤逝》所表现的就是对人物性格和外部现实的双重批判,而这种批判在客观的追忆小说《在酒楼上》和《孤独者》中最为有力。

《孤独者》中魏连殳的死亡是别具寓意的,当鲁迅在书写追忆的过程时,所作的不只是批判还有怀疑,追忆的过程是印象式的,那些无辜的、滚烫的鲜血慢慢变得冷却,因此鲁迅在回溯起点时,鲜血的牺牲冲击鲁迅,也让鲁迅怀疑。怀疑新的改革是否正确,青年人激烈的死去是否值得,但鲁迅不能公开表达出来,他担心自己的质疑会削弱青年的进取精神,那是鲁迅更不愿见到的。所以在《伤逝》和《孤独者》中鲁迅将回忆的矛头从朝向外部转为对准自己的心脏狠狠地刺了进去,因此在这两篇小说中看到了真正的悲哀,真正的宿命,魏连殳与涓生不得与其憎恶的共存,最后还要以谎言为向导去迈进新路。其所表现的是对回忆的推翻和复仇般的反击,推翻的是从前是否必须如何地激昂着去对抗外部不可撼动的现实,而复仇则是对憎恶决然的反击,反击那些不愿意我活下去的人,这种反击是无奈甚至卑鄙的,但比起鲜血淋漓一下子的喷涌,此种与憎恶扭打纠缠在一起的复仇可能更易于取得胜利。因此,魏连殳的死与其说是觉醒者的无奈,不如说是觉醒者的主动战斗与其背后鲁迅的新生,新生意味着与旧有的终结,而终结的就是对于传统与革新的回忆,因为鲁迅要在浓浓的黑暗中走向自己未知的道路,而这道路是鲁迅特有的也是其意义所在。

鲁迅的路是未走完的,他没有给我们构建出一个理想的世界,这是鲁迅的思想与文学的遗憾所在,也是我们后来者的使命与追求,即我们亦要迈向那黑夜,但我们更要怒斥光明的逝去以及那些停止战斗的逃兵。

参考文献

[1]尼采.查拉图斯特拉如是说 译注本[M].钱春绮,译.北京:生活·读书·新知三联书店,2014.

[2]李长之.鲁迅批判[M].北京:北京出版社,2003.

[3]朱晓进,杨洪承,唐纪如,等.鲁迅研究[M].北京:中华书局,2011.

[4]王富仁.中国反封建思想革命的一面镜子:《呐喊》《彷徨》综论[M].北京:北京师范大学出版社,2000.

[5]王德威.被压抑的现代性:晚清小说新论[M].宋伟杰,译.北京:北京大学出版社,2005.

[6]李欧梵.中国现代文学与现代性十讲[M].季进,编.上海:复旦大学出版社,2002.

[7]王乾坤.鲁迅的生命哲学[M].北京:人民文学出版社,1999.

[8]钱理群.心灵的探寻[M].北京:生活·读书·新知三联书店,2014.

[9]钱理群.心灵的探寻[M].石家庄:河北教育出版社,2005.

[10]林贤治.人间鲁迅[M].广州:花城出版社,1998.

[11]林贤治.鲁迅的最后十年[M].上海:复旦大学出版社,2011.

［12］海德格尔.演讲与论文集［M］.孙周兴,译.北京:生活·读书·新知三联书店,2005.

［13］北冈正子.鲁迅 救亡之梦的去向:从恶魔派诗人论到《狂人日记》［M］.李冬木,译.北京:生活·读书·新知三联书店,2015.

《推拿》中盲人群体的双重边缘性与人类通性

李知闲

摘　要:毕飞宇长篇小说《推拿》通过推拿中心一群盲人的生活,塑造了身体残疾与底层劳动群体两种身份叠加状态下的"边缘群体"。通过此群体的精神寄托、情感诉求来呈现这类人难以自我解脱的现状,探讨他们在追求尊严时所呈现的弱者难以生存的深层心理,借以传递对人类通性问题的思考。

关键词:毕飞宇;《推拿》;边缘群体;自我解脱;人类通性

引　言

毕飞宇在其代表作《推拿》中对边缘人群的书写引发广泛讨论。小说将故事分为多个单元,每个单元分别有一个主角。采用"上帝"视角的叙述方式,以第三人称的口吻,客观冷静地"记录"着这个群体在生活中的种种艰难。扯下大众对边缘群体的误读,展现他们与常人一样的尊严、物欲及情感方面的需求。

一、残疾与底层劳动群体双重身份下的生存状态

《推拿》在叙述方式上类似中国传统章回体小说,每一章讲述一个人的故事,共讲述10个人的故事。他们当中有推拿中心的店长沙复明,有员工王大夫,有先天失明的张宗琪,也有意外致残的都红。但无论什么角色,无论什么来头,他们都是一群挣扎在社会最底层的残疾劳动者。他们秉性各异,各怀抱负,各有烦恼,但他们既不能被当作正常人而被主流社会接纳,又无法主动融入残疾人群体。于是,他们只能群聚在一个又一个像"沙宗琪"一样的盲人推拿中心。

像这样由各个角色故事组成小说的叙述方式,可将其称之为人物单元叙述法。虽然每个主角都有各自的故事,但是从小说的名字与章节名称便可看出,所有人都围绕一个中心旋转,类似同心圆。圆心就是"沙宗琪推拿中心",这也就是故事发生的大背景。推拿中心的老板沙复明是小说的中心视角,是所有同心圆的圆心,他推动整个小说故事的发展。可以说沙复明的故事就是"沙宗琪推拿中心"的故事,而其他人物的单元故事则是围绕着沙复明和推拿中心展开的,其中又包含了他们的个人故事。这样一来,交错的人物单元叙述方式便使小说的故事线不再单一,变得复杂而有层次感。

人物与其所处环境间的复杂关系是这部小说的着眼点,因为它最能够突出这类群体的生活状态。可将其大致分为三大类,即与原生家庭间的关系、与工作场所间的关系、与健全人间的关系,三者又相互缠绕,更显复杂。

盲人与他们原生家庭间的关系并不亲密,是带有距离感的情感,基本介乎于亲近与疏离之间。对于他们面言,同类更容易彼此信赖。相比之下,推拿中心倒更像是他们的"家"。"一般来说,推拿师们是不说'下班'的,他们直接把下班说成'回家'"①,这个家其实是员工宿舍。也就是说,他们与工作环境中同类的关系更亲近,类似亲人。如王大夫、小孔、张宗琪、小马等,无一不是此种情况。

趋近群体和社交是人类的社会本能,这种本能在主角身上却表现出强烈的异样感,这种异样感正是我们之所以将这些残疾人视为边缘群体的原因。细品可知其原因在于:一方面,是因为他们既无法融入社会,也无法被社会"利用",即无法创造出等同于正常人的社会价值;另一方面,是因为他们主动或被动选择与家人疏远,与主流社会隔离。前者是社会上依旧存在的客观现实,是一种不公与悲凉,它使这些盲人的生活和心理产生很大变化,而后者则更多出于他们的自我选择以及对于现实的逃避,是一种无奈与辛酸。对比当前主流社会的现状,便可知,造成异样感的源头在于盲人和健全人趋近群体的目的不同:健全人趋近群体,更多的是为了快速融入社会,便于其社交的需求;而盲人趋近群体则为了满足其归属感,更像是一种出于自我保护的选择。

通过诸如恋爱、结婚、炒股等小事,这些人物慢慢在我们脑海中显像。在这些细小事件中我们可以读出他们生活上的艰难和委屈,更能体会出即便他们是残疾群体,是被社会边缘化了的群体,他们身上依旧有正常人的人性特质,如小孔的抠门、徐泰来的懦弱自卑,只是这些人性特质在他们身上显现时多出一份荒诞感,这种荒诞感又让他们和正常人之间隔了一层雾纱,多了一些朦胧,也让读者在对他们的处境产生共鸣和代入感的同时又能够及时抽离出来。

除了残疾人身份外,他们还是处在社会底层的劳动者。毕飞宇选择将残疾人与底层劳动者两重身份叠加在一起,其目的是在于让存在于盲人群体中异常尖锐的问题能够更直观地暴露出来,诸如与外部社会的矛盾、群体内部矛盾等,而这些问题的暴露又展现了这一群体的脆弱与不堪一击。但《推拿》又是"以常态、健康的暖色调塑造底层形象"②,而没有将这一群体写得异常悲惨或者着意突出生活的残酷,如明飞龙所言,毕飞宇"把重点放在'日常生活'而不是'底层苦难'上"③,以细腻的笔触描写日常琐事中盲人的生活状态,表面看并无太多起伏,实际上却让其中人物的矛盾冲突产生一股强大的压迫感。例如引发沙宗琪推拿中心危机的原因——羊肉事件。事件起因于两个身体健全的员工高唯与杜莉间的摩擦,形成两个对立团伙,引发健全人厨师金大姐在分配伙食时对盲人

---

① 毕飞宇:《推拿》,天地出版社 2017 年版,第 39 页。

② 王东凯:《论毕飞宇〈推拿〉对当代底层人物形象塑造的启示》,《枣庄学院学报》2014 年第 4 期,第 23–26 页。

③ 明飞龙:《从"奇观"到"日常"——毕飞宇〈推拿〉底层叙事的意义》,《创作与评论》2012 年 2 月 20 日。

员工的不公与欺瞒,导致推拿中心里员工站队、权力争夺等一系列纠纷。作为小说中最强烈的冲突之一,也是整个故事的重要转折点,不仅深刻表现出正常人对盲人世界的巨大打击,更突显出在物质利益前,盲人世界的脆弱与不堪一击。同时也为沙复明、张宗琪两人间的权利角逐和员工们的聚散离合埋下伏笔。最具讽刺的是,引发"羊肉事件"的三个主角是推拿中心的健全人。一伙是厨师金大姐和她的跟班前台杜莉,一伙是前台高唯,她们之间的矛盾起因主要是由员工间的利益计较而引发。高唯看不惯杜莉的人品学历、做错事不负责;杜莉看不惯高唯对都红好,认为高唯巴结未来老板娘,金大姐与杜莉关系亲密,悄悄助阵杜莉,通过菜量分配给高唯"穿了小鞋"。最后,日积月累的点滴矛盾终于爆发,高唯当众指出金大姐分配羊肉时的龌龊,这件事情暴露出的正是健全人对盲人世界的欺侮。

在数羊肉时,"她的适可而止给每一个当事人都留下了巨大的想象空间"[1],高唯是健全人,她利用盲人眼盲,可以通过语言、语气利用盲人眼盲去轻松搅乱盲人世界的秩序,使盲人陷入猜疑和想象,由此折射出的,正是残疾人与主流社会间的主要矛盾,可见在面对主流健全社会时,残疾人是处在绝对弱势的地位,通过"羊肉事件",读者也能够理解盲人之所以不信任主流社会的原因。高、杜双方背后则又分别代表了推拿中心的两位老板张宗琪和沙复明,这个矛盾直接促使两位老板陷入争夺推拿中心权利的斗争中,盲人员工也要被迫选择站队。张、沙二人从前极力维持的公平、人道局面就这样被轻易打破了。

也就是说,尽管作家是以常态平和的笔触创作的,也不曾大肆渲染残疾的不幸,但因这些群体是失去视力的社会底层,这就使他们确实比健全的底层群体生活得更加困难,面临双重困境。毕飞宇的高明就在于,他是用日常小事来展现盲人生活的不易。日常生活和工作情感,是世上每个人都要面对的,但眼盲的确给盲人群体的生活又增加了一个难度。他们既要尊严地支撑自己的生活,更要反抗命运以实现自己的理想追求,这种坚持和信念与小说平和朴实的文字产生了一种奇妙张力:在无奈的日常中挣扎,在残酷境遇中喘息,展现出"于无声处听惊雷"的表达效果。

可以说,残疾和底层劳动群体的双重身份,凸显了被社会边缘化的盲人群体的特质。作为弱中之弱的群体,他们辗转于各城市推拿中心,除了找同类共同谋求生活之外,更重要的则是边缘、弱者群体的群聚自保心理。

二、尊严意识压迫下的价值追求和精神情感诉求

小说中的盲人形象大多都表现出非常强烈的尊严意识,这种自尊却并非完全出于理智,而是出于对物质权欲得失的计较与对自我价值的偏执追求。这两种心态的出现,源于上文分析的残疾与底层劳动群体双重身份。

毕飞宇在形象塑造方面很细腻,他让每个人物各有其特点。就算是身份相同,各自守护的尊严反应也不尽相同。主要表现为两种样态:一种是拒绝将自己当作社会弱者的自尊感,主要通过敌视外界的偏见来实现。以都红和小马为例,拥有音乐天赋的都红在

---

[1] 毕飞宇:《推拿》,天地出版社 2017 年版,第 176 页。

慈善公演后,由于观众的"同情"毅然放弃钢琴,而小马则因为无法做到自称是盲人,从而在公车上面对众人指责其不让座时选择了下车。尤其是当身为健全人的老师告诉都红,她身为残疾人只有通过"找麻烦"去干一些自身能力之外的事,例如聋哑人唱歌、智力障碍的人搞发明,才能获得社会的认同和感动、才能够有出息,老师的想法映射出的正是当下主流社会对于残疾群体的刻板印象。毕飞宇通过都红从表现出天赋到接受钢琴教育,再到放弃钢琴选择中医推拿的这一系列过程,不仅讽刺了那些通过卖惨博取同情的残疾人心理,还有那些热衷于通过看残疾人卖惨,从而施舍同情的健全人,更是批判了那些建立在残疾人自尊之上的虚伪的慈善事业,都红的反抗恰恰与此形成强烈对照,她拼命维护自己的尊严,不想被"另眼相看",极力挣脱主流社会对其刻板的印象。

另一种则是通过奋斗以求提升自身社会地位和价值的自尊感,但是这类尊严意识往往与现实物质、利益相关联。比较典型的是沙复明,小说中有一段专门描写沙复明吃饭的情节。为了赚钱他将吃饭变成了喝饭,"他把饭菜搅拌在一起,再把汤浇进去,这一来干饭就成了稀饭,用不着咀嚼,呼噜,呼噜,再呼噜,嘴巴象征性地动几动,完了,全在肚子里了"[1],由于饮食长期不规律,导致沙复明的胃由隐"痛"变为难忍之"疼","痛""疼"是非常模糊的两种概念,难以界定,而毕飞宇巧妙地利用推拿手法的特点,阐述了"痛"和"疼"之间的微妙区别——痛就像推拿手法中的搓和揉,痛在一个面上,是发散的,痛感是钝的;疼就像推拿手法里的点和按,疼在一个点上,是集中的,疼感是锐利的,侧面表现了沙复明对于其老板梦的坚定信念,以及对物质财富追求的执念。再如张宗琪,虽身为老板却依旧每天上钟赚钱,他沉默温和的外表下实则是对推拿中心强烈的控制欲,这种控制欲源自其童年经历,他无法信任他人,甚至亲密如恋人他也有所防备。因此,在面对员工冲突时,张宗琪首先想到铲除异己,推拿店散伙时也能放下朋友情谊精打细算。相较于沙复明喜好的面子做派,张宗琪的欲望则表现得十分内敛且强势。

如果说沙复明、张宗琪这类人的尊严感完全演化为极端利己,即为了个人利益而不惜让度友情(尽管他们同为残疾人,也不惺惺相惜)。那么,都红这类人所追求的尊严感则更偏向精神层面的追求,即对真诚纯粹情感的向往。无论在工作上还是人际关系上,都红无疑是好强的,但为了养活自己,她必须学会妥协和隐忍,也就更渴望人与人之间那种干净无利益牵扯的情感关系,都红身上展现出的,是典型的感性理想主义者被骨感现实束缚的样态,这不仅仅针对于盲人群体,而是广泛存在于社会各个阶层中。

理想在现实面前总是不堪一击。本就眼盲的都红因意外失去了赖以为生的大拇指而成了残疾人中的残废,当她知道自己从此只能依靠他人养活、一辈子活在感激里时,她失去了尊严,为了仅存的骄傲、为了不欠下人情,都红选择了拒绝同事的钱,默默回到老家,同样,都红最终选择放弃沙复明的情感回老家,也是因为两人之间的感情夹杂了都红无法忍受的利益关系。小说对都红离开后的状况并没有过多赘述,但基于作品的写实风格,我们不难想象,就算都红一时避得开利益纠葛,但实际上,利益牵扯无处不在,她"企

---

① 毕飞宇:《推拿》,天地出版社2017年版,第40页。

图逃出社会结构之外",躲开健全人世界对于她的同情施舍,"实则无处可逃"①。

小说形象地呈现了社会上健全人对这些边缘群体的同情,这种同情更多是出于强者对弱者居高临下的施舍,而非平等相助。施舍的同情不仅造成盲人群体强烈的尊严意识,在很大程度上更是影响到盲人的人生选择,从而导致他们主动走向边缘化、逐渐与主流社会疏远,结果形成了一个恶性循环。

外部生存环境对盲人群体的影响固然很大,但毕飞宇并没有局限于此,而是通过细节慢慢展露出这些盲人自身的内在原因。徐泰来由于身体残疾、说话口音、第一段恋情的失败等因素而自认为配不上金嫣,小孔没有勇气对父母说出爱人是全盲而不停撒谎,都说明这个群体对自身先天缺陷无力化解的自卑感,又因自卑而放大了外界的影响,使他们更加敏感,对主流社会产生排异性的恐惧,或者说是主动规避主流社会,他们"自成一体,铸成自己的小围城,别人进不去,他们也出不来,更是不想出来"②。也正在这种强烈的自尊的压迫下,盲人群体的价值取向和精神情感上的诉求才慢慢暴露出来。对此,沙复明、王大夫的表现最为突出,他们俩表现出对物质利益、金钱超乎常人的执着,这种执着除了自尊的因素外,更是因为残疾群体拥有得太少——身体残缺又处于社会底层,先天的劣势使得他们更加珍视当下已拥有的东西。例如当弟弟欠债以至于债主上门时,王大夫在面对讨债,宁愿以命相抵也不愿给钱的举动就表现出,越是底层、越是付出多回报少的劳动阶层对于钱的执念就越深、计较就越多,王大夫面对追债,用刀砍伤自己,声称对盲人来说钱就是命,宁用血代替钱来偿还,他这种将钱当作命的决绝和狠劲与沙复明为了挣钱甘愿压缩吃饭时间一样促人深思:主流社会对物质、金钱的追求,在残疾人世界中同样存在,可能还会更为偏执,甚至成为他们对抗正常世界的方式。因此,我们无法以主流社会的思维方式,去评判残疾人群体表现出的这种偏执。如果说尊严是主角群体的精神追求,那么对残疾人而言,物质、金钱是实现其精神追求的关键。也就是说,在主流社会存在的现实问题,在盲人世界或说边缘群体世界则会被无限放大。

再者,除了着重表达物欲追求之外,《推拿》在这一群体的精神情感上的诉求方面也着力颇多。事实上,无论哪个群体,都逃不开爱情、亲情、理想这类话题。毕飞宇描绘了"王大夫和小孔"、"徐泰来和金嫣"这两对情侣,是为了表现恋爱婚姻对这些群体的影响,他们相处时的纠结和小心翼翼,与正常人颇相似;描写沙复明和都红时,表现了爱情在这个群体中发酵的过程,从中反映出这个群体对个体外表的好奇与探索。双眼看不见不代表他们对美对外貌不在意,这从沙复明对于都红长相的忖度、周围人评价徐泰来长相与金嫣不相配等事件中,均可见出盲人群体对外貌、对"美"的在意,这也是小说中富有深意的一点。

三、盲人群体的自我解脱与人类通性

《推拿》借盲人群体的日常与社交,还传达了这类群体的为人的艰难及人类的共

---

① 李广旭:《残疾人感觉的异化现象及其成因——重读〈推拿〉》,《山东社会科学》2016年第A1期,第572–574页。

② 安姝媛:《毕飞宇小说〈推拿〉中的边缘人生》,《文学教育》2018年第4期,第46–47页。

通性。

首先,看"为人的艰难",所谓"为人的艰难",不仅关涉盲人群体遭受的偏见与不公、在主流社会求生的困难与不易、身为弱势群体难以保全尊严等境况,更关涉这些现象背后关于盲人群体如何理解自身困境的问题。其实,拨开表层的现实苦难,其背后所表现出的,正是他们无法做到的自我解脱。这里所指的"自我"不仅限于表层意义上的个性、独立,更关涉个体自我认知和精神向度。我们知道,人之所以为"人"的关键在于是否有清醒的自我意识。《推拿》中的人物生活在他们所构筑的嬉笑怒骂和酸甜苦辣中,却恰恰又是被他们自己所编织的生活所束缚而迷失自我,推拿中心看似是这群盲人寻找同伴、维系生活的乌托邦,但事实上他们并未脱离外界的干扰,也没有活的更有尊严,以至于盲人群体的全部生活、理想、追求乃至情感全都围绕自尊展开,行动和思维一味地被尊严裹挟,透出些许作茧自缚之感。这样偏执到近乎扭曲的思想,使其被自我束缚而将尊严"明码标价",即权利地位、物质水平都变为衡量尊严的标准,从而选择将外界的反馈作为实现尊严的表现。如都红通过观众的反应而感到自尊受挫、王大夫因弟弟婚礼却没被邀请而深感自尊受挫等等,他们所追求的尊严大多都逃不开外界的态度,他们太在乎别人眼中的自己。可见,正是由于他们对自身残缺的自卑心理,导致了他们对于尊严的看重几乎走向极端。

也就是说,盲人群体否认自身的同时又格外在意外界的反应,对于自身残缺的回避和对于与健全人交流的逃避,使其最终找到了明确的生活目标却也逐渐看不清自我。由此可见,他们并没有坦然接身体残缺的现实,在其潜意识中从来不曾正视过自己盲人的身份,就更不能要求外界去正视他们。如都红,由于没有以正常心态去接纳自己身体的不同,她无法敞开心扉去面对自己,也就无法实现自我解脱,导致她的情感、未来生活的走向都因为过度敏感于尊严而改变。由此可知,外界的漠视与不解造成了盲人群体的"自卑",而不能从内心接受自己的身体现状又加重了外界对他们的偏见,这两者之间是互相影响的。毕飞宇通过日常小事突显了盲人群体与健全人世界的这一微妙关系。

可见,正是社会的不包容、不平等现象不断加剧这一群体的边缘化,而在被边缘化的过程中,生活的不易、尊严的难以保全引发了更可怕的自我异化:精神追求偏执化、情感诉求缺失化。这些都慢慢腐蚀着这些盲人,使他们迷失自我,被畸变的自我绑缚,难以挣脱,成为不被正常社会接纳的"人"。

其次,看人类通性。所谓"人类通性"是指,作为与动物世界相区别的人,无论在个性上有多大区别,但在面对生活、工作、情感、思想、理想追求方面,尤其是在爱情、亲情、友情这类人类世界永恒的人生主题时,都会表现出大致趋同的相通性。

人类总会因个体的不同而表现出思维行事方面的差异,但对于上述这些永恒的主题,大家几乎是不约而同表现出了相似的选择,《推拿》通过这些人物错综复杂的人际关系展示了这些"相似的选择"。例如爱情,这是存在于人类两性之间的情感关系,小说人物大多是在推拿中心工作的男男女女,在他们日常交往过程中,爱情的产生和发酵是自然而然的,金嫣与徐泰来、王大夫和小孔、沙复明和都红甚至包括一闪而过的张宗琪与其前女友,他们在各自的爱情故事里表现出的勇气热情、不安自卑等情绪都与健全人世界的爱情无异,这说明对爱情的向往是人的一种本能。而在沙复明与都红的爱情中还表现出另一种人类特质,即对于"美"的一种本能趋向,沙复明对都红的好感起源于他听到导演对都红的赞美,在其黑暗的世界里,他不禁想象都红的美,由此他变得鲜活起来,并且感受到了生活中除工作理想外的另一种美好。沙复明对未来的憧憬不再是单调的赚钱,"美感染了他,却又离他远去,残缺的美让人心痛,残缺的爱让一个理智的人感受到情感的温度"①,这句话与其说是专指沙复明的爱情体验,倒不如说是指每一个生活在这个世界上的人的爱情体验。再如对物质、权利的欲望追求方面,上述"羊肉事件"中沙复明与张宗琪的斗争多被人讨论,但事件中的人物矛盾其实不止沙、张二人,作为事件起因的高唯、杜莉等健全人也代表了一类利益争夺,由于她们是引出沙、张二人矛盾的线索,因此常被读者忽略。无论是健全人或是盲人员工,同是为了计较自身的利益权力,但由于多方矛盾交织的局面让读者暂时忽略了沙复明他们眼盲的客观现实,转而将注意放在各方的拉锯之中,这表明人类对于现实物质的追逐都是一样的。盲人的世界虽然是物理世界的"黑暗",但在这方面依旧逃不开与健全人世界一样的选择;而健全人世界虽是五颜六色,却在追逐利益上与盲人世界一样"黑"。

在展现人类通性方面,毕飞宇不动声色地运用了一个叙述技巧:《推拿》中,人物的生活虽然大多是围绕人生、爱情、亲情等人生主题展开,但并没有仅局限于这些主题的平面讲述,而是借由一个个人生主题去丰满故事线,透过发生在推拿中心的一系列事件,折射出在面对这些人生主题时,盲人群体与正常社会之间的相同与不同,而这些共性和差异又构成了小说中盲人群体与正常人社会的微妙联结。也就是说,毕飞宇笔下人物的工作生活琐事、情感烦恼、各类的尊严意识以及各不相同的人生追求都在丰满盲人群体的形象,展现出一个群体却又让这个群体不被某些特质所局限。既描绘了存在于这个边缘群体中的差异性,又将盲人当成常人写,这样描写不是为了削弱了身为盲人的不幸,而是为了表明在健全人社会中会发生的事情,这些盲人群体也同样在经历。生活在这个社会中,无论哪个群体都会因其内部成员的关系处理而展现出相似的复杂性,这也是小说最终回归人性本质的一个重要表现。

盲人因失去视力而丧失了观察花花世界的机会,看似少了一些外界的干扰,应该会活得更加纯粹,但现实却是他们与主流社会一样向往美好、一样逃不开生活的碾压,一样会迷失自我。毕飞宇最终想表达的观念是:关注"心盲"比关注眼盲更重要,即要先将盲人视作正常的人去看待,然后再去关注他们眼盲的事实。

结 语

毕飞宇的文字总是充满了对人性的思考,却又平缓从容。在日常的叙事中包含了一种回味深远的哲理意蕴,即对生活万物的包容。小说《推拿》中,无论是时间的流逝还是人物的情绪都是沉默压抑的,压抑到最后一刻才爆发,爆发的背后是无力的、无奈的,也

---

① 李贤:《论毕飞宇〈推拿〉的主题意蕴》,《阜阳师范学院学报》(社会科学版)2017 年第 1 期,第 81-83 页。

是充满感染力的。

《推拿》的盲人主人公均处在社会的边缘,看似平静地生活着,其实是在孤独地面对世界的各种考验。但毕飞宇并没有刻意将残疾群体与正常社会对立起来,而是透过人的本质找到两个世界之间的联系,用个人故事组成群体故事,通过对两种群体的刻画,最终展现出对人类通性的表达。

参考文献

[1]毕飞宇.推拿[M].成都:天地出版社,2017.

[2]安姝媛.毕飞宇小说《推拿》中的边缘人生[J].文学教育(上),2018(2):46-47.

[3]梅旻璐.论毕飞宇《推拿》中的人性尊严表达[J].文学教育(上),2018(5):32-33.

[4]王东凯.论毕飞宇《推拿》对当代底层人物形象塑造的启示[J].枣庄学院学报,2014,31(4):23-26.

[5]牛杨杨.心灵之眼的复明:毕飞宇小说《推拿》中的视觉中心主义[J].汉字文化,2018(2):40+53.

[6]熊冉.论毕飞宇的语言艺术与叙事文本的联系:以《推拿》为例[J].昭通学院学报,2019(1):55-61.

围绕语言展开的乡村叙事
——以刘震云的《一句顶一万句》为例

袁莹娇

摘 要:《一句顶一万句》相对于作者刘震云早期的作品更加关注人与人之间说话的问题。小说通过乡村劳动人民之间说得来与说不来两种不同的语言表现形态展开乡村叙事。由人与人之间的说话构成的小说内容恰恰最直接地反映了作者刘震云的理论观念与创作实践追求。本文以语言为切入点对国民精神状态下作者刘震云的创作意图进行了分析。

关键词:刘震云;语言;乡村叙事

引 言

语言在小说中占有十分重要的位置。刘震云《一句顶一万句》与其他小说相比最明显的一个特征,就是以语言的方式去描写表现人与人之间的活动。语言在小说中既是一种形式载体,同时也是作品所集中表现的中心内容。目前,文学界对语言艺术广泛关注,刘震云对于叙事语言的操持和运用,具有鲜明的特色,有深刻的研究价值。在国内,刘震云乡土叙事小说的研究空间比较大,众多学者对小说的各个方面的研究,也证明了其小说仍然具有显著的研究价值。另外,在我国学术界,虽然对于刘震云小说的研究已有许多成果,从小说语言的角度对刘震云的《一句顶一万句》进行剖析还比较少,将它作为研究对象存在着极大的研究空间。

一、小说背景及故事简介

(一)创作关系

创作初期,刘震云的创作过程也并不顺利,他不断地投稿又不断地被退稿。直到1987年,刘震云在《人民文学》发表处女作《塔铺》,并在随后陆续推出《单位》《官场》《一地鸡毛》《故乡面和花朵》《一腔废话》《手机》《一句顶一万句》等作品。从一开始写城市生活到乡村生活的转变,兜兜转转还是回到了故乡,通过对底层劳动人民复杂关系的梳理,道出了社会背景下普遍存在的诟病。刘震云在北京写作,经常回去延津看村里的熟人，他看待社会的角度和对人对事的态度都是在"老庄村"形成的。那里不仅是梦想开始的地方，更是他多年来反复追溯的写作灵感源头。

刘震云的小说是中国叙事，他用敏锐的直觉感知中国社会，用叙述性的语言解剖中国逻辑。从作者刘震云开始创作到现在的三十多年时间里，从《单位》《官场》，到后来的《手机》，再到最新的《一句顶一万句》，作者刘震云的作品中一直在写一样东西，就是"人情"。三十多年的时间里，人们的物质生活发生了天翻地覆的变化，但作者刘震云认为人性的变化是极微小的。作者刘震云的作品没有被时代边缘化的主要因素是他的作品中的人物都是无法脱离时代背景的，甚至他人生中的很多重要转折点都与时代有着紧密的联系。他意识到这个时代存在的问题，即人与人之间诚信的缺失，无法找到能够倾诉内心的人，大部分人都生活在孤独中。刘震云希望通过写一本乡村叙事的小说来揭开这个时代存在的问题，并从中找到解决这个问题的办法。

（二）故事简介

《一句顶一万句》采用两段式结构，以"出延津"和"回延津"分别讲述了杨百顺和牛爱国祖孙两代的流浪经历。

杨百顺因为父亲假抓阄没能上学，又不想跟着老杨卖豆腐，在十六岁那年离家出走，为了生存干了很多行当。他找剃头的老裴要拜师，老裴把他介绍给杀猪的老曾，后来又成了老詹的第九个教徒。老詹要给杨百顺改名为杨摩西，杨百顺想着自己虽叫百顺却事事不顺，也就同意改名了。杨摩西因为对稳定生活的渴望跟馒头铺吴香香结婚，改名为吴摩西。他与吴香香没什么话说，与她五岁的女儿巧玲有话说，吴香香与老高私奔后，吴摩西出于旁人的压力带着巧玲假意寻找。吴摩西没有把吴香香找回来，却把巧玲弄丢了。巧玲的走失让吴摩西丧失了生活的最后信念，这是促使他"出延津"最重要的一根弦。离开的火车长鸣，让他想起来罗家庄喊丧的罗长礼。吴摩西觉得罗长礼的喊丧声跟火车长鸣声一样气派，于是又改名罗长礼。

巧玲被人贩子卖到了山西沁源，改名曹青娥。但她心里知道她有一个疼她的后爹吴摩西以及她是从延津走出来的。"回延津"的故事发生在七十年后，曹青娥的小儿子牛爱国有稳定的事业，与妻子彭丽娜结婚后本可以有一个安定的生活，但是因为他们说不上话导致婚姻破裂。彭丽娜与跟西街"东亚婚纱摄影城"的小蒋的奸情闹得人尽皆知，他不得已去了沧州，认识了"老李美食城"的李昆，还有李昆的媳妇章楚红。牛爱国在异乡惹出麻烦又返回家中避祸，没想到彭丽娜又与姐夫私奔，他跟吴摩西一样踏上了假寻的路。因为母亲死前的遗愿，牛爱国半路去了一趟延津，希望能在那里找到一些答案。

（三）人物分析

杨百顺是刘震云塑造的最主要的角色，十六岁时离家出走，他剃头、杀猪、种菜、挑水、扛活、蒸馍，尝试做了很多事情但都没有坚持到最后。杨百顺的孤独除了找不到能沟通的人之外还有一种解释是他无法摆脱生活的困境。除了物质的匮乏，真正让他生活潦倒的是精神的匮乏，他没有生存的明确目标，可以改变自己的信仰也可以改变自己的名字，他总是在利益的权衡之下做出取舍。他的出走是为了假意找寻说不上话的妻子吴香香,却丢了说得上话的养女巧玲,只有最后改名罗长礼才是他内心梦想的体现,真正束缚他的是梦想的追求与现实的利益之间的冲突。

另一个主角牛爱国有稳定的事业,与妻子彭丽娜结婚后本可以有一个安定的生活,但是因为他们说不上话导致婚姻破裂。牛爱国因为妻子给他戴了绿帽子而出走,犯了事回来后又因为妻子与姐夫私奔,最终跟吴摩西一样走上了假意找寻的路,他在延津看到吴摩西留下的字,最终找到了能倾诉内心追求的人章楚红。牛爱国是社会底层劳动者中最普通的人类,他在生活的困境面前选择了妥协,并且在离开之后想要再次融入生活。牛爱国的选择跟杨百顺是不一样的,他没有像杨百顺一样决然地离开,章楚红是他生活的另一条出路。没有人知道牛爱国之后的生活是怎么样的,他所做的不过是最普通的一个人做得最普通又无奈的选择。

除了杨百顺和牛爱国这两个主角,文中还提到了卖豆腐的老杨、赶车的老马、教堂的老詹、铁匠铺的老李、包子铺的吴香香、剃头的老裴、开饭店的章楚红等配角。重点要说的是私塾先生老汪的出走,他的出走是没有目标的,只是为了缓解内心的孤独。原本就存在难遇知音的苦楚,女儿的失足溺亡让老汪的生活失去了寄托,在女儿尸体前甚至并不能清晰地认识对女儿的感情。老汪女儿的去世与吴摩西养女的走失是必然的,阻断了找寻过程中血缘的依赖,造成了他们从孤独中来又回到孤独中去的结局。

二、叙事特色及情节分析

(一)叙事语言

刘震云第一阶段的创作可以分为单位和官场两个部分,在这一系列小说中刘震云以城市社会为写作的中心,用口语化的叙述语言记录日常生活。《一地鸡毛》后刘震云进行了第二阶段的创作,他把写作的重心从城市社会转移到了乡村社会,依然是口语化的叙述,但是开始关注人性。《一腔废话》与《一地鸡毛》在叙述语言上的最大突破是情节更具有想象力,巧妙地运用了时空的多维性,时间和空间不再是小说创作的制约因素。长篇小说《故乡面和花朵》给20世纪末的中国文坛打开了新的局面,作者刘震云对小说中人物的人性挖掘有了新的尝试。《手机》作为刘震云的第三阶段创作是先有的电影,后写的小说,按刘震云的话,就是追求"向生活要艺术"的尝试了。在上面两个阶段的创作中,刘震云的叙述语言虽然琐碎但是沉稳严肃,在《手机》这本小说中语言风格开始转变为讽刺幽默,与《一句顶一万句》之间是一部很好的连接作品。《一句顶一万句》作为刘震云第四阶段的创作,这本小说在叙述语言上具有新的挑战。

《一句顶一万句》中叙事语言的最大特点是结构和内容上的重复。从结构上看小说上下两篇祖孙两代相似的人生境遇和重复性的历史情节,通过主人公的出走和回归,表现出内心的不断困顿和不断开脱。整本小说都在延宕百年的孤独中进行,一句话编撰成了一万句话的小说,但即使有一万句话还是无法表达心中真正想说的那一句话。从内容来看叙述语言也在不断地重复,通过重复的语言说明人与人之间的不信任并不是由个人因素而是由于社会现象导致的,即这个社会普遍存在的人与人之间信任缺失的现象。还是关于朋友,杨家庄卖豆腐的老杨和马家庄赶大车的老马是好朋友,沁源县牛家庄老韩和老丁是好朋友,牛爱国他爸牛书道和冯文修他爸冯世伦是好朋友,牛爱国和冯文修也是好朋友。这些人本不应该成为朋友,又因为一些小事不相往来。刘震云并不是重复地说同一件事情,而是通过不同的事情来说明同一个主题,本不应该成为朋友的两个人却成了朋友,这样的叙述语言不仅丰富了内容而且加深了主题。尽管有时候这种逻辑看起来是不切实际的,能够结合这么多的乡土题材得益于刘震云丰富的乡土经验。

(二)叙事方式

《一句话顶一万句》采用拟话本的叙事方式,它最大的特点是使用口头说话的形式来记叙,要说清楚一件事情,就会牵扯出一大堆的人物和一大串的事情。读完这本小说最直接的感觉是在听村里的老人讲村里的琐事,其实讲的就是一件普通的事情,但是在这个故事中会穿插一些看似不相干的小事情,主线在支线的配合下使剧情跌宕起伏。比如,小说的开头以老杨和老马的关系作为主线,中间还穿插了很多小人物感情纠葛的支线,其实就是为了说明白他们是朋友却不是真正意义上的朋友,老杨对老马走心,老马却对老杨不走心,老杨知道老马对自己的感情,看在眼里却不敢揭穿。一句话就会牵扯出另一句话,一件事也会牵连到另一件事,如果想要单独地说清楚一件事大抵是不可能的。人与人之间的隔阂是从语言开始的,有的能说到一块,有的不能说到一块,有的只是单方面的能说到一块。老杨对自己的内心坦诚,但是他缺少的是关系上的权衡能力,他把结识的朋友都视作知己,可是他把别人当朋友,别人压根不把他当回事,这种事说起来就没完没了,谁有理谁理亏,非三言两语能够说清,追究下去,大概永远没有结论。刘震云在文中提到一句话"日子是过以后,不是过从前",大概就是这道理。

《一句顶一万句》这本小说没有特定的布局,只是顺着逻辑往下写。刘震云提到过他的创作是找朋友的过程,就好像在一个陌生路口遇到的人,他也不知道这个新朋友会带给自己怎么样的共鸣。通过不同的作品,他找到了不同的朋友,就如《一句顶一万句》中的杨百顺和牛爱国。随着剧情的发展,作者刘震云又结识了老杨、老詹、老汪、吴香香、彭丽娜、曹青娥、章楚红等新朋友。但是所有的走势都是紧扣主题的,这样的引导只会让小说的内容更加饱满。中国人的表达是含蓄的,小说正是通过亲情、友情下的潜伏的寂寞来揭露人物内心的孤独,以及为了摆脱寂寞在找寻这条路上进行的探索。

(三)叙述视角

《一句顶一万句》中的切入视角是社会底层的劳动人民,他所写的是中国普遍存在的独特的孤独。为什么刘震云会选择如此复杂的人物关系和热闹的乡村生活来写"孤独"的主题呢?因为刘震云发现庞大的整体被这个时代个体化了,每个人的心都被上了锁,他们都在寻找能打开心门的那把锁。社会底层的劳动人民处在物质和精神双重匮乏的状态之下,他们迫于生活的压力只能不断地调整自己的状态来达到这个社会的标准,无法逃避孤独和排解压抑,努力寻找社会认可的同时也在寻找内心的倾诉对象。他们的找寻就是对梦想的追寻,这为他们的灰暗生活增添了一抹色彩。刘震云通过关注社会底层劳动人民的物质和精神状态来反映这个时代存在的问题,他认为在《一句顶一万句》中,"书中杀猪的老裴、剃头的老曾,还有杨百顺,他们的话都比我说得好,说得有智慧、有深度"。

刘震云采用的是全知视角,但小说只是在部分情节中采用了预叙,在很多情节中并没有提前释放信息。例如,老詹是有使命感的传教者,杨百顺为了谋生成为他的第九代教徒,还听从老詹的要求改名为杨摩西。没有人知道老詹对发展传教事业的渴求,杨百顺改名杨摩西也是老詹心中的执念引导的。后来老贾与吴摩西的对话解构了老詹形象,他从神圣的启蒙者成了中国式孤独的典型代表。刘震云对小说情节的把控是十分到位的,这样的设置让小说内容跌宕起伏,人物性格也显现得更加明显。

三、从内容分析理论观念与创作实践追求

(一)孤独的滋生

标题"一句顶一万句"的原话是当时林彪推崇毛泽东的,刘震云将这句话作为标题的意义是什么呢?可以顶一万句的话或许根本不存在。世人都在追问顶一万句的这一句话,才会活得这么孤独,兜兜转转大半辈子都为了找寻可以说这一句话的人。吴摩西想明白了吴摩西一辈子没有想出来的问题,对于这个问题的理解是小说上下两篇的最大突破。标题中的这句话到底是什么,包括吴摩西死前想说什么,章楚红当初想说的那句话是什么,这些都不重要了。小说中的每一个人都在追寻,而追寻的真正目的是化解心中的孤独,为了倾诉内心的苦闷,为了找到能进行心灵交流的对象。

《一句顶一万句》中对从市民到官员的生活状态进行了多角度的描述,刘震云虽然只讲到了子孙两代人的孤独,但是我们从小说中可以感受到孤独在小说中是无处不在的。特别是上篇出延津,除了写杨百顺的经历,还穿插了很多配角的纠纷。这些人有当官的也有地主,但是更多的是跟杨百顺和牛爱国一样的出身卑微的底层劳动人民。有卖豆腐的、赶车的、打更的、打铁的、剃头的、杀猪的、染布的等等。刘震云对这些人物的命名都是经过精心设置的,只有主人公和少数人物是既有名又有姓的,作者在写很多配角时很多都是用老字带姓氏来称呼的,老杨指的是所有的老杨,老马也是所有的老马,小说中出现了这么多的姓氏,"孤独"的普遍存在性便被清晰地呈现了出来。孤独在祖祖辈辈间的传递是无法磨灭的,这种传递与这个时代有很大的关系,人与人之间的诚信缺失导致内心的苦闷,要想摆脱这种生存的困境只能不断地突破困难,只有找寻自我和捍卫梦想才能找到出路。

(二)自我的认知

刘震云认为:"人与人之间的语言隔阂、沟通障碍,是自古以来就存在的一个问题。孔子那个时代其实沟通也挺困难的。他为什么周游列国?就是为了和人说上话,但是很少有人理解他,他转来转去又转回去了,就证明在沟通上存在很大的困难,双方还是说不到一块儿去。"文章中反复出现的生存困惑和追寻无果,其实是为了体现文章的主题,底层劳动人民对体现梦想特有的表达方式。不同阶级的追求是多样性的,被命运纠缠的生活斗争中,所有的找寻都是对自我的认知过程。

"不是喜虚不喜实,迄今他还在杨家庄跟老杨做豆腐。"这是上篇结束时的一句话,这

句话是对杨百顺一生的总结。如果不是杨百顺想要突破孤独的困境不断地自我定位,他可能还在杨家庄跟老杨一样卖豆腐。杨百顺的梦想是跟罗长礼一样喊丧,我们先不去说这个梦想是不是值得去做,正是这样一个追求,才有后来的杨摩西、吴摩西的出现。杨百顺改名字这里我们可以看出他不断地改变自己的名字,其实是想改变自己不安定的命运,不管是杨摩西还是吴摩西,他都只是一一顺从别人对他的安排。为什么叫摩西呢?那个出埃及的摩西,隔着浩瀚的历史长河在中国投下一道光影,所谓出延津的百顺,无论是姓杨还是姓吴,到底会被隐没在社会前进的浪潮之下。我们只是世界的一小点,刘震云如是说。在时代的孤独背景下,人与人之间缺乏沟通,每个人的孤独都需要在自我认知下正确引导,才不会酿成这个时代的孤独。

(三)梦想的捍卫

杨百顺改了很多名字,最后的罗长礼,才是对自己梦想的找寻,他不再受礼制的束缚,也没有直接的利益关系。所有的找寻是底层劳动人民用他们的方式对梦想的追求。他们内心有自己的梦想,吴摩西挣脱束缚后通过改名罗长礼来宣告梦想实现,牛爱国对章楚红的寻找就是对自己内心梦想的确认。这恰恰也和《百年孤独》的观点不谋而合。马尔克斯说:"我个人认为,是因为他们不懂爱情。布恩迪亚整个家族都不懂爱情,不通人道,这就是他们孤独和受挫的秘密。"[①]《一句顶一万句》之所以选择最底层的劳动人民作为小说的对象,并不是为了用高姿态去揭示平民的苦难和斗争,而是从苦难和斗争中凸显底层劳动人们的自我认知。

阿弗里德·马歇尔对追求讲了一句非常平淡无奇的话:"人类的欲望和希望在数量上是无穷的,在种类上是多样的;但它们通常是有限的并能满足的。"在这个社会中,不同的阶级有着不同的欲望和希望,每个阶级中的每个人的经历都是不同的。地位和资源的优劣下,每个人的梦想也是不一样的,他们在形式和本质上都有很大的不一样。杨百顺最开始的梦想只是做一个像罗长礼一样打更的人,牛爱国也只不过是想要一个稳定的家庭,他们有着不同的梦想却走上了重复的路。同一个时代下很多迷茫的人、多种社会追求之间以及他们与能进行的追求之间,存在着形式上、本质上的巨大差异,就形成一个个阶层内部空间极大、花样极多的整体追求结构。当下有很多类似的迷茫的人,但他们有着不同的梦想,为了捍卫梦想,用同样的方式寻找自我或是寻找未果。杨百顺、牛爱国和老汪,他们在追寻的路上不断地正视自我,但最终他们成了相同命运的人。为什么说这些梦想是有限的并能满足的呢?特别是处于这个阶层的人,他们为了生活竭尽全力,并不是想要成为多么权贵的人,而是能找到心灵契合的交流对象,在一次次的心灵的交谈中对梦想的捍卫是他们前进的最大动力。

四、通过语言对国民精神状态下创作意图分析

在前面的内容中,已经对刘震云的叙事特点进行了分析。从第一阶段创作开始刘震

---

① 吴晓东:《20 世纪外国文学专题》,北京大学出版社 2002 年版,第 546 页。

云就用口语化的语言叙述,《一地鸡毛》之后这种语言风格走向更加成熟的阶段,在《手机》中风格有一点小的转变,到了《一句顶一万句》,不仅回归,还被完全释放。小说创作是根据作者的不同叙事风格来编排故事情节,编写故事虽然是小说创作过程中最基础的,但也是最考验作者的基本功的。不同叙事风格下的小说情节特征有很多不同,有的平稳,有的跌宕;有的粗重,有的细腻;有的巧,有的拙。刘震云在小说的叙事上表面看起来是平实的,但仔细研究会发现每个情节都是经过精心布置的。小说给读者的整体感觉就好像一渠黏稠的泥浆滞重地向前滚动,再平常不过,但如果摘取标本放在显微镜下观察,会发现其中别有天地。在平实不过的小说情节中穿插着看似不相干的小事情,以主干为轴,又不断分出支线,主线在支线的配合下剧情跌宕起伏,这些绕出来的部分,称之为"类历史倾向"。刘震云在刚出版《一句顶一万句》的时候也遭到了很多质疑,长江文艺副总编辑金丽红问他说,《一句顶一万句》说的是什么? 他说:"要想说清是什么,有多个角度,有情感的角度,还有人物的角度。她让我从故事的角度讲,到底出现过什么过去别人作品里没有出现的人物。我就说有两个杀人犯,一个想找到另外一个,找他的目的非常简单,就是说一句知心的话。"其实刘震云所说的杀人犯就是出于物质和精神双重匮乏下的社会底层劳动人民,无法逃避的孤独和排解内心的压抑不断地侵蚀自我,他们只能通过寻找内心的倾诉对象来缓解内心的痛苦。对于刘震云的这部小说,中国和国外一些国家在宣传的方式上是存在很大差异的,中国会通过媒介来宣传这本小说,而外国会选择更直接地面对面交流。德国的歌德学院给《一句顶一万句》办了一个诗歌朗诵会,让一个德国人用标准的普通话来朗诵,甚至还融入了各个地方的方言。这样只会把悲剧读成喜剧,这本小说写的是中国式的孤独,是属于中国人的。不深究这种形式的朗诵是不是对小说的理解上存在意义,如果中国也举办这样的朗诵会,相对于媒体宣传更直接地促进人与人之间的交流,中国式的孤独也就不复存在了。

《一句顶一万句》中看似杂乱无章的叙事,其实说的不是事儿,而是理儿,绕来绕去只是传递出芜杂枝蔓的文学气息。刘震云在创作这本小说时的定位是乡村叙事,作为拿笔的文化人他并没有采取俯视的姿态,用充满怜悯和同情的眼光对乡村群众进行慰问,或许恰恰相反,他的小说写的是人与人之间最深层次的人情,用半辈子寻找的叙事具有了新的意义。作者还运用了津京冀地的方言,现代阅读都习惯了翻译腔,方言文字逐渐淡出了人们的视线,虽然没有翻译腔容易读懂但是增添了点人情味。我们也不难从小说中看出作家对社会人情世故的讽刺和批判,刘震云把万千感慨融入了絮絮叨叨的文字里。刘震云认为作为一名作家是要将能够发现新鲜事物或者说是对同一件事物不同的看法呈现在读者面前。如果笔者知道,并不足以称之为知识分子。这个社会对于社会底层劳动人民的刻板印象是愚昧的,无知的。与其他笔者的哀其不幸怒其不争不同,刘震云认为书中杀猪的老裴、剃头的老曾,还有杨百顺,他们的话都比自己说得好,读这么多年书有时候还不如听他们讲一席话。刘震云将乡村叙事绕出了一个理来,我们从书本中得到了许多中国哲学。如果采取浮士德姿态去怜悯和同情社会底层的人们的生活,这样的作品是无法深入到社会的根本问题的。或者恰恰相反,刘震云的小说是站在最弱势的群体层面去感受,他们那些人最忌讳、最隐秘的部分通过迂回的话语展露在读者面前。但并不是说将脓包挑开了,血落在脚下的尘土里,让读者心灵上受到冲击,他只是将问题摆在层面上,留给读者无尽的思索和无尽的话题。"子非鱼,安知鱼之乐?"一个钓鱼的人,怎能体会一条鱼的精神流浪和漂泊?他关心的不是鱼,而是他自己和他自己所要达到的目的。不能深入到事物的根本,与处在故事中心的人们站在统一视角,又怎么能挖掘生活中最深层的东西呢?

值得探讨的还有刘震云的写作动机。刘震云从语言角度切入反映了中国乡村社会中存在"说得上话"和"说不上话"的普遍现象。刘震云选择乡村这个复杂的群体,是想通过庞大的整体被这个时代个体化来反映这个时代存在的问题。社会在不断发展,但人性并没有发生太大的变化,批判了中国文化的一个症结:人与人之间缺乏心灵的沟通导致内心的孤独。这个社会的消息流通更加迅速,从社会各个角落传来的声音也越来越多,但人们能听到的发自心底的声音却越来越少。在这个时代,语言的作用已经超出本身具有的沟通功能,它渐渐成为现代人表白自我、宣泄自我、推销自我的手段。人与人之间交流的目的更多的是表达欲望和倾诉自我,这正是这个时代的人内心孤独的表现。然而中国式孤独的解决方法是通过媒介向素不相识的人倾诉自我,深夜电台、心理咨询、新闻平台已经成为倾诉自我的重要表征,没有正确引导人与人之间直接的交流正是中国式孤独延续的根本原因。与此现象相应的是絮絮叨叨的口语化叙事风格在文学作品中也流行开来。假设刘震云仅仅呈示这百年来中国人的孤独生存状态,这部小说就会停留在一定的层面,他是通过不经意间流露的孤独的深入研究,来表达孤独者对自我的认知和对梦想的捍卫。然而,刘震云认为,"'历史'和'社会'只是他们所处的表象"。历史的"真相"可能是被遮蔽的"真相",呈现出来的"事实"常常是矜夸和装饰的"事实"。刘震云本人在接受媒体采访时说:"不是你向生活要什么,而是生活对你说。生活会让人自然而然地产生一些不同的想法。一开始你会觉得有话要说,最后你发现,是书里的人物有话和你说,作者其实是倾听者。'我本常人',我说出来的肯定都只是常理,但我书里的人物可能不是常人,他可能说出一些不平常的道理,所以我觉得当一个倾听者比当一个倾诉者要高明。"正如《一句顶一万句》中的人物杨百顺、牛爱国、老汪、老裴、老曾等等,他们各自在生活中扮演着小角色,本不应该承受这些孤独的,但他们在社会标准的压力下承受着社会无形的暴力。刘震云是想通过这本小说,将现实生活中有跟小说里的人物有相同境遇的人从对孤独的摆脱和对自我的追求的困境中解救出来,从而达到他们心中对梦想的捍卫。

结　语

通过小说《一句顶一万句》中的叙事语言研究,我们可以发现语言在小说中起着非常大的作用,这个作用不仅仅是在塑造人物方面,还体现在推动情节抑或是在语篇中对小说主旨的影响。

从叙事语言、叙事方式、叙事视角三方面来分析小说的叙事特点,琐碎而重复的语言可以让读者与自己的心灵距离更加接近,采用拟话本的叙事方式让小说情节更加饱满,全知视角切入乡村叙事让小说主题更加突出。总而言之,对于叙事手法的巧妙使用,可以使读者的阅读质量更高,这说明了用乡村叙事是成功的,也说明围绕语言来进行乡村叙事是一种有效的手段。

从内容分析理论观念与创作实践追求,小说创作可以分为三步来写,分别是孤独的滋生、自我的认知和梦想的捍卫。小说围绕说得来和说不来的两种语言表达方式展开叙述,揭示了时代背景下普遍存在的孤独状态,每个人的孤独需要在自我认知下正确引导,才能实现心中的梦想。

参考文献

[1]郭宝亮.洞透人生与历史的迷雾:刘震云的小说世界[M].北京:华夏出版社,2000.

[2]陈骏涛.精神之旅:当代作家访谈录[M].桂林:广西师范大学出版社,2004.

[3]陈晓明.现代性的幻象:当代理论与文学的隐蔽转向[M].福州:福建教育出版社,2008.

[4]孟繁华."说话"是生活的政治:评刘震云的长篇小说《一句顶一万句》[J].文艺争鸣,2009(8):43-45.

[5]张颐武.书写生命和言语中的"中国梦"[J].文艺争鸣,2009(8):47-48.

[6]张清华.叙述的窄门或命运的羊肠小道:简论《一句顶一万句》[J].文艺争鸣,2009(8):36-39.

[7]汪杨.我们还能怎么"说":刘震云《一句顶一万句》读札[J].小说评论,2010(4):144-147.

外国文学与比较文学

"盲目"视阈下的人性反思

——以毕飞宇的《推拿》和萨拉马戈的《失明症漫记》为例

余桑桑

摘 要：葡萄牙作家萨拉马戈的《失明症漫记》与中国作家毕飞宇的《推拿》,分别用个体化的写作方式,带我们深入盲人的内心世界。《失明症漫记》讲述了一场荒诞的白色眼疾,通过一桩桩令人惊骇惶恐、啼笑皆非的故事展现了人性的善与恶;《推拿》这部小说运用大量细节描写和心理描写,通过对一群盲人推拿师生活的刻画,真实地再现了盲人的生存与交际,以及他们内心的坚强与脆弱。两部作品尽管都以盲人作为主角,但叙事方式不同,彰显的美学精神具有差异性。从不同的文化角度和道德评判视角出发,可以看到作者对不同人性的深层思索。

关键词：失明;人性;信仰;中西文化视角

引 言

盲人一直都是游走在社会边缘的小众群体,一直以来都被人们所忽视、遗忘,排除在主流社会之外。而葡萄牙作家萨拉马戈的《失明症漫记》与中国作家毕飞宇的《推拿》,分别用自己的写作方式将原本不起眼的盲人世界放大到整个社会,带我们深入盲人的内心世界。

《失明症漫记》入选了诺贝尔学院"所有时代百部最佳文学作品"。它记叙了一场荒诞的白色眼疾,像瘟疫一样在很短时间内席卷了整座城市,使所有人眼前除了一片白色什么也看不见,通过一幕幕啼笑皆非的故事展现了人性的善与恶;《推拿》获得第八届"茅盾文学奖",此书运用大量细节描写和心理描写,通过一群盲人推拿师的生活经历,真实地再现了盲人的生存与交际,以及他们内心的光与暗。

虽然两部作品都以盲人作为主角,以盲目为切入点,深刻反映了盲人的艰难与脆弱,然而细细钻研,两者之间存在着许多本质上的差异。在此文中,我将详细分析两部作品之间关于盲目视阈的异同之处,试图探讨其文化价值观的差异和叙事方式的不同。两位文坛巨匠的小说没有高低之分,从不同的文化角度和道德评判出发,都是值得我们去深刻思考与反省的。

一、何为盲人视阈

(一)《失明症漫记》:独特的生存图景

《失明症漫记》讲述了一场荒诞的"白色眼疾"在短时间内席卷全城,每个市民眼前除了一片白色什么也看不到,致使全城瘫痪,在此种情况下,人们艰难度日的故事。

首先是一位正在开车的男子,在红绿灯前等待绿灯放行时突然失明,而这种失明不同于日常所见的失明,它不是使人眼前一片漆黑,而是一片白色,亮得让人晕眩的白光,就好像掉进牛奶海里,无论睁眼还是闭眼,除了茫茫的白色,看不见任何东西。它突如其来,没有任何的征兆,从外观上也完全看不出失明者的眼睛与他人有何异常。一位"好心人"送他回家,在离开时偷了他的车,紧接着,小偷也失明了。第一位失明者的妻子陪丈夫去眼科医院看眼睛无果,之后,眼科医生和那位可怜的妻子也失明了,当时等待在门外看眼疾的人,接触过他们的警察,酒店员工,药店伙计也逐渐失明,这场白色眼疾像瘟疫一样,以几何方式无限蔓延,人们慌张却无从得知传播的途径。

为了遏制这场灾难性的疾病的扩散以及稳定社会的心理,当局政府把他们送到检疫隔离区—— 一所废弃的精神病院集中控制,同时也怀有让他们自生自灭的心态。医生的妻子为了照顾丈夫而谎称自己也患了失明症,被一同送进来,我们就是通过妻子的眼睛看到一系列残酷景象的。随着越来越多的失明症患者被送进来,人群也产生了更多的矛盾,随处可见的粪便,污浊的空气,最可怕的是食物的配给。一开始由于人数不多,一日三餐尚能定时发放,并且还有饼干、牛奶,相对来说条件较好。之后随着患者群体的极速庞大,由三餐改为一餐,甚至断绝粮食。丧失了基本求生能力的人直接面临最根本的生存危机,当士兵来发放食物时,饿了几天的人们急忙去争夺食物,却被误认为是集体大暴乱,被无情射杀。一群看不见的可怜人瑟瑟地站在风中,耳边呼啸着枪声和喊叫声,胡乱挥舞着双手,不知该何去何从,更不知自己下一秒会不会中弹而亡。

当视力丧失后,一些平时被美化的丑恶都以上百倍大的姿态暴露出来。由于外在形象随着视力的消失而消亡,厕所、浴室就成了多余的东西,厕所早已满是粪便,一层又一层,稍蹲下去就会沾染黏黏湿湿的不明物体,由于同是盲人,无法得知到底是谁所为,加上生理需求,走廊、过道、庭院、草丛……人类的排泄获得了空前的自由,人与粪便同睡同起;几个月不洗澡也没有干净衣物或者床单可以更换,汗液、食物残渣、人体分泌物包裹着每一个人,更别说拉碴的胡子和稻草般的头发了。失去了视力,人类文明倒退到了史前时代,甚至更加恐怖。随着食物的配给越来越苛刻,为了活下去,总有人贪心多拿几份而导致他人没有吃食。不管什么职位什么学识,警察、医生、银行家、博士、学者……在这里通通没有用,人们只能靠自己的力量来争夺,弱势群体或者尚存一丝自尊的人只能活活被饿死,可以说这里的每一个人都是凶手,在没有外部武力镇压下,人群内部早已死伤无数。可怜人的尸体都被赤裸裸地留在地上,没有人安葬,没有人痛惜,成了鸟的饕餮盛宴。一伙横行霸道的强盗更是独揽食物,要求他人用钱财和女人来交换,以致一位女性被强暴致死!

一次偶然的机会,失明者们逃离了精神病院,才惊恐地知晓,原来整座城市早已全部感染,社会瘫痪。路上到处是废弃的车辆,被雨水泡软的粪便和尸体,大的像猫一样的老鼠横行过街,气若游丝的垂死之人身旁一只只垂涎的猎狗将享受一次大餐,一位素来体面有修养的老妇人竟生吃活鸡,茹毛饮血……医生、戴墨镜的女子、戴眼罩的老人、第一位失明者和他妻子、小男孩在医生妻子的帮助下艰难度日,在绝望中怀着一丝希望,等待重见天日的那一天。

(二)《推拿》:盲人的尊严诉求

《推拿》围绕一群在"沙宗琪推拿中心"工作的盲人们,讲述了他们的日常生活,塑造了一个个有血有肉的人物形象,通过一系列细小而平凡的事,使读者了解其实盲人与正常人并没有多大区别,帮助我们走出理解误区并深刻感受盲人的坚强、乐观,尤其是盲人的尊严诉求。

正常人提起残疾人,总带有怜悯或者其他复杂的情感,认为是靠着他人的救济而生活。总是语重心长地告诉他们要自食其力,"就好像残疾人只要'自食其力'就行了,都没冻死,都没饿死,很了不起了"。然而我们都不曾认真去了解他们,不曾知道"盲人的心脏会具有怎样彪悍的马力"。都红就是其中最为鲜明的尊严捍卫者。都红学推拿是半路出家,之前因为音乐才能被盲校老师发现而学习了钢琴,三年就通过了钢琴八级,前途是一片光明。然而初二时参加的一次残疾人"献爱心"的大型慈善晚会,让她恍悟了自己弹钢琴只是"供健全人宽容,供健全人同情",而不必在乎弹的好坏与否,盲人能弹钢琴本身就是一个奇迹时,她毅然决然地放弃了这条道路。推拿讲究指法,要牢记穴位,都红忍受着同学的嘲笑,一点也不在乎自己的纤纤玉手变得粗糙和丑陋。只身一人来到南京做盲人推拿技师,险些被沙复明拒绝,尽管手艺平平,但因为是通过自己汗水所得,所以感到满足。她的话语不多,是在用沉默维护自己。都红很美,她的美是自然而然的,是上天赋予的,但她却不自知,甚至不放在心上。面对导演的夸赞与惋惜,她表现出来的是一贯的不卑不亢,极度的自尊让她不愿意被他人可怜,不想欠他人什么,她对报答有着深入骨髓的恐惧,她甚至不愿意别人搀扶自己。从都红身上可以看出,人都是有尊严的,幸运的或是不幸的,弱者的自尊正表现在面对苦难时展现出的自己强大的信念。

我们对盲人往往带有歧视,而那些正常人所在的"主流社会",却一直是盲人们心中的神圣之地,盲人们努力着想要向那个世界靠近。沙复明是推拿中心的老板之一,"从打工的第一天起,沙复明就不是冲着'自食其力'而去的,他在为原始积累而努力"。他敏感的自尊心意识到自己因为眼盲而比正常人要"低一级",因而他急于做老板,企图通过管理他人与金钱来获得平等,来获得心理安慰。他经常没日没夜地学习,以致落下严重的颈椎病和胃病。身为盲人的自卑感促使他对主流社会,对一切美好事物的追求,喜欢像领导那样开会,喜欢讲话,喜欢管理那一套,努力让自己"越来越像一个有眼睛的人了"。"复明"这个名字也代表着沙复明对那个无法企及的地方的渴望,渴望用身体的一切代替眼睛重新认识这个世界。又如王大夫,他为人老实、善良、朴素,又明了人情世故,对所爱之人倾其所有,掏心掏肺。面对不思进取,成为家庭蛀虫的弟弟,他却抱着格外的疼爱与歉意,把弟弟所做的一切混账事都归咎在自己身上,要不是自己有视力残疾,父母也不会那么惯着弟弟。弟弟结婚自己没有受邀,他赌气汇了两万要和弟弟一刀两断却在一秒内原谅了弟弟；为了解救被催债堵上门的父母，他以自残的方式帮弟弟"还债"，事后还不停地和父母说着"对不起"，着实让人心疼。再如，当金嫣选择和徐泰来在一起时，推拿中心的其他人都觉得不可思议，盲人尽管看不见，但也看中"般配"，他们借助于有眼睛的人们的描述来判断一个人外表的好看与否，他们以"那个世界"人们的美为美，丑为丑，所以说，健全人所在的社会，对于盲人充满了巨大的魅力和吸引力，盲人们单纯地、拼命地向齐靠拢，为的是什么？不还是希望能得到"一视同仁"的待遇吗？

二、物欲文明下的人性反思

(一)人性的溃败

人道主义一直是文学领域最重要的审美视角。随着几次科技文化的革命，人类的生活确实较以前有了翻天覆地的改变。人作为最高的灵长类生物地位已经十分稳固，自我意识也日益强烈，我们强调物的价值，将人的价值融合于其中，过分追求物欲享受，逐渐漠视这个社会的人情冷暖。萨拉马戈借《失明症漫记》深入剖析了当前社会所存在的一些弊病，对人性进行了认真的反思。

为了控制眼疾，被当作"污染源"隔离起来的人们和接触过他们的人们都被关到了一所废弃的精神病院，一旦原本拥有视力的人突然失明就会被驱逐到失明者那一边。广播名义上请各位公民表现出爱国之心，配合政府行动，实则任由他们自生自灭，必须无条件接受一些非人道的准则："第二，在事先未获允许的情况下离开所在大楼意味着立即被击毙……第十，如果发生火灾，不论是偶然起火还是有人故意纵火，消防人员皆不予救援，十一，如若内部出现疾病骚乱或者殴斗，住宿者不应指望任何外界介入……"人类的一切文明，一切秩序都没有用，人性的弱点在小小的精神病院被无限放大，内心的罪恶和阴暗暴露无遗。生病没有医生或者药品，只能静待死亡，偷车贼受了严重感染爬到大门口想求救却被立即射杀；为了争抢食物遭遇踩踏而被踩死者比比皆是，因饥饿匆忙夺食被误认为暴乱而被无情击毙者更是不计其数，辱骂、嘲笑、殴打……灾难面前人性的冷漠、无情被诠释得淋漓尽致。

因眼疾而被隔离在精神病院的失明者中进来了一伙强盗，他们不仅逼迫人们用钱财来换取可怜的食物，令人发指的是竟然要求每个房间轮流送女人过去服"淫役"，人群的愤怒程度可想而知，但不去又面临断粮的危险，使可怜人内部发生矛盾。人性的伪善和虚无暴露无遗，自私与无尊严让人触目惊心。

《失明症漫记》从某种角度来看，就像是《创世纪》的剪影。医生的妻子拥有唯一一双澄澈清明的眼睛，从一开始为了陪伴丈夫欺骗医务人员她也患上了白色失明症而被送进精神病院时，她就注定担当众人的眼睛，和挪亚一样成为绝望中的唯一希望。整部小说的温情之处就在于她与同在一个寝室的医生、戴墨镜的女子、斜眼小男孩、戴眼罩的老人、第一个失明的人和他的妻子之间的相互体谅与帮助。这个寝室所住的人就像是当初搭上挪亚方舟，逃离末日的乘客，他们来自不同的职业，不同的环境，有着不同的年龄和不同的教养，然而却在妻子的帮助下，齐心协力在恶劣的环境中生存，共同依赖着医生的妻子。他们这个群体是作者对黑暗世界的唯一希望。医生妻子成为唯一能看见的人，就像在现实社会中,唯一能看清虚伪的面具下真实的面孔的人,她想用自己的绵薄之力来挽救一些人,来使这个社会具有一丝的温情与人性。她所承受的痛苦更是无法言说,但并不是一味地绝望。"她连想都没有想便对着那些盲人和世界上所有盲人高喊了一声,一定会再生的,请注意,她没有用复活一词。"她的呐喊,是作者对人性复苏的期待与呼唤!萨拉马戈期望真正的温暖与友善可以出现,医生妻子蕴含着作者高度的人道主义关怀与社会责任感。

(二)信仰的丧失

《失明症漫记》中的市民们生活在一个秩序井然的有组织的社会。在蔓延初期,患上"白色失明症"的眼科医生第一时间想到的是通知卫生部负责人,做好准备工作,以免全城恐慌;失明者们被关进精神病院不论遭受着怎样的折磨,却严格遵守着"上头"的规则,他们相信自己之所以被隔离,是因为由他们共同建立起来的组织机构还在有序地运转,在心底留有一丝希望,直到一场大火烧毁了精神病院,意外逃出后才发现岗亭里已没有一个看守的士兵,整个城市都荒废了,他们早已被人们遗忘。这场大伙不仅烧毁了他们生活的处所,更是让人们努力遵守的准则和希望灰飞烟灭。通过医生妻子我们看到一群盲人慷慨激昂地向其他盲人宣扬理想中的社会组织原则,"虚无企图把虚无组织起来",看不到未来,人们都处在最光亮的黑暗中。

整座城市弥漫着末日的气息,破败的建筑,没有干净的水源,许多食物腐烂发臭成了毒药,死人有增无减,盲人演说家在大广场"宣告世界末日到来,灵魂因忏悔得救,天使降临,星体撞击,太阳湮灭……"置身于末日的人们需要拯救,但救世主却迟迟未能出现。医生妻子为了寻求安慰来到教堂,却发现这里每一个神像眼睛都被蒙上了白布,濒临绝境的人们已经对信仰绝望。当妻子的话语被盲人们听见,原本教堂里挤满了寻求庇护的落难者被恐惧推向教堂门口,连神灵的眼睛都被蒙蔽了,我们还能信仰谁,跟随谁?灾难来临时,软弱的人们只是虔诚地祈求上帝保佑,期盼着神的救助而不是自己寻找出路,当最后一丝幻想与迷信被揭穿,宗教的虚无被赤裸裸地暴露,身体的死亡与心灵的绝望成了可怜人最后的归宿。这是充满哲学思考和宗教意味的场面,萨拉马戈在这里表现了对自己、对宗教的思考,其实岂止萨拉马戈,我们许多人对宗教都是持有既怀疑又信任的矛盾态度,知道命运掌握在自己手中却又时常期望着神的救赎与赦免,借此对自己的信仰进行认真、严肃的反思。

三、中西视角的差异性

(一)叙事策略的不同

《推拿》和《失明症漫记》虽然都以盲人视角展开叙事,借盲目视阈审视并剖析当下社会所存在的一些弊端,但两者在叙事策略上有明显的差异。

毕飞宇在他前期的作品中其实更多的是表现社会和历史,然而在《推拿》中,他几乎很少涉及这些,只是注重人物基本的生存。例如,王大夫辛苦挣钱想让小孔当上老板娘,不再受气和劳累,但操之过急以致多年的血汗钱被股市套得牢牢的,不巧他的亲生弟弟——拥有良好视力的健全人，却是一个不折不扣的纨绔子弟，为家庭惹了不少祸，到最后还要王大夫来填补；沙复明为了多挣钱导致胃疾缠身，痛苦不堪却仍然一门心思扑在自己的事业上；金嫣为了追求自己的爱情不远万里从大连到上海又辗转到南京……他们每一个人都具有十分突出的个性，他们代表的就是自己，十分纯粹。毕飞宇在《推拿》中对每个人物的名字都倾注了不同的感情。在他创作都红这个人物时，他脑海中并没有一个鲜明的形象，这个美丽的形象的塑造是作者往"都""红"这两个字上靠的。"这两个字捆在一起，就特别令我怜惜。能怎么办？我就把都红这个小女孩往'都红'这两个字上靠，直到'写像了'为止。"他认为："人物，文字，这两样东西是不能分开的。"名字是人物的个性体现，是一个角色的灵魂所在。《失明症漫记》虽讲述了一群人为了生存而经历的各种磨难，本质上是对这个社会的抨击，带有更多的人性思考。这是个不知名的城市，每个人物也没有自己的名字，全凭特征与声音来辨别彼此。《失明症漫记》中的象征色彩十分浓厚，医生、戴墨镜的女子、老人、小孩等等都代表了某一个集体，从他们个人身上可以折射出一个集群的特征。这是一个亦真亦假的故事，可以发生在葡萄牙、美国、英国等世界上每一个地方，故事的格局覆盖了城市的各个角落。相比之下，《推拿》的格局就显得十分小，主要集中在推拿中心和宿舍，两点一线，狭窄的都"不符合"长篇小说的要求。因而，毕飞宇在采访时自己也戏言这部作品就像"大号的短篇"。《推拿》一反普通长篇小说的写法，里面的每个人物都占有一定的比重，虽然有所区别但是都可以成为一条主线，更巧妙的是，毕飞宇凭借他出众的表达能力和叙事能力，将一个个看似孤立的片段很好地联合在一起，展现了盲人生活的真实写照。《失明症漫记》主要讲述了以医生妻子为首的七位主人公的故事，而且这七位主人公也仍具有不同的比重。妻子作为唯一一位拥有视力的人，成了所有人的救世主，作者大幅描写了他们逃出精神病院后，妻子为了找寻食物，穿过数条街道，目睹地下室里惊骇的场面，惊吓、呕吐、崩溃，而她却仍为这个群体的生存而努力坚持，无私奉献。如果说《推拿》中的每个角色都有自己的优点也都存在人性中的缺陷或阴暗，而《失明症漫记》中医生的妻子却俨然一个圣洁的神，她所拥有的品质已经超越了人类的范围。

（二）文化精神殊异

毕飞宇的《推拿》讲述了一群游走在社会边缘的小人物的日常生活。没有政治，抛开意识形态，下笔之处尽显饮食起居等细小之事。全书的基调是平稳温和的，没有大起大落的灾难或者胜利，没有冰冷的人性或者阴暗的政府。《失明症漫记》则是通过一场荒诞的眼疾进而向读者揭示了社会所存在的一些痼疾。"我生活得很好，可这世界却不是很好。《失明症漫记》不过是这个世界的一个缩影罢了。"[①]萨拉马戈站在人类道德的高地来俯瞰整个人类社会，用文字来剖析人性的虚伪与胆小，政府的欺骗与无能。遍地的粪便，被雨浇软的粪便上面再加上粪便，与猫一样大的老鼠，吃活鸡的老人，一幕幕触目惊心的画面让我们的心灵受到了极大的震荡。盲人强盗们的非分要求令读者愤怒；无辜的

---

① 王辽南：《站在世纪门槛上的敲钟人——萨拉马戈及其〈失明症漫记〉探析》，《当代文坛》1999年第 4 期，第 51–54 页。

盲人为了拿盒饭却被误认为要袭击警方而惨遭扫射,令我们悲痛;以妻子为首的 7 位主人公相互扶持与帮助又让我们感到温馨,为之动容。说实话,看此书是需要勇气的,我曾数次间断,不忍也不敢再往下看。它带给读者的痛苦太大了。《失明症漫记》的基调是灰暗、坚硬又冷彻骨髓的,而《推拿》却充满了关爱与温暖,盲人虽被排斥在“主流社会”之外,但他们心存希望与未来,他们团结、亲密,眼前的黑暗抵挡不了内心的明亮,它是柔软、惹人爱怜的。如果说毕飞宇有美化社会之嫌,或许他只是想把盲人真实的生活以平实的笔调叙述出来。我们无法评判两位作家的用意的高尚与低俗,毕飞宇更多地从中国传统文化层面来写作,萨拉马戈则运用了西方文学与意识形态相联系来创作。他们只是站在不同的文化角度,怀有不同的心境与人生观。

结　语

如果说《推拿》是蕴含着笑与悲,温馨与爱怜的民俗小说,那么《失明症漫记》就无疑是一部充满血与泪、无助与辛酸的人性善恶史。一个深深走入盲人的现实生活,一个凭借盲目剖析黑暗背后更深层次的黑暗。读《推拿》,我们在感叹盲人的不易的同时更为他们的团结与勇敢而感动;赏析《失明症漫记》,我们在经历触目惊心的大悲大喜之后,更对作者的人道主义精神和无国界的道德忧患意识而肃然起敬。我们对自己所处的社会的思考可大可小,可深可浅,然而不管是地狱或是天堂,我们都必须有一个善良、宽容的灵魂。这个世界本不存在什么主流不主流社会,一切只是人心优越使然,善待身边的每一个人,尊重每一位为了更好地生存或者生活而努力拼搏的人,关爱弱势群体,这是十分微小也是至关重要的一步。

参考文献

[1]毕飞宇,胡殷红.《推拿》的体温[J].上海文学,2008(12):86-91.

[2]雪芹.空间叙述与《推拿》的“推拿”艺术[J].当代小说·下半月,2010(2):62-63.

[3]张莉,毕飞宇.理解力比想象力更重要:对话《推拿》[J].当代作家评论,2009(2):27-36.

[4]仲宁.其实我们都是盲人:读毕飞宇的《推拿》[J].吕梁教育学院学报,2009(4):72-74.

[5]贺绍俊.盲人形象的正常性及其意义:读毕飞宇的《推拿》[J].文艺争鸣,2008(12):29-32.

[6]梁平.生活真相与普世价值:毕飞宇推拿的两个文学穴位[J].小说评论,2012(1):161-166.

[7]张永禄.拥抱生命的圆全:评毕飞宇新作《推拿》[J].名作欣赏,2009(1):90-94.

[8]洪治纲,葛丽君.用卑微的心灵照亮世界:论毕飞宇的长篇小说《推拿》[J].当代作家评论,2009(2):37-44.

[9]饶丹婷.呼唤人性回归的使者:浅析《失明症漫记》医生妻子的形象[J].科教文汇(中旬刊),2012(7):76-77.

[10]吴晴萍.《失明症漫记》:都市文明的现代隐喻[J].名作欣赏,2014(30):59-62.

[11]孙成敖.虚构中的真实:萨拉马戈《失明症漫记》浅析[J].外国文学,2002(2):90-94.

[12]王辽南.站在世纪门槛上的敲钟人:萨拉马戈及其《失明症漫记》探析[J].当代文坛,1999(4):51-54.

[13]杨江华.《失明症漫记》的原型解读[J].科教文汇(上旬刊),2009(10):261-262.

[14]杨珂,黄宝华.试论萨若马戈《失明症漫记》中女性主体性的丧失与重建[J].高等函授学报(哲学社会科学版),2011,24(12):44-46.

《月亮和六便士》
——自由意志建构下的精神家园

戴婧雅

摘　要:《月亮和六便士》中主要着重笔墨塑造了叛逆传统与世俗、追逐自我实现的思特里克兰德这一人物形象,通过对其艰苦的精神求索的描写,小说探讨了天才与艺术、社会责任与个人实现、现实与理想等多对命题的内涵。本文将在存在主义的框架下,试图厘清其中的曲折之处,主要关注点如下:社会伦理与存在主义伦理在《月亮和六便士》中的交锋,群体心理与个人意志在《月亮和六便士》中的碰撞,存在主义思想在《月亮和六便士》中的具体表现。通过存在主义哲学的引入,能加深对《月亮和六便士》的存在主义解读,同时更好地把握具体历史背景和文化气候中的时代主题。

关键词:《月亮和六便士》;存在主义;自我实现;自由意志

引　言

《月亮和六便士》是英国小说家威廉 · 萨默赛特 · 毛姆的长篇小说力作,情节取材于法国后印象派画家高更的生平。小说讲述了伦敦证券经纪人查理斯 · 思特里克兰德人到中年突然放弃一切开始作画,辗转巴黎等地,最终至南太平洋海岛塔希提追求艺术与美的故事。

作品的创作背景是 19 世纪末 20 世纪初的欧洲,当时欧洲正处于一种焦虑失落的情绪当中,于是存在主义应运而生。而毛姆的《月亮和六便士》不论是在人物塑造还是主题思想上,都与存在主义哲学中的自由意志、存在价值和命运意识等议题有相当程度的契合和呼应。

国内对该作品的分析主要集中在主题思想、人物形象、叙事手法上,而本文试图从存在主义哲学的角度,来解析思特里克兰德是如何通过自由意志来建构精神家园的源始、历程与实现的。

一、背离传统与世俗的反叛

思特里克兰德在故事开头,以一副合格称职的中产阶级成功人士的形象出现。他拥有令人称羡的家庭、事业和社会地位,然而突然之间,他选择离开一切奔赴巴黎,白手起家,开始画画。在身边所有人看来,这是彻底的背叛——对传统与世俗的背叛。这些人眼中的传统与世俗的背后,是约定俗成的社会规范和道德判断。按照社会运作的逻辑,符合当时社会条件的、具有实际应用与操作可行性的规范和道德范式才是大家习以为合乎常态的。但思特里克兰德并不以这些观念和逻辑作为自己行动的标准,他通过自我觉醒发现了其人生真义所在,并抛弃一切全意奔赴。

(一)社会规范下的社会身份扮演

反叛前的思特里克兰德,更多的是作为一个标准量化的社会人出现在场景里,扮演着我们熟悉的中产阶级优秀人士。[①] 正如"我"对他的评判,"他是一个令人起敬的社会成员,一个诚实的经纪人,一个恪尽职责的丈夫和父亲"。

这种模式化的印象,同样来自文中的"我"对夫妻两人的客观描述。主人公思特里克兰德四十来岁,相貌平凡,毫无社交本领,没有奇行怪癖;在伦敦生活,算是有身份有地位的证券经纪人,是典型的英国中产阶级。而思特里克兰德太太,本身性格纯真招人喜爱,在家即是那种贤妻良母的典范;私人生活里,对文学有着特别的爱好,喜欢同作家们来往并保持联系。此外,思特里克兰德还有两个可爱活泼的孩子。这些一并地构成了一幅引人艳羡的幸福家庭生活的图景。这是人们眼中"井然有序的幸福",是社会组织里被规范的幸福图式。思特里克兰德不会出格、不会逾矩,不出意外他将安然度过这一生。

而"我"在文中,对待这样的生活和社会是存有批判态度的。[②] 当他接受邀请去思特里克兰德太太家参加宴会时,发表了这样的看法:"文明社会这样消磨自己的心智,把短促的生命消费在无聊的应酬上实在令人费解。"他认为这类饭席和宴会纯粹是"社交义务",而主人家思特里克兰德太太实际上也很清楚宴会的"枯燥乏味"。但几乎所有牵涉在内的人都不会刻意去打破这种秩序和传统,因为守序尚矩是被崇尚的品德。严谨固化的社会规范可以塑造出一个样板社会,但这样的社会是排斥个性主义的,人的独特个性将会被压抑。而思特里克兰德正是在这样的社会规范下,所批量生产出的中产阶级中的一员。

(二)符合众人期待的模范人格

按照社会心理学的原理,一方面,人人为求公平秩序、和谐共存,会遵循共同制定的道德原则;同时另一方面,因为在社群当中要寻求认同感和安全感,人们难以摆脱试图以"他人眼中的幸福"的想法来建立自己的生活。罗素有一个观点,须知人生的参差百态乃是幸福之本源。而"他人眼中的幸福"是一种不断被加工、类型化的生活模式,实际上并没有践行的价值,正是因为它完全站在幸福多样性的对立面。思特里克兰德的角色可能不是主动迎合这种规则,但至少是被动遵守,他刚开始显现出来的普通平凡正是因为他的顺从。

而从思特里克兰德反叛后身边人的猜测和看法,我们可以清楚地看到他人的道德观

---

① 毛姆:《月亮和六便士》,傅惟慈译,上海译文出版社2009年版,第32页。

② 同上书,第30页。

念是如何影响、左右其对一个人的评价的。当思特里克兰德出走,不论是瓦特尔芙德小姐、上校还是思特里克兰德太太,都猜测其出走的原因是女人。并且在不明真相的情况下,他们对他进行了谴责与谩骂。

人们对一个人,尤其是对一个身份正经、名声良好的中产阶级人士,他们的期待是:不要冒险去做损害自己的事,什么时间该做什么样的事,对你的工作和家庭负责。一个人最重要的是做好社会当中固定位置的那颗螺丝钉,事业有成和家庭幸福是他们认为的最大成功,至于个人实现层面的价值和意义,并不是他们所重视的事情。未出走前的思特里克兰德,虽然在老婆孩子和外人面前有点索然无味,但他是令人放心的——事业稳定、家庭和谐并且地位受人尊敬。这相当于中产阶级中的模范生,他几乎符合所有人的期待,尽管可能他在做着违心的扮演。①

(三)撕掉假面后的"背德者"

但是,通过一封信,思特里克兰德完成了对一切既有所属的背叛——不论是事业、地位,还是家庭、妻子和儿女。他的叛离无疑意味着自掘坟墓,因为这不仅仅是他对既得社会身份和地位的主动放弃,同时,他的所作所为是对他人的一种"辜负"。对他的妻子——常人眼中最亲密的人,甚至表示出一种决然的冷酷态度。

于是他遭到所有人的指责和唾弃,但他丝毫不在乎。惯常的社会规范和社会期许在他眼里,根本不值一提。因为那时的他,全然被一种所谓的"搅动着他灵魂的一些幻景"紧攥。

当"我"受查尔斯太太之托到巴黎打探,思特里克兰德掷地有声地说出一句"我必须画画"。画画之于他,是溺水者必然而为之的自救行为,是生存本能的直接反应。在他体内寄生着创作的欲望,这欲望恣意生长侵蚀,它唤醒了迟钝心灵中朦胧模糊的反叛意识,最终思特里克兰德被控制而不得不采取行动。② 画画这件事对他来说,不仅仅是生活的另一种可能性这么简单,而是命运的选择、命运的击中,是生存意义对他的召唤。

此外,思特里克兰德并不是被动地接受,他做出了自己的回应。"并不是每个人都要像我这样的。绝大多数人对于他们做的那些平平常常的事是心满意足的。"③所以这时候的他,已经意识到他之前所选择的生活其实是一种未觉醒的顺从。于是他选择了摆脱庸常奔向自由,并且选择了最决绝最暴烈的方式——抛弃一切。在摄人心魂的幻象的召唤下,他的自由意志领会到了召唤的存在,从而跃入生命湍急的河流,奋力寻求他得以成为自身、实现自我的征途。

放弃一切社会身份,背离传统与世俗,撕掉虚伪假面,思特里克兰德逐渐走向一条充满理想主义与宗教意味的道路。这是他从社会人到自由人的跨越,是他"背德者"形象的

---

① 顾弘:《理想和现实的冲突——解读毛姆〈月亮和六便士〉的主题》,《浙江海洋学院学报》(人文科学版)2004 年第 2 期,第 39 页。

② 王晓燕:《循心中热望 筑精神家园——试论〈月亮与六便士〉中思特里克兰德的形象》,《广西大学学报》(哲学社会科学版)2000 年第 3 期,第 65 页。

③ 毛姆:《月亮和六便士》,傅惟慈译,上海译文出版社 2009 年版,第 80 页。

廓清。而唯有在行为的动作中,他才可能不断地构建自身、筑造自己的精神家园。

二、遵从内心的自我实现

在他人眼里,思特里克兰德是离经叛道的"背德者";而实际上,思特里克兰德的所作所为不过是出于自我实现的深切渴望。

按照存在主义哲学的观点,人是被抛到这世界来的,人生的本质是痛苦的,而人的至高价值就是去超越这种痛苦。在这种被抛状态中,人势必面临各种各样的选择,如何运用自由意志做出选择就是实现生存价值的最大课题。同样需要关注的是,在世界的运作里,人始终不可选择地处于物质世界和精神世界的融合之中。

思特里克兰德的自由意志由抛弃与离开开始彰显力量,凭借对物质实在的舍弃和对精神世界的挖掘层层递进发挥作用,直至在自我的艺术王国寻获了理想的表达。

(一)由摒弃物质而向精神世界靠近

思特里克兰德的人生,很有象征意味地,正是通过对物质世界的弃掷和摆脱开始转变的。从伦敦宽裕的家庭出走,身无一物地只身来到巴黎学习画画。不求名不求利,只是想着如何描绘出缠绕在脑海里的幻象。"月亮和六便士",月亮通常被作为理想的象征意象,而六便士则被理解为现实的代表。所以月亮和六便士这一组对比,即对应着生存意义与俗世价值的角力。至于思特里克兰德,就是在与被俗世价值所捆绑的一切决然分裂之后,继而开始了对生存意义的不懈探寻。

思特里克兰德到巴黎后,身无分文、穷困潦倒,但他几乎不关心生活上的安逸,完完全全地过着一种精神生活。同时,他几乎放弃了肉体上的欲望;女人、性,这些在思特里克兰德眼里是无聊的事情,是工具性的存在。这些理解正是源于他的清晰认知:生命短暂、时间有限。于是画画成为他生活的全部重心,他倾注了自己全部的热情,他全情投入地发泄内心的创作激情,并且丝毫不在乎这些画作是否能帮助他成名,获得成就。对物质欲望和功名利禄的远离,促使他的灵魂得到更充分的滋养和发展,美向他招手,上帝之光照在他头上。但这上帝之光并不是明晰的,它折磨着思特里克兰德,让他挣扎着、痛苦着寻求臻于完美的表达方式。

(二)两种不同的艺术追求

在作品中,作为对比性的存在——"我"和思特里克兰德共同的画家朋友戴尔克·施特略夫,占了相当大的篇幅。两人同为艺术画家,但通过不同的理解和方式实现着自己对于美的创造。施特略夫首先对自己有着很明确的认知"我不是个伟大的画家",但是他坚信自己具有独特的东西,他相信自己的画作在实质上满足了一些人的需要。而事实上,他过分的浪漫主义和理想主义蒙蔽了他的双眼,叫他看不清残酷的真实,画作往往流露出盲目的天真与乐观。但尽管如此,他身上仍旧保有某种迷人的色彩——由于坚信理想、忠于理想,他发出了不同于芸芸众生的光彩。这种人格特征反应在生活上,却是一种灾难。他的心肠过于柔软,并且他习惯于表现出无力承担的懦弱,正是这些弱点致使他总被人无情利用。

思特里克兰德与施特略夫，同为被艺术所虏之人，他们有共同的对于艺术的献身热情，但在追求艺术的方式上却表现相异。在艺术创作上，施特略夫基于他的幻象与理想进行创造，他相信自己所谓的浪漫的眼光，但这样的创作并没有使他达到一流作家的水平。除此之外，他具有非常敏锐的鉴赏力，这种鉴赏力除了表现在他对艺术作品的深刻理解上，更表现在他对思特里克兰德的赏识上。从一开始，他就非常看好思特里克兰德，认为他是了不起、伟大的画家，并且一直无条件地支持他。而对比思特里克兰德，他展现出一种兽性、动物性的力量，一种源自原始野蛮的力量，这种力量穿透了他的肉欲，使他的精神世界显露出无比的热情狂放。他所有的创作都源自精神世界的投射和表达，是他内在真实个性的激情释放。所以，艺术之为手段，是他解放个性的通道，是通向自我成就的征途。思特里克兰德和施特略夫，一个严肃一个滑稽。施特略夫被爱与自尊、嫉妒心纠缠，他被人类凡俗而平庸的感情消耗着；而思特里克兰德则与这些阻碍他创造的一切绝缘，他的痛苦只可能来自创作上的艰难与失意，他试图与混沌宇宙、全能上帝对话，挖掘灵性而光辉的天赋，创造出震撼心灵的伟大作品。施特略夫如是说："美是一种美妙、奇异的东西，艺术家只有通过灵魂的痛苦折磨才能从宇宙的混沌中塑造出来。"或许，我们可以说，正是这样更纯粹的投入与献身，使得思特里克兰德更精确地捕捉到了艺术的力量，更加靠近了上帝的创造之光。

（三）塔希提——理想之境

如果说思特里克兰德离开伦敦去巴黎，是他选择投身的第一步；那么离开法国前往南太平洋，则是其义无反顾奔向所属之地的壮举。于是，归于命运召唤，归于内心向往，思特里克兰德踏上了遥远的南太平洋海岛——塔希提。

思特里克兰德曾经表达过，他最理想的生存状态是生活在海上的孤岛，住在岛上的幽僻山谷。这显然是其精神家园的具象化——摆脱物质，远离人烟。他企图在自然原始之境把握永恒的存在、每个永恒的现在，而这样一种生活方式和创作环境就是他的理想王国。

塔希提于思特里克兰德的魅力首先在于它无与伦比的自然环境。它神秘奇异、激情绚烂，它与世无争、隔绝疏离，并且它始终令人精神振奋。这里的生存条件并不好，但却在一定程度上为思特里克兰德提供了最宽松自由的创作环境。这种宽松自由的创作环境尤其来自外部的支持——这里的人们，他们虽然并不能完全理解思特里克兰德的艺术，但他们却对他抱有相当的同情。"不合时宜"在这里不会被排挤、讥讽，他们惯于包容怪异和不同的存在。再说到爱塔，爱塔是他在塔希提的妻子，她具有原始森林女人勤劳能干的特质，在感情上她愿意付出但不会过多要求思特里克兰德，也不会干预、妨碍他的创作。"凡是我要求一个女人的，她都给我了"，所以这一切正合思特里克兰德的心意。正是这样一个利于艺术生发与创造的自然环境和自由宽松的社会环境，如同伊甸园般的寄居之所，供养其以最富足的养分，促使思特里克兰德的灵魂得以开花结果。而思特里克兰德本身，拥有觉醒的灵魂加上天才的智性，于是他顺利地继续着艺术境界的攀升。

三、自由意志与人格理想

不可否认,思特里克兰德是那个被上帝选中的人,但同时,他也是那个将自我意志发挥到极致的人。

海德格尔说过:"我们向来已生活在一种存在之领会中,而同时,存在的意义却隐藏在晦暗中。"①这种平均含混的状态即要求我们对自我的把握和控制,全然地发挥自主性。思特里克兰德的自由意志与个人命运之间,并没有表现出一方凌驾于一方的压倒性关系,而是彼此指引导向,遥相呼应、相互契合。

在这种相互牵引的关系中,思特里克兰德释放天性、燃烧生命,直视时间界域下的存在,一步步成就他的理想人格和不朽家园。

(一)命运召唤与自我觉醒

思特里克兰德的儿时梦想即是成为一个画家,但因为父亲的劝阻他很早就放弃了这种想法。而在三十多岁时重新接触画画,随即被点燃了不可遏制的热情。这是命运的召唤,同时也是自我意识的觉醒。他的自我觉醒首先体现在他对权利的重新认识:一个人当是有权利按照自己的意愿去生活的,并且这是生活得以幸福、灵魂得以栖息的保障。更进一步的觉醒,则是他对人格理想的厘清与构建。一方面,他在激烈的碰撞与反叛中摸索出了其理想的生活环境和生存方式,另一方面,他也追随本心通过激情创作直奔美的至高真义。萨特认为,人的本质是自己选择的,选择以自由为前提,人被判定为自由,必须独自承担选择的后果。这是思特里克兰德对人的本质和生存价值的研判,也是他置身于其价值观、人生观和世界观下所做出的必然的选择。

幡然醒悟式的转变对他是一种巨大的冲击。而他在追求画画这件事上表现出了一种"非理性的焦灼",这种焦灼不但烧到他身边的人,更是在他的脑海中不断掀起狂暴的幻想。焦灼源自恐慌和惧怕,因为他体会到了时间与生命的限度。此外,在思特里克兰德身上,人性成为一种限制他力量与选择的枷锁。人性中普遍存在的感情、回忆,往往会使人在面临选择和决断时做出妥协,于是他都一同抛弃。

所以他的自我觉醒具有存在主义哲学的色彩,并且直指真正个性的自由和生命的存在。

(二)时间境域下的存在

时间是无垠的,而人的生命有限。当人意识到自己生命的时间性和必死性时,他就开始了对命运的直视,继而开始对自身不断地进行质问与敞开,试图在无意义的根基之上创造新的价值。

首先,思特里克兰德清楚地认识到时间的限度。当人因为担负上了社会责任、家庭

---

① 马丁·海德格尔:《存在与时间:修订译本》,陈嘉映、王庆节译,生活·读书·新知三联书店2014年版,第6页。

责任而陷于生活的操劳,人的精神自由发展往往受到抑制。思特里克兰德绝情地抛下了这种负重,第一步释放了自己的天性。而后在巴黎,不仅是一般的社会关系,连私人的情感需求,他也冷眼看待。[①] 在艺术面前,恋爱对他来说只能算是无聊的事,"生命太短促了,没有时间既闹恋爱又搞艺术"。同时,他知道什么是要真正把握的,"对我来说,最重要的是永恒的现在"。他在巴黎没日没夜地画,为了寻求真正满意的表现手法而苦受折磨,再后他不停辗转——为了更佳的养分滋养和创作环境。于时间而言,他所选择的是一种循心之向往、把握当下的态度。

时间是人之于存在的理性尺度,它是无内容、无实物之境,它自身无法创造意义。唯有在其涵括中自觉感悟到存在的人,通过不断自我挖掘的行动才能超越虚无的实质。思特里克兰德最后在塔希提病重甚至失明,却仍旧坚持作画,这实际上表现出了他身上无法休止的焦虑——在创造意义与生命限度之间永恒的博弈。

(三)伟大人格的实现

事实上,作者通过"我"的思考,多次对生活意义做出了追问和探讨。阿伯拉罕放弃美好前途弃掷才华,但他选择了自己喜爱的环境,选择了一种淡泊宁静、与世无争的生活。他感到心满意足,毫无悔恨。而布吕诺船长和妻子远离文明社会到荒岛开辟新生活、辛勤劳作,过单纯、简朴的日子。每个人的价值排位序列不尽相同,对幸福的理解也各不相同,实现各自幸福的手段也千方百种,最好的成全便是求仁得仁。这是作者对生活和幸福多样性的肯定,也是他对不同价值观下各异的生活方式和生存方式的尊重。作品最后引了《圣经》当中的一句话:魔鬼要干坏事总可以引证《圣经》。这里也可以很明显地体会到作者对伪君子的厌恶。

思特里克兰德显然是另一种更极端的存在——他鲜有人性却接近神性。他冷酷无情,不在乎与人建立联系,将女人和性视为工具。唯有在创作的过程中,他才得以强烈地意识到自己的存在,他的斗争仅在于与缠绕在脑海里的幻境做抗争。他是那个"终生跋涉的香客",践行着苦行僧与隐士般的生活,不懈地寻找内心投射下的或许根本不存在的神庙。他拥有坚强的意志和绝对的信仰,并且他把这两样强大的精神力量全部倾注在画画上。这种纯粹也即是他神性光芒的来源。

所以其人格之伟大正在于他对精神世界的执着挖掘,对人生意义的坚持探寻,对艺术与美的永恒追求。

(四)不朽的精神家园

思特里克兰德最终找到了塔希提这个他梦寐以求的理想圣地,并在此继续他对自我精神世界的描绘和艺术上的不懈追求。攀爬艺术高峰作为一种手段,帮助思特里克兰德不断确认自己的存在。而随着高峰的攀越,他的精神强度也愈来愈强。

在塔希提,他依旧轻视物质条件、不在乎他人的想法而一心沉迷画画。在思特里克

---

① 毛姆:《月亮和六便士》,傅惟慈译,上海译文出版社2009年版,第121页。

兰德生命的最后阶段,他罹患麻风病,极其艰难地完成了一幅巨幅壁画。这幅画充满无限热情、令人震撼,诚如一首自然颂歌。它美丽、崇高而肃穆,给人以空间无限、时间永恒的感受。① 这幅画可以说是他一生目的的达成与实现,因为他得以借此抵达他心之所向的美的至高境界。这幅画连同塔希提也成了思特里克兰德精神世界的象征化形象,具有了不朽的精神家园的气质和内涵。

虽然思特里克兰德的大多数行为是冒犯传统与道德的,但是他精神上的光辉却为他铸造了永恒的避难所、永恒的精神家园。他的精神家园内核坚硬,在这个他自己创造的世界中,他满怀着绝对的自由意志,进行着对自我灵魂的关照和对生命意义的艰难求索。所有的物质会随着时间的流逝没于空无,而伟大的精神会依凭自身超越时空的价值而长存。思特里克兰德最后的杰作与最后的死亡,在烈火中超脱物质肉身,真正实现了完全精神性的存在。

结　语

思特里克兰德借由自我觉醒与命运召唤,从刻板的社会人转变为自由人,并一步一步通过自由意志的选择,最终在追求艺术与美的征途上实现了生存价值。

在这过程中,他抛弃所有的身份地位和所属的社会关系,是众人眼中的"反叛者",是社会世俗的"背离者";而在存在主义的价值判断上,他是自我意义的成就者。他的自我实现不是坦然的命运顺从,而是心灵痛苦的求索。精神世界的幻想不断投射反应,只有画画才能让他强烈体味到存在。

对美和永恒的献身,使得思特里克兰德具有脱离平庸接近上帝的特质。而一切的存在实际上受限于时间的境域,即是说存在统领在时间的尺度下。超越时间抵达永恒,唯有借助于意义的攀登与跨越。思特里克兰德的伟大之处正在于他遵照内心呼唤、自主自由意志,实现了存在意义的攫取。所以我们称颂,这是不朽的伟大人格,这是不朽的精神家园。

参考文献

[1]毛姆.月亮和六便士[M].傅惟慈,译.上海:上海译文出版社,2009.

[2]赛琳娜·黑斯廷斯.毛姆传[M].赵文伟,译.合肥:安徽文艺出版社,2015.

[3]毛姆.人性的枷锁[M].徐进,雨嘉,徐迅,译.上海:华东师范大学出版社,2016.

[4]叔本华.作为意志和表象的世界[M].景天,译.北京:中国华侨出版社,2017.

[5]尼采.悲剧的诞生[M].周国平,译.南京:译林出版社,2014

[6]弗洛伊德.性学三论[M].贾宁,译.南京:译林出版社,2015.

---

① 侯秀杰:《缺失与拯救——试析毛姆对人性的探索》,《西南民族大学学报》(人文社科版),2004年第11期,第157-158页。

[7]勒庞.乌合之众:大众心理研究[M].冯克利,译.桂林:广西师范大学出版社,2007.

[8]高更.生命的热情何在 高更的塔西提手记[M].吴婷,译.南京:江苏凤凰文艺出版社,2016.

[9]鲁苓.追寻自我的旅程:读《月亮和六便士》[J].外国文学研究,1999(1):75-78.

我心飞翔
——论电影《飞越疯人院》

陈婷婷

摘　要：疯人院由统治者和被统治者组成，前者制定、使用、维护枷锁式制度，对病人实施监控，以此维护疯人院的"平静"，后者在高压控制下逐渐丧失欲念。无论是密封的建筑群，抑或是恐怖的管理者，疯人院平静的背后充斥着压抑与恐怖之气。疯人院中的被统治者也可分为两类：一类是迷乱混沌之人，另一类是清醒聪慧之人。混沌的世界和清醒的世界共同演绎了疯人院这个世界。这个世界里的病人在制度和权威的操控下，遭受身体和精神的双重枷梏与折磨。他们在墨菲的带领下进行自由与枷梏的斗争，最终墨菲出师未捷，首长实现了绝地飞越，体现了"飞越"二字的双重内涵，即"身体飞越"和"心灵飞翔"。心灵的飞翔和现实的突围实现了电影最深层次的表达。

关键词：疯人院；恐怖；混沌；清醒；飞翔

引　言

电影《飞越疯人院》改自美国作家肯·杰西的同名小说，是一部至今在电影史上仍保有不朽地位的剧情电影。1976 年该片荣获第 48 届奥斯卡最佳影片、最佳男主角、最佳女主角等 5 项奖项，在美国电影史上具有经久不衰的魅力。通过剧情一步步开展，影片所要表现的情节和表达的感情与自由和制度之间是否存在着某种联系，隐藏在剧情背后的深层内涵又是什么？

观看电影《飞越疯人院》，让人有一种抑郁难过之感，而每一次观看都会有不一样的体会，细细品味之后，我发现这部影片带给观影者的更多的是一种震撼的力量。通过震撼人心的剧情强烈地抨击了枷锁式的制度，主人公麦克·墨菲是反制度的典型代表，护士长拉齐德是制度的主要实施者和维护者，影片的最后是印第安人酋长举起巨大的石台而水花四溅的镜头，以及他勇敢地跳跃铁窗，冲破束缚，获得自由。这正是影片所要传达的真谛：看似不可撼动的制度基石，只要反抗的意识凝聚到一定程度，就会爆发出无比坚韧的力量，从而冲破一切束缚，获得新生。

一、压抑与恐怖

隔绝人世的疯人院由医生、护士和病人组成。前二者可以归为一类,他们制定、使用枷锁式制度去维护疯人院内的"平静",他们是院内的管理者,打着治疗的旗号对病人实施监控,没有一丝反抗之力的病人们在无情的压迫下变得愈发麻木呆傻。无论是封闭的建筑群,抑或是恐怖的管理者,疯人院平静的背后充斥着压抑与恐怖之气。

(一)封闭的建筑群

《飞越疯人院》讲述的是一个精神病院里的故事,这部电影之所以荣获奥斯卡大奖,至今在电影史中仍有较高地位,关键在于影片所折射出的深层内涵。而所有的深层次的含义都离不开精神病院这座孤立于野外的建筑。透过封闭的建筑群可以直观地感受到一股浓浓的压抑的气息。

1. 隔绝人世

一座孤立于野外的疯人院,一群在禁锢中失去任何思想的病人,一位位为了严密制度而不择手段的医生护士。这座疯人院远离现实,隔绝一切,包括社会,甚至家庭。疯人院似乎是另外一个独立的世界,这里所发生的一切都与人世所隔绝。外面的人看不到疯人院里所发生的一切,疯人院里的人也接触不到外在的一切。山林偏僻,悲景倒映,孤鸟蹄鸣,背景音乐诡异渐出,天色渐亮,汽车驶过,镜头右移,疯人院的故事逐渐展开。

疯人院的灰白色的外墙,无论是在光照中,还是黑暗里,都显得凄冷荒凉。四周遍布的铁丝网将疯人院四周的各个角落紧紧地锁住,没有任何事物能够逃脱如此严密的封锁。密闭的空间令人愈感压抑。病人们的身体被牢牢地禁锢在疯人院之中,无法摆脱被统治的命运。

透过窗户,可见疯人院的内部环境,没有光亮,只有阴暗。随着剧情逐渐地展开,镜头转移至疯人院内部,从走进疯人院大门的那一刻起,就注定走入了牢笼般的悲哀氛围里。除了一些带着铁丝网的狭小窗户,疯人院的四周高高地围着厚厚的石墙。病人们如同关入笼子的鸟儿,无论往哪个方向飞,终究仍在牢笼之内,无法突破。他们被囚禁在疯人院中,接触不到外面的世界,成了没有家人关爱的孤儿。每天面对着的只有无人性的医生和严苛无情的规章制度。疯人院内高大的楼梯一环接一环向上延伸,高大中无不给人一种窒息感。每个病人都被分隔在不同的房间里。通过窗户,隐约的透进一丝光亮,外在的丝丝光亮与内在的无限黑暗交织在一起,形成一种恐怖的气氛。在这里生活的病人们,接触不到院外的任何事物信息,仿佛不是和平常人一样活在这个世界里,而成了另一个世界中的另一类人。他们的身体被囚禁在疯人院内遭受种种折磨。这群被遗弃的病人不被所有人所关注,渺小到社会中的其他人根本不会注意到他们的存在,并且被社会孤立、鄙视。在疯人院这个恐怖的世界里,他们失去自尊,失去思想,失去人性,失去援助,被那些虚假地戴着仁爱的帽子、实则惨无人性的管理者禁锢着,处在孤立无援之中,悲哀地苟延残喘。

2. 灭绝欲念

疯人院这所密封的建筑群,不仅剥夺了病人们感受外在世界的权力,使他们失去现实的自由,而且控制病人们的思想,灭绝他们的欲念,使他们失去心灵的自由,扼杀了他们对生活的本能欲望并且泯灭了他们对精神的希望。

在疯人院内,"欲念"二字是不允许存在的,其中包括原始冲动和情感欲望两个方面。美国心理学家马斯洛的需要层次理论将人的需求分为五类,即生理需求、安全需求、社会需求、尊重需求、自我实现需求。生理需求是人类最低层次的基本需求,其中包括吃、穿、住、性等。而疯人院内的病人们就连最基础的生理需求都得不到满足,更不要说较高层次需求的满足了。整个疯人院就像是一架准确运行的机器。疯人们衣食住行都深受制度的制约,例如《坠落之愕》里的主人公"我所做的一切都身不由己。他们为我制定了一个计划表,上面清楚地记载着我每天的任务。这是我的私人订制"①。而在这座疯人院内的病人也是如此,他们甚至并没有享受"私人订制"的服务。一样的服装,一样的食物,重复的活动,被束缚的自由,被轻视的尊严,过着猪狗不如的生活。影片中小护士分好药品,强调吃药的时间到了。伴随着音乐盒的转动,病人们被解开镣铐,排队吃药,他们没有生机与活力,不考虑药效,只是习惯性地将药物吞入。舒缓音乐下的病人目光呆滞、麻木。在药物和制度的双重作用下,整个医院死气沉沉。他们没有自我,更别说是对性欲的满足。性作为冲动的原动力,在疯人院内被残酷地封锁。院内除了护士长瑞秋和小护士,再也不见其他任何女子。比利因为做出了对性欲的挑战而被护士长逼向了死亡。疯人们的本能欲念被深深地禁锢,根本无法得到满足。

除了束缚对生活的本能欲望,对情感的囚禁更令人悲叹。"精神病人就是单纯运用一种防御机制的人,而正常人则适时运用各种防御机制。"②换言之,在生活中,任何人都会遇到种种问题与困惑,并采用相应的方式对其进行排解。然而精神病人却不具备这种能力,他们无法采用有效的对策解决相应的困难。在这样的情况下,管理者们为了疯人院内所谓的秩序,对病人们使用惨无人道的手段,致使他们成为任人宰割的羔羊,对这个世界没有了任何想法和欲望,深陷在封闭的心理魔障之中。制度愈是无情,魔障愈是深厚,例如电击、脑切除等一系列毫无人性的惩罚成为病人魔障形成的助推器,推动病人逐渐走向沉沦。因为管理者和制度的残酷无情,欲念被无尽地封锁,最终窒息而死,惨遭灭绝。

(二)恐怖的管理者

虽然只是一所小小的疯人院,背后隐藏的却是当时整个美国的社会环境。精神病院如同当时美国社会的一个缩影。疯人院内的医生和护士是制度的管理者和维护者,他们代表着绝对的权威,是理念的具体实施者。精神病人则是制度、理念压迫下的受害者和反抗者,因此他们自然成了当时社会中的统治者和被统治者的典型。

1. 可怕的护士

护士长拉奇德是可怕的管理者的典型代表,既严肃又无情,既自私又可笑。护士长

---

① 南森·法勒:《坠落之愕》,刘晓骏译,重庆出版社2015年版,第95页。

② 帕特里克·勒穆瓦纳:《伫立在疯狂里——一个精神科医生的手记》,顾敏译,外语教学与研究出版社2013年版,第140页。

的高压管理使得整个疯人院都在沉寂的氛围中井井有条地运行着,"只要有一点点小事不是处于良好状态,或者出了轨,就会使她怒火中烧,笑也绷着脸笑"①,她永远板着一张脸,神情严肃,眼神犀利,铁石心肠,犹如制度一般,严谨无情。

在护士长眼里,为维护规章制度而实施的一切举措都是正确的,规章制度才是永远不变的法则,而病人的想法和欲望是不需要去考虑的因素。病人只是一群被家人和朋友遗忘的弃儿,只有零的智商,并且毫无反抗能力。她只需严格按照规章制度行事,例如每天喂他们吃同样的药物,严格控制他们的一切活动,包括睡眠。在她看来,病人们没有欲念,没有自我,因此任凭他们随意控制掌握。病人们的人身自由及其他一切都不在她的考虑范围之内。她唯一需要做的就是控制他们,维护已有的规章制度,使疯人院处于一种"和谐"的氛围中。如若有人违背已有的制度,她就会按照自己的方式使他们受到惩罚。因为墨菲表现出来的对制度的威胁,医生们无情地摘除他的脑叶,以此控制他的大脑,试图用这样惨无人道的方式解除墨菲对制度的威胁。一切都是为了维持制度的稳定和那些表面上虚伪的和谐,而不是为了那些活生生的人。

剥夺人的权力,控制人的行为,禁锢人的思想,种种反人性的做法,多么荒唐可笑。对维护现存制度而言,她是一名完美的护士,严格地按照规则做事。但也正是如此,带给病人的是无尽的噩梦。影片中有五次护士长同病人之间的座谈会,揭露和讽刺了制度操控下统治者们虚伪的嘴脸。明明是霸权与专制,却要以民主的姿态来反映,例如在第一次座谈会上,护士长拉奇德就哈丁的事情让每个病人都发表自己的看法。对于病人之前的一些隐私,无情地给予公布质问,并且强迫性地让所有的病人都发表自己的看法。这看似给了病人许多自由去发表自己的观点,然而早已麻木的病人们就像是一件件物品,是陪着他们进行演出的道具而已。座谈会也像是一场场独幕剧,是以护士长和护士为代表的统治者的自导自演罢了。对病人们的隐私进行公开的讨论和嘲讽成了一种特殊的治疗方式。病人们似乎不该有自尊和自信,那些曾经发生在他们身上,不愿被提及的伤疤,被一层层地撕裂,露出血淋淋的皮肉。然而拉奇德和她的小护士却毫无察觉,对于病人激动反常的情绪,他们仍面无表情,用他们的权威和制度震慑他们,丝毫不动真情。这看起来是多么的可笑、自私、无情。

2. 绝对的权威

《飞越疯人院》这部影片之所以影响深远,不只在于其深刻的内涵,也在于它所具有的象征性,疯人院似乎成为一个隐喻,隐藏着当时社会上的许多现象。

美国资本主义发展迅速,为了进一步巩固社会的稳定,维护资产阶级的统治,一系列社会制度被实施。表面上是为了维护美国社会的安定和谐,实质上却给人民造成了许多影响和伤害,严肃的规章制度使得人民束缚在体制之中,无法表达自己的观点看法。所谓的"民主"成了一个披着华丽外衣的辞藻而已,所谓的"和谐"只不过是具有欺骗性的幌子罢了。人们并未真正享受到民主带来的福利,社会怨气滋生,但在统治阶级的统治之下,人民只得忍气吞声,即使有不满的想法,也没有表达不满的决心,更没有将不满落

---

① 肯·凯西:《飞跃疯人院》,石幼珊、钟杏译,南海出版公司1991年版,第29页。

实于实践的勇气。影片《飞越疯人院》所传递的主旨也是如此。影片中吃药的情景反复出现,这是一种隐喻,它暗示着现代人在精神上并未完全从自我世界中觉醒,依旧沉浸其中,似乎和外在断绝了一切联系,成了没有灵魂的躯壳,因此呼唤人们要对自我进行精神上的治疗,找寻真正的自我。

权威是绝对的,荒谬的。恐怖的管理者以维护疯人院的和谐平静为借口而进行一系列活动,并且不允许任何人去挑战制度的威严。在影片一开始,作为管理者之首的护士长拉奇德便出场。瑞秋身着黑色衣帽,打开铁门进入我们的视野。她的出场伴随着非常明亮醒目的红色警示灯,这象征着护士长的权威。当她走过长廊时,院内的工作者们都放下手中的工作,转向她,纷纷问好。似乎大家都惧怕她,没有任何人敢去挑战她的威严。瑞秋占有绝对的统治地位,以居高临下的姿态俯视院内的所有人,所有人都必须服从她的绝对权威。在这样的宏观统治下,疯人们更加不敢反抗,只得妥协,直至变成真正的"傻子"。疯人院里音乐高声播放,除此之外,安静无声。静谧之下隐藏的是压抑,是无穷无尽的悲哀。病人们被统治者深深控制,毫无自由可言,即使是有思想的清醒者,也只能选择装聋作哑,装疯卖傻。其实无论是这所疯人院,还是偌大的美国社会,都像是一个高速运转的大机器。无论是谁,即便是统治者,也同样成为机器运行的一部分。他们享受着制度所带来的威严,用自己的方式无情地管理那些弱小无助的疯人。但与此同时,他们也是极度可悲的,他们同样受到制度的约束。同样的,美国社会体制中那些统治阶级也要服从美国社会体制的规定和制约,他们也没有所谓的绝对自由。

二、混沌与清醒

疯人院中的疯人分为两类,一类是迷乱混沌之人,其中以巴西尼和比利为代表,可以称其为混沌者。一类是清醒聪慧之人,其中以麦克墨菲和酋长为代表,可以称其为清醒者。两类截然不同的人物在疯人院中,一起受到统治者反人性的对待,牢牢地被控制于无情的规则之下。制度和权威使他们遭受身体和精神的双重桎梏与折磨。

(一)混沌的世界

进入疯人院的病人大部分是被家人抛弃,或是自愿前来。无论出于什么原因,在进入疯人院时,他们就和所谓的正常人存在较大不同。他们曾经有自觉的思维,只是对世界的不安使得他们逐渐沦落为混沌的人。他们是失智者,本身就存在心理障碍,大部分病人无法进行正常的思考,现实对于他们而言,是可怕恐怖的。

1. 疯子们

疯子们不是完全没有行为能力,因此统治者们的首要任务就是控制并消灭他们残存的思想和意志。疯子们的内心世界是极度混乱复杂的:一方面他们有限制行为的能力,因此还是会有清醒的时候,另一方面因为外界的某人或某事引起他们内心的害怕、焦虑和不安,使得他们不敢真正做自己,选择一种令人无奈的方式去逃避让他们感到害怕的东西。因此他们被称为"疯子"。

疯子们之所以进入疯人院,本身就存在着心理障碍。在《飞越疯人院》这部影片中,比利就是"疯人"的典型代表。比利因为忍受不了母亲的权威而进入这所院子。一般人对母亲都是怀着一颗敬爱的心,而比利对母亲的态度却和正常人截然不同。他害怕母亲,当提到他的母亲时,他便惊慌失措,似乎要被吃掉一般,表现出令人难以想象的恐惧哀伤。他对这个世界充满畏惧,追溯畏惧的根源,竟来自最为亲密的母亲。并且愈是害怕,他的口吃就表现得愈是明显。他也是一个典型的懦弱之人。他和正常人最大的区别就在于他本就不能以正常的眼光看待这个世界,而把这个世界看成是可悲邪恶的。

比利也曾尝试过找寻自我,在影片即将结束的时候,比利在墨菲的影响下,获得了充足的勇气,试图做出了对自由的抗争。他勇敢地享受性爱,且不觉得羞愧,这是自由觉醒的表现,他变得不再懦弱,但在瑞秋提到他妈妈的时候,他的脸色瞬间改变,口吃也变得更加严重了。他唯唯诺诺地祈求护士长不要告诉妈妈,并且把责任推给墨菲。最终他选择了自杀,其实自杀也是一种自由意识觉醒的表现,只是选择用一种自我毁灭的方式来毁灭罪恶。这实际上也是比利对自己的不认可,他的心始终未能得到真正的自由觉醒,始终有着懦弱无力的一面。"奴隶们披戴着枷锁,丧失掉了一切,甚至也丧失了对自由的渴望"①。其实比利可以说是"正常人",他同样会思考,能理解别人所说的话,只是他的所作所为和另一部分被称为正常的人在某些行为上存有差异,他有着自己的需求,而这些需求是不被疯人院所允许的,因此遭到无尽的打压,于是他变得麻木胆小,不敢提出任何要求,他是"疯子",也是"懦夫",心甘被奴役,心甘失去自由。何谓自由,"自由"的精辟解释是没有外在障碍而能够按照自己的意志进行的行为。疯人们的桎梏不仅来自外在的非人道统治,即外在的障碍,也来自内在愚昧的观念,即行为不能够按照自己的意志进行,内心世界始终混乱。因此他们无法获得"飞越"。

2. 呆傻者

疯人院内的"呆傻者"占据了绝大部分,他们是一个群体,没有思想,没有欲念,活得浑浑噩噩。呆傻者的世界是缺失的,是处于较低理性层面的,但并非一片空白,并非完全白痴。巴西尼是这类群体中的代表人物之一。

疯人院内的所有病人都身穿一致的白色病服。他们被关于牢笼之中,环境十分简陋,除了一张狭窄的单人床,其他什么都没有。病人们手脚都戴着巨大的镣铐,蜷缩在床上,毫无自由可言。影片一开始,护工打开巴西尼所住的阴暗房间的铁门时,巴西尼神情紧张害怕,犹如一只受惊却已呆滞的小鹿,他的双手不住地颤抖,目不转睛地睁大双眼盯着解开他的镣铐的护工,当护工问他感觉怎么样时,他也是麻木地回答还可以。这一幕令人感觉哀伤。即使是一只家中的宠物狗,还可以得到主人关爱的抚摸和无微不至的照顾,而作为院内活生生的人却是被束缚在狭窄的床中,失去自由自尊,活得如此低微不堪。"人,生来自由之身,却无处不披枷戴锁。那些自以为是主人的人,实际上却奴性更强"②,而这一切的根源离不开那所谓的秩序,而这些看似一成不变的秩序,离不开严谨的制度。而那些被称为管理者的人是制度的制定者和实施者,也是一切束缚的根源所在。

---

① 卢梭:《社会契约论》,李平沤译,商务印书馆2011年版,第3页。

② 同上书,第1页。

看似平静的制度规则下，隐藏着病态化的一面，精神病院原是治病疗养之地，理应呵护这些受过精神伤害的病人，给予治疗，使他们重感世间温暖，逐渐恢复心理健康。"我们的伙伴关系与治疗协定衍生出许多意料之外的效果。我如今真心享受与他共处的时光，他让我欢笑并深深地感觉到被爱，我想我也给了他相同的感受"①，只有在治疗者与被治疗者之间建立起爱与被爱的关系，让被治疗者感受到治疗者发自内心深处的对他们的关爱，让他们明白只是他们对这个世界产生了偏差，那些精神上存在问题的人才有可能重获温暖，重感人间美好。只有医生和病人结为伙伴，才能在信赖中使病人接受真正有效的治疗。然而这些管理者给予病人的却是无限的压迫和统治。实质上，因为他们的无情，疯人院就像是白痴制造厂，将许多有着心理障碍的病人制造成完全没有思想意志的真正的白痴，他们无法摆脱内心的阴暗面，愈加害怕这个令他们绝望的世界，成为一个无灵魂的真正的傻人。

（二）清醒的世界

疯人院内的气氛逐渐发生转变这是必然的，当另一类人闯入一个黑暗的世界，为这个阴暗不堪的世界点亮起一丝光亮时，那么这个世界注定会发生许多变化。而这一类人就是自我意识清晰的清醒者。其中以麦克墨菲和酋长为代表。但是此二人的身份又存在强烈反差，墨菲是为了揭示疯人院内在的黑暗，酋长是为了躲避外面世界的黑暗，二人在疯人院内碰撞出强烈的火花。

1. 预谋

自由始终与桎梏进行对抗。疯人院内的沉寂被一个叫麦克·墨菲的年轻男子打破。麦克墨菲是预谋者、叛逆者、清醒者的典型。他和疯人院中的其他病人存在着明显的不同，代表着理性，始终预谋着一切，追逐心之所向。

首先，墨菲预谋着进入疯人院，摆脱监狱的控制。影片中，在医生叫麦克·墨菲来问话，观测他是否真正存在心理疾病时，墨菲对医生表示他将会完全配合他们的工作，表现出自己的真实模样。配合的目的是逃避监狱的控制，并且这时的墨菲因摆脱监狱的控制而欢喜，并未意识到疯人院的恐怖。

其次，墨菲预谋揭示疯人院的内在黑暗，挑战权威，摆脱疯人院。在墨菲的带动下，种种与疯人院的制度所不符的事件开始上演。墨菲用种种行为挑战疯人院的权威。在影片中，墨菲第一次和病人们一同被喂药时，他要求将音乐的声音降低，并且质疑护士给他的药，说出自己不想被喂安眠药的想法。在第二次座谈会中，墨菲无视瑞秋所提出的对哈丁和他太太问题的看法，大胆提出观看世界大赛的开幕赛的想法，却被护士长以不允许改变作息时间的借口予以否决，因此他提出举手表决，但病人们却因胆小怯懦，无勇气反抗而不敢举手。那些刻板压抑的制度让这些病人缺失了追求自我欲求的想法，甚至不敢提出任何合理的要求。虽然后来墨菲获得了半数以上的支持，但护士长却以超时为

---

① 泽维尔·阿玛多、安娜丽莎·约翰逊:《他不知道他病了 协助精神障碍者接受治疗》，魏嘉莹译，四川大学出版社 2008 年版，第 87 页。

借口剥夺了病人们观看开幕式的权力。墨菲却用自己激情的解说激发病友们的思想欲求,带动他们的情绪,使他们情绪高涨,以此来反抗护士长严酷无情的权威。

最后,墨菲预谋着将计划付诸实践。世界大赛时,墨菲试图举起重物砸开窗户,带着契士威克去酒吧看比赛,虽然失败了,并未举起重物,但是他说"但是我试了!"墨菲用自己疯狂的实际行动继续进行着自由与桎梏的抗争。他组织了一次集体的逃离,不顾后果地带着病人们坐"疗养"的公车逃离束缚着他们的病院,去享受大海的美好,并且让他们接触到了女人。墨菲想要真正进入自由的社会,因此计划真正地逃离并打算实施他的逃离计划。在逃离前一晚,麦克墨菲带着病友举办了一场放纵自我的聚会,不顾后果地大胆地"疯"了一回,大家跳舞喝酒,尽情地玩耍,放纵自我。从进入疯人院到后来计划逃离,最后死亡,墨菲始终以自由为信念。对自由的坚持,支撑他一步步向前,也带领大家一步步觉醒。通过一步步的心理诱导,病人们不像刚开始那样不说话,无情绪,他们会互相嘲讽,会玩会闹,成了拥有灵魂的肉体。病友们禁锢的思想被一步步打破,逐渐认识自我,追求自我。疯人院激情高昂,不再死气沉沉。

2. 蛰伏

影片中还有一个看似"呆滞"却清醒的角色——印第安人酋长,他也是清醒者形象之一,而且是疯人院中最清醒的人,是蛰伏者。蛰伏有隐居的意思,但是墨菲的到来引起了酋长的渴望,从隐士变成了一个谋士。影片开始时,所有病人都排队吃药,酋长也不例外,但酋长和其他病人却有不同。除酋长外,所有的病人都眼神呆滞,他们甚至不知道自己在做什么,只是听从命令,张口将护士递来的物品吞下罢了,而看得出来酋长的表情和他们是不同的,他仿佛在思考些什么,接着将药物送入口中。墨菲第一次和这个傻大个打招呼时,酋长目光呆滞地看着他,这是由于蛰伏的颜色必须与环境一致,因此他将自己伪装成无意识、无反抗能力的呆傻者。他用掩护色保护自己,使自己看似又聋又哑,对疯人院并未构成任何威胁,以此帮助自己不被统治者所针对,在疯人院装疯卖傻地度过一生。

酋长是自由意识逐渐觉醒的一个典型代表,他从刚开始的"聋哑人"到开口说话,这体现着人从被制度束缚逐渐到追求自由的转变过程。在这个过程中,对人性的追求逐渐占据了人的思想,不再盲目束缚于框架中。墨菲第一次和酋长说话时,酋长只是在假装自己是聋哑人,大高个拿着扫帚,面无表情,目光呆滞地看着墨菲。面对墨菲的调戏,他也不为所动。在之后的电影情节中,墨菲尽自己所能尝试教酋长将球投进篮筐。其实仔细观看这个片段,我们可以发现酋长的眼神不是呆滞无光的,他知道墨菲想让他做什么,但是他也知道违背疯人院已有的制度的后果有多可怕,因此他始终没有将球投进篮筐。

酋长人性的觉醒是在麦克墨菲的带动下产生的。酋长实际上是疯人院里一个真正健康的正常人,他所代表的是社会中的清醒者和理性者,他始终理性地看待这个世界,对环境具有敏锐的洞察力,因此面对这样一个令他失望的社会,他选择装聋卖傻,躲在疯人院里,默默地过自己的生活。当墨菲把口香糖递给他时,他说:"谢谢,果汁味的!"麦克墨菲这才认识到这一点,酋长和他一样,是个"正常人"。酋长因害怕无情的世界进入疯人院,并且拒绝墨菲一起逃离的想法,在他看来,外面的世界充满阴险、狠毒、狡诈,他爸爸就是一个鲜明的例子,"他随心所欲,所有人都利用他"。他说他爸爸死的时候连狗都不认识他。因此当墨菲请酋长同他一起逃离时,酋长沉默了,他不认为自己有能力去反抗权力与制度。归根结底,原因仍旧在于制度与自由二者的矛盾冲突。他徘徊在自由与桎梏的边缘,却不敢挣脱束缚,挣扎在疯人院无情的制度下。最终,他将在墨菲的带领下,发挥他的勇者本色,飞越可怕的疯人院。他和墨菲一样是能对疯人院产生最大威胁的人。

三、我心飞翔

疯人院内的病人们从安于沉默呆滞到追求野性自由是一个漫长的过程,他们的自由意识在被唤醒的过程中,由于制度与权威的约束,不停地尝试追逐自由,却又不住地陷入困境。疯人们在墨菲的带领下挣扎在自由与桎梏之间,徘徊在自我与现实两难之中,最终有人真正觉醒并挣脱心灵与现实的双重枷锁,心灵的飞翔和现实的突围实现了电影最深层次的表达。

(一)出师未捷

随着剧情的逐渐发展,"飞越疯人院"之"飞越"的含义也逐渐明显。从企图"飞越"到实现"飞越",在此过程中,有人成功,有人失败。麦克·墨菲不住地追求自由,不停地挑战权威,最终却接受了惨无人道的脑切除手术,他的躯壳无法飞越疯人院的禁锢,永远留在了黑暗里。

1. 固若金汤

建筑群是密封的,管理者是虎视眈眈的。这些使得"飞越"变得愈发困难。墨菲不受束缚,爱自由的天性使他无论是在劳改场,还是在疯人院都无法像普通人一样麻木地接受他人的操控与安排。墨菲渴望自由,渴望逃离牢笼的束缚,他用自己的方式进行着获取自由的反抗。

当墨菲千方百计想要逃离疯人院时,建筑群的威严密闭成了很大的一个阻碍。想要飞越疯人院需要拥有强大的力量,好比天空中飞翔的鸟儿,飞翔的前提是拥有坚硬的翅膀,然而墨菲自身并不具备强大的力量,无法支撑他突围疯人院高大的围墙。影片中,主人公麦克·墨菲被押送至疯人院内,当手铐被打开的那一刻,他开心得像个小孩一般,欢呼跳跃并忍不住亲吻身边的警官,自认为离开劳改场就拥有了自由,实则只是痴心妄想。从他的视角看到疯人们都束缚于疯人院内,他们没有办法获得自由,殊不知,透过门上的镜子,从病人们的视角去看墨菲,他亦没有了自由。疯人院的大厅并不宽敞但却很高,给人一种压抑之感,高大的围墙束缚住疯人院内的人,当墨菲自愿走进疯人院唯一的入口时,他就失去了自愿走出疯人院的机会。在疯人院里,只有唯一的进口,没有任何出口,墨菲从一个桎梏走进了另一个桎梏。因此逃离疯人院需要克服重重困难。

除了建筑群的封闭威严,管理者的高压统治进一步导致了墨菲的失败。墨菲虽是一个不幸儿,但同时又是一个幸运儿。他拥有自己思想,按照自身的想法去做想做的事。麦克·墨菲和护士长的对抗,象征着那种为了个性解放而孤军奋战的勇者同黑暗的社会现实的对抗。原先的疯人院在统治者的管理下,一切都有条不紊地进行,每个人都循规蹈矩。按照管理者的想法,他们希望这些病人始终呆滞愚昧,以便更好地对他们进行统治。然而墨菲却试图去改变病人无知的现状,例如他固执地教被认为是聋哑人的酋长投篮;无规矩地进入护士站,要求护士降低音乐盒的音调;与其他人打赌在一个礼拜之内让护士长发疯,甚至不知道何时上厕所。墨菲毫无顾忌地遵循自己的天性,打破了医院的沉寂,也打破了制度的威严。这一切都是不被管理者所允许的。在管理者看来,只要能维持疯人院表面的和谐稳定,对病人们所采取的一切措施都是合情合理的。因此墨菲的挑战必然会引起管理者的重视和不满,严格的管理者对墨菲进行强制的惩罚,墨菲也因这些"刽子手"成了真正的傻子。以此可见,在企图"飞越"的整个过程中,墨菲心有余而力不足。难突围的建筑群,严格的管理者都是造成墨菲最终失败的根源。

2. 孤立无援

统一的服装,一致的活动,无情的压迫,无奈的顺从。疯人院内的一切如死灰般沉寂阴暗,而墨菲的闯入无疑是沉寂被打破的开始。疯人院逐渐地变得有活力,有朝气。疯人们似乎慢慢地由黑暗走向光明。他们开始拥有自己的想法,敢于追逐自我,敢于追求自由,敢于用行动试图去逃离制度与权威的桎梏。

然而其他病人们的自由意识仍处于低级阶段,对自由的追求仅仅限于敢于,而不敢自主地付诸实践。墨菲在追求的过程中自始至终都是孤立无援的,缺乏同盟军。例如独自一人要求护士把音乐调小,独自一人和护士争取看世界大赛的开幕赛,等等。这一切的一切墨菲都是独自一人去争取并且对护士提出的无理要求予以反驳,而其他病人的懦弱使得他们不敢对权威制度进行正面的挑战,始终蜷缩在疯人院的反人性制度中,不敢斗争,放弃反抗。麦克·墨菲的孤立无援还表现在劝说酋长一同逃离时,酋长为躲避外在世界的黑暗而反复地拒绝。

"放弃自己的自由,就是放弃自己做人的资格,就是放弃人类权力,甚至就是放弃自己的义务。"[1]其实每个病人在行为上都可以视为是"正常人",他们同样会吸烟、喝酒、聚会、打球等,但是在心理上却是愚昧、懦弱、疯傻的。在统治者的高压操控下,他们更加害怕,自愿放弃了本属于自己的一切权利,包括最基础的食、色等。他们受周围环境的禁锢制约过于严重,即使在墨菲的带领下,敢于做出些许突破,但一经统治者的威胁压迫,就会再次变成胆小害怕的模样,没办法真正走出强大的魔障。因此在墨菲到来之后,疯人院发生了巨大的变化是不可磨灭的事实,但是病人们并未真正从呆傻麻木中解脱。在追求自由的过程中,墨菲的孤立无援也是不可磨灭的事实。在影片将近结尾时,墨菲因比利的死,发疯似的想要掐死护士长,最终遭受了惨无人道的脑切除手术。当任何人无视制度的权威时,那么定将成为阴暗制度下的牺牲品。自由和桎梏的对抗有时是无力苍白的。比利和墨菲的结局都是可悲不幸的,暗示着人们试图去改变当时僵化的社会制度,却无力改变社会现实的惨状。在巨大的体制面前,一个人的力量是如此微薄,即使撞得头破血流甚至失去生命,也终将无济于事。

---

① 卢梭:《社会契约论》,李平沤译,商务印书馆 2011 年版,第 13 页。

(二)绝地飞越

影片《飞越疯人院》的结局令人难忘,在牺牲者的力量和自身的力量双重促进下,高大的酋长最终飞越疯人院,病友们也跟着欢呼雀跃。现实的桎梏终于结束,历经磨难,最终突破疯人院的牢笼。心灵的飞翔和现实的突围进一步升华了电影的主题,也给观影者留下了深深思考的空间。

1. 牺牲者的警示

"我是说你们一直在抱怨这个地方如何难以忍受,但是你们没有勇气走出这里,你们以为你们是疯子吗?"墨菲道出了疯人们的现状。在他的带领下,精神病院发生了翻天覆地的变化,原先那些呆傻、似乎与世界脱离的人从死寂黑暗的地域被逐渐唤醒,他们变得有活力,像个真正活着的人,获得了从未有过的满足和快乐。酋长也不例外,他是自由意识逐渐觉醒的一个典型代表。

自由思想无可逆转,墨菲用自己的行动、热忱激发了酋长的自由意识。在墨菲的影响下,他的自由意识逐渐觉醒。第二次座谈会上,我想酋长是被墨菲的坚持所打动了,因此他举起他的手支持墨菲观看世界大赛开幕赛的想法。在后来的篮球场上,酋长帮助墨菲翻越疯人院带满尖刺的围墙时,看着围墙之外墨菲的背影,酋长开心展颜,从这里,明显地看出酋长并非又聋又哑,他只是用这样的方式保护他自己。在之后的片段中,酋长和墨菲一起打球也意味着酋长的自由意识正在觉醒,这时的他变得和原来截然不同,会笑会跑会玩,一步步觉醒,一步步去挑战。

"酋长,我受不了了,我要逃走!"墨菲对酋长这样说道。"我不能,我就是不能!"酋长的回答坚定不移。他拒绝了墨菲出逃的邀请。像山一样强壮的男人却觉得自己不够强壮,那是因为他害怕,对这个世界充满了恐惧。在酋长看来,外面世界的人都在利用他的父亲,就像疯人院内的管理者利用墨菲一样。但最终墨菲对自由的渴求还是打动了他,在他决定和墨菲一起离开疯人院时,墨菲已经被无情的统治者切除了脑叶,变成了真正的"傻人",墨菲可怜的结局更加坚定了酋长离开的愿望。他更加坚定了对自由的追求,他要带走墨菲一起逃离。墨菲不是白白牺牲的,正是墨菲的牺牲促进了酋长最终的觉醒,恰恰是墨菲的遭遇惊醒了酋长的自由意识和逃离信念。酋长延续了墨菲的自由意识,他飞越了疯人院,精神和肉体获得了双重的自由。结尾的逃离也喻示着在思想和社会相背离的时代,反传统、反秩序的思潮无可阻挡。

2. 后继者的醒悟

飞越疯人院不仅需要强大的意志力,自身的力量也是至关重要的。墨菲想要飞越疯人院,但他却没有足够强大的力量,例如在世界大赛时,墨菲试图举起重物砸开窗户,带着契士威克去酒吧看比赛,却因搬不起巨大的石台而未果。而酋长个大体壮,强大的自身力量是他最终能够飞越疯人院必不可少的条件之一。影片最后印第安人酋长撼动并举起巨大的石台而水花四溅的镜头,以及他勇敢的冲破铁窗的束缚,获得自由,这正是影片所要传达的真谛:看似不可撼动的制度基石,只要反抗的意识凝聚到一定时刻,就会爆发出无比坚韧的力量,从而冲破一切束缚,获得新生。

在墨菲的带领怂恿下,不仅是酋长,其他疯人们的自由思想也逐渐觉醒。在第三次座谈会上,病人们提出了自己的想法。使肯隆先生想要知道为什么宿舍白天和周末要锁起来;锲士威克先生想要知道关于香烟的事情。虽然护士长一直用自己的权威打压病人的想法,但是自由的觉醒无可阻挡。"去你妈的规则!"这是发自病人内心对自由与自我真正的呼唤,是护士长即使瞪大眼也无法压制的觉醒。后来酋长和墨菲与护工们厮打在一起,喻示着自由与桎梏的对峙,心灵正在飞翔。因此,当酋长搬起的石台震碎窗户,惊醒其他疯人时,当他们看到酋长大步飞越疯人院时,他们欢呼尖叫。酋长飞越的不仅是疯人院,更是所有疯人对自由的渴望和他们的心愿。

酋长带着所有人的心愿飞越疯人院。"我记得我跑的步子很大,每跑一步,好像整个人都飘浮在空气里。我在飞。自由了!"酋长最终决定离开疯人院,去追逐真正的自由,完成墨菲的愿望。"我不会留下你的,你要跟我走",影片的最后酋长亲手结束了麦克·墨菲的生命,因为他知道与其让他苟活于世,不如让他的灵魂得以安息,他懂得麦克·墨菲真正想要的是什么,高贵的灵魂不容许被践踏。在昏黄的光线下,酋长一边说着"我们走吧",一边用枕头闷死了他。酋长带不走墨菲的躯壳,但墨菲渴望自由的灵魂早已进入了酋长的身体,所以当酋长的身体最后勇猛地突破一切阻力、绝地腾飞的时候,他的躯体当中承载的是墨菲渴望自由的灵魂,是他对自由的不懈追求和渴望。墨菲的躯体永远留在了疯人院,而他的心愿却实现了最终的飞翔,终于感受到了属于他的外在世界干净的天空。酋长奔向莽莽树林的背影,也昭示着一丝自由的曙光,让人们感受到了自由思想的强大潜力。

结　语

电影《飞越疯人院》呼唤与追求自由,揭示与反抗权威,具有明显的指向性。并且,通过建筑群的密封性、管理者的恐怖性让观影者愈发感受疯人院的压抑性和自由的重要性。这部影片也具有强烈的象征性,是当时整个美国社会的缩影。管理者的高压统治使得病人束缚于自身的混沌的世界当中,变成真正的白痴。而以墨菲为代表的清醒者的闯入,打破了疯人院沉闷的现状,疯人们一步步觉醒的过程喻示着自由意识一步步被唤醒的过程。

反抗者墨菲最终变成白痴。变成白痴的是墨菲的躯体,而墨菲的灵魂早已成为疯人院的燎原之火。酋长帮助墨菲结束了定会令墨菲感到不堪的生命。当酋长的身体最后勇猛地突破一切阻力、绝地腾飞的时候,一个自由的灵魂凌空出盘,这灵魂诏示了整个压抑封闭的"铁屋子"的希望。疯人院就如同鲁迅先生《呐喊·自序》中的"铁屋子"一般,里面的一群人都在昏昏欲睡,有人把他们喊醒了,铁屋子就有了被突围和摧毁的可能。而酋长就充当了唤醒沉睡者的角色。酋长终于飞起,虽然是他一个人的突围,但是就像墨菲带来的自由思想一样,酋长的突围意味着阳光终有一天会射入那个阴森恐怖的铁屋子里。酋长的身体带走了墨菲自由的灵魂,最终带来的是对整个封闭世界摧毁的希望。

这部影片带给观影者深深的思考,让我们领悟到只要有信念,有理想,有追求,敢行动,那么即使社会再不堪,但心依旧能够在自由广阔的天空中自在地飞翔。

参考文献

[1]法勒.坠落之愕[M].刘晓骏,译.重庆:重庆出版社,2015.

[2]卢梭.社会契约论[M].陈红玉,译.南京:译林出版社,2011.

[3]黄万盛.危机与选择[M].文艺出版社,1988.

[4]萨克斯.我穿越疯狂的旅程:一个精神分裂症患者的故事[M].李慧君,王建平,译.北京:中国轻工业出版社,2013.

[5]阿米蒂奇.独立宣言:一种全球史[M].孙岳,译.北京:商务印书馆,2014.

[6]弗洛伊德.精神分析引论[M].高觉敷,译.北京:商务印书馆,1986.

[7]翁碧琼.从认知角度解读《飞越疯人院》[J].莆田学院学报,2009,16(1):67-71.

[8]谭潇.《飞越疯人院》的人格心理学解读和社会意义阐释[J].世界文学评论,2009(1):179-181.

[9]李丽.自由选择之路:解读《飞越疯人院》中麦克墨菲的自由思想[J].长江大学学报(社会科学版),2012,35(2):23-24.

[10]李琴.从《飞跃疯人院》看西方现代工业社会的技术理性批判[J].甘肃社会科学,2008(6):169-171.

[11]赵梅.美国反文化运动探源[J].美国研究,2000(1):68-97+4-5.

[12]宋艳梅.论《飞越疯人院》中人物的象征意义[J].电影文学,2015(6):119-121.

[13]谭晓春,郭德艳,王庆勇.《飞越疯人院》的解构主义分析[J].天津外国语大学学报,2011,18(2):42-47.

谁之罪
——论苔丝之悲剧

孟子超

摘　要：《德伯家的苔丝》是哈代的代表作,同时也是欧洲批判现实主义文学的优秀作品之一。它描写了一位农家女子苔丝短促而不幸的一生。本文将通过四个设问的方式设置并以此作为阐述的方向,通过社会中时代的转型和思想的转化,家庭里家长的权势和长女的责任,爱情中男性的罪过和自身认知中的矛盾、性格的局限和价值观的冲突这几个方面,探讨分析造成苔丝悲剧的原因。从客观的外在维度和主观的内在维度,追寻构成苔丝的悲剧的罪人。同时也不能过分将探索浮于表面,不能简单地将苔丝的悲剧归结于阶级、时代,男性、家庭等,而应更多地思考苔丝自身的缘由在其中所起的作用,同时再结合上述外在因素,方能得出理性的结论。

关键词：苔丝；罪过；爱情；男性；责任

引　言

托马斯·哈代是英国著名的小说家,也是横跨了两个世纪的作家,在英国文学史上起着承上启下的桥梁作用,享有独特地位,是英国文学史上最为杰出的作家之一,著有《德伯家的苔丝》《无名的裘德》等小说。

《德伯家的苔丝》的主角苔丝是一位美丽善良,勤劳勇敢的农家女子。但是她人生的经历却如此的坎坷短促,从前期做女工以及遭遇男性玷污失贞,到后期旗鼓重振但又遭人抛弃,最后再到反抗杀人被处绞刑,她的一生都充满着悲剧色彩。小说通过描写苔丝一家的遭遇,形象生动地描写了19世纪末资本主义侵入英国农村后个体农民走向贫困和破产的痛苦过程。

小说副题——"一个纯洁的女人"也是哈代人道主义思想的最好体现。这么一位品行高洁的美丽女子,却在最美好的花期凋零,不禁让人扼腕叹息。在哀叹她不幸遭遇的同时,不禁让人深思,为何她的命运会如此的悲凉?到底是什么,逼得这位近乎完美的纯洁女性走投无路?到底是什么,让这位本该有美好生活的淳朴女子香消玉殒?是无情命运之神的捉弄?是现实社会阶级的压迫?贫困家庭的拖累?是两位男性的罪过?是自身性格的原因?还是……引人沉思,令人深究。

一、社会之责

将苔丝命运推向悲剧的一个重要的客观原因,是当时维多利亚时期英国由农业转向工业的社会变更和基督教宗教思想的影响。当时的社会,苔丝的家庭处于社会的最底层,一直被上层社会无情地压迫和剥削,毫无反抗之力,根本无法彻底地摆脱被毁灭的命运。

(一)社会转型

维多利亚统治时期的英国,已经通过工业革命完成了资本主义的自我发展,成了全球独一无二的世界工厂,资本主义飞速发展,资产阶级地位迅猛拔升。苔丝所处的这个时代,正是处于工业社会和农业社会的交替时期,农业正在逐步走向衰落,工业正在逐步崛起发展,整个社会正在转型。

1. 农业没落

在经历了工业革命后,整个英国的农业比重都呈现出下降的趋势,以农耕为主的自然经济逐渐走向下坡路,英国的农牧场因为受到了资本主义工业的影响,正在逐渐地消亡。19世纪中期,英国资本主义经济入侵了当时的英国农村,破坏自然经济,资本主义的生产方式逐渐地主宰了英国北方偏远落后以马勒村为代表的农村地区,由于受到工业文明的冲击,许多个体小农经济遭到瓦解,广大以农业和手工业为主要生产方式的人们遇到了空前绝后的灾难,许多个体农民都面临破产和贫困的威胁。

苔丝所生活的地方是布莱克莫尔谷里的马勒村,那是一个坐落在山谷之间的小农村。在过去,这些地方的人们过着自给自足的农业生活,自然经济是维系乡村地区经济的中流砥柱。可是如今的工业文明入侵破坏了曾经的农耕自然经济,加之这里整体的地域常年都比较封闭,思想、经济也相对滞后,人们传统固守着老旧风俗,无法跟上社会的步伐,阻隔了文明之风地吹进,为矛盾的出现埋下了伏笔。因为农业经济受到了冲击,家庭主要经济来源被破坏,加上家里的老马又意外死亡,在这雪上加霜的状况下,苔丝被迫去了特兰里奇"认亲"做女工。

2. 工业崛起

在经历了工业革命之后,19世纪70年代,英国成为首屈一指的世界强国。一座座新兴的工厂拔地而起并且向外扩张。工业正在不断地崛起并发展,与此同时也带动了资本主义经济的发展,逐步取代了农业经济,致使农耕经济不断地受到工业经济的打压。

随着工业的崛起,新兴工业体系逐渐改变了很多人的生存轨迹,矛盾也逐渐凸显,所以导致了许多以农业和手工业为主的家庭受到了排挤,变得一贫如洗。苔丝一家便是典型的例子,她后期去了奶牛场做挤奶女工从而遇到克莱尔,后来一系列的遭遇和经历,都是由此而展开的。若是当下经济依旧是自给自足的小农经济,苔丝依旧可以过着一个农村人家女子该有的生活,虽然平凡,但也平安。

(二)思想转换

当时的基督教作为英国乃至欧洲主流宗教,其思想已经深入人的骨髓,甚至荼毒人的心灵。同时女性的贞洁和男权的霸主这两大风气成了当时社会思想的主要方面。

1. 传统意识

包括苔丝在内，人们都认为妇女的贞操是最为重要的。他们只在乎肉体生理上的纯洁，忽视精神心理上的纯真，即使是有着前卫和个性思想的克莱尔也不在话下，即使他有着叛逆精神，但是还是被迂腐虚伪的宗教思想影响着。就一般而言，一个好人受难，大家伙往往会予以同情，乃至为其激愤。可是苔丝被玷污怀孕后，非但没有得到大家的同情谅解，反而遭到了世俗的非议和指责。在当时，女人未婚前一旦失去了贞洁，那便是罪恶的，不纯洁的。哪怕她是受害者，也没有人会同情她。

在维多利亚时期，男权主义盛行，在婚姻爱情方面，向来是男尊女卑，女人大多温顺胆小，她们循规蹈矩地对自己的男人言听计从并逆来顺受。苔丝生活在一个道德伦理观不公平、不合理的社会中，当时的社会和法律认为她受到的侮辱和迫害都是正常的，因为她被打下了有损道德的印记，所以她无权反击，但亚利克诱奸她，法律却认为理所应当，并不觉得他有罪。

在苔丝被玷污之后，如果当时的法律有权将亚利克·德伯立即绳之以法，那是多么的大快人心。她第一次也是最后一次进行自卫反抗的时候，从法律层面来讲已经触犯了当时的刑法，但若不是当时这种不公平的法律制度和宗教道义逼迫，她又怎会如此绝望地杀人呢？

2. 宗教影响

基督教所有主的圣徒组成教会，教会就是基督的新妇，为了表明主对教会的忠诚，要求每位女子都必须要做一个贞洁的处女。基督教的思想要求是婚前必须禁欲，绝对不能有性行为。因此，对所有的女性而言，在传统意义上，她们不能失贞，在宗教意义上，她们更不能失贞。

克莱尔便是被传统意识的基督教思想影响的一个例子。新婚之夜苔丝和克莱尔互诉以往的错误，妻子宽恕丈夫，可丈夫却不会原谅妻子。即使两个人都曾经陷入罪恶，依旧是女人吃亏。男人可以纸醉金迷地过着荒淫的生活，在性方面他们可以为所欲为，在道德上不会被视为罪恶，可是女人却不行，即便是遭到男性迫害，一旦失贞，在宗教上而言，她们便成了罪恶之身。

（三）小结

社会的转型和思想的转换是造成苔丝悲剧的一大社会之责。当时社会存在着许多不合理的因素让苔丝饱受苦难。但是，从客观角度来说，纵使有再多的不公平和法律漏洞存在，可是英国整体的社会趋势仍旧是趋于上升的状态。英国的大多数人民依旧通过工业革命赚取了丰厚的资金并获得了幸福的生活。很多地区的农民选择了弃农从工，在大机器生产的体制中脱离了贫困和窘境。从全局意识来说，英国社会的总体发展面貌呈现出一派欣欣向荣的景象。

当时受到社会压迫的女子有很多，像苔丝那样破产的家庭也很多，而且她的家庭也并不是最穷困潦倒的，但为什么得到悲剧结局的只有苔丝一人？由此可见，在苔丝的悲剧面前,社会因素只是一个外因,它有罪,但不起决定作用。

二、家庭之过

构成苔丝悲惨命运的一个客观因子,是苔丝的贫困潦倒的家庭。因为当时资本主义经济的入侵,农民和手工业的阶层俨然岌岌可危,她的家庭正是处于这种危机的边缘。家庭的贫困,如同一张巨大的网,一直笼罩着苔丝,使其无法脱身。和其他家庭不同,苔丝的家庭有着自己的独特性,她既要抚养弟妹,还得赡养父母。从始至终,苔丝几乎都是为了她的家庭而活,身不由己。她为了这个家庭奋斗拼搏,同时也被这个家所拖累。

(一)家长的权势

俗话说父母是孩子人生初阶段的导师,在孩子的成长中他们所饰演的角色至关重要,会影响乃至决定自己孩子以后的性格命运。苔丝的家庭便是如此,她有一个势利并且虚荣但又可以左右她人生的无能父亲和一个地位卑微不谙世事的隐没母亲。这两位家长可谓是影响且拖累了苔丝的一生。

1. 势利的父亲

苔丝的父亲贪婪虚荣却又慵懒无比。他从来不考虑现实因素,在这个家庭经济出现危机,即将四分五裂的现状下,他依旧终日无所事事,不在实际生活中去赚取金钱去维系整个家庭的经济,反而痴心妄想地做着自己是上流贵族社会后代的白日梦,丝毫没有感受到危机已经来到了身边的窘境。

这个好吃懒做的父亲同时又及其爱慕虚荣。老德北在得知自己是贵族后裔的时候,已经渐渐地分离成了两个人,一个是精神上的富人,一个是现实中的穷人,这两个"人"一个往南走,一个往北行,越走越远……因为虚荣愚昧,所以他总是沉迷于名门望族的荣耀之中,让苔丝去特兰里奇和贵族亲戚相认。在当时的男权社会里,父亲在一个家庭中的地位是至高无上的,相当于一个家庭的"皇帝",他对家庭的任何成员都有着操控摆布其命运的实权,妻子、儿女只能唯命是从,不得反抗。所以无论苔丝的父亲是如何的失败迂腐,他依旧可以掌控苔丝的命运和人生。

2. 隐没的母亲

苔丝的母亲又庸俗浅薄、不谙世事,充其量不过是一介农村乡下粗鄙妇人。她的思想也非常的封建迂腐,同时又十分的沉默寡言,在家庭中的地位十分卑微,根本没有话语权,对女儿小时候的教育丝毫不起任何作用。

同时她也是一个非常隐忍的妇人,从不主张自己的权利,没有很好地教导苔丝在当时男尊女卑的社会该如何保护自己、如何维护自己的利益。她为了自家的生计让苔丝去特兰里奇"认亲",却没有告诫苔丝要认识到女子贞洁的重要性和对自己适当地进行保护。苔丝的母亲在从小的思想教育和生活中没有对苔丝的价值观产生很大的影响,但恰恰是在这种"没有影响"的影响下,导致了苔丝思想价值观中存在着许多矛盾。

(二)长女的责任

苔丝是德北家的长女,在这么一个家徒四壁、入不敷出的家庭中,长女的责任非常重大。在名望上她承担着家族的荣誉,在生活中她既要赡养年迈的父母,又得抚养幼小的弟妹。

1. 长女地位

在当时的社会中,长女是一个家庭的"脸面",是一个家庭在当地地位的典型象征,关乎一个家庭乃至族系在当地的名誉荣耀和威望。长女地位的高低贵贱,事关整个家庭乃至整个族系的荣辱尊卑。一个长女和其相关家庭的关系,乃唇齿相依,可谓一荣俱荣,一损俱损。

苔丝身负着这个巨大而又繁重的长女重任,为了给自己的家庭争光,她听从了父母的安排,去了特兰里奇和远房的德伯家亲戚认亲。德伯家族乃是英国古老的贵族族系,苔丝若是攀上了这门高枝,那将给自己的家庭长多少脸面啊!

2. 养家重担

苔丝对自己的家人深爱至极,所以她一个人扛下了这个家庭几乎所有经济重担。不但要抚养自己的弟妹,苔丝还得赡养自己的父母。为了养家,在父母的逼迫和生活的重压之下,她抛下自尊去投奔冒牌有钱的"本家",即使她内心极其地鄙视那些所谓的"有钱人",纵使她心中有百般的不情愿,为了家人,她依旧咽下苦楚去认"亲"。可是正因如此她才遭到了亚利克侮辱,失身于他,成了兽欲的牺牲品和道德的罪人。

后来父亲死亡,一家老小背井离乡、风餐露宿。在这山穷水尽之时,她被迫又一次回到了亚利克的身边,从而换取家人的安顿和温饱。她的家庭能以"这种"方式过得体面,全都是苔丝用美丽的身体和纯洁的灵魂换取的。而当她再次回到亚利克的身边时,也亲手断送了她和克莱尔最后获取幸福的机会,失去了对生活的最后希望。

(三)小结

苔丝的家庭遭遇,不由得让人联想到杜牧《泊秦淮》中的诗句:"商女不知亡国恨,隔江犹唱后庭花。"诗人在写这首诗的时候或许只是看到了表象。国破家亡,男子被迫出去征兵打仗,甚至战死沙场,丢下一家老小。为了这个家庭,女子必须想尽办法只手撑起这个家,扛下一个家庭所有的负担,只要能换得家庭的三餐温饱,哪怕是被人唾骂也在所不惜。诗人只鄙视讽刺着商女败坏风俗,殊不知商女亦有商女的无奈。

但是,不管是什么原因,一个家庭终究是养育自己的摇篮,虽说苔丝被家庭拖累着,可是她的母亲从根本上依旧爱着苔丝,关心着自己女儿的生活,她的弟妹们也深深地爱着自己的姐姐。在当时的社会中,像苔丝这样受家庭拖累的女子也有很多,且苔丝的长女身份,在这么多的家庭中也并不是独一无二的,但是其他女子大多都还是结婚生子,过着相夫教子的生活,为什么偏偏苔丝最后要绝望地去杀人呢?所以,家庭之过对她的悲剧也是一个外因,它是造成悲剧的一大罪责,但也不起决定作用。

三、男人之罪

苔丝生命中有两个男人,组成了她感情之路的悲欢离合。一个是老旧贵族势力的代表亚利克·德伯,另一个是新兴资产阶级知识分子的代表克莱尔。这两个男人都对苔丝的爱情之路和现实生活造成了非常深远、持久乃至终身的影响。

(一)亚利克

亚利克是德伯家的男主人,也是当时知名贵族德伯家的后裔。他成日过着纸醉金迷的生活,是一个纨绔子弟,花花公子。

首先,亚利克的道德意识非常低下,他称自己为"撒旦",终日寻欢作乐。从苔丝去"认亲"两人初识的时候,他对苔丝便有了非分之想,尽管苔丝对他处处回避,但在这个风月老手面前却不堪一击。正因为他的道德低下,又因为太过垂涎于苔丝的美色,以至于不能控制自己的欲望,设下圈套将其奸污。

其次,亚利克还不够尊重苔丝,从苔丝开始在他家养鸡场做工时,他便以德伯家主人的身份对苔丝毛手毛脚,伺机调戏。这一点从更本质的角度来说,是他对女性的态度尊重不够。因为他从小就在一个丰衣足食的环境中长大,享尽世间的荣华富贵,加之想嫁给他的女人又非常多,使他自然而然就形成了这种觉得女人都是信手拈来的观念,所以对女性的尊重着实不够。

(二)克莱尔

克莱尔思想自由活跃,虽然生长在一个宗教信仰浓烈的牧师家庭中,却不愿意跟随父亲的脚步当牧师为上帝服务。他鄙视阶级偏见,可以克服资产阶级的优越感,愿意到农村和农民一起从事繁杂的务农工作,他不钟情生于上流社会有着良好教养的邻居美茜小姐,反而愿意娶农家女子苔丝为妻并一起经营农场。这些都表明了他有着一定的先进性,但是老旧的传统思想依旧在他心中根深蒂固。

1. 一见钟情

克莱尔对苔丝一见钟情。初次见面的时候,他照样被苔丝的美貌深深地吸引住了。和所有的男人一样,克莱尔也被苔丝的美貌所折腰,这一点克莱尔和亚利克一模一样,并无任何的区别。但与亚利克不同的是,克莱尔懂得尊重苔丝,面对苔丝的美貌,他可以控制自己的身体和欲望,不忍心去玷污他心中这位白璧无瑕的完美女神。

除了美貌之外,克莱尔还被苔丝那与众不同的独特气质深深地吸引。他不仅看到了苔丝的外表,还看到了苔丝天真烂漫又纯洁无瑕的心灵之美。他认为苔丝是一个非常纯朴又善良的农家姑娘,她不争名逐利,不求荣华富贵,只求清淡如许的平凡生活。她也没有攀龙附凤的虚荣心,只想着脚踏实地、辛勤劳作地赚取生活的资本。在那样一个盛行金钱主义的社会中,还能保持着自己纯洁的本质的人已经所剩无几了。正是苔丝身上的这种纯真气质,赢得了克莱尔的青睐。

2. 终以放弃

但是克莱尔依旧不能够彻底摆脱传统道德对他的束缚,当苔丝在新婚之夜将往事的屈辱向他坦白后,他的态度便来了个一百八十度的大转弯,与之前的想法大相庭径。"不同的阶级决定不同的观念。"①这是克莱尔跟苔丝争辩时说的一句话,这句话揭开了克莱尔虚伪的面纱,将他自身存在的劣根性暴露得淋漓尽致。在他嫌弃苔丝不是处女的同时,却不想过自己也曾和一个风尘女子有过一段荒淫无耻的日子。同样都和异性有过男女关系,同样因为内疚而坦白,凭什么他可以被苔丝原谅,而苔丝却要被他指责?

文中引用了英国诗人史文朋的诗句"你瞧,你一旦袒露真相,你的爱人便会恨你",这句诗词将苔丝道出真相后的情景描绘得淋漓尽致。克莱尔对苔丝的爱依然还在,但却不愿意娶苔丝。因为表面上克莱尔反对阶级偏见和传统道德,但是实质上封建传统思想和资产阶级道德观念已经在他思想中根深蒂固,不可撼动。就女性贞洁的问题来说,克莱尔依旧不能跨过这道坎。他过分地将苔丝完美化,他爱的其实只是苔丝美丽的外表,他对苔丝的爱无法升华到高尚的精神层面,表面上说着深爱苔丝,实际上却没有勇气面对苔丝的过去。在矛盾面前,他抛弃了苔丝,足以显示他自私冷酷的一面。苔丝对克莱尔的爱,是完全无私甚至可以牺牲生命的。可是克莱尔对苔丝的爱与之相比,根本不值一提。

(三)小结

这两个男人,分别从生理层面和精神层面给予苔丝以伤害和打击,都对她造成了迫害。人们常说明枪易躲,暗箭难防。若亚利克是"明枪",伤害了苔丝的身体,那克莱尔则是"暗箭",摧毁了苔丝的内心。在这样双重的伤害之下,可怜的苔丝一步一步被逼向了绝望的深渊。可以见得,造成苔丝悲剧的直接原因,是男人之罪,但这还是外因,这仍旧不起决定作用。

四、自身之因

苔丝那至真至纯的天性、不成熟的认知和极端的性格是导致她悲剧人生的重要原因,也是根本原因。首先苔丝的认知有着很严重的局限性,同时性格上她又是一个非常矛盾的女子,而且在价值观上又过分极端。苔丝自身的性格弱点在与亚利克的情感纠葛中呈现的悲剧因子和与克莱尔爱情风波中凸显的悲剧因子中暴露得淋漓尽致。

(一)认知局限

因为长期生活在封闭的小村庄里,文明之风的吹进受到了地域环境的阻隔,所以苔丝的思想认知也受到了比较严重的局限。首先她受到的文化教育水平低下,其次她的眼界非常狭隘。

1. 文化程度低下

因为从小成长在农村,而农村的人们都长期过着自给自足的农业生活,很多家庭的经济并不是非常富裕,一般子女到了十几岁以后便开始帮助父母干农活,帮助父母分担家庭的经济困扰。苔丝便是在这样家庭中成长的女孩。为了维持家庭生计,她被迫承担

---

① 哈代:《德伯家的苔丝》,聂钟鸣译,北方文艺出版社 2015 年版,第 202 页。

了家庭的重任,从而中断了学业。

因为地理因素影响,苔丝所处的地区环境经济相对滞后,经济决定教育,以至于整片区域的教育风气都比较低俗落后,加之苔丝有一个势利的父亲和一个庸俗的母亲,两位家长都鼠目寸光,只顾着眼前的蝇头小利,忽视了教育的潜在影响,未能让苔丝受到非常正统的文化教育,从而导致了苔丝对男女关系的认知和理智情感的认知有了非常大的缺陷,以至于后期对很多事物的判断都受到了影响。比如她缺乏自发认知意识和理性客观的判断,只凭自己一时冲动做事。

2. 眼界闭塞狭隘

苔丝所生活的地方是布莱克莫尔谷里的马勒村,那是一个坐落在山谷之间的小农村,这里整体的地域常年都比较封闭,加之当时的交通也非常不便,因而阻隔了文明之风的吹进。所以导致了那一整块地区人们传统固守着老风旧俗,无法跟上社会的步伐,因此人们无法放宽眼界,只能坐井观天。

苔丝也是这么多井底之蛙中的一员,因为环境的闭塞导致眼界的狭隘,加之自己从小都在这样墨守成规的环境中长大,也没有任何机会走出村落去看看外面的世界,永远都是处于这样一个守旧落后的小村庄里,对外界的先进文化和思想一无所知,导致她对男人的认知始终局限于好或者坏,很少有辩证的判断。

(二)性格矛盾

苔丝矛盾的性格,与她最终走向灭亡的悲剧密不可分。她面对权贵和压迫显得十分顽强,但在面对爱情和爱人的时候又非常软弱。她敢去追求自己想要的幸福,但是她又无法摆脱宗教思想和传统意识对她的约束。更为悲剧的是,在她被亚利克侵害之后,她居然自己站在传统道德的角度上进行自我批判,这一点足以显现她的矛盾和软弱。

1. 柔弱顺从

就对亚利克而言,苔丝明知道亚利克从一开始就爱慕她的美貌并有着非分之想,却没有强烈地反抗他,这里突现她的柔弱性。在事发当晚,为了避开与同行人"唇枪舌战"的纷争,她竟然把亚利克当成了救命稻草,骑上了他的马,使亚利克有了可乘之机。当他们离开的时候,旁边的人评价说:"从油锅里出来掉到了火坑里去了!"如果不是如此地疏忽大意,苔丝怎会失去自己的宝贵贞操? 但是,苔丝对亚利克的疏忽,归根到底还是她的态度不够强硬,自身存在一定的软弱性和妥协性。虽然苔丝拼命地反抗亚利克,但后期为了家庭还是和亚利克结为夫妻,这也非常形象生动地体现了她对亚利克的顺从性。

如果说苔丝对亚利克的行为显示了她一部分的柔弱性,那她对克莱尔的行为就显示了她所有的柔弱性。在她向克莱尔道明真相被克莱尔嫌弃时,她没有为自己据理力争,指责克莱尔的过错,反而委曲求全一揽罪责,不断地恳求自己丈夫的原谅。她过分地逆来顺受,并不从中吸取教训,对自己所爱的人过于言听计从,把所有不该是自己背负的罪责通通揽下。她没有意识到她的这种过分的柔弱和过分的顺从是她软弱性格最直接的体现,更导致了她一生之中最大的不幸。

2. 固执极端

苔丝本性善良,她对情感的态度始终都是纯洁如一的。可是为什么她对爱情的选择如此地矛盾重重？这源于她对内心情感的那份坚守。但正因为这份坚守，从而导致了她的固执极端，而这一点主要体现在她对两个男人的态度和情感之中。

在亚利克的面前，苔丝是固执的，她不珍惜眼前所能拥有的幸福，从内心里就对亚利克打上了邪恶的烙印，打从第一次见面时，苔丝就认为亚利克是一个成日纸醉金迷的花花公子，加之后来亚利克一时失去理性没有控制自己的欲望诱奸了她，她对他更是恨之入骨。她心里认定了亚利克是一个无恶不作的社会人渣，所以纵使亚利克对她百般地疼爱，她依旧嗤之以鼻，不可能会爱上这个她认为劣迹斑斑的"禽兽"。她始终都无法原谅亚利克对她造成的伤害，性格由固执慢慢转向了极端，她太恨亚利克，也太爱克莱尔，所以导致了她非常想结束和亚利克的婚姻跟克莱尔在一起，而最后她选择使用了拔刀这种极端的方式，刺向了亚利克。

纵使克莱尔对苔丝百般无情，做出了这么多的绝事，苔丝依旧深爱克莱尔。在克莱尔的面前，苔丝也是固执的，她太过痴迷于克莱尔，总是渴求难以得到的幸福。就她而言，克莱尔是她的一切，她深爱着克莱尔，当克莱尔无法原谅她时，她委曲求全，不断地解释，甚至愿意做他的奴仆，只要能和他在一起，甚至愿意为克莱尔的利益而死。她不愿意欺骗自己的丈夫，在新婚之夜听了丈夫对过去罪责的坦白后，不顾母亲的叮嘱，将自己的往事对克莱尔和盘托出，从而遭到了克莱尔的怪罪。后来几天在他们争吵哭泣时，苔丝完全可以利用潜伏在克莱尔情感底层中那股同情的暗流来让他回心转意；在两人分别时她也可以在道路上吵闹一番、晕倒一回，或者歇斯底里地大哭大叫，让克莱尔不忍心抛下她。能让自己丈夫回头的方法有千百种，可是她专一的爱情观让她一概没有使用。

（三）价值观冲突

苔丝是价值观非常矛盾的女人。不仅在金钱物质上的价值观矛盾，她对爱情的价值观也相当地矛盾。她不看重钱，但是实际的生活中又需要钱去支撑她的家庭。她不爱亚利克爱克莱尔，但是只有亚利克能够满足她的现实需求。可是鱼与熊掌不可兼得，两者相撞只能取其一。

1. 对物质的依赖

因为贫困，苔丝去了特兰里奇的宅邸做女佣；因为贫困，苔丝在失贞后继续到布莱克莫尔山谷的农场里工作奋斗；因为贫困，苔丝在最后山穷水尽时嫁给了亚利克。她所做的这一切，都始终围绕着"金钱"两个字。苔丝是一个现实的女人，她很清楚地知道当时自己家庭已经处于家徒四壁的窘境，她明白经济是一切的核心这个道理，深知钱不是万能，但没钱万万不能的道理。因此她总是想方设法地努力赚钱，尽自己最大地努力去撑起自己的这个家庭。

苔丝之所以为了金钱委曲求全，不全是为了她自己，更大的原因在于为了她的家人和家族的荣耀。在苔丝内心的最深处，她并不看重钱，她并不奢求荣华富贵、锦衣玉食的贵族生活，只求三餐温饱，平平淡淡地简单人生。但是因为长女的责任所在，她必须尽全力去追求别人眼里那种所谓的体面生活，所以她前期听了家人的劝说去跟"本家"认亲，种下了后期和亚利克情感纠葛的种子。非但如此，这也是她嫁给亚利克的重要原因。

2. 对爱情的渴求

苔丝对爱情的执着追求,本身并没有错。但是她的价值观和爱情观过分的极端了,凡事物极必反,爱之深,恨之切。对克莱尔爱到了极点,导致了她对亚利克恨到了极端。因为克莱尔对贞操的要求,苔丝过分地进行自我责备。一切都有因果关系,失贞是因为亚利克,所以苔丝把克莱尔对她的抛弃、家庭的受挫和自己所经历的一切苦难都归罪于亚利克,对亚利克恨之入骨。

当再一次与克莱尔重逢时,原本将要消逝的仇恨又如同灰烬里的火苗再一次地燃烧了起来。当初因为亚利克夺走了她的贞操,因此遭到了克莱尔的抛弃,这是旧恨。如今与克莱尔再次见面,两人依旧还爱着对方却因为亚利克而不能够在一起,这是新仇。苔丝内心深处对亚利克的埋怨与憎恨就如同深埋在火山地下的滚烫翻涌的岩浆,在新仇加上旧恨的催化下,一下子爆发了出来。亚利克纵然有罪,可是也罪不至死,然而最终苔丝却用了一把匕首,以这种极端的方式结束了亚利克的生命,也葬送了自己的未来。

3. 对宿命的纠结

苔丝身上强烈的宿命观念,也是她性格软弱的体现。她认为自己的"失身"是无辜的,但是在命运面前又是有罪的,她觉得自己该得到惩罚,她跟普通村民一样,经常用宿命论的口气说"这是命中注定的"。在苔丝孩子垂死之际有写到"对于她自己,苔丝则完全抱着一种听天由命的态度,她觉得如果自己犯的罪应该下地狱、让火烧,那么就下地狱、让火烧吧,没什么好怕的"。在她倔强的骨子里存在着一种"认命"的懦弱,总是揽下不该属于自己的罪责,所以她总是堕入自己给自己造成的悲观陷阱之中。

但是就苔丝内心深处的宿命观而言,她又是非常的纠结的。苔丝既安于命运,因为失贞、遭到克莱尔的抛弃和家庭的变故,她选择了向命运低头,无奈嫁给了亚利克。但是她又不甘于命运,为了结束这种她认为是痛苦的生活,所以她挥刀刺向了亚利克,这是她对爱的追求,也是她对恨的表达。她这一刀不仅刺向了亚利克,更刺向了命运,用这种同归于尽的方式,表达了对命运的终极反抗,这既是悲哀的,又是悲壮的!

(四)小结

纯洁是人最美好的本性,也是世上最美好的事物,但是过分的纯真则会物极必反。苔丝正是因为前期过分的纯洁,因为疏于防范才导致了她的失贞。

她不但纯洁而且过分无知,看问题看事物总是以一刀切的观点去判断,认为神圣的东西永远是神圣的,邪恶的事物永远是邪恶的。她对唾手可得的幸福不去珍惜,对难以触及的幸福拼命追寻。她对自己不喜欢的人和事过分强硬,可是对自己的爱人又过分软弱。

因为认知的局限、性格的矛盾、价值观的冲突还有自身宿命的观点,导致了苔丝的人格出现了严重的问题。所以她拿起了匕首刺向了亚利克的心脏,致使被通缉,判以绞刑以悲剧收场。在同一个时代,同一个社会里,与苔丝命运相似的女子不胜枚举,可是她却走向了死亡。关键就是因为她性格中存在了太大的弱点,比如无知、软弱、极端等等。由此,造成苔丝悲剧的最大缘由,是她的自身之因,并且这起着决定的作用。

结　语

苔丝的悲剧，不是一种偶然性，而是一种必然性。维多利亚时期资本主义社会的现实、德北家庭的拖累、两个男性的罪过和她自身柔弱又极端的性格，这些多重因素共同结合，相互作用，形成一把冰冷的匕首，插入苔丝炽热的心脏，终结了苔丝的生命，造就了苔丝的悲剧。最根本的因素是苔丝的自身的因素，但是社会的责任、家庭的过错和男性的罪过也难辞其咎。

无论是从主观因素还是从客观因素上来看，苔丝都是一位几近完美却又命途多舛的女子，自古红颜多薄命，这么一位美好的女子却在最美好的年龄玉碎香残，不禁让人扼腕叹息。

哈代想向我们诉说的，不仅仅是苔丝的悲惨命运，他更想让我们通过苔丝的悲剧，看清当时社会的内在本质，更进一步去思考当时社会的政治、经济、文化。同时我们也更希望，当时的社会可以更公平一点，她的家庭可以少拖累一点，亚利克和克莱尔可以更宽容一点，苔丝她自己可以再勇敢一点。通过小说看时代，透过现象看本质，以史为鉴，希望大家切莫重蹈苔丝的覆辙。

人贵自重，不管在任何情况下，都要坚强不能软弱。我们要敢于去捍卫自己的权利，敢于去追求自己的幸福，不要被命运所掌控，要反手把握我们自己的命运，从而收获我们更美满的人生，这才是我们分析苔丝悲剧最原始的目的。

参考文献

[1]哈代.德伯家的苔丝[M].聂钟鸣,译.哈尔滨:北方文艺出版社,2016.

[2]李秋方.浅析苔丝的悲剧成因[J].南阳理工学院学报,2012,4(3):28-30.

[3]马郁文.苔丝的悲剧 时代的悲哀:解读苔丝的悲剧根源[J].湖北函授大学学报,2014,27(3):171-172.

[4]黄利玲.苔丝悲剧的社会原因分析[J].景德镇高专学报,2004(1):50-52+61.

[5]冯丽军.女性的悲剧:苔丝悲剧命运再探[J].佳木斯大学社会科学学报,2004(3):61-62.

[6]伊小琴.解读苔丝的悲剧人生[J].时代文学(双月上半月),2010(1):119-120.

[7]魏江华.苔丝悲剧必然性之探讨[J].思茅师范高等专科学校学报,2002(2):28-30.

[8]谭晓援.社会、人性、人生:苔丝的悲剧剖析[J].成都教育学院学报,2002(11):41-44.

[9]龚璇.文字之外的解读:比较《德伯家的苔丝》和《边城》[J].娄底师专学报,2002(3):46-48.

[10]赵宇.试论苔丝形象的现实意义[J].辽宁经济职业技术学院(辽宁经济管理干部学院学报),2008(4):157-158.

[11]陈海燕.苔丝:至真至纯者的悲剧[J].合肥师范学院学报,2012,30(1):93-96.

[12]张华琴.真正的凶手:换个角度分析苔丝悲剧的根源[J].时代文学(双月上半月),2008(4):48-50.

论疾病引发的人性探索

——卡夫卡与残雪文学世界的通约

唐亚芬

摘　要：残雪和卡夫卡一生都饱经疾病的纠缠，他们创造出了一个个荒诞不经的文学世界。在对疾病的独特感受中，通过荒诞意象的择取，致力于人性的深层叩问，践行着人性的自我救赎。他们笔下的人物对外部世界都充满了恐惧，然而两人也有些许的差异：卡夫卡是通过对人性的质疑寻找生命真实，在荒诞的世界里充满了绝望的反抗；残雪则是透过人性叩问寻找生命真实，在恐怖的人生处境里寻找生存的意义。

关键词：残雪；卡夫卡；疾病；人性叩问；文学通约

引　言

　　富有荒诞色彩的残雪和西方现代派文学宗师卡夫卡一生都有疾病的经历和体验。在艺术创作过程中他们都颠覆了传统的创作，塑造了一个个荒诞恐怖的艺术世界。在他们的笔下，人性高度异化、梦魇般的意象层出不穷，然而他们艺术创作的本质却充满了对人性的思考。正是这些从童年就开始的疾病体验和人生经历构成了他们独特的文学世界。从精神分析学看，人的欲求的不满足及内心的挫折，往往会成为日后个人艺术创造的原动力。个人在生活中受到内外阻碍，在本能及欲求得不到满足的情况下，会通过艺术或文学创作来升华，将内心的价值转移到文学作品中去，因此文学艺术作品是人的本能欲求的代偿品，也可以说"文学创作对个人的精神冲突和生活挫折起到了补偿作用"[①]。从这个意义上看，正是这些创作弥补了残雪和卡夫卡的内心残缺，对他们的心理起到了一定程度的补偿作用。残雪与卡夫卡在创作中印证了人生体验与创作之间的这种关系，同时也可以发现他们在创作中体现的人性叩问的主题。

---

① 徐光兴：《世界文学名著心理案例集》，上海教育出版社2004年版，第10页。

一、荒诞意象的择取

"现代心理学研究表明,幼年的经历和体验对艺术家具有深刻而持久的内在影响,形成艺术家独特的心理结构和意向结构,幼年时期的个性心理在这个结构中占有非常重要的位置,经常会作为一种基调渗透在作品中,隐性地影响着艺术家创作个性的建构,在其一系列作品中表现出来,则成为独具特质的艺术风格。"①

中国先锋作家残雪与西方现代派作家卡夫卡的小说有一个共同的特点,那就是小说的荒诞化。在他们的小说中,充满各种各样梦魇般的意象:人性异化,父子、母子之间对立,亲情关系淡薄。主人公也总是带着莫名其妙的病态。显而易见,这都与他们的疾病经历有关,疾病经历早就为他们的文学创作埋下了种子。

残雪从小就被疾病缠身。她从小就患有严重的风湿病、过敏病、腿痛、头痛、冻疮痛、青霉素注射痛等等。身体的痛感贯穿了她的儿童时代和少年时代。童年的疾病经历使她不能像其他小孩那样每天蹦蹦跳跳地玩耍,生活的挫折让她提早进入了文学的世界,文学创作对她的疾病经历起到了补偿作用。在她的作品中充满了老鼠、蛆虫、蝴蝶、蝙蝠等丑恶荒诞的意象。她作品中也有很多充满荒诞的行为,如:吃草的爷爷,狐狸的脸,飞机模型里装满的昆虫,从爹爹胸腔里飞出来的彩蝶,涨成猪肝色的脸,喷火的眼睛,冷漠的表姐眼神里发出的贪婪的光,从骷髅中看到自己的脸,海与白胡子老头的对话,荒诞的西湖,肮脏的公寓,像蜜蜂一样又细又失真的老女人声音,没有人会真正死去的地方,没有楼层的房屋,抽象的紫晶月季花,到处都是垃圾的黄泥街,神秘的王子光,等等。这些丑恶荒诞的意象象征了人物内心的异化,是内心真实世界的投射。这些荒诞意象构成了一个残雪式探讨人性的文学世界。在物欲横流的当代社会,表面温文尔雅,尊礼守法的背后,人们的内心世界发生了极大的转变。残雪用她的荒诞意象撕开了我们人性世界里隐藏着的最真实、最黑暗的角落。

西方现代派宗师卡夫卡短暂的一生也都是和疾病有关的。他曾患有胃病、头痛、失眠、神经衰弱、肺结核等疾病。我们从他的作品中可以看到他的疾病也与他的创作息息相关,他作品中的主人公无疑也充满了病态化。无论是心灵的病态化还是肉体上的疾病,这都印证了卡夫卡的疾病情结在文学中的呈现。卡夫卡曾经说过:"在失眠的背后,也许只隐藏了他对死亡的巨大恐惧。我也许害怕,灵魂在睡眠时离开我就再也回不来了。也许失眠只是对罪恶的清醒认识,害怕随时受审判的可能性。也许失眠本身就已经是罪过。也许失眠是对自然的东西的反抗。"②在这段话中,我们可以感受到卡夫卡有着犹太教固有的"原罪"的思想。卡夫卡的朋友维利·哈斯也曾经说过:"卡夫卡的生命是由自我折磨、自我谴责、恐惧、甜蜜和怨毒、牺牲和逃避组成的巨大的漩涡。"因为疾病,卡夫卡一直在思考,也一直在探寻。卡夫卡一直在探寻人性真正的意义。文学创作是卡夫卡独特思考的方式。他的创作中的意象总是充满了虚幻感和荒诞性,比如:老鼠,低矮、

---

① 童庆炳:《现代心理美学》,中国社会科学出版社1993年版,第36页。
② 雅努施:《卡夫卡对我说》,赵登荣译,时代文艺出版社1991年版,第321页。

阴暗、像窟窿一样的小屋,阴凉、发霉的气息,短而黑的络腮大胡须,等等。这些昏暗的意象展示了卡夫卡眼里那个黑暗的世界。在那个社会里:是非颠倒,丑恶肮脏,黑白不分,法律想判谁有罪谁就有罪,你甚至不知道自己有什么罪,更加不知道该怎么去赎罪。从卡夫卡的小说中,我们不仅可以看到卡夫卡骨子里对那个社会深深的厌恶之情,而且我们还可以感受到原罪意识深深地融入卡夫卡的血液里。我们也可以看到这种原罪意识在卡夫卡文学作品中的主人公身上也都有所体现,他们一直在寻找,也一直在抵抗,但是作品中的主人公显示的最积极的抵抗也不过是在明白抵抗无用后,放弃抵抗。我们可以从中感受到那个时代的荒谬,人们生存的无奈,人性无意识地扭曲。我们可以通过卡夫卡创造的这些荒诞意象体会到那个时代与人类的悲哀。我们在卡夫卡的创作中体验到了生存的荒诞性。

二、小说创作的内驱力

残雪从小到大的疾病经历给她带来了刻骨铭心的缺失性体验。残雪很小的时候经历了"文革",那个年代,她的父亲被扣上了"反党分子""右派分子"的帽子,因此残雪从小就活在别人异样的目光之中。家庭的磨难和社会的歧视使得残雪从小就内向。残雪从小就不爱交际,上小学时就形单影只。因为性格的障碍永远跨越不过,所以热热闹闹的气氛始终改变不了她,她也没法成为那种活蹦乱跳的小女孩。残雪从小就因营养不良而患有各种疾病,她是同龄人中最瘦的那一个,后来的成长过程中也伴随着各种疾病,比如风湿病,她对温度、湿度都过敏,但即使这样她依然保持思维活跃,依然坚持每天写作,她是一个进入文学状态的孤独者。这些疾病经历都可以看作是残雪创作前的准备和预习。缺失性体验是指主体对各种缺失(精神和物质的)的体验。残雪痛苦的疾病经历给她造成了严重的缺失感,这种体验对于残雪的写作产生了巨大的影响,她将自己的缺失体验艺术地转化在她的作品之中,把心中的苦闷与孤寂宣泄出来,企图达到自我救赎的目的。残雪认为在她的审美活动中始终有一个先验的机制在起作用,这个机制引导着她的创作。"这个逻各斯和努斯共体的机制,就是人的高层次自我意识的机制。"[1]毫无疑问,这个高层次自我意识的机制是她人生各阶段与疾病对峙的结果。

残雪一直强调这种先验机制和"操练",这在她的很多作品中都有所体现。《苍老的浮云》中,虚汝华的丈夫老况缺乏独立生活的能力,在婆婆的唆使下,搬去跟母亲住在一块,只是不时地送些蚕豆过来。虚汝华与老况就以这样莫名其妙的生活状态生活在一起。这种荒诞的夫妻关系、恶劣的生存环境并没有让虚汝华放弃对生命的追寻。虚汝华一直在与这些丑恶的环境对峙,她从来没有放弃生的希望。残雪小说中的主人公们,虽然在他们的身上都遭受了难以让人忍受的磨难,但他们却从来没有放弃过生命,总是努力地用那个破旧的身体体会着生命的奥秘,寻找着生命的意义。在短篇小说《男孩小正》中,远蒲老师就体现了这种与疾病对峙的精神,他用"操练"的方式与疾病进行着对抗。

---

① 残雪、邓晓芒:《于天上看见深渊 新经典主义文学对话录》,上海文艺出版社 2011 年版,第24页。

在《美人》中，乌老太那精湛的口技也是在环境的暗示下无师自通地"操练"出来的。最显著的是疾病经历让残雪的作品都染上了一层鲜明的病态色彩。无论是《苍老的浮云》中的虚汝华、更善无，还是《表姐》中的表姐，这些作品中的主人公无一不是从身体到心理都完全呈现出一种病态。我们可以看到小说创作的原动力就是来自她的疾病体验。

卡夫卡也有浓重的缺失性体验。卡夫卡的疾病一直与他的心理状态有关，他给疾病赋予了非常多的精神内涵，卡夫卡的疾病与他独特的经历密不可分。卡夫卡的一生一直在疾病中创作，卡夫卡也将疾病的精神内涵放入了他的作品之中，从中我们可以看到他的缺失性体验。对于卡夫卡而言，身为犹太人的他，置身在一个荒诞险恶的社会，犹如萨特所说的"他人就是地狱"。再如拉康的"镜像学说"中所指出的，小孩子的成长就是以大人为参照物进行模仿的活动。卡夫卡出生在一个犹太教家庭里，在这里，父亲就是至高无上的权威。卡夫卡曾经在给《致父亲的信》中提到过，他写的书都与父亲有关，他在书里无非是倾泻了他当着父亲的面无法倾诉的话。在这里，卡夫卡展现了不同于常人的父子之情，他对父亲只有敬畏恐惧之情。再加上卡夫卡从小的疾病经历，让他从小到大都瘦弱无比，这更促使他内心产生出浓厚的畏惧心理。在他的心里，所有的情感都是没有温度的。他的创作大多是缺失性体验的创作，是他脑海深处记忆的创作，他自身的情感经验带给他无限的创作源泉。他并没有将自身的不幸深深埋藏在心灵最深处，而是寻找到了文学这条路径来宣泄，来拯救自己的内心，将自己的情感感受化为文学的幻象，以文学的形式对抗内心极度的苦闷。

在短篇小说《判决》中，卡夫卡首先探讨了不同寻常的父子关系。这部小说中的父子关系是极度异化的。父亲监视儿子并冷漠地判决自己儿子的死亡。不同于寻常父子之间的爱，这篇小说让我们看到了人性的恶，父子关系的冷漠无情。这在很大程度上是由卡夫卡的心理疾病造成的，他对父亲深深的恐惧创造了这部小说。在卡夫卡的代表作《变形记》中，主人公格里高尔在故事的一开头就病倒了，他变成了一只巨大的"甲壳虫"。这种疾病看似来得无缘无故，卡夫卡在作品中也并没有直接阐述格里高尔得病的原因，但当我们深入故事时，我们可以看到格里高尔生存的状态，我们就可以明白这是一种严重的心理疾病。卡夫卡采用了象征、比喻的手法将抽象的心理疾病具体化，以他独特的艺术视角创造了石破天惊的艺术效果，让读者感到触目惊心。卡夫卡的短篇小说《饥饿艺术家》中的主人公绝食表演者也一直在演绎绝食表演并最终饿死。这部作品中的饥饿艺术家实际上已经异化成为动物了。《饥饿艺术家》的表演也是一种疾病的表现。这部作品是作家在疾病中创作的，创作这部作品的那一年，卡夫卡戒掉了很多不好消化的食品，从那之后禁食的种类越来越多，后来他慢慢地成为一个素食者。直到最后，卡夫卡从拒绝吃食物到让自己挨饿，让自己成了一个真正的"饥饿艺术家"。正是由于这些缺失性体验的经历，让卡夫卡创作了一系列与疾病有关的作品。

残雪、卡夫卡是两个不同地域、不同时代的作家，却有着同样被病魔折磨的经历。正是这段疾病的经历使得残雪比别人更能够理解卡夫卡，残雪曾经说过，卡夫卡对她有过决定性的影响。不得不说，疾病的经历在一定程度上成就了残雪和卡夫卡。

三、深沉的人性叩问

卡夫卡与残雪的创作都着重于对人性的追寻,尤其是残雪的创作更被称作是"灵魂之旅"。他们的作品中的人性总是极度扭曲:父子、夫妻、姐弟各种亲情关系被陌生化。我们从作品中可以看到人性的各个层面、各个维度。

缺失性的体验、敏感的心理、独特的感受、迥异的思考,这些因素共同诱发了卡夫卡对人性的探索。《判决》这篇小说让我们看到了人性的恶,这篇小说在表面上是站在人性的角度,谴责了父亲的行为,展示了对父亲的控诉,但在深入分析这种异化关系之后,发现是卡夫卡内心深处对情感的渴望。在这种异化的背后,作者努力想让我们思考的是对当下人性关系的反思,是对人性、亲情的另类思考。站在情感的维度上看,异化的背后肯定是深深的爱。没有爱,何来的控诉? 在卡夫卡的另外一篇小说《变形记》中格里高尔变成甲虫后的种种遭遇也让我们看到了人性的冷漠。《变形记》在整体上是荒诞的,但这个看似荒诞古怪的故事却正是当时人们生存状态的一种写照。在金钱社会中,竞争异常激烈,生存的压力使许多人的精神被扭曲、摧毁。《变形记》中主人公格里高尔在一家公司任旅行推销员,长年奔波在外,辛苦支撑着整个家庭的花销。当格里高尔还能以微薄的薪金供养他那薄情寡义的家人时,他是家中受到尊敬的长子,父母夸奖他,妹妹爱戴他。他一直在为家人操劳、奔波。可是,当有一天他变成了甲虫,丧失了劳动力,对这个家再也没有物质贡献时,家人就一反之前对他的尊敬态度,逐渐显现出冷漠、嫌弃、憎恶的面孔。父亲恶狠狠地用苹果打他,母亲吓得晕倒,妹妹厌弃他。渐渐地,格里高尔远离了社会,最后孤独痛苦地在饥饿中默默死去。卡夫卡用自己独特的艺术笔调,用象征、细节描写等手法对"人变成甲虫事件"进行艺术再造,使作品呈现出荒诞、不可思议的基调。这部小说以主人公变为甲虫这一荒诞的故事反映了世人唯利是图、对金钱顶礼膜拜、对人性不屑一顾,最终被社会挤压变形的现实,控诉了资本主义社会人被物化的现实。《城堡》里的 K 与弗里达的爱情带着一种奇异的意味。与现实中给人美好的爱情不同,K 与弗里达在一起时是一种迷路、窒息的感觉。这种另类的爱情感受是让我们思考爱情背后的关系,让我们思考爱情这种关系的情感维度。《城堡》显示了人性处处的诡异,所有的人物都带着犹太教人"原罪"的思想。K 想进入城堡,可是无论怎么样都进入不了。城堡在这部作品里是个神秘的象征形象,也许城堡是代表一个理想,一个没有欺诈、没有剥削的理想社会。但在那个黑暗的日子里,是永远也不可能实现的。阿玛莉娅一家的罪恶也是没有缘故的,他们想解除这种罪恶,但根本没有任何办法消除,因为他们根本就不知道自己到底犯了什么罪。《审判》中的主人公 K 也有着与阿玛莉娅一家相同的遭遇,都是无缘无故被判有罪了。但是人性的异化在于,他们在面对死亡时,竟然没有反抗。《审判》中的律师也与《城堡》中的律师异曲同工。他们仿佛是个工具,没有任何的人性成分。卡夫卡用这样看似荒诞而错乱的文字表达了对当时社会的强烈不满,用文字痛诉着那个时代的残酷和冷漠无情。卡夫卡的文学世界写出了他自己心灵的痛苦和折磨,以及那些关于理想不得以实现的无奈和呐喊。卡夫卡只是一个锋芒毕露的智者,"横眉冷对千夫指",他用锋利的文学刀刃揭示那个时代最黑暗的一面,渴望用文字呼唤出一些人的觉醒,人性异化的深处还是为了启迪。

卡夫卡所有作品的主人公都没有一个好下场，作品里的主人公都是带着一种孤独、忧郁、绝望的情绪，人与人之间冷酷、疏远，摧毁了人的本质。卡夫卡的小说就是另外一个荒诞的世界。但是卡夫卡并不是单纯为了否定人性，我们在卡夫卡塑造的人性之中也还是总可以看到反抗，看到其中人性的希望。卡夫卡对于人性是在拯救，卡夫卡的拯救是绝望的反抗。他的作品《变形记》就表现了人在孤独无助、荒诞境地的一种绝望的抗争。在《审判》中，卡夫卡让约瑟夫·K在初审法庭上敢于慷慨激昂地抨击整个法律机构，对黑暗势力进行无情的揭露，对黑暗社会进行尖锐的批判。在《审判》中虽然约瑟夫·K努力地为自己洗刷冤屈，最后并没有成功，但这种努力、抗争还是显示了绝望的反抗、人性的拯救。《城堡》则描写了一个孤独的个体如何在一种制度面前无能为力，无法寻找而又不得不去寻找一个生存之地的尴尬。K显示了这种绝望的反抗的精神。虽然最终没有进入城堡，但他也是一直在为此努力。在这些作品里，我们可以看到卡夫卡是把人作为一个孤独的个体而对抗整个生存环境，充溢着绝望的抗争。卡夫卡表达了现代社会的荒诞，人与人之间的冷漠，他用绝望的抗争唤起人世间的爱，让人们透过表象去思考人性的本质。

残雪深受卡夫卡的影响。在一次访谈中她曾说起，自己第一次接触卡夫卡是在她怀孕的时候。她一看到卡夫卡的作品，就被深深地吸引，并由此改变了她的文艺观。残雪和卡夫卡一样，作品都是充满了精神梦魇般的呓语，重叠的恐惧，阴郁的意象，荒诞怪异的场景，孤独无助的情感，没有准确的时间地点，也没有情节与结局。王建斌评价残雪称"她的小说把荒诞推到极致"①。残雪对人性的探索有很多与卡夫卡相似的地方但也有不同之处。卡夫卡认为："每一个障碍都粉碎了我。"残雪则认为："痛苦是一种启蒙。"②不同的生活背景，不同的人生经历，不一样的人生思考，使得残雪对人性有些许不同的感悟。她第一次接触卡夫卡的时候正是迎接新生命的时候，她从这个新生命中肯定能够感受到人性的希望。但是，"文革"还是给她的心灵造成了极大的破坏，疾病的经历也给她的心灵蒙上了一层灰色。"文革"就是一场巨大的疾病。在那个人情淡漠的时代，残雪也身不由己受到了影响。她笔下的人性也呈现出极度异化的特质。她笔下的人物在对自己的生存处境做出个性化的思考，这些人物都处在窥视与反窥视、诱惑与反诱惑的处境之中，他们对人性充满质疑，这些在她的作品中都有所体现。《苍老的浮云》深刻呈现了夫妻关系的高度异化，现代人在被自由放逐后惊恐不安的生存图景。从虚汝华的生存处境来看，她陷入了一个到处充满敌意的恐怖世界。邻居慕兰在后面的墙上挂了一面巨大的镜子，镜子可以全方位监视她的生活，这是一种高度被窥视的恐惧。反映着一种窥视与反窥视的人生境况。丈夫老况与婆婆住在一起，只是不时地送些蚕豆过来，这是夫妻关系的高度异化之处。在这种荒诞的生存环境之中，虚汝华虽然也找到了自己生活的慰藉，更善无在一段时期成了她灵魂的栖息之地。然而这种关系并不能长久地维护，他们是因为恐惧相互搂紧了，最终也会嫌恶地分开。这种诱惑与反诱惑也同样来自人性的异化。小说的最后，虚汝华把所有的门窗订了铁条，将自己封闭在小屋里，与世隔绝起来。

---

① 王建斌：《先锋的堕落：论残雪的小说》，天水师范学院学报1996年第0期，第25–30页。
② 残雪：《灵魂的城堡：理解卡夫卡》，上海文艺出版社1999年版，第23页。

这是残雪对人生生存状况的思考,蕴含着萨特"他人即地狱"的意识。然而封闭的生活同样使她不得安宁,驱不尽的老鼠,杀不完的蚊虫,虚汝华的内心开始变异。我们可以看到无论是虚汝华还是更善无都渴望在生的恐惧中抓住生命之绳,可是他们最后都被生存环境异化了。《公牛》中的夫妻也是这样,妻子总是在看到各种奇异、玄乎的景象时,不停地问丈夫是否也看到了,但是作品中的丈夫不但看不到而且很多时候都听不到妻子说的话,每次回答总是言不搭调。这是夫妻关系的一种严重异化。

我们可以看到在《苍老的浮云》中的虚汝华、更善无、母亲等人物中,他们的身上都遭受了难以让人忍受的磨难,但他们却从来没有放弃过生命,依然用那个破旧的身体体会着生命的奥秘,寻找着生命的意义。虚汝华对生存的执着让我们看到了生命的力量。残雪说,她笔下的每个人物都是由内心对爱与美的追寻所催生的。《黄泥街》中的王子光是一个虚构的形象,在那条灰暗无光的黄泥街中,没有人能够确定王子光到底是一个人,还是一道光。人们充满热情地谈论着这位奇特的"王子光"。"王子光"这个连是否存在都不知道的人物,在他还未出现之前,人们就将他视为一个敌人,视为一个破坏者,把他当作一个神秘的存在。王子光这个人物的出现引发了黄泥街上种种可怕的景象。各种欲望的暴露显示了黄泥街地狱般的景象。人们期盼着王子光的到来,寻找着王子光的踪迹。深藏在人们内心深处丑恶的欲望都通过王子光这个虚幻的角色展现了出来。人们把黄泥街肮脏破旧一切丑陋的环境都归结于王子光。虽然人们对王子光做的各种幻想毫无根据,但是我们更应该在里面看到人们对自身命运的关注,人们对王子光的关注其实也是对自身生存的关注。

在这些作品中,残雪运用了夸张变形荒诞的创作手法,将人性做了透彻的剖析。虽然残雪的文学世界中的人都是极其丑恶的,生存状态极其恶劣,人性扭曲。残雪作品中的主人公大多都身在肮脏破旧的环境中,他们内心迷茫阴暗,但却一点也不影响他们拥有超乎常人的热情和精力。残雪在她的文学世界中想要表达的就是人无论在面临多大的困境时,都应该永远保持坚定的信念。无论所处的环境有多么的不堪,都应该保持惊人的毅力。在这些人性异化的背后,更多的是对残雪人性的探究,在这些变异的人性身上寻找生命的意义,不断在荒诞的环境中寻找突破,这就是残雪的救赎之路。残雪的小说总是从各种丑陋的现象看到本质,在荒诞的环境中寻找突破,实现生命的救赎。

结　语

残雪和卡夫卡都拥有共同的疾病经历,疾病经历是他们文学创作的内驱力,他们在文学创作中进行人性的探索,我们可以看到人性探索的背后更多地是对人性的自我救赎。他们都是在不断自我怀疑和不断叩问中寻找生存的意义,这也就是残雪和卡夫卡在当代的意义。

参考文献

［1］卡夫卡.城堡［M］.米尚志,译.南京:译林出版社,2009.

［2］残雪.侵蚀［M］.长沙:湖南文艺出版社,2014.

［3］马福成.巫文化视域下残雪小说研究［M］.杭州:浙江大学出版社,2013.

［4］残雪.垂直的阅读［M］.长沙:湖南文艺出版社,2014.

［5］残雪.紫晶月季花［M］.长沙:湖南文艺出版社,2014.

［6］残雪.黄泥街［M］.北京:民族出版社,2000.

［7］残雪.情侣手记［M］.长沙:湖南文艺出版社,2014.

［8］卡夫卡.变形记［M］.李文俊,译.北京:北京燕山出版社,2007.

破茧之蛾与扑火之蛾

——杜丽娘与朱丽叶主体意识之比较

薛嘉嘉

摘　要:杜丽娘与朱丽叶分别是《牡丹亭》与《罗密欧与朱丽叶》中的主要女性角色,她们虽分属于两个不同地域,却在主体意识的自我认识上有着某种程度的相似性。但由于孕育两部经典著作的文化背景的差异,又让两人同中有异。本文主要从主体意识的缺失与苏醒两方面进行比较,从而挖掘隐匿于其后的深层文化心理根源。

关键词:杜丽娘;朱丽叶;主体意识;自我认识

引　言

"女性主体意识"是指女性的自我意识,是女性作为主体在社会、经济、政治等关系中的地位、作用和价值的自我体现,它是激发妇女追求独立、自主,主动发挥主动性、创造性的内在动机。只有确立了女性主体地位,女性才会去感知、体验人生与世界,传达女性的愿望与追求。"女性如果自身缺乏主体性意识,那她就不能意识到自己在世界中的地位与作用,无法充分发挥自己的积极性和创造性,女性解放也许成为一个空洞的口号。"[①]在父权社会中,男性把女性设定为他者,以此树立自己的主体地位,而他者身份的确立也意味着女性主体地位的丧失。西蒙·波伏娃曾说过:"女性的意义在于她是一个活的存在,生理上的差别和心理上的情绪都无法规定她们生命的轨迹。她们是靠自己的价值选择来开拓自己的解放之路。"由此可见,女性的自我觉醒和完善对提升自我认知程度起着关键作用。

《牡丹亭》中的杜丽娘与《罗密欧与朱丽叶》中的朱丽叶是两部经典作品中的主要女性角色,她们虽然生活在男权社会的桎梏中,但并没有如同其他女性那样任由男权的掌控与"宰割"。她们或是通过"梦境"大胆破除封建幽闭,为爱而死而生;或是在现实中向死而生,为爱殉葬。如果说将杜丽娘比作一只破茧的飞蛾,那么,朱丽叶更像一只扑火的飞蛾。

---

① 李桂梅:《女性解放与女性主体性意识》,《长沙水电师院社会科学学报》1994 年第 4 期,第 49–51 页。

一、杜丽娘与朱丽叶主体意识的缺失

女性主体意识的缺失主要是指女性没有认清自己在社会和家庭生活中的作用和价值,在和男性的关系中,很容易成为男性的"他者",把自己视为物化的家庭附属品,并满足于这种角色,不想独立自主地追求自己的生活。在喜剧的前几幕,杜丽娘与朱丽叶就扮演着这样的角色。她们的女性主体意识的缺失主要表现在以下两个方面。

(一)家庭婚姻关系中的"无我"认同

在杜丽娘所处的那个时代,女性被要求做到"三从四德""大门不出二门不迈",从小能见到的男性只有父亲与兄长,她们的婚姻是由封建大家长一手操办,在出嫁前甚至连对方的外貌、品行都不太了解,这就是所谓的"盲婚哑嫁"。

而在伊丽莎白时代,一方面,个人情感生活的自由度十分大,男女关系十分开放。那时伦敦的女性以"热情友好"闻名整个欧洲。但另一方面,人们的关系又非常僵硬,交往方式也极为刻板,任何人若违反这些规则:如忘记给地位高于自己的人让座、试图当着地位高于自己的人的面穿过一道门、在教堂或饭桌上马虎地坐在自己不配坐的地方,都会惹上麻烦。在这样的社会规范里,女性在家庭中的社会地位,自然不会很高,而她们将来的婚姻,正像《罗密欧与朱丽叶》中所写,基本由父亲按照自己的意志来决定。朱丽叶之所以会有这样的悲剧,很大程度上在于她的父亲一意孤行地将她许配给她不爱的人,而执意拆散她与罗密欧的恋情。

(二)女性话语权的丧失

这里所说的话语权主要包括两层含义:一是指"言语,即索绪尔所指的语言在实际生活中的运用。目前对它的研究延伸到了语言学、语用学、修辞学等方向";二是指"话语,即福柯所说的话语,是与权力密不可分的"[①]。女性话语权之所以会丧失,是由于女性在受经济、婚姻和父权制度等因素的影响后,由男性通过话语统治女性,达到物化女性的目的。

杜丽娘是从小就生活在幽闺中的女子,并且她的父亲杜宝是一位封建大家长,奉行的是"祖宗家法"不可违,用其所膜拜的"礼教"训诫自己的女儿。因为从小被灌输礼仪规范,所以杜丽娘一直被一系列礼仪规范所约束着,就连因春日昼长而白日犯困小憩,杜宝也要训斥她一番。虽然她已是一位妙龄少女,但她的衣裙却不被允许出现成双成对的花鸟,就连到后花园散步这等小事,也是在婢女的怂恿下才偷偷溜出去的。她的行为仅被限制于深闺绣房,思想受制于封建礼教。狭小的天地,森严的礼教,让她像关在金丝笼中的小鸟,虽衣食无忧,却只能望着头顶的那片天空发呆。在家中,她也只能听从父母,如若顶撞或反抗即被视为"不孝"。

---

① 马红梅:《18世纪英国女性话语权的丧失——以丹尼尔·笛福的〈罗克珊娜〉为例》,《外语研究》2010年第4期,第103–106页。

同样,朱丽叶在主体意识觉醒前也对父母的话言听计从,在未见到罗密欧之前,当她母亲询问她是否能接受帕里斯,她道:"要是我看见了他以后,能够发生好感,那么我是准备喜欢他的,可是我的眼光的飞箭,倘若没有得到您的允许,是不敢大胆发射出去的呢。"①罗密欧与朱丽叶在酒会上相识并相恋后,她的家人却极力阻止并强迫朱丽叶嫁给帕里斯,家中长辈中并没有人倾听她的想法。

两个不同家庭、接受不同教育的女性,她们在家庭生活中都要依附男性,完全缺失了女性本该具备的话语权,也正是女性话语权的丧失,导致杜丽娘与朱丽叶的主体意识一直被压抑,直到爱情萌芽的破土而出诱发了两人自我意识的萌醒。

二、杜丽娘与朱丽叶主体意识的萌醒

通常情况下,主体意识是以一种潜隐的状态存在于内心深层的,当它受到某种外在机缘(可以是人也可以是物)的刺激后,便会被"引爆"而成为一种显在的表现。在这点上,杜丽娘与朱丽叶有着极为相似的经历。

首先看杜丽娘。杜宝为了把女儿培养成合乎封建礼法的女性,为她请来了陈最良教授诗书。迂腐的陈最良给杜丽娘讲的第一课就是《关雎》,在他眼里,《关雎》宣扬的不过就是"后妃之德""宜室宜家""有风有化"等道德规范,是最好的规范读本。但出乎人意料之外的是,杜丽娘却认为《关雎》是一首爱情诗,讲的是一位男子对女子的追求。正是这首诗,唤醒了长期以来被压抑的青春之情,让她对情欲充满无限神往。当读到《毛诗》第一章"窈窕淑女,君子好逑"时,她悄然废书而叹曰:"圣人之情,尽见于此矣。今古同怀,岂不然乎?"②在婢女春香的进言下,她偷偷踏进了从未被允许进入的后花园,花园里百花争奇斗艳,莺燕翩翩起舞,激起了这位长期闷在闺房中少女的情感波澜,"可知我常一生儿爱好是天然"③,从未看到过的鸟语花香,从未嗅到过的清新扑鼻,使她不由自主地发出了真实的表白:"[皂罗袍]原来姹紫嫣红开遍,倾这般都付与断井颓垣,良辰美景奈何天,赏心乐事谁家院,朝飞暮卷,云霞翠杆,雨丝风片,烟波画船——锦屏人忒看的这韶光贱!"④如此美丽的后花园景致,居然无人欣赏,只能静静等待秋风的驾临。杜丽娘不禁触景生情:"正当花容月貌,如今却被锁深闺,红颜难久,韶华易逝。"在《惊梦》一幕中,她唱道:"吾今年已二八,未逢折桂之夫;忽慕春情,怎得蟾宫之客?昔韩夫人得遇于郎,张生偶逢崔氏,曾有《题红记》《崔徽传》二书。此佳人才子,前以密约偷期,后皆得成秦晋。"⑤此处提到《西厢记》里的崔莺莺并表现出她对崔莺莺的艳羡之情,说明她内心已慢慢在其引领下萌发了反对封建礼教、争取爱情自由的主体意识。与《西厢记》里的崔莺莺相比,虽然两人均是封建大家庭的千金小姐,同样受着封建礼教的束缚,同样被封建大家长主宰着命运,但杜丽娘远没有崔莺莺那么幸运,她没有在普救寺里与一位青年才子偶

① 莎士比亚:《莎士比亚青春剧》,魏德蛟、张永译,西南师范大学出版社2015年版,第15页。
② 根山彻:《牡丹亭还魂记汇校》,山东大学出版社2015年版,第39页。
③ 同上书,第46页。
④ 同上书,第46页。
⑤ 同上书,第48页。

然接触的机会,也没有张生这样的人向她求爱,更遗憾的是她的丫鬟春香也没能像红娘那样给她以情感上的指引和帮助。可见,杜丽娘的生存环境甚至比崔莺莺更加令人窒息,而她所能接触的男人也只有自己的父亲和老师。因此,杜丽娘只能凭借梦来寻找爱情了。在梦中,她与柳梦梅相遇、相知、相恋并与他私定婚约。美梦虽破灭,但她的心却留在了那个叫"柳梦梅"的男子身上。日复一日的相思使她饱受煎熬,相思之苦无法向人诉说,在遵循礼教与挑战权威的夹缝中郁郁而死,但她的主体意识的却在相思和为爱而死中得以升华,"花花草草由人恋,生生死死随人愿,便酸酸楚楚无人怨"①是她对自由的渴求,从中也流露出了强烈的斗争意识。杜丽娘主体意识彻底爆发发生在《冥判》中,肉体虽死,魂却不散。虽在阴间,却仍不懈地追求爱情自由与个性解放,而这一点却远远超越了生死的界限。从生到死再到死而复生,这个循环过程充分体现了杜丽娘对生的眷恋和对爱的渴求。为了获得主体的自由,她可以不顾一切去冲破森严的礼教束缚。至此,杜丽娘完成了主体意识从无到有、由浅入深、由弱到强、由潜隐到爆发的演变历程。

再看朱丽叶。一位与杜丽娘远隔重洋的欧洲女性,其父亲虽视她为掌上明珠,从小到大对其呵护有加,但在朱丽叶萌发主体意识、主动追求爱情时,他却独断专权,丝毫不顾及女儿的感受,棒打鸳鸯,不容置疑地行使着封建大家长的权利。父亲凯普莱特为了能让罗密欧和朱丽叶死心,不惜火速包办她的婚事,并替朱丽叶做主答应了帕里斯的求婚,凯普莱特之所以会有这样的举动,全是因为在他眼里女儿就是父亲的财产,不仅是她的婚姻还包括她的生死都应该是由父亲所决断的,"我可以大胆替我的孩子做主,我想她一定会绝对服从我的意志"②,而在朱丽叶为爱违抗父亲的意志时,凯普莱特就视其为"该死的小贱妇!不孝的畜生!"③因为在他看来女儿只是父亲的附属品,他完全可以无视朱丽叶的意志和话语权,强势地把"嫁于帕里斯"的意志灌输给朱丽叶,"你倘使是我的女儿,就得听我的话嫁给我的朋友;你倘使不是我的女儿,那么你去上吊也好,做叫花子也好,挨饿也好,死在街道上也好,我都不管,因为凭我的灵魂起誓,我是再也不会认你这个女儿的"④。哪怕朱丽叶极力哀求,父亲凯普莱特都无动于衷,根本没有给朱丽叶作为一位女性本应该具备的独立与自主。在男权主义下的女性的"人性"一直被压抑、束缚,没有权利去追求自己的爱情和理想。

在酒会上与罗密欧邂逅后,朱丽叶其被抑制的"自我"开始觉醒,在得知罗密欧身份后,她苦恼着:"唯一的爱恋偏偏是我唯一的世仇,懵懵懂懂的相识,知道了已是太晚的时候,这突然的钟情真是叫人担心,我偏偏倾心我应该恨的敌人。"⑤但爱情的火焰未被世仇所浇灭,为了自己的爱情,她言道:"罗密欧啊,罗密欧!为什么你偏偏是罗密欧呢?否认你的父亲,抛弃你的姓名吧,也许你不愿意这样做,那么,只要你宣誓做我的爱人,我也不

---

① 根山彻:《牡丹亭还魂记汇校》,山东大学出版社 2015 年版,第 67 页。
② 莎士比亚:《莎士比亚青春剧》,魏德蛟、张永译,西南师范大学出版社 2015 年版,第 45 页。
③ 同上书,第 46 页。
④ 同上书,第 50 页。
⑤ 同上书,第 25 页。

愿做一个凯普莱特。"①这表明朱丽叶的主体意识得到了萌发,她压抑在体内的"人性"被解放,她开始为自己的人生而努力。

为了捍卫自己的爱情和追求,她曾两次求助劳伦斯神父。第一次求助神父是为了这段不被双方父母认可的爱情能够在上帝的见证下得到支撑。这一幕正是朱丽叶主体意识到了萌芽的阶段,而那时的她浑身散发着勇敢无畏的气息,因为在她看来,自己的感情是值得被肯定,自己的人生是掌握在自己手中。父亲凯普莱特要将她许配给少年贵族帕里斯时,她再一次向神父求助。为了能以假死状态躲过父亲的逼婚,朱丽叶镇定地饮下药水,从她的举动可以发现朱丽叶的"本我"再次升华,而当她醒来看到爱人罗密欧的尸体时,她彻底地崩溃了,对世间再无留恋,毅然决然地拒绝了神父的帮助,以自刎的方式殉葬了自己的爱情和追求。在她两次反抗家长的过程中,尤其是她为爱殉情的那一幕,其主体意识彻底得到爆发,她蔑视封建家长,挣脱封建势力的束缚,在她的身上充分体现了肯定人、歌颂人的人文主义精神,为了人性能够得到解放,为了能掌握自己的人生,她敢于反抗固执的封建家长,敢于斗争顽固的封建势力,敢于抛弃性命,只为实现人格的独立,人性的解放,人生的自由。

不管是杜丽娘还是朱丽叶,在一直被忽视、被压抑的环境中仍敢于抗争,敢于反抗父母安排好的所谓"人生",并能够在爱情的契机下唤醒自己的意识,以自己的独特方式展现出女性独有的光芒。

三、杜丽娘与朱丽叶主体意识的差异及其原因

尽管杜丽娘与朱丽叶都渴望人格的独立,个性的解放,人生的自由,但她们两个人毕竟还是生活在不同的空间,迥异的自然与人文环境对其性格的形成起到了某种不同的导向性作用。正如孟德斯鸠所言,"人们在寒冷气候下,便有较充沛的精力",有较强的自信、较大的勇气,而炎热的气候会使人心神萎靡,"就像老头子一样怯懦"。② 也就是说,不同的气候与环境会形成不同的意识与心态,也就会产生不同的行为举止。杜丽娘与朱丽叶主体意识的不同以及其原因具体如下。

(一)爱情欲渴求程度

杜丽娘的活动范围仅被局限于自己的闺房之中,整天除了女红,就是看书,根本不能接触到外界的事物,在她生活环境中所能接触到的男性只有两位,一个是她的父亲,另一个则是她的启蒙老师,因此她的爱情追求就充分体现了浪漫的梦幻色彩。对于爱情,她只能以梦境和鬼魂的形式表达自己对爱情的渴望,也只能用这种方式才能唤醒被压抑已久的人性。但由于封建礼教的长期束缚,在杜丽娘的身上仍然可见封建势力的残余:在梦境中,她仍顾忌着"父母之命媒妁之言",在还魂后,她希望能得到父母的认可,从中可见她对爱情的追求缺乏破釜沉舟的勇气,由此也可见她对爱情和婚姻的追求仍存在一定的局限性。

---

① 莎士比亚:《莎士比亚青春剧》,魏德蛟、张永译,西南师范大学出版社2015年版,第30页。
② 孟德斯鸠:《论法的精神》,张雁深译,商务印书馆1963年版,第270—271页。

但朱丽叶恰恰与之相反,她是爱情的勇敢追求者。她,热情奔放,以一种破釜沉舟的勇气执念于自己心目中的爱情,以勇敢无畏的精神反抗着封建大家长,不仅无惧顽固的封建势力,亦无惧可怕的死神。在她的身上我们能看到她强烈的反抗意识。

可见,在渴求爱情这个方面上,朱丽叶的追求程度要远远高于杜丽娘,而之所以会造成差异,正是因为她们两个人在人文思想上存在差异性。

在莎士比亚创作《罗密欧与朱丽叶》时,人文主义思潮达到顶峰时期。它主张一切以"人"为中心,肯定现实生活,肯定人有追求幸福的权利,要求人要解放个性,拥有独立的人格。深受其影响的莎士比亚在《哈姆雷特》中留有这样一段对人的精彩赞颂:"人是多么了不起的一件作品!理想是多么高贵!力量是多么无穷!仪表和举止是多么端正,多么出色!论行动是多么像天使!论了解是多么像天神!宇宙的精华!万物的灵长!"①这段话集中反映了他对人的自由、平等、博爱的自然本性的渴望和追求。以"人"为中心的思想渗透到他每一部作品中,自然他所塑造的朱丽叶同样也体现了对自由的渴望和追求,所以尽管最后朱丽叶是以"死亡"控诉整个封建社会,但她的爱情却表现出了满腔的热情和勇敢,如同一把火,爱得轰轰烈烈,爱得无所畏惧,爱得粉身碎骨。

汤显祖所处的时代与莎士比亚截然相反,在那个黑暗、艰难的年代,无人认可女性的地位与价值,女性在男性的眼里只是个传宗接代的工具,毫无独立可言。因此女性在命运面前是毫无还手之力,与女性密切相关的婚姻,在封建社会也是无一席之地,都由封建大家长一手包办。在这样的环境下,杜丽娘对爱情的追求就不能像朱丽叶那样现实,那样直白,她只能通过梦境和鬼魂来实现自己对爱情的追求以及人性意识的解放。

(二)主体意识觉醒程度

虽然朱丽叶在渴求爱情自由的方面上,其追求程度要远远高于杜丽娘,但在主体意识觉醒这个方面朱丽叶却稍逊于杜丽娘。

第一,从小生长在森严的封建礼教下的杜丽娘,其所受的教育不过是"三纲五常""存天理,灭人欲",她的世界被固定在狭窄的天地间,唯有用梦才能爆发出强烈的反抗意识。她所体现的精神实质是:宁可为情而死,绝不做淑女而生,她所追求的是无拘无束、张扬个性的人生,所希望的不过是自己的天性能够完完全全地表达出来;而朱丽叶所生活的时代却是生机勃勃的人文主义时代,处在这样一个"以人为中心"的环境中,朱丽叶的思想意识要远比杜丽娘开放。

第二,朱丽叶与封建势力抗争的激烈程度远不如杜丽娘。在中世纪的英国,人文主义思潮生机勃勃,欧洲封建势力被逐步瓦解,在朱丽叶追求爱情自由、独立人格时,她的身边还能得到神父劳伦斯的支持,并不是只有她一个人在奋斗。但杜丽娘则是一个人在战斗,在当时黑暗的年代,个人的价值、地位无人认可,个人毫无独立可言,可她却敢于追求个性解放、人格的独立,她是个性解放的先驱者。

可见,在主体意识觉醒上,朱丽叶的觉醒程度要远远高于杜丽娘。之所以会出现这

---

① 莎士比亚:《哈姆雷特 汉英对照》,朱生豪译,译林出版社2013年版,第39页。

种差异,完全在于双方宗教信仰以及伦理规范的不同。

首先在宗教信仰上,在细致研读《罗密欧与朱丽叶》这部作品后,挖掘出作品即用人文精神反对基督神学,又用基督神学反抗封建。当朱丽叶与罗密欧相爱时,双方家族极力反对他们在一起,而朱丽叶为了捍卫自己的爱情和追求,她两次求助于劳伦斯神父,在第二次求助神父时,神父一方面向上帝祷告:"愿上天祝福这神圣的结合,不要让日后的懊恨把我们谴责!"[①]另一方面又让朱丽叶假死,以此来祈求能躲过这次的逼婚。从朱丽叶两次求助神父的事件中可以看出作品并不完全排斥宗教,而莎士比亚所塑造的朱丽叶有着浓烈的人文主义精神,要求解放个性,肯定人性,而这与基督神学宣扬的"禁欲主义"是相对立的。随着朱丽叶与罗密欧的死亡,两个家族的世仇得到和解,而这是人性解放对家族世仇的胜利。

《牡丹亭》中,汤显祖一方面用至爱真情反抗封建礼教,另一方面又表现出对封建礼教的认同感。杜丽娘生活在两个世界里,一个是由纲常礼教主导的现实世界,一个是由欲望主导的鬼魅世界,在现实世界里,她是"大门不出,二门不迈"的大家闺秀,一举一动都符合名媛标准,她的"青春""人性"被森严的礼教紧紧束缚着,但机缘巧合之下,杜丽娘以"梦境"进入一个全新的世界,在这个世界里,她释放了自己的"天性",在梦中追求自由和爱情,但求而不得与相思之苦使丽娘在愁苦中死去。死去的她以"幽灵"的形态寻爱,在柳梦梅掘坟开棺自己还阳后,她仍没有摆脱掉现实的森严礼教,在《婚走》一折中她言道:"秀才可记得古书云:必待父母之命,媒妁之言。""前夕鬼也,今日人也。鬼可虚情,人须实礼。"[②]在杜丽娘死而复生后,她与柳梦梅依然遵循着"父母之命,媒妁之言""金榜题名"等旧的观念,这表现出对封建礼教的认同。

最后,在伦理规范上杜丽娘与朱丽叶存在一定的差异性。伦理是民族长期以来所形成的全民族人际关系和行为的准则,它"植根于民族每一个个体心理和意识中,它以习俗的方式表现,是民族内部凝聚力中最强有力的纽带"[③]。在西方,其社会伦理变革发生得不仅急剧,还很频繁。正因如此,欧洲各国对伦理不断否定、扬弃,这往往导致作家的作品总是充满悲剧色彩。作家所创作的作品其主人公具有强烈的悲剧精神,这促使主人公在作品中常处于无法摆脱的"两难"处境,作品的结尾也常以悲剧冲突中的一方或双方死亡的方式作为结束。在《罗密欧与朱丽叶》中,朱丽叶就是陷入"两难"处境的悲剧主人公,一方面她要顾及家族的利益和荣耀,另一方面她渴望自由的爱情,正所谓"鱼与熊掌不可兼得也",在她义无反顾地选择自己的感情以此来反抗封建势力,她的人生悲剧就显而易见了。

中国则与西方恰恰相反,其伦理变革很少发生否定性的急剧变革,这使得我们的作品基本上很少会出现悲剧作品,中国读者也不喜欢这样的作品,因此"中华民族尽管不乏悲剧精神和艺术悲剧创作,但总的趋势是逐渐淡化,这种淡化趋势在艺术悲剧中常表现为'大团圆'结局"。《牡丹亭》中,杜丽娘只是通过进入"禁地"后花园赏花来反叛封建礼

---

① 莎士比亚:《莎士比亚青春剧》,魏德蛟、张永译,西南师范大学出版社 2015 年版,第 47 页。
② 根山彻:《牡丹亭还魂记汇校》,山东大学出版社 2015 年版,第 225 页。
③ 邱紫华:《悲剧精神与民族意识》,华中师范大学出版社 1990 年版,第 140 页。

教,也只是通过梦境与柳梦梅幽会来表达自己对自由恋爱的追求。在梦境中她顾忌封建礼教,在现实中又空虚寂寞,渴望与爱人在一起,希望自己的爱情能得到父母认可。这两者的冲突使得她的意识觉醒存在局限性。

结　语

综上所述,两位作家在同一时代创作出的两位女性在主体意识上各有特色。在两部作品中,我们能清楚看到两位作家笔下的杜丽娘与朱丽叶突破了单纯的"大家闺秀"或"泼妇夜叉"的屏障,真正地站到前台,如实地表演自己。朱丽叶直白、果敢,杜丽娘坚韧、隐忍,而造成两人性格的不同在于中西方在人文宗教信仰等方面存在鲜明的差异性。杜丽娘是一位大家闺秀,但当被礼教压抑住的"人的意识"觉醒时,她做了一件当时那个时代很多人不敢做的事,解放自己的欲望,勇敢追求爱情,为自由生生死死、死死生生,以自己微薄的力量与封建礼教这庞然大物战斗。朱丽叶在"相恋—分别—死亡"的过程中,才终于意识到自己才是自己命运的主人,在与家族抗争时,实现了以"死"证明自己的存在价值。

尽管杜丽娘、朱丽叶各自存在不同的局限,但她们仍是宣扬人性解放,追求意识解放的第一人,她们为追求爱情和自由的执着精神依然对如今的我们有着不小的影响力。

参考文献

[1]周育德.汤显祖论稿[M].北京:文化艺术出版社,1991.

[2]魏国英.女性学概论[M].北京:北京大学出版社,2000.

[3]李伟民.中国莎士比亚批评史[M].北京:中国戏剧出版社,2006.

[4]罗婷.女性主义文学批评在西方与中国[M].北京:中国社会科学出版社,2004.

[5]陆谷孙.莎士比亚研究十讲[M].上海:复旦大学出版社,2005.

[6]徐朔方.古代戏曲小说研究[M].杭州:浙江大学出版社,2008.

[7]汤显祖.牡丹亭还魂记[M].北京:文物出版社,2015.

[8]莎士比亚.莎士比亚青春剧[M].魏德蛟,张永,译.重庆:西南师范大学出版社,2015.

[9]余三定.同中见异・异中有同:试比较朱丽叶与杜丽娘的形象[J].岳阳师专学报,1983(Z1):61-62.

[10]李红梅.中国古代女性自我意识的觉醒:元明清几部戏曲作品中典型人物形象的探析[J].中华女子学院学报,2007(5):55-58+63.

[11]王莎烈.莎士比亚喜剧中的女性观[J].东北师大学报(哲学社会科学版),2007(4):98-103.

[12]刘开富,唐宓.解读中西两位名作家:莎士比亚与汤显祖的戏剧异同[J].电影文学,2007(13):85-86.

[13]张晓冬,徐朝友.莎士比亚与汤显祖戏剧主题对比[J].巢湖学院学报,2010,12(5):

64-66.

[14] 段夐卉. 人文思想关照下的汤莎女性题材作品:《牡丹亭》与《罗密欧与朱丽叶》之比较[J]. 时代文学(下半月,2010(9):180-181.

[15] 李韶丽,崔东辉. 莎士比亚喜剧中女性主体意识与男权解构[J]. 辽宁工程技术大学学报(社会科学版),2012,14(3):299-302.

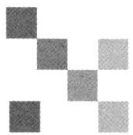

文艺学与美学

试论习近平重要讲话中的美学思想

仇青青

摘　要:习近平在讲话中经常使用"美学""审美"等词汇,并有大量涉及美学思想的讲话。习总书记善于吸收借鉴中西方优秀的思想文化,其中他所倡导的"中国梦""绿水青山就是金山银山""治大国若烹小鲜",以及《文艺工作座谈会上的讲话》等都是秉承中华传统文化,古为今用,推陈出新,形成了具有中国特色的美学精神,包涵着深刻的思想内涵,且其美学思想对构建和谐社会及传承和弘扬中华优秀的传统文化也有着时代意义,值得我们深入研究和探讨。

关键词:习近平;重要讲话;美学思想

引　言

习近平同志对于我国传统文化可谓情有独钟,他无时无刻不在继承并弘扬中国传统的美学精神。他指出:要结合新的时代条件传承和弘扬中华优秀传统文化,传承和弘扬中华美学精神。这种情怀,释放了强烈的文化自信,体现了中华民族继往开来、与时俱进的精神,建设"美丽中国"的胸襟和气度。所以说,习近平的思想是非常深刻的,在美学上也有着非同寻常的意义,大致说来,可以从"中国梦""绿水青山就是金山银山""治大国若烹小鲜",以及《文艺工作座谈会上的讲话》这四个方面来详细叙述。

一、习近平重要讲话中美学思想形成的基础

(一)中华传统文化的基础作用

中华传统文化博大精深、源远流长,为习近平重要讲话中的美学思想的形成奠定了基础。习总书记在纪念孔子诞辰 2565 周年的国际学术研究会上这样指出:要做好事业,就要善于继承历史,善于开拓创新,坚持从历史走向未来,从延续民族文化血脉中开拓前

进。① 我们都知道,任何事物都有精华与糟粕,中华传统文化亦然,习总书记在会上提出的这句话意在强调要善于继承优秀的传统文化,勇于创新,做到古为今用。可见他早已深刻地认识到了优秀传统文化对当今社会治国理政、实现民族复兴的作用与价值。

在习近平总书记的重要讲话中,我们不难发现他非常喜欢引经据典,从春秋战国时的诸子百家到近现代的学者领袖,从儒释道的经典名言到唐诗宋词,旁征博引,推陈出新,对这些经典名句可谓是信手拈来,这一切都源自他对本国文化的强烈自信。培根也曾说过:"读史使人明智,读诗使人灵秀,……"这正与习总书记的思想相一致,告诉我们要善于发现并深入传统文化,顺应时代的潮流,在历史中传承和创新,实现中华民族的伟大复兴。

习总书记在为政、修身、劝学、廉政、创新等方面都曾引经据典,并赋予其当代价值及意义。如引"政者,正也"(《论语·颜渊》)。"其身正,不令而行;其身不正,虽令不从。"(《论语·子路》)说明了领导者自身品行的重要性,只有"身正"才会让百姓对你信服,从而达到潜移默化的作用。而"祸患常积于忽微,智勇多困于所溺"(《新五代史·伶官传》)。这里则强调了细节的重要性,告诫我们在为政上任何事都要落到实处,注重细节,采取"无论问题大小,都要抓"的理念,特别是对于小事、小利、小节绝不能掉以轻心。还引用"乐民之乐者,民亦乐其乐;忧民之忧者,民亦忧其忧"(《孟子·梁惠王下》)。这句话讲的正是孟子的"民本思想",以民为本,正所谓"得民心者得天下",历史中有太多的例子证实了"统治者要想治理好一个国家,首要的就是得民心",这应该也就是为什么在实力相差如此悬殊的国民党和中国共产党之间,共产党取得了最后的胜利的原因,这正是得益于对孟子思想的继承和发展。

(二)马克思主义美学思想的借鉴作用

传承、弘扬中华传统文化,并不意味着原地踏步、故步自封,而是要我们学会"兼容并蓄",善于借鉴他人的优秀文化,丰富和发展中华文化。自古以来,西方许多著名的哲学家、美学家,他们的思想对我国的思想文化都产生过重大的影响,如:鲍姆加通、柏拉图、康德、马克思等等。其中对习近平的美学思想影响最大的就要数马克思主义美学思想了。

马克思主义美学思想强调"实践"与"人本主义"。习总书记在开展工作时就多次提出:"群众利益无小事。""群众的实践是最丰富、最生动的实践。""要解决矛盾和问题,就要深入到人民群众中去……"②可见其非常深入地贯彻了马克思主义美学思想。

21 世纪以来,我国各领域都在提倡创新,文艺创新也是习总书记近几年一直所呼吁的,2014 年他曾在文艺工作座谈会上这样说:"文艺的一切创新,归根到底都直接或间接来源于人民。"这句话明确了文艺来源于人民,要从人民的生活实践中寻找美,从群众中来,到群众中去。其实习近平之所以能一针见血地说明文艺创新的来源也正是受马克思

---

① 习近平:《在纪念孔子诞辰 2565 周年国际学术研讨会暨国际儒学联合会第五届会员大会开幕会上的讲话》,《人民日报》,2014 年 9 月 25 日,第 02 版。

② 习近平:《之江新语》,浙江人民出版社 2007 年版,第 61 页。

主义美学思想的影响。

我们一定都听说过这样一句话:"世界上并不缺少美,缺少的只是拥有一双发现美的眼睛。"正如马克思所说的:"对于没有音乐感的耳朵,最美的音乐也毫无意义。"①这就在告诉我们,对于美,首先最重要的就是要有一双发现美的"眼睛",只有我们善于发现美,才能拥有真正的审美能力。习总书记认为,美的境界就是"真、善、美"的统一,要善于发现生活之美、自然之美,应该就是这句话的具体体现。

二、习近平重要讲话中体现的美学思想

自 2012 年习总书记执政以来,他就在各个场合发表了许多重要讲话,他自始至终一直保持着对人民、民族、党的高度负责的态度,主张"人民当家作主",一切服务于百姓,以百姓的利益为先,深受百姓的爱戴。他的讲话把握时代的趋势,顺应人民的心意,维护社会的和谐、安定,涵盖了政治、经济、文化、生态文明等各个方面,形成了一系列治国理政的新思想、新战略,从这些讲话中也可以看到习总书记所倡导的美学思想,蕴含的美学精神。

(一)"中国梦"体现的美学思想

习近平的讲话中,饱含着对"中华民族伟大复兴"的自信,对追逐梦想的坚定,对实现社会发展、人民幸福这一目标的强烈信仰,同时也坚持"尚和合,求大同",拥有远见卓识、整体观等美学思想。

"中国梦"是十八大以来,习近平总书记提出的重要指导思想和重要执政理念。在会议上习书记带着开阔的视野指出:"中国梦的本质是国家富强、民族振兴、人民幸福。""中国梦"在这里不是所谓的"个人梦",它是整个国家、整个民族、所有中国人民的梦,这个"梦"是世世代代中国人的共同理想;当然"中国梦"也不是不切实际的"白日梦",它以实现"两个一百年"为奋斗目标,以伟大的民族精神和时代精神为支撑;"中国梦"更不是"霸权梦",它是追求和平、追求发展的梦,是各国之间合作、共赢的梦,不但造福于中国人民还造福于世界各国人民。"中国梦"体现了习近平广阔的胸襟,远大的理想,拥有整体的观念,长远的见解。

其实自古以来,我国就提倡"中国梦",孔子曾在其暮年时感叹:"甚矣,吾衰也! 久矣,吾不复梦见周公!"(《论语·述而》)这些言论无不反映了他对周礼的尊崇,对礼乐制度的强烈向往,渴望复兴周礼。在《论语·为政》中,孔子回答道:"一日克己复礼,天下归仁焉。"这也是我国最早提出的复兴梦。之后,《礼记·大同·礼运》的构想,孙中山先生的"三民主义",以及习总书记提出的"中国梦",都是一脉相承的。

"中国梦"它所要传达的思想、精神都和我们的美好生活息息相关,同时也与这个时代、社会的发展步调一致,所以人们才会对此产生共鸣。追求"中国梦"其实就是追求美

---

① 中共中央马克思恩格斯列宁斯大林著作编译局:《马克思恩格斯全集:第 42 卷》,人民出版社 1979 年版,第 126 页。

好的生活、幸福的生活。它把马克思主义观点,与中国实际相结合,体现一种"生活美"。车尔尼雪夫斯基曾经说过:"美是生活。"①美与生活是息息相关的,不可分割的,"马克思主义美学关注从人们的衣、食、住、行这些基本的物质生活中去寻找和发现美学的意义"。② 而"中国梦"不仅构建了实现伟大复兴的蓝图,更是明确了中华民族奋斗的目标,它号召每个中华儿女都加入实现"中国梦"的行列中去,为创造一个属于自己的理想家园共同努力。

(二)"绿水青山就是金山银山"体现的美学思想

生态文明是 21 世纪我国关注的重点领域之一,习近平讲话中蕴含着传统的"自然观",主张人与自然和谐相处,有着"天人合一"、追求"绿色生态"、"自然美"等美学思想。

我们国人自古以来就非常重视自然环境之美。习近平同志继承并发扬了我们祖先的优良传统,提出了新时期的生态理念,他指出:"绿水青山就是金山银山。"③这一观点的提出可以看出习总书记尊重自然,重视生态,追求人与自然和谐相处的模式,追求"天人合一"的美学思想,同时也揭示了我国新时期要走生态文明这一路线。对于这"两座山",习近平总书记在《之江新语》中也阐述过:"绿水青山可以带来金山银山,但金山银山却买不到绿水青山。"④这正是在警示我们,倘若我们一味地利用自然环境去换取经济上的收益,这愚昧的行为到头来害的还是我们自己。

随着时代的不断进步,生活水平的陆续提高,单纯的物质生活享受早已不能满足人类,人们对生活环境也越发重视。习总书记在面对我国当前的环境现状时,指出"良好生态环境是最公平的公共产品,是最普惠的民生福祉"。为此,党中央也采取了一系列的措施:浙江省委书记夏宝龙针对"水"的环境问题提出了——"五水共治",也因其获得的实际成效取信于民。可见,我国领导人非常重视生态环境的建设,政府及党中央正致力于建设"美丽中国"的宏伟蓝图。

地球是人类共同的家园,重视生态文明建设是每一个人都要坚定的信念。所以,我们都要认识到治理环境问题的紧迫性和艰巨性,始终坚持"自然美""人与自然和谐相处"的美学思想,共同努力,还自己一个绿色的家园。

向云驹先生指出:"自然美是人类对自然的感恩,是人类本能的情感和判断。一旦失去对自然的美感就意味着背叛。"⑤是的,中国自古以来就对自然有着深深的依恋,我国古代儒家提出"天人合一"的自然观,指出人是自然的一部分,应该顺应自然,强调我们对大自然要心存敬畏,尊重和感恩,因为自然带给我们的不仅是生活的享受,更是精神的熏

---

① 车尔尼雪夫斯基:《艺术与现实的审美关系》,周扬译,人民文学出版社 2009 年版,第 6 页。
② 向云驹:《"美丽中国"的美学内涵与意义:学习十八大精神的一点体会》,《光明日报》2013 年 2 月 25 日,第 1 版。
③ 中共中央宣传部:《习近平总书记系列重要讲话读》,学习出版社、人民出版社 2014 年版,第 120 页。
④ 习近平:《之江新语》,浙江人民出版社 2007 年版,第 153 页。
⑤ 向云驹:《"美丽中国"的美学内涵与意义》,《光明日报》2013 年 2 月 25 日,第 1 版。

陶。古希腊著名的哲学家毕达哥拉斯也曾经讲过：“美在和谐。”不管是西方还是中国，古代还是现在，人们对生态文明都是非常重视的，由此可见，生态文明建设已然成为我们生活中必不可少的一部分了。所以我们应该把“自然美”这一理念铭记于心，做到“宁可食无肉，不可居无竹”。

（三）“治大国若烹小鲜”体现的美学思想

对于一个国家的治理，除了要有强烈的责任感与担当魄力，还要有廉政务实的作风，更要做到“圣人无常心，以百姓心为心”（《老子》）。由此可见，“无为而治”“遵循社会发展规律”等美学思想在习总书记的政治建设中都有着完美的呈现。

2013 年 3 月 19 日，习近平接受金砖国家媒体联合采访时表示，领导者要有“‘如履薄冰，如临深渊’的自觉，要牢记人民的利益高于一切，牢记责任重于泰山”[1]。引用“治大国若烹小鲜”，赋予老子思想以新的时代内涵。我们知道“治大国如烹小鲜”[2]这句话最早出自老子，他的这种治国理念对后世产生过长远的影响。我国历代许多执政者也都曾运用这一思想治理国家。在这与时俱进的 21 世纪，我国的领导人习近平总书记也不例外。他引用这句话，生动形象地表明了自己治理国家的理念和精神，体现了中国传统文化对他执政思想的影响，告诉我们要想治理好一个国家首先就要把握好一个“度”，要遵循社会的发展规律，顺应民意，因为治理国家就好比煎小鱼，一味地多折腾，不仅会煎碎小鱼，也会给国家增添不必要的麻烦。因此，“无为而治”，其实有着深刻的内涵，这是古人的大智慧。事实上，孔子也有类似的理论，他在《论语·先进》中就指出“过犹不及”这一概念。

“治大国若烹小鲜”还要求执政者“治国”要化复杂为简单，化难为易。在当今社会，我们经常会听见有人抱怨说政府工作效率低、兴师动众、劳民伤财等，这就是因为政府的工作没有真正的惠及百姓，没有做到“简约”。在美学上，所谓“简约”，就是“不能通过删减来改善的完美”。这种“完美”，蕴含着素朴的自然法则。[3] 而一个国家的政治往往是错综复杂的，我们要做到“简约”就需要各方面的共同努力。习总书记在这一方面看到了事情的本质，明白了“治大国若烹小鲜”的道理，知道做事要遵循社会的发展规律，体现了“无为”的美学思想。在当今社会，党中央一直坚持“民本”的执政理念，要求各级领导亲力亲为、务实亲民，把主动权交给百姓，做到把人民赋予我们的权力，真正用来为人民服务，落实并保障好广大人民的根本利益。这一治国理念足见习近平的宏观视野和全局观念。

（四）“文艺工作座谈会”体现的美学思想

一个民族的复兴，光靠外在的物质是不够的，还要有丰富的精神财富。国家的文化

---

① 习近平：《习近平接受金砖国家媒体联合采访：学习十八大精神的一点体会》，《人民日报》2013年 3 月 20 日，第 1 版。

② 王弼：《老子道德经注》，楼宇烈点校，中华书局 2011 年版，第 162 页。

③ 秦德君：《治大国若烹小鲜》，《深圳特区报》2010 年 11 月 9 日，第 D01 版。

软实力现在逐渐成为国家综合国力的一个重要指标,习近平同志对于文艺的重视,正是这种思想的体现。

在文艺工作座谈会上习总书记强调:"优秀的文艺作品反映着一个国家、一个民族的文化创造能力和水平。"讲话中习总书记把文艺放在了很高的位置上,反映出他的"美育"思想。在此次座谈会上的讲话中,习近平近 20 处提到了"美"字,可以看出他对"中国人审美追求"的关注,这一点其实从他日常的言谈举止、穿衣打扮中也可以得到印证,在每次的国际交流中,他和彭丽媛的装扮无不展现了"美学"元素。不仅如此,在习近平总书记的每次讲话中,但凡有提到"德、智、体"等教育的同时,必然会讲到"美育",可见他对于"美育"的重视,对于"德智体美"全面发展的倡导。

在 2014 年的文艺工作座谈会上,习总书记邀请了我国许多在文艺工作中有杰出成就的人士,因为他认为实现"中国梦"这一伟大事业,文艺工作者也发挥着巨大的作用。在会上,众多文艺工作者发表讲话,铁凝认为,文艺工作者不应该忘记"良知和责任","要把最好的精神食粮奉献给人民"。因为,文艺不只是作家一个人的事情,文艺工作者要把个人的学术与国家民族的发展联系在一起,所以,我们要非常重视文艺的创作。尚长荣先生也在会议上表达了自己的心声,他说:"文学艺术不仅要带给观众艺术享受,还应有关照现实和启迪作用。"强调了文学艺术也应该与现实相照应,与时代相适应,要了解观众的审美,不应该一直留在原地,对于传统文艺要取其精华,去其糟粕,创造出符合当今社会的文艺。文艺有其特有的价值,不仅可以提高人们的审美能力,还可以引导、推动社会的发展。在会上,阎肃先生提出了"四有""四义",同样也说明了文艺的重要性。

优秀的传统文化有着巨大的感染力,体现了中华民族的伟大精神,是我国强大的精神支柱。文化的交流是不分国界的,优秀的文艺作品不仅增强了我国的文化自信,也为世界文明贡献了一笔财富。习总书记在文艺座谈会上的讲话,呼吁文艺工作者要"以人为本",推动文艺创新,繁荣中华文化,构建属于我们的精神家园,创造一个社会主义文化强国。

三、习近平重要讲话中的美学思想的时代意义

(一)对构建和谐社会的现实意义

"人与自然和谐相处""尚和合,求大同",主张自然观、整体观,这些都是习总书记重要讲话中的美学思想的重要体现。"和谐"一词最早出现就是在美学领域,马克思主义认为,"社会和谐是人和自然之间、人和人之间的矛盾的真正解决"①。这里强调了要构建和谐社会首先就要处理好人与自然、人与人之间的关系。

而习近平提出的"中国梦"是为了实现"国家富强、民族复兴、人民幸福",换言之,也就是说是为了社会的全面和谐发展。这个梦是所有的梦的统一,是真善美的统一,是为

---

① 中共中央马克思恩格斯列宁斯大林著作编译局:《马克思恩格斯全集》第一卷,人民出版社 1956 年版,第 608 页。

了号召更多的人团结起来,凝聚智慧和力量,为实现和谐社会而奋斗的目标。而"人与自然和谐"是"人与人和谐"的基础,故而习总书记强调要顺应自然、尊重自然,要与自然和谐相处,近几年来,我国一直致力于改善人们的生活环境、生态现状,在国际社会中,也主动承担起保护生态环境所应尽的义务,为构建"美丽中国""美丽世界"而努力。

除此之外,在当今社会,为构建"和谐社会"更关键的一点就是要"反腐败"。从古至今,"腐败"一直是一个国家,一个社会最关注的问题,它不仅与人民的生活息息相关,甚至会直接影响一个国家的正常运作。腐败是社会的一个"毒瘤",是一个定时炸弹,针对这一问题,我们党中央在习近平的领导下,对腐败一直采取"零容忍"的态度。习近平总书记指出:"抓作风建设,要从中央政治局做起,做好带头作用。"①自习总书记执政以来,对我国的政务人员进行了全面的清查,秉持着"不管查到什么人,不管查到哪一级别的干部,一查到底,绝不姑息"的态度,做到"上不封顶,有腐必反",至今为止我国落马的官员人数逐年增长,不管大官小官,只要腐败,中央就绝不容忍,可以看出习近平对我国政府官员的要求之高,对作风建设之严格。而这一切都源于构建和谐社会的要求。

(二)对传承和弘扬优秀中华文化的意义

习近平重要讲话中的美学思想对传承和弘扬优秀的中华传统文化有着重要的意义,随着近几年逐渐兴起的"国学热",弘扬中国传统文化的"孔子学院"遍布世界各地,可见习总书记多次强调的中华美学精神以及"美育""认真学习和汲取中华传统文化思想精神"都得到了很好的响应。他长期以来一直在为我们做表率,无论是理论上还是实践上,都在用自身的言行告诉我们:"学习历史可以看成败、明鉴得失、了解兴替……"②哲学是人类的智慧之学,历史是前人的实践和智慧之书,通过对中华优秀传统文化的学习,不管对个人,还是对国家来说都是一笔重要的财富,是具有重要意义的。

习总书记非常重视对中国优秀传统文化的弘扬和传播,无论是2014年10月15日在文艺座谈会上的讲话,还是2016年11月30日在中国文联十大、中国作协九大开幕式上的讲话,他都表明了文艺事业的重要性,呼吁中华儿女共同投入到伟大的文艺事业中去,传承与弘扬我们优秀的传统文化。习总书记还曾明确指出:"对中国人民和中华民族的优秀文化和光荣历史,要加大正面宣传力度,通过学校教育、理论研究、历史研究、影视作品、文学作品等多种方式,加强爱国主义、集体主义、社会主义教育……增强做中国人的骨气和底气。"③告诉了我们要饮水思源,我们固然需要吸收西方的一些先进文化,但是我们也不能忘本,要学好我们的优秀传统文化,并将其发扬光大,更好地传播到世界的各个角落,建立属于我们自己的文化自信。

---

① 中共中央宣传部:《习近平总书记系列重要讲话读本》,学习出版社、人民出版社2014年版,第167页。

② 习近平:《在中央党校建校80周年庆祝大会暨2013年春季学期开学典礼上的讲话》,人民出版社2013年版,第9页。

③ 习近平:《习近平在中共中央政治局第十二次集体学习时强调:建设社会主义文化强国 着力提高国家文化软实力》,《人民日报》2014年1月1日,第1版。

结　语

习总书记不但善于引经据典，从中国传统文化中汲取精华，也善于吸收借鉴西方文化中先进的美学思想，做到古为今用，推陈出新。

从"中国梦""绿水青山就是金山银山""治大国若烹小鲜""文艺工作座谈会"这四个重要讲话中，我们可以深刻地理解习近平的美学思想，体会到他的远见卓识，宽阔胸襟。2016 年 5 月 18 日，他还主持召开了哲学社会科学工作座谈会，并发表了重要讲话，指出人类社会的进步、发展离不开哲学社会科学，所以我们要始终贯彻马克思主义的指导，结合我们的实际，坚持中国特色社会主义理论体系，他在此也再一次强调了"以人为本"这一美学理念，要求构建具有中国特色的哲学社会科学，活跃学术气氛，建设优良的学风。

综上所述，我们不难发现习总书记的美学思想与我们的社会、政治、生活息息相关，具有鲜明的时代性和丰富的社会性。

参考文献

[1]朱光潜. 西方美学史[M]. 北京：人民文学出版社,1979.

[2]车尔尼雪夫斯基. 艺术与现实的审美关系[M]. 2 版. 周扬, 译. 北京：人民文学出版社,2009.

[3]王弼. 老子道德经注[M]. 楼烈宇, 校. 北京：中华书局,2011.

[4]习近平. 之江新语[M]. 杭州：浙江人民出版社,2007.

[5]中共中央宣传部. 习近平总书记系列重要讲话读本 2016 年版[M]. 北京：人民出版社, 2016.

[6]习近平. 谈治国理政 中文[M]. 北京：外文出版社, 2014.

[7]人民日报社理论部. 深入领会习近平总书记重要讲话精神 上[M]. 北京：人民出版社,2014.

[8]人民日报社理论部. 深入领会习近平总书记重要讲话精神 下[M]. 北京：人民出版社,2014.

[9]李君如. 中国梦, 什么梦[M]. 北京：外文出版社,2014.

[10]秦德君. 治大国若烹小鲜[N]. 深圳特区报,2012-03-13(B11).

[11]向云驹. "美丽中国"的美学内涵与意义[N]. 光明日报,2013-02-25(001).

[12]习近平. 在文艺工作座谈会上的讲话[N]. 人民日报,2015-10-15(002).

[13]张弓. 毛泽东与马克思主义美学中国化：社会主义革命和建设时期的实践和理论[J]. 青岛科技大学学报(社会科学版),2015,31(2):23-30.

从《舌尖上的中国》看中国味觉的审美倾向

樊雅文

摘 要:《舌尖上的中国》在央视播出后,在国际上引起了巨大的反响。使得一度在美学研究中被忽略的"味觉"审美体验跃然于人前。中国"味道"源远流长,包括酸、甜、苦、辣、咸,构成了中国味觉独特的审美文化体验。在阴阳五行理论的基础上,形成了五味调和的观念。中国的味觉审美倾向兴起于先秦,在魏晋南北朝时期形成了高度自觉,有着"天人合一"的哲学内涵,朝着两极化发展,并且包括了美在和谐、美善统一、和而不同的特点。中国的这种味觉审美倾向在一定程度上提炼出中国人的哲学思想、审美情趣、伦理道德、艺术思想、处世态度等,上升到精神层面,赋予它深厚的文化内涵,超越了"味"维持生命个体的世俗生活的界限,使之不仅仅成为当今社会物质文明的组成部分,更是中国文化精神文明建设的重要组成部分。

关键词:《舌尖上的中国》;味觉;五味调和;味觉审美倾向

引 言

在近几年的食品市场中,各种添加剂、防腐剂、甜味剂、着色剂、明胶、甲醛、三聚氰胺越来越普遍,在连续曝光了三鹿奶粉中掺了三聚氰胺、皮鞋制作老酸奶、地沟油猖獗等新闻事件后,人们对如今的食品安全产生了前所未有的信任危机。可以这么说,中国百姓开始审视和怀疑食品安全问题时,中国几千年的饮食文化也处于被颠覆和被遗忘中,这个时候强调中华传统饮食的美味与安全,正好满足了人们的心理需求。

中国拥有着深厚的美食文化底蕴。衣食住行、柴米油盐酱醋茶是人生活的基本需求。"吃"对于国人而言是重中之重。《史记·郦食其列传》中有云:"国以民为本,民以食为天①。"足见食乃民生之本,也是人类生存之本。居之陋,尚能忍;但无其食,则无所活。俗语中也说过:民以食为天,食以味为先。可见食是伴随着生物的生存而发展,食的味道则是伴随着人类的产生而产生的。在世界上任何一个国家都有其传统文化与其他文明共存于历史长河里。同样的,每个地区都会有自己特色的饮食文化,诱惑了无数人

---

① 王学泰:《中国饮食文化史》,广西师范大学出版社 2006 年版,第 2 页。

慕名而来、流连忘返。在亚洲的东方，一个历史悠久，文明源远流长、博大精深的国度，拥有着令人垂涎三尺的山珍海味，对食的讲究更是勾动着人们的味觉，来自五湖四海的食材和调味充斥着人们的味蕾，令人回味无穷。显而易见，这是中国。中国不仅仅讲究"食"，更是将"民以食为天"这个宗旨贯彻到人们生活的方方面面，却不让人有违和感。

一如《舌尖上的中国》中所说的那样："在吃的法则里，风味重于一切，中国人从来没有把自己束缚在一张乏味的食品清单上。"这是中国饮食的美丽，也是中国饮食对于味觉的肯定。在中国的历史长河中更是将"味"贯彻落实得很彻底，让人无时无刻不感觉到是被百味包裹着，无时无刻不沉浸在味觉的世界里，感受着食物味觉背后所表达的人文情怀，这种味觉的审美倾向在世界上其他国家几乎是没有的，但在中国却是屡见不鲜。中国人讲求一个"味"字，其存在的意义，似一杯清茶，总是耐人寻味。

从林法则是这样被定义的：自然界里生物学方面的物竞天择、适者生存、优胜劣汰、弱肉强食的规律法则。这里便有"弱肉强食"这个词。其实"弱肉强食"这个词最早出自唐代文学家韩愈的《送浮屠文畅师序》中的一句："弱之肉，强之食。"[①]而后明代刘基在其《秦女体行》中是这样写的："有生不幸遭乱世，弱肉强食官无诛。"这个词在《现代汉语词典》中是这样解释的："指动物中弱者被强者吃掉，借指弱者被强者欺凌、吞并。"[②]并且在百度百科上对这个词的解释后面还有一句话"弱肉强食是大自然中最基础的法则，它并不限于表意上的吃与被吃，杀与被杀，一切与竞争相关的行为都可以称之为弱肉强食"。萨丕尔说："语言的背后是有东西的，而且语言不能离开文化存在。"由此可见味觉不仅仅只是过一把嘴瘾这么简单而已，其背后有着深刻的含义。中国有句俗语："言在此，而意在彼。"我们一起来探讨探讨中国人是如何表现"味道"的"意在彼"。

一、味的意思与味觉的分类

汉语是中国的通行语。白话文运动之前所使用的书面语叫作"文言"，是一种以上古汉语所使用的以"雅言"为基础的书面语。因此汉语也是在现代有了明确的规范，使之消除了交流的障碍，即为普通话。普通话是以北京话为基础语音，以北方话为基础方言，以典范的现代白话文著作作为语法规范的现代汉语标准。[③]普通话作为中国的官方语言，广泛通行全国。而汉语的兴起随着地域等的变化产生了各地区自己的方言，但各地区之间的方言也不是完全没有联系的。

汉语无论作为书面语还是日常用语都非常讲求语言艺术。语言艺术不仅仅是词语的拼凑，其本质特点是语言美的创造。语言艺术包括修辞的技巧，作诗的规则，遣词造句安章布局谋篇的方法，以及主宾、正反、虚实、起伏之类的词语的运用。林语堂在《说话的艺术》中要求人们说话要说得巧，要说得少；"言多必失""语多必败"[④]，可见中国对语言

---

① 马其昶：《韩昌黎文集校注》，马茂元整理，上海古籍出版社 2014 年版，第 281 页。

② 中国社会科学院语言研究所词典编辑室：《现代汉语词典（第 5 版）》，商务印书馆 2005 年版，第 1167 页。

③ 朱怡淼：《方言电视节目主持人刍议》，《艺术百家》，2008 年第 7 期，第 154 页。

④ 林语堂：《说话的艺术》，陕西师范大学出版社 2009 年版，第 1 页。

很讲究。

《舌尖上的中国》第六集《五味调和》里这样讲过："中国的饮食素有'味'是灵魂之说,不同的原材料,不同的调味品,不同的调制手法,不同的调味大师,引领食物到达更美味的境界。"由此可知中国人对"味"的高度重视。但其实味觉最早只是人们嘴巴对饮食的基本要求,刺激所产生的一种感觉。

中国对语言的讲究和味觉息息相关,很多时候我们总能看到它们之间有很有意思的连接,还很有味道。许慎的《说文解字》中对"味"的释义为:"味,滋味也。从口,从声。"①而《现代汉语词典》中对"味"的解释是:

①(味儿)物质所具有的能使舌头得到某种味觉的特性:味道、滋味。

②(味儿)物质所具有的能使鼻子得到某种嗅觉的特性:气味、香味儿。

③(味儿)意味;趣味:文笔艰涩无味。

④指某类菜肴、食品:腊味、美味。

⑤辨别味道:体味。

⑥用于中药:这个方子共有七味药。

(《现代汉语词典》商务印书馆第 5 版)②

可见,汉语"味觉"中包含太多,既有滋味又有气味。酸、甜、苦、咸是四种传统基本味觉。后根据古代中国哲学思想列出了五种基本味道:苦、咸、酸、甜和辛,实际上在中医理论中比较常见,并且一般谈论食物时会用辣代替辛。也就说味觉为酸、甜、苦、辣、咸。

(一)两西之酸

生活中往往会说你这个人真酸、酸秀才、你真寒酸……这些都表达了不同的意思。"酸"在《说文解字》中只是"酢也。关东谓酢曰酸"的意思③,其本义就是醋。

1. 两西醋

中国微生物学鼻祖方心芳先生在《山西醋》中讲:"我国之醋最著名者,首推山西醋与镇江醋。镇江醋酽而带药气,较之山西醋犹逊一筹,盖上等山西醋之色泽、气味皆因陈放长久,醋之本身起化学作用而生成,初非假人工而所制,不愧为我国名产。"④在酸的世界里,镇江醋和山西老陈醋也确实是典型。

镇江醋是江苏镇江传统名产,江南地区优质糯米是主要原料。《中国医学大典》记载:"醋,以江苏镇江为最佳。"微微尝上一口,酸而味鲜,香而微甜,不涩,存放愈久,味道愈醇。

---

① 许慎:《说文解字》,浙江古籍出版社 2016 年版,第 40 页。

② 中国社会科学院语言研究所词典编辑室:《现代汉语词典(第 5 版)》,商务印书馆 2005 年版,第 1423 页。

③ 许慎:《说文解字》,浙江古籍出版社 2016 年版,第 496 页。

④ 山西老陈醋集团有限公司:《振兴民族工业的人民科学家微生物学奠基人方心芳院士诞辰 110 周年纪念活动在太原举行》,《食品工程》2017 年第 1 期,第 54 页。

山西老陈醋是山西省的一大特色，素有"天下第一醋"的盛誉，以色、香、醇、浓、酸、绵、长著称。山西老陈醋的主要原料是高粱、麸皮、谷糠和水，以大麦、豌豆所制大曲为糖化发酵剂，经酒精发酵后，再经固态醋酸发酵、熏醅、陈酿等工序酿制而成。

它们不仅仅是两种醋，更是代表着两种人，从中还能看出南北方的差异。如果品尝过这两种醋，便会很快明白个中滋味。在《舌尖上的中国》中也特意提到过山西陈醋与镇江香醋，这两种也是最能体现南北的性格特征的典范。而根据两者的原料、制作方式的不同，镇江醋是香醋，味道趋于平和且香醇可口，山西老陈醋，浓烈而爽口。同时也能了解两者之间鲜明的地域特色，以及人们对味道的需求不尽相同。镇江醋体现了南方人性格中的柔软、内敛，如镇江醋那般细腻让人回味无穷；山西老陈醋更似北方人性格的张扬、直爽，似一杯烈酒，浓郁却够味。

2. 食醋

"吃"在现代汉语词典中的意思是把食物等放到嘴里经过咀嚼咽下去（包括吸、喝）。"醋"在现代汉语词典中的意思是调味用的有酸味的液体。而吃醋则在本意上就是喝醋这种酸味液体。

据传唐朝的宫廷里，唐太宗为了笼络大臣的心，要为当朝宰相房玄龄纳妾，房玄龄的妻子出于嫉妒，横加干涉，就是不让。只得令其妻在喝毒酒和纳小妾之中选择一个。没想到房夫人性子刚烈，宁愿一死也不愿在太宗面前低头同意让房玄龄纳妾。于是她端起那杯"毒酒"一饮而尽。当房夫人含泪喝下后，才发现杯中不是毒酒，而是带有甜酸香味的浓醋。

从此便把"嫉妒"和"吃醋"融合起来，"吃醋"便演变成了嫉妒的隐喻语（多指在男女关系上）。

无论恋爱中的男女还是婚姻中的夫妻，都会有浓浓的占有欲。一旦对方身边有异性出现，就会不自觉地捍卫自己的感情。这个时候往往会说："哟！吃醋咯！"很少有人会直接说你在嫉妒。嫉妒总给人的感觉有些贬义，太过直接。而用吃醋这个词，反而多了丝揶揄，多了些轻松的沟通，不会让对方觉得有些唐突别扭。古代社会，更是男权社会，总会用"妒妇""善妒"来形容吃醋的女子，这些都带有批判的意味，但是用吃醋更多的是一种调侃，没有那么强的讽刺意义。

3. 味酸

在《现代汉语词典》中酸可以作为名词、形容词。

①像醋的气味或味道，基本用于饮食上，如酸菜、酸枣、青梅很酸……

②悲痛；伤心。如辛酸、悲酸、心里一酸，眼泪就涌了下来……当然这个时候的"酸"还是有存在带了丝嫉妒的，比如"听到被表扬的不是自己，她的心里有些发酸"，这带有些失落，也有些小嫉妒。

③迂腐。这个"酸"多了些贬义，多是用在讥讽文人的时候。大街上往往能听到有妇女大骂，"瞧你这穷酸样吧，还……"每每听到这些话，总觉得这人过于刻薄。"酸秀才""酸不溜丢""酸溜溜"等词更是形容一个人穷就算了，还爱班门弄斧，言谈迂腐，充满了讽刺意味。

④因疲劳或疾病引起的微痛而无力的感觉。如：腰酸腿疼、腿酸、酸懒、酸软、酸痛……

（《现代汉语》商务印书馆第 5 版）①

在《舌尖上的中国》中也有提到说：中国人还很特别地使用"酸"字来形容某种疼痛、某种妒忌、某种不堪以及某种纠缠而难以言说的苦难。正印证了酸不再仅仅只是其本义，更多时候是一种人的代名词，也会是一个人内心深处的感觉。

（二）华东之甜

《梦溪笔谈》卷二十四中记录：大底南人嗜咸，北人嗜甘。鱼蟹加糖蜜，盖便于北俗也。在当时，中国的口味主要有两种，北方人喜欢吃甜的，南方人喜欢吃咸的。到了南宋的时候，北方人南迁，甜逐渐成为南方人的口味。

大家一致认为南方人温柔如水，操着一口吴侬软语，南方女孩长相甜美。华东地区口味偏甜，其人性格也是甜的。

1. 糖

《舌尖上的中国》第六集是这样说的："和全世界一样，汉字也用'甜'来表达喜悦和幸福的感觉。这是因为人类的舌尖能够最先感受到的味道，就是甜，而这种味道则往往来源于同一种物质——糖。"糖与甜总是如影随形，而糖也是甜最初的表现形式。史前时期，人类就已知道从鲜果、蜂蜜、植物中摄取甜味食物。后来人们学会了从谷物中制取饴糖，再便学会了从甘蔗、甜菜中制糖，等等。

女孩子总是喜欢吃糖的，糖甜丝丝的，融入内心深处，总能让人的心情变得愉悦。亲戚朋友结婚的时候，总能收到各种各样的喜糖，他们在分享着糖果给舌头带来甜蜜的同时，其实也在分享着生活带给大家的甜蜜。

2. 甜

《说文解字》中对"甜"的释义为："甜，美也。从甘，从舌。"舌知甘者。而"甘"是

---

① 中国社会科学院语言研究所词典编辑室：《现代汉语词典（第 5 版）》，商务印书馆 2005 年版，第 1304 页。

"甜"的本字。甘，甲骨文字形　　　在"口"中加一横指事符号，表示口腔、舌头

所体验到的舒服、美妙的味觉。①

当"甜"作为形容词时：

①与甘同义。

②像糖或蜜的味道：草木不复抽，百味失苦甜。

③比喻幸福；快乐：甜蜜蜜。

④美好：甜差（美好的差事）、甜俏、甜俗。

⑤形容睡得酣畅：甜睡、甜乡。

---

① 许慎：《说文解字》，浙江古籍出版社 2016 年版，第 149 页

⑥指美言:甜言蜜语。

(《现代汉语词典》商务印书馆第5版)①

钱锺书先生在《围城》中评价他最欣赏的一位女性——唐晓芙为新鲜的好水果。因为钱锺书先生是南方人,换言之,钱锺书先生对唐晓芙的评价就是"甜"。"甜"被赋予了一切美好的寓意,生活甜如蜜。

(三)内地之辣

"除了'酸'还有一种可以提振食欲,并且在中餐的菜谱上经常和'酸'字合并使用的味道,那就是'辣'。"

辣在现代汉语中有以下几种解释:

①像姜、蒜等的刺激性味道:辣椒;辛辣;辣乎乎;酸甜苦辣。

②辣味刺激:辣眼睛。

(《现代汉语词典》商务印书馆第5版)②

现在网络上很流行的词语,不再是指辣味刺激了眼睛,现在成了被某些事、某些行为刺激了,觉得不忍直视,就用"辣眼睛"形容。

③老辣,圆熟泼辣,老练刚劲:《宋史·晏敦复传》"敦复为谏官,耿直敢言。会秦桧主和议,敦复廷争甚力。桧使人劝其曲从,敦复曰:'吾姜桂之性,到老愈辣,请勿言。'"后来就用"老辣"来比喻办事老练、厉害。

④凶狠,刻毒:毒辣;泼辣。

(《现代汉语词典》商务印书馆第5版)③

1. 麻辣

汉语里,人们常用"泼辣"来形容川妹子。这也说明了在川菜里,无论是作为主料、辅料还是调味剂,辣椒都是不可或缺的,她给川菜烙上了鲜明的印记。其实,四川盆地以麻辣为主,辣不辣其次,更为麻。麻辣是川菜的重要的味道之一,其特点是麻辣味厚,咸鲜而香。

在生活中会说"骂得他满脸麻辣火烧的,一点也不敢调皮",这里的"麻辣"是指这个人尴尬,脸红彤彤的。

同样地,宋祖英唱了一首大街小巷都熟悉的歌:"辣妹子辣,辣妹子辣,辣妹子生来不怕辣……"歌曲欢快、活泼,也如川妹子火辣辣的性格。"辣"的性格更加活泼开朗,更加坚韧能吃苦。

2. 酸辣

云贵高原以酸辣为主,我们所熟悉的"贵州菜"就是讲究酸与辣的调和,而且当地有

---

① 中国社会科学院语言研究所词典编辑室:《现代汉语词典(第5版)》,商务印书馆2005年版,第1350页。

② 同上书,第806页。

③ 同上。

"三天不吃酸,走路打蹿蹿"的民谣。贵州的气候湿润且多阴雨,因此吃酸辣的东西可以散发身体里的寒气以及祛湿。这从当地的谚语"吃饭沿酸辣,龙肉都咽不下"便可以窥见,酸辣对于他们的日常生活来说很重要,也很普遍。

(四)北方之咸

对于"咸"的解释。

"咸"作为副词:

①全;都:老少咸宜;庶绩咸熙;周邦咸喜;村中闻有此人,咸来问讯。

②像盐的味道;所含的盐分多,与"淡"相对:咸鱼、咸菜、咸鸭蛋、咸水湖。

③毕;终:迄始皇三载而咸,时、激、地、保、人事乎?

(《现代汉语词典》商务印书馆第5版)①

"咸"作为动词:

"咸"为会意字。字从戌,从口。"戌"本意为"武器没有利刃",引申为"(老年人)没有坚牙利齿"。本义为人嘴无牙,转义:酸倒牙(一种极度酸涩的味道)。转义的引申义:酸倒任何人的牙齿。转义的再引申义:全、都、皆、悉。

"咸"的分类:

①作 jiān 音,意为:束棺木的绳索。

②作 jiǎn 音,意为:通"减",剪除;灭绝。

咸姓是我国最古老的姓氏之一,早期活动于山东、河南一带,汉代以后在汝南郡形成名门望族。后来因为战乱、仕宦等,逐步迁徙到江苏、山西等地。如今咸姓人口没有进入全国前三百位。历史咸姓名人有咸丘蒙、咸宣、咸惟一等。

1. 咸鲜

《说文解字·盐部》:"盐,咸也。从卤监声。古者,宿沙初作煮海盐。凡盐之属皆从盐。余廉切。"在《舌尖上的中国》又提道:"咸的味觉来自盐。在中国菜里,盐有更重要的使命,是调出食物本身固有的味道,改善肌体的质地。在中国的烹饪辞典里,盐是百味之首。"盐是生命之本,是人类生存必不可少的。

"鲜"最初的意思为未经人工烹饪的生鱼的味道。而"鲜"既在五味之内,又超越了五味。"咸鲜"就是指放盐最恰当的量,和极端的咸苦相对。譬如:有一道菜名为"腌笃鲜",这是咸鲜的经典代表,也是一道江浙名菜。

2. 咸苦

中国人在品尝生活的甘甜之时,似乎也很善于欣赏苦。咸到极端便会觉得发苦,即为咸苦。古时候百姓生活穷苦,为了省菜将菜烹饪得过分咸,这样就可以少吃一些。

"苦,大苦苓也。"②许慎的《说文解字》是这样认为的。尽管"苦"一直不受人们待见,

---

① 中国社会科学院语言研究所词典编辑室:《现代汉语词典(第5版)》,商务印书馆2005年版,第1476页。

② 许慎:《说文解字》,浙江古籍出版社2016年版,第190页。

但是这并不影响它的构词能力,不见削弱,反而有渐长之势,在古籍中总能找到"苦"的踪迹,这也从侧面说明中国人民生存生活的艰难困苦。并且通常总与甜联系密切,总会说"苦尽甘来",逆境中的坚持,给予自己希望。

当"苦"作为名词时:

①苦为苦菜:采苦采苦,首阳之下;濡豚包苦实蓼"。

②病;病痛:自苦而居海上;苦垮之家。

（《现代汉语词典》商务印书馆第 5 版）①

当"苦"作为形容词时:

①苦的味道,与"甜"相对:良药苦口利于病;谁为荼苦。

②痛苦;困苦:其毒大苦;妇啼一何苦;俾困苦不可忍;其平居常苦于多疾。

③刻苦:盖以苦学力文所致。

④劳苦;辛苦:母氏劳苦;从师苦而欲学之功也。

⑤贫穷:苦,穷也。

（《现代汉语词典》商务印书馆第 5 版）②

当"苦"作为动词时:

①困扰;困辱:长史自不欲苦物。

②使困苦,困于:何苦而不平;天下苦秦久矣;若辈得无苦贫乎。

③恨,怨嫌:人苦不知足。

（《现代汉语词典》商务印书馆第 5 版）③

当"苦"作为副词时:

①竭力;尽力:杨朗苦谏不从;何必劳神苦思。

②甚,很,表示程度:帝遂召武子苦责之。

③幸好,幸亏:这孟州城是个小去处,那土城苦不甚高。

（《现代汉语词典》商务印书馆第 5 版）④

二、五味调和

《吕氏春秋·本味》这样描述的:

夫三群之虫,水居者腥,肉攫者臊,草食者膻。恶臭犹美,皆有所以。凡味之本,水最为始。五味三材,九沸九变,火为之纪。时疾时徐,灭腥去臊除膻,必以其胜,无失其理。调和之事,必以甘、酸、苦、咸。先后多少,其齐甚微,皆有自起。鼎中之变,精妙微纤,口弗能言,志不能喻。若射御之微,阴阳之化,四时之数。

这里就说明了调和味道需要酸、甜、苦、辣、咸辅助,同时还要考虑阴阳的转化与四季

---

① 中国社会科学院语言研究所词典编辑室:《现代汉语词典（第 5 版）》,商务印书馆 2005 年版,第 787-788 页。

② 同上。

③ 同上。

④ 同上。

的影响。这一过程虽然无法用言语说明,但有规律可循,说明了五味调和是中国传统饮食生产的最高原则。

(一)五味调和的兴起及缘由

五味调和与阴阳五行学说密切相关。

1. 五味调和的兴起

在《尚书·洪范》描述"五行"的时候有记载过:

一曰水,二曰火,三曰木,四曰金,五曰土。水曰润下,火曰炎上,木曰曲直,金曰从革,土爰稼穑。润下作咸,炎上作苦,曲直作酸,从革作辛,稼穑作甘。

这说明了味觉的主要五味与阴阳五行如影随形,其五味的辣、酸、咸、苦、甜分别对应五行的金、木、水、火、土。

而五味调和与古代中医也是密不可分。用阴阳五行说明人体脏腑的属性及其相互关系,把肝归属于木,心归属于火,脾归属于土,肺归属于金,肾归属于水。在《内经·素问》中认为:"心欲苦,肺欲辛,肝欲酸,脾欲甘,肾欲咸,此五味之所和也。"

2. 五味调和的缘由

调味对于烹饪是一件很重要的事情。《国语》中指出,"以合五味以调口"[①]"味一无果"[②]。也就是五味调和有了果腹,而单调某种滋味,是不能够满足人们的饮食需要,所以格外强调五味调和。我国中医理论中对此也有过阐述:

五味入口,藏于胃,味有所藏,能养五脏气,其作用是"辛散、酸收、甘缓、苦坚、谷味酸,先走肝,过多地食酸味,则肝气太盛脾气要衰竭;谷味甘,先走脾,多食甜味,则心气烦闷不安,面色黑,胃气不能平衡;谷味辛,先走肺,多食辣味,筋脉则坏而松弛,精神也同时受到损坏;谷味咸,先走肾,多食咸味,则大骨就要受伤,肌肉萎缩,心气抑郁"。

可见五味调和影响着人们的身体健康。注意饮食五味调和,能使骨骼正直,筋脉柔和,气血流通,骨气刚强。

(二)五味调和的功能及审美

俗话说:"就像打翻了五味瓶一样,酸甜苦辣咸,真不是一个滋味。"其实,中国人的烹饪讲究的正是"五味调和"。太酸,不好;太甜,不好;太苦,不好;太辣,不好;太咸,不好。所谓物极必反,五味需要适量,不多不少,刚刚好。

1. 五味调和的功能

五味使中国的菜肴千变万化,也为中国人回味他们各自不同的人生境遇时,提供了一种特殊的表达方式。在厨房中,五味的最佳存在方式不是让其中的某一味或是某几味显得突出,而是五味调和,这不仅仅是中国的厨师、中医不断追求的形态,更是中国人在为人处世、治国经世的一种理想状态。

---

① 邬国义:《国语译注》,上海古籍出版社1995年版,第488页。
② 同上。

2.五味调和的审美

其实中国的五味只是一种大致的概括,往往并不是只指具体的五种味道。人们在日常生活中所食用的事物的味道不是单一的,其中包含了起码两种或者两种以上的味道。因此"五味"是多种味道的总和。这就更需要和谐相处了。自古就有五味调和之说,而这五味调和是以中国传统文化为背景的饮食理念,它符合了中国人的人生观、价值观、文化观。在汉代以前强调的是"五味调和",到了魏晋南北朝时期,儒、释、道三教合流的影响,再加上政治上的冲击,中国味道不再仅仅强调"和",开始有了味道倾向性的发展,由此我们所熟悉并且留恋其味道的八大菜系,也正是因为味道的不同,才那么闻名遐迩。当看完《舌尖上的中国》,发现其实无论菜系菜谱菜品如何花样百出,都会有"和"的意思,这是需要我们细细品尝的。

三、中国味觉的审美倾向

不管在中餐还是在汉字里,神奇的"味"字,似乎永远都充满了无限的可能性。除了舌之所尝、鼻之所闻,在中国文化里,对于"味道"的感知和定义,既起自饮食,又超越了饮食。也就是说,能够真真切切地感受到"味"的,不仅是我们的舌头和鼻子,还包括中国人的心。中国是一个人口大国,温饱问题是重中之重。当人们解决温饱问题后,所谓"饱暖思淫欲",人们开始享受美食,进而再深层次地欣赏美食,追求内心的感受。

先秦诸子百家的哲学理论体系与饮食密切联系。当酸甜苦辣咸被赋予了丰富的含义时,就与人生有了密切联系。这时候五味就不再仅仅只是口中的触感了,而是作为中国特有的审美范畴,具有一定特殊的审美功能。虽然味觉不像视觉、听觉、触觉那般来的直观精确,但是却比其他任何一种感觉更能引起人们的审美联想,尤为显现人生百态。清代龚自珍说过:"民饮食,则生其情矣。"说明人们对于味觉的审美,先秦时《墨子佚文》中曰:"故食必常饱,然后求美。"[1]更加直观地体现了"味"的审美是先于生理而又高于生理的。

(一)味觉审美的兴起及形成

西方美学是排斥味觉审美的,但在中国,味觉审美一直有着很高的地位,我们所知道的"诗味论"等都成了味觉审美的有力证据。

1.味觉审美的兴起

《左传》中"声亦如味"的比喻首次将"味"与我国早期音乐联系起来,可见中国的味觉审美之早。晏子在论述"和与异同"时,以五味之和来类比声音之和,用饮食的味道来比喻音乐的和谐美以及教育作用,使得"味"从生理向艺术趋同。

《论语·述而》:"子在齐闻韶,三月不知肉味。"孔子是通过"声""味"类比自己对于韶乐的痴迷,使得味觉不再仅仅是其本味。《老子》中"五味令人口爽""道之出口,淡乎

---

① 刑兆良:《墨子评传》,南京大学出版社1993年版,第116页。

其无味""为无为,事无事,味无味"三次论味,提出了"淡味""无味"的概念,然而这里的"味"是省略了一切人为雕琢的味道,承载了"道"的哲学意蕴,这已具有了美学意义。

战国时期,《礼记·乐记》中有记载:"清庙之瑟,朱弦而疏越,一唱而三叹,有遗音者矣;大飨之礼,尚玄酒而俎腥鱼,大羹不和,有遗味者矣。"这里对于"遗音遗味",主张"大羹不和",也就是说不调和五味的肉羹,是对食物的原汁原味,也是对"无味"和"淡味"的认可,而这也为文艺批评理论中"无味""淡味"的审美标准的提出和确立奠定了基础。

汉代王充在《论衡·自纪》中提及:"有美味于斯,俗人不嗜,迪牙甘食。"这里"美"与"味"的首次联系。"文必丽以好,言必辨以巧,言了于身,则事味于心",这里的"味"与老子"味无味"的第一个"味"意义相同,是一种审美体验。

2. 味觉审美的形成

李泽厚先生认为:"魏晋在中国历史上是一个重大变化时期。无论经济、政治、军事、文化和整个意识形态,包括哲学、宗教、文艺等等,都经历了转折。"实现了"人的觉醒"。在这样的历史背景下,我国的味觉审美得到了发展,形成了以"味"论诗论艺的自觉。

竹林七贤之一的嵇康以"味"论"乐",在《声无哀乐论》里提出"五味万殊,而大同于美;曲变虽众,亦大同于和",明确用"味"比喻音乐的美感。陆机作《文赋》时说:"或清虚以婉约,每除烦而去滥,缺大羹之遗味,同朱弦之清泛,唯一唱而三叹,固既雅而不艳。"他开始在文论中引用"味"。刘勰的《文心雕龙》通过对文学的思想内容与艺术形式的品评和美感分析,运用了"余味""道味""义味""精味"等来阐释味觉审美。梁朝的钟嵘《诗品》中有:"五言居文词之要,是众作之有滋味者也。"提出了我们所知道著名的"滋味"说,奠定了"味"在中国美学中的独特地位,使得"味觉"成了中国美学的基本范畴。

味觉审美理论在魏晋南北朝时期空前发展,这与玄学兴起有很大关系。文人的关注点由外到内,由具体转向抽象,由儒学转向了研究老庄佛学,开始了对审美体验的研究。

(二)味觉审美的两极化

中国的美学与西方的美学和而不同,中国的美学更加注重体验与感悟,"味"是由味觉感官在饮食中的体验逐渐上升到心灵的感悟后的人生体验,因此我们认为中国的味觉审美是两极分化的。最下极的便是"本味",如"烹饪之味""茶酒之味"等;则最上极便是被赋予了深厚的哲学内涵,如老子的"无味"等。

1. 味觉审美的本味

林乃桑先生在《中国古代饮食文化》中曾指出:"饮食之为味感美学,与音乐之为听感美学,绘画之为视感美学,文学作品之为意感美学一样,同是人类美学园地一簇永开不败的绚丽之花。"可见味觉体验源于饮食,味觉审美虽在西方哲学家眼中地位低下,但在中国,人们可是去品尝食物、享受食物的时候,便从简单的生理上升到心灵,带有了审美的功能。

广东人的饮食追求原味,因此粤菜的口味趋于淡味。而东北人的饮食口味比较综合,如小鸡炖蘑菇、东北乱炖等。

2. 味觉审美的哲学内涵

海德格尔批评传统的审美活动将"主客二分"的思维模式,提出一种"天人合一"的思维模式。他认为主客两者不是外在的关系,而是人融身于世界万物之中,沉浸于世界万物之中,世界由于人的"在此"而展现自己。人是"澄明"。世界万物在"此"被照亮。其实在中国先秦时就有"天人合一"的说法。如孔子贵天、老子法天……季羡林也说:"我曾说天人合一论,是中国文化对人类最大的贡献。"中国的哲学是以"生命"为中心,而"天人合一"便是生命存在的最好的基础。

饮食是维持生命的基本物质。饮食哪里来呢?显而易见取之自然。先是庄子《达生》提出:"天地者,万物之父母也。"后董仲舒集合先秦诸子百家对天、人的看法,认为"天地之生物也,以养人[①]"。同样《周易》中有过这样的描述:"天地絪缊,万物化醇;男女构精,万物化生。"这说明了有了天地才有万物,万物生长,然后男女应运而生。这在王充的《论衡·自然篇》中也写道:"天地合气,万物自生,犹夫妇合气,子自生矣。万物之生,含血之类,知饥知寒。见五谷可食,取而食之;见丝麻可衣,取而衣之……"这又进一步说明了人就是依靠自然生存的,自然万物就成为人类生存的必要条件之一。

人是世界万物显现的窗口,可见审美的活动、现象是从有了人类生活以来就一直存在的。车尔尼雪夫斯基的《美与生活》中给出了"美"的定义。他在回答"美是什么"时说:"美是生活。任何事物,凡是我们在那里面看得见依照我们的理解应当如此的生活,那就是美的;任何东西,凡是显示出生活或使我们想起生活的,那就是美的。"可见美是生活,而生活的主体是人,人就是审美的主体。

《易经》强调天、地、人三才之道,并将人放在中心地位,这就说明人的地位很重要。天之道在于"始万物";地之道在于"生万物",人之道在于"成万物"。换言之:天道指阴阳,地道指柔刚,人道指仁义。天地人三者既矛盾,又相辅相成。天地之道是生成的条件,人之道是实现的条件,二者缺一不可。

味觉作为人类共有的感官功能,它的食材都取之自然万物,也需要人来体现它的价值,二者缺一不可,才有了这种独特的审美功能。味觉独特的审美特色,将天地万物、人居于重中之重,不可或缺的位置。天人合一,才能达到味觉的最美。

(三)味觉的审美倾向的特点

林乃燊先生在《中国古代饮食文化》中曾指出:"饮食之为味感美学,与音乐之为听感美学,绘画之为视感美学,文学作品之为意感美学一样,同是人类美学园地一簇永开不败的绚丽之花。"[②]可见味觉体验来源于饮食,当人们开始品尝食物、享受食物的时候,就由简单的生理上升到了心灵,带有审美。

1. 美在和谐

1750 年由鲍姆加登发表的《埃斯特惕克》中提出了"美学"这个词,与之相对应的中文翻译为"审美学",这是一门研究人们认识美、感知美的学科。但在中国,审美史是在近现代才有的。上溯远古时期发现的彩陶上的花纹、纹理,下至人们日常生活的方方面面

---

① 董仲舒:《春秋繁露》,上海古籍出版社 1989 年版,第 99 页。
② 林乃燊:《中国古代饮食文化》,中共中央党校出版社 1991 年版,第 100 页。

都是有审美意识,只是没有明确提出作为专门学科,但是"美"确实一直贯彻中国发展的始终。在这期间,尤为特别的是中国的审美与味觉紧密贴合,配合得相当默契,相辅相成。

"美在和谐"的起源在西方可以追溯到古希腊,毕达哥拉斯认为数的原则是一切事物的原则,整个天体就体现着一种数的和谐。基于这个理念毕达哥拉斯学派研究了艺术和美,得出了"美是和谐统一"的结论。中国的味觉也是讲究一种美的和谐。

钱锺书先生认为:"在日常经验里,视觉、听觉、触觉、嗅觉、味觉往往可以互相彼此打通或交通,眼、耳、舌、鼻、身各个官能的领域可以不分界限。颜色似乎会有温度,声音似乎会有形象,冷暖似乎会有重量,气味似乎会有锋芒。"可见任何一种感觉都不是独立而存在的,都是相互依存的。因此"五味调和"就显得格外重要。而"五味调和"之美就在于"和"。《吕氏春秋本味篇》中:"调和之事,必以甘、酸、苦、辛、咸。先后多少,其齐甚微,皆有自起……故久而不弊,熟而不烂,甘而不浓,酸而不酷,咸而不减,辛而不烈,淡而不薄,肥而不月侯。"五味是伴随着阴阳五行的变化而产生的,同时与四时的变化密切相关。因此甘而不甜,酸而不酸,又不咸得发苦,辣又不辣得浓烈,淡却不寡薄,肥而不腻,这种调和才是美味,一切都刚刚好。各个因素的和谐,便能够达到味觉的高峰体验,在这里上升到了治国之道,只有任用贤才,推行仁义之道方可得天下成为天子,享用人间所有美味佳肴。

食不厌精,脍不厌细。食而,鱼馁而肉败,不食。色恶,不食。恶臭,不食。失饪,不食。不时,不食。割不正,不食。不得其酱,不食。肉虽多,不使胜食气。唯酒无量,不及乱。沽酒市脯不食。不撤姜食,不多食……祭肉不出三日。出三日,不食之矣。

这便是体现孔子对味觉的严格要求,色香味俱全便是美味的。

色香味达到了一定的匹配度才能称之为"美味",这种和谐是不会让人觉得不妥,反而能够愉悦心情。

2. 美善统一

中国人对于审美很大程度上是注重功利的,这与西方哲学家们认为审美是无功利的恰恰相反。东汉许慎在《说文解字》中是这样定义"美"的:美,甘也。从"羊"从"大",羊在六畜主给膳也,美与善同意。由此可见人们的审美意识来源于这种味觉的感受,而羊必须又大又肥是审美的一种条件,且美善意义相同。这使得美善结合得更加密切。

西方先哲柏拉图认为美是理念。他说:"越往上,理式越完美,而最高最完美的理式是善,是最高的神的化身。"康德认为美是沟通真与善的桥梁。这些与中国先哲孟子在《尽心下》一文谈到的"可欲之谓善,有诸已之谓信,充实之谓美,充实而有光辉之谓大,大而化之之谓圣,圣而不可知之之谓神"有异曲同工之妙。

中国的美善要求统一,而这也意味着这是审美的功利性。是美的,但也要求是实用的。美味的食物,是要色香味俱全的,这样才是美味,才是美的。《礼记·礼运》中写道:"食色,性也。"这里的"食"便是对"味"的描述。"色"便是善。美善合一才能达到审美的境界。

3. 和而不同

五味调和,需要和谐,寻求美味的高峰体验。但是五味也是各有不同,各有侧重的。

南北朝产生一种审美要求便是钟嵘提出的"滋味"说。他在《诗品序》中言:"五言居文词之要,是众作之有滋味者也。"这变成了当时一种以"味"论诗,而这个"味"便是对诗歌艺术效果的鉴赏。钟嵘认为玄言诗"理过其辞,淡乎寡味"即指玄言诗侈谈玄理,有悖于诗歌审美规律。于是他标举滋味,实乃使诗歌回归正途之举。滋味说的主旨是使诗歌具有它本应具有的审美感染力。他说:"于之以风力,润之以丹彩,使味之者无极,闻之者动心。"钟嵘提倡"滋味说",与他对诗歌创作抒情特征的把握直接相关。他认为:"若乃春风春鸟、秋月秋蝉,夏云暑雨、冬月祁寒,斯四候之感诸诗者也。凡斯种种,感荡心灵,非陈诗何以展其义? 非长歌何以骋其情?"这里表达了诗歌是用来表达情感的,而体现这种情感的便是"滋味",个中滋味供人慢慢体味。而钟嵘的"滋味说"对后人的影响深远。

司空图便有"韵外之致,味外之旨"。审美体验是人的一种"高峰体验",马斯洛说:"这种体验是瞬间产生的、压倒一切的敬畏精神,也可能是转眼即逝的极度强烈的幸福感,或是欣喜若狂、如醉如痴、欢乐至极的感觉。"诗人的情感只能意会,无法言传,而司空图对诗歌的审美在钟嵘的基础上,又结合唐朝时代背景的影响,发展了新的诗歌审美要求,这种"味"的意境深远。都说"一千个读者就有一千个哈姆雷特",这是很有道理的,不同的研究者对司空图的"味"就有不同的理解。也如不同研究领域的学者看到《红楼梦》的侧重点不同。而大家对"味"的理解也各有千秋,但是都没有跳脱出审美的这个范围。

中国审美古往今来对味觉的这种倾向,是中国文化的一大特色,它始终贯穿整个中国文化。

结　语

中国的形而上与形而下往往是没有界限的,更多的是将其二者结合。而西方哲学家对于形而上与形而下是明确分开的。黑格尔也曾论证过:艺术的感性事物只涉及视听两个认识性的感觉。至于嗅觉、味觉和触觉则完全与艺术欣赏无关。因为嗅觉、味觉和触觉只涉及单纯的物质和它可直接用感官接触的物质,触觉只涉及冷热平滑等性质。这种给身体不同感官、不同部位划分价值等级的思维惯性极其强大,似乎身体的别的感官主要是为了满足快感的,是生理性的,因此是美感经验的"拖累"。[①]

尽管西方哲学家们对味觉持不屑否定的态度,但中国饮食依然源远流长,积淀深厚,古往今来多少仁人志士以"味"论人生,甚至以"味"之道譬喻修身齐家治国平天下,将味觉置于最高,给予高度认可评价。这不再只是简单的生理需求,饱腹而已。而是中国的这种味觉倾向在一定程度上提炼出中国人的哲学思想、审美情趣、伦理道德、艺术思想、处世态度等思想,上升到精神层面,赋予它深厚的文化内涵,超越了"味"维持生命个体的世俗生活的界限,使之不仅仅成为如今社会物质文明的组成部分,更是中国文化精神文

---

① 黑格尔:《美学　第一卷》,朱光潜译,北京商务印书馆 1979 年版,第 48—49 页。

明建设的重要组成部分。

正如《舌尖上的中国》有一集中这样讲:"这是剧变的中国,人和食物比任何时候走得更快,无论他们的脚步怎样匆忙,不管聚散和悲欢来得多么不由自主,总有一种味道、以其独有的方式,每天三次,在舌尖上提醒着我们,认清明天的去向,不忘昨日的来处。"

参考文献

[1]叶朗.中国美学史大纲[M].上海:上海人民出版社,1985.

[2]林乃燊.中国古代饮食文化[M].北京:中共中央党校出版社,1991.

[3]黑格尔.美学 第一卷[M].朱光潜,译.北京:商务印书馆,1996.

[4]陈应鸾.诗味论[M].成都:巴蜀书社,1996.

[5]亚里士多德.形而上学[M].吴寿彭,译.北京:商务印书馆,1997.

[6]柏拉图.蒂迈欧篇[M].谢文郁,译注.上海:上海人民出版社,2003.

[7]祁志祥.中国美学原理[M].太原:山西教育出版社,2003.

[8]朱良志.中国美学十五讲[M].北京:北京大学出版社,2006.

[9]中国社会科学院语言研究所词典编辑室.现代汉语词典[M].5 版.北京:商务印书馆,2005.

[10]陈伯海.生命体验与审美超越[M].北京:生活·读书·新知三联书店,2012.

[11]童庆炳.美学与当代文化讲演录[M].桂林:广西师范大学出版社,2007.

[12]贡华南.味与味道[M].上海:上海人民出版社,2008.

[13]许慎.说文解字[M].杭州:浙江古籍出版社,2016.

[14]金涛声.华夏饮食心态与饮食文化[J].宁波大学学报(人文科学版),1997(3):9-15.

[15]元申,王金国,殷昌利.五味调和之美[J].湖北商专学报,1998(3):30-32.

语言学

论秘书的语言艺术

吴慧琳

摘　要：秘书语言艺术作为秘书工作必须了解并全面掌握的重要方面，起着加强沟通交流、提高工作效率等作用。秘书语言艺术主要包括有声语言艺术及无声语言艺术，其中又有两者结合运用而产生的秘书公关语言艺术。在工作中秘书往往不能同时兼顾有声语言艺术与无声语言艺术，进而产生思维单一、缺乏逻辑性等问题。为此，本文通过多个角度分析秘书语言艺术的主要内容，并提出由"说"练"话"、由"外"而"内"、由"无声"到"有声"这三种方式来提高秘书语言的艺术修养。

关键词：秘书；秘书工作；语言艺术

引　言

"秘书"一词的含义从最早在东汉时期指宫廷中秘密典藏的书籍，到后来发展成为皇帝身边的辅助大臣，再到现如今职业大典中定义的"从事办公室程序性工作、协助领导处理政务及日常事务并为领导决策及其实施提供服务的人员"，起着承上启下、与内外沟通协调等作用。

在我国众多职业中，秘书这一职业群体所占比例极大。凡是有政府、有企业、有领导的地方，就必然会有秘书的存在。秘书作为领导身边不可或缺的参谋与助手，起着至关重要的作用，因此也决定了秘书必须要有其应有的高素质。"一个好的秘书要有冷静的头脑、丰富的处事经验以及待人接物的技巧。秘书是社会的珍贵资源。"[①]在 21 世纪，人们对秘书的职业素养要求发生了极大的改变，企业需要的已不再是传统意义上的秘书。与普通秘书相比，高级秘书除了能全面掌握英语听说读写能力、熟练拟写各种文件以及使用办公室自动化软件等之外，还需具备良好的交流、决策和组织能力，能快速、高效协调并解决问题。

我们可以从对高级秘书的要求中看出，秘书的各方面能力都离不开"语言"二字，这里的语言不仅指口头语言，它还包括书面语言、肢体语言，甚至是外表所展示出的穿着语

---

① 范立荣：《现代秘书工作手册》，首都经济贸易大学出版社 2012 年版，第 3 页。

言。在现今社会,真正能做到完善自身各种"语言"艺术的秘书少之又少,大部分秘书会写不会说,或是会说不会写,这也成了秘书职业发展的一大问题。为此,本文将通过多个角度分析秘书语言艺术的主要内容、所存在的问题,以及秘书语言艺术对于秘书职业发展的重要意义。

一、秘书语言艺术对于秘书工作的重要性

秘书工作正朝着多领域、多对象化发展,若一个秘书只专攻一项技能,那么秘书的工作水平将得不到提升,同时也影响自身职业发展。在秘书工作中,有语言的地方就会有语言艺术,因此秘书语言艺术在秘书工作中有着特殊的地位和意义。

(一)有利于加强沟通交流

秘书在工作中所见的对象各有不同,不管是上级领导、同级同事或是群众客户,对话交谈都是必不可免的。面对领导,熟练掌握口头语言艺术可以让领导更加快速地理解自己所汇报的工作或是提出的建议。面对群众及客户时,则可以在回答问题或是提出问题上更加自然流利。总而言之,秘书掌握良好的语言艺术,可以更好地与众人沟通。口头语言、表情语言、体态语言,在沟通中占主要地位,不论是有声还是无声,良好的语言修养可以帮助秘书在领悟他人所表达的意思上更加得心应手,使领导对自己更加满意。

(二)有利于提高工作效率

能说会道自古以来就是秘书的必备技能,掌握好各方面的语言技巧,是重要且必需的。"今天我们应该继承讲究口语这一优良传统,加强训练,善于言辞,巧于说话,增进相互的合作与团结,成功地推动工作。"①例如,一篇语言运用得当的应用文不需要浪费过多时间去修改,省出的时间可以完成其他工作。又或是秘书代表领导与客户谈项目时,掌握说话技巧可以增加对方对自己的信任,有助于双方达成一致协议,增加成功率。此外,在工作中团队经常需要合作,秘书各方面语言运用得当也可以省下许多时间,对于自己与他人来说都是一种便利。

(三)有利于创建良好工作环境

工作环境有时并不仅指硬件设施,还指处于无形状态下的氛围环境。秘书作为领导身边最亲近的人,也是最容易得到领导赏识的人。在得到领导提拔之后,难免会遭到身边人议论,此时就会考验秘书的人际关系处理能力,如果一个秘书虽做事情优秀,却不善于处理人际关系,那么其工作环境自然不会舒适。处理好人际关系的方式有很多,但用语言处理却是最简便的,秘书在平时工作中应该利用语言艺术,树立自己在同事、领导、群众眼中的良好形象,以此创建一个良好的工作环境。

---

① 尹杰:《浅论秘书的语言艺术》,《佳木斯教育学院学报》2012年第3期,第71页。

二、秘书语言在沟通上存在的问题

传统经济模式下的秘书,往往在工作上局限于本部门,与外部沟通交流甚少,这也造成秘书在思想层面上不具备多维性,容易被自身工作环境所禁锢。随着我国政治地位不断提高,国内外各种经济政治合作增多,社会更加要求新时期的秘书要提升自己的整体水平,跟上时代发展步伐。

一名秘书是否称职,主要体现在其工作成果的好坏上。如今,秘书从业人群在不断扩大,由于所受职业教育的专业程度不同,造成了我国的秘书从业人群资质良莠不齐,称职专业的秘书较少。秘书工作离不开有声语言和无声语言,因此秘书工作中出现的大部分问题也体现在各方面的语言沟通上。

(一)秘书口头语言存在的问题

说话是一种艺术,它可以反映一个人的情商、应变能力等素质。但并不是每个人都能掌握这门艺术。现今社会的秘书普遍存在着一个问题,即工作时不是"不说",便是"多说"。"不说"指秘书工作时缺乏主观能动性和积极性,不会主动劝谏,信奉"沉默是金",只有在领导问起的时候才会说出自己的见解。这一类型的秘书看似谨慎小心,实则过于被动。"多说"型的秘书则过于主动,说话不分场合。例如在与领导一起接待客户时,过多发言抢领导风头,这在外人看来就是哗众取宠。还有的则是不顾领导想法,在不该说话的时候说话,引起领导不满。

口头语言本身就有许多需要注意的方面,有的秘书在汇报工作时容易出现逻辑不清、要点散乱的情况,这一点与秘书的心理素质有着极大的关系,最终将直接关联至秘书的工作结果。所以经验不足的秘书会更显胆怯,说话音量小,或是没有感情,显得呆板。同时,口头语言掌握不扎实的秘书在遇到突发情况时容易惊慌失措,不能很好地用言语稳定场面,也就失去了所谓的"气场"。由此我们也可以发现,影响口头语言的要素不只是秘书个人的学习能力,还涉及其心理素质。

(二)秘书书面语言存在的问题

虽然秘书职业发展日渐壮大,但我国高校中的秘书专业教育还存在着些许欠缺。现今的秘书学专业独立院校较少,多数都是依附于汉语言文学专业。学校里真正在秘书学这一领域精通的教师资源更是少之又少。学生在学习应用文写作时,往往学习与实践脱节,造成在今后真正从事秘书工作时,对书面写作半生半熟。专攻秘书学的学生尚且如此,更何况半路出家成为秘书者。

书面语言的重要性众所周知,秘书在撰写公文时最容易出现文体混淆、用词不当、语句杂糅等现象。一篇好的应用文,要做到逻辑清晰,要素齐全,能够简洁达意。而秘书在写公文时常常会感到不知从何下笔,这与秘书的职业修养有着极大的联系。平时我们甚至会看到公文盖章位置出错,或错别字现象,这都是书面语言不严谨的问题。

(三)秘书表情语言存在的问题

秘书所做的公关工作主要是为了在公众面前沟通联系,树立组织的良好形象。不管是什么类别的秘书,都要进行公关工作,所以秘书的形象显得至关重要。在公关交际中,表情语言、服饰语言、体态语言都是秘书形象的外在表现。

一个人的眼神可以传达自身的喜怒哀乐,而整个面部器官所组成的表情语所传达出的信息更是丰富多彩的。在特定环境下,点头表示确定,摇头表示不认可,歪头表示思考或怀疑,我们将之称为"首语"。而在目光语中,说话时注视对方的眼睛表示尊重;微笑语中,微笑代表着友好。工作中常有部分工作素质不高的秘书容易被自己工作之外的情绪所影响,导致在工作时带入不良情绪,对领导或是同事不友好,在接待外来客户时态度冷淡。除此之外,些许秘书由于心理素质差,汇报工作或和领导说话时总是习惯看向地板或天花板,不能很好地将表情语运用于不同场合。表情语看似远不及口头语,实则在工作中起着十分重要的作用,是处理好各方面交际关系的关键之一。

(四)秘书服饰语、体态语存在的问题

服饰语和体态语在外界看起来与秘书工作似乎没有关联,但在实际工作中,这两种无声语言却成了秘书的"加分项"。俗话说:"佛靠金装,人靠衣装。"一个穿着优雅、体态端庄的秘书人员更容易获得领导的赏识。体态语看似十分简单,但实际上秘书工作者在这方面所出现问题却较多。体态语直接反映了一个人的精神状态,甚至在侧面体现一个人的工作态度。如今社会上从事秘书工作者多为年轻一族,由于缺乏对"站、立、行"等体姿的了解,未能树立体态意识,部分秘书人员在工作时含胸驼背,走路习惯发出异响,在领导面前便显得精神不佳。除去秘书自身的主观原因,还应认识到我国教育仍处于重视考试与知识的学习、忽视技能和素质的培养这一阶段,所以各高校在进行专业教学时,对于体姿这一部分内容往往只是粗略带过,并没有将其单独列作一门课程,这也就造成了秘书从业后对于这一无声语言的忽视。

三、秘书工作的语言艺术

秘书这一职业朝着普遍化和职业化的方向发展。不管是在秘书从业人群的数量上,还是在秘书从业的范围领域上,都体现出了普遍性特征。从政府秘书到企业秘书再到私人秘书,从机关秘书到法律秘书再到科研秘书,每个不同的秘书种类都有自己专属的特性。现今社会对于秘书工作的要求不断提高,并且文件连续出台,这些文件使得秘书职业技能有了一个规范的标准,也是获得国家和社会的积极支持和认可的证明,代表着秘书职业登上了一个更高的台阶。

虽然秘书种类在不断地增多,但围绕着秘书工作的最不可或缺的要素之一就是语言。语言作为一种符号系统,是人类社会交际或交流的主要工具。因此"秘书语言是秘书从业人员在职业环境中为完成本职工作、实现组织目标而运用书面的或口头的方式进

行交际、信息传递和交流的工具"①。了解秘书各方面语言的特点,掌握秘书的语言艺术,是秘书人员掌握业务能力的基本要求之一。

总的来说,秘书的语言分为两大类,即有声语言和无声语言。有声语言即口头语言,而无声语言则包括书面语言、表情语言、服饰语言、体态语言等。不同的语言有其不同的特点。

(一)秘书有声语言艺术

秘书有声语言即秘书的口头语,其在秘书工作中所占比例最高。在向下级传达领导要求,向领导汇报工作、提出建议以及在机关或企业接待访客时,皆要使用口头语言进行沟通交际。因此掌握秘书口头语言艺术显得尤为重要。口头语言的主观表达者是人,说话内容由人自身的思想所决定的。秘书的口头语言运用场景众多,极其讲求灵活性、逻辑性与多样性。灵活性对于一个好的秘书来说是一种必备的品质,要求秘书能够在不同的语境下灵活应变。如当领导正在发怒时,应讲求少言,待领导气消之后再进行建议或是汇报工作。在保证语言灵活性的同时还应具有原则性,秘书在说话时需要注意语言的规范性,不应逾越自身的职业角色。一个过于"能说会道"的秘书,有时不仅不能获得领导夸奖,还会适得其反,引起领导厌恶。逻辑性则体现在秘书向领导汇报工作时所需的条理性,能做到有条不紊,面面俱到,是秘书工作质量高、专业性强的表现。缺乏逻辑性的秘书在汇报工作时容易忽视上下文的顺序,忽视某一个方面的问题或是重复赘述同一个问题。而秘书口头语言的多样性是其灵活性的一个前提,这里的多样性也体现在其情感色彩的多样性上,正是因为秘书口头语言多种多样,所以秘书可以在不同场景灵活切换相适应的语言。

口头语言不同于书面语言,书面语言必须遵循应有的写作规则,更具客观性,而口头语言则是说话人主观思想的表达,因此口头语言必须体现情感性。要体现语言的情感性,说话时的声量大小、声调高低、语速快慢等都是关键因素。有的领导不仅是上级身份,也可以是朋友身份,对领导和同事表达适当的关心有利于增进自身与领导和同事的友好关系。此外,秘书人员要善于调节自己的情绪,不将负面情绪带到工作中,以此树立良好形象。

在工作中,秘书除了与领导、同事接触,还要接待客户,而不同的对象因其身份、所处环境,或是性格的不同存在着许多个体差异。这就要求秘书工作者要细心灵活转变对不同说话对象的心理态度,注意口头语言的对象性。与领导打交道时,应该注意时机、场所、事件的轻重缓急以及说话分寸,切忌自作聪明;与群众打交道时,平等谦虚更为重要;与同事之间则保持一种和谐友好的关系。还有一类对象是公司的客户,或是机关接待的其他领导,秘书在与客户进行交谈时,应充分把握对方的各方面背景,以此保证说话时不出错。

---

① 施晔红:《秘书言语行为的语境特点》,《秘书之友》2007 年第 2 期,第 29–31 页。

(二)秘书无声语言艺术

秘书无声语言艺术所涵盖的范围较广,在此先以秘书工作中较为重要的书面语言为例加以说明。书面语言与秘书工作形影不离,是秘书语言艺术的重要组成部分。在秘书工作中,我们最为熟知的书面语言就是秘书所撰写的书面报告、公文等文件。一个称职的秘书,要能够熟练撰写各类文书,同时还要避免被写作规矩禁锢的现象。"书面语言的表达既要做到'表之于外',又要做到'达及他人',可见,表达存在于表达者和理解者之间,只有做到表达与理解的同意,才能完成整个交际过程,才能达到理想的交际效果。"①

书面语言艺术的严肃性与准确性。秘书所撰写的公文内容一般为上级机关领导的方针政策、公布法规和规章,或是企业单位中的合作合同,等等。对于这一部分的书面表达,要求务必做到严肃性和准确性。这里的准确性,包括文体的准确性、用词的准确性以及时间日期、人名地名的准确性。公文内容不同于一般的书写文,它需要准确地传达信息,具有极强的表意性及遵命性,所以切忌秘书用自己的言语表达,或是全凭自己的主观想法书写。除了大方面的规范性要注意,还有小细节上的准确性,比如标点符号、盖章位置等,这些小细节看似不重要,实则能体现一个秘书工作者细心与否。书面语言的严肃性则是针对公文写作这一类应用文,公文不同于小说,它不能随意用词,公文的庄重性也是机关形象的一种体现。因此我们可以发现书面语言的严肃性和准确性是相互依存的。

书面语言艺术的整齐性与简洁性。公文的撰写一般会要求简洁明了。"浓缩精粹之美。通过省略、浓缩等办法,把公文用语写得十分精粹,做到言简意赅,文约事丰,简明扼要,这又是公文用语的美好之处。"②所以在公文中我们经常会看到数量词放置在首位,例如"一个中心、两个基本点"等。除此之外,缩略用词也是公文写作的一大特点,将复杂的形容词、副词等去除,只留下中心语句,又或是以更能表意的成语、警句取而代之,使人更加清晰明了地了解所要表达的意思。因此,书面艺术的整齐性正是来源于其简洁性,句式及成语的运用精简了文章的结构,也使得文章更富有气势。

(三)秘书有声语言与无声语言结合运用艺术——以秘书公关语言为例

"公关,全称公共关系,是指一个社会组织通过有计划、有目的的信息传播手段与公众进行双向信息交流,从而树立良好的组织形象,赢得内外公众的信任和支持,为组织发展创造最佳的社会环境的一系列公共活动。"③不论是机关秘书还是企业秘书,都要帮助领导接待客户、与外界搞好公共关系,而树立良好组织形象的前提是秘书先树立好自身的良好形象。

在公关交际活动中,不可能仅使用有声语言而脱离无声语言,也不会只运用无声语言而忽视有声语言,公关语言是有声语言与无声语言的结合体,可以说二者是同等重要的。上文已有解释口头语言及书面语言的特点,在此不再赘述。所以本节要说明的是无

---

① 北京四库企业管理研究中心:《实用文秘大全》(上册),中国城市出版社 2000 年版,第 151 页。
② 张保忠:《真正的大手笔 我的第一本公文书大全集》,长江文艺出版社 2015 年版,第 47 页。
③ 王萍、张卫东:《秘书学教程》,辽宁大学出版社 2013 年版,第 130 页。

声语言在公关语言运用中所体现的其他方面,即表情语言、体态语言和服饰语言。

首先秘书在进行工作时,要有明确的"角色"意识,清楚地认识到自己的工作职责。表情语言、体态语言、服饰语言都要先做到端庄、得体、大方。在工作时表情温和,不失态;服装优雅,不暴露;体态自然舒展,不弯腰驼背。古语云:"坐如钟,站如松,行如风。"秘书的外在形象是个人修养的体现,也是内在气质的外露,良好的外在形象可以给内外公众留下更好的印象。

四、提高秘书语言艺术修养

(一)由"说"练"话"

秘书既被称为"杂家",说明这一职业要求秘书有丰富的处事经验,"能说会道"必不可少。"秘书口才是一门学科,更是一门艺术。相对于其他职业,秘书具有自己的独特之处,那就是工作任务的多样性和复杂性。口才对秘书,不是一门需要严格按照教科书来操作的技术,而是需要自己活学活用的艺术。"①想要提高自身的口头语言艺术,并不能通过书本生搬硬套,工作中面临的场景是多变的,所以我们可以通过以下几个方式来提升自己的口才。

一是阅读。"书中自有黄金屋",传统秘书工作的单一性、狭隘性已经逐渐被淘汰,现代秘书应该不断丰富自身的文学知识,广泛涉猎。所选读的书籍可以是小说、诗歌,也可以是散文、社科类文章。阅读虽然对口才帮助极大,但也不可能一蹴而就。古语云:"不积跬步,无以至千里。"所以,阅读贵在坚持。"腹有诗书气自华",当阅读到了一定程度,眼界宽阔,谈吐便会上升一个层次,此时再与领导交流时便能够缩小差距,提升自己的整体水平。

二是观看。"看"的范围则比较广,想要真正提高语言素养,就需要多观看一些优秀秘书的说话实例,比如他们在会客时、汇报工作时、与群众接触时,是如何进行交谈的。模仿是人类的一种本能,将自己与他人作比较,寻找自身的不足,进而通过观看他人的讲话技巧,总结出适合自己的说话方式。除了秘书工作中的说话实例,还可以观看名人演讲类视频,他们的话语之所以能打动人心,必定有其魄力和说服性,"动之以情,晓之以理",用在秘书说话艺术中,甚是恰当。

三是讲练。想要在领导面前谈吐自如,说话时镇定自若,除了知识和技巧方面的补充,首先,最重要的就是"多说",但这里的"多说"并不是指在领导面前胡诌。"多说"指秘书私底下勤练说话,其方式可以是演讲练习,也可以是朗读文章,此二者可以帮助秘书工作者锻炼说话时的情感,也可增加秘书的胆量,提高心理素质。其次,秘书可以参加一些辩论活动,辩证思维在日常工作中不可缺少,秘书要面对领导的诘问、群众的疑问,锻炼自身的辩证思维可以帮助大脑灵活思考,遇到问题时也可机智应对。最后,秘书可增加自己和不同对象说话的机会,在不同的场景中领悟不同的说话技巧。

---

① 周彬琳:《秘书口才》,机械工业出版社 2009 年版,第 15 页。

(二)由"外"而"内"

在秘书工作中,书面语言即应用文写作。"应用文写作拒绝了文学创作常用的虚拟想象、夸张渲染手法,远离了空间换行、大度跳跃的叙事方式,拒绝了意识流、蒙太奇、拼贴画的表达技巧。应用文写作,为交流信息而流通,为传送公务而运转。"①

应用文不同于其他文学,最常用的方式有三种,叙述、议论和说明。应用文作为传递信息的载体,要求其必须严谨,有逻辑。书面语言之所以存在艺术性,是因为其拥有书面语言自身的独特点,是不同于其他文学的。所以,秘书人员想要提高自身应用文写作水平,一是多看,二是多练。

书面语言虽不同于口头语言,但书面语言也可通过观摩借鉴的方式来学习,在工作之余,秘书可寻找一些应用文写作的优秀范文,仔细研究每一种文体的差异,进而在实际工作中能更加熟练地选择合适的文体。文体就相当于文章的一个外框架,一旦外框架改变,整篇文章的性质都会发生变化。当全面掌握应用文文体之后,便要仔细钻研应用文的内容。应用文多数都有模板,但不可生搬硬套,要注意其适用性。虽然外框架都是一致的,但其中的内容还需秘书根据不同的事件进行总结概括。这就考验秘书的归纳概括与总结能力。这一点,秘书平时可以多看新闻,多对新闻进行归纳概括,形成良好的阅读习惯。应用文一般都有自己的专用词汇,一名优秀的秘书要做到能用最简洁却不简单的词语或语句进行书写,做好上传下达的工作,要达到这样的水平,可收集领导人讲话稿等,摘录其中的优秀词汇和语句,一点一滴地积累。

新时期的秘书写作多数已经脱离笔头,各种多媒体设备的诞生使得秘书人员从纸上写作转移到了电脑写作。这就要求秘书人员能够熟练使用办公软件,运用不同的方式进行文字表达。与此同时,也不可忘记纸面书写的重要性,人们常说"字如其人",秘书虽较少在纸上写作,并不代表秘书完全不用在纸上写作,所以练出一手好字对于自身工作也是有利无害的,字体也同文体一般,就像一个外框架,框架搭得好,领导才会带着好心情去看内容,由"外"而"内",是秘书人员需要掌握的提高书面语言艺术的一个要点。

(三)由"无声"到"有声"

表情语言、服饰语言、体态语言都是无声之语,但却能让人从外表领悟其"有声之言"。表情语言艺术最重要的便是明白在秘书工作中每一个表情所蕴含的意义。表情语言与口头语言所针对的器官不同,口头语言所针对器官是人的耳朵,而表情语言针对的则是人的眼睛。人们能够第一眼就通过对方的表情语言看出对方所要表达的态度,前提是对方所表现的表情语言是符合大众理解范围的。比如在一般人的脑海中,点头就是肯定的意思,你不能将其赋予疑问等特殊含义。这就要求秘书人员在了解表情语言艺术的时候,要仔细领会每一种表情语言的普遍含义,并且了解表情语言在不同场合的运用。微笑是一种很好的表情语言,但在十分严肃的场合便不宜微笑;工作时在同事面前可以

---

① 李莹:《办公室秘书实务研究》,吉林大学出版社2017年版,第59页。

嬉笑表示亲和力,但在领导面前就绝对不允许。注重表情语言的含义和不同场合的使用是提高表情语言修养的关键。

服饰语言。服饰包括了秘书所穿的服装以及所佩戴的饰物。秘书是领导身边的人物,一般来说,越是等级高的领导,其秘书所要接待的客户等级也会越高。穿着是一个人身份地位的体现,秘书人员的穿着也代表着领导的身份地位。为此,要提升自身的服饰语言艺术,就应该遵循一般的穿衣规则:根据自身的年龄、性别、爱好、场合以及季节的不同进行穿衣的选择。例如,女秘书穿衣应显端庄优雅,男秘书穿衣则应偏向于成熟稳重。所以秘书往往需要准备多套工作服装,来展现自己的气质。在佩戴饰物方面,则不应过于夸张,美观、大方即可。

体态语言。在社会飞速发展的背景下,越来越多的人对于自身体态给予重大关注,良好的体态代表着一个人良好的精神面貌,对于普通人来说是这样,对于秘书人员来说更是如此。我国对于秘书工作者的站姿、坐姿都有明确的要求,但现实生活中能做到的秘书却寥寥无几。想要修正自身的体态,最好的方法就是运动,适当的运动可以纠正一个人的不良体态,更可以改善一个人的精神面貌。运动带来的不仅仅是外在的改变,还有内在的进步,它可以使人在面对工作时更加赋予激情。在此条件之下,秘书还应注意不同场合自身的仪态,在站立时应挺直背部,收小腹,挺胸收臀,头要摆正;腿部要并拢,脚后跟贴紧,脚尖稍向外撇。在坐立时则需要讲究"稳",特别是坐在沙发上时,双肩应平正放松,两手自然放置于腿上或是掌心朝下并将手臂弯曲放在沙发扶手上;可以跷腿,但脚尖不可上挑。不管是男性秘书还是女性秘书,都绝对不允许抖腿。此外就是秘书在行走时的步伐大小,这一点每个人可以根据自身的身高进行调整,身高较高,步伐就可稍大些;反之,如果身高较矮,步伐就迈小些。体态语同其他语言一样,也需要日复一日地练习,方可达到所需的要求。

结　语

语言与人类生活息息相关,与人们的工作更是紧密相连。所以离开语言的秘书工作是不现实的,也是不存在的。"良言一句三冬暖,恶语伤人六月寒",这句话很好地向我们展示了语言艺术的作用。

掌握秘书语言艺术不仅是职业所需,也是形势所迫。在当今社会,秘书人员已经不仅仅只是一个帮领导端茶倒水写文件的普通文员。随着时代的发展进步,社会对于秘书人员的工作水平要求越来越高。在秘书工作分类不断细化,专门化程度大大提高的前提下,秘书工作的语言艺术也必须得到其相应的提升。秘书语言艺术在秘书工作中虽然是无形的,但所起作用却是最显著的。一句恰到好处的话语胜过百句无用之言。从另一个角度看,秘书工作的专业水平皆蕴含在对秘书语言艺术的领悟及运用程度之中。

我国秘书发展的历史虽十分久远,但与发达国家相比,仍然存在较大的差距。秘书专业教学在我国还没有一个十分完善的体系。在学习秘书实务的同时也不应该忽略对于语言艺术的掌握,只有做到理论与实践相结合,虚实皆重视,才能发展更加专业化、职业化的秘书群体,并且在实际工作中,也能提高秘书工作效率,达到事半功倍的效果。

参考文献

[1]李莹.办公室秘书实务研究[M].长春:吉林大学出版社,2017.

[2]张保忠.真正的大手笔 我的第一本公文书 大全集[M].武汉:长江文艺出版社,2015.

[3]何修猛.现代公共关系学[M].上海:复旦大学出版社,2015.

[4]王萍,张卫东.秘书学教程[M].沈阳:辽宁大学出版社,2013.

[5]范立荣.现代秘书工作手册[M].北京:首都经济贸易大学出版社,2012.

[6]周彬琳.秘书口才[M].北京:机械工业出版社,2009.

[7]徐可.秘书语言与交际教程[M].杭州:浙江大学出版社,2004.

[8]陆予圻,郭莉.秘书礼仪[M].上海:复旦大学出版社,2002.

[9]赵中利,史玉峤.现代秘书心理学[M].青岛:青岛出版社,2001.

[10]北京四库企业管理研究中心.实用文秘大全 上[M].北京:中国城市出版社,2000.

[11]卿成,刘智勇.秘书语言艺术[M].成都:电子科技大学出版社,1997.

[12]申杲华.办公室实务运作全书[M].北京:中国物资出版社,1995.

[13]尹杰.浅论秘书的语言艺术[J].佳木斯教育学院学报,2012(3):71.

[14]刘晓慧.当前秘书工作存在的问题与对策[J].科技信息,2010(19):669-670.

[15]施晔红.秘书言语行为的语境特点[J].秘书之友,2007(2):29-31.

[16]唐晓霞.悟在体态语:浅论秘书的悟性[J].黑龙江科技信息,2007(5):103+158.

[17]李玉芬.现代秘书工作的职业特点与发展趋势[J].贵州师范大学学报(社会科学版),2005(4):119-121.

[18]曾国全.秘书交际的语言艺术[J].西昌学院学报(自然科学版),2001(4):56-57.